Arnold Niederer · Alpine Alltagskultur

Arnold Niederer im Lötschental.

Arnold Niederer

Alpine Alltagskultur zwischen Beharrung und Wandel

Ausgewählte Arbeiten aus den Jahren 1956 bis 1991

Herausgegeben von
Klaus Anderegg und Werner Bätzing

Verlag Paul Haupt Bern · Stuttgart · Wien

Autor, Herausgeber und Verlag danken den Donatoren, welche die Herstellung dieses Buches mit einem finanziellen Beitrag unterstützt haben: Cassinelli-Vogel-Stiftung, Zürich; Erziehungsdepartement des Kantons Wallis, Sitten; Ulrico Hoepli-Stiftung, Zürich; Jubiläumsstiftung der Schweizerischen Mobiliar Versicherungsgesellschaft, Bern; Migros-Genossenschafts-Bund, Zürich; Schweizerische Doron-Preis-Stiftung, Zug; Schweizer Kulturstiftung Pro Helvetia, Zürich; Dr. Adolf Streuli-Stiftung, Zürich.

Umschlagbild: Düngertransport in St-Luc um 1926. Foto Ch. Krebser

Die Deutsche Bibliothek – CIP-Einheitsaufnahme

Niederer, Arnold:
Alpine Alltagskultur zwischen Beharrung und Wandel:
Ausgewählte Arbeiten aus den Jahren 1956 bis 1991 / Arnold Niederer.
Hrsg. von Klaus Anderegg und Werner Bätzing. – Bern; Stuttgart; Wien: Haupt, 1993
ISBN 3-258-04575-5
NE: Anderegg, Klaus [Hrsg.]

Der Burgergemeinde
Ferden im Lötschental
zugeeignet

Vorwort

Dieser Band verfolgt den Zweck, die wichtigsten Arbeiten des Zürcher Volkskundlers Arnold Niederer zur alpinen Alltagskultur der Öffentlichkeit (wieder) zugänglich zu machen und damit auf die Bedeutung der heute oft übersehenen volkskundlich-kulturellen Aspekte der aktuellen Probleme im Alpenraum hinzuweisen. Angesichts des äusserst schnellen und tiefgreifenden wirtschaftlichen Wandels in den letzten 35 Jahren stellt die Auseinandersetzung mit der – fast schon verschwundenen – traditionellen alpinen Welt eine unabdingbare Voraussetzung dar, um diesen Wandel zu verstehen und ihn so zu gestalten, dass er nicht zu völligem Wertverlust und kultureller Heimatlosigkeit, sondern zu einem neuen Selbstverständnis und Selbstbewusstsein im Alpenraum führt. Das heute so oft geforderte «umwelt- und sozialverträgliche» oder «nachhaltige» Handeln ist ohne eine neue kulturelle Identität, die bewusst die Werte der modernen Welt mit denen der eigenen Tradition und einem je besonderen Umwelt-Bezug (Umwelt als «Heimat») verbindet, nicht denkbar.

Die beiden Hauptstücke dieses Sammelbandes sind seit langem vergriffen («Gemeinwerk im Wallis», Nr. 1) beziehungsweise bisher noch nicht in deutscher Sprache veröffentlicht («Traditionelle Wirtschafts- und Kulturformen in den Alpen», Nr. 8). Daneben wurden 18 kürzere und längere Aufsätze ausgewählt, die in unterschiedlichsten, teils sehr entlegenen Zeitschriften erschienen sind, so dass sie Interessierten kaum zugänglich waren. Die Auswahl dieser zwanzig Texte verfolgt das Ziel, die wichtigsten Arbeiten Arnold Niederers zur alpinen Alltagskultur problemorientiert unter der Leitfrage des gegenwärtigen kulturellen Wandels im Alpenraum zusammenzustellen.

Da historische Fotos sehr aufschlussreiche Einblicke in die traditionelle alpine Welt ermöglichen, wurde diesem Band ein Abbildungsteil beigegeben, der sich aus sorgfältig ausgewählten und volkskundlich aufschlussreichen historischen Fotografien aus dem Wallis und insbesondere aus dem Lötschental – der alpinen «Wahlheimat» Arnold Niederers – zusammensetzt. Die

Aufgabe dieses Teils besteht darin, einer falschen Romantisierung der Vergangenheit entgegenzutreten und den fundamentalen Wandel im Alpenraum auch sinnlich-anschaulich deutlich werden zu lassen, um auf diesem Hintergrund die Textdarstellungen vor allem für diejenigen besser nachvollziehbar zu machen, die diese Welt nicht mehr selbst miterlebt haben.

Der Anhang besteht aus der Bibliographie aller Arbeiten Arnold Niederers und einem umfangreichen Literaturverzeichnis, das auch dazu dienen soll, in die volkskundliche Forschung über den Alpenraum einzuführen und Nicht-Volkskundlern den Einstieg in diese Thematik zu erleichtern. Abgeschlossen wird der Anhang durch das von Arnold Niederer selbst erstellte Register, das ein gezieltes, problemorientiertes «Querlesen» der Texte ermöglicht.

Dieser umfangreiche und aufwendige Band wäre ohne bedeutende Druckkostenzuschüsse nicht realisierbar gewesen. Herausgeber, Autor und Verlag sind daher den auf Seite 4 genannten Institutionen zu grossem Dank verpflichtet. Einen ganz besonderen Dank möchten die Herausgeber und der Autor zum Schluss dem Verleger, Herrn Dr. Max Haupt, aussprechen, der die erste Idee für diesen Band im Jahr 1989 sofort engagiert aufgriff, sich für dieses Projekt voll einsetzte und es im Verlag persönlich bis zum Schluss betreute – sein Engagement spielte eine entscheidende Rolle bei der Realisierung dieses Buches.

Freiburg i. Ü. und Bern, im März 1992 Klaus Anderegg und Werner Bätzing

Inhalt

Der Stellenwert der Arbeiten Arnold Niederers zur alpinen Alltagskultur im Kontext der aktuellen Alpen-Diskussion

Arnold Niederer wurde 1914 in St. Gallen geboren und wuchs in Belp bei Bern auf. Nach dem Sekundarschulabschluss absolvierte er in den Jahren 1930 bis 1933 eine kaufmännische Lehre in Lausanne und war anschliessend einige Jahre lang im Sommer als Handlungsreisender für Raucherartikel und im Winter als Wanderlehrer für Fremdsprachen im Wallis tätig. In dieser Zeit durchwanderte er grosse Teile der Schweizer Alpen und lernte dabei im Lötschental Albert Nyfeler kennen – eine Begegnung, die für den weiteren Lebensweg Niederers bestimmend wurde: Der Maler, Zeichner und Fotograf Albert Nyfeler (1883–1969) hatte sich 1922 nach ausgedehnten Reisen im damals völlig abgeschiedenen Lötschental niedergelassen und beschäftigte sich neben seinem künstlerischen Engagement auch intensiv mit Volkskunde, Archäologie und Kultur des Lötschentales. Im Hause Nyfelers erhielt Arnold Niederer zahllose Anregungen und einen ersten Einblick in die Volkskunde; durch seine Tätigkeit als Sekretär Nyfelers entwickelte sich allmählich eine enge Freundschaft und Zusammenarbeit zwischen den beiden Männern.

Mit dreissig Jahren holte Arnold Niederer auf dem zweiten Bildungsweg die Matura nach und studierte von 1944 bis 1951 an der Universität Zürich die Fächer Romanistik (bei Jakob Jud), Volkskunde (bei Richard Weiss) und Soziologie (bei René König). Er beendete sein Studium mit der Dissertation «Gemeinwerk im Wallis» (in diesem Band Nr. 1), die 1956 publiziert wurde und eine für schweizerische Verhältnisse ungewöhnlich starke Beachtung in wissenschaftlichen und ausserwissenschaftlichen Kreisen fand und die heute noch als das wegweisende Werk zu dieser Thematik gilt.

In den Jahren von 1956 bis 1963 war Niederer Vorsteher der Fremdsprachenabteilung der städtischen Gewerbeschule Zürich und baute dort die ersten öffentlichen Maturitätskurse für berufstätige Erwachsene auf. Nach dem plötzlichen Unfalltod von Richard Weiss wurde er dann im Jahr 1964 – fast fünfzigjährig – als dessen Nachfolger auf den Lehrstuhl für Volkskunde in Zürich berufen. Die Schwerpunkte seiner wissenschaftlichen Arbeit an der

Universität lagen im Alpenraum und der Analyse seines kulturellen Wandels, wobei das Wallis und vor allem das Lötschental immer eine herausragende Rolle spielten, sowie in der «Fremdarbeiter»-Thematik und im grundsätzlichen Interesse an kooperativen Arbeits- und Gesellschaftsformen. Charakteristisch für seine Universitätszeit war das Faktum, dass Arnold Niederer immer wieder ganz bewusst den akademischen Raum verliess und seine Forschungsergebnisse vor einer breiteren Öffentlichkeit zur Diskussion stellte, was sich auch an seiner Bibliographie ablesen lässt. Mit der Emeritierung im Jahr 1980 war seine wissenschaftliche Arbeit jedoch keineswegs abgeschlossen, sondern sie wird bis zum heutigen Tage engagiert weitergeführt, so dass es kein Zufall ist, dass elf Texte dieses Bandes aus der jüngsten Zeit stammen.

Angesichts der Tatsache, dass der Volkskundler Ueli Gyr zum 65. Geburtstag Niederers eine ausführliche Würdigung seiner Forschungs- und Lehrtätigkeit vorgelegt hat (Gyr 1980), kann die Darstellung hier knapp gehalten werden. Es sollen dabei nur zwei Aspekte hervorgehoben werden:

1. Arnold Niederer hat die Schweizer Alpen zu einer Zeit kennengelernt, in der die traditionelle Welt noch ungebrochen lebendig war, und hat im Verlauf seines Lebens den tiefgreifenden wirtschaftlichen und kulturellen Wandel persönlich miterlebt.

2. Arnold Niederer hat auf Grund seines Lebensweges zuerst die Realität der Schweizer Alpen umfassend im praktischen Arbeitskontext kennengelernt und sie erst sehr viel später wissenschaftlich analysiert, so dass sich seine theoretischen Analysen auf ein besonders breites empirisches Fundament stützen.

Die Erkenntnisse Niederers zum Wandel im Alpenraum stützen sich auf die persönliche Teilnahme am Leben vieler Menschen und sind daher frei von einer falschen Romantisierung der Vergangenheit. Diese Aspekte dürften eine wesentliche Voraussetzung dafür sein, dass Niederers Aussagen zum Wandel der alpinen Alltagskultur heute eine zentrale Bedeutung zukommt.

Der Walliser Schriftsteller Maurice Chappaz skizziert Arnold Niederer in seinem Buch «Lötschental – Die wilde Würde einer verlorenen Talschaft» folgendermassen: «Mir gefallen solche Durchbrüche: die staubigen Strassen, der Gegenfortschritt, das Bündel des Wandersmanns, die verlorenen Weiler, sie sind nichts und niemandem im Wege gestanden, im Gegenteil. Und dann die Begegnung mit einem aussergewöhnlichen Mann (A. Nyfeler, W. B.), der in der freien Natur seinen eigenen Weg macht. Mir gefällt, wie diese beiden Männer, Unbekannte, die nichts besassen, aufs Lötschental trafen. Nichts besassen ausser jenem Traum, den sie trugen, Traum, der bei einem von beiden noch keine genauen Umrisse angenommen hatte. Zum Glück kommt die Krise dem Vagabundieren entgegen! Werke und gute Leben nehmen hier ihren Ursprung. Wir kennen das Lötschental dank zweier freier Vögel» (Chappaz 1979, S. 16f.)[1].

Während in der Zeit nach dem Zweiten Weltkrieg volkskundliche Aspekte in den wissenschaftlichen und ausserwissenschaftlichen Diskussionen über den Alpenraum eine wichtige Rolle gespielt hatten und die Beiträge von Richard Weiss und Arnold Niederer dabei nicht wegzudenken gewesen waren, änderte sich dies im Verlauf der siebziger und achtziger Jahre grundlegend: Einerseits differenzierten und spezialisierten sich die Wissenschaftsdisziplinen auf eine zuvor völlig unbekannte Weise, wodurch die traditionellen Bindungen der wissenschaftlichen Zusammenarbeit abrissen (z. B. Volkskunde – Sprachwissenschaften – Geographie), andererseits wurden im Gefolge der «quantitativen Revolution» in den Geistes- und Sozialwissenschaften die klassischen volkskundlichen Methoden und Arbeitsweisen «unmodern», und die Volkskunde wurde sogar mit dem Verdikt «unwissenschaftlich» belegt.

Als Resultat lässt sich feststellen, dass bei der «neuen Alpendiskussion» in Forschung (Planungswissenschaften, Umweltforschung), Politik (Investitionshilfegesetz/IHG für Bergregionen und Entwicklungskonzepte) und Öffentlichkeit (Tourismus-, Umwelt-, Verkehrsprobleme, Grenzen des Wachstums), die ab Mitte der siebziger Jahre einsetzt und die derzeit mit der Diskussion um die Alpenkonvention einen weiteren Höhepunkt erreicht, die Volkskunde keine oder nur noch eine geringe Rolle spielt.

Diese aktuelle Alpendiskussion lässt sich derzeit folgendermassen charakterisieren:

1. Berggebietspolitik und Regional-/Raumplanung: Nach Hans Elsasser ist die schweizerische Berggebietspolitik seit 1975 durch drei Phasen geprägt: In der Anfangsphase dominierte eine ökonomische Zielsetzung (Förderung der Wirtschaft durch Verbesserung der regionalen Infrastrukturen), zu Beginn der achtziger Jahre wurde die ökologische Dimension allmählich einbezogen, und in der zweiten Hälfte der achtziger Jahre wird erkannt, dass auch die sozio-kulturelle Situation im Berggebiet systematisch thematisiert werden muss, wenn Planung und Politik nicht ins Leere laufen sollen. Allerdings herrscht gegenwärtig noch eine grosse Unsicherheit vor, auf welche Weise dies zu geschehen habe. Auch die zweite Generation der gegenwärtig zu erarbeitenden «Entwicklungskonzepte» der IHG-Regionen weist mit der Betonung der «regionalen Identität» und dem Schwergewicht auf der Schaffung von «endogenen Entwicklungspotentialen» in die gleiche Richtung, ohne dabei aber konkreter zu werden.

2. Wissenschaft und Forschung: Charakteristisch für die wissenschaftliche Analyse des Alpenraumes in den achtziger Jahren sind die beiden grossen

Nationalen Forschungsprogramme «Man-and-Biosphere/MAB» (Mensch und Umwelt im Hochgebirge) und «Regionalprobleme», die sich bewusst um eine fächerübergreifende und interdisziplinäre Problemanalyse («Problemdreieck» Ökonomie – Ökologie – sozio-kulturelle Dimension) bemühen. Trotzdem wurde die Volkskunde dabei gar nicht einbezogen (MAB), oder sie besass nur einen randlichen Stellenwert (Regio). Die «sozio-kulturelle Dimension» wurde statt dessen vor allem in Zusammenarbeit mit Soziologen und Psychologen zu analysieren versucht, die aber im Alpenraum bisher nur vereinzelt empirisch geforscht haben.

3. Öffentliche und journalistische Diskussion: Sowohl in einer breiteren Öffentlichkeit wie in den Medien werden im Laufe der achtziger Jahre neben den Umweltproblemen im Alpenraum auch die kulturellen Probleme (Überfremdung, schneller Wertewandel) wahrgenommen und teilweise pointiert angesprochen («Aufstand der Bereisten»). Charakteristisch ist dabei allerdings, dass oft nur noch minimale Kenntnisse über die traditionelle Kultur des Alpenraumes vorhanden sind (auf Folklorismus reduzierte Traditionen), so dass diese Diskussionen häufig sehr oberflächlich geführt werden.

Obwohl also das Thema «kulturelle Identität» heute von vielen Seiten als schwerwiegendes und wichtiges Problem im Alpenraum angesehen wird, spielen derzeit die einschlägigen volkskundlichen Arbeiten dabei keine Rolle. Als planungswissenschaftlich orientierter Geograph habe ich den Eindruck, dass dies in erster Linie daran liegt, dass die meisten der jüngeren Kollegen in Wissenschaft, Politik und Öffentlichkeit die entsprechenden Publikationen nicht mehr kennen und dass das negative Image der Volkskunde jede Auseinandersetzung mit ihr schon im Anfangsstadium blockiert.

Dagegen wäre zu betonen, dass das Problemfeld «kulturelle Identität» nicht allein von Soziologie und Psychologie analysiert werden kann, sondern dass dabei der Zusammenarbeit mit der Volkskunde eine zentrale Bedeutung zukommt. Soziologie und Psychologie gehen nämlich mehr oder weniger selbstverständlich von der modernen – arbeitsteiligen und sozial wie kulturell hochdifferenzierten – Gesellschaft aus und besitzen meist wenig Kenntnis und Sensibilität für das Verständnis vorindustrieller Kulturen, wie sie in den Alpen bis weit in die fünfziger Jahre unseres Jahrhunderts hinein noch anzutreffen waren. Dagegen hat die Schweizer Volkskunde gerade diese traditionelle Welt zum Gegenstand ihrer Untersuchungen gemacht und dabei Einsichten gewonnen, die zu deren Verständnis unverzichtbar sind.

Es ist nämlich nicht so, wie es auf den ersten flüchtigen Blick vielleicht den Anschein hat, dass die traditionelle alpine Welt heute durch Massentourismus, Bauspekulation und Verkehrserschliessung völlig verschwunden sei – sie ist unter der Oberfläche sehr wohl noch vorhanden und prägt zahlreiche Verhaltensweisen der Menschen. Die heutigen Probleme der (raumplanerisch ausgedrückt) «sozio-kulturellen Dimension» sind nur zu verstehen und positiv zu gestalten, wenn man den fundamentalen Widerspruch zwischen der traditionellen und der modernen Welt kennt. Und dies ist m. E. ohne eine gezielte Zusammenarbeit zwischen Volkskunde und Soziologie sowie Psychologie nicht zu erreichen.

Ausgehend von zentralen Überlegungen von Richard Weiss (Weiss 1962) und Arnold Niederer (Nr. 3 und 6 in diesem Band) und diese weiterdenkend sehe ich in der Art und Weise der Verarbeitung des schnellen gesellschaftlichen Wandels und der heftigen kulturellen Widersprüche eine Schlüsselfrage, die die weitere Entwicklung im Alpenraum fundamental bestimmt: Können die traditionellen und die modernen Werte so miteinander verbunden werden, dass eine neue kulturelle Identität entsteht, die verantwortungsbewusst und «nachhaltig» mit der eigenen Tradition und der alpinen Umwelt umgeht? Oder dominiert dabei die moderne über die traditionelle Welt, was mit der Gefahr von wirtschaftlicher und kultureller Überfremdung und der Anfälligkeit für Spekulationsprojekte verbunden ist? Oder dominiert umgekehrt die traditionelle über die moderne Welt, was mit der Gefahr allgemeiner Innovationsfeindlichkeit, kultureller Erstarrung und wirtschaftlicher Stagnation verbunden ist?

In einer Situation, in der viele Wissenschaftler, Planer, Beamte, Journalisten, aber auch Bergwanderer, Kletterer und Skifahrer die traditionelle Welt des Alpenraums nur noch vom Hörensagen kennen, kommt den klassischen volkskundlichen Arbeiten über die Alpen eine erneute Aktualität zu, denn sie ermöglichen ein verantwortungsbewusstes Verständnis dieser Zeit und können damit eine Grundlage zum tieferen Verständnis der aktuellen Situation und ihrer Probleme liefern. Und den Einheimischen können diese Texte dazu dienen, sich mit der eigenen Vergangenheit gezielt unter der Fragestellung auseinanderzusetzen, welche Gültigkeit die traditionellen Werte in der modernen Welt besitzen.

In diesem Sinne kommt den eher deskriptiv ausgerichteten Arbeiten Niederers im vorliegenden Band eine wichtige Rolle zu. Dabei blickt der Text «Traditionelle Wirtschafts- und Kulturformen in den Alpen» (Nr. 8) bewusst über die Schweiz auf die *gesamten* Alpen und stellt meines Wissens den umfangreichsten volkskundlichen Überblick über den Alpenraum dar, der bisher veröffentlicht wurde. Was diese beschreibenden Darstellungen betrifft, so ist darauf hinzuweisen, dass sie bei Niederer nie Selbstzweck bleiben, sondern die Voraussetzung dafür bilden, den kulturellen Wandel problemorientiert analysieren zu können. Dieser Wandel ist zentrales Thema in den Texten Nr. 3, 6, 14 und 19, wobei meiner Meinung nach der Aufsatz «Die alpine Alltagskultur zwischen Routine und der Adoption von Neuerungen» aus dem Jahr 1979 (Nr. 6) die dichteste und reflektierteste Analyse dieses Wandels darstellt, an der heutige Überlegungen zur kulturellen Identität direkt anknüpfen könnten oder müssten.

Ein weiterer Hinweis soll dem Text Nr. 11 gelten, in dem Arnold Niederer die Entdeckung der Alpen durch US-amerikanische Ethnologen und ihre Forschungen im Alpenraum beschreibt. Damit dringen völlig neue Methoden und Zielsetzungen in die alpine Volkskunde ein, die eine grosse inhaltliche Bereicherung darstellen. Eine moderne, problemorientiert ausgerichtete Volkskunde fände hier – im Grenzbereich zwischen Volkskunde, Ethnologie, Alltagsgeschichte, Mentalitäts- und Umweltforschung – wertvolle Anregungen, um ein neues Selbstverständnis dieses Faches zu entwickeln.

Damit dieser Band seine Aufgabe für die aktuelle Alpendiskussion möglichst gut erfüllen kann, wurde auf die Gestaltung des Anhangs ein besonderer Wert gelegt: Die vollständige Niederer-Bibliographie soll es ermöglichen, seine zahlreichen weiteren Arbeiten zum Alpenraum sowie seine Arbeiten zu anderen Themenschwerpunkten aufzufinden. Dem Literaturverzeichnis kommt neben seiner Funktion als Quellenbeleg auch die Aufgabe zu, eine Einführung in die volkskundliche Forschung über den Alpenraum zu geben und Nicht-Volkskundlern den Einstieg in diese Thematik zu erleichtern. Die editorischen Anmerkungen stellen den Kontext heraus, in dem die Arbeiten Niederers ursprünglich erschienen sind und der zur Bewertung seiner Texte nicht unwichtig sein dürfte. Und das Register schliesslich wurde von Arnold Niederer speziell erstellt, um ein gezieltes problemorientiertes «Querlesen» der Texte zu ermöglichen.

Es wäre eine grosse Freude, wenn dieser Band dazu beitragen könnte, dass die Arbeiten der Schweizer Volkskunde und diejenigen Arnold Niederers wieder vermehrt zur Kenntnis genommen würden und wenn in gezielter Auseinandersetzung mit ihnen neue Arbeiten zum kulturellen Wandel im Alpenraum im Grenzbereich Volkskunde – Soziologie – Psychologie entstünden, die mit dazu beitragen würden, dass die moderne Entwicklung der Alpen verantwortlich gestaltet wird.

Werner Bätzing

1 Chappaz, M. (1979): Lötschental – Die wilde Würde einer verlorenen Talschaft. In historischen Photographien von Albert Nyfeler; Frankfurt (Neuausgabe 1990 im Rahmen «Suhrkamp Weisses Programm Schweiz»). Darin Kapitel 6: Die Frage des Fortschritts: Ein Interview mit Professor Arnold Niederer (S. 139–148). Französische Originalausgabe: Lötschental secret. Les photographies historiques d'Albert Nyfeler, Lausanne 1975.

Textteil

1.

Gemeinwerk im Wallis

Bäuerliche Gemeinschaftsarbeit in Vergangenheit und Gegenwart

Vorwort

Einst waren die Walliser Dörfer natürliche Schicksalsgemeinschaften, die durch ihre zweckmässigen, der Selbstversorgung dienenden Einrichtungen und ihr Gemeindeeigentum den in ihnen lebenden Menschen ein hohes Mass materieller und seelischer Geborgenheit gewährten. Das Eindringen der Industrie ins Rhonetal gab den Wallisern neue und einträglichere Möglichkeiten des Broterwerbs als die herkömmliche Land- und Alpwirtschaft und löste sie vom Zwange der Selbstversorgung. Dadurch lockerten sich die Bindungen des Einzelnen an das Dorfkollektiv, und viele bewährte Einrichtungen und sinnvolle Bräuche wurden nebensächlich. Das Schicksal des Gemeinwerks, das einst ein Kernstück bäuerlichen Gemeinschaftslebens war, ist bezeichnend für eine Entwicklung, die die ausseralpinen Gebiete zum grossen Teil schon im vergangenen Jahrhundert durchgemacht haben.

Im folgenden versuchen wir darzustellen, was das Gemeinwerk in früheren Zeiten war und was heute noch davon vorhanden ist. Das Material für unsere Untersuchung wurde in den Jahren 1948 bis 1951 durch mündliche Befragung von Gewährsleuten, vor allem solcher des Oberwallis, gewonnen. Eine kleine schriftliche Enquête unter den Präsidenten sämtlicher 170 Walliser Gemeinden gab Übersicht über die Verhältnisse des übrigen Kantons. Gedruckte Urkundensammlungen, die zahlreichen Walliser Ortsmonographien sowie das Material einiger im Sittener Staatsarchiv deponierter Gemeindearchive dienten als historische Quellen.

Die Anregung zu dieser Arbeit verdanken wir Herrn Prof. Dr. J. Jud. Herr Prof. Dr. R. Weiss hat sie durch seinen Rat und seine stete Ermunterung gefördert. Die Schweizerische Gesellschaft für Volkskunde nahm die Arbeit in ihre Schriftenreihe auf. Ihnen allen sowie den freundlichen Gewährsleuten im Wallis sei hier der aufrichtige und tiefempfundene Dank des Verfassers ausgesprochen.

Einleitung

Diese Arbeit setzt sich zum Ziel, die brauchmässige Gemeinschaftsarbeit im Wallis vom volkskundlichen Standpunkt aus zu untersuchen[1]. Unter Gemeinschaftsarbeit verstehen wir im folgenden die von einem Arbeitskollektiv ganz oder teilweise unentgeltlich geleistete Arbeit zugunsten eines Einzelnen, einer privatrechtlichen oder öffentlich-rechtlichen Körperschaft. Die Gemeinschaftsarbeit zugunsten einer Körperschaft heisst im deutschsprachigen Oberwallis überall Gemeinwerk, im französischsprachigen Unter- und Mittelwallis «manœuvre».

Seit der grossen Wende zwischen Spätmittelalter und Neuzeit hat sich das geistige Leben Europas in zwei Schichten gespalten, deren innere Lebensrichtungen einander entgegengesetzt sind. Descartes hat als erster das für die moderne geistige Oberschicht massgebende Weltbild geschaffen, dessen oberstes Prinzip der grundsätzliche Zweifel ist. Die unausgesprochene Voraussetzung dieses methodologischen Zweifels ist der Glaube an die Möglichkeit rationaler Einsicht in alle Bereiche der Natur und des menschlichen Daseins. Diese systematische Rationalität ist das Wesensmerkmal unserer Wissenschaft, deren Geist dem der traditionsbestimmten Lebenssphäre der geistigen Unterschicht diametral entgegengesetzt ist. Wenn wir im folgenden wiederholt von Oberschicht und Unterschicht sprechen, so soll dies nicht im Sinne einer sozialen Gruppierung verstanden werden[2]. Wir bezeichnen damit vielmehr zwei Bereiche seelisch-geistigen Verhaltens des Menschen. Diese beiden Bereiche stehen sich in jedem Individuum in ständiger Spannung gegenüber, wobei bald der eine, bald der andere für die Verhaltensweise ausschlaggebend ist.

In der geistigen Oberschicht gilt nur diese Tradition: keiner Tradition zu glauben (Stavenhagen 1936, S. 39). Auf dem Gegenpol dieser Eigenständigkeit steht das gemeinschaftsgebundene, uneigenständige Leben und Denken der Unterschicht, das durch die Überlieferung bestimmt wird. Mit diesem Gebiet traditionsgebundenen Lebens beschäftigt sich die Volkskunde. Wesentlich ist, dass die beiden geistigen Schichten einander beeinflussen und dass das rationale Denken der Oberschicht weitgehend die Lebensverhältnisse schafft, mit denen sich die Unterschicht abzufinden hat. Diese Gegensätzlichkeit innerhalb des europäischen Kulturlebens durchdringt als spezifisches Problem unserer Zeit das ganze äussere und innere Leben der Gesellschaft, angefangen von der uns hier besonders interessierenden technisch-wirtschaftlichen Durchorganisierung bis zu den letzten Fragen nach dem Sinn des Lebens. Die ganze Dynamik der rationalen Sphäre zeigt sich am deutlichsten in unserer Sozial- und Wirtschaftsordnung. Die Wirtschaft des Mittelalters war traditionalistisch. Man arbeitete so, wie man es von den Vätern gelernt hatte. Demgegenüber ist unsere moderne Wirtschaft nicht mehr das Ergebnis zufälliger, treu überlieferter Erfahrungen, sondern ein auf wissenschaftlicher Systematik und Kontrolle errichtetes Gebäude. Alles ist darin wissenschaftlich geprüft und geregelt: die Technik der Herstellung, die Buchführung, die Eignung der Arbeiter, die Absatzmöglichkeiten usw. Es gibt darin kaum mehr etwas, das sich vom rationalen Standpunkte aus nicht rechtfertigen liesse (Stavenhagen 1936, S. 45).

Nach alledem dürfen wir «jede Arbeit, die gewohnheitsmässig nach herkömmlichen Vorbildern und nicht nach eigener zweckrationaler Überlegung ausgeführt wird» (Weiss 1946, S. 102 f.) in den Bereich volkskundlicher Betrachtungsweise ziehen. Dies erlaubt uns jedoch keineswegs, alle auf Tradition beruhenden Arbeitsvorgänge und Arbeitstechniken als irrational zu bezeichnen. Solange sie im Rahmen festgefügter, auf wirtschaftlicher Autarkie beruhender Dorfgemeinschaften bleiben, besitzen sie oft eine erstaunlich weise, auf Empirie gegründete Rationalität[3]. Volkstümliche Arbeitsvorgänge werden erst dann irrational, wenn starke äussere Einflüsse (moderne Produktions- und Verkehrsmittel, staatliche Interventionen usw.) die lokale Wirtschaftsordnung erschüttern. Dann kommt es vor, dass die Gemeinschaft noch lange in sinnlos gewordenen Traditionen verharrt.

Zweckrational geleitete Arbeit hat sich seit der Manufakturperiode immer mehr zur Arbeit schlechthin entwickelt. Unzählige, ihrer Herkunft nach vorwiegend der traditionsbestimmten Lebenssphäre verhaftete Menschen sind durch diese notwendige und unabwendbare Entwicklung dem rational mechanisierten modernen Wirtschaftsapparat dienstbar gemacht worden. Sie haben dabei einen Wandel ihrer seelischen Struktur durchgemacht, dessen Bedeutung man kaum überschätzen kann[4].

Rational geplante Zusammenfassung menschlicher Arbeitskräfte mit gleichförmiger Arbeit ist freilich auch aus früheren Zeiten überliefert (Pyramiden- und Kanalbauten in Ägypten, Bergwerke des alten Rom usw.). Handelte es sich dort um relativ isolierte Erscheinungen innerhalb urwüchsig produzierender Gemeinwesen, so steht unsere Epoche der Tendenz nach ganz im Banne der nach und nach alle Gebiete traditioneller Wirtschaftsweise erobernden rationalisierten Arbeit.

Auf dem Gegenpol der rationalisierten Arbeit steht die traditions- und gemeinschaftsgebundene Arbeits- und Wirtschaftsweise der von uns untersuchten Dorfgemeinschaften, die zum grossen Teil den archaischen, inneralpinen Autarkiegebieten des Wallis angehören. Dort lebte «die am meisten der Routine verfallene, dem Fortschritt des Handels und Verkehrs feindlichste, aber auch die von der ortsfremden Staatsgewalt unabhängigste Bevölkerung» (Courthion 1903, S. 44). Da sich diese Dorfgemeinschaften heute nicht mehr ihrer andersgewordenen Umwelt verschliessen können, bietet sich uns bei der

Untersuchung der Gemeinschaftsarbeit Gelegenheit, die von der Wirtschaftsgeschichte, Soziologie und Sozialpsychologie mehr in ihrer Allgemeinheit beschriebenen Wandlungen und Übergangsformen an einem konkreten Beispiel aufzuzeigen.

Vorläufig mögen hier die wesentlichsten Merkmale der volkstümlichen Arbeit aufgezählt werden. Sie sind z. T. längst als Merkmale der vorkapitalistischen (mittelalterlichen) Arbeit und Wirtschaft namhaft gemacht worden; kannte doch das Mittelalter die Rationalisierung noch nicht als allgemeines Richtungsprinzip der Wirtschaft.

Die volkstümliche Arbeit hat sich organisch entwickelt. Die Arbeitsteilung ist eine urwüchsige und richtet sich nach Geschlecht, Alter und physischer Konstitution. Der Arbeitsprozess vom Rohmaterial bis zum fertigen Produkt ist kurz und für den Arbeitenden klar überschaubar. Er ist an verhältnismässig wenig Menschen gebunden, die unter sich eine organische Einheit (Familie, lokale Besitz- oder Arbeitsgenossenschaft) bilden, in welche das wirtschaftende Subjekt gleichsam hineingeboren wird. Die Arbeit dient mehrheitlich der Herstellung von Gebrauchsgütern für den Arbeitenden und seine Angehörigen selbst. Die Verfertigung von Tauschwerten für den Verkauf ist nicht ausgeschlossen, hat aber bloss episodischen Charakter. Dadurch spielt das Geld, das sich bei der rational organisierten Lohnarbeit zwischen Produzent und Produkt schiebt, nur eine untergeordnete Rolle. Mensch und Produkt werden nicht auseinandergerissen[5]. Das wirtschaftende Subjekt verfügt in der Regel entweder als Eigentümer, Nutzniesser, Besitzer oder Mitbesitzer (in genossenschaftlichen Verhältnissen) über die Produktionsmittel. Die Arbeitsformen und Arbeitsgeräte werden von allen beherrscht, ihre Technik ist für alle handlich. Die Einführung des Nachwuchses in die Arbeitsgemeinschaft geschieht auf organischem Wege. Bei der einfachen Organisation und Technik kann schon das Kind nützliche Arbeit leisten, ohne durch seine Unkenntnis oder Unerfahrenheit den Arbeitsgang der Erwachsenen zu stören. Der Arbeitsvorgang verläuft in Harmonie mit dem Lebensrhythmus des Arbeitenden. Tempo und Dauer liegen in seinem Ermessen. Auch der Rhythmus der Natur (Tag und Nacht, Jahreszeiten, Witterung) wird dabei streng beobachtet. Bei manchen Verrichtungen gehen Arbeit und Spiel ineinander über. Der Tatsache entsprechend, dass der Mensch Einzelwesen und Gemeinschaftswesen zugleich ist, ist die Arbeit wo immer möglich gesellige Arbeit, wobei das Bedürfnis nach Unterhaltung, Scherz, Gesang, Erotik ebenfalls auf seine Rechnung kommt. Körperliche und geistige Arbeit sind nicht getrennt. Das herzustellende Produkt entsteht zuerst als Projekt im Kopf seines Erzeugers. (Der Bauherr ist sein eigener Architekt, Baumeister und Zimmermann.) Dies verhindert das für viele moderne Produktionsvorgänge charakteristische Zerreissen des Menschen in Teilfunktionen, das menschliche Eigenschaften und Sonderheiten, vom Standpunkt der Produktion aus gesehen, zu blossen Fehlerquellen stempelt.

Wir beabsichtigen mit dieser Darstellung der traditionsgebundenen Arbeit keine Verherrlichung mittelalterlicher Produktionsweise und wünschen noch weniger die künstliche Bewahrung archaischer Autarkiegebiete zu befürworten. Der unverkennbare harmonische Zug, der diese traditionelle Wirtschaftsweise kennzeichnet, wird von ihren Trägern durch den niederen Lebensstandard bezahlt, für den der Walliser Dichter Adolf Fux den Ausdruck «Polentastandard» geprägt hat. Übrigens wäre es ganz unmöglich, bei grösserer Verbreitung solcher Produktionsmethoden die heutige Bevölkerung auch nur notdürftig zu ernähren. Schliesslich darf nicht unerwähnt bleiben, dass soziale Unterschiede auch bei traditioneller Wirtschaftsweise erheblich und für den Einzelnen drückend sein können[6].

Die oben angeführten Merkmale gelten auch für die Gemeinschaftsarbeit. Diese entspricht volkstümlicher Geistigkeit, solange sie sich in organischen Gemeinschaften wie Nachbarschaft, Wasser-, Brunnen-, Alpgenossenschaft usw. vollzieht. Im Gegensatz zu solchen Arbeits- und Besitzgenossenschaften, die jedem sein Mitbestimmungsrecht in den für ihn lebenswichtigen Fragen der Wirtschaft gewährleisten, stehen grössere Verbände mehr oder weniger anonymer Art. Diese beginnen bereits mit den unverbindlicheren, vom Staat geschaffenen Munizipalgemeinden, in denen die Bindung an das grösser gewordene und widersprechende Interessen umfassende Kollektiv nicht mehr als persönlich empfunden wird. Es entsteht eine Diskrepanz zwischen der gemeinschaftlichen Form der Arbeit und der individualistisch gewordenen Wirtschaft der Einwohner. Diese Tatsache zwingt dazu, auf die Forderung persönlicher Mitarbeit, welche die hohe Bedeutung des Einzelnen in der kleinen Genossenschaft widerspiegelt, zu verzichten und an deren Stelle Geld einzuziehen, welches erlaubt, bezahlte Arbeitskräfte anzustellen. Wenn einmal die Möglichkeit besteht, die geforderte, ursprünglich persönliche Leistung durch Geld zu ersetzen, wird rückwirkend auch die tatsächlich noch geleistete, nicht durch Geld abgelöste Gemeinschaftsarbeit in bezug auf Dauer und Leistung genau kalkuliert. Es geht dann nicht mehr um Tagwerke, sondern um Arbeitsstunden. Damit ist der erste Schritt zur Rationalisierung, aber auch zur Entpersönlichung und Versachlichung des Gemeinwerkes getan. Die beiden Arbeitsformen mögen hier kurz an einem unserem Untersuchungsgebiet entnommenen Beispiel veranschaulicht werden.

Der Arbeiter, der für seine Bürgergemeinde an einer Alpmelioration arbeitet, ist, wenn er selbst zu den Nutzniessern der betreffenden Alp zählt, am Zustandekommen des Werkes unmittelbar interessiert. Er geniesst den Ertrag seiner Arbeit in Form einer Erhöhung des Alpnutzens. Er wird für seine Mitarbeit nicht mit dem qualitativ indifferenten Medium Geld bezahlt, das er ja auch durch jede beliebige andere Arbeit hätte verdienen können. Die innere Identität zwischen Arbeiter und Werk bleibt gewahrt. Anders liegt der Fall bei einem im Auftrag der Gemeinde arbeitenden Bürger, der eine ihm administrativ zugeordnete Arbeit verrichtet, also etwa bei einem Landwirt, der im Gemeinwerk für die Munizipalgemeinde einen Touristenweg ausbessert oder am Bau oder Unterhalt der das Dorf durchquerenden Strasse mitarbeitet, um einen Teil seiner Steuern in Form dieser Naturalleistung abzubezahlen. Er könnte seine Steuern ebensogut aus dem Ertrag seiner privaten Tätigkeit bestreiten. Geht er dennoch an die Gemeinschaftsarbeit, dann nicht mehr aus Interesse am Zustandekommen eines Werkes, sondern um möglichst leicht, unter Scherzen und Plaudern einen Taglohn zu verdienen. Dies wird er aber nur tun, wenn er nicht zu Hause dringendere und lohnendere Arbeit versäumt.

Diese zweite Art der Gemeinschaftsarbeit weist trotz ihres noch recht gemütlichen Charakters bereits in die Richtung der abstrakten Arbeit, welche in der modernen Fabrikarbeit mit ihrer Zerlegung des Arbeitsprozesses in sich stets wiederholende Teilmanipulationen ihre Vollendung findet.

Der volkstümlichen Arbeit und dem spontanen, unversachlichten Gemeinschaftsleben gilt das Heimweh unserer von der Zweckrationalität beherrschten Zeit. Auf sie weisen konservative und sozialistische Ideologie hin: die erstere möchte die Entwicklung aufhalten und die Zeit der frohen Arbeit wieder aufleben lassen, die andere will auf einer neuen Stufe der Entwicklung die Trennung zwischen dem Arbeiter und seinem Produkt aufheben. Die Selbstbestätigung des Menschen und der Gemeinschaft in sinnvoller Arbeit und unter Aneignung des geschaffenen Produktes ist der Pol, zu dem die von uns untersuchten Gemeinschaften in ihrer geschichtlichen Entwicklung immer wieder hinstrebten. Die einzelne Familie, das kleine Dorfkollektiv, alle wollen sie frei sein, aber nicht nur frei von dieser oder jener (feudalen oder staatlichen) Abhängigkeit, sondern frei *zu* etwas. Sie verlangen auf einer bestimmten Höhe der geschichtlichen Entwicklung ihr Selbstbestimmungsrecht über die Grundlagen, die Organisation und das Produkt ihrer Tätigkeit, die für sie das Leben selbst bedeutet. Wo diese Freiheit *zu* etwas fehlt, wo sie bloss formal ist, entstehen Minderwertigkeitsgefühle, daraus Hass, Machtgier, aber auch Bereitschaft zur kritiklosen Unterwerfung unter die erstbeste Autorität. Der gesamte Habitus des Menschen wird in hohem Masse von seiner Beziehung zur Arbeit geprägt; sie bestimmt seine Stellung in der Gesellschaft. Trotz dieser Erkenntnis lässt sich die historische Notwendigkeit grosser, rational geplanter Arbeitszusammenfassung (mittelalterliche Fronhöfe, neuzeitliche Manufakturen, Fabriken usw.) zur materiellen Sicherstellung der Bevölkerung nicht leugnen. Die Geschichte der von uns untersuchten Gemeinschaften besteht im wesentlichen aus ihrem Kampf gegen grosse, die kleine Lokalgemeinschaft zur Bedeutungslosigkeit herabdrückende politische und wirtschaftliche Machtgebilde. In diesem Lichte gesehen, erscheinen die Römerherrschaft und die spätere zentralistische Macht Savoyens über das Unterwallis als Elemente zivilisatorischen Fortschrittes, denen aber der Selbstbestimmungswille der Dorfgemeinschaften widerspricht[7].

Bevor wir zur Geschichte der uns interessierenden Walliser Lokalgemeinschaften übergehen, versuchen wir, die menschlichen Grundbedürfnisse aufzuzeigen, denen die volkstümliche Arbeit und die sie tragenden Gemeinschaften in so hohem Masse entgegenkommen. Das zähe und gleichmässige Fortleben der Dorfgemeinschaften unter den verschiedensten Gesellschaftsordnungen und Staatsformen in fast allen Gegenden der Erde muss zum grossen Teil in der durch diese sozialen Gebilde gewährten Widerspruchslosigkeit zwischen menschlichen Grundbedürfnissen und gesellschaftlicher Norm seine Erklärung finden.

Die starke Bindung an die Gemeinschaft bewahrt den Einzelnen vor Hilflosigkeit, Angst und Zweifel. Die Lösung aus dem Dorfverband, die manchem zuerst als Freiheit erscheint, erweist sich oft als bloss negative Freiheit ohne Direktiven und Grundlagen für eine befriedigende Tätigkeit. Bindung an die Dorfgemeinschaft gibt die positive Freiheit, über unmittelbare Lebensinteressen mitzubeschliessen. Gemeinsam verwaltete Güter geben die Möglichkeit sinnvollen Tuns; sie sind ein echtes Interessenzentrum; sie sind Freiheit *zu* etwas.

Gemeinschaftlich geordnetes Leben gibt jedem die Möglichkeit, er selbst zu sein, d. h. durch spontanen physischen und geistigen Ausdruck der Möglichkeiten seiner Gesamtpersönlichkeit sich in seiner Arbeit zu bestätigen, «seine» Welt in ihrer Fülle zu erfahren. Man denke hier an die Vielseitigkeit des in drei oder vier Höhenregionen wirtschaftenden Allerweltsbauern des Wallis, der zugleich Weinbauer, Ackerbauer, Viehzüchter und oft dazu noch sein eigener Handwerker ist.

Die geschlossene Dorfgemeinschaft mit Gemeineigentum einerseits und der – letzterem am nächsten verwandten – Besitzform des real geteilten Privateigentums anderseits gewähren Obdach und Nahrung für die jetzt lebenden und auch für die durch Geburt später hinzukommenden Glieder der Gemeinschaft. Da und dort besteht im Wallis die Institution der «Burgerlose». Der Bürger, welcher einen Hausstand gründet, erhält von seiner Gemeinde zur Nutzniessung auf Lebenszeit ein oder mehrere «Lose» zugeteilt. Das sind Grundstücke, die ihm zusammen mit dem übrigen Nutzen aus den gemeinen Gütern (Allmend) erlauben, fast ohne Privatland sich und seine Familie zu ernähren. Die für solche Gemeinschaften wichtige Verbindung mit den Ahnen, die im heimatlichen Boden ruhen, ist gewahrt. Es besteht keine Notwendigkeit, wirtschaftlicher Schwierigkeiten wegen die Heirat hinauszuschieben. Niemand, der zur Dorfgemeinschaft gehört, muss in Furcht leben, aus dem wirtschaftlichen Kreislauf ausgeschieden zu werden. Für die Waisen wird von einem grossen Kreis näherer und entfernterer Verwandter gesorgt, so dass für den einzelnen Unterstützungspflichtigen die Belastung erträglich ist[8].

Traditionelle Wirtschaft beruht auf urwüchsiger, weitgehend naturbedingter Ordnung in der Zeit (zwischen Produktion und Konsumtion, Arbeit und Fest, Saat und Brache usw.) und im Raume (feste Flurordnung, Gleichgewicht zwischen privatem und kollektivem Besitz, im Verhältnis der Anzahl von Menschen und Tieren, der Ausdehnung von Weide und Acker usw.).

Die Dorfgemeinschaft überträgt dem Einzelnen Verantwortung, nicht nur für seine Familie, sondern auch für das ganze Dorfleben. Diese Verantwortung wirkt sich bei der Mitarbeit an gemeinsamen Werken und im aktiven Mitbestimmungsrecht bei allen die vitalen Interessen betreffenden Beschlüssen aus. Auch Behinderte und Gebrechliche sind nicht ausgeschlossen, sondern werden nach Massgabe ihrer Fähigkeiten zu Dienstleistungen für die Gemeinschaft herangezogen. Die Dorfgemeinschaft kann sich dies gestatten, weil sie nicht auf Rentabilität, sondern auf harmonische Bedürfnisbefriedigung ihrer Mitglieder hin ausgerichtet ist. Mancherorts gehen die Ämter turnusgemäss von Haus zu Haus. Da gibt es keine Machtkonzentration in den Händen eines Einzelnen oder einiger weniger. Die Kinder, die in Ackerbau treibenden Gemeinschaften als ein Segen betrachtet werden, wachsen frühzeitig und organisch in den Aufgabenkreis der Erwachsenen hinein.

Als Ebenbürtige treten sich die Dorfgenossen entgegen, und selbstbewusst stehen sie vor Fremden. Jeder ist soviel wert, als er für alle leistet, und jeder kann bei dem verhältnismässig primitiven Stand der Technik ungefähr gleich viel leisten. Die Hoffnungen und Aussichten sind für die meisten die gleichen. Dies gilt auch für die Ehe. Je geringer die Bedeutung des Privatbesitzes im Verhältnis zum Anteil am Gemeingut, desto geringer ist die Rolle der Mitgift, des Ranges usw. für die Eheschliessung. Die Dorfgemeinschaft erhält eine faktische Gleichheit, die verbindet, ohne zu nivellieren.

Man wird uns mit Recht vorwerfen, dass wir die traditionelle Wirtschafts- und Lebensweise allzusehr idealisiert haben, dass wir nüchterne Wirklichkeit verklärt haben. Wir geben zu, dass wir hier einen Querschnitt durch die Walliser Dorfgemeinschaft zu ihren besten Zeiten vor Augen hatten. Wenn wir von voller Entfaltung des einzelnen sprachen, so war dies immer im Hinblick auf die kleine Welt der Dorfgemeinschaft gedacht. Es ist klar, dass der wesentlich von der Oberschicht her geprägte Mensch unter Entfaltung seiner Persönlichkeit etwas anderes versteht, als das, was der Dorfbewohner in der Gemeinschaft unmittelbar und unbewusst erlebt, ja, dass ihm das Leben in der Enge eines Bergdorfes unerträglich würde. Auch darf man nie vergessen, dass die Dorfgemeinschaft soziale Unterschiede nicht ausschliesst. Die

Augenblicke vollkommener Gleichheit waren auch hier selten. Dennoch schien uns die Aufstellung eines solchen Idealtypus aus methodischen Gründen angebracht, weil wir bei der Betrachtung der Entwicklung im einzelnen stets die Annäherung oder Entfernung in bezug auf den so sehr den psychischen und materiellen Grundbedürfnissen entgegenkommenden Idealtypus von Arbeit und Gemeinschaft verfolgen können. Im übrigen sind wir der Ansicht, dass die romantische Sehnsucht nach solchen Urformen menschlicher Vergesellschaftung überwunden werden muss, sollen Dorfgemeinschaft und zivilisatorischer Fortschritt in das richtige Verhältnis gebracht werden. In das verlorene Paradies kehrt kein Mensch zurück. Aber nichts verbietet uns, die unvergänglichen inneren Werte jener Lebensformen auf einer neuen Stufe der technischen Entwicklung anzustreben. Wer die versteinerten Formen vergangener Zeiten künstlich erhalten will, liebt die Vergangenheit nicht um ihrer lebendigen Wahrheit willen. Wir glauben, dass auf der heutigen Stufe der Naturbeherrschung die Freiheit und das Glück des Einzelnen mit der Ratio unabtrennbar verbunden sind, und fragen uns mit Kurt Stavenhagen, ob das scheinbare Zuviel an Rationalität in Wirklichkeit nicht ein Zuwenig an Rationalität sei. Die Einzelteile unserer Sozial- und Wirtschaftsordnung «arbeiten in sich rational, aber von Ausgangspunkten her, von denen aus Zufall und Egoismus sie in Gang gebracht haben, nicht aber in einer Richtung, die von einer auf das Eigentliche im Menschen ausgerichteten Einsicht vertretbar wäre» (Stavenhagen 1936, S. 44). Die Volkskunde kann insofern an der Lösung des menschlichen Problems der Arbeit und der Gemeinschaft mithelfen, als sie die im Volksleben vorhandenen organischen Ansätze aufzeigt, welche die seelisch-geistige Basis eines jeden sinnvollen sozialen Programmes bilden müssen.

Historischer Teil

Die Dorfgemeinschaft

Die Dorfgemeinschaft ist ein soziales und wirtschaftliches Gebilde, dessen erste Voraussetzung das organische Zusammenleben der sie bildenden Familien in einem von allen ihren Trägern überschaubaren Lebensraum ist. Dieser ist weitgehend ein natürlicher oder historischer Schicksalsraum, der den grössten Teil der lebensnotwendigen Produkte liefert und den in ihm Lebenden bestimmte, für alle ähnliche Daseinsbedingungen aufzwingt. Dies hat die Gleichgerichtetheit der unmittelbaren Lebensinteressen und eine weitgehende Solidarität aller zur Folge. Die Dorfgemeinschaft genügt neben den wirtschaftlichen auch den seelisch-geistigen Bedürfnissen ihrer Mitglieder selbst (gemeinsame Feiern: Hochzeiten, Beerdigungen, Kirchenfeste, gemeinschaftliche Mahlzeiten, Gemeintrünke usw.).

Träger der Dorfgemeinschaft sind neben den Familien verschiedene Arbeits- und Besitzgenossenschaften: Nachbarschaften, Bewässerungs-, Brunnen-, Weg- oder Alpgenossenschaften sowie bündische Gruppen, wie Schützenzünfte, Altersgruppen, religiöse Bruderschaften usw. Jede einzelne Familie ist durch ihre Glieder an mehreren dieser sozialen Gebilde beteiligt. Die zahlreichen so entstandenen Bindungen legen sich wie Bänder übereinander und bilden das starke Gewebe der Dorfgemeinschaft.

Die Dorfgemeinschaft sowie die einzelnen sie bildenden Verbände verfügen entweder als Nutzniesser, Besitzer oder Eigentümer über gemeinsame und private Güter (vor allem über Boden als die eigentliche Lebensdimension der Dorfgemeinschaft), wobei der Übergang zwischen «privat» und «gemeinsam» fliessend ist (kollektive Servituten auf Privatgütern, temporäre Privatrechte auf Gemeingütern). Das Verhältnis zwischen privaten und gemeinsamen Gütern ist wandelbar und durch historische Faktoren bedingt. Die die Gemeinschaft bildenden Glieder sind gemeinsamen Ordnungen verpflichtet, wie Flurzwang, Organisation der Herden und des Weidgangs, Gemeinatzung, Gemeinwerk usw. Sie scheiden aus ihrer Mitte selbständig verantwortliche Behörden aus, die über die Befolgung und Ausführung der kollektiven, durch die Tradition bestimmten Ordnungen wachen.

Die Dorfgemeinschaft wird von ihren Trägern phänomenal ungeschichtlich erlebt, ist aber objektiv gesehen historisch nicht unwandelbar. Sie kann ihre Struktur verändern: Wandlung von der Sippe zur ortsgebundenen Gemeinschaft, Wandlungen im Verhältnis zwischen Kollektiv- und Privatbesitz, Aufnahme von Hintersässen, Übergang von Hof- zu Dorfsiedlung, Güterzusammenlegung usw. Meistens sind ihre Wandlungen jedoch die Folge von Einwirkungen grösserer wirtschaftlicher, politischer oder kirchlicher Verbände, von denen sie mehr oder weniger abhängig ist. Auch Naturkatastrophen, Klimaverschlechterung usw. spielen eine Rolle.

Der formalrechtliche Stand der einzelnen Träger der Dorfgemeinschaft kann verschieden sein. Die Dorfgemeinschaften des Mittelalters bestanden aus Adligen, Freien, Hörigen und Leibeigenen. Entscheidend für die Bildung und Erhaltung der Dorfgemeinschaft sind die vorwiegend gleichgerichteten vitalen Interessen, die Notwendigkeit, bei Gefahr des Unterganges zusammenzuarbeiten.

Die moderne, affektgeladene Verwendung des Begriffes «Gemeinschaft» darf nicht dazu verführen, die Dorfgemeinschaft als eine von Liebe und Brüderlichkeit überfliessende Welt aufzufassen. Die Beziehungen ihrer einzelnen Glieder zueinander sind wohl zutiefst persönlich, aber durchaus unsentimental. Sentimentalität entsteht erst dort, wo die Macht persönlicher

Bindungen verschwunden ist und dem Gefühl der Vereinsamung Platz gemacht hat. Autoritätsverhältnisse sind mit der Dorfgemeinschaft nicht unvereinbar. Sie ergeben sich aus den Unterschieden der Geburt, des Alters, der physischen Kraft, der Geschicklichkeit, der geistigen Begabung usw.

Dorfgemeinschaften sind potentiell oder effektiv Stätten der politischen Autonomie (Gasser 1947).

Geschichte der Walliser Dorfgemeinschaft

Zur Erfassung des Lebens in überlieferten Ordnungen kommt die Volkskunde bei der Setzung der Anfänge nur dort ohne Geschichte aus, wo diese Ordnungen auf allgemeine, allen Völkern gemeinsame Grundvorstellungen und Verhaltensweisen oder primär gegebene Techniken zurückgehen. Die gesellige Verrichtung der menschlichen Arbeit, die gegenseitige Hilfe zu Zeiten grossen Arbeitsandranges, die Rhythmisierung der Kollektivarbeit (Dreschen, Traubenstampfen im Takt usw.) können ihrem Wesen nach nicht aus der Geschichte hergeleitet werden. Sobald aber einzelne sekundäre Erscheinungsformen ins Auge gefasst werden, wie etwa die Festsetzung auf bestimmte Termine, die Art der Entlöhnung usw., müssen oft geschichtliche Tatsachen zur Erklärung herbeigezogen werden.

Die Geschichte ist aber noch in einem weiteren, allgemeineren Sinne für den Volkskundler bedeutungsvoll, wenn er den ganzen Reichtum traditionsgebundenen Lebens verstehen will. Es genügt nämlich nicht, etwa die Entstehung der Schützenbruderschaften im Wallis mit ihren bunten Schiess- und Trinksitten auf einen Beschluss des Walliser Landrates aus dem 16. Jahrhundert zurückzuführen. Der gesamte historische, politische und wirtschaftliche Habitus der einen solchen Brauch tragenden Gemeinschaft muss beleuchtet werden, um die Beziehungen zwischen Brauch und Traditionskreis verständlich zu machen. Der Grad sozialen und politischen Selbstbewusstseins der Gemeinschaft, Reichtum oder Armut ihrer wirtschaftlichen Quellen usw. wirken sich auf die Gestaltung, Farbigkeit und Vitalität des Brauches aus. Das Selbstbewusstsein aber steht in enger Beziehung zum tatsächlichen politischen und wirtschaftlichen Selbstbestimmungsrecht, dessen Vorhandensein oder Fehlen wiederum geschichtlich erklärt werden muss.

Die Romanisierung der keltischen Stämme des Wallis, die Savoyerherrschaft, die Vereinigung mit der Eidgenossenschaft, die Verbindlichkeit der in ihren Grundzügen liberalen Verfassung von 1848 für den wirtschaftlich und kulturell besonders gearteten Kanton Wallis waren Ereignisse, welche alte Traditionen veränderten, auflösten und neue schufen[9]. Nicht nur das, sie veränderten auch den Volkscharakter, der sich den neuen Verhältnissen anpassen musste.

Louis Courthion schrieb gewisse Charaktereigentümlichkeiten der Lötschentaler der historischen Tatsache zu, dass Lötschen zur Zeit der sich im übrigen Oberwallis rege entfaltenden und erfolgreichen Kommunitätenbewegungen politisch unfrei unter der Botmässigkeit der oberen Zenden stand[10]. Ähnlich versuchte er auch, die für das Wallis erstaunliche Erscheinung einer Freidenkerbewegung, die sich in der zweiten Hälfte des 19. und anfangs des 20. Jahrhunderts im Val de Bagnes ausbreitete, aus dem historischen Schicksal der Talschaft zu erklären (Courthion 1916, S. 179 ff.). Wir sind uns bewusst, dass solche Schlüsse, so einleuchtend sie auf den ersten Blick erscheinen, oft Fehlschlüsse sind. Dennoch wird niemand bestreiten, dass gemeinsame Geschichte, gleiche Grunderlebnise bei den Trägern einer sozialen Gruppe (Lokalgemeinschaft, Sippe, Rasse usw.) einen gemeinsamen Fundus an Charaktereigenschaften und eine eigene Triebstruktur erzeugen. Die Berücksichtigung des historischen Schicksals für das Verständnis der kollektiven Psyche einer Gemeinschaft ist nicht weniger wichtig als die Kenntnis der Lebensgeschichte eines Menschen für das Verständnis seiner Individualpsyche.

Allerdings setzt die Erforschung der historischen Bedingungen des Werdens eines Volkscharakters eine Gewichtsverlegung auf das Studium des Alltags, des affektiven Lebens auf Kosten der rein politischen Geschichte voraus. Wir versuchen im folgenden das Werden der Walliser Dorfgemeinschaft und ihre Anstrengungen zur Förderung der gemeinsamen Wohlfahrt herauszuarbeiten, also jene Entwicklung, die Adolf Fux wie folgt zusammengefasst hat: «Kein gesetzlicher, sondern ein natürlicher Zwang hat dieses korporative Gemeinschaftswesen im Wallis in vermehrtem Masse als andernorts gefördert, das weder durch den Wechsel der Regierungen noch durch weltanschauliche und wirtschaftliche Umwälzungen und auch durch keinen Krieg, keine Revolution umgestürzt wurde und sich mit nur unwesentlichen und mehr förmlichen Änderungen bis auf den heutigen Tag erhalten hat. Nach jenen ersten Schutz- und Trutzbündnissen der sich im Wallis niederlassenden Sippen gegen feindliche Sippen, wilde Tiere und feudale Ausbeuter haben sich sowohl die Lehensbauern geistlicher oder weltlicher Herren wie auch die Freien in den abgelegenen Hochtälern zu kleineren Gemeinschaften auf wirtschaftlicher Grundlage zusammengeschlossen. Sie nannten diese Verbände ‹Purenzünfte› oder ‹Gepurschaften› oder auch Alp-, Berg- und Talschaften. Mit diesen Korporationen und Verbänden erstrebten die alten Walliser: Wohlfahrt in der Gemeinschaft und Ordnung in der Freiheit. Und im harten Ringen um das tägliche Brot, unter der steten Bedrohung durch die Naturgewalten und in den langwierigen Kämpfen um die Unabhängigkeit wurde das Zusammengehörigkeitsgefühl und damit das Wirtschaftswesen auf demokratisch-genossenschaftlicher Grundlage gefördert und gefestigt. Die ersten Gemeinschaften mit korporativem Charakter, woraus sich später vielerorts die Burgerschaften und schliesslich die Gemeinden mit ähnlicher wirtschaftlicher Zusammensetzung und Grundlage bildeten, waren Notgemeinschaften und Realverbände, wie sie es eigentlich heute noch sind. Sie entstanden wegen der Ausführung, Aufsicht und Pflege ‹gemeiner Werke› und Dinge, womit gemeinnützige Zwecke erzielt und gewahrt werden sollen. Die Korporationen schufen und unterhielten Wasserfuhren, Wege, Alpstallungen, Sennhütten, Mühlen, Backöfen und anderes mehr. Sie setzten sich gegen die Wildwasser zur Wehr, bauten Wehrmauern, begannen mit der Dämmung der Rhone. Sie ersassen und erwarben, pflegten und nutzten Alpen, Allmenden und Wälder, und sie regelten den Wechsel der gemeinsamen Saat und Brache. Waren auch meist auf dem Burger- oder Gemeindegebiet alle diese Korporationen zu einer durch die gegebenen Verhältnisse bedingten organischen Ordnung abgerundet, so bildete doch jede Korporation oder Geteilschaft ein eigenes Gebilde für sich, dem ein durch die Geteilen fast jedes Jahr neugewählter oder auch turnusartig neu bestimmter Vogt oder Gewaltshaber vorstand.» (Fux 1939)

Eine der wesentlichsten und folgenschwersten Tatsachen des 11. und 12. Jahrhunderts war die für fast alle Gegenden Europas feststellbare gewaltige Zunahme der Bevölkerung (Halpérin 1950, S. 21 ff.). Papst Urban hatte 1095 auf der Synode von Clermont ausgesprochen, Frankreich sei für seine Bevölkerung zu klein geworden (Halpérin 1950, S. 28). Im Gefolge dieses Bevölkerungszuwachses machte sich auf allen Gebieten des Lebens ein gewaltiger Expansionsdrang geltend, der durch seine Verwirklichungen selbst wiederum zum weiteren Anwachsen der Bevölkerungszahl beitrug. Auf dem Lande genügten die väterlichen Bauerngüter nicht mehr zur Ernährung der Familien. Ein Teil der überschüssigen Volkskraft fand Betätigung im Kriegsdienst (innere Fehden, Kreuzzüge) oder wandte sich der Stadt zu. Wo es noch möglich war, versuchte man den Lebensraum zu vergrössern oder die Landwirtschaft zu verbessern (Halpérin 1950, S. 29). Das 11., 12. und 13. Jahrhundert waren Zeiten grosser Rodungen, Deichbauten, Bewässerungsanlagen. Doch gelang es nicht überall, durch solche Massnahmen die Ernährung aller sicherzustellen. Da und dort öffnete sich das Ventil der Emigration. In der Nähe der sich stets mehr belebenden Verkehrswege und Handelszentren kam man vom Grundsatz ab, alles selbst produzieren zu wollen. Einzelne Landesgegenden spezialisierten sich nach und nach auf besondere Gebiete der Urproduktion: Schafzucht, Viehwirtschaft, Getreidebau, Weinbau. Dort, wo der Passverkehr der einheimischen Bevölkerung Geld verschaffte, wie am Simplon und am Grossen St. Bernhard, trat der arbeitsintensive Ackerbau zugunsten der Vieh- und Alpwirtschaft zurück. Da stets grössere Kreise der Bevölkerung mit Geld in Berührung kamen, wurde es möglich, die grundherrlichen Naturalabgaben durch solche in Geld zu ersetzen (Halpérin 1950, S. 32). Die Ablösung der Naturalzinse durch Geldzinse bedeutete für die Bauern einen Schritt zur Selbständigkeit. Wie die Bürger in den Städten sollte auch der Bauer auf dem Lande frei werden (Halpérin 1950, S. 33). Er trat aus den Banden feudaler Abhängigkeit und rein familienmässiger Gemeinschaft heraus, um sich mit anderen Familienvorständen zu Nutzungsgenossenschaften an Wasser, Alpen, Weiden und später zur dörflichen Institution der Bauernzunft zusammenzuschliessen, genau so, wie sich die Bürger in den Städten zu Handwerkszünften zusammenschlossen. Das einst bloss auf gegenseitiger Verständigung beruhende, mit der Zeit brauchmässig gewordene Verhältnis zwischen Grundherr und Dorfgemeinschaft erfuhr mit der Verknappung der Nutzungsmöglichkeiten eine Wandlung im Sinne der Institutionalisierung. In unserem Untersuchungsgebiet lassen sich für jene Zeit folgende Veränderungen feststellen.

In die Zeit des 11., 12. und 13. Jahrhunderts fällt im Wallis die Gründung von mehr als fünfzig neuen Pfarreien, nicht nur im Haupttale, sondern auch in den Berggegenden: Salvan, Nax, St. Martin, Lens, Vissoie, Vercorin, Kippel, St. Niklaus, Simplon, Ernen, Münster, Binn usw. (Seiler 1935, S. 18 ff.).

Sehr wahrscheinlich sind im 13. und 14. Jahrhundert bedeutende Verbesserungen im Bewässerungswesen eingeführt worden. Diese bestanden darin, dass man das Wasser nicht mehr bloss aus den nächsten Bächen auf Matten und Weinberge leitete, sondern dazu überging, Wässerwasser aus Gletscherbächen stundenweit, zum Teil in aufgehängten Känneln, den Felsen entlang zu führen. Dieser grosse Arbeitsaufwand machte auch eine streng geregelte Verteilung des Wassers notwendig. Die ersten Hinweise auf eine rechtliche Regelung der Wasserzuteilung tritt uns in einem Kaufbrief aus der zweiten Hälfte des 13. Jahrhunderts entgegen (Eichenberger 1940, S. 20). In den schriftlichen Überlieferungen des 12. Jahrhunderts werden nur Wasserläufe erwähnt, ohne dass man mit Sicherheit erkennen könnte, «ob es sich bei den genannten Wasserläufen um künstliche oder natürliche und bei den Rechten um Bewässerungs- oder gewöhnliche Wasserrechte handelt» (Eichenberger 1950, S. 19).

Aus dem 13. Jahrhundert stammen auch die ersten uns erhaltenen Verordnungen, welche die Alpnutzung monopolisieren, regeln und beschränken. Die älteste uns erhaltene bezügliche Urkunde stammt aus dem Jahre 1240. Es werden darin Verfügungen über die Nutzung der Alp Eginen im Goms festgehalten. Kein Alpgeteile darf seinen Anteil verkaufen, verpfänden, vermachen oder seiner Tochter als Mitgift abtreten ohne Einwilligung der übrigen Genossenschafter. Die Urkunde gibt uns ebenfalls darüber Aufschluss, dass die Alpgeteilen die Grundzinse, die auf einem Teil der Alp liegen, gemeinschaftlich bezahlen (Am Herd 1879, S. 87 ff., Heusler 1890).

An die Stelle von Naturalabgaben und Frondiensten treten immer häufiger Geldabgaben. Beim Durchlesen der Abrechnungen der savoyischen Kastellane des Unterwallis fällt auf, wie viele Frondienste durch Abgaben in Geld abgelöst worden sind (Chiaudano 1938).

Im 13. Jahrhundert beginnt die Auswanderung der Walser nach dem Piemont (Macugnaga, Alagna, Formazza usw.), von wo sie später nach Graubünden und Vorarlberg weiterwanderten. Auch eine Rückwanderung ins Berner Oberland lässt sich nachweisen (Siegen 1923, S. 34). Noch wenig erforscht sind die Binnenwanderungen, wie etwa diejenige aus dem Zermatter- ins Eringertal (Gaspoz/Tamini 1935, S. 101).

Allgemein lässt sich feststellen, dass mit der Verknappung der Nutzungsgebiete die Verwaltung straffer wurde und eine bedeutendere Flurpolizei erforderte, die die Bauern selbst auszuüben trachteten. In den kleinen Städten des Rhonetals lag der wachsende Handel und Verkehr weitgehend in den Händen der Bürger. Die ersten nachweisbaren Rechte, die der Bischof den Sittener Bürgern einräumte, hatten Bezug auf den Handel und das Gewerbe (Evéquoz 1924, S. 46). Lagen Allmenden, Wälder, Flussläufe usw. im 12. Jahrhundert noch fest im Besitze des Bischofs und anderer Grundherren, so gingen sie im Laufe des 13. und 14. Jahrhunderts nach und nach in die Hände der Kommunen über. Im Jahre 1269 wurde im bischöflichen Maigericht von Sitten ein Statut aufgestellt, wonach die Nutzung der Gemeingüter von einem aus der Mitte der Bürgerschaft gewählten Ausschuss verwaltet werden sollte (Evéquoz 1924, S. 54). So bildeten sich immer stärkere, sowohl freie als auch hörige Bauern umfassende Lokalgemeinschaften mit flurpolizeilichen Funktionen. Mit der Besserstellung der unfreien Schicht durch die Umwandlung persönlicher Lasten in dingliche sowie durch Konvertierung von Natural- in Geldabgaben entstand in den Dörfern eine recht einheitliche Bauernschaft: die ideale Grundlage für eine unabhängige Gemeinde. Nach den Allmenden gingen da und dort auch die Mühlen, Walken, Backöfen usw. in die Hand der Dorfgemeinschaften über. Im Jahre 1376 brauchte der Kastlan von Orsières eine besondere Bewilligung von der Gemeinde, damit er sein Brot nicht in «furnis Orseriarum» backen lassen musste (Kläui 1941, S. 46).

Ursprünglich richteten sich die organisierten Dorfgemeinschaften (im Wallis gaben sie sich den Namen Bauernzünfte) kaum in ausgesprochenem Sinne gegen den Adel. Sie waren ein notwendiger Bestandteil der Grundherrschaft. Als Vorsitzende oder Parteien traten in den uns überlieferten Beratungstagungen oft Adelige (Dorfadel) auf, «womit doch dargetan ist, dass vorerst der Adel mit der neuen Lage einverstanden war und das Neue (nämlich die Einrichtung einer Bauernzunft) zur Regelung der Verhältnisse mit den Landsleuten anwandte. Erst später, als das Gegenspiel richtig losging und entschieden ward zugunsten der Gemeinden, wurden die Bauernzünfte eigentliche Zeichen der Überwindung der Herren, was sich dann auch in gewissen Bestimmungen gegen sie zeigte (Verbote, Adelige aufzunehmen, ihnen Güter zu veräussern usw.)» (Bielander 1944, S. 534).

Bevor wir untersuchen, wie diese Bauernzünfte ihre Gemeinschaftsarbeiten regelten, betrachten wir noch die herrschaftlichen Frondienste im Wallis.

Herrschaftliche Frondienste

Die ersten schriftlichen Quellen über herrschaftliche Frondienste im Wallis beginnen gegen Ende des 13. Jahrhunderts zu fliessen, d.h. zu einer Zeit, da die Macht der grossen Adelsgeschlechter im Unterwallis bereits der zentralistischen Macht des Hauses Savoyen gewichen war. Guten Einblick in die Arbeits- und Abgabenverhältnisse geben uns für das savoyische Unterwallis die Abrechnungen der savoyischen Kastellane von Chillon, Saillon-Conthey, Sembrancher und Monthey-St-Maurice. Vielfach waren in der zweiten Hälfte des 13. Jahrhunderts die Frondienste bereits in feste Geldabgaben verwandelt worden. Die savoyische Verwaltung zog es wohl vor, eine feste Summe zu erhalten, über die sie sofort verfügen konnte, ein Zeichen dafür, dass die Zeit der geschlossenen, sich selbst genügenden Fronhofwirtschaft vorüber war. Von den in den bekannten Abgabebüchern der Karolingerzeit (Guérard 1844, Lognon 1895) vorkommenden Diensten haben sich fast nur die *corvada*[11] und die *manoupera* (Handdienst) erhalten. Aus den Belegen bei Chiaudano scheint hervorzugehen, dass man in der zweiten Hälfte des 13. Jahrhunderts im Wallis und in Savoyen unter *corvada* vor allem Pflugarbeit verstand[12]. Diese war übrigens im Wallis selten; wo es, wie in vielen Bergdörfern, nie eigentliche Meierhöfe gegeben hatte, oder wo der Pflug, wie heute noch vielerorts im Wallis, unbekannt war, wurden ausschliesslich *manuoperae*, oft in Form von Baufronden auf der Feste Chillon, gefordert. Der Kastellan von Chillon empfängt z.B. im Rechnungsjahr 1257/58 aus Vouvry 30 Solidi an Stelle geleisteter Handdienste, aus Vollèges 17 Solidi, von den Abteileuten in Bagnes 25 Solidi, von den Leuten des Peter von Thurn daselbst 10 Solidi, von den Leuten des Meiers von Monthey 10 Solidi, sowie verschiedene Beträge aus den Dörfern Orsières, Liddes und Bourg-St-Pierre für die Ablösung der Handdienste (Chiaudano 1938, Bd. 1, S. 7).

Im Rechnungsjahr 1260/61 gibt der Kastellan von Chillon Rechenschaft über 17 Solidi, die er *apud Vullingium* (Vollèges) *debitis castro pro manuopera per annum* erhalten hat. Die Handdienste von Vouvry und Vionnaz, welche Ortschaften Chillon näher liegen, werden in diesem Jahr nicht durch Bargeld abgelöst, sondern durch die Lieferung von Bauholz für die Feste Chillon (Chiaudano 1938, Bd. 1, S. 39). Aus dem Rechnungsjahr 1279/80 liegt eine Abrechnung von Mistrals von Sembrancher vor, worin er den Empfang von

10 Solidi für den Loskauf (pro redemptione) von Handdiensten bestätigt usw. (Chiaudano 1938, Bd. 1, S. 311).

Neben diesen Handdiensten nehmen die im angrenzenden savoyischen Herrschaftsgebiete des Waadtlandes und Freiburgs verbreiteten Pflugdienste in unserem an pflügbaren Äckern armen Gebiet einen recht geringen Rang ein[13]. Die Einnahmen des Kastellans aus dem Loskauf von Pflugdiensten beschränken sich auf einige für grosszügigeren Ackerbau günstig gelegenen Orte des Rhonetales. So empfängt der Mistral von Aigle im Rechnungsjahr 1260/61 *5 solidi de IIII corvatis carrucarum de Vyona* (Vionnaz) *hoic anno, que carruce debent arrare per unam diem in terris domini quum veniunt apud Alyo* (Aigle) (Chiaudano 1938, Bd. 1, S. 48).

Von den zu jener Zeit sicher nirgends fehlenden Pflichten zum Bau und Unterhalt von Wegen, Strassen und Brücken erfahren wir wenig. Diese im Wallis zu allen Zeiten besonders notwendigen Arbeiten waren offenbar so selbstverständlich, dass sie kaum je in Urkunden erwähnt werden. Letztere enthalten vielmehr die Punkte, die immer wieder Anlass zu Streitigkeiten gaben, und keineswegs die seit Jahrhunderten unbestrittenen Rechte und Pflichten[14]. In einer Urkunde aus dem Jahre 1231 betreffend eine Grenzbereinigung zwischen den Territorien der Leute von Liddes und derer von Orsières lesen wir beiläufig von einer Pflicht zum Unterhalt der öffentlichen Strassen[15].

Eine in den Augen der Bauern vorzüglich die Macht des Grundherrn verkörpernde Funktion, die die Bauern immer wieder – und oft mit Erfolg – an sich zu reissen versuchten, war die periodische Kontrolle der die privaten Grundstücke von den öffentlichen Wegen, Strassen und Allmenden trennenden Grenzen, verbunden mit dem Setzen der Marksteine. Dieses wichtige Geschäft fand unter der Aufsicht des Grundherrn oder seines Vertreters statt. In den Walliser Urkunden erscheint es unter der Bezeichnung *viationes, vianciae*, franz. *viances* (Wegschau)[16]. Es lag nahe, diese Kontrolle zeitlich mit den allgemeinen Wegfronden zu verbinden, weil dabei ganz besonders darauf geachtet werden musste, ob die Grundstückbesitzer ihr Land nicht auf Kosten der öffentlichen Wege und Strassen vergrössert hatten. Die Bezeichnung *viances* konnte dabei auf die Fronarbeit an Wegen und Strassen schlechthin übertragen werden. So erklärt sich, dass in der Herrschaft Finhaut-Salvan-Vernayaz, die bis 1798 unter der Herrschaft der Äbte von St-Maurice stand, für die Bezeichnung der Dorfgemeinwerke der Ausdruck *ianfes* (mundartliche Entsprechung von *viances*) bis heute erhalten geblieben ist.

War es uns möglich, für das Bestehen herrschaftlicher Frondienste im Unter- und Mittelwallis einige Belege aus publizierten Urkunden beizubringen, so gelang uns dies für das alemannische Oberwallis nicht. Wenn man auch aus dem Umstand, dass Urkunden eine Pflicht nicht erwähnen, keineswegs darauf schliessen darf, diese sei unbekannt gewesen, so glauben wir doch, dass es sich bei diesem Fehlen der Frondienste um eine Sonderstellung des alemannischen Oberwallis handelt. Verschiedene Tatsachen legen uns diese Ansicht nahe: Herrschaftliche Frondienste werden in den zeitgenössischen Urkunden anderer Gegenden der Westschweiz häufig bei der Aufzeichnung der Grundlasten erwähnt. Das Fehlen herrschaftlicher Frondienste fällt auch in anderen Gebirgsgegenden auf, deren karge Natur keine grossen Ackerfluren kennt, sondern höchstens für unregelmässige, kleine Grundstücke zwischen Felsen und Steinblöcken Raum bietet (Sclafert 1926, S. 153). Wie eine Untersuchung Peter von Rotens zeigt, war die Anzahl der Freien in den Vispertälern z. T. recht gross. So befanden sich beispielsweise in Saas 70 % des Grundbesitzes in den Händen von Gemeinde und Bauern, während Adel und Kirche nur über 30 % des feststellbaren Grundbesitzes verfügten (Roten 1940). Er sieht darin einen Anhaltspunkt für ein auffallendes Vorherrschen des freien bäuerlichen Elementes. Für Visp sieht das Verhältnis allerdings gerade umgekehrt aus: Adel und Kirche hatten 70 %, die freien Bauern nur 30 % des Grundbesitzes inne. Auch den einheimischen Geschichtsforschern ist das Fehlen quellenmässiger Belege für herrschaftliche Fronden im Oberwallis aufgefallen. So schreiben Imesch und Perrig in ihrer Studie über die heute nur noch als Privatkorporation weiterlebende ehemalige Gemeinde Ganter, deren Leute im Mittelalter zum grössten Teil den Herren von Raron hörig waren: «Von eigentlichen Fronen oder Frondiensten irgendwelcher Art, welche die Untertanen dem Edlen Rudolf von Raron als dem Herrn von Ganter zu leisten hatten, finden wir in den vorliegenden Urkunden keine Spur. Sie mögen immerhin bestanden haben, sind uns aber unbekannt, da wir die Rechte der Herren von Raron im einzelnen nicht kennen.» (Imesch/Perrig 1943, S. 38) Diese Zeilen stehen im Anschluss an die Aufzählung verschiedener von den Leuten des Gantertales zu leistender Abgaben an die Kirche wie auch an die Edlen von Raron und andre adlige Häuser. Auch für andere Gebiete des Oberwallis sind wir über die Abgaben und Zinsen einigermassen unterrichtet. Nirgends aber finden wir in der Sammlung Gremaud Urkunden mit Hinweisen auf herrschaftliche Frondienste im Oberwallis. Wo der Adel noch über grösseren Grundbesitz verfügte, wie etwa in Visp, wo auf die adeligen Familien ein Vermögen von 2065 Pfund entfiel, während ungefähr hundert bäuerliche Familien nur über 1500 Pfund verfügten (Roten 1940, S. 47), dürfte zwar die Bewirtschaftung des herrschaftlichen Grundbesitzes in den Händen der unfreien Bauern gelegen haben, die entweder einen Zins zu bezahlen oder einen Teil des Ertrages abzuliefern hatten. Zu eigentlichem Frondienst auf dem Herrschaftsgut scheinen sie nicht aufgeboten worden zu sein. Nur dort, wo das Land sehr fruchtbar ist, wo grosse zusammenhängende Domänen bestehen, hat der Grundherr Interesse, eigentliche Fronhofwirtschaft zu treiben. In den Gegenden, die in bezug auf Boden und Klima wenig begünstigt sind, wird er seine Güter, wie schon Columella in seinem Werk über die Landwirtschaft (I, 7, 4) den römischen Grossgrundbesitzern geraten hatte, gegen Zins und Abgaben durch andere bebauen lassen.

Thérèse Sclafert macht in ihrer Arbeit über «Le Haut Dauphiné au moyen âge» noch einen andern Grund für das Ausbleiben von Frondiensten in Gebirgsgegenden namhaft. Nachdem sie auf das Fehlen grosser Äcker und Weingärten, zu deren Bebauung grosse Teile der Dorfbevölkerung zusammengerufen werden müssen, hingewiesen hat, fährt sie fort: «... aussi les habitants ne sont-ils exonérés de ce service que pour en assurer un plus lourd: ils ont toute la charge des chemins et des ponts dans un rayon très étendu.» (Sclafert 1926, S. 153) Kann dieser Grund auch für das Oberwallis geltend gemacht werden? Die urkundlichen Belege für solche Wegfronden sind recht spärlich. Dies dürfte sich teilweise daraus erklären lassen, dass die Wegwerke, die ebensosehr im Interesse der am Transportwesen schon früh beteiligten Gemeinden (Simplon) als in demjenigen des Grundherrn oder Landesherrn lagen, wenig Anlass zu Streitigkeiten gaben und deshalb selten schriftlich fixiert wurden. Wir besitzen u. a. ein Zeugnis für solche Fronden im sogenannten «Gerenbuch», einer Sammlung von Urkundenabschriften aus dem heute nicht mehr ständig bewohnten Gerental: «Hergegen sollen die Leute aus dem Gerental mit Ausgebung in ihr Kosten 8 Arbeiter aus ihrem genannten Tal schicken, wenn die vorgemeldete Gemeinde Unterwasser sich bereit erklären würde, diese Brücke wieder aufzurichten und zu machen, Arbeiter, die kräftig und stark genug zur Arbeit, welche in demselben Werk als Helfer sollen Hand anlegen, wann die ganze Gemeind Unterwasser an der Arbeit besagter Brücke beschäftigt ist.» (Vertrag von 1347 zwischen den Leuten von Geren und denen von Unterwasser wegen des Unterhalts der Brücke zwischen den beiden Gemeinden[17].)

Zusammenfassend können wir über die grundherrschaftliche Arbeitsorganisation im Wallis festhalten: Urkundlich lassen sich herrschaftliche Frondienste seit dem 13. Jahrhundert vor allem im savoyischen Unterwallis nachweisen, wobei zu bemerken ist, dass aus den entsprechenden Dokumenten meistens die bereits erfolgte Konvertierung der Handdienste in Geldabgaben hervorgeht. Für das alemannische Oberwallis konnten wir keine Belege herrschaftlicher Frondienste beibringen. Wenn sie vielleicht auch nicht ganz gefehlt haben, so kann doch ihre Bedeutung nicht gross gewesen sein. Bezeichnenderweise fanden wir weder in den Sagensammlungen noch im Volksmund Hinweise auf ehemalige Frondienste. In bezug auf die Wortgeschichte ist festzustellen, dass im Regionalfranzösisch des Unter- und Mittelwallis später das zur Bezeichnung der grundherrschaftlichen Handdienste dienende *manœuvre* (aus lat. *manuopera*) auf die Gemeindefronden

(Gemeinwerk) übertragen wurde. Hierin unterscheidet sich das romanische Wallis von den übrigen Gebieten der Westschweiz, die ihre Bezeichnung für dieselbe Sache aus Wörtern ableiten, die die Pflugarbeit bezeichneten. Diese sprachliche Sonderheit steht im Zusammenhang mit den topographischen Verhältnissen des Wallis, die für die Fronhofwirtschaft ungeeignet waren. Im Oberwallis, wo sich die grundherrschaftliche Gewalt offenbar weniger durchsetzen konnte, heissen die Genossenschafts- und Gemeindefronden durchweg *Gmeiwärch*, urkundlich *opus commune*.

Das Gemeinwerk der Bauernzünfte

Im 12. und 13. Jahrhundert beginnen sich im bischöflichen Wallis zweierlei gemeindeartige Gebilde abzuzeichnen: 1. Die bischöflichen Verwaltungsbezirke, aus denen die späteren Zenden als eigentliche Träger der Landespolitik hervorgingen. 2. Die kleinen Dorfgemeinden, die von jeher den ihnen von der Natur zugemessenen Wirtschaftsraum z. T. kollektiv, z. T. privat nutzten und nun begannen, feste Grenzen anzunehmen und mehr und mehr eigene Verwaltungsorgane zu bilden. Diese Entwicklung erfolgte wohl hauptsächlich deshalb, weil die verfügbaren Güter bei wachsender Bevölkerungszahl knapper wurden und aus diesem Grunde genossenschaftlich und vor allem monopolistisch im Interese der altansässigen Bevölkerung verwaltet wurden. Auffallend ist die Entstehung zahlreicher winziger Gemeinden (4 Haushaltungen dürfen eine eigene Gemeinde bilden) (Imesch 1930, S. 109). Es ist klar, dass diese kleinsten Gemeinden nicht viel mehr als wirtschaftliche Genossenschaften waren. Träger der politischen Gewalt waren die Zenden. Dieses Verhältnis: schwache Gemeinden – starke Zenden unterscheidet das alemannische Oberwallis vom Mittel- und Unterwallis, wo die Bedeutung der Zenden mehr zurücktrat und die oft über 1000 Einwohner zählende Gemeinde stark ins Gewicht fiel (Courthion 1903, S. 232). Im Laufe des 15. Jahrhunderts ging – vielleicht infolge grosser Bevölkerungsverluste durch die Pest – eine grosse Zahl dieser kleinen Gemeinden wieder ein. Da und dort lebten sie als «Geschnitte» mit fest umgrenztem Wirtschaftsgebiet, eigenen Kapitalien, Kapellen, Dorfvögten usw. im Rahmen grösserer Gemeinden fort und bestehen z. T. noch heute mit eigenen Rechten (Imesch 1908, S. 55). Selbstverständlich bestanden Beziehungen zwischen der Kleingemeinde und der politischen Grossgemeinde (Zenden). Diese kamen in der Teilnahme der Leute aus den kleinen Gemeinden an den ordentlichen und ausserordentlichen Zendenversammlungen zum Ausdruck. Die politische Unterabteilung des Zendens war aber nicht die Dorfgemeinde, sondern der «Dritteil», der «Vierteil» und die «Gumper», also besondere Zendbezirke, welche Würden und Bürden des Zenden (oft im Turnus) trugen. Jeder dieser Zendbezirke umfasste ungefähr gleichviele Einwohner (Imesch 1930, S. 139). Dieses Aufteilungsprinzip half mit, die politische Macht der einzelnen Gemeinde zugunsten derjenigen des Zendens auszuschalten.

Im Rahmen der Zenden entfaltete sich eine erstaunliche «Tätigkeit auf dem Gebiete der Gesetzgebung, deren Veröffentlichung – wir brauchen nur an die Artikel von Naters 1446 zu erinnern – in unsern Nachbarländern grosse Überraschung hervorrief und auf eine sehr beachtenswerte Stufe der Bildung und besonders der Rechtskenntnisse im Wallis schliessen lässt. Diese gesetzgeberische Tätigkeit beschränkte sich aber nicht bloss auf die Landesgesetze, sondern wagte sich auch an die Statuten der Gemeinden, gemeinhin Bauernzünfte genannt, deren Mehrzahl leider verloren ist» (Schmid 1890, S. 175). Wir geben hier einige Definitionen aus der interessanten Studie von J. Bielander wieder:

«Nach der Art des Objektes aber scheinen die Bauernzünfte anfänglich genossenschaftliche Gebilde und ihre Satzungen daher bäuerlich-wirtschaftliche Rechtssätze zu sein ... Es zeigt sich das in den ersten erhaltenen Bauernzünften, wir finden das aber auch alle Jahrhunderte hindurch in den meisten Bauernzünften, ersehen es im übrigen auch aus den Nachfolgern, den heutigen Burgerrechten, deren Fassung durchweg bis auf einige, allerdings wesentliche und wichtige, Bestimmungen kaum anderes darstellten als Nutzungsregelungen ... Und doch ist die Bauernzunft als Dorfschaft und Dorfstatut etwas ganz anderes als etwa eine Alp-, Wald-, Allmend- oder Wassergeteilschaft ... Das tut nicht nur der viel wichtigere Inhalt und weiterreichende Umfang dar, sondern wir stossen auf Normen, die deutlich angeben, dass noch etwas anderes als blosse Gemeinschaftsäusserung und Nutzungsregelung mitspielt und dass wir hier vor einem Ausdruck weiterentwickelten Selbständigkeitsbewusstseins stehen ... Dasselbe ergibt sich aus dem gehobenen Ingress vieler Bauernzünfte, ersichtlich wird es aber vor allem aus den Aufnahmeurkunden in ein Burgerrecht. Diese Feierlichkeit wäre nicht notwendig, wenn der Neubürger nur Mitglied irgendeiner Geteilschaft, auch einer dörflichen, würde. Es geht also um mehr: es geht um einen Schutz- und Trutzverband im Innern zur Ordnung unter den Gemeinden, nach aussen zum Schutz gegen alte und neue Bedränger, heissen sie nun Adel oder neue Gnädige Herren oder Nebendorf oder gar Mitbürger ... Eines allerdings waren die Bauernzünfte kaum: ein eigentliches für den Staat Wallis relevant funktionierendes Gebilde. Die Politik und das Staatsrecht, soweit man das so nennen kann, gingen nicht über den Weg der einzelnen Dorfgemeinde, sondern über den Vierteil, Dritteil, Gumper und von da über die Zenden, zuletzt an den Landrat und Staat Wallis» (Bielander 1944, S. 532 ff.).

Manche gemeinsame Züge zwischen diesen Bauernzünften und den sich auch in den kleinen städtischen Gemeinwesen des Rhonetales gleichzeitig entwickelten Handwerkszünften liessen sich nachweisen: genossenschaftliche Organisation, monopolistische Tendenzen, feierliche Aufnahme von neuen Mitgliedern usw. «Unter dem altdeutschen Wort Zunft versteht man überhaupt eine geschlossene Gesellschaft, deren Mitglieder den gleichen Beruf bekennen und die gleichen Zwecke anstreben. So gab es früher verschiedene Zünfte, sowohl Handwerker- als Gelehrtenzünfte, die alle ihre besonderen Statuten oder Satzungen hatten, wodurch die Zunftgenossen unter gewissen Verpflichtungen gewisse Rechte oder Vorteile erhielten. So ist auch die Dorf- oder Purenzunft, von der hier die Rede ist, nichts anderes als eine Vereinigung der Bauern eines Dorfes, die unter festgesetzten Statuten, die ‹Ordnungen, Gemachte und Beschlüsse› genannt werden, einen gemeinnützigen Zweck zu erreichen suchten» (Am Herd 1879, S. 87).

Nach alledem ist es leicht verständlich, dass die Bauernzünfte auch Träger der organisierten Gemeinschaftsarbeit für die Gemeinde, also des Gemeinwerks waren. Allerdings sind die Angaben darüber in den veröffentlichten Urkunden spärlich. Einige Einzelheiten über die Organisation der Gemeinwerke verdanken wir der uns freundlich zur Verfügung gestellten Sammlung von Bauernzunft-Abschriften des Herrn Dr. J. Bielander in Brig. Andere fanden wir durch Einblicke in einige im Walliser Staatsarchiv in Sitten deponierte Bestände aus Gemeindearchiven.

Meistens war das Gemeinwerk an Wegen, Wasserfuhren, Wildbächen gemeinsame Pflicht aller Dorfgenossen, wobei aber nicht immer klar ersichtlich ist, ob damit nur die Hausvorstände oder der ganze «Mannstand», d. h. alle arbeitsfähigen Männer von 15 bis 60 Jahren gemeint sind. Beides wird vorgekommen sein, je nach Art und Umfang der zu leistenden Arbeit. Noch heute unterscheidet man im Lötschental zwischen Haushaltungs- und Mannstandsgemeinwerken. Die Dorfordnung von Savièse (1619) auferlegt die Gemeinwerkpflicht jedem Bürger und Hintersässen[18]. Laut einer *copia usuum* im Gemeindearchiv von Ayent wurde für die Öffnung der Wasserleitung von Bytalliaz je ein geeigneter Arbeiter aus jeder Haushaltung aufgeboten[19].

Wo die Alpen der ganzen Gemeinde gehörten, waren diejenigen zum Alp-Gemeinwerk verpflichtet, welche ihr Vieh dort sömmerten[20].

Was die Gemeinwerkarbeiten der Frauen betrifft, so darf angenommen werden, dass zum mindesten die Frauen, welche Hausvorstände waren (Witwen), grundsätzlich gemeinwerkpflichtig waren[21]. Oft kam man ihnen entgegen, indem man für schwere Arbeiten den «Mannstand» aufbot, d. h. die Gesamtheit der arbeitsfähigen Männer, so dass Witwen und Waisen unbelastet blieben (Siegen 1923, S. 85).

Die Arbeiten waren wohl zum grössten Teil Handdienste; bei den grossen Wuhrarbeiten an der Rhone, an der Lonza, an der Vièze wurden auch Spanndienste geleistet[22]. Der Bürgermeister (Syndic) von Monthey musste laut

Reglement aus der zweiten Hälfte des 17. Jahrhunderts im Frühling den günstigsten Zeitpunkt festsetzen für die zwei Gemeinwerke, bei welchen das Bett der Vièze gesäubert wurde. Am Vortage begab er sich mit allen seinen Ratsherren unter Beisein des Landvogtes auf den Arbeitsplatz, um die zur Reinigung des Flusses notwendigen Brücken schlagen zu lassen. Die Rottmeister *(dizeniers)* leiteten die Arbeiten im Gemeinwerk. Ein Schreiber führte Kontrolle über die Anwesenden. Der Betrag der Bussen kam dem Gemeinwerk zugute. Ebenfalls im Frühjahr, bevor die Pflugarbeiten begannen, musste der Bürgermeister fähige und zuverlässige *manouvriers* (Gemeinwerker) aufbieten, um die vom Landvogt angeordneten Dammwerke vorzunehmen. Aus jeder Haushaltung waren zwei Bretter und Holzhämmer mitzubringen. Fuhrleute hatten Steine zu führen und an bestimmten Stellen abzuladen (Donnet 1953, S. 121 ff.).

Beim jährlichen Gemeinwerk in Gampel wurden die grössten Steine auf Schlitten mit vorgespannten Pferden aus dem Flussbett der Lonza herausgeschafft. «Das Lonza-Werk dauerte gewöhnlich drei Tage. Beide Gemeinden (Steg und Gampel) waren gleich stark vertreten. An diesen Tagen wurde die Mannschaft aus den Gemeindekellern mit Wein versorgt. Am Nachmittag des dritten Tages fand in der Matte neben der Hl. Kreuzkapelle auf der historischen Wiese für Gampel das Tagding statt» (Schnyder 1949, S. 372).

Die schon erwähnte Dorfordnung von Savièse (1619) versteht unter *operationes et labores communes dicte communitatis* die Arbeit an Wegen, Wasserfuhren, Wildbächen, die Pflege der Gemeindereben und andere Gemeinwerkarbeiten.

In Grächen war nach L. A. Schnydrig der Ertrag der im Gemeinwerk bearbeiteten Gemeinäcker in erster Linie zur Bestreitung der Zehntenabgabe bestimmt. Diese Gemeindeäcker waren von den Bürgern z. T. durch Umbruch von Allmendland gewonnen worden. Was über die schuldigen Zehntenabgaben hinaus noch übrig blieb, wurde an Nachbargemeinden verkauft, wo das Getreide meistens nicht auszureifen vermochte (Schnydrig 1952, S. 24 ff.).

Wie mancherorts in der Schweiz wurde auch im Wallis das Gemeinwerk gelegentlich zum Verjagen von Landstreichern aufgeboten[23].

In der Bauernzunft von Törbel ist die gegenseitige Hilfe beim Hausbau geregelt. Wenn ein Einwohner irgendein Gebäude bauen wollte, sollte ihm jede Haushaltung, die einen Arbeiter hatte, einen Tagwan leisten, wofür er nur Brot, Käse, Suppe oder Milch zu geben brauchte, und auch das nicht schuldig war[24].

Meist wurde die Gemeinde durch ein Glockenzeichen zum Gemeinwerk gerufen. Um 1769 verbot der Vikar Jean-Maurice Clément (1736–1810) in der Gemeinde Mase (Val d'Hérens) das Läuten der Kirchenglocken «pour appeler le peuple à des manœuvres publiques ou pour aller boire en commun» (Fankhauser 1926, S. 412). Derselbe Geistliche hält sich darüber auf, dass man bei den Gemeinwerken und beim gemeinsamen Setzen von Marksteinen *(viances)* keine Pünktlichkeit kenne (Fankhauser 1926, S. 415).

Wie in manch anderer Beziehung regelt auch beim Gemeinwerk die Sonne den Beginn der Arbeit. Man musste antreten, wenn die Sonne auf den höchsten Berggipfeln erglänzte[25].

Die Sanktionen gegen Leute, die das Gemeinwerk versäumen, werden in den Bauernzünften ausdrücklich erwähnt. Sie bestanden meist in der Pfändung von Viehhabe, die, wenn sie in vorgeschriebener Zeit nicht losgekauft wurde, der Gemeinde verfiel[26].

Jean-Maurice Clément zitiert den Missbrauch «de faire payer à chacun toutes les amendes (vulgo *lous vouageas* ou *vouazos*) pour les différentes fautes ou manquements qu'ils peuvent faire contre les ordres de la communauté, c'est dis-je, de faire payer tout cela en vin ou autre chose mangeable; il s'agit d'un, 2, 3 ou quatre quarterons de vin ou un demi septier, ou, comme on dit, *ona marenda u comon,* en un mot, tout se termine à remplir le ventre, et contenter ses appétits» (Fankhauser 1926, S. 415).

Wenn über die Abgabe von Speise und Trank an die Gemeinwerker urkundlich auch kaum etwas festgelegt ist, so darf man doch annehmen, dass der Wein jeweilen reichlich floss, namentlich dort, wo die Gemeinde eigene Rebberge besass. Es wurde auch Wein auswärts gekauft. So gab die Gemeinde Mörel im Jahre 1757 zwölf Kronen aus für vier Saum Wein zu den vielen Gemeinwerken, die infolge grosser Überschwemmungen notwendig geworden waren[27].

Dass auch Brot und Käse, im Oberwallis *Spiis*, im Unterwallis *viande* genannt (aus vulgärlat. *vivanda* für *vivenda*) auf Gemeindekosten verteilt wurden, ist schon deshalb wahrscheinlich, weil der Brauch sich heute noch vereinzelt nachweisen lässt.

Ob die grossen Gemeinwerke, vor allem die Rebwerke, unter Musikbegleitung (Trommler und Pfeifer) vor sich gingen, können wir nicht mit Sicherheit entscheiden. Wir verweisen hier auf die grosse Bedeutung des Rhythmus für die volkstümliche Arbeit sowie auf die Tatsache, dass im Mittelalter herrschaftliche Frondienste unter Musikbegleitung geleistet wurden[28].

Wir wissen aus verschiedenen Urkunden, dass die Arbeitenden bei Gemeinde- und Herrschaftsfronden in Gruppen (Rotten) eingeteilt wurden, denen ein verantwortlicher Obmann (Rottmeister) vorstand. Im Greyerzerland und im Unterwallis sowie im Waadtland unterstanden die in *dixaines* eingeteilten Arbeiter den *dixainiers*. Wenn in der Lötschentaler Gemeinde Wiler für einen Gemeindebürger Holz zum Bau einer Hütte auf die Alp getragen wird, treten alle Jünglinge und Männer von 16 bis 60 Jahren nach den fünf «Schorten» (Rotten) der alten Schützenzunft geordnet zur Arbeit an.

In mehreren Urkunden wird der enge Zusammenhang zwischen den Nutzungsrechten an den gemeinen Gütern einerseits mit der genossenschaftlichen Pflicht zum Gemeinwerk andererseits ausdrücklich betont. Nur wer seine Gemeinwerkpflicht (und die andern Gemeindepflichten) erfüllt, soll am gemeinsamen Nutzen teilhaben.

Allenthalben bestand schon früh die Möglichkeit, die persönliche Leistung beim Gemeinwerk durch Stellvertretung oder durch Leistung einer Geldsumme zu ersetzen[29].

Ein Blick in die vielen älteren und neueren von Wallisern geschriebenen Dorfmonographien zeigt uns, dass sich die Bauernzünfte weder durch den Wechsel der Landesregierungen noch durch weltanschauliche Umwälzungen umstürzen liessen und dass sie sich mit nur unwesentlichen Änderungen bis ins 20. Jahrhundert hinein, mancherorts bis auf den heutigen Tag erhalten haben.

Gemeinwerk der Genossenschaften (Geteilschaften)

Für den Einzelnen noch bedeutender und lebenswichtiger als die gemeinsamen Arbeiten für die Bauernzunft ist seine persönliche Mitarbeit am Gemeinwerk der kleinen Besitz- und Arbeitsgenossenschaften (Geteilschaften). Geteilschaften[30], im romanischen Unterwallis *consortages* genannt, sind kleinere und grössere Verbände von Bauern zu speziellen, meistens genau abgegrenzten Wirtschaftszwecken: Alp-, Weg-, Brunnen-, Bewässerungsgeteilschaften. Die Güter dieser Geteilschaften brauchen nicht innerhalb der Wohngemeinde der Geteilen zu liegen. So sind z. B. Bauern aus verschiedenen Gemeinden des Rhonetales Geteilen einer Alp im Turtmanntal. Es handelt sich hier um Urformen menschlicher Vergesellschaftung, und es ist keineswegs abwegig, sie «als etwas allmählich und naturnotwendig Grossgewordenes» zu bezeichnen, «das gleich mit den ersten Besiedlern, deren Auftreten man schon für die Zeit vor Christus annimmt, seinen Anfang nahm» (Kämpfen 1942, S. 25). Auf keinen Fall geht es an, die Entstehung der Geteilschaften und der Bauernzünfte (welche letztere wirtschaftlich gesehen Mehrzweck-Genossenschaften sind) erst in die Zeit nach dem politischen Selbständigwerden der Gemeinden anzusetzen. Mit Recht schreibt Werner Kämpfen: «Denn zweifelsohne bestand vor der politischen Gemeinde die wirtschaftliche Gemeinde, und deren Entstehung fällt in den dunklen Raum vor dem 13. Jahrhundert. Es sind dies die unzähligen Geteilschaften, deren ungeschriebene Rechtsnormen dann später in den Statuten der Bauernzünfte und Burgerschaften ihren Niederschlag fanden» (Kämpfen 1942, S. 15).

Die Walliser selbst haben von jeher die grosse Bedeutung dieser geschichtlich überkommenen Personenvereinigung auf genossenschaftlicher Grundlage als etwas für ihr Land Typisches empfunden. Die Lebenskraft dieser Organisationsform zeigt sich u. a. darin, dass sie im Laufe der Jahrhunderte bei der Lösung stets neuer Aufgaben als Grundlage gedient hat[31]. Wenn schon der Geist der Geteilschaft so tief in der Seele eines jeden Wallisers liegt, wundert es uns nicht, dass sich 1950 die zahlreichen in der Bundesstadt lebenden Oberwalliser unter dem Vorsitz eines «Geteilenvogtes» zu den «Oberwalliser Geteilen» zusammengeschlossen haben, um im «Gmeiwärch» kulturelle Aufgaben zu lösen.

Schon das älteste uns erhaltene Alpstatut des Wallis ist ein Geteilschaftsstatut (Eginenalp bei Ulrichen im Goms, 1240). Darin ist die Rede von *comparticipes* (Geteilen), welche die Alp gemeinsam als Lehen im Besitz haben und *communiter* ihr *servitium* dem Grundherrn bezahlen. Die Alp bestand aus ideellen Teilen (Alprechten), welche von ihren Inhabern ohne Zustimmung der andern Alpgenossen nicht veräussert werden durften (Am Herd 1879, S. 28, Heusler 1890, S. 122). P. von Roten stellte fest, dass die Alpen des Nanztales, die von jeher zu den Gütern der Leute von Visperterminen und Visp gehörten, in frühester Zeit nicht als Gemeindealpen (was sie heute sind), sondern als Geteilenalpen erscheinen. Erst im 15. und 16. Jahrhundert kommt deutlich der Gemeindecharakter dieser Alpen in den Urkunden zum Ausdruck. Diese Feststellung scheint die verbreitete Auffassung, die politischen Gemeinden seien aus Alp- und Allmendgenossenschaften hervorgegangen, in ihrer Allgemeinheit zu erschüttern (Roten 1940, S. 64 ff.). Auch D. Imesch und W. Perrig schreiben in ihrer Arbeit zur Geschichte von Ganter, dass die Alpen des Gantertales am Simplon ursprünglich Genossenschaftsalpen waren, welche sowohl von den Bewohnern von Ganter und Grund als auch von Leuten ausserhalb dieses Gebietes bestossen werden konnten, sofern diese Inhaber von Kuhrechten in der einen oder andern Alp waren (Imesch/Perrig 1943, S. 31).

Aus den von Gremaud gesammelten Urkunden tritt uns eine ganze Reihe solcher Nutzungsgemeinschaften entgegen. Einige Bauern, von denen einer in der Urkunde mit Namen genannt wird, übernehmen als *confratres, comparticipes, participes* eine Alp, ein Grundstück als Lehen und verpflichten sich kollektiv zu einer Abgabe an den Grundherrn. Oft mag es sich um Brüder, Verwandte oder Erbgemeinschaften gehandelt haben, oft wohl ganz einfach um eine kleine Gemeinschaft von Bauern, die an der Bewirtschaftung des betreffenden Grundstücks interessiert war[32]. Auch eigentliche Käufe kommen vor. So verkauften im Jahr 1293 Guy Tavelli und sein Bruder Thomas alle ihre Rechte auf der Alp Barberine im Trienttale sowie den Käsekessel daselbst an 15 Bauern des Tales[33]. Von diesen im Wallis zu allen Zeiten stark verbreiteten Geteilschaftsgütern sind die Gemeindegüter, vor allem die Gemeindealpen grundsätzlich zu unterscheiden. Diese gehörten einem ganzen Dorfe, ja einer ganzen Talschaft und konnten von allen Dorf- oder Talleuten nach Massgabe ihrer Bedürfnisse genutzt werden. Meistens war die Nutzung so geregelt, dass der Talmann im Verhältnis zur Grösse seiner Talgüter Vieh auf die Alpen treiben durfte, ein Nutzungsprinzip, das heute noch auf den Burger- und Gemeindealpen des Wallis herrscht. Praktisch wurde die Sache so geregelt, dass einer so viel Vieh auf der Alp sömmern durfte, als er mit eigenem Futter überwintern konnte[34].

Wenn man die Geschichte einzelner Alpen des Wallis verfolgt, stellt man fest, dass da und dort Geteilenalpen mit veräusserbaren Alprechten zu Burger- oder Gemeindealpen geworden sind, bei denen die Nutzungsberechtigung als Pertinenz des Wohnsitzes (eigenes Feuer und Licht) in der betreffenden Gemeinde erscheint. Aber auch die entgegengesetzte Entwicklung war möglich. Interessant ist der Fall der Alpen des Binntales. Diese waren ursprünglich allen Bauern zugänglich, die in Binn Talgüter besassen. Mit der Zeit gelang es aber den dauernd in Binn wohnenden Bürgern durch Verwandlung ihrer Einwohnergemeinde in eine Burgergemeinde, die talfremden Bestösser aus den inneren Alpen des Tales zu verdrängen (Schmid 1890, S. 175 ff., Heusler 1890, S. 118 f.).

Die Walliser Geteilschaften waren nicht nur Nutzungs- und Besitzgenossenschaften, sondern auch Arbeitsgenossenschaften. Die bekannten Wasserleitungen von Ausserberg waren das Werk solcher Geteilschaften. Wie aus der Erstellungsakte einer der Leitungen (Neuwerk) aus dem Jahre 1381 hervorgeht, verteilten die Geteilen bereits vor dem Bau der Leitung das Wasser und berechneten jedem Geteilen seinen Arbeitsanteil oder die dafür zu leistende Ersatzzahlung zum voraus (Schmid 1928, S. 446). Auch die Reparatur- und Unterhaltsarbeit wurde dem Anteil entsprechend (pro rata sibi cadente) (Schmid 1928, S. 451) zugeteilt. Die Geteilschaft behielt sich das Recht vor, jeden auszuschliessen, welcher sich weigerte, die ihm zugewiesene Arbeit zu leisten, und zwar ohne jede Berufungsmöglichkeit (et quidem sine contradictione iudicis seu personae cuiuscumque) (Schmid 1928, S. 451).

Die Abrechnung über Wasserrechte und Arbeitsleistung hat sich in ihrer Einfachheit bis in unser Jahrhundert hinein erhalten. Pfarrer Schmid von Ausserberg schreibt darüber 1928: «An zwei starken Hanfsträngen hingen die Tesslen. An einem Strang die Wasserrechtstesslen, am andern die Werktesseln. Auf den Wasserrechtstesseln hatte jeder Geteile mit echt altgermanischer Runenschrift sein Wasserrecht eingekerbt. Auf den Werktesseln waren mit Messerschnitt *(Hick)* die geleisteten Arbeitstage der Geteilen angedeutet. Am Schluss des Wasserjahres verglichen Vogt und Hüter die geleistete Arbeit sämtlicher Geteilen mit der Summa der Wasserrechte und berechneten den

Durchschnitt. Im gemütlichen Abendsitz eines Spätherbstabends kamen dann die Geteilen zwanglos, wie's grad passte, ins Haus des Vogtes, wo Vogt und Hüter jedem sagte, wie seine Bilanz auf den Tesslen stehe. Man verglich, zahlte den Rest oder bekam auch ausbezahlt oder trat von seiner Werktessle überzählige Werke zugunsten eines andern ab; zog dann etwa aus der mitgebrachten *Spiistäsche* eine alte Mass «Neuen» heraus und liess im gemütlichen Plausch Vogt und Hüter samt der *Laffnetscha*[35] hochleben» (Schmid 1928, S. 454).

Neben winzigen, nur zwei bis drei Haushaltungen umfassenden Geteilschaften gab und gibt es deren heute noch ganz bedeutende. Man denke an die grossen Alp-Consortages des Unterwallis. In mancher Unterwalliser Gemeinde führt noch heute der Weg zu den Gemeindeämtern über den Vorsitz im Consortage. Grosse Alpgeteilschaften besassen ihre eigenen Archive mit Protokollen, Statuten usw.[36].

Bemerkenswert ist die in mancher Alpordnung vorkommende Bestimmung, dass jeder Geteile gleichviel Arbeit leisten muss, ob er nun viele oder wenige Alprechte besitze[37]. Sie widerspricht der heutigen Rechtsauffassung des Volkes und hat dort, wo sie bis in die neueste Zeit hinein beibehalten wurde, die Institution des Gemeinwerkes in Misskredit gebracht. Aber das Prinzip der gleichen Arbeitsleistung, ungeachtet des Anteils am Geteilschafts- oder Gemeindenutzen, muss früher neben dem Pro rata-Prinzip recht häufig vorgekommen sein. Es wäre falsch, dem Prinzip der gleichen Arbeitsleistung den historischen Primat zuzuschreiben: die Erbauer des «Neuwerks» im Baltschiedertal verteilten schon im Jahre 1381 ihre Arbeit pro rata sibi cadente (Schmid 1928, S. 451).

Wir haben Werden, Wesen und Formen der Gemeinschaftsarbeit in der Vergangenheit anhand der spärlichen uns zugänglichen Quellen aus verschiedenen Jahrhunderten nachzuzeichnen versucht. Die von uns zu Rate gezogenen Dorf- und Geteilschaftsstatuten, Bauernzünfte und Burgerverordnungen sind keine systematischen Aufzeichnungen. Sie fixieren in erster Linie diejenigen Institute, bei denen Rechtsunsicherheit herrschte. Das war bei den privaten und öffentlichen gemeinen Werken dieser ganz auf Solidarität angewiesenen Notgemeinschaften offensichtlich nicht der Fall. Die eigentlichen Zeugen all der gemeinschaftlichen Anstrengungen dieses Bergvolkes sind die Werke selbst. Wir denken an die Rodung und systematische Düngung der Alpen, an die Saumwege, welche die Bergdörfer mit dem Talboden verbinden, an das Bewässerungsnetz (über dreihundert Hauptleitungen, deren Gesamtlänge etwa 2000 km beträgt und die schätzungsweise einen Arbeits- und Kostenaufwand von 50 Millionen Franken notwendig machten), an die unzähligen Mauern und Mäuerchen, die die Äcker und Rebberge an den Steilhängen stützen, an die Eindämmung der Rhone, die Entsumpfung der Ebene und an die monumentalen Pfarrkirchen und stattlichen Gemeindehäuser, an die Schulhäuser, Gemeindebacköfen, Waschhäuser, Gemeindeställe und Gemeindespeicher, an die Schützenhäuser und an die Alpställe: kurz an alles, was in jahrhundertelanger Arbeit durch vereinte Kraft der Wildnis abgetrotzt worden ist und dieses inneralpine Gebiet zu einem der am intensivsten bebauten ganz Europas gemacht hat, bei dessen Anblick Rousseau schreibt: «Un mélange étonnant de la nature sauvage et de la nature cultivée montrait partout la main des hommes[38].»

Die Kontinuität der Gemeindeverhältnisse steht in merkwürdigem Kontrast zur bewegten Freiheitsgeschichte des Wallis. Diese Bauern, die die mächtigen Adelsgeschlechter gestürzt, die die Naterser Artikel verfasst, mit der Reformation gedroht, die «Mazze» herumgetragen und den Fürstbischof um seine weltliche Macht gebracht haben, erwiesen sich in ihrem Alltagsleben als «la race la plus autochthone du continent, la plus routinière, la plus rebelle aux idées de commerce et d'industrie progressive, mais aussi la plus indépendante de l'autorité extra-locale de l'Etat» (Courthion 1903, S. 44). Nach der grossen Bevölkerungszunahme im Hochmittelalter und der damit zusammenhängenden Ausdehnung des nutzbaren Landes und nach der Erweiterung und Verbesserung des Bewässerungsnetzes bildete sich in den einzelnen Dorfschaften, Gemeinden, Talschaften und Terrassen ein organisches, autochthones Wirtschafts- und Arbeitssystem heraus, das da und dort zu grosser Vollkommenheit heranreifte und den unter ihm lebenden Menschen ein hohes Mass jener Möglichkeiten und Sicherheiten bot, die zum Idealbild volkstümlicher ländlicher Kultur gehören. Wann diese Bauernkultur ihre höchste Blüte erreichte, ob im gotischen oder barocken Wallis, kann hier nicht festgestellt werden. Wir besitzen keine Zeugnisse über das eigentliche Leben der volkstümlichen Schichten des Wallis vergangener Zeiten. Nimmt man die Volkskunst zum Massstab, so fällt die Blüte des Dorflebens – für das alemannische Oberwallis wenigstens – in die Zeit des Barocks, als «in den Theatern das ganze Volk lebte, lachte und weinte, die Sagen Gemeingut waren, Kunst und Kultur in ihren Ausläufern die tiefsten Schichten des Volkes erfasst hatten» (Carlen 1945, S. 99). Weder die Stürme der Reformationszeit noch das ins Land eingedrungene Ideengut der Französischen Revolution vermochten die innere Struktur des ganz auf Tradition beruhenden Alltags- und Festtagslebens wesentlich zu erschüttern. Solange der Mensch alles von der Natur bezog, solange er seine Stube mit Kienspan, Butter- und Öllichtern erhellte und keine schnelleren Fortbewegungsmöglichkeiten kannte als diejenige seines Maultiers, solange er, von einigen auf Wasserkraft beruhenden technischen Einrichtungen abgesehen, selbst oder in Gesellschaft mit seinesgleichen der Motor all seiner Verrichtungen blieb, änderten Lebensrhythmus und Zeitgefühl kaum merklich, sondern vererbten sich fast unverändert vom Grossvater auf den Enkel. Die besonderen topographischen Bedingungen des Landes unterhielten dauernd die Bereitschaft und Neigung zur Selbständigkeit und Selbsthilfe, die sich vor allem im gemeinsamen Akt der Arbeit und des Konsums stets neu verwirklichen konnten. Das im Laufe der Generationen gereifte Bewusstsein der Menschen von den einfachen und überschaubaren Verhältnissen ihrer Produktion und Konsumtion erlaubte ihnen, sich in wahrem Sinne demokratisch zu regieren, und verlieh ihnen jenen zu Recht bewunderten Grad politischer Reife.

Erst das Eindringen des technischen Fortschrittes, der «zweiten industriellen Revolution» (Elektrizität, Explosionsmotor) mit seinen Möglichkeiten dezentralisierter Energieerzeugung und Energieübertragung auf weite Distanz vermochte im Wallis die Grundlage allen menschlichen Zusammenlebens, die Arbeit, durchgreifend zu verwandeln. Jetzt wurde mancher altbewährte empirisch-rationale Grundsatz des Arbeitslebens zum irrationalen Relikt. Hinzu kam der rasch anwachsende Geldumlauf, die Fernwirkung des Geldes, die in mancher Beziehung von der persönlichen Anwesenheit dispensierte.

Die Auswirkungen des späten, aber um so beschleunigteren Anschlusses des Wallis an die dynamische Welt der Technik und an deren Wirtschaftssystem sollen im dritten Teil dieser Untersuchung zur Sprache kommen.

Arbeit und Dorfgemeinschaft im Kulturwandel der Gegenwart

Um die gegenwärtige Epoche und ihre dynamische Entwicklung besser verstehen zu können, müssen wir den Begriff ‹Gegenwart› bis in die Jugendzeit der ältesten jetzt noch lebenden, von uns befragten Gewährsleute ausdehnen. In jene Zeit, die wir grob als die zweite Hälfte des 19. Jahrhunderts bezeichnen, fallen die ersten Einwirkungen der ‹industriellen Revolution› auf die Walliser Bevölkerung des Haupttales. Der Bruch zwischen der alten und der neuen Zeit liegt für die Dorfgemeinschaft theoretisch dort, wo die althergebrachten ländlichen Lebens- und Wirtschaftsaxiome nicht mehr länger als unbedingt gültig hingenommen wurden und die in der Grossstadt am folgerichtigsten durchgeführte Arbeitsapparatur auch für das Dorf massgebend zu werden begann. Damals drang, wie Albert Carlen sagt, der «Geist der Fabriken und der Nachahmung der Stadt in die Dörfer, und man wollte dort «lieber drittklassiger Städter als erstklassiger Landbewohner heissen» (Carlen 1945, S. 100).

Kaum irgendwo in der Schweiz fanden die technischen und industriellen Errungenschaften des 19. Jahrhunderts so spät und so zögernd Eingang wie im kapitalarmen Wallis. Dies gilt nicht nur für die Industrie im eigentlichen Sinn, sondern auch für die neuen Methoden des Landbaues, wie sie in manchen Kantonen im 18. Jahrhundert von den ökonomischen Gesellschaften gefordert und im 19. Jahrhundert im Gefolge der Liberalisierung von Wirtschaft und Handel eingeführt worden waren. Der Walliser Regierungsrat A. de Torrenté beklagte sich 1867 in einem Rapport an die Schweizerische Gemeinnützige Gesellschaft über Missstände der Walliser Volkswirtschaft, wie Vergeudung des natürlichen Düngers, Verwendung schlechter Pflüge, Festhalten am Ackerbau trotz den sinkenden Preisen des Getreides, das seit 1865 (Bahn bis Sitten) billig eingeführt werden konnte, und trotz der steigenden Nachfrage nach Milchprodukten und Jungvieh. Er kritisiert das Institut der Gemeinatzung[39], die schlechte Entlöhnung der Flurhüter, Förster und anderer Gemeindefunktionäre, den mangelhaften Schutz der Ernte vor Diebstahl. Er bekämpfte die Vorurteile der Gemeinden und Geteilschaften gegen die Einführung von Industrien und rügt die Untätigkeit der Bevölkerung während der langen Wintermonate, die vielen Feiertage, das ‹Blaumachen›, den übermässigen Wirtshausbesuch, die Stümperhaftigkeit im Handwerk, die Unordnung in den Betrieben, kurz die Tendenz ‹au schlendrianisme›. «Le nerf du commerce brille par son absence: l'ordre, la persévérance, l'activité sont des qualités fort rares. Ce laisser-aller, cette inconstance proverbiale sont-ils peut-être l'effet de notre climat, de notre température si capricieuse et si variable?» (de Torrenté 1867, S. 15 ff.)

Diese Kritik des vom modernen Wirtschaftsgeist erfüllten Autors gilt den Erscheinungen der volkstümlich-traditionalistischen Wirtschaftsweise, die bloss auf Deckung des Eigenbedarfs hinzielte. Manche dieser Vorwürfe werden der Walliser Bevölkerung heute noch von Beobachtern aus den industrialisierten Landesgegenden gemacht. Das mit dem Calvinismus in den protestantischen Ländern aufgekommene Arbeitsethos, das den Menschen nicht nur zur Arbeit treibt, wenn er Hunger hat, sondern ihn einem inneren Zwange gehorchen lässt, der die Kräfte weit wirksamer anspannt als bloss äussere Notwendigkeit, steht nach Max Weber im Zusammenhang mit der Entwicklung des rationalen, kapitalistischen Wirtschaftssystems (Weber 1920, S. 17ff.). Diesen inneren Trieb zu rastloser Tätigkeit vermisste de Torrenté bei seinen Landsleuten, ihn vermisst der Europäer der wirtschaftlich hochentwickelten Gebiete bei allen von unserer Zivilisation nicht oder nur wenig berührten Kultur- und Naturvölkern.

Dieses Verharren in der überkommenen Wirtschaftsgesinnung hat natürlich auch seine menschlich positiven Seiten. Der Wert des Menschen ist nicht identisch mit seiner Anpassungsfähigkeit an die Wirtschaftsapparatur des

20. Jahrhunderts. Frühere Ordnungen entsprachen, wenn sie einmal ihr inneres Gleichgewicht gefunden hatten, den menschlichen Grundbedürfnissen unter Umständen besser als unsere dynamisch-technische Existenz. Andererseits darf die Dialektik der industriellen Zivilisation nicht übersehen werden. Letztere vermag so grossen Reichtum zu erzeugen, dass darin vielleicht wieder einmal ein Leben möglich wird, das den menschlichen Grundbdürfnissen besser Rechnung trägt.

Welches waren zur Zeit de Torrentés die bescheidenen Ansätze zur Industrialisierung im Wallis? Im Jahre 1867 fanden 450 Fabrikarbeiter kargen Verdienst in zwei Glashütten (Monthey), in zwei Tabakfabriken (Sitten, Monthey), in zwei Papiermühlen, in Gerbereien, in einer Tuchfabrik (Bagnes) und in einer Giesserei (Ardon). Es gab im ganzen Kanton keine einzige Spinnerei. Die drei Kantone der Innerschweiz beschäftigten schon damals in der Industrie das Zehnfache an Arbeitskräften (de Torrenté 1867, S. 39). Wichtige wirtschaftliche Veränderungen im Haupttal im Sinne einer Abkehr von der Selbstversorgung brachte die Eisenbahn (1865 bis Sitten, 1878 bis Brig). «Die Bahn befreite das Wallis vom Zwang der Selbstversorgung. Hatte es bis dahin sein eigenes Brot erzeugt, ja in guten Jahren sogar noch Korn ausgeführt, so änderte sich das nun mit einem Schlage. Billiges Getreide gelangte aus den Kornkammern Osteuropas ins Land; der Ackerbau im gesamten und der Getreidebau im besonderen gingen zurück, und Wiesbau und Viehzucht erhielten wachsende Bedeutung. Die Produktion für den Eigenbedarf wandelte sich zur Produktion für den Markt» (Suter 1947, S. 7 ff.). Mit dem Rückgang des Getreidebaus wandte sich die Aufmerksamkeit der rationalen Bewirtschaftung der Alpen zu. Die Alpgemeinwerke, die bis dahin mehr eine Sache «pour la forme» (de Torrenté) waren, wurden einer Kommission unterstellt und sollten fortan der Bodenverbesserung dienen: Entfernung von Steinblöcken aus Alpweiden, Entsumpfung, Erstellung von Alpställen. Aus jener Zeit stammt auch das erste kantonale Alpreglement, das die Erstellung von Alpställen vorschreibt.

Vor 1848 kannte das Wallis keine direkten Steuern; die indirekten Steuern und die Regale (Tabak, Salz, Weggelder, Post) genügten, um die Ausgaben des Staates zu decken. Die Schulen waren Sache der Gemeinden oder der Geteilschaften; noch hatte der Staat keine grossen Aufgaben übernommen, wie etwa Strassenbauten, Rhoneeindämmung usw. Die Bundesverfassung von 1848 zentralisierte die Regale, die Post und die Zölle. So gingen dem Wallis die Einnahmen aus den indirekten Steuern und den Regalen verloren, und der Kanton musste die direkten Steuern einführen. Dies ermöglichte es dem Staat mit der Zeit, den Gemeinden für gewisse Werke Subventionen zu gewähren. Die Gemeindeautonomie musste darunter allerdings leiden. Manche Gemeinden erhoben bis tief ins zwanzigste Jahrhundert hinein keine Gemeindesteuern, ja sie waren oft noch in der Lage, an die einzelnen Familien Geldbeträge auszurichten, die aus dem Verkauf von gemeindeeigenem Holz stammten.

Das Wallis blieb vorderhand ein reiner Agrarkanton. Wohl wurden da und dort in der Rhoneebene die alten Gemeindegüter aufgeteilt, besonders nachdem die Rhone eingedämmt, die Ebene trockengelegt und neues Kulturland gewonnen worden war. Auch ging man in grösseren Gemeinden dazu über, das Gemeinwerk an Strassen, Dämmen usw. aufzuheben und eine Equipe von Gemeindearbeitern anzustellen. Doch waren dies Einzelfälle. Der grössere Teil des Landes, nämlich die Seitentäler und die Terrassen, die bis 1910 bevölkerungsmässig das Übergewicht hatten, wurden von diesen Neuerungen wenig berührt. Wenn man jetzt auch mit der Eisenbahn in einer Stunde von St-Maurice bis Sitten fahren konnte, so waren die Verbindungen zu den abgelegenen Dörfern, die noch nicht durch Fahrstrassen mit dem Haupttal verbunden waren, nicht minder umständlich als vor der Einführung der Eisenbahn.

Umwälzender wirkte sich das Eindringen der Grossindustrie in das Haupttal zu Beginn unseres Jahrhunderts aus. «Ausschlaggebend für den Einzug der Industrie war, nachdem der Ausbau des Eisenbahnnetzes für die Zufuhr von Rohstoffen und für den Absatz der Fertigprodukte als unerlässliche Voraussetzung hierfür bereits erfolgt war, das Vorhandensein gewaltiger ungenützter Wasserkräfte und eines Angebots billiger Arbeitskräfte» (Suter 1947, S. 14). Die Seitentäler und die Höhenterrassen verharrten weiterhin in ihrer mittelalterlichen Abgeschiedenheit bis in die zwanziger und dreissiger Jahre dieses Jahrhunderts. Damals erst wurden zahlreiche neue Strassen zur Verbindung der entlegensten Gemeinden mit der Talsohle gebaut. Seit einigen Jahren entstehen in steigendem Masse Seilbahnen, die dem gleichen Zweck dienen. Mit dem Anschluss der hintersten Weiler an die Industrieorte des Rhonetales waren die Bedingungen geschaffen, die es der Grossindustrie erlaubten, die volkreichen Dörfer der Bergregion für ihre Betriebe zu gewinnen. Aus weiten Gebieten des Wallis gehen jetzt die Leute nach Chippis in die Aluminiumfabrik. Schon 1942 kamen sie aus nicht weniger als 66 Gemeinden (Suter 1947, S. 18). Ein für das Wallis neuer Menschentyp entstand: der Arbeiterbauer oder Halbbauer (anderswo in abschätziger Weise ‹Rucksackbauer› [Strübin 1952, S. 83] genannt). Dieser verdient als Handlanger in der Fabrik in der Regel den grösseren Teil seines Unterhalts. Daneben bleibt er jedoch weiterhin Besitzer eines bäuerlichen Zwergbetriebes, der hauptsächlich von Frau und Kindern bewirtschaftet wird. «Die Direktion der Chippis-Werke schliesst aus ihren Erfahrungen, dass mindestens 60–70 % der Belegschaft noch einer landwirtschaftlichen Betätigung nachgehen» (Suter 1947, S. 23). Die Hauptarbeiten des Sommers auf dem eigenen Betrieb kann jedoch die Frau mit den Kindern nicht allein bewältigen. Der Mann muss tüchtig mithelfen. «Die starke Beanspruchung der Männer während des Sommers ist nicht ohne Folgen. Oft treten sie, vor allem während der Erntezeiten, die Arbeit in der Fabrik müde an. Dann schnellt dort die Zahl der Unfälle ganz merklich empor. Die Zeiten dieser Spitzenleistung der Arbeiterbauern sind aus den Unfallstatistiken der Grossunternehmen mit aller Deutlichkeit herauszulesen» (Suter 1947, S. 24). Dieses Halbbauerntum hat sich im Laufe weniger Jahrzehnte fast im ganzen Wallis eingebürgert. Während des Zweiten Weltkrieges kamen zu den bereits ansässigen elektrochemischen Unternehmen noch weitere Arbeitsgelegenheiten: Anthrazitgewinnung, Strassen- und Festungsbauten. Damit bekamen auch jene Dörfer und Talschaften, die vorher nur von der Landwirtschaft gelebt hatten, ihre Arbeiterbauern. Am widerstandsfähigsten erwiesen sich das oberste Goms, das Lötschental und das Val d'Illiez. Heute geht fast die Hälfte aller Walliser Bauern der Lohnarbeit in der Industrie nach (Suter 1947, S. 23). Es ist klar, dass eine solche Wandlung der wirtschaftlichen Struktur eines Kantons auf das Leben der Gemeinschaften, seien es nun Familien, Genossenschaften, Gemeinden, Dorfschaften, Pfarreien usw. ihre tiefe Wirkung haben musste. Wir denken dabei nicht nur an den beschleunigten Rückgang der Selbstversorgung (von 90 % auf 50 % innert 50 Jahren), sondern vor allem an die Vermehrung des Bargeldes, an die Steigerung der Lebensbedürfnisse und an die Abwanderung der besten Kräfte aus der Landwirschaft. Es bleibt weniger Zeit, um die landwirtschaftlichen Arbeiten zu besorgen. Das Arbeitstempo, das während Jahrhunderten gleichgeblieben war, wird plötzlich beschleunigt. Der natürliche Rhythmus von Tag und Nacht wird durchbrochen (Folge der Schichtarbeit in der Industrie). Für den ausschliesslich in der Landwirtschaft Beschäftigten war der Winter früher die grosse Ruhezeit; dies trifft für den Arbeiterbauern nicht mehr zu. Die landwirtschaftliche Technik degeneriert rasch, die Werkzeuge werden primitiver. Als wir einen mit primitivstem Dreschstock arbeitenden Bauern fragten, ob man in seinem Weiler den Dreschflegel gewöhnlich nicht verwende, gab er zur Antwort, er hätte früher auch mit dem Flegel gedroschen, seit er aber in die Fabrik gehe, habe er keine Zeit mehr gefunden, einen richtigen Flegel herzustellen. Nicht zu unterschätzen sind die Wirkungen des Arbeiterbauerntums auf das Familienleben. Die Kinder stehen in vermehrtem Masse unter der ausschliesslichen Obhut der Mutter. Es fehlt die väterliche Führung. Die entpersönlichte Arbeit des Vaters, an der die übrige Familie nicht beteiligt ist, vermindert dessen Autorität bei den Kindern. In bezug auf das Gemeindeleben kann allenthalben schwindendes Interesse festgestellt werden. Die Leistungen der Gemeinde (Allmend, Gemeindereben, Gemeintrünke, gesellige Veranstaltungen usw.) sind für den über Bargeld verfügenden Arbeiterbauern zum Teil entbehrlich geworden. Feldarbeiten, die früher von den Dorfbewohnern an bestimmten gemeinsam festgelegten Tagen besorgt wurden, erledigt man jetzt ganz individuell nach der Schichtarbeit. Immer mehr wird die konkrete Teilnahme am eigentlichen Gemeindeleben .(Gemeindeversammlung, Gemeinwerk usw.) durch abstrakte Geldleistung (Bussen, Ersatzleistungen in Geld) ersetzt. Wo einst Gleichgerichtetheit der wirtschaftlichen Interessen herrschte, sehen wir jetzt Zersplitterung. Ortsfremde Handwerker und Geschäftsleute siedeln sich an und bilden eine Gesellschaftsschicht, die das Bergdorf bisher nicht gekannt hatte: den kleinbürgerlichen Mittelstand.

Dies ist der Preis, den die in dieser Zeit der Wende lebende Bergbevölkerung zu bezahlen hat für das kommende Neue: die gemischtwirtschaftliche agrarisch-industrielle Dorfgemeinschaft, an deren Spitze je nach dem Spiel der politischen Kräfte manchmal ein Fabrikarbeiter (was heute schon vorkommt), manchmal ein Bauer (was noch die Regel ist) steht. Diese neuen Dorfgemeinschaften kennen die absolute Solidarität der alten Gemeinschaft nicht mehr, aber sie haben eine «demi-fraternité, bien appropriée à des demi-communautés» (Courthion) bewahrt. Wie diese demi-fraternité in bezug auf die Gemeinschaftsarbeit aussieht, wollen wir nun im folgenden darzustellen versuchen.

Spontane gegenseitige Hilfe

Weitab von den sozialen Institutionen des modernen Wohlfahrtsstaates gibt es noch eine nüchterne, spontane, aber keineswegs distanzlose gegenseitige Hilfe. Wir hatten im historischen Teil unserer Arbeit mangels Quellen keine Gelegenheit, auf die grosse Bedeutung dieser spontanen Hilfsbereitschaft hinzuweisen, die für die Entstehung der auf Solidarität beruhenden Bauernzünfte und freien Gemeinden die selbstverständliche Grundlage war (Kropotkin 1904).

Welches sind nun in unserem Untersuchungsgebiet die gegenseitigen Dienste, die keiner dem andern zu verweigern wagt, selbst wenn er ihm im übrigen nicht freundlich gesinnt ist?

Wanderungen mit dem Vieh *(firuf stelle)*

In den meisten Gegenden des Wallis zieht man im Winter mit dem Vieh von Stall zu Stall dem im Sommer auf den Maiensässen und Alp-Mähwiesen gesammelten Heu nach. Manche Alphirten befinden sich daher mitten im Winter in hochgelegenen Hütten. Wenn das Heu in der Scheuer aufgebraucht ist, muss man *firuf stelle*, d. h. mit dem Vieh einen andern Stall aufsuchen, der bis zwei Stunden weit entfernt sein kann. Es gilt nun, im metertiefen Schnee den Weg bis dorthin zu bahnen, eine Arbeit, die die Kräfte des Einzelnen übersteigt. Hier müssen die Nachbarn einspringen. Keiner von den Bergnachbarn, die in der Abgeschlossenheit der winterlichen Alp eine wahre Notgemeinschaft bilden, würde sich getrauen, die Bitte um Mitarbeit beim *firuf stelle* abzuschlagen; weiss er doch genau, dass er bald selbst in die Lage kommen kann, von seinem Nachbarn denselben Dienst verlangen zu müssen. Bezeichnend für die Alltäglichkeit dieser Dienstleistung – derselbe Bauer muss während eines Winters oft mehr als ein Dutzend Mal *firuf stelle* – ist, dass sie mit keiner Festlichkeit verbunden ist, dass dafür keine besondere Belohnung, kein Glas Wein oder Schnaps angeboten werden muss, wenn auch eine Einladung zum kräftigen Mittagsmahl allgemein üblich ist. Ohne diese selbstverständliche gegenseitige Hilfe wäre das Herumwandern mit dem schweren Viehzeug im tiefen Schnee ganz unmöglich, und die Ställe auf den abgelegenen Mähwiesen und in den Maiensässen könnten im Winter nicht mehr bezogen werden, so wie abgelegene Siedlungen verlassen werden mussten, wenn sich im Hof oder Weiler nicht mehr genug arbeitsfähige Leute befanden, die im Winter die Wege zur Kirche und zum Dorf offen hielten[40]. Der Brauch ist sowohl im Ober- wie auch im Unterwallis häufig (*firuf stelle* heisst im dortigen Français régional *remuer*).

Gemeinsames Pflügen

Im Wallis findet sich auch noch die seit altersher weitverbreitete Verbindung von zwei oder mehreren Bauernfamilien zum gemeinsamen Pflügen. In Evolène bildet man eine *šueišio* (lat. *societate*), bestehend aus einem Pflug, zwei Maultieren und den notwendigen Arbeitsleuten. In Savièse wurden bei dieser temporären Verbindung zum gemeinsamen Pflügen (in der dortigen Mundart *šüitia*, lat. *societate* genannt) vier Maultiere eingesetzt[41]. Auch die Gegend von Sierre, des Val de Bagnes und andere Gegenden, wo der Pflug benützt wird, kennen den Brauch. Für diese in kleinem Rahmen stattfindenden Gemeinschaftsarbeiten ist charakteristisch, dass sie jedes festlichen Anstriches entbehren.

Austausch von Arbeitsleistungen

Der gegenseitige Austausch von Arbeitsleistungen ist dort, wo wenig Bargeld vorhanden ist, noch sehr verbreitet. Im Lötschental werden oft Besitzer von Saumtieren um solche ‹Widerhilfe› angegangen. Der Besitzer des Saumtieres besorgt einen Transport auf die Alp für einen Dorfgenossen; der Sohn des letzteren hilft dem Maultierbesitzer dafür beim Heuen. Diese praktische Einrichtung ist auch in den angrenzenden Gebieten des Berner Oberlandes noch recht verbreitet. Soweit wir beobachten konnten, wird im Wallis nur Männerarbeit gegen Männerarbeit ausgetauscht; im Berner Oberland, wo die ursprüngliche Arbeitsteilung nach Geschlechtern weitgehend verwischt ist, kann es z. B. vorkommen, dass eine Frau einer andern beim Waschen hilft und der Sohn der letzteren der ersteren beim Heuen behilflich ist.

Hilfeleistung bei Naturkatastrophen

Kaum je findet der Grundsatz «Alle für einen, einer für alle» grossartigere Verwirklichung als bei Naturkatastrophen in unsern Gebirgstälern. Auch der Zugezogene, der sich vielleicht in der Dorfgemeinschaft nie ganz heimisch fühlen konnte, geniesst ungeschmälert die spontane und selbstlose Hilfe der zur Schicksalsgemeinschaft gewordenen Nachbarschaft. Manchmal schmiedet eine solche Katastrophe «diese Menschen derart zusammen, dass der Fremde nie mehr das Gefühl haben muss, er stünde ausserhalb der Dorfgemeinschaft und müsste eine neue Heimat suchen[42]». Bei Brandfällen zeigt sich die nämliche Solidarität, die keineswegs an den Gemeindegrenzen aufhört. Wie feindlich sich zwei Gemeinden auch gegenüberstehen mögen, mit welchen Übernamen sich ihre Bewohner auch gegenseitig necken mögen, in der Not hilft man sich selbstverständlich. Im Gemeindearchiv von Kippel befindet sich eine Abrechnung über unentgeltliche Brotlieferungen an die im März 1890 von einem schweren Dorfbrand betroffene Gemeinde Gampel im Rhonetal[43]. Die spontane Hilfsbereitschaft bei Naturkatastrophen und Unglücksfällen, die jeden in Erstaunen setzt, der damit zum erstenmal in Berührung kommt, steht wohl in enger Wechselwirkung mit der bis in die neueste Zeit hinein geringen Verbreitung des Versicherungswesens im Wallis. Noch besitzt dieser Kanton keine obligatorische Feuerversicherung. Da die Prämien für Holzhäuser mit Schindelbedachung verhältnismässig hoch sind, verzichten manche Hausbesitzer darauf, ihre Liegenschaft bei einer privaten Versicherungsgesellschaft freiwillig versichern zu lassen (Schnyder 1949, S. 142 ff.). Seit einigen Jahren werden aber im Wallis mehr und mehr Versicherungen abgeschlossen. Mancher Walliser hat inzwischen auch erfahren müssen, dass für Unfälle, die bei spontaner Hilfeleistung entstanden sind, keine Versicherung haftbar gemacht werden kann, da nur die eigens zur Feuerbekämpfung bestimmten Leute durch die Gemeinde versichert worden sind. Ein anderes Beispiel dafür, dass das Versicherungswesen die spontane Hilfsbereitschaft lähmt, ist etwa die Tatsache, dass man den Nachbar nicht mehr ruft, wenn eine Kuh kalbert, da die Versicherung bei Komplikationen die Haftung ablehnt, wenn nicht ein Tierarzt zugezogen wurde. Man kann allenthalben beobachten, dass die für den Einzelnen unübersichtliche, abstrakte Solidarität der Versicherung nun rasch an die Stelle brauchmässiger gegenseitiger Hilfe von Mensch zu Mensch treten wird.

Bittarbeit

Unter Bittarbeit versteht man Gemeinschaftsarbeit unter Freunden, Verwandten und Nachbarn, die nur bei besonderen, brauchmässig festgelegten Gelegenheiten geleistet wird. Wo die Kräfte des einzelnen Hausstandes nicht genügen, wo dringliche oder besonders schwere Arbeiten in nützlicher Frist auszuführen sind (Ernte, Hackbau, Hausbau usw.), veranstaltete man früher überall Bittarbeiten. Ursprünglich wurde die Arbeit nicht entlöhnt, sondern bei Gelegenheit in Form von Arbeit zurückerstattet; heute bestehen jedoch unter dem Einfluss der Geldwirtschaft zahlreiche Mischformen zwischen reiner Lohnarbeit und Bittarbeit. Die mehr oder weniger reiche Bewirtung der Teilnehmer durch den Veranstalter der Bittarbeit mit Wein, festlichen Speisen und das oft die Arbeit abschliessende Tanzvergnügen verleihen ihr den ausgesprochen lustbetonten Charakter.

Die weltweite Verbreitung dieser Einrichtung zeugt für ihr hohes Alter. Besonders reich entwickelt war sie bei den Slawen. Beim Durchlesen des betreffenden Kapitels in Dimitrij Zelenins «Russischer Volkskunde» fällt die bis in alle Einzelheiten gehende Übereinstimmung der slawischen Bräuche mit den von uns im Wallis beobachteten auf. Es sind dort und hier dieselben Vorrichtungen, die Anlass zur Bittarbeit geben: Hinaustragen und Hinausfahren von Mist auf die Felder, Zusammentragen von Holz zum Bau eines Hauses, der Hausbau selbst, Mähen, Ernten, Spinnen, Schwingen von Hanf und Flachs. Auch das von uns erwähnte gemeinschaftliche Pflügen erwähnt Zelenin; es unterscheidet sich, wie bei uns, von der gewöhnlichen Bittarbeit durch das Fehlen der Bewirtung und durch die geringe Anzahl der Teilnehmer (Zelenin 1927, S. 335 ff.). Der festliche Charakter dürfte mit der Aussergewöhnlichkeit der Bittarbeit zusammenhangen. So wie Anfang und Ende einer bedeutenden Arbeit überall das Interesse der Beteiligten auf sich lenken, wird hier die typisch wiederkehrende Ausnahme des Arbeitens in grösserer Gemeinschaft durch die Festlichkeit unterstrichen. Sehr wichtig ist, dass dabei dem Gastgeber die Möglichkeit geboten wird, durch reiche und glänzende Bewirtung und Unterhaltung der Arbeitenden das Bedürfnis nach Auszeichnung zu befriedigen. In den Gesprächen mit unseren Gewährsleuten taucht immer wieder die Geschichte des Gastgebers auf, der nach üppiger Bewirtung seiner Leute am folgenden Tag noch in der Lage war, aus allen Fenstern des in einem Tag in Gemeinschaftsarbeit aufgerichteten Hauses Speckseiten, Würste und ganze Käselaibe hinauszuhängen und so seinen Reichtum zu demonstrieren. Bedeutsam ist auch, dass bei Gemeinschaftsarbeiten mit nur kleinen Teilnehmerzahlen (zwei Nachbarfamilien) kein feierliches Zeremoniell geübt wird, wohl weil hier die Möglichkeit zur Auszeichnung nicht gross ist.

Über frühere Formen der Bittarbeit unter Gleichstehenden fehlen schriftliche Zeugnisse. Nur die Bittarbeit zugunsten der wirtschaftlich und sozial Prominenten, die ursprünglich vielleicht freiwillig dargebrachte *corrogata* (frz. *corvée*), die infolge ungenügender rechtlicher Sicherung des ökonomisch Schwachen – ähnlich wie die Steuer – eine Wandlung vom Brauch zum herrschaftlichen Recht durchmachte, hat ihre Spuren in Urbarien, Abgabebüchern, Weistümern und Offnungen hinterlassen. Und auch dort schimmert manchmal noch etwas von der üppigen Bewirtung, von Musik und Tanz durch, die jene aussergewöhnlichen Arbeitsanlässe von den üblichen Frondiensten angenehm unterschieden[44].

Gemeinschaftsarbeit beim Hackbau

In grossen Gebieten des Oberwallis werden noch sämtliche Äcker mit der Haue und dem Karst bearbeitet, so im Lötschental, im Goms, im Saas- und Nikolaital, an den Südhängen des Lötschbergs (Ausserberg, Eggerberg), teilweise auf den Leukerbergen (Erschmatt, Bratsch, Feschel, Guttet), während im Unterwallis der Pflug bis zuhinterst in die Seitentäler Eingang gefunden hat. Nicht immer lässt sich die Bevorzugung des Hackbaus ausschliesslich aus der Geländebeschaffenheit erklären: Tradition, Grad der Realteilung usw. spielen ebenfalls eine Rolle. F. G. Stebler hat in seiner Monographie «Sonnige Halden am Lötschberg» 1913 das gemeinsame Hauen (im Oberwallis *gmei mache* genannt) in Ausserberg ausführlich (mit Illustrationen) geschildert: «Ein Mann kann in einem Tag eine Fläche von 400 Quadratmeter Roggenstoppel *hauen*, d. h. mit der Breithaue umbrechen. Je nach der Tiefgründigkeit des Bodens wird dieser 20–30 Zentimeter, ausnahmsweise 40 Zentimeter tief umgearbeitet. Die Umarbeitung geschieht ‹in zwei Streichen›; zuerst wird die obere Erdschicht mit der Stoppel umgekehrt und dann die tiefere Lage, so dass die Stoppel unten zu liegen kommt und mit der darunter gelegenen Erde überdeckt wird. Bei trockenem Wetter stäubt der Boden förmlich. Das Hauen *(Howen)* wird nur von den Männern besorgt. Wo kein Mann in der Familie ist, werden ‹Hauer› angestellt. Häufig helfen sich die Bauern gegenseitig aus; oft sieht man so sechs bis acht Mann in einer Linie auf dem Felde arbeiten. Man sucht die Schwere der Arbeit soviel wie möglich durch gute Speise und Trank zu erleichtern; so gestalten sich die ‹Hauertage› oft zu Festtagen. An Essen und Trinken wird nicht gespart. Als Taglohn wird in der Regel Fr. 2,– bis Fr. 2,50 bezahlt, während für den Unterhalt das Doppelte bis Dreifache gerechnet werden muss. Schon am Morgen vor vier Uhr rücken die Hauer zur Arbeit aus. Sie erhalten vorweg *Spiis* (Brot und Käse), dann schwarzen Kaffee mit Schnaps und frische Butter mit Honig. Um halb acht früh wird ihnen die Suppe aufs Feld nachgetragen. Mittags bekommen sie Fleisch mit Reis oder Makkaroni, Salat, Apfelschnitze oder Zwetschgen. Um vier Uhr geben *sumi* (einige) Milchkaffee, einige Schokolade oder schwarzen Kaffee mit Schnaps. Wenn die Nacht mahnt, so kommt das Nachtessen, wo sich die Hauer nach getaner Arbeit des Lebens freuen. Die Nachtmahlzeit besteht aus Minestra oder Erdäpfeln mit Käs und Milch. Bei jeder Mahlzeit erhalten sie soviel Wein, als sie trinken mögen; per Mann rechnet man davon durchschnittlich drei bis vier Liter täglich. Nach dem Nachtessen wird gesungen, gescherzt, gelacht, gespielt und nachher wohl auch ein Tänzchen gemacht, oft bis nach Mitternacht. Am anderen Morgen beginnt das gleiche Tagwerk von neuem, und so täglich drei bis vier Wochen lang. Wenn ein Acker fertig gehauen ist, so ziehen die Arbeiter im Gänsemarsch auf einen anderen, voran einer mit einem bekränzten Tännchen und einem Pfeifer. In dieser Weise halten sie, wenn in einer Familie heiratsfähige Töchter sind, auch abends fröhlich ihren Einzug in das Dorf. Auf dem Acker verteilen sich die Männer von oben nach unten auf die ganze Länge desselben. Der oberste heisst der ‹Brotherr› oder der ‹Butillenvogt›. Er hat das Kommando über ‹Spiis und Trank›. Der unterste wird *Fureziner* geheissen; er hält die unterste Grenzfurche in Ordnung. So bleiben die Arbeiter den ganzen Tag in der gleichen Reihenfolge. Der ‹Brotherr› oder die ‹Hex› gibt oben den Anschlag, d. h. er fängt die Furchenbreite an, in der Regel 50–60 Zentimeter. ‹Hex› wird er deshalb genannt, weil er oft ‹hexet›, d. h. pfuscht, indem er eine zu breite Furche anschlägt, was sich auf jeden folgenden Hauer überträgt. Das Land wird in diesem Falle nur teilweise umgearbeitet. Ein Streifen Stoppeln wird stehen gelassen und nur mit Erde überworfen. Es hat zwar den Anschein, als ob das Land vollständig umgearbeitet sei» (Stebler 1913, S. 74 ff.).

Bei unserem Besuch in Ausserberg (1950) konnten wir feststellen, dass der von Stebler im Jahre 1913 beschriebene Arbeitsbrauch noch lebendig ist, wenn auch einige Elemente daraus verschwunden sind. Immer noch beginnt man um vier Uhr früh mit der Arbeit. Man ist auf dem Acker bis gegen zwölf Uhr, dann ruht man bis gegen vier Uhr nachmittags aus; nachher wird noch etwas weiter gearbeitet. Wo man die Arbeit nicht ‹zurückgeben› kann, zahlt man den Teilnehmern Fr. 12.– im Tag. Das bekränzte Tännchen und der Pfeifer sind verschwunden, aber vom festlichen Charakter der Arbeit ist noch ein Schimmer geblieben.

Ein solcher Arbeitsbrauch kann nur solange auf Gegenseitigkeit beruhen, als unter den Beteiligten keine grosse Ungleichheit des Grundbesitzes besteht. Wo man Leute mit kleinem oder gar keinem Grundbesitz beizieht, wird aus der Bittarbeit mit der Zeit gewöhnliche Taglöhnerarbeit. Die Bauern von Ferden im Lötschental liessen bis in die neueste Zeit hinein in Bittarbeit ihre Äcker ‹hauen›. Sie boten reichliche Bewirtung, die sich weniger bemittelte Familien sonst nicht leisten konnten. Als Teilnehmer (sechs bis zehn Mann pro Acker) stellten sich junge Leute aus den Nachbargemeinden zur Verfügung. Neben der für Bergverhältnisse reichlichen Bewirtung wurde ursprünglich noch eine Naturalgabe (ein Körbchen Kartoffeln), später ein Geldbetrag von 2–3 Franken ausgerichtet. Bis zum Zweiten Weltkrieg blieb dieser Ansatz immer derselbe; heute werden mindestens fünf Franken bezahlt. Zum Frühstück gab es Kaffee, Brot und Käse; im Laufe des Vormittags reichte man eine Zwischenmahlzeit, bestehend aus Kaffee, Trockenfleisch, Brot und Käse. Fleischsuppe, gesottenes Trockenfleisch, Kartoffeln und Ackerrüben waren das Mittagessen. Bevor man die Arbeit wieder aufnahm, wurden Wein und Küchlein herumgeboten. Schliesslich folgte ein Nachtessen aus Suppe, Käse und Brot. Der Eigentümer des Ackers verlangte gute Arbeit; oft prüfte er mit seinem Stocke nach, ob das Land auch richtig tief ‹gehauen› sei.

Gegenwärtig ist dieser Brauch im Begriffe, zum rechenhaften Meister-/Taglöhner-Verhältnis zu werden, da es heute selbst in abgelegenen Tälern kaum mehr möglich ist, Leute allein durch reichliche Bewirtung für die Mithilfe bei der Feldarbeit zu gewinnen. Man zieht es vor, den Gegenwert einer Leistung in Form des mehr denn je unentbehrlichen Bargeldes zu empfangen. Diese Bittarbeit wurde übrigens vor allem von solchen Bauern organisiert, welche Rebberge im Rhonetal besassen. Heute haben die meisten ihre Reben verkauft oder einem Rebmeister *(Mechtral,* lat. *ministerialis)*, zur Pflege übergeben. Dadurch sind sie von der Rebarbeit entlastet und können ihre Äcker selbst besorgen.

Bittarbeit beim Hausbau

Mit der in beschränktem Ausmasse heute noch vorkommenden Bittarbeit beim Hausbau erweist sich das Wallis zusammen mit den übrigen Alpen- und Randgebieten Europas wiederum als Brauch-Reliktgebiet. Seit der Barockzeit hat der Hausbau mehr und mehr aufgehört, Sache der gesamten Dorfbevölkerung zu sein. Die schönen Wohnhäuser jener Zeit, deren Ausstattung der bäuerlichen Freude am Vollen und Gegenständlichen entgegenkam, tragen oft die Namen auswärtiger Baumeister. Länger erhielt sich die Gemeinschaftsarbeit beim Bau von Alphütten, Scheuern mit Stall, sowie bei Städeln und Speichern. Wenn auch längst nicht mehr die gesamte Arbeit unter Mithilfe der Nachbarschaft getan wird, so ist doch mancherorts das Herbeischaffen des Baumaterials (Sand, Steine, Holz, Steinplatten, Wellblech) immer noch Gemeinschaftsarbeit geblieben, für welche sich der Bauherr mit ein paar Gläsern Wein erkenntlich zeigt. Da und dort wird auch das Hinaufbieten der Schieferplatten zur Bedachung noch durch die Nachbarschaft besorgt.

Die in manchen Teilen der Schweiz vorkommenden privaten Beisteuern der Nachbarn an Bauholz oder gar an fertigen, besonders geschmückten Bauteilen wie geschnitzten und gemalten Bügen und Türen (Rubi 1942,

S. 12 ff.), kennt man im Wallis nicht, da dort Privatwaldungen sehr selten sind. Wer bauen will, erhält alles oder einen Teil des benötigten Holzes kostenlos aus den Gemeindewaldungen.

Je mehr die Dörfer und Weiler noch wirkliche wirtschaftliche und geistige Interessengemeinschaften sind, desto besser ist die gegenseitige Hilfsbereitschaft beim Hausbau erhalten geblieben. Wo ein Vater, der noch unverheiratete Töchter hat, ein Haus baut, kann er der Mitarbeit der Jungmannschaft gewiss sein, hofft doch mancher vielleicht einmal Besitzer oder wenigstens Mitbesitzer des neuen Hauses zu werden. Wenn aber die jungen Leute im Dorf oder im Weiler nicht mehr ihr späteres Betätigungsfeld sehen, weil keine genügende Existenzmöglichkeit da ist, so desinteressieren sie sich auch am gemeinsamen Hausbau. Sie ziehen es vor, Geld zu verdienen, um sich von zu Hause unabhängig zu machen und anderswo eine Existenz aufzubauen. Die traditionelle Gewissheit der Alten ist für sie nicht mehr mit materieller Sicherheit identisch. Der Impuls zum traditionellen Handeln ist gebrochen. Mögen auch einige alteingesessene begüterte Familien den Brauch noch eine Zeitlang weiterpflegen, so ist er doch nicht mehr populär. Das sicherste Zeichen für die Vitalität und Echtheit einer Tradition ist ihre Verankerung in der sozialen Unterschicht. Seitdem Fremdenverkehr und Geldwirtschaft in die Bergdörfer eingedrungen sind, werden dort auch Häuser gebaut, deren Zweck den Dorfbewohnern nicht zum vornherein klar ist und bei denen sie – oft nicht zu Unrecht – spekulative Absichten des Erbauers vermuten. Aus dem Gefühl der Dorfgemeinschaft heraus, dass überwiegender Einfluss eines Einzelnen ungerecht sei, verweigert man emporstrebenden Mitbürgern die Mithilfe beim Hausbau. Als wir einen Gewährsmann darauf aufmerksam machten, dass in der alten Bauernzunft seiner Gemeinde festgelegt sei, die Mitbürger seien zur Bauhilfe verpflichtet, meinte er, heute sei dem nicht mehr so. Wenn einer bauen wolle, unternähmen die Nachbarn alles, um ihm seinen Plan zu durchkreuzen.

Überall, wo der mit Pferden oder Maultieren bespannte Wagen als Transportmittel diente, erinnert man sich noch an die zahlreichen Gratisfuhren, die einst Nachbarn und Freunde für die baufreudigen Dorfgenossen besorgten. Vielen Gewährsleuten ist eindrücklich geblieben, dass solche Fuhren mit Bewilligung der Kirche oft am Sonntag stattfanden. Heute, wo fast in jedem Bergdorf Lastcamions zur Verfügung stehen, sind diese Dienstleistungen selten geworden. Immerhin gibt es auch heute noch Fälle, wo der Camion als Transportmittel nicht in Frage kommt. Muss ein Holzstamm oder ein Firstbalken von schwer zugänglicher Stelle (Graben) wegtransportiert werden, gibt es kein anderes Mittel als die vereinte Kraft starker Arme und Schultern. Wer eine solche Arbeit zu besorgen hat, ersucht den Pfarrer um Bewilligung, am Sonntag nach dem Hochamt eine *conjointe* (so nennt man im Val de

Bagnes diese Hilfeleistung) zu veranstalten. Beim Verlesen der offiziellen Mitteilungen vor dem Gemeindehaus nach der Sonntagsmesse ergeht die Einladung an die Männer. Die Belohnung besteht aus ein paar Glas Wein.

Die unentgeltliche Gemeinschaftsarbeit bei Kirchenbauten ist im Wallis immer noch üblich. Oft machen arme Berggemeinden grosse Anstrengungen, einen Fonds zum Bau einer eigenen Kirche zu äufnen und sich damit von ihrer Mutterpfarrei zu lösen. Da jedoch die Mittel beschränkt sind und manche Gemeinde stolz ist, möglichst ohne auswärts gesammeltes Geld bauen zu können, bringen Männer und Frauen oft gewaltige Opfer an Arbeit. Sie arbeiten entweder im nur gering entlöhnten Gemeinwerk oder auch ganz unentgeltlich am Feierabend oder am Sonntag. An die hundert Kirchen, die in den letzten sechzig Jahren im Lande neu erbaut worden sind, hat das Volk Tausende von unbezahlten Arbeitsstunden geleistet[45].

Holztragen

Das anschaulichste und eindrücklichste Beispiel für Bauhilfe als Gemeinschaftsarbeit ist das von Prior Siegen beschriebene «Holztragen» im Lötschental (Siegen 1935, Ebener 1919). Wenn auf den dortigen Alpen eine Hütte erstellt werden muss, was nicht selten vorkommt, da es bei der dort noch heimischen Einzelsennerei ganze Alpdörfchen gibt, muss das Bauholz ungefähr 400–500 Meter hoch hinaufgetragen werden. Es ist nun alter Talbrauch, dass in solchen Fällen die Gemeinde (manchmal ein Dorfverein) es übernimmt, das Holz aus dem Wald auf den Bauplatz zu schaffen. Das keineswegs dem Wert dieser schweren Arbeit entsprechende Entgelt besteht aus 100–150 Franken, die vom Bauherrn an die Gemeinde (oder an die Vereinskasse) zu leisten sind, sowie einem Trunk Wein an die Holzträger. Beim Morgengrauen wird auf dem Dorfplatz Tagwache geblasen. Um fünf Uhr sind die Leute bereits auf den Plätzen, wo das Holz aufgeschichtet ist. Alle Männer von 16–60 Jahren (= der Mannstand) mit den typischen ‹Baumträgerkissen› auf den Schultern und langen Stöcken in der Hand ordnen sich nach den fünf ‹Schorten› (Rotten) der Schützenzunft. Wer am Erscheinen verhindert ist, stellt auf eigene Kosten einen Ersatzmann aus einer anderen Gemeinde. Einer der ‹Schortenmänner› (Rottmeister) tritt vor die Versammelten und betet den Englischen Gruss vor, wie das bei allen Gemeinwerken im Lötschental noch üblich ist. Der Weg zur Baustelle ist in Etappen eingeteilt. Das Los entscheidet über die Verteilung der Schorten auf die einzelnen mehr oder weniger steilen Etappen. Ältere Männer erfassen die Balken und heben sie auf die Schultern ihrer Genossen. Je zwei und zwei halten sich mit einem Arm fest umschlungen und gehen langsam schreitend die Halde hinauf bis zur ersten Stelle, wo die Männer der andern ‹Schorte› sich unter die Last bücken müssen. So wandern die Balken von Schulter zu Schulter bis hinauf auf die Alp. Die

Stärksten tragen oft mächtige Balken, sogar Firstbalken allein, um den staunenden Kameraden und nicht zuletzt den Mädchen ihre Kraft zu zeigen. Man nennt dies *einärru* (= den Balken allein tragen). Manche Töchter nehmen ebenfalls Balken auf ihre Schultern, sogar ohne Trägerkissen. Um die Mittagsstunde, oft auch später, ist alles Holz hinaufgeschafft. Die Mütter und Schwestern der Holzträger haben Küchlein, Käseschnitten, Milchreis und Rahm mitgebracht. Die ‹Schortenmänner› kredenzen den Fendant oder den Muscat, den der Bauherr alter Ordnung gemäss zu spenden hat. Der Ortsgeistliche dankt im Namen des Bauherrn für das Holztragen. Bei Wein und Gesang sitzt man familienweise im Freien beisammen, bis der Wein zur Neige geht.

Solche Holztragen sind Höhepunkte des Volkslebens. Auf einer der Hütten, deren Holz 1935 im geschlossenen Gemeindeverband von Wiler (Lötschental) auf die Alp getragen worden ist, liest man den Spruch:

«Ferne von dem Laucherwalde
Unterm Arbä an der Halde
baut ich ohne Ross und Wagen;
Wiler hat das Holz getragen.»

Es ist lustig, bei solchen Arbeiten das Treiben der kleinen Buben zu beobachten. Sie müssen die Dachschindeln an Ort und Stelle bringen und ahmen dabei das ‹Holztragen› der Erwachsenen nach, indem einer dem andern die Last abnimmt: ein Beispiel für das organische Hineinwachsen der Jugend in den Pflichtenkreis der Erwachsenen.

Während der Kriegsjahre 1939–1945 hat sich auch im Lötschental die Geschlossenheit der Dorfgemeinschaften gelockert. Es sind neue Verdienstmöglichkeiten entstanden (Anthrazitminen in Ferden, Maschinenstrickerei in Wiler). Viele junge Leute suchen jetzt auch auswärts ihr Auskommen. Da und dort ist man dazu übergegangen, die für den Holztransport nötigen Leute selbst zu dingen. Der alte Gemeinschaftsgeist der Talschaft lebte noch einmal auf, als im Jahre 1950 unter grosser Beteiligung (170 Träger) der ganzen Pfarrei Kippel Holz zum Bau einer Kapelle auf die Kummenalp getragen wurde, wofür die Alpgenossenschaft Wein ad libitum spendete. Das Holztragen findet sich auch noch in den Alpen des ans Lötschental angrenzenden bernischen Amtsbezirks Frutigen sowie in anderen Teilen des Berner Oberlandes[46], ferner im Appenzellerland[47]. Auch für das Unterwallis ist der Brauch belegt (Euseigne, Ayer). Nirgends jedoch fanden wir eine so feierliche Ausprägung des Brauches wie im Lötschental mit seinen ‹Schortenmännern›, dem gemeinsamen Gebet und der Ansprache des Ortsgeistlichen[48]. Im Lötschental war der Brauch bis heute eine wirkliche Gemeindeangelegenheit.

«Wie lange wird dieser Kommunismus im Lötschental erhalten bleiben?» fragt Prior Siegen. – «So lange die Lötschentaler sich als gleichberechtigte

Brüder auf derselben sozialen Stufe stehend betrachten; solange werden sie nämlich auch treu bleiben ihrer Sprache und Tracht, ihren Sitten und Gebräuchen. Es ist wahr, dass der Gemeinsinn im Lötschental einmal stärker gewesen ist, als nämlich Werke geschaffen wurden, die heute nicht einmal mehr erhalten werden, wie die grosse Wasserleitung ‹Kastlerra›, die über das Gebiet aller vier Talgemeinden ging. Noch vor zwei Jahrzehnten wurde für alle grösseren Arbeiten der ‹Mannstand› aufgeboten. Die Schaffung der Munizipalgemeinden und Munizipallasten verdrängte den Gemeindesinn der alten Burgerschaften» (Siegen 1935, S. 5).

Brauchmässiges Handeln ist nur solange sinnvoll und möglich, als die damit ursprünglich verbundenen materiellen Sicherungen nicht durch die der Überlieferung feindliche Geldwirtschaft und Rationalisierung entwertet worden sind. Die Entfremdung vom Brauch der Dorfgemeinschaft vollzieht sich stufenweise. Auf Gebieten, wo keine unmittelbar sichtbaren wirtschaftlichen Folgen im Spiel sind (religiöses, politisches, geselliges Verhalten, Sprache, Tracht), bleibt die alte Einstellung noch lange verbindlich. Wo aber materielle Interessen im Spiele sind, trennt sich rasch das persönliche Handeln vom Gemeinschaftshandeln.

Heutransport im Winter

Neben dem Holztragen ist auch ein anderer Arbeitsbrauch, das «Heuziehen», zu erwähnen. Auch hier handelt es sich um eine Gemeinschaftsarbeit, zu der z. B. im Lötschental die Gemeinde aufbietet, obschon es ebensowenig wie beim Holztragen um Arbeit für die Gemeinde im eigentlichen Sinne geht. Der Brauch ist ebenfalls von Prior Siegen beschrieben worden (Siegen 1936, S. 1972).

Im Wallis ist es wie in vielen anderen alpinen Gebieten üblich, das Heu von den hochgelegenen Mähwiesen nicht ins Tal zu schaffen, sondern im Winter mit dem Vieh dem Heu nachzuziehen. Doch gibt es auch Ausnahmen, besonders dort, wo es auf der Höhe der Alpen noch grössere Mähwiesen gibt (Gstrein 1932, Wopfner 1933, S. 525, Hubatschek 1950, S. 74 ff., Lorez 1943, S. 144 ff., Tomamichel 1953, S. 119 ff., Waldmeier-Brockmann 1941, S. 81 ff.).

An einem schönen Februartage, wenn sich die Schneedecke gefestigt hat, verkündet der Dorfweibel von Wiler im Lötschental, man wolle am folgenden Tag den ‹Heuschleif› (Bahn zum Herabziehen der Heubündel) öffnen. Am andern Morgen vor Tagesanbruch steigt der ganze ‹Mannstand› von Wiler (alle Männer im Alter von 16–60 Jahren) zur Alp. Vom Roten Moos (1800 m) wird der ‹Schleif› nach dem Dorf Wiler (1400 m) hinunter bereitgemacht. Am Morgen des darauffolgenden Tages rückt das halbe Dorf zum Heuziehen aus: Männer und kräftige Töchter in Männerhosen. Oben wird das Heu zu *Burdinen* (Bürden) *gemeisst* (geschnitten) und auf Strohschleifen gebunden. Bei

Sonnenaufgang werden von allen Seiten die *Burdinen* zum grossen Hauptschleif gezogen, bis deren Hunderte in langer Reihe auf dem Roten Moos bereitliegen. Aus dem Dorf kommen jauchzend Töchter und Schulkinder heraufgestiegen, denn der erste Heuziehertag in Wiler ist schulfrei. Gegen Mittag setzt sich die braune Schlange der Burdinen in Bewegung. Töchter und Kinder dürfen auf die Last sitzen. Die meisten Heuzieher haben zwei Burdinen auf ihrer Strohschleife. Je nach Kraft und Mut des Heuziehers (das Wettbewerbsmoment spielt auch hier eine Rolle) fährt man nun langsamer oder rascher zu Tal. Es entstehen da und dort Lücken in der Reihe. Wenn einer *treelt* (die *Burdi* irgendwo hinunterpurzeln lässt), rufen ihm die andern schadenfroh ‹Hochzyter› zu (ein Spottname, der auch beim Holztragen üblich ist, wenn einer einen Balken fallen lässt). Zu Hause erwartet die Heuzieher ein Festmahl, bei welchem Milchreis mit ‹Mundersafran›[49] und Küchlein nicht fehlen dürfen. Manch ein Lediger leistet an diesem Tag einen ‹Ehrentagwan› (unentgeltliches Tagwerk) für einen Dorfgenossen, der ledige Töchter hat.

Hinauftragen der Erde

Wo die hinunterrutschende Erde am steilen Hang jedes Jahr beim ‹Hauen› mit der Breithaue wieder hinaufgeschafft wird, ist es nicht notwendig, die Erde vom untern Teil des Ackers in mühsamer Arbeit wieder auf den oberen hinaufzutragen. Aber dort, wo Pflugbau herrscht, ist diese Arbeit unumgänglich, soll nicht eines Tages ein Teil der Ackererde auf dem Gebiet des untern Anstössers liegen. In kinderreichen Familien wird diese Arbeit durch die Familiengemeinschaft besorgt. Im Unterengadin (Ramosch), wo den Grundbesitzern wenig eigene Leute zur Verfügung stehen, ladet man zur Bittarbeit, dem *portar sü terra cum s-chafs* (Pult 1916, S. 269 f.). Im Wallis trafen wir wohl diese Arbeit mancherorts an, als Bittarbeit jedoch nur in dem durch seine ganz speziellen klimatischen, wirtschaftlichen und soziologischen Verhältnisse vom übrigen Wallis verschiedenen Val d'Illiez. Die Leute heiraten dort verhältnismässig spät und haben weniger Kinder als die übrigen Walliser. Sie wohnen nicht in geschlossenen Dörfern, sondern auf mehr oder weniger arrondierten Höfen. Hier wird das Hinauftragen der Erde, *fir le raï* (faire les raies) genannt, als Bittarbeit besorgt. Zu dieser Arbeit wird an Frühjahrsabenden von Bauern eingeladen, die heiratsfähige Töchter haben. Die Burschen prahlen bei der Arbeit mit ihrer Kraft. Die Mädchen bleiben zu Hause und richten sich hübsch her. Nach der Arbeit findet eine fröhliche Bewirtung im Hause des Veranstalters statt, wobei sich die jungen Leute gegenseitig kennenlernen. Solche Gelegenheiten müssen dort, wo man nicht in geschlossenen Dörfern wohnt, geschaffen werden. Dieses Beispiel zeigt, in wie viele Schichten des menschlichen Lebens die Bittarbeit hineinreicht. Für den die Arbeit veranstaltenden Bauern ist es in erster Linie eine wirtschaftliche, manchmal auch eine ehepolitische Angelegenheit. Den jungen Burschen gibt der Anlass Gelegenheit, sich durch auffallende Kraftleistungen auszuzeichnen, ein Moment, das bei den meisten Gemeinschaftsarbeiten eine weit grössere Rolle spielt, als der Aussenstehende anzunehmen geneigt ist. Man hat es oft weit mehr mit abgeschwächter oder verhüllter Rivalität und Feindseligkeit als mit überfliessender Nächstenliebe und Hilfsbereitschaft zu tun. Schliesslich spielen bei der Gemeinschaftsarbeit auch erotische Bedürfnisse eine Rolle, und nicht selten wird bei solchen Zusammenkünften der erste Schritt zur Anbahnung der Ehe getan[50].

Misttragen

Dieselben gesellschaftlichen Funktionen wie das Hinauftragen der Erde hat das Misttragen als Bittarbeit. Wir haben darüber Belege aus Ausserberg, Eggerberg, Baltschieder und Staldenried. In den ersten drei Dörfern nennt man diese Gemeinschaftsarbeit *maaninu* (‹möndeln›, im Mondschein arbeiten), in Staldenried im Vispertal *Maanetschii Buutrage* (‹Mondschein Misttragen›).

Die Eggerberger Mädchen laden die Ausserberger Burschen, die im Rufe stehen, feuriges Blut zu haben (Vermischung der Bevölkerung mit italienischen Fremdarbeitern während des Baues der Lötschbergbahn) ein, *obsch wellund cho ga maaninu*. Man wählt für diese Arbeit eine helle Mondnacht im Herbst. Abends nach sechs Uhr stellen sich die Burschen ein. Die Mistträger und Mistträgerinnen verteilen sich auf die Strecke zwischen dem Misthaufen beim Hause und dem zu düngenden Feld. Jeder muss seine *Tschifera* (Tragkorb) etwa 30–40 Meter weit tragen, dann kommt ihm der nächste entgegen, der seinen leeren Tragkorb mit nach oben gekehrtem Boden abstellt, damit der erste seinen vollen bequem darauf abstellen kann. Nun lädt der zweite den vollen Tragkorb auf seinen Rücken und der erste geht mit dem leeren zurück, um einen neuen, vollen zu holen usw.

Bittarbeit für Kranke und Arme

Nachbarhilfe für einen kranken Familienvater oder für eine alleinstehende Witwe ist eine Selbstverständlichkeit. Organisierte Bittarbeit einer Dorfschaft im Sinne von Gottfried Kellers «Sommernacht» wird dagegen seltener geübt. Gelegentlich liest man von solchen Fällen in Lokalblättern, wobei meistens zur Nachahmung ermuntert wird. In Gegenden, wo man das Misttragen als Bittarbeit besorgt, kommt es vor, dass man diese Arbeit für eine alleinstehende Witwe tut. Die Kirche gestattet, dergleichen Arbeiten am Sonntag auszuführen. In Choëx ob Monthey arbeitete man früher am St.-Josephs-Tag ohne Entgelt für die Armen oder für gemeinnützige Zwecke.

Nüsse aufknacken *(gremaillage)*

Früher gehörte zu den Walliser Dörfern des Rhonetales und der unteren Terrassen ein dichter Bestand von Nussbäumen. Während des Ersten Weltkrieges wurden für Nussbaumholz (für Gewehrschäfte) hohe Preise bezahlt, und damals verschwand ein grosser Teil der Walliser Nussbäume. Mit diesem Nussbaumsterben hängt das Verschwinden des in der Westschweiz (Genf, Waadt) noch verbreiteten Brauches des gemeinsamen Nüsse-Aufknackens *(cassées)* unter Nachbarn zusammen. Man setzte sich nach dem Nachtessen gemeinsam zur Veillée (Abendsitz), zerdrückte die Nüsse, eine gegen die andere, von blosser Hand und legte die Schalen in die Mitte des Tisches. Der Gastgeber liess neuen Wein und Äpfel herumreichen[51]. Der Brauch war (und ist z. T. heute noch) in der Rhoneebene und an den unteren Talhängen bis in die Gegend von Siders hinauf vereinzelt festzustellen. Im angrenzenden Waadtland scheint er noch lebendiger zu sein.

Spinnstubeten

Zwischen Neujahr und Aschermittwoch versammeln sich die ledigen Töchter in den Lötschentaler Dörfern in ihrem Festkleid in der Stube einer Freundin zum ‹Grossen Dorf›. Jede bringt ihr Spinnrad und ihren Kunkelstab mit. In der Stube singen die jungen Mädchen, begleitet vom Schnurren der Räder. Mit der Zeit stellen sich, durch den Gesang angelockt, auch die Burschen ein. Diese geben sorgfältig acht, wenn das Werg am Spinnrocken des Mädchens zu Ende geht, um ihr beim Abspinnen des letzten Restes behilflich zu sein. Nur wer der Christenlehre entwachsen ist, darf an den ‹Grossen Dorf›. Die jüngeren (Christenlehrpflichtigen) wollen den Älteren nicht nachstehen und veranstalten eine ‹illegale› Spinnstube, *Gageldorf* genannt[52].

Das Gemeinwerk in kleinen Genossenschaften (Geteilschaften)

Wir behandeln im folgenden zuerst das Gemeinwerk für die historisch überkommenen Genossenschaften, im Wallis Geteilschaften genannt. Hier ist jeder Geteile am Ertrag der Arbeit unmittelbar interessiert. Die Mitwirkung an den meisten bis jetzt beschriebenen Gemeinschaftsarbeiten beruht auf der Gewissheit des Teilnehmers, dass er nötigenfalls selbst auf eine ebensolche Hilfe rechnen kann. Die einen Arbeiten werden spontan geleistet (bei Notstand), andere sind im Brauch verankert (Bittarbeit). Allen gemeinsam ist, dass sie nicht mit gesetzlichen Mitteln erzwungen werden können, sondern aus bejahender Einstellung zur Tradition und aus gegenseitigem Verständnis der Beteiligten heraus immer wieder unternommen werden. Das oben beschriebene Holztragen, zu dem laut Gemeinwerkverordnung im Lötschental jeder Arbeitsfähige nicht nur eingeladen, sondern aufgeboten wird, leitet über zum Gemeinwerk, d. h. dem festen, mehr oder weniger rechtlich geregelten Gemeinschaftshandeln auf genossenschaftlicher Grundlage. In einem Gebiet mit grosser Güterzerstückelung ist derselbe Bauer mehreren Geteilschaften, z. B. mehreren Bewässerungsgenossenschaften angeschlossen, da seine weitverstreuten Grundstücke von verschiedenen Wasserfuhren bewässert werden müssen. Daraus folgt, dass er im Laufe des Jahres zu einer ganzen Reihe von Gemeinwerken aufgeboten wird. So leistet z. B. ein Bergbauer in St. Niklaus im Vispertal jedes Jahr folgende Gemeinwerke[53]: drei Tage Arbeit für die Alpgeteilschaft Jungen, einen Tag an der Höllenwasserleite, einen Tag für die Alp Unterbächji, zwei Tage an der Stockwasserleite, einen Tag an der Mattwasserleite, einen Tag an der Jungenwasserleite, einen halben Tag an der Feldwasserleite, einen Tag für die Brunnengeteilschaft, einen Tag auf dem Weg Tennjen-Höllenen.

Die im Laufe der Jahrhunderte entstandenen, manchmal schriftlich, manchmal bloss mündlich überlieferten genossenschaftlichen Ordnungen überraschen uns durch ihre nicht bloss wirtschaftliche, sondern auf das Ganze des Menschen bezogene einfache Zweckmässigkeit. Sie sind vergleichbar mit den von den Sennen verwendeten, vom volkstümlichen Handwerk geschaffenen hölzernen Geräten, die in jahrhundertelanger handwerklicher Tradition eine eigenartige Verbindung von Zweckmässigkeit, Einfachheit und Schönheit erlangt haben.

Wenn schon ein einziger Bergbauer von St. Niklaus neun Geteilschaften angehört, kann man sich vorstellen, wie dicht im ganzen Lande das Gewebe dieser sich überschneidenden Genossenschaften ist und welche demokratische Erziehung durch sie geleistet wird. Weil die Gemeinschaften ihren Geist im Akt der gemeinsamen Beschlussfassung, der gemeinsamen Arbeit und oft auch der gemeinsamen Konsumtion immer wieder zur Tat werden lassen, sind sie im wahren Sinne des Wortes gelebte Demokratie. Mehr als mancher Städter hat der Walliser Bauer das eigentliche Wesen der Demokratie in sich, auch wenn er sich etwa bei eidgenössischen Abstimmungen streng an die Weisungen der von ihm anerkannten geistlichen oder weltlichen Autorität hält.

Arbeiten an den Wasserfuhren

Die schwierigen und gefährlichen Gemeinwerke der Wassergeteilschaften sind schon oft trefflich beschrieben worden[54]. Seit der Jahrhundertwende besteht die Tendenz, die Wasserfuhren der alten Geteilschaften der Gemeindeverwaltung (Munizipalgemeinde) zu unterstellen. Modernes wirtschaftsrationales Denken sieht nicht mehr ein, warum man unter unverhältnismässig grossem Arbeitsaufwand vier oder fünf kleine Wasserleitungen unterhalten soll, wenn man aus Gemeindemitteln und mit Hilfe von Kantons- und Bundessubventionen eine einzige, technisch vollkommene Leitung, die im Unterhalt weniger kostspielig ist, erstellen kann[55]. Hinzu kommt die Eigenbrötelei mancher Geteilschaften, die sich weigern, an gewisse Wiesen, durch die ihre Wasserfuhr fliesst, Wasser abzugeben, weil früher, als die Wiesen noch brach lagen, dort niemand ein Anrecht auf Bewässerung hatte. Für die engen persönlichen Beziehungen der Geteilen-Familien zu ihrem ererbten Wasser, für die soziale Bedeutung der mit dem Unterhalt der Fuhren verbundenen Ehrenämter, für die kräftigen Bindungen, die durch gemeinsame Anstrengungen und Opfer der Nachbarn geschaffen werden, hat die moderne Munizipalgemeinde kein Verständnis. Sie bekämpft aus ihrem eigenen Selbstbehauptungswillen heraus solchen Partikularismus und sucht die Monopolstellung der alten Wassereigentümer in die Hand zu bekommen, was keineswegs immer zum Nachteil der Gesamtheit geschieht. Manche neue Werke sind so seit der Jahrhundertwende auf kommunaler Grundlage entstanden: Saxon, Sion, Ausserberg, Visperterminen, Savièse, Ried-Brig, Ried-Mörel, Montana, Törbel-Zeneggen u. a. Da und dort haben die Munizipalgemeinden den alten Geteilschaften noch einen Rest von Selbständigkeit gelassen. In Stalden im Vispertal gab es früher mehrere nach altem Brauch organisierte Wassergeteilschaften, deren Aufgaben im Laufe der modernen Entwicklung an die Gemeinde übergingen, da die Geteilschaften für Neuerungen zu finanzschwach waren. Auch die auf dem Gebiet der Gemeinde Stalden liegende Wasserfuhr der Geteilen von Riedji, eines zwei Stunden oberhalb Stalden liegenden Weilers, ging in die Hand der Gemeinde über. Man muss aber in Stalden eingesehen haben, dass niemand besser als die Geteilen selbst in der Lage sind, zu ihrer Wasserleitung Sorge zu tragen. Jedes Jahr am Tage nach dem St.-Gallen-Markt in Brig (16. Oktober) steigen die Nachfolger der einstigen Geteilen von Riedji im Auftrag der Gemeinde Stalden nach ihrem Weiler hinauf, um die Wasserleitung zu räumen und schadhafte Stellen mit Erde und Steinen zu verstopfen, eine Aufgabe, die sich sehr vereinfacht hat, seitdem das früher auf gefährlichem Wege hergeholte Wasser durch die Wasserleitung des Kraftwerkes Ackersand in die Nähe des Weilers geleitet wird. Ausser den Bewässerungsgräben werden auch die Wege und das Schulhaus des nur zeitweise bewohnten Weilers instand gestellt. Schon oft wurde die Anregung gemacht, man solle das Gemeinwerk früher ansetzen, auf eine Zeit, da noch alle Geteilen oben wohnen. Aber die Mehrheit ist dagegen. Fände das Werk früher statt, müsste der Dorfvogt den Wein, der beim gemeinschaftlichen Mahl nach dem Gemeinwerk ausgeschenkt wird, auswärts kaufen, am 16. Oktober hat er aber meistens eigenen. Man muss nämlich wissen, dass die Gemeinde Stalden den 14 Geteilen von Riedji ausser ihrem Vogt auch einen kleinen Fonds zur Bestreitung eines einfachen Mahles gelassen hat. Dieses

Mahl, das aus *Spiis* (Brot und Käse) und Wein besteht, findet nach dem Gemeinwerk in der Stube des Dorfvogtes statt. Am Gemeinwerk vom 18. Oktober 1948 (der Tag nach dem St.-Gallen-Markt in Brig war ein Sonntag) waren vier Männer und zwei Frauen, worunter die Gattin des Dorfvogtes, zum Gemeinwerk nach Riedji hinaufgestiegen. Die Frau des abwesenden Dorfvogtes amtete als Dorfvögtin und musste die Namen der wenigen bei diesem Werke anwesenden Teilnehmer aufschreiben und zur Abrechnung der Gemeindeverwaltung übergeben, welche den Betreffenden einen Stundenlohn von 1 Franken ausrichtete. Die andere Frau, eine jüngere Tochter, war damit beschäftigt, Treppen und Boden des Schulhäuschens zu fegen. In einem Keller des Weilers hangen noch die Geteilschaftstesseln, bei denen früher auf der einen Seite die Wasserrechte jedes einzelnen Geteilen und auf der andern die Arbeitsleistungen eingekerbt wurden. Gerne hätten wir jenen Abend inmitten der Leute verbracht, die tagsüber fleissig gearbeitet hatten. Aber leider verhüllte sich auch diese Gemeinschaft vor dem fremden Beobachter, wie sie es immer zu tun pflegt, wenn sie merkt, dass man sie beschreiben will. Sie kehrt dann das Unwesentliche, das Technische und Formale nach aussen, verbirgt jedoch ihr tiefstes Wesen.

Auch andernorts ist man gut gefahren, wenn man sich bei Gemeindearbeiten den klugen alten Geist der Geteilschaften zunutze gemacht hat. So erzählte uns ein ehemaliger Präsident von Bagnes, der Schweizer Gemeinde mit der grössten Bodenfläche, dass er in einem der zahlreichen Weiler seiner Gemeinde eine Hydrantenanlage durch die Interessenten allein in sehr kurzer Zeit auf Gemeindekosten habe erstellen lassen. «Faire travailler et contrôler par les intéressés eux-mêmes: voilà le secret de la bonne administration», sagte er uns lächelnd.

Dieser Geist beseelte nicht nur die Wassergeteilschaften. I. Mariétan berichtet in seinem Werk «Ames et visages du Valais» (Mariétan o. J.) von der Brunnengeteilschaft Mamberzes bei Zinal. Die Besitzer eines dort gelegenen Maiensässes haben einen gemeinsamen Brunnen errichtet. Später haben sie in Sierre Reben gekauft, die sie im Gemeinwerk bearbeiten. Alljährlich am 6. Januar feiern sie ein Fest, das vom jeweiligen Vogt (procureur) veranstaltet wird und bei dem die Nationalspeise der Walliser, die Raclette, nicht fehlt.

Alpwerke

Je kleiner die Alpgeteilschaften sind, desto besser werden in der Regel die Alpen unterhalten, weil jeder Geteile den andern bei der Arbeit genau kontrollieren kann. Sorgfältig werden jeden Frühling Brücken, Wege, Tränkanlagen wieder hergestellt, Weiden geräumt und die Steine zu grossen Haufen aufgeschichtet. In der Woche nach der Versammlung der Alpgeteilen, bei der dort, wo Genossenschaftssennerei üblich ist, das Alppersonal angestellt wurde, findet nun das Alpwerk statt, wenige Tage vor der Alpbestossung. Da und dort treten nur wenige, längst miteinander vertraute Geteilen aus einem kleinen Weiler zur gemeinsamen Arbeit an. Bis in die jüngste Zeit hinein ging dieses *Alpwärch*, im Unterwallis manœuvre genannt, recht gemütlich vor sich, vor allem dort, wo noch die alte Einrichtung der ‹manœuvres par consort› herrscht, d. h. die gleichmässige Verpflichtung aller Geteilen, ob sie nun viel, wenig oder gar kein Vieh auftreiben, eine bestimmte Anzahl von Tagschichten zu leisten. A. de Torrenté hat bereits vor 80 Jahren diese Einrichtung heftig kritisiert[56].

Die Alpwerke werden anlässlich der öffentlichen Bekanntmachung nach dem Hochamt am Sonntag auf dem Platz vor dem Gemeindehaus angekündigt. Die Arbeit beginnt kaum vor neun oder zehn Uhr morgens, weil die Teilnehmer noch ihr Vieh besorgen müssen, bevor sie sich auf den stundenweiten Alpweg begeben. Der Alpvogt, auf den grossen, hierarchisch organisierten Alpen des Mittelwallis ‹procureur› oder neuerdings ‹directeur des travaux› genannt, weist jedem Geteilen seine Arbeit zu. Manche der zum Alpwerk Verpflichteten haben während dieser Zeit zu Hause einträglichere Arbeiten zu verrichten und ziehen es vor, auf den geringen Stundenlohn, wo ein solcher überhaupt ausgerichtet wird, zu verzichten oder (bei unentgeltlichem Gemeinwerk) eine Busse in Kauf zu nehmen. Meistenorts steht jedoch die Arbeitspflicht im Verhältnis zur Anzahl der gealpten Kühe: z. B. eine Tagschicht für jede Kuh. Bereits rechnet man da und dort mit Gemeinwerkstunden, die bis zu Fr. 1.– vergütet werden. Mancherorts müssen die Geteilen ein gewisses, wiederum im Verhältnis zur Anzahl der gealpten Kühe stehendes Quantum Mist, das meistens nach *Tschiferen* (Rückentragkörben) gemessen wird, auf die Weidefläche bringen. Sie bezeichnen es dort mit einem *Zilti*, d. h. einem kleinen Stecklein, welches das Hauszeichen des betreffenden Geteilen trägt (Lötschental). Mehr als zu ernster Arbeit gibt dieser Tag Anlass zu Unterhaltung zwischen Verwandten, Bekannten, Parteifreunden, besonders dann, wenn die Geteilen aus verschiedenen Dörfern stammen und sich sonst nur selten sehen. Zur Mittagsstunde bietet die Geteilschaft, falls es Brauch ist und die Mittel es erlauben, ein einfaches Mahl im Freien. Meistens aber versorgen sich die Teilnehmer selber mit Brot, Speck, Käse und etwas Wein oder Branntwein. Im Lötschental warteten einige Alpgeteilschaften den Teilnehmern nach getanem Werk mit geschlagenem (‹geblähtem›) Rahm auf.

Neben der typischen Abneigung gegen allenfalls (im Vergleich zum Nachbarn) ‹zu viel› geleistete Arbeit – ein Zug, der zeigt, wie Egoismus und genossenschaftliche Organisation Hand in Hand gehen können – ist noch ein anderer Grund für die geringe Arbeitsintensität beim Alpwerk anzuführen. Räumen, Schwenden, Wege ausbessern und anderes mehr geben den jungen Leuten wenig Gelegenheit, ihre Kraft und ihre Geschicklichkeit aneinander zu messen. Der Ehrgeiz als wichtige Triebkraft für überdurchschnittliche soziale Leistungen fällt damit weg.

Gegenwärtig scheint aber eine durch die landwirtschaftlichen Schulen gegangene Elite von jungen Bauern die verhängnisvollen Folgen der Vernachlässigung der Alpweiden einzusehen. Sie versucht dort, wo sie an die Macht kommt, mit Hilfe von kantonalen und eidgenössischen Subventionen grössere Meliorationen durchzuführen, bessere Alpwege, Tränkanlagen und Stallungen zu schaffen. Allerdings werden diese Arbeiten meistens in Regie ausgeführt, indem man Arbeiter zu ortsüblichen Löhnen anstellt und von ihnen volle Arbeit verlangt. Der Geist dieser modernisierten Alpgenossenschaften ist nicht mehr der mittelalterliche Geist der Bedarfsdeckung, sondern derjenige der objektiven Interessenorganisation, deren Fortbestehen auch bei extremstem Individualismus noch denkbar ist und die auch dazu verhilft, genügende Existenzmöglichkeiten für die rasch anwachsende Bevölkerung sicherzustellen.

Das Gemeinwerk der Burgergemeinde (Bürgergemeinde)

Es gibt im Wallis zwei Arten öffentlich-rechtlicher Verbände, die von ihren Mitgliedern regelmässige Arbeitsleistungen verlangen können: einerseits die alte, auf dem Abstammungsprinzip beruhende Bürgergemeinde (im Oberwallis stets ‹Burgergemeinde›, im Unterwallis ‹bourgeoisie› oder ‹commune bourgeoisiale› genannt) und anderseits die moderne, auf dem Territorialprinzip beruhende Einwohnergemeinde, auch Munizipalgemeinde (municipalité) genannt. Das alte Wallis kannte nur die Burgergemeinde. Aufenthalter und Niedergelassene galten als Fremde, die der Gnade und Ungnade der alteingesessenen Burgerschaft ausgeliefert waren (Kämpfen 1942, S. 47). Sie konnten von einem Tag auf den andern weggeschickt werden. Allerdings kamen die Burgerschaften wenig in die Lage, von diesem Machtmittel Gebrauch zu machen, da bis ins 19. Jahrhundert hinein in manchen Tälern jeder Einwohner zugleich auch angestammter Burger war. Im Wallis, wo heute noch ungefähr die Hälfte der Bevölkerung in ihren Burgergemeinden wohnt, gibt es sogar noch einige Berggemeinden, wo das Zusammenfallen von Burgerschaft und Einwohnerschaft bis auf die letzte Familie festzustellen ist (vgl. Karte S. 73). Als 1875 die neue Verfassung den Kreis der aktiven Gemeindebürger endgültig auf die Gesamtheit der stimmberechtigten Gemeindebewohner ausdehnte, liess man im Wallis die alten Burgergemeinden mit beschränkten, langsam abbröckelnden Rechten und Vermögen weiterbestehen. Sie haben heute, sofern sie nicht aus dem einen oder andern Grunde grosse Einnahmen haben, einen schwierigen Stand. Sie verwalten ihre Güter (Äcker, Wiesen, Reben und Wald), die von den in der Gemeinde ansässigen Burgern genutzt werden. P.

von Roten hat auf die merkwürdige fiskalische Lage dieser Verbände hingewiesen. Auf der einen Seite haben sie wie juristische Personen Steuern zu bezahlen, auf der andern Seite werden sie wie jede andere öffentlich-rechtliche Körperschaft zu allerlei Dienstleistungen herangezogen, wie zum Bau von Schulhäusern, Unterhalt von Gemeindehäusern usw.[57] Unter diesen Verhältnissen können die Burgergemeinden auf die Dauer nicht bestehen. Sie zehren von ihrer eigenen Substanz, indem sie den Boden verkaufen und an den Wäldern Raubbau treiben.[58]

Die meisten Walliser Gemeinden, die noch einen Teil ihrer Aufwendungen mittels der Arbeitskraft der Bürger bestreiten, kennen sowohl Gemeinwerke der Burgergemeinde als auch solche der Munizipalgemeinde. In den Gemeinderechnungen werden beide getrennt aufgeführt. In der Burgergemeinde, die oft noch bedeutende Beiträge an die Familienernährung spendet (Burgeräkker, Burgerreben), hat sich das Gemeinwerk besser erhalten als in der Munizipalgemeinde, in der alle Einwohner einbezogen sind, auch diejenigen, die keinen Willen zu genossenschaftlicher Haltung mitbringen. Wir denken hier an Arbeitnehmer ohne Grundbesitz, deren Gemeindezugehörigkeit manchmal bloss zufällig und vorübergehend ist.

Die alten Burgergemeinden mit ihren z. T. noch heute unentgeltlich zu leistenden Gemeinwerken, ihren Gemeintrünken, feierlichen Aufnahmen ins Burgerrecht, ihren Burgerhäusern und Burgerreben sind keine blossen Zweckverbände. Sie erfassen das einzelne Mitglied weit stärker als der kahle Geist der Munizipalgemeinde. Die Gemeinschaftsarbeit und die Geselligkeit der Burgerschaften bringen die Seelen in Schwingung. Wir wollen im folgenden einige Burgerwerke erwähnen, die noch einen Schimmer der feierlichen Formen früherer Zeiten bewahrt haben.

Burgerreben

Die Gemeinde Törbel im Vispertal besitzt ziemlich viel Reben auf dem Boden der Nachbargemeinde Zeneggen. Der Wein dieser Reben dient ausschliesslich der Speisung des Burgerkellers in Törbel. In dem etwa 650 Einwohner zählenden Dorf sind nur zwei stimmfähige Bürger nicht Törbler Burger. Diese erscheinen nie an den Gemeintrünken. Die Reben werden im Burgergemeinwerk besorgt. Das grosse Rebwerk, *Awärch* genannt, findet im Februar oder März statt. Burgerwerkpflichtig sind alle Burger im Alter von 18 bis 65 Jahren. Das Dorf ist in zwei Gemeinwerkbezirke eingeteilt, in das obere Dorf und das untere Dorf, die jedes Jahr abwechslungsweise zum grossen Awärch anzutreten haben. Die Aufsicht über die Burgerreben führen zwei ‹Gewaltshaber›, die zugleich Mitglieder des Gemeinderates sind und aus der Gemeinde zwei Rebmeister *(Mechtrale,* lat. *ministeriales)* bestellen, tüchtige Leute, die beim Volk Ansehen geniessen. Jeder Gemeinwerker muss am Tage des

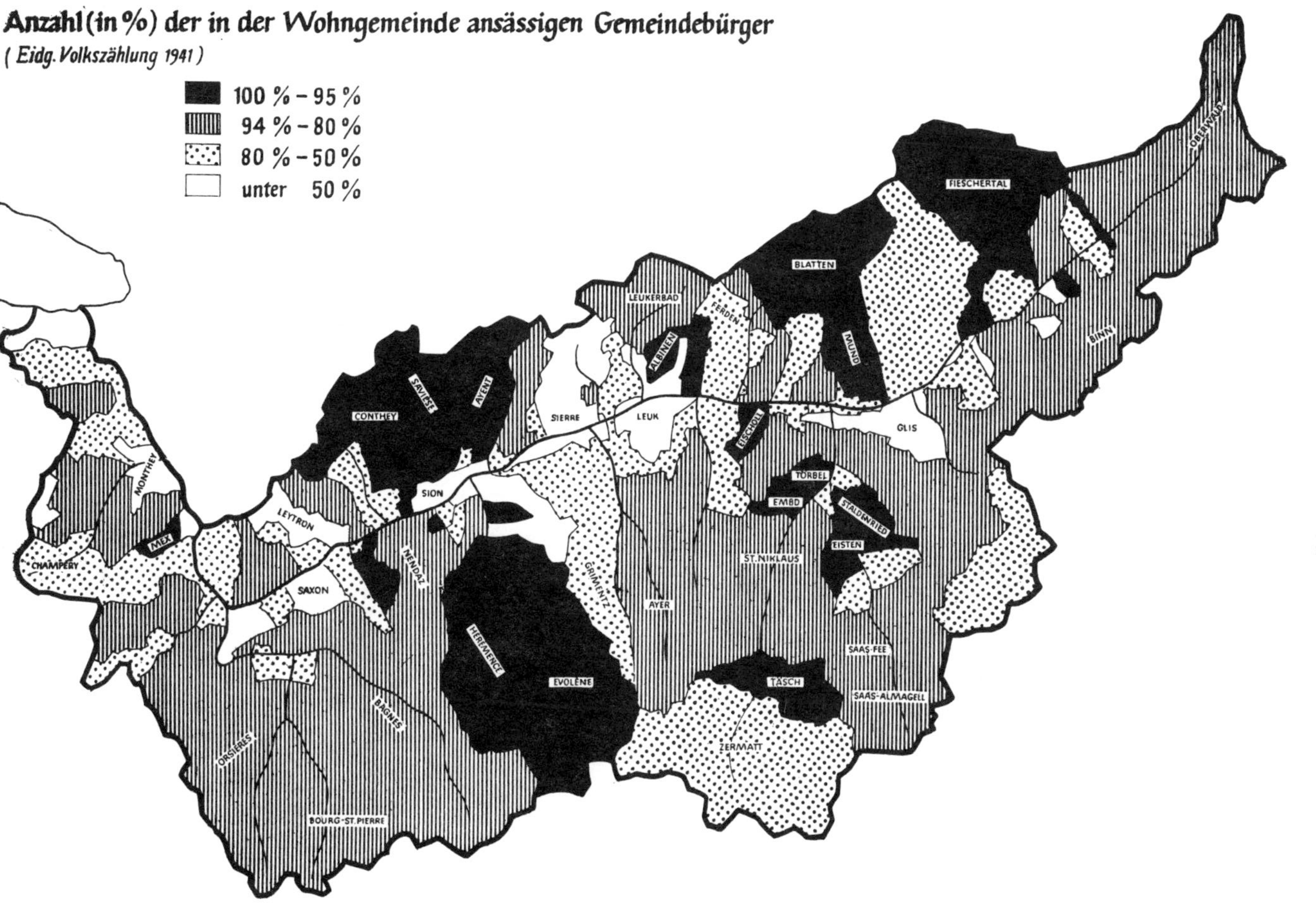
Anzahl (in %) der in der Wohngemeinde ansässigen Gemeindebürger
(Eidg. Volkszählung 1941)
100 % – 95 %
94 % – 80 %
80 % – 50 %
unter 50 %
OBERWALD
FIESCHERTAL
BINN
BLATTEN
MUND
LEUKERBAD
FERDEN
ALBINEN
GLIS
EISCHOLL
LEUK
SIERRE
CONTHEY
SAVIÈSE
AYENT
SION
TÖRBEL
EMBD
STALDENRIED
EISTEN
ST. NIKLAUS
MONTHEY
LEYTRON
MEX
CHAMPÉRY
SAXON
NENDAZ
GRIMENTZ
AYER
HÉRÉMENCE
EVOLÈNE
TÄSCH
SAAS-FEE
SAAS-ALMAGELL
ZERMATT
ORSIÈRES
BAGNES
BOURG-ST. PIERRE

Awärchs einen Zentner trockenen Mist mitbringen, der in Säcke verpackt und auf Maultiere verladen wird, drei Säcke auf ein Tier. Wer ein Maultier stellt, braucht keinen Mist mitzubringen. Eine Karawane von zwanzig Tieren zieht, von den Arbeitern begleitet, nach dem ungefähr anderthalb Stunden entfernten Zeneggen hinüber. Um halb acht Uhr beginnt die Arbeit. Während des Rebwerks wird den Arbeitern tüchtig eingeschenkt, denn drei Maultiere haben einige ‹Lagel› (Tragfässer für Maultiere) Wein mitgeführt. Im Laufe des Vormittags werden jedem Burger bis drei Glas *i d' Furre* gegeben. Während der Mittagspause sind es vier bis fünf Glas. Am Abend nach der Arbeit wird der Rest getrunken, und selbst wenn einer noch so sehr betrunken wäre, dass er sich nicht mehr erheben könnte, so muss ihm, wenn er es verlangt, nach altem Brauche wieder eingeschenkt werden, bis der letzte Tropfen des Burgerweins getrunken ist. Einzig die grosse Frühjahrsarbeit, das Awärch, wird unter Beteiligung eines ganzen Gemeinwerkbezirks ausgeführt. Die späteren Arbeiten besorgen jene, die das Awärch aus irgendeinem Grunde versäumt haben. Sie haben jetzt Gelegenheit, ihre Arbeit nachzuholen. Die Weinlese wird von ungefähr einem Dutzend lediger Töchter und zwei Brententrägern besorgt. Sie alle werden mit ‹Käsbraten› (Raclette) und Wein bewirtet. Die Trauben werden in Törbel gepresst. Die verschiedenen Sorten: *Gwäss*, kleiner Landroter, Heida (Heidenwein) und Muskateller (Muscat) werden nicht einzeln gekeltert, sondern miteinander vermischt. Neben dem gewöhnlichen Burgerwein stellen die Törbler noch eine feinere Sorte her, die in die *Vorstenerkufe* (Vorsteherkufe) kommt und für Ratsherren, Pfarrer und Gäste reserviert ist. Ist die Ernte gut ausgefallen, veranstaltet die Gemeinde zwei grosse Burgertrünke, den einen, obligatorischen am Fronleichnamstag, den andern am St.-Stephans-Tag (26. Dezember). Es trifft bei jedem Trunk neun Becher auf jeden Burger. Ferner gibt es Burgerwein nach Feuerwehrübungen (zwei Becher pro Mann), dann am zweiten Sonntag im Oktober an alle Militärdienstpflichtigen vom Rekruten bis zum Landsturmmann. Am letzten Oktobersonntag trinken die Mitglieder des Sängervereins ihr ‹Lagel› Burgerwein.

Der Burgertrunk findet im Gemeindehaus statt, nachdem er vom Dorfweibel angesagt worden ist. Zwei Gemeinderäte schenken den Burgern ein. Jeder bekommt einen Holzbecher, welcher der Gemeinde gehört. Die beim Gemeintrunk verwendeten Zinnkannen wurden der Gemeinde Törbel im Laufe der Jahrhunderte von Neuburgern gestiftet. Zum Trunk, der nach altem Brauch bis zum Lichteranzünden, aber auf keinen Fall länger dauern darf, ist auch der Ortsgeistliche eingeladen. Er spricht eingangs das Tischgebet. Manche Burger haben in einer weissen Serviette oder in einem zwilchenen Säcklein *Spiis* (Käse und Brot) mitgebracht. Am späteren Nachmittag, wenn der Pfarrer das Gemeindehaus verlassen hat, werden vom Präsidenten oder einem Ratsherrn die Fünf Wunden gebetet. Bevor dieses Gebet gesprochen ist, darf niemand rauchen. Wie uns unser Gewährsmann versichert, wird im Rebwerk von Törbel fleissig und gewissenhaft gearbeitet. Ein jeder Burger mache es sich zur Ehre, an Gemeingut und Gemeinarbeit mindestens ebensoviel Eifer und Treue zu wenden wie an das eigene Gut und an die eigene Arbeit.

Die kleine Gemeinde Icogne besass schon eine ‹bourgeoisie› (Burgerschaft) mit eigenen Burgerreben, als sie noch ein Teil der Gemeinde Lens war, die 1904 in die vier Gemeinden Lens, Chermignon, Icogne und Montana aufgeteilt wurde. Die Burgerreben von Icogne befinden sich heute auf dem Territorium der Muttergemeinde Lens. Sie werden alljährlich am Tage nach St. Joseph (19. März) im Gemeinwerk der Burger bearbeitet. Früher zog man gemeinsam zur Arbeit, heute geht man in kleinen Gruppen. Icogne ist eine der wenigen Burgergemeinden, die neben der Tranksame den arbeitenden Burgern noch Käse und Brot austeilen. Ein Trommler spornt die Arbeiter im Rebberg mit seinem Spiel an. Der Ertrag ist ziemlich gross, was der Burgerschaft erlaubt, einen Teil davon zu verkaufen und jedem Burger eine Summe von fünfzig bis hundert Franken auszurichten. Beim Tode eines verheirateten Burgers muss sich die Witwe verpflichten, an seiner Stelle ins Rebwerk zu gehen, wenn sie dieselben Rechte wie der verstorbene Mann geniessen will. Stellvertretung ist gestattet. Die Sommerarbeiten im Rebberg werden nicht in Gemeinschaftsarbeit besorgt, sondern die Burger werden dazu einzeln oder in kleinen Gruppen aufgeboten. Der Gemeinderat ernennt den Rebmeister aus seiner Mitte auf vier Jahre. In Icogne sind die Trünke im Sommer recht häufig, alle vierzehn Tage. Früher wurden dort, wie in Törbel, die verschiedenen Traubensorten vermischt; heute wird, wohl unter dem Einfluss des Handels, jede Sorte gesondert gekeltert.

Icogne liegt am westlichen, Törbel am östlichen Rande einer Brauchlandschaft, welche grosse Teile des Mittel- und Oberwallis umfasst. In diesem Gebiet (vgl. Karte S. 76) hatte noch zu Ende des 19. Jahrhunderts fast jede Gemeinde (auch die Berggemeinden) unten an den Hängen des Rhonetales (bzw. am Eingang des Vispertales) ihre Burgerreben. Die bekanntesten Rebwerke sind die der Anniviarden, welche, von Pfeifern und Trommlern angeführt, frühmorgens in ihre Gemeindereben bei Siders ziehen, wo sie unter fortwährender Musikbegleitung arbeiten (Gyr 1949, Zufferey 1934).

Nicht nur die Burgerschaften, sondern auch Schützenzünfte und Musikgesellschaften sowie religiöse Bruderschaften besitzen eigene Weinberge, die sie im Gemeinwerk bearbeiten (Zimmermann 1933). Die Schützenbrüder bildeten früher manchersorts eine eigentliche Dorfaristokratie. Von ihren Rebwerken konnte man sich in der Regel nicht freikaufen wie von irgendeinem anderen Gemeinwerk. Dort, wo die Burgerreben längst verkauft sind, ist doch eine Erinnerung daran geblieben: der Gemeintrunk, der heute aus

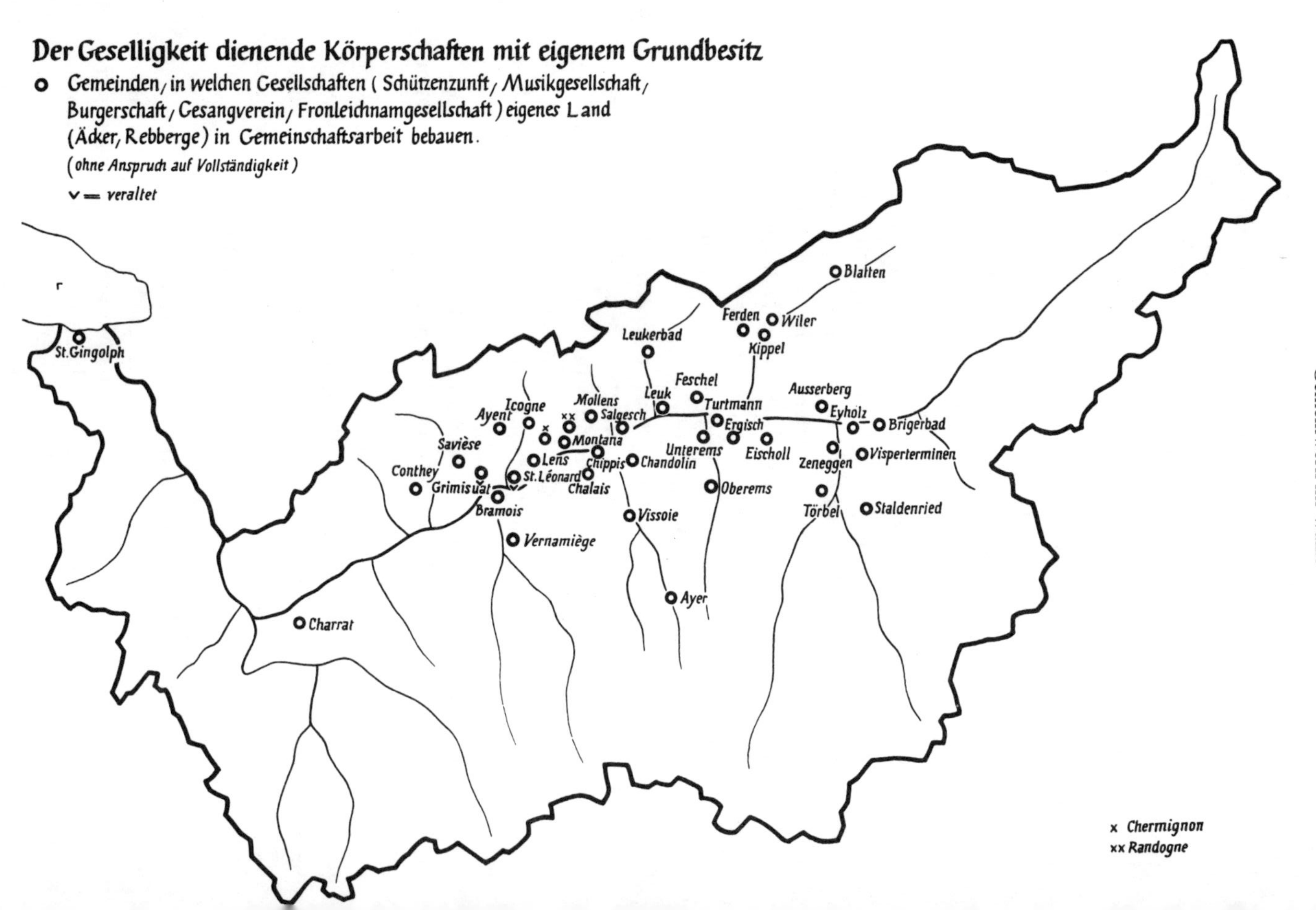
Der Geselligkeit dienende Körperschaften mit eigenem Grundbesitz
o Gemeinden, in welchen Gesellschaften (Schützenzunft, Musikgesellschaft, Burgerschaft, Gesangverein, Fronleichnamgesellschaft) eigenes Land (Äcker, Rebberge) in Gemeinschaftsarbeit bebauen.
(ohne Anspruch auf Vollständigkeit)
v = veraltet
St. Gingolph
Blatten
Ferden
Wiler
Kippel
Leukerbad
Feschel
Leuk
Turtmann
Ausserberg
Eyholz
Brigerbad
Mollens
Icogne
Ayent
Salgesch
Ergisch
Montana
Savièse
Lens
Unterems
Eischoll
Zeneggen
Visperterminen
Conthey
Chippis
Chandolin
St. Léonard
Grimisuat
Chalais
Oberems
Törbel
Staldenried
Bramois
Vissoie
Vernamiège
Ayer
Charrat
x Chermignon
xx Randogne

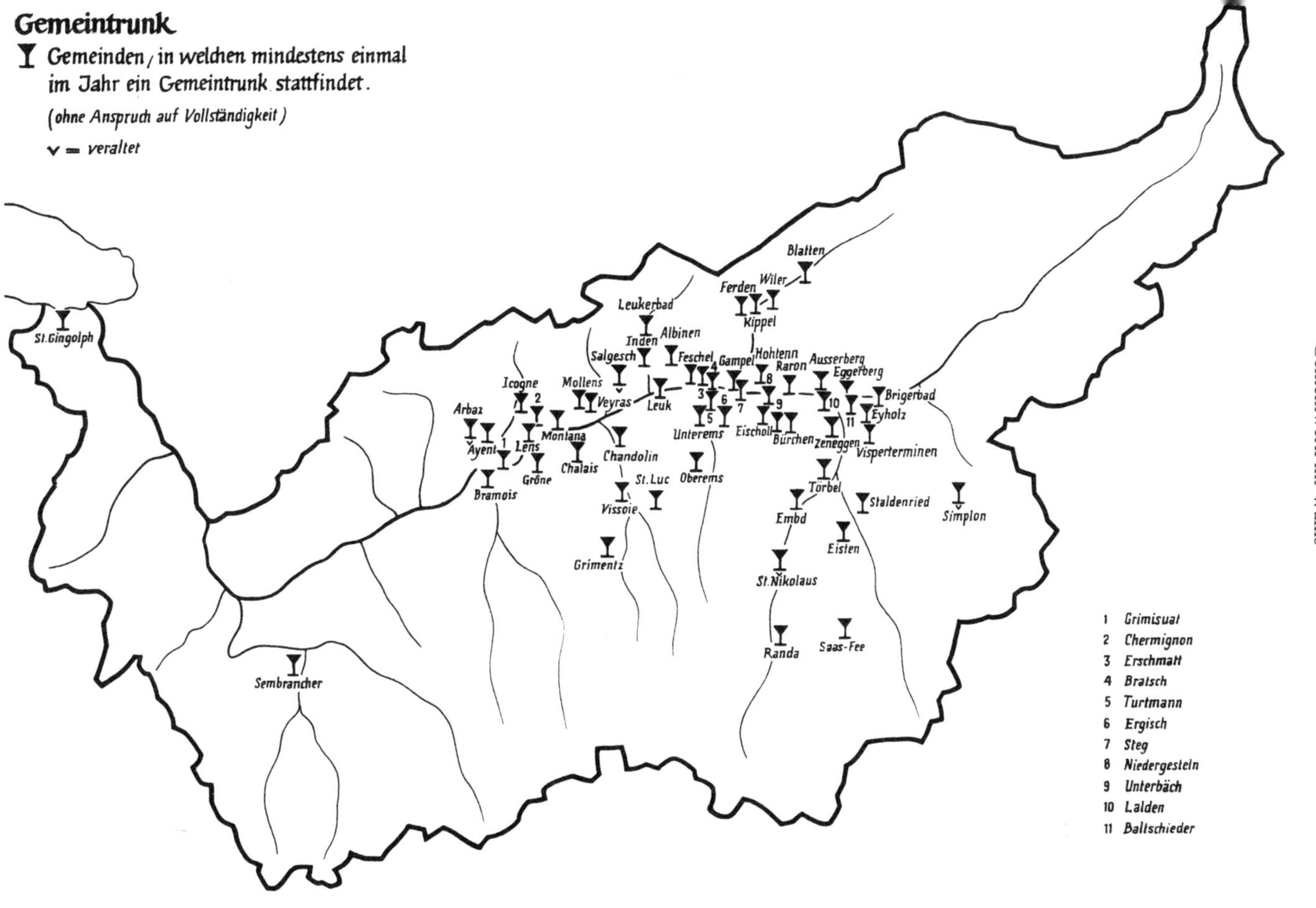

Gemeintrunk
Gemeinden, in welchen mindestens einmal im Jahr ein Gemeintrunk stattfindet.
(ohne Anspruch auf Vollständigkeit)
v = veraltet
St. Gingolph
Sembrancher
Arbaz
Ayent
Bramois
Icogne
Lens
Grône
Montana
Chalais
Mollens
Veyras
Salgesch
Chandolin
Vissoie
Grimentz
St. Luc
Leukerbad
Inden
Albinen
Leuk
Feschel
Unterems
Oberems
Ferden
Kippel
Wiler
Blatten
Gampel
Hohtenn
Eischoll
Raron
Bürchen
Ausserberg
Eggerberg
Zeneggen
Törbel
Embd
St. Nikolaus
Randa
Eisten
Saas-Fee
Staldenried
Visperterminen
Eyholz
Brigerbad
Simplon
1 Grimisuat
2 Chermignon
3 Erschmatt
4 Bratsch
5 Turtmann
6 Ergisch
7 Steg
8 Niedergesteln
9 Unterbäch
10 Lalden
11 Baltschieder

gekauftem Fendant bestritten wird. Er findet an bestimmten Tagen statt, wie z. B. am Fronleichnamstag, am Sonntag nach Fronleichnam (dem Segensonntag im Lötschental), an den Pfingsttagen (den Höhepunkten des Gemeindelebens im Wallis), am Fest des hl. Laurentius (10. August) usw. Einige mit Wein besonders gesegnete Gemeinden stellen den Burgern solchen während der Zeit der strengen Erntearbeiten täglich zur Verfügung (Gampel, Steg). Das Goms, das nie Reben besass, hat bezeichnenderweise keine Gemeintrünke. Im ehemaligen Untertanengebiet des Unterwallis fehlt der Brauch ebenfalls fast vollständig (vgl. Karte S. 77).

Unsere Gewährsleute sind sich darüber einig, dass in den Burger- und Schützenreben ein guter Arbeitsgeist herrscht. Es mag einer in eigenen Angelegenheiten noch so lässig sein, wo es aber einer Gemeinschaft gilt, die ihn beobachtet und anspornt, ist Nichtstun auf die Dauer eine zu grosse Schande. Die alten auf Gemeinnutz ausgerichteten Burgerschaften fesselten den Egoismus; Liberalisierung und Individualisierung lassen ihm freie Bahn.

Andere Burgerwerke

Burgerwerke beschränken sich nicht auf Rebarbeiten. Wo Burgeralpen bestehen, sind Alpwerke selbstverständlich (Goms, Val d'Illiez, Val de Bagnes u. a. m.). Die Burger-Alpwerke unterscheiden sich äusserlich kaum von denjenigen privater Alpgeteilschaften. Meistens muss für jede Kuh ein Tag Alpwerk geleistet werden; Versäumnis wird mit Geldbusse bestraft.

Seltener sind heute die Burgeräcker geworden, auf denen früher das Getreide zur Herstellung des Brotes für Gemeinschaftsmähler wuchs.

Bei grossen und ausserordentlichen Arbeiten wurde früher im Lötschental nicht wie sonst üblich je ein Mann aus jeder Haushaltung aufgeboten, sondern der ganze ‹Mannstand›, d. h. alle Männer im Alter von 16 bis 60 Jahren. Die Mannstandswerke, mit deren Hilfe man einst Waldstrassen, Wasserleitungen und Elektrizitätswerke baute, sind im Verschwinden begriffen. Ein Gewährsmann aus dem Lötschental meint dazu: «Wir waren zu Hause eine grosse Familie und haben unser sieben Söhne mit dem Vater zusammen im Mannstandsgemeinwerk gearbeitet, als man den neuen Waldweg baute. Andere Familien konnten nur einen Mann schicken. Der Nutzen, den wir aus dem Werk zogen, ist im Verhältnis zu demjenigen anderer Familien, die nur eine oder zwei Arbeitskräfte schickten, zu gering. Ich finde das Haushaltungsgemeinwerk gerechter. Aber auch dort wird leider guter und schlechter Einsatz gleich belohnt.» – «Ja, aber dafür konntet ihr auch zu acht an den Gemeintrünken teilnehmen», entgegneten wir ihm. – «Das spielte vielleicht eine Rolle, als es noch keine Möglichkeit gab, bares Geld zu verdienen», erklärte er uns, «aber heute können wir uns mit geringerer Anstrengung einen Trunk leisten, als es unsere Väter und Grossväter tun konnten.»

Da die Burgerschaften in mancher Hinsicht die Erben der alten Bauernzünfte sind, leben im Burgerwerk noch einige Brauchelemente fort, die an diejenigen der einstigen Bauernzünfte erinnern.

Das Aufgebot zum Burgergemeinwerk erfolgt meistens am Sonntag nach dem Hochamt, wenn auf dem Dorfplatz oder vor dem Gemeindehaus die öffentlichen Bekanntmachungen verlesen werden. Bei Gemeinwerken, zu denen nicht alle Familien aufgeboten werden müssen, bestimmt das Los die Reihenfolge. Die auf Holzklötzchen eingekerbten Hauszeichen sämtlicher Familien befinden sich stets auf dem Gemeindehaus. Die Familien, die eine Arbeitskraft zu den verschiedenen Werken (z. B. Mähen der Gemeindematten, Schneiden des Gemeindekorns usw.) abzuordnen haben, werden ausgelost, indem man aus den gut durcheinandergeschüttelten Holzklötzchen die notwendige Anzahl wahllos herausnimmt. Die so ausgelosten Hauszeichen werden auf eine Liste eingetragen und öffentlich angeschlagen samt der Bezeichnung der zu leistenden Arbeit (Lötschental).

Der frühe Arbeitsbeginn bei solchen Werken erinnert an die Zeit, da die Sonne Anfang und Ende des Tagwerks bestimmte. In Kippel (Lötschental) beginnen die Arbeiten auf dem Gemeinacker um fünf Uhr morgens, auf den eigenen Acker begibt man sich in der Regel erst gegen sieben Uhr. Vielerorts ruft noch das Glockenzeichen der Kirche die Burger zur gemeinsamen Arbeit. Meistens werden die Werke auf Termine verlegt, wo weniger Arbeit auf den privaten Gütern zu besorgen ist. Aber es gibt z. B. im Lötschental noch die Pfingstgemeinwerke und die St.-Gallen-Gemeinwerke (16. Oktober). In andern Gemeinden sind die Tage vor Fronleichnam Gemeinwerktage. Es müssen vor dem Fest alle Strassen, Plätze, Brunnen usw. gereinigt werden. Für die grossen Rebwerke im Rhonetal ist meistens der Tag nach St. Joseph (19. März) angesetzt. Das Mindestalter für die Teilnehmer am Burgerwerk und damit auch am Burgertrunk lag früher bei vierzehn, heute meistens bei sechzehn oder achtzehn Jahren[59]. Das Gebet (der Englische Gruss) zu Beginn der Arbeit ist z. B. im Lötschental noch eine Selbstverständlichkeit. Meistens spricht es der älteste der anwesenden Ratsherren oder auch der älteste bei der Arbeit anwesende männliche Teilnehmer. Die Arbeitsteilung entspricht alter Überlieferung. Männer besorgen das ‹Hauen› (Umbrechen des Bodens mit der grossen ‹Breithaue›), Frauen das Zudecken des Samens und das Kornschneiden (Lötschental). Buben räumen unter der Aufsicht ihres Lehrers die Allmend. Beim Umbrechen des Gemeindeackers arbeitet der Älteste oben am Acker und ‹gibt an› (die Furchenbreite), die Jüngsten und Kräftigsten ‹hauen› unten am Acker, wo er am steinigsten ist (Lötschental, Anniviers). Immer noch spielt der Wettbewerb eine grosse Rolle unter den Arbeitern. Sie versuchen, einander beim Mähen der Gemeindematten ‹auszumähen›. Die Mannstandsgemeinwerke an der Lonza im Lötschental, wo es grosse Steine zu bewegen gibt, bieten den Jüngern manche Gelegenheit, ihre Kräfte zu messen. Der Gesprächsstoff ist unerschöpflich: Geschichten von starken Männern, die so schwere Lasten trugen, dass sie bis zu den Knöcheln in die Erde einsanken, der Bau der neuen Seilbahn auf die Alp, die Dorf- und Weltpolitik und selbstverständlich, wie überall, wo Menschen gemeinsam körperliche Arbeit verrichten, die Erotik, von der leichten Anspielung bis zur derben Zote.

Wenn die Gemeinwerke zweier Gemeinden zufällig in nächster Nähe der Gemeindemarken zusammentreffen, können alte Fehden neu aufleben. Ein Gewährsmann aus dem Vispertal berichtet darüber: «Vor etwa vierzig Jahren arbeiteten die Burger zweier grösserer Gemeinden in den Burgerreben auf beiden Seiten der Visp. Die Bewohner der einen Gemeinde tragen den Übernamen ‹Stiere›, die der andern heissen scherzhafterweise ‹Juden›. Plötzlich begannen die ‹Juden› – um die andern zu necken – sich wie Stiere zu gebärden, indem sie mit dem Kopf die Erde aufwühlten und brüllten. Die ‹Stiere› blieben die Antwort nicht schuldig und ‹kreuzigten› einen der Ihren, um die ‹Juden› zu reizen.» Diese Neckerei soll mit einem heissen Handgemenge in der kalten Visp geendet haben.

Die Burgerwerke, die ja zur Erhaltung des Burgergutes dienen, bleiben bis in unsere Tage hinein fast überall ohne andere Entschädigung als diejenige des Gemeintrunks. Am Ende des Amtsjahres, meistens im Frühjahr (Pfingsten), wurde die Summe sämtlicher im Burgerwerk geleisteter Tagschichten zusammengezählt und durch die Zahl der Haushaltungen geteilt. Dies ergab den Durchschnitt. Wer über diesen Durchschnitt hinaus Arbeit geleistet hatte, wurde dafür entweder bescheiden entlöhnt, oder er konnte sein Guthaben auf die nächste Gemeinwerkliste übertragen lassen. Wer zu wenig Tagschichten geleistet hatte, konnte ‹nachwerken›, oder er musste für die fehlenden Werke bezahlen. Auch Abtauschen war möglich. Oft war einfach eine Mindestleistung vorgeschrieben, wie z. B. zwei Mannstandswerke und vier Haushaltwerke (Kippel). In Haushaltungen, wo keine Männer waren, durften auch Frauen die Arbeit leisten. Sie waren ebenfalls berechtigt, am Gemeintrunk teilzunehmen. Ältere Gewährsleute können sich noch erinnern, Witwen am Gemeintrunk gesehen zu haben (Lötschental).

Das Schwinden der Bedeutung der Burgergemeinde hat nichts Geheimnisvolles an sich. Es liegt im Zuge des grossen Rationalisierungsprozesses, der auf die systematische Nutzbarmachung aller wirtschaftlichen Ausbeutungsmöglichkeiten hin tendiert. Dieser Rationalisierungsprozess hat das hinterste Bergdorf erfasst und in die moderne Arbeitsteilung hineingezogen. Ihm verdankt der Walliser Bauer, dass ihm heute Speis und Trank, also das, wofür seine Ahnen sozusagen ihre ganze Arbeitskraft hergaben, verhältnismässig leicht zufällt und dass er sich nach und nach einen höheren Lebensstandard erringen kann. Dass unter diesen Umständen die Bedeutung des Burgernutzens und folglich das Interesse am ‹Burgerwerk› für manche Gemeindeangehörige, die sich dank neuen Verdienstquellen ganz oder teilweise von der Landwirtschaft lösen konnten, zurücktritt, liegt auf der Hand.

Das Gemeinwerk der Munizipalgemeinde

Die alte Burgergemeinde hatte sich im Laufe der Jahrhunderte ihren Boden und ihre Rechte in zähem Kampfe erworben. In ihr war nur ein besonders mit dem Burgerrecht ausgestatteter Kreis berufen, die genossenschaftliche Grundlage der Gemeinde zu bilden. Die Munizipalgemeinde dagegen, die ihre Daseinsberechtigung mit naturrechtlichen Lehren begründet, knüpft die juristische Zugehörigkeit ihrer Mitglieder an die Wahl des Wohnortes, also an eine äusserliche, oft rein zufällige Tatsache, die nicht gleichbedeutend ist mit genossenschaftlicher Haltung. Dies führte dort, wo die Zahl der Nichtburger bedeutend ist, zu einer starken Veräusserlichung der Beziehung zwischen Bürger und Gemeinde. Die moderne Munizipalgemeinde kann sich nicht mehr wie die alte Burgergemeinde auf die einheitsstiftende Kraft gleichartiger wirtschaftlicher Interessen stützen. Dazu kommt, dass sie weitgehend Agentur grösserer Verbände, nämlich des Kantons und des Bundes ist. Ihr sind heute Verwaltungsaufgaben zugewiesen, denen nicht mehr jeder Laie gewachsen ist. Genügten in der alten Burgergemeinde gesunder Menschenverstand und rechtlicher Sinn zur Leitung der herkömmlichen Geschäfte, so werden heute für den Verkehr mit dem Staate noch andere, nämlich administrative Fähigkeiten verlangt. Das heisst aber auch, dass der einzelne Bürger den Überblick über die Geschäfte verliert und dass seine Einstellung zur Selbstverwaltung der Gemeinde nur noch eine abstrakte ist. Im Walliser Volk bestand lange Zeit Feindschaft gegenüber der steuererhebenden Munizipalgemeinde. «Die Burgerschaften sind die Lieblinge des Volkes im Gegensatz zu den aufgezwungenen Munizipalitäten, weil diese nur nehmen, jene nur geben» (Siegen 1923, S. 63). Einen Höhepunkt des Widerstandes der alten Burgergemeinde gegen die kantonale Gemeindegesetzgebung von 1875 erlebte das Wallis in dem berühmten Burgerrechtsstreit von Zermatt, wo sich die Burgergemeinde weigerte, einem prominenten Kantonsbürger das Burgerrecht zu erteilen, obschon sie durch die Verfassung dazu verpflichtet war (Kämpfen 1942). Heute hat man sich an die Einwohnergemeinde gewöhnt. Wo die Zahl der Nichtburger verhältnismässig gross ist, verwaltet ein besonderer Burgerrat die Burgergüter und wahrt die Interessen der Burger.

Auch die Munizipalgemeinde hat ihr Gemeinwerk. Hier werden die Arbeiten erledigt, die sich nicht auf die Instandhaltung des Burgergutes beziehen, also etwa Wegwerke, Reinigung der Flussläufe, Unterhalt kommunaler Bewässerungsanlagen, Holzzubereitung für Schule und Pfarrhaus usw.

In Gemeinden mit nur geringen Steuereinnahmen versuchen die Behörden, die Arbeitskraft der Gemeindebürger möglichst oft in den Dienst der Allgemeinheit zu stellen. Das geschieht in Einwohnergemeinden kaum noch irgendwo unentgeltlich. Die Munizipalgemeinde ist verpflichtet, ihre Arbeiter, die mindestens 18 Jahre alt sein müssen, zu versichern, und das kann sie nur, wenn sie sie entlöhnt. Die Entlöhnung richtet sich einigermassen nach den übrigen Verdienstmöglichkeiten der Bevölkerung. Selten sind heute die Munizipalgemeinden, die noch willige Bürger zu einem Stundenlohn von 50 Rappen einstellen können. Wir finden sie noch im Goms (1949). Sobald man ins Einzugsgebiet der grossen Betriebe von Chippis, Visp und Monthey kommt, steigen die Stundenlöhne der Gemeinwerkarbeiter und erreichen den Tarifstundenlohn eines Landarbeiters, das heisst, dass hier das Gemeinwerk eine ganz andere Funktion übernommen hat. Der Bürger bringt nicht mehr ein Opfer für die Gemeinde, sondern nimmt eine unter Umständen sehr willkommene Verdienstgelegenheit an. So findet man bei Munizipalgemeinwerken manchmal Arbeiter, die anderswo keinen Verdienst finden, oft untüchtige Leute. Mit dem alten Gemeinwerk der Burgergemeinde hat dieses Gemeinwerk nur noch den Namen gemein. Je weiter wir vom Goms ins Rhonetal hinuntersteigen, desto zahlreicher werden die Talgemeinden, die das Gemeinwerk überhaupt ganz abgeschafft haben und ihre Gemeindearbeiten durch eine Equipe von Gemeindearbeitern besorgen lassen. Dies trifft zu für die Gemeinden Visp, Brig, Zermatt, Sierre, Sion, Martigny, Monthey usw. Da diese Arbeiter voll entlöhnt werden, kann man von ihnen auch ganze Arbeit verlangen. Dort wo das Gemeinwerk noch besteht, variieren die Stundenansätze oft nach Jahreszeit. Im Sommer muss man mehr vergüten, weil die Arbeitsgelegenheiten allenthalben zahlreich sind; im Winter sind die Leute froh, wenn sie gegen bescheidene Entlöhnung Arbeit in der Gemeinde finden. Über den Arbeitsgeist bei diesen Gemeinwerken weiss ein Korrespondent des «Walliser Volksfreundes» (9. 11. 1951) folgendes zu berichten: «... Der Präsident einer Gemeinde, die ich hier nicht nennen will, hat mir noch unlängst geklagt, dass die Arbeiter in den sogenannten Gemeinwerken kaum mehr zu bezahlen seien. Nicht ein Zündhölzchen würde man für die Gemeinde umsonst streichen. Ich hatte Gelegenheit, den Arbeitern einer Wildbachbett-Aussprengung zuzusehen. Ich wunderte mich sehr, warum nur Ratsherren die Sprengung im kalten Wasser durchführten. Auf meine diesbezügliche Frage bekam ich die Antwort, dass kein einziger der gewöhnlichen Arbeiter im Bache schaffen wollte, obwohl der Arbeitsaufseher 20 Rappen Erhöhung des Stundenlohnes zugesichert hatte. Später vernahm ich, dass die Arbeiterschaft sich darüber beklagt habe, dass die ‹Herren› sich diesen Zuschlag gutgeschrieben haben.»

Die neueste Entwicklung hat das Gemeinwerk zu einer Stundenlohnarbeit gemacht und es seines ursprünglichen Sinnes entleert. Damit sind auch die einst mit dieser Institution verbundenen brauchmässigen Züge verlorengegangen. Nichts kann diese Entwicklung aufhalten. Man kann die Entzauberung dieses Stücks alten Dorflebens bedauern, aber es hätte keinen Sinn, leere Formen bewahren zu wollen. Da heute viele Walliser Familien für die Fristung ihres Lebens nicht mehr auf das Gemeineigentum und die genossenschaftlichen Einrichtungen angewiesen sind, kann man nicht erwarten, dass sie der Gemeinde oder der Geteilschaft gegenüber den gleichen Opfersinn entgegenbringen wie ihre Vorfahren. Die Arbeiterbauern, die neben ihrer Fabrikarbeit noch landwirtschaftlicher Betätigung nachgehen, die Frauen, die während der Abwesenheit der Männer mit den Kindern ihr Gut bewirtschaften und so der Heimat treu bleiben, verdienen aber nicht minder unsere Achtung als ihre Vorfahren.

Anmerkungen

1 Rechtsgeschichtlich und verwaltungsrechtlich wurde das Gemeinwerk (in Graubünden) untersucht von Durgiai 1943. Über die Gemeinschaftsarbeit im Kanton Zürich berichtet Stauber 1924.

2 «Der Trennungsstrich, welcher nach der älteren Auffassung durchs Volk hindurchging, teilt nun jeden einzelnen Menschen in zwei verschiedene Bereiche geistig-seelischen Verhaltens, in einen volkstümlichen Bereich und in einen unvolkstümlichen, individuellen Bereich, der alten Weisheit entsprechend, dass der Mensch Einzelwesen und Gemeinschaftswesen zugleich ist.» Weiss 1946, S. 8.

3 «Volkstümliche Arbeit ist weniger zweckrational und den andern Lebensäusserungen harmonischer eingegliedert als die durch individualistische Planung und Methode gelenkte Arbeit.» (Weiss 1946, 184).

4 Wie der Mensch unter dem Einfluss der raschen Industrialisierung ein anderer geworden ist, schildert ausführlich Strübin 1952.

5 «In dieser fortdauernden Gemeinschaft des Produzenten und des Produktes liegt gewiss ein kulturförderndes Moment, das die Mühe der Arbeit überwinden hilft. Was heute nur der bildende Künstler, der Dichter, der Gelehrte an ihren Werken erfahren, dass sie an sich selbst befriedigen, Ruhm und Ehre bringen, das war gewiss ursprünglich jedem gelungenen Erzeugnis der Menschenhand eigen, und die Freude des Schaffens, die der Kulturmensch fast immer noch bei der Geistesarbeit recht empfindet, muss den Naturmenschen überall beseelt haben, wo er Geräte und Schmuck, Werkzeug und Waffen hervorzubringen versuchte.» Bücher 1919, S. 16.

6 Thomas Platter (1499–1582), der in seiner Jugend bei einem wohlhabenden Bauern Geisshirt war, lag im Winter «uff eim strow sack voll wentellen und offt lüsen» und bemerkt dazu: «so ligend gemeinlich die armen hirtlin, die by den puren an den einödinen dienent». Hartmann 1944, S. 34. – Vgl. auch: Felber 1905/6, 33 ff.

7 «Man kann auch in der Betrachtung der Geschichte das Glück als Gesichtspunkt haben; aber die Geschichte ist nicht der Boden für das Glück. Die Zeiten des Glücks sind in ihr leere

Blätter. Wohl ist in der Weltgeschichte auch Befriedigung; aber diese ist nicht das, was Glück genannt wird; denn es ist Befriedigung solcher Zwecke, die über den partikulären Interessen stehen. Zwecke, die in der Weltgeschichte Bedeutung haben, müssen durch abstraktes Wollen, mit Energie festgehalten werden.» Hegel 1830, S. 70 f.

8 Der Kreis der Verwandten, die zur Unterstützung Dürftiger herbeigezogen wurden, war nach altem Walliser Recht sehr gross, so dass der Einzelne nur wenig belastet wurde. So sah noch das kantonale Gesetz von 1898 über die Armenunterstützung in Art. 5 die Unterstützung durch die Verwandten und Verschwägerten bis zum achten Grad (nach römischer Komputation) vor. Das Schweizerische Zivilgesetzbuch hat diesen Kreis viel enger gezogen und so einer sozial wertvollen Einrichtung weitgehend den rechtlichen Boden entzogen, was manche unserer älteren Gewährsleute heute noch – 45 Jahre nach der Einführung des Schweizerischen Zivilgesetzbuches – lebhaft bedauern.

9 «Cet élément extérieur, dont il devient de plus en plus oiseux d'exalter ou de maudire l'œuvre, parce que rien ne détourne le torrent ou l'avalanche qui a acquis une certaine force de vitesse, c'est la Confédération suisse.» Courthion 1903, S. 188.

10 Siehe: Geographisches Lexikon der Schweiz (Neuenburg 1902–1910) Bd. 6, S. 547.

11 *Corvada* aus lat. *corrogata*, eigentlich *opera corrogata*, «Bittarbeit», vgl. Jud 1922, S. 412 ff.

12 *Item debent de pasturagio .IIII. fassiculos feni, .IIII. fassiculos palee et corvata ter in anno, si habeant boves vel equos, si non habeant carucas debent manuoperam quilibet per tres dies in anno.* Abgaberodel von Ugines (Savoyen) 1279. Chiaudano 1938, Bd. 3, S. 214 f.

13 Das Vorwiegen der Handdienste im Wallis gegenüber den Pflugdiensten spiegelt sich in den historischen und modernen dialektalen Bezeichnungen für Frondienste und Gemeinwerke. Im ganzen Unterwallis sind dafür fast nur Benennungen vom Typus *manœuvre* aus *manuopera* (Handdienst) verbreitet, während für Freiburg und Waadt Ausdrücke belegt sind, die auf *opera rogata* zurückgehen, welcher Ausdruck in der Regel die Pflugdienste bezeichnete. Vgl. Jud 1922, S. 434, N 7.

14 «Pas trace de corvées, et cela nous étonne un peu, peut-être étaient-elles déjà rachetées, peut-être étant gratuites, n'y avait-il aucune raison de les faire figurer dans les comptes? Il est plus probable qu'elles étaient fixées par la coutume à certains jours déterminés de l'année, et qu'il fallait donc pour les travaux exceptionnels imposés par les conditions météorologiques et le trafic, recourir à une main-d'œuvre payée.» Daviso 1951, S. 555.

15 *Item homines de Liddes debent facere et manutenere iter publicum usque ad torrentem de Ponte sico a parte ipsorum de Liddes.* Gremaud 1875, I, Nr. 607.

16 Vgl. z.B. Gremaud 1875, 6, Nr. 2201 und W. Pierrehumbert, Dictionnaire historique du Parler neuchâtelois et suisse romand (Neuchâtel 1926) unter *viaison* und *vier*.

17 Den Hinweis auf diesen Passus und dessen Abschrift aus dem «Gerenbuch» verdanken wir Herrn Dr. J. Bielander, Gerichtsschreiber in Brig.

18 *unusquisque ex dicta communitate tam sit parrochianus quam incola:* Gemeindestatuten von Savièse aus dem Jahre 1619, im Staatsarchiv Sitten, Savièse Nr. 193 Perg.

19 *unus idoneus operator ex unaquaque domus seu focus:* Gemeindestatuten von Ayent, deponiert im Staatsarchiv Sitten, 70/3 A. V.

20 «Item welcher die Alpen bleidt, der soll des Jars zwen tagwan thun mit rumen und schwenten uff der alpen oder almein»: Bauernzunft Alpien (Simplon) 1546. Sammlung von Bauernzunft-Abschriften Dr. J. Bielander, Brig.

21 «Item ist auch ein yede frow so jr abschlacht Zholtz volkomendt will han, schuldig zwerken, in allen gmeinen wercken, welche aber allein zwo thällen empfieng ist in gemeinen wercken ledig und fry.» Burzunft Schryfft des geschnids hinendt grabens am Ried, Gemeindearchiv Ried-Brig (Sammlung Bielander).

22 «L'on ordonne aussi la manouvre générale pour jeudi prochain à voiturer du sable à la quelle

on exorte tous les charriots et manouvriers de n'y manquer pas ...»: Anordnung des Bürgermeisters (Syndic) von Martigny, 1752, Staatsarchiv Sitten, 70/4 A. V.

23 «Est aussi ordonné à ceux qui seront commandés pour la patrouille à rendre obéissance et on avise aussi tous les villages de la Combe et autres quarts de Martigny de faire aussi cette patrouille de conduire les rôdeurs, pauvres étrangers et vagabonds de village en village jusqu'hors de la paroisse.» Martigny 1752, Staatsarchiv Sitten, 70/3 A. V.

24 *Item decimo septimo fecerunt et constituerunt, quod si aliquis vel quevis persona vel incola dicti montis de Derbil et Burgen, que vellet struere, edificare aliquid scl. domus, edificia, rastardos, spichardios, scellarias, grangias, stabulos aut alia structura, huic debent cetere incole et montani dicti montis ex quacumque domo ubi operarii sunt aut essent, dare unum operarium ad conducendum lignum aut lapides ad opus edificantis in suis propriis expensis et debet nec tenetur ille vel illa qui edificat illis sibi laborantibus non plus dare edendum, bibendum aut commendendum, nisi panem sigiline, caseum, pulmentum et lac, ideo quod et pauper possit edificare aliquid. – Strafe 5 Gross ad commune anniversarium omnium animarum dicti montis sine dimissione.* Bauernzunft Törbel von 1531, zit. bei Bielander 1944, S. 579 f.

25 *Item sciendum est quod dicti laboratores laborantes in dicti aquaeductu debent venire mane, quando sol splendit cacumina montium, et si postmodum venirent pro ista die pignorari debent ut superius est expressum.* Urkunde über die Wasserleitung Neuwerk, Ausserberg 1381, zit. bei Schmid 1928, S. 452.

26 *Item fuit conventum et arrestatum quod si quis eiusdem communitatis pignoretur causa alicuius defectus in operibus communibus quod communitas seu custodes eiusdem communitatis deportarent alicui bona mobilia seu pignora quod casu quo illa deportata pignora non redimerentur a dicta communitate seu custodibus eiusdem infra sex hebdomadis dicta pignora de domo deportata sint et esse debeant devoluta et confiscata communitati eiusdem sine aliqua gratia.* Bauernstatuten von Albinen 1552, Abschriften-Sammlung Bielander.

27 Clausen 1906, S. 439. Im Protokollbuch der Gemeinde Bürchen findet sich folgende Eintragung vom 29. Mai 1865: «Es war am Abend des Gemeindewerkes ... wo die Gemeinde jenes Lagel Wein für das Setzelriedholz genoss und hiemit noch ein Sester auf weitere Holzrechnung. Man stimmte ab, ob man sich mit einem Lagel begnügen wolle, oder ob man noch für 1 Sester Schulden machen wolle, wo für letzteres die Mehrheit war ...». Freundliche Mitteilung von Herrn Dr. A. Gattlen, Sitten.

28 «Wenn die Junker ihr Korn schneiden lassen, so sollen sie einen Pfeifer haben, der den Schnittern pfeife, und wann die Sonne noch baumeshoch steht, so sollen sie tanzen, bis es Nacht wird.» Weistum von Lindscheid im Taunus (Bücher 1919, S. 336). «Im Zürichgau arbeitete das Geschnitt wohl nach der Musik eines Geigers, und dem nicht Schritt Haltenden wurde ein Fulacher (Faulacker), ein kleiner Getreidezipfel, zurückgelassen.» E. H. Meyer, Deutsche Volkskunde 231, zit. bei Bücher 1919, S. 335.

29 «... wass aber aller handt andre hindersessen seindt, ist geordnet, dass ein Jeder zur Erkanntnüss Jährlichen Vier Mannwerck, oder tagwan gemeiner burgschafft zu Nutss verrichte, wen, wie, Vndt wo er durch die seckelmeister angeführt wird, Vndt geheissen zu thuen, oder für Jetwedren tagwan Insonderss Ein guldin hie Landtsswehrung, nach wollgefallen der burgeren, wederss sie lieber wellent, zu geben schuldig syge, werdent doch durch solchess noch der ein, noch der ander zu gmeinen saachen, Vndt Inzugen nit zugelassen. Sye sollent guette Arbeiter schicken, Vnd zeittlich in dass werckh khomen, Vndt soll ein jeder gedingter für speiss Vndt lohn sich mit 9. grossen Vergniegen, Vndt welcher hindersess sich hierin widrig machte, soll strackss Verwysen werden!» Rechtsordnung der alten Burgschaft Brig, 1576–1631, zit. bei Bielander 1943, S. 393.

30 «Der Ausdruck Geteilschaft entspricht dem gemeingebräuchlichen Ausdruck Genossenschaft. Die Mitglieder der Geteilschaft heissen Geteilen. Im Wallis ist der Ausdruck für alle

geschichtlich überkommenen Personenvereinigungen mit korporativem Charakter gebräuchlich.» Kämpfen 1942, S. 15, Anm. 1.

31 «Une trace de l'esprit fédéral et particulariste de ce peuple est dans le peu qu'il demande et attend des pouvoirs officiels. Les organisations en consortage lui sont infiniment plus chères... Consortages et laiteries villageoises, les chapelles de quartier, les fontaines publiques, les engins et les organisations de lutte contre l'incendie, les écoles aussi sont l'affaire du quart et instituées comme lui au hasard des groupements.» L. Courthion, La vie communale en Valais, in: Wissen und Leben 9 (1916) 185. In seiner Dissertation schreibt Louis Boucard S. M. über die Geteilschaften: «... l'origine la plus ‹valaisanne› (für die Schulgründung) est à chercher dans les obligations prises par les pères de famille décidant de créer une ‹école de consorts›.» Boucard 1939, S. 7.

32 Einige Belege aus Gremaud 1875: *... Landricus Sedun, episcopus, laudations tocius capituli Sedun, dedit in feudum Petro de Praes et monibus confratribus suis de Praes duas partes alpis que cognominatur Noua Chiseria ..* 1, Nr. 351 (1228).

Dnus uero Sedun. episcopus debet guerentire eidem Petro et confratribus suis et heredibus eorum sine aliqua extorsione predictam alpem contra omnes... 1, Nr. 374 (1231).

Landricus episcopus Sedun., laudatione capituli concessit in feudum Petro de Larieta Alberto dou Pissier, Aymoni de Crista et confratribus eorum fimum alpe noue, que est in valle de Aniuisio... 1, Nr. 416 (zwischen 1206 und 1237).

... item apud Chermignon superiorem Martinus Japerels et participes sui debent unum agnum in pascha, et Petrus XII den.; apud Montana Petrus et participes sui XII den. servicii; apud Chermignon inferiorem Pertus Albus et participes sui IIII^{or} sol servicii, Berengiers et confratres IX den. ... 1, Nr. 475 (1243).

33 Gremaud 1875, Documents 2, Nr. 1045 (1293).

34 *Ita etiam quod nulla pars debet ducere super dictas alpes aliqua animalia seu gregem nisi tantum quantum potest yemare cum feno proprio per yemen.* Gremaud 1875, Documents 4, Nr. 1860.

35 «Eine Sorte, die nur in dieser Gegend gebaut wird ist die *Laffnetscha (Lavenetsch)*. Seine Heimat ist St. German und Lalden. Der Name wird vom Volke von *laff-nit-scha* hergeleitet, was soviel bedeuten soll, dass man den Wein nicht zu jung trinken (laffen) soll.» Stebler 1913, S. 82.

36 Vgl. Alpreglement von Tortin (Val de Nendaz) 1654, zit. bei Michelet 1934, S. 24.

37 «Les manœuvres ou travailles qui se feront dans la ditte montagne, ne doit point être partagé par puissance des biens ou selon l'éjance [bon plaisir] d'un chacun du fond de la ditte montagne, mais le travail se doit faire par celle ou chaque Alloirs également sans avoir égard que l'un aye plus de fond que l'autre.» Alpreglement von Tortin (Val de Nendaz) 1654, zit. bei Michelet 1934, S. 24.

38 La Nouvelle Héloïse, Partie I, Lettre XXXIII.

39 Bei der Gemeinatzung werden die Eigentümerrechte auf privaten Wiesen und Äckern zeitweilig aufgehoben, um während bestimmter Zeiten im Frühling und Herbst den freien Weidgang zu ermöglichen. Vgl. Curschellas 1925.

40 Vgl. das Aufgeben von Aussensiedlungen in Pestzeiten.

41 Aus den Materialien des Atlasses der schweizerischen Volkskunde.

42 Vgl. die Erzählung von A. Fux, Der Sühnegang, in: Land unter Gletschern, 1936.

43 Freundliche Mitteilung von Herrn Marcus Seeberger, Kippel.

44 Vgl. Anm. 28.

45 Ein Beispiel aus der kleinen Berggemeinde Betten (1909–1911): «Die Bevölkerung selbst leistete eine gewaltige Arbeit, sei es freiwillig und unentgeltlich, sei es im Gemeinwerk. Eigentlich kann aber auch die Arbeit im Gemeinwerk als unentgeltlich angesehen werden,

denn sie wurde tatsächlich nicht bezahlt, sondern nach Vollendung des Baues verrechnet. Es stellte sich nämlich heraus, dass die Arbeitsleistungen im Gemeinwerk den Wert von 20 195 Franken ausmachten, wenn die Arbeitsstunde zu 20–40 Rappen je nach der Leistung des Einzelnen berechnet würde. Für diesen Wert suchte man einen möglichst billigen und gerechten Ausgleich und fand ihn darin, dass man eine Haushalttaxe von 85 Franken und einen Beitrag von 35 Franken von jedem Tausend versteuerbaren Vermögens annahm. Da die Gemeinde damals 76 Haushaltungen zählte, trifft es im Durchschnitt auf jede Haushaltung eine unentgeltliche Arbeitsleistung, die dem Wert von ungefähr 265 Franken entspricht. Darin sind nicht inbegriffen jene halben und ganzen Stunden, in denen die Leute vor, nach oder zwischen ihrer Tagesarbeit geholfen haben, Sand und Holz herbeizuschaffen, noch die Arbeit am Sonntag, in der ein grosser Teil des Baumaterials von Mörel heraufgetragen wurde. Diese nicht zu unterschätzenden Nebenarbeiten hat kein Arbeitsaufseher aufgeschrieben, nur der liebe Gott hat sie im Buche des Lebens verzeichnet.» Weissen 1940.

46 Hinweise auf die Verhältnisse im Berner Oberland verdanken wir Herrn J. Aellig aus Adelboden.

47 Eine hübsche Beschreibung des Brauches in Appenzell-Innerrhoden findet sich im Appenzeller Kalender 1950 (Neff 1950).

48 Es ist vom sozialpolitischen Standpunkt aus keineswegs gleichgültig, wer bei den brauchmässigen Anlässen den Vorsitz führt, die feierliche Ansprache hält oder das Gebet spricht. Wo die patriarchalische Tradition überwiegt, wird oft dem ältesten Teilnehmer eine wichtige Rolle zukommen; wo der Einfluss der Kirche gross ist, wird der Ortsgeistliche bei festlichen Gemeinschaftsarbeiten und bei Gemeintrünken kaum fehlen. Bräuche halten sich oft dank dem Umstande, dass sie sozial prominenten Persönlichkeiten Gelegenheit geben, durch feierliche Handlungen ihren Rang vor dem Volk zu dokumentieren. Ludwig XIV. hat eigenhändig Johannisfeuer angezündet. Bräuche, die keinen Anlass zu solchem Hervortreten geben, werden dann von denselben Persönlichkeiten gelegentlich als ‹barbarisch› bezeichnet und sogar bekämpft (Maskenlaufen).

49 «In Mund erntet man in guten Jahren für Fr. 600–700 Safran. Die Gemeinde versorgt die ganze Gegend mit Safran. Er wird bis nach Lötschen verkauft.» Stebler 1913, S. 80. Gyr 1955.

50 Anderswo ging der Brauch in dieser Hinsicht viel weiter. In der Ukraine legten sich die Burschen nach der Arbeit zu den Mädchen, wobei der Brauch verlangte, dass man bei solchem gemeinsamen Übernachten keusch bleibe. Zelenin 1927, S. 338 ff.

51 «Quand il y avait veillée collective, on allumait le crésu ou lampe à trois feux dit gremailleux parce que c'est à ces occasions que l'on cassait et égremaillait les noix (= séparait les grumeaux des coquilles). L'on y contait de vieilles histoires; à la vigile des Quatre Temps on y récitait le chapelet pour les morts; à celle des grandes fêtes on y chantait de naïfs cantiques et surtout l'on y jouait à d'innocents jeux de société; aux cartes (surtout au tarot, au mariage, au fou), à pigeonvole, au moulin (au marolet), aux dames, au corbeillon, aux devinettes. Le perdant devait donner un gage: mouchoir de poche, pipe, chapelet, montre, pièce de monnaie. Quand la partie était terminée, il fallait pour récupérer son gage faire une pénitence, par exemple, embrasser un vieux ou une vieille ou une simplette, ou baiser le plancher ou aller crier une impertinence chez une voisine acariâtre, ou réciter un Pater avec la bouche enfoncée dans une assiette pleine d'eau.» Bertrand 1935, S. 85 ff.

52 Betr. *Gageldorf* vgl. auch die Bezeichnung *Bruggagler* für Neuling (Luzein, Graubünden). *Bruggagler* bedeutet eigentlich ein junges Rind, dessen Kot statt in den Abzuggraben des Stalles auf die *Brugg* (Standort des Viehs) fällt. Escher 1947, S. 29, Anm. 6.

53 Freundliche Mitteilung von Herrn A. Imboden, Schweizerische Arbeitsgemeinschaft der Bergbauern, Brugg.

54 Blotnitzki 1871, Franzoni 1894, Rauchenstein 1907, Schmid 1928, Schnyder 1934, Studer 1934,

Eichenberger 1940, Vauthier 1942, Mariétan 1948. Vgl. auch die Werke von J. F. Stebler, die das Bewässerungswesen eingehend behandeln: Stebler 1901, 1903, 1907, 1913, 1922.

55 Manchmal haben auch die Naturkatastrophen den ersten Anstoss zur Übernahme des Bewässerungswesens durch die Gemeinde gegeben. In Visperterminen tauchte nach dem grossen Erdbeben von 1855, das viele Quellen zum Versiegen gebracht hatte, zum erstenmal der Plan auf, den Berg zu durchbohren und so das Wasser aus dem benachbarten Gamsertal nach Visperterminen zu führen. Zur Tat drängten jedoch erst die Trockenjahre nach 1890. 1915 wurde der Stollen durchbrochen.

56 «Dans la plupart des montagnes on ne fait point ou à peu près pas de travail, et pour la raison qu'avec le système pratiqué d'alper le bétail sans égard à la propriété, il arrive que celui qui a beaucoup de fond mais qui n'y alpe pas de bétail dit: Je ne veux pas travailler pour ceux qui n'ont presque pas de droit et qui retirent le plus grand avantage en y alpant beaucoup de bétail, l'an prochain, si l'on alpe à rate de fond je n'y en pourrai alper que peu, je ne veux pas travailler pour les autres. Ils se renvoient ainsi, ce qui fait la base de l'entretien.» Le Villageois, Journal agricole du Valais, Bd. 2 1873, S. 124.

57 »Walliser Bote» vom 21. Februar 1947.

58 Diese Entwicklung ist dargestellt im Roman von A. Fux: Schweigsames Erdreich (Bern 1943).

59 «Ist beschlossen worden, dass von nun an jeder Gemeinder vom 14ten Jahr angefangen bis zum 70. die Gemeindewerke machen müsse, so aber wenn Knaben vor dem 14. Jahr die Gemeindewerke machen wollen, sei es ihnen vergönnt, so früh als sie wollen in das Gemeindehaus (zum Trunk) zu gehen.» Protokollbuch der Gemeinde Bürchen, Eintragung vom 12. Februar 1865. Freundliche Mitteilung von Herrn Dr. A. Gattlen, Sitten.

2.
Kulturelle Probleme unserer Bergbevölkerung

Man ist sich einig darüber, dass die Entvölkerung unserer Berggebiete auf die Dauer nur aufgehalten werden kann, wenn es gelingt, dort gesunde wirtschaftliche Grundlagen zu schaffen: Rationalisierung der Land- und Alpwirtschaft, Entwicklung des Fremdenverkehrs, Schaffung industrieller Arbeitsgelegenheiten in den Dörfern selbst oder in Zentren, die im Pendelverkehr leicht erreichbar sind. Das heisst, dass sich die ehemals fest gefügten Dorfgemeinschaften lockern, weil die wichtigste Grundlage ihres Zusammenhalts, die Gleichgerichtetheit der wirtschaftlichen und politischen Interessen, nicht mehr vorhanden ist. An die Stelle der herkömmlichen Schicksalsgemeinschaft der Bergbauern tritt die gemischtwirtschaftliche Munizipalgemeinde, an deren Spitze je nach dem Spiel der politischen Kräfte manchmal ein Handwerker, manchmal ein Fabrikarbeiter und in vielen Fällen noch ein Bauer oder auch ein Lehrer steht.

Wie wird das kulturelle Leben einer solchen Gemeinde aussehen? Zunächst ist wohl wichtig, dass man sich von dem Wunschdenken des Unterländers befreit, für den die Begegnung mit der Bergwelt eine Rückkehr in die «gute alte Zeit» bedeutet und der immer wieder feststellen möchte, dass die alte «Bergbauernkultur» noch nicht verwässert wurde. Dieser Wunsch des in die Apparatur der Grossstadt eingespannten Menschen ist begreiflich; er möchte sich in einer Umwelt erholen, die ihn so wenig wie möglich an diejenige erinnert, der er für einige Wochen entflieht. Dazu kommt beim Schweizer die starke seelische Bindung an die alpine Welt und ihre Bewohner, eine Bindung, die im Wissen um die Tatsache begründet ist, dass es Bergbauern waren, denen wir die Entstehung der Eidgenossenschaft verdanken.

Was hat es mit dieser «Bergbauernkultur» für eine Bewandtnis? Georges Grosjean hat gezeigt, dass die vielbewunderten und vielphotographierten schmucken Bauernhäuser, Trachten und andere Erzeugnisse der Volkskunst nicht eigentlich aus dem Bergbauerntum herausgewachsen sind, sondern ihr Dasein jenen Pionieren unter den Bergbewohnern verdanken, die einst als

Offiziere in fremden Kriegsdiensten, als Baumeister, Handwerker, Viehhändler mit den grossen Kulturzentren in Berührung kamen und von dort den Sinn für Kunst und Schmuck in ihre heimatlichen Täler zurückbrachten. Die künstlerischen Leistungen der eigentlichen Bergbauern sind bescheidenerer Art: es sind die Geräte und Werkzeuge der Land- und Milchwirtschaft, deren einfache und zweckmässige Formen oft von erstaunlichem Kunstsinn zeugen. Die grösste kulturelle Leistung der Bergbauern aber liegt in den demokratischen Einrichtungen, vor allem in dem hochentwickelten Genossenschaftswesen, das sie unter dem Zwang feindlicher Naturgewalten und feudaler Willkür zu hoher Blüte brachten und das auch heute noch für die Lösung zahlreicher neuer Aufgaben grundlegend sein dürfte.

Mit den früheren kulturtragenden Schichten in unsern Bergdörfern ist auch die herkömmliche alpine Kultur selbst untergegangen, und so wie der Bergbauer früher zu den Grossen seiner engeren Heimat aufschaute, zu jenen, die etwas gesehen und es zu etwas gebracht hatten, so schaut er heute nach der Stadt, die ja auch zu ihm kommt in der Gestalt der Feriengäste, welche ihm den städtischen Lebensstil (allerdings nur denjenigen der Freizeit) vordemonstrieren. Angesichts seiner eigenen schmalen wirtschaftlichen Basis zieht er unwillkürlich Vergleiche, die zu Ungunsten seiner bisherigen Lebensweise ausfallen. Und so wehrt er sich schliesslich innerlich, weiterhin ein museales Dasein zu führen, ein Zeuge altertümlicher Sprech- und Lebensweise zu sein. Wenn er, etwa durch zusätzlichen Erwerb, die nötigen Mittel findet, passt er sich in Kleidung und Lebensformen soweit als möglich der Bevölkerung des Unterlandes an; wo die Mittel fehlen, bleibt es bei einer Art «Zwangskonservatismus» (R. Weiss).

Waren es früher einzelne starke Persönlichkeiten, die aus der Enge ihrer Dorfgemeinschaft heraustraten, so sind es heute ihrer viele, die in der Zeit der Hochkonjunktur lohnendere Beschäftigungen finden als die Arbeit auf dem Lande. Da sie jedoch als Arbeiterbauern oder als Pendler weiterhin der Hausgemeinschaft ihrer Eltern und Geschwister angehören, wirken sie ständig revolutionierend auf die Denk- und Lebensweise ihrer Angehörigen zurück. Man sollte diese Erscheinungen, die im Zuge einer unabwendbaren Entwicklung liegen, nicht allzusehr bedauern. Wenn unsere Auffassung von Kultur haltbar sein soll, so kann es nicht anders sein, als dass der Mensch, der aus der Enge der Sippe und der Dorfgemeinschaft hinaustritt, an Vorstellungsvermögen, Einfühlungskraft, Weitherzigkeit gewinnt und sich auf dem Wege zu einem höheren Typus Mensch befindet. Freilich vollzieht sich diese Entwicklung oft in chaotischen Formen, und manchmal kommt es auch zum Versagen einzelner, vor allem dort, wo die Entwicklung sich nach langer «Traditionsstauung» (R. Weiss) überstürzt vollzieht, wo in einem Jahrzehnt nachgeholt wird, was anderswo während eines Jahrhunderts herangereift ist.

Wenn in einem Bergdorf, das durch die Einrichtung einer Industriefiliale sein «Volkseinkommen» ganz beachtlich verbessern konnte, ein Kino eröffnet wird, wenn sich ein vorher ungeahnter Konsum an Schleckwaren und frischem Weissbrot einstellt, ist man rasch zu abschätzendem Urteil bereit und ruft nach pädagogischen Massnahmen. Man übersieht, dass sich zugleich die Wohnverhältnisse ganz wesentlich verbessern, dass neben dem Kino auch ein Kindergarten entstanden ist, in dem die Bergkinder endlich einmal spielen lernen, dass mehr gelesen wird, dass die Jungen mehr beim Sport und weniger im Wirtshaus anzutreffen sind als früher, dass, kurz gesagt, jene Grundlagen der Kultur geschaffen werden, die für alle anderen Bevölkerungsgruppen einschliesslich der Fremdarbeiter selbstverständlich sind.

Bei einer solchen Entwicklung wird nach und nach das Gefälle zwischen den Lebensverhältnissen in den Berggebieten und in den übrigen Teilen unseres Landes abgebaut. Wo dies tatsächlich der Fall ist, werden mehr Menschen ihrer Heimat treu bleiben, und diejenigen, welche ihr Dorf dennoch ganz oder zeitweilig (zum Beispiel zur Berufsausbildung) verlassen, werden sich leichter mit der neuen Umwelt auseinandersetzen, wenn diese von der bisherigen nicht allzu verschieden ist.

Man lasse die Oberwalliser Bergpfarreien ruhig ihre zum Teil sehr modernen Kirchen bauen. Die Opfer, welche kleine Gemeinden von ein paar hundert Einwohnern für den Bau ihrer neuen Gotteshäuser bringen, sind ermutigende Beispiele für die ungebrochene Lebens- und Glaubenskraft dieser Gemeinschaften und ein sicheres Zeichen für deren festen Willen, weiterhin in ihren Tälern und auf ihren Bergen zu wohnen. Man sollte ihnen nicht zumuten, ihre Kirchen zukünftig in einem fragwürdigen alpinen Heimatstil zu bauen. Überhaupt sollten wir uns nicht anmassen, sei es aus überlebter patriarchalischer Haltung, sei es aus blindem Fortschrittsglauben heraus, die kulturellen Probleme unserer Bergbevölkerung lösen zu wollen.

Und die alten Sitten und Bräuche? Jeder Volkskundler jubiliert innerlich, wenn er irgendwo in den Alpen abseits des Fremdenverkehrs noch auf naiv geübtes Brauchtum stösst, oder wenn er altertümliche Gegenstände der Sachkultur, wie Steinlampen, Kerbhölzer, primitive Pflüge usw. noch in selbstverständlichem Gebrauche findet. Er hat die Pflicht, diese Zeugen einer verschwundenen Kultur zu sammeln und nach ihrer Funktion und ihrem Wesen zu ergründen. Aber er kann sie dort, wo sie der technischen und wirtschaftlichen Entwicklung zum Opfer gefallen sind, nicht mehr zu neuem Leben erwecken.

Manche Äusserungen des Volkslebens, so etwa die Trachten, die Volksmusik und die Volkstänze können bewahrt und gepflegt werden durch spezielle Gruppen, welche durch ihre musikalischen und tänzerischen Darbietungen freilich oft mehr im Dienste der Fremdenindustrie als in derjenigen der

Dorfkultur stehen. Anstelle des alten, naiv geübten Volksbrauches tritt die moderne «Folklore», der bewusst geübte und oft auch bereits kommerzialisierte Brauch. Auch dies müssen wir hinnehmen, wenn wir der Bergbevölkerung durch Entwicklung der Fremdenindustrie helfen wollen.

Das wesentliche Stück der Kultur bleibt beim Volke die Religion mit ihrem eigenen Brauchtum, das ebenfalls nicht unwandelbar ist. So treten etwa an die Stelle der früheren Nah-Wallfahrten zu den volkstümlichen Gnadenstätten die grossen organisierten Fern-Wallfahrten nach La Salette, Lourdes, Rom oder gar ins Heilige Land. Manche volkstümliche Kultformen kommen unter dem Einfluss modern eingestellter Geistlicher ausser Gebrauch, aber objektiv gesehen lässt sich bei beiden Konfessionen eine Verinnerlichung des Glaubenslebens feststellen.

Im ganzen gesehen ist das Problem der Kultur im Bergdorfe nicht sehr verschieden vom Problem der Volkskultur schlechthin, allerdings mit dem Unterschied, dass heute in manchen Berggebieten zunächst einmal die wirtschaftliche und technische Aufrüstung einsetzen muss, damit die Menschen, welche diese Kultur tragen sollen, würdig leben können. Von einer Überfütterung mit geistigen Gütern, wie sie für den Grossstadtkulturbetrieb bezeichnend ist, kann in den Berggebieten noch nicht gesprochen werden. Eine grosse Verantwortung für die kulturelle Entwicklung im Bergdorf tragen die Eliten, die Pfarrer, Lehrer, Ärzte, Behörden. Es scheint uns richtig, ihnen in einem Institut, wie es die Bergbauernkommission der Neuen Helvetischen Gesellschaft ins Leben rufen will, Gelegenheit zu geben, sich auf ihre Aufgabe vorzubereiten.

3.
Überlieferung im Wandel

Zur Wirksamkeit älterer Grundverhaltensmuster bei der Industrialisierung des Berggebietes am Beispiel des Oberwallis

Kulturelle Grundverhaltensmuster sind nach der Definition von A. L. *Kroeber* Komplexe von Kulturgütern, welche ihre Nützlichkeit als Systeme bewiesen haben und denen die Tendenz innewohnt, weiterhin wirksam zu sein. Sie sind zwar äusserlich modifizierbar, aber der ihnen unterliegende Plan ist dem Wandel nur schwer zugänglich (Kroeber 1948, S. 312).

Als Leopold *Rütimeyer* im ersten Viertel dieses Jahrhunderts im schweizerischen Alpengebiet nach Relikten der Sachkultur forschte, bezeichnete er das Wallis als ein «für den Prähistoriker und Ethnographen, den Folkloristen, Linguisten und Historiker, wie für den Naturforscher gelobtes Land». Ein glücklicher volkskundlicher Konservatismus, so schrieb er, trage dazu bei, dass «diese ursprünglichen Zustände, die so recht das Milieu der hier noch lebenden archaistischen Geräte und Gebräuche bilden, der andringenden Neuzeit nur langsam weichen» (Rütimeyer 1924, S. XVIII, XX). Richard *Weiss* hat in seinem Aufsatz «Alpiner Mensch und alpines Leben in der Krise der Gegenwart» dargelegt, dass dieses Verharren nicht mehr ein von innen heraus bejahender Konservatismus ist, sondern ein Zwangskonservatismus und dass man in der alpinen Kulturretardierung eine Stauungserscheinung zu sehen habe, bei der stets mit der Gefahr von Dammbrüchen zu rechnen sei (Weiss 1962, S. 249).

Seit etwa 1950 befindet sich das Oberwallis in einem grossen wirtschaftlichen Umwälzungsprozess, der aus einer alpinen Armutsregion ein wirtschaftlich zukunftreiches Entwicklungsland zu machen im Begriffe ist. Die durch die Industrialisierung verbesserte Einkommenssituation der Bevölkerung spiegelt sich in einem allgemeinen Anstieg des Lebenshaltungsniveaus, in der Verfeinerung der Konsumgewohnheiten, in der Anschaffung von Autos und Fernsehapparaten, in der Sanierung der Wohnverhältnisse, im Zukauf von Maschinen für die meist nebenberuflich beibehaltene Landwirtschaft sowie in vielen weiteren Fortschritten wieder (Kaufmann 1965, S. 149 f.) Das mit diesem Vorgang verbundene Dahinschwinden des traditionellen Volksgutes ist oft genug beklagt worden. Es ist offensichtlich und soll im folgenden nicht behandelt werden. Wir wollen vielmehr aufzuzeigen versuchen, dass trotz des raschen Wandels der äusseren Erscheinungsformen eine Anzahl von alten Grundverhaltensmustern weiterhin wirksam sind.

Das Oberwallis, auf dessen Gebiet sich unsere Ausführungen beschränken, umfasst den oberen, deutschsprachigen Teil des Rhonetales und dessen Seitentäler. Kaum ein Bevölkerungsteil der Schweiz dürfte ethnisch so leicht fassbar sein wie die Oberwalliser. Ihre Vorfahren sind im wesentlichen Alemannen, welche im 8. Jahrhundert in das vorher von Galloromanen nur dünn besiedelte Gebiet des obersten Rhonetales eingewandert sind. Diese Alemannen haben sich früh eine demokratische Verfassung gegeben und sich im 15. Jahrhundert zu den Herren des ganzen Rhonetales bis zum Genfersee gemacht, indem sie die frankoprovenzalisch sprechende Bevölkerung des Unterwallis unterwarfen. Erst nach dem Einmarsch der Franzosen im Jahre 1798 wurden die beiden Kantonsteile gleichberechtigt. Das politische und wirtschaftliche Schwergewicht ging auf den französischsprechenden Teil des Kantons über, die Unterwalliser Politiker erwirkten bei den eidgenössischen Behörden, dass das ganze Wallis, also auch dessen deutscher Teil, dem Zoll-, Bahn-, Post- und Rekrutierungskreis der welschen Schweiz angeschlossen wurde. Die ungefähr 50 000 deutschsprachigen Walliser wurden so mit dem welschen Verwaltungskreis von fast 1 Million Einwohnern zusammengeschweisst. Mit dem Bau der Simplonbahn von Lausanne her drang das Welschtum mächtig vor und weckte den Selbsterhaltungswillen der deutschsprachigen Oberwalliser, die im Jahre 1913 durch die Eröffnung der Lötschbergbahn mit dem Sprachgebiet der deutschen Schweiz verkehrsmässig eng verbunden wurden.

Die Bevölkerung des Oberwallis weist gegenüber derjenigen aller anderen schweizerischen Kantone die höchste «Gebürtigkeitsrate» auf. Unter «Gebürtigkeitsrate» einer Gemeinde verstehen wir den jeweiligen prozentualen Anteil derjenigen Einwohner, die in der Gemeinde geboren sind und dort ihr Heimatrecht haben. Sie beträgt in einigen Oberwalliser Gemeinden über 90 Prozent.

Das eigentliche Wirtschaftswunder, das zunächst nur der französische Kantonsteil zu spüren bekommen hatte, setzte im Oberwallis erst nach 1950 ein. Freilich hat sich das Land nicht selbst industrialisiert (dazu fehlte es an Kapital und an den technischen Kadern), sondern es ist von aussen her industrialisiert worden.

Wir versuchen im folgenden zu zeigen, wie die früheren kulturellen Grundverhaltensmuster im ethnischen Bereich des Oberwallis trotz der raschen Industrialisierung weiterhin wirksam sind.

Erbsitte

Obschon das Schweizerische Zivilgesetzbuch in Art. 620 die Übernahme des ganzen Landwirtschaftsbetriebes durch jeweils einen der Söhne ausdrücklich begünstigt, fährt man im Wallis fort, bei der Erbteilung jedem der Kinder womöglich von jedem Stück des väterlichen Gutes (handle es sich um Boden oder um Liegenschaften) ein Stück zuzuteilen, wobei man bei der Zerstückelung oft bis zur Grenze des gesetzlich Zulässigen geht. Dies führt dazu, dass im Wallis ein Kleinlandwirt mit drei bis vier Stück Grossvieh durchschnittlich über dreissig Grundstücke und manchmal über fast ebenso viele Anteile an Wirtschaftsgebäuden wie Ställen, Scheunen, Kornspeichern, Alphütten usw. verfügt. Dabei liegen diese Besitzteile so weit auseinander, dass in einigen Tälern drei Fünftel der für die Besorgung der Landwirtschaft aufgewendeten Zeit noch bis vor kurzem durch das Zurücklegen von Wegstrecken verbraucht wurden. Man könnte nun glauben, dass sich die Industrialisierung mit ihrem riesigen Angebot an Arbeitsplätzen dahin auswirkt, dass bei der Erbteilung einer der Söhne den ganzen elterlichen Betrieb zum Ertragswert übernimmt, und dass die andern ihre Existenz und diejenige ihrer Familie auf einer ausserlandwirtschaftlichen Tätigkeit (Fabrikarbeit, Gastgewerbe, öffentliche Dienste) aufbauen. Unsere Untersuchungen in mehreren Oberwalliser Dörfern haben gezeigt, dass die Teilhabe am elterlichen Gut für die Mehrheit der Bevölkerung einen selbstverständlichen Wert darstellt, auf den man nicht verzichten will. Das Recht auf den realen Anteil am elterlichen Gut wird auch dann noch in Anspruch genommen, wenn die Erben als Arbeiter, Angestellte oder Beamte ausserhalb des väterlichen Wohnortes ihr Brot verdienen und nur während des Wochenendes oder gar nur während der Ferien in ihr Heimatdorf zurückkehren. Sie überlassen jeweils den Ertrag ihrer Äcker, Wiesen oder Rebareale dem einen oder andern der zu Hause gebliebenen Geschwister zur Nutzung, bleiben aber Eigentümer.

Wirtschaftliche Autarkie

Wenn bei der Erbteilung nicht einfach die ganzen Grundstücke unter die Erbberechtigten verteilt werden, sondern womöglich jedes der Kinder seinen Anteil an den Mähwiesen, den Getreideäckern, den Rebbergen und an der Alpberechtigung sowie an den über den ganzen Betrieb zerstreuten Wirtschaftsgebäuden haben will, so hängt dies mit der Wirksamkeit eines weiteren alten Grundverhaltensmusters zusammen, nämlich mit dem traditionellen wirtschaftlichen Autarkiestreben. So hat sich im Laufe der Jahrhunderte ein kompliziertes, aber der natürlichen Umwelt gut angepasstes landwirtschaftliches Nutzungssystem herausgebildet, bei dem sich das Einzugsgebiet eines einzigen Betriebes nicht selten von der Zone des Weinbaues bis an den Rand der Gletscher erstreckt. Daran hält man im Oberwallis grundsätzlich bis heute fest, auch wenn die totale Selbstversorgung längst illusorisch geworden ist. Realteilung und Selbstversorgung als Verhaltensmuster sind Dominanten im Wirtschaftsdenken des Oberwallisers, die nur einen sehr allmählichen Abbau erfahren. Es ist zum Beispiel bis heute kaum gelungen, die Oberwalliser Bergbauern zum Anlegen von spekulativen Monokulturen zu bewegen. «Was sollen wir im Winter essen, wenn wir im Sommer auf unseren Kartoffel- und Getreideäckern Erdbeeren pflanzen?» so lautete jeweils der Einwand. Anderseits wurden gern und willig alle arbeitserleichternden Landwirtschaftsmaschinen übernommen, desgleichen zahlreiche Verbesserungen des künstlichen Bewässerungssystems und Milchleitungen, welche die Milch von den hochgelegenen Alpen in die Dorfmolkereien hinunterbefördern. Man ist auch an die Erneuerung der Rebberge geschritten durch das Aufpfropfen der einheimischen Sorten auf amerikanische Unterlagen, welche gegen die Wurzelläuse immun sind. Alle diese Neuerungen verstiessen in keiner Weise gegen das tiefverwurzelte Prinzip der familiären Selbstversorgung, sie dienten im Gegenteil zu dessen wirksamer Verstärkung. Das Grundverhaltensmuster der Autarkie wirkt sowohl assimilativ als auch selektiv, es lässt zu, was seiner Fortdauer dient, und eliminiert, was ihr entgegenwirkt.

Das Arbeiterbauerntum

Als im Rhonetal die grossen Fabriken der elektrochemischen und elektrometallurgischen Industrie entstanden, waren sie darauf angewiesen, die Bergbevölkerung als Arbeitskräfte zu gewinnen. Dies war aber nur dort möglich, wo diese Arbeitskräfte nicht zum Verlassen ihrer Landwirtschaftsbetriebe gezwungen wurden. In Erkenntnis dieser Tatsache haben die Industrieunternehmungen durch Schichtbetrieb und Zurverfügungstellung von Betriebsautobussen das sogenannte Arbeiterbauerntum ermöglicht. In seiner arbeitsfreien Zeit (zwischen den Arbeitsschichten, die den Bedürfnissen der nebenberuflichen Landwirtschaft angepasst sind) bearbeitet der Arbeiterbauer weiterhin seinen Grund und Boden. Dank des Bareinkommens aus der Fabrikarbeit kann er seinen Betrieb rationalisieren, indem er zum Beispiel arbeitssparende Maschinen kauft, er kann auch seine Wohnverhältnisse sanieren. Zugleich bleibt er als aktives Element seiner Heimatgemeinde erhalten. Mancher dieser Arbeiterbauern wirkt heute als Gemeindepräsident, Gemeinderat, Präsident einer Wald- oder Bewässerungsgenossenschaft usw. Sich öffentlich zu betätigen, der Dorfgemeinschaft zu nützen und so zu Rang und Stand zu kommen, ist für ihn selbstverständlich. Die gelegentlich verbreitete Behauptung, die Walliser Bergdörfer seien zu blossen Schlafdörfern geworden, trifft in ihrer Allgemeinheit keineswegs zu. Sie sind – objektiv gesehen – Wohn- und Nebenerwerbssiedlungen, denn rein geldmässig ist das Einkommen aus der Fabrikarbeit bedeutender als der Erlös aus der Landwirtschaft. Merkwürdigerweise haben aber zahlreiche Befragungen in Erschmatt und in Visperterminen sowie im Lötschental ergeben, dass die Arbeiterbauern in ihrem Denken und Fühlen – in ihrem Wertsystem – der landwirtschaftlichen Tätigkeit die Priorität geben, obschon sie dafür eher weniger Zeit aufwenden als für die Fabrikarbeit. In der subjektiven Einstellung wird der Hauptberuf, der ausserhalb der Landwirtschaft liegt, nicht als solcher empfunden. Die Bargeldbeschaffung ist das allein leitende Motiv für die Betätigung als Fabrikarbeiter, ähnlich wie für den Aufenthalt der zahlreichen italienischen Fremdarbeiter in der Schweiz die Bargeldbeschaffung für die in Italien gebliebene Familie das Hauptmotiv ist. So wie beim sizilianischen Gastarbeiter, der in der Schweiz arbeitet, die «Seele» in Sizilien bleibt, so ist beim Arbeiterbauern während seiner Tätigkeit in der Fabrik die «Seele» im Bergdorf, bei seiner Familie und seinem Betrieb. Innerhalb des Fabrikbetriebes wird keinerlei sozialer Aufstieg gesucht; die Arbeiterbauern sind ungelernte Hilfsarbeiter, denen sich im Industriebetrieb keine wesentlichen Aufstiegsmöglichkeiten eröffnen. Sie suchen solche vielmehr innerhalb des dörflichen Kreises, zum Beispiel in den nebenberuflichen Ämtern, die ihre lokalen Gemeinschaften zu vergeben haben.

Familienleben

Das tägliche «Auspendeln» der Familienväter und der Söhne sowie die damit verbundene Trennung der Familienmitglieder voneinander, die «Trockenverpflegung» während der Arbeitszeit sind für eine patriarchalische, sesshafte Landbevölkerung nicht selbstverständlich. Im Oberwallis war eine solche Verhaltensweise in der herkömmlichen Wirtschaftsform bereits vorgebildet. Die zeitlich und örtlich komplizierte Bewirtschaftung weit auseinanderliegender Grundstücke machte seit jeher die Trennung der Familienglieder voneinander notwendig und erlaubte nur an Festtagen ein Zusammensein aller beim Mittagsmahl. Während die Männer in Dorfnähe das Heu einbrachten, waren Frauen und Töchter im Tale mit Rebarbeiten beschäftigt, andere hatten auf der Alp das Vieh zu besorgen usw. Die zeitweise Trennung der Väter und Söhne von Heim und Tisch war beim Übergang zur Industriearbeit für das Walliser Familienleben grundsätzlich nichts Neues.

Arbeitsteilung nach Geschlechtern

Der Übergang zum Arbeiterbauerntum wurde begünstigt durch die herkömmliche bäuerliche Arbeitsteilung nach Geschlechtern. Im Wallis ist es – im Gegensatz zu den Verhältnissen in den meisten übrigen Teilen der Schweiz mit Ausnahme des Tessins – üblich, dass die Frau die Stallarbeit besorgt, während die Männer oft gar nicht melken können (Geiger/Weiss 1958, Karte 84 und Kommentar S. 469 ff.). Wäre es umgekehrt gewesen, hätten beim Übergang zum Arbeiterbauerntum die Frauen zuerst melken lernen müssen, und es ist fraglich, ob sie sich dazu bequemt hätten, denn wir haben es bei der Arbeitsteilung nach Geschlechtern mit einer sich nur zäh wandelnden Sitte zu tun.

Genossenschaftswesen

In einer früheren Arbeit über das Wallis (Niederer 1956) hatte ich Gelegenheit, das dort stark entwickelte, durch den Zwang einer harten und kargen Natur diktierte Genossenschaftsprinzip zu beschreiben, das als selbstverständliches Grundverhaltensmuster bei der Lösung all der Wirtschafts- und Arbeitsprobleme dient, welche die Arbeitskraft der Familiengemeinschaft übersteigt: Alpung des Viehs, künstliche Bewässerung, Schutz vor Naturgewalten, Katastrophenhilfe usw. Die Beibehaltung des genossenschaftlichen Musters (auch bei gelockerter Naturabhängigkeit und vermehrter Geldzirkulation) zeigt die Wirkung einer weiteren kulturellen Konstante im Oberwalliser Volksleben. Allerdings wirkt dieses Verhaltensmuster nur bedingt. Ihm wirkt ein konträres Verhaltensmuster entgegen, welches als «Familienegoismus» bezeichnet werden kann und das von einem einheimischen Schriftsteller wie folgt formuliert worden ist: «Der Walliser verbindet sich nur, wenn er muss, aber er muss oft.» So kann man beobachten, dass sich jede Familie ihre eigenen landwirtschaftlichen Maschinen anschafft, auch wenn diese wegen der Kleinheit der Betriebe nur beschränkt ausgenützt werden können. In der Gemeinde Visperterminen zählt man heute über hundert Motormäher, wobei bei rationaler genossenschaftlicher Organisierung ein Park von zwanzig solchen Mähmaschinen vermutlich ausreichend wäre.

Das Arbeiterbauerntum, das heute in der ganzen Schweiz im Abnehmen begriffen ist, nimmt im Wallis dank fortschreitender Arbeitszeitverkürzung in den Betrieben und dank seiner Vereinbarkeit mit der Struktur der dortigen landwirtschaftlichen Zwergbetriebe immer noch zu. Innerhalb der Landwirtschaft zeichnen sich jedoch strukturelle Wandlungen ab. So wird wegen des teilweisen Ausfalles der männlichen Arbeitskräfte der Getreidebau auf

Kosten der weniger arbeitsintensiven Viehzucht reduziert; die am oberen Rande der Ökumene liegenden Grundstücke werden zur «Sozialbrache». Indessen werden in den Fabrikbetrieben des Rhonetales die Söhne der Bergbauern zu Facharbeitern ausgebildet. Wir wissen nicht, ob sie auf die Dauer dem landwirtschaftlichen Nebenerwerb nachgehen werden. Aber die strukturellen Änderungen erfolgen nicht schockartig, sondern in Übereinstimmung mit den ethnischen Konstanten des Oberwallis. Es wäre übrigens unschwer nachzuweisen, dass die Walliser auch in früheren Zeiten das ihnen gemässe Neue (Roggen, Kartoffel, ertragreichere Rebsorten) gern und willig übernommen haben und nur das abgelehnt haben, was im Widerspruch zum Gleichgewicht ihrer Wirtschafts- und Sozialstruktur stand (z. B. die Monokultur). Die hier geschilderten ethnischen Grundverhaltensmuster und die Institutionen, in denen sie ihren Ausdruck finden, erfüllen dank ihres nur langsamen Wandels das Postulat der Allmählichkeit im Kulturwandel (Gehlen 1961, S. 24). So kann trotz der manifesten Veränderung des äusseren Antlitzes (hochmoderne Kirchen und Schulhäuser, Selbstbedienungsläden, Einführung städtischer Gebrauchsartikel, Aufgeben der Trachten usw.) nicht von einem Zerfall der ethnischen Substanz gesprochen werden, sondern eher von einer kulturellen Bereicherung und einer Verringerung des kulturellen Gefälles zwischen dem schweizerischen Durchschnitt und einem Gebiet sprichwörtlicher Armut und Kulturretardierung.

4. Das Volk des Wallis

Wissenschaftsgeschichtliche Bemerkungen zu Louis Courthions «Peuple du Valais»

Im siebenten Jahrgang des Schweizerischen Archivs für Volkskunde (1903) findet sich auf den Seiten 226/227 eine kurze Besprechung des Werkes von Louis Courthion «Le Peuple du Valais» (Courthion 1903). Der Rezensent, J. Jeanjaquet, hebt hervor, dass es sich hier nicht um eine bloss deskriptive Arbeit handle, um einen statistischen Essay, sondern um ein wissenschaftliches Werk, in welchem der Verfasser sich bemüht habe, die gesellschaftlichen und kulturellen Verhältnisse des Wallis mit Methode darzustellen und Auskunft darüber zu geben, welche Wirkkräfte dem Walliser Volk sein unverwechselbares Gepräge gegeben haben.

Welches war diese Methode? Antwort auf diese Frage gibt die auf den Seiten 8 und 9 abgedruckte systematische Übersicht, die zeigt, in welchem Verhältnis die auf die Gesellschaft wirkenden Kräfte zueinander stehen.

Die erste Gruppe der zu untersuchenden Fakten bezieht sich auf die *natürliche Umgebung*, in welcher die Walliser leben. Dann folgt die Beschreibung der *Arbeit*, durch die sich der Mensch mit seiner natürlichen Umwelt auseinandersetzt und damit diese und sich selbst verändert. Die Art der Arbeit (reine Viehwirtschaft; Viehwirtschaft in Verbindung mit traditionell-autarkem Acker- und Weinbau; marktorientierte Landwirtschaft; gewerblich-industrielle Beschäftigung, verbunden mit dem Anbau der besten Böden) bestimmt die jeweiligen *Besitzverhältnisse* (Gemeineigentum; Privatbesitz). Bodenarbeit und Besitz zusammen bilden die ökonomische Grundlage für die *Familie*, die ihrerseits je nach Massgabe der Arbeits- und Besitzformen einen engeren oder lockereren Zusammenhang zwischen Eltern und erwachsenen Kindern aufweist. Auch die autarkste Familie steht innerhalb weiterer Verbände, wie Verwandtschaft, Sippe, Clan, Dorfgemeinschaft, Kirche, Handels- und Industrieunternehmungen, Banken usw.; die sich damit ergebenden Abhängigkeits- und Schutzverhältnisse fasst Courthion unter dem Begriff ‹*Patronage*› zusammen. Mit der Kategorie ‹*Expansion*› werden die Erscheinungen der individuellen und gruppenhaften Emigration erfasst, deren Motivierung, Form und Ziel nicht unabhängig von den jeweiligen sozio-kulturellen Verhältnissen in der Heimat gesehen werden.

Anhand der in der Übersichtstabelle festgehaltenen Kategorien untersucht Courthion systematisch die verschiedenen Regionen des Wallis, wobei er zu ihrer Abgrenzung von den Naturgrundlagen ausgeht. So behandelt er zunächst jene Gebiete, die vor allem für die Gras- und Heugewinnung prädestiniert sind (Goms, Lötschen, Illiez), geht dann zu denjenigen Seitentälern (Visp, Anniviers, Hérens, Entremont) und mittleren Hängen des Rhonetals über, die sich sowohl für den Grasbau als auch für den Ackerbau eignen, zeigt hierauf die Verhältnisse an den untern Hängen des Rhonetals (Acker- und Weinbau) und in der Talebene selbst (Weidewirtschaft in den damals noch nicht urbarisierten Rieden und Sümpfen). Schliesslich wendet er sich den am Rande der Rhoneebene liegenden Flecken und Kleinstädten zu, deren Bevölkerung die fruchtbare Erde der grossen Schuttkegel am Ausgang der Seitentäler und die trockengelegten Flächen des Talgrundes intensiv nutzt oder Handwerk und Kleinhandel treibt.

Wenn Courthion das Naturmoment zum Ausgangspunkt seiner Darstellung nimmt, so muss berücksichtigt werden, dass zu seiner Zeit, d. h. vor der Industrialisierung, 80 % der Walliser von der Urproduktion lebten und dass die schwierigen Verkehrsverhältnisse die Bevölkerung in einem weit höheren Masse als heute am eigenen Boden festhielten. In diesem Sinn ist auch das Taine-Zitat zu verstehen, das Courthion seinem Werk voransetzt: «Quand l'homme neuf et désarmé se trouve livré à la nature, elle l'enveloppe, elle le moule; et l'argile morale, toute molle et flexible encore, se plie et se pétrit sous l'action physique ...»

Für Louis Courthion war die Beschreibung des Walliser Volkes mehr als nur ein unterhaltsames Sammeln und nachheriges anekdotisches Ausbreiten von Eindrücken; es ging ihm um eine rigorose logische Verknüpfung der Fakten, um das Erkennen von Regelhaftigkeiten und die Erklärung von kulturellen Phänomenen, die das Wallis mit andern Gebirgslandschaften – nach seiner Meinung z. B. besonders mit Korsika – teilt. Dabei sieht er freilich auch die Unterschiede, die er ihrerseits wieder zu begründen sucht.

Gleich zu Anfang des Werkes stellt Courthion fest, dass die Bevölkerungen am Oberlauf der Reuss, des Rheins und der Rhone trotz verschiedener ethnischer Substrate im Mittelalter ähnlich strukturierte demokratische Föderationen hervorgebracht haben. Die Kammerung und Abgelegenheit ihrer Wohngebiete hatten es nicht erlaubt, den Kampf gegen die Naturgewalten auswärtigen Herren zu überlassen; es blieb nur die unmittelbare koordinierte Selbsthilfe, um den Boden zu schützen. Warum hätte man, was man aus Gemeindrang dem Bergsturz, der Erosion und den Lawinen entrissen hatte, nicht auch selbst verwalten sollen? Der Besitz des Bodens musste daher diesen

Bevölkerungen als selbstverständlicher Preis der eigenen Anstrengungen erscheinen. Auf solche Weise erklärt Courthion die Ähnlichkeit des Selbstregierungsprinzips der drei Gebirgsländer.

Dass Gemeinbesitz von extensiv genutztem Land und extreme Formen der Realteilung intensiv genutzter Güter im Wallis gewöhnlich Hand in Hand gehen, führt Courthion darauf zurück, dass die selbstverständliche gleichmässige Aufteilung der Güter beim Erbgang einer Bevölkerung entspreche, für die der Gemeinbesitz an Alpen, Wald usw. zu einem ausgesprochenen Egalitätsbedürfnis geführt habe.

Eine weitere Regelhaftigkeit sieht Courthion darin, dass Intensivierung und Spezialisierung der Kulturen sowie der Zugang zu ausserbetrieblichen Verdienstmöglichkeiten zu grösserer Unabhängigkeit der Kinder führen. So schwächt z. B. der Weinbau als Intensivkultur die Abhängigkeit von väterlicher Autorität und Dorfgemeinschaft, indem er jedem erlaubt, mit der Kraft seiner Arme und mit einem minimen Kapital und auf kleinem Raum einen Betrieb zu gründen (S. 81).

Nach Courthion bestehen auch regelhafte Beziehungen zwischen dem Grad des Familienzusammenhanges, der nach seiner Meinung in den Hirtengebieten am stärksten ist und abnimmt, je tiefer man ins Tal hinuntersteigt, und der Emigration. Die Emigranten aus vorwiegend patriarchalischem Milieu, denen die Erziehung wenig eigene Initiative, aber einen starken Sinn für Loyalität mitgegeben hat, ziehen in der Fremde Beschäftigungen vor, bei denen Redlichkeit und Gehorsam im Vordergrund stehen: Landjägerei und Dienst bei der päpstlichen Garde. Oder es fällt ihm auf, dass die Bewohner der Seitentäler, in deren Dörfern das Clanwesen stark entwickelt ist, in den Grossstädten ganze Kolonien bilden: «A Paris, de vraies colonies d'Orsériens et de Bagnards sont employés des Pompes funèbres, marchands de glace, etc.» (S. 9). Unter anderem versucht Courthion nachzuweisen, dass in den obersten Dörfern von Hochtälern allgemein eine grössere Vorliebe für die Pflege geistiger Werte zu finden sei als in tieferen Lagen. Als Beispiel führt er die oberste Gemeinde des Entremont-Tals an, Bourg-St-Pierre, welche während Jahrzehnten die Hälfte der Lehrerschaft des französischen Kantonsteils stellte. Er verweist auch auf die im Goms verbreitete Kunstfertigkeit im Schnitzen von Möbeln usw. Parallel zu den geistigen Interessen sei auch ein Hang zur Sauberkeit festzustellen, der das Goms, die Gemeinden Bagnes, Bourg-St-Pierre und Salvan auszeichne und den man in den Talgemeinden oft vermisse (S. 103).

Mit seinem Bestreben, die Bevölkerung und die Institutionen seines Heimatkantons anhand eines bestimmten, vorgegebenen Ordnungssystems zu untersuchen und zu einer Reihe von Verallgemeinerungen zu gelangen, dürfte Louis Courthion unter den frühen Volkskundlern in der Schweiz allein dastehen. Wie ist er zu solcher Arbeitsweise gekommen? In der «Patrie Suisse» vom 19. Oktober 1904 antwortet er auf die Frage, wie er als Journalist dazu gelangt sei, sein «Peuple du Valais» zu schreiben: «Je ruminais depuis longtemps une histoire sociale du Valais, je possédais de nombreuses notes sur mon sujet, mais le plan était encore un peu vague. Il me manquait la méthode. C'est alors que le hasard m'a fait trouver le livre de Monsieur Demolins: ‹Les Français d'aujord'hui› (1898). J'ai été frappé de la ressemblance qu'offrait le peuple montagnard des Pyrénées avec celui du Valais. Ce livre m'a fourni la méthode.»

Um welche Methode handelt es sich bei Louis Courthion und bei dem von ihm genannten Edmond Demolins? Edmond Demolins (1852–1907) war einer der bedeutendsten Vertreter der Schule von Frédéric Le Play (1806–1882), dessen berühmtes Werk über die europäischen Arbeiter (Le Play 1855) sich u. a. auf die Auswertung der minuziös aufgenommenen Jahresbudgets von Arbeiterfamilien stützt. Zudem enthält die Arbeit ein Exposé über eine «Beobachtungsmethode» (vgl. Le Play 1879), welche für die Forscher, die sich um seine Zeitschrift «La Réforme sociale» – später «La Science sociale» (Demolins 1885) – sammelten, bestimmend werden sollte. 1886 erweitert und vervollkommnet von Abbé Henri de Tourville (1842–1903), lieferte sie als «nomenclature des faits sociaux» ein Beobachtungsschema, mit dessen Hilfe sowohl der Vergleich einzelner sozio-kultureller Phänomene innerhalb regionaler und sozialer Gruppen von nationalen Gesellschaften als auch der interkulturelle Vergleich auf internationaler Ebene möglich gemacht werden sollte. Aus diesen Vergleichen hoffte man, nachprüfbare Hypothesen zu bilden, welche ihrerseits zu Kausalitätsgesetzen (wenn x, dann y) und Korrelationen (wenn sich x verändert, verändert sich auch y) zu führen hätten.

Edmond Demolins hatte sich in «Les Français d'aujourd'hui» und später in «Les grandes routes des peuples» (Demolins 1898 und 1901–03, S. 10) die Methode des Le-Play-Schülers De Tourville ganz zu eigen gemacht. Das Buch Demolins über die Franzosen, in dem die Gebirgsbevölkerungen der Pyrenäen, der Auvergne, der Alpen und Korsikas einen wichtigen Platz einnehmen, ist leicht lesbar geschrieben und enthält auf den Seiten 444 bis 452 einen Aufruf an die regionalen Mitarbeiter der von ihm geleiteten Zeitschrift «La Science sociale» sowie an all die interessierten gebildeten Laien, die sich in regionalen wissenschaftlichen Vereinigungen zusammengefunden haben. Er bedauert, dass ihre Arbeiten nicht durch eine gemeinsame Methode koordiniert seien, dass sie so wenig zur Erkenntnis der Gesetzmässigkeiten beitrügen, Ursachen und Folgen nicht klarstellten. Sie häuften nur Fakten auf und arbeiteten sozusagen in der Tiefe eines Schachtes. Die «Science Sociale» gebe ihnen das Mittel in die Hand, aus diesem Schacht herauszukommen und an gemeinsamen Anstrengungen teilzunehmen, die zu einer immer klareren und vollständigeren Kenntnis des Menschen und der Gesellschaft hinführten. Die De Tourville'sche «nomenclature de la science sociale» sei ein sorgfältig gegliedertes Schema der zu untersuchenden Fakten, sei zugleich ein Instrument der Analyse und der Klassifizierung, man brauche nur das soziokulturelle Phänomen oder die regionale Gesellschaft, deren Zusammenhänge man verstehen wolle, anhand der nach dem Grad wachsender Kompliziertheit angeordneten Fragepunkte zu untersuchen, um die Ursachen und Folgen herauszufinden, die im betreffenden Phänomen wirksam seien. Die «nomenclature», erklärt Demolins weiter, sei ein Raster oder vielmehr ein Sezierapparat, mit welchem man komplexe Sachverhalte in ihre einfachen Teile zerlegen könne, um nachher alle Wechselwirkungen festzustellen, in denen die einzelnen Teile zueinander stehen (Demolins 1907). Je mehr solche Analysen gemacht würden, um so deutlicher träten die Gesetzmässigkeiten, die «lois sociales», zutage, die aber nur so lange Gültigkeit behielten, als sie nicht durch den Beweis des Gegenteils in Frage gestellt würden. Die Frage, die sich der Forscher immer wieder zu stellen habe, laute: inwiefern unterscheidet sich der von mir untersuchte Typus von Typen der gleichen Gruppe, die vorher untersucht worden sind? Bei solchem Verfahren kämen Unterschiede und Nuancen zum Vorschein, wo man vorher nur Ähnlichkeiten zu sehen vermocht habe. Bei der Darstellung sei darauf zu achten, dass die einzelnen Tatbestände in der Ordnung ihrer Verkettung und Wirkung aufeinander dargestellt würden, indem man mit dem Einfachsten und dem am leichtesten Feststellbaren beginne. Durch diese Verkettung von Ursache und Wirkung unterscheide sich der Wissenschaftler (savant) vom Gelehrten (érudit), dem es vor allem auf die Anhäufung von Einzelfakten und Quellenbelegen ankomme. Er wendet sich aber auch gegen die reinen apriori-Theoretiker und plädiert für den Wissenschaftler, der über eine kleine Anzahl von Fakten nachdenkt, bis er ihre Ordnung und Wechselwirkung erkannt hat. Dabei verweist Demolins auf seinen grossen Meister Le Play, der die methodische, detaillierte und vertiefte Beobachtung von 36 Arbeiterfamilien in verschiedenen Gebieten Europas zur Grundlage seiner bahnbrechenden Untersuchung gemacht hatte.

Die Forscher, die sich um die Zeitschrift «La Science Sociale» scharten, standen ausserhalb des Universitätsbetriebes, der seit der Jahrhundertwende in Frankreich im Banne der Schule von Emile Durkheim stand. Zur Le Play-Schule, die durch entsprechende Kurse auch die Feldforschung und Theorienbildung förderte, gehörte eine als eher sozialkonservativ zu bezeichnende gebildete Oberschicht, die an den französischen Hochschulen Rechtswissenschaft oder technische Wissenschaften studiert hatte, nebenbei aber ein lebhaftes Interesse für sozio-kulturelle Fragen zeigte.

Bemerkenswert ist das Verhältnis dieses Forscherkreises zum Faktor *«Rasse»*. Dieses Wort hat in ihren Schriften keinen biologischen Sinn, sondern vielmehr den von «Kultur einer gegebenen sozialen Gruppe». So sagt auch Courthion (Peuple du Valais, S. 44), dass die Bodenzerstückelung, verbunden mit dem Wirtschaften auf verschiedenen Höhenstufen, die Notwendigkeit, den Boden so zu bearbeiten, dass er der Selbstversorgung genüge, aus den Bevölkerungen des Wallis die am meisten der Routine verfallene, dem Fortschritt des Handels und des Verkehrs feindlichste, aber auch die von der ortsfremden Staatsgewalt unabhängigste *Rasse* des Kontinents geschaffen habe. Und Ed. Demolins legt das Problem der Rasse im Vorwort zum ersten Band seines Buches «Comment la route crée le type social» wie folgt dar: «Il existe sur la surface du globe terrestre une infinie variété de populations; quelle est la cause qui crée cette variété? En général, on répond: c'est la race. Mais la race n'explique rien, car il reste encore à rechercher ce qui a produit a diversité des races. La race n'est pas une cause, c'est une conséquence.» Dies wurde zu einer Zeit geschrieben, da dem biologischen Rassefaktor allgemein hohe kulturprägende Bedeutung zugeschrieben wurde (J. A. Gobineau, H. S. Chamberlain u. a.).

Nach dem Tode von De Tourville und Demolins wurde das Werk von Paul Bureau und vor allem von Paul Descamps (1872–1946) weitergeführt. Paul Descamps publizierte u. a. 1933 einen Lehrgang unter dem Titel «La sociologie expérimentale» (Descamps 1933) und 1935 eine volkskundlich wertvolle Studie über das gegenwärtige soziale Leben in Portugal (Descamps 1935 und 1959), die ähnlich aufgebaut ist wie Louis Courthions «Peuple du Valais». Der Kreis um «La Science Sociale» näherte sich nach dem Ersten Weltkrieg immer mehr der eigentlichen Soziologie; heute neigen seine Vertreter, die sich seit 1949 unter der Leitung des Dominikaners Louis-Joseph Lebret um die Zeitschrift «Economie et Humanisme» scharen, mit zeitgemäss abgewandelten Forschungsmethoden wiederum mehr zur empirisch-statistischen Arbeitsweise, d. h. zur Soziographie. Von der Sozialkritik ausgehend, zielt diese Gruppe auf eine Aktion, welche die Wirtschaft mit christlich-humanitärer Gesinnung zu verbinden sucht (Gugler 1961, S. 106 und 163 f.).

Louis Courthion wurde 1858 in dem Dorfe Le Châble im Val de Bagnes geboren, wo er eine nur rudimentäre Ausbildung genoss. Als Siebzehnjähriger musste er wegen Schicksalsschlägen, die seine Familie getroffen hatten, auswandern. Wir finden ihn zunächst als Verkäufer im Warenhaus «Au Printemps» in Paris; dann dient er als Matrose auf den Schleppern der Saône, später als Kellner auf dem Hochseedampfer «Amélie». Im Jahre 1889 schreibt er als Kriminalreporter beim «Figaro», später in Belgien als Korrespondent der «Indépendance belge» und der «Flandre libérale». Nach Paris zurückgekehrt, redigiert er das Organ der Pariser Auslandschweizer, «La Croix fédérale». Dort lernt er auch den Folkloristen Paul Sébillot kennen und transkribiert für ihn Sagen und Legenden aus seiner Walliser Heimat, die später, durch weitere vermehrt, als sein erstes volkskundliches Werk erscheinen (Courthion 1896).

Als angesehener und geschätzter Journalist kehrt Courthion 1893 in die Schweiz zurück, arbeitet mit an der «Feuille d'Avis de Lausanne», an der «Patrie Suisse» (von deren Gründung 1893 bis zu seinem Tod 1922), redigiert in Bulle die freisinnige Zeitung «La Gruyère» und gründet dort 1896 die oppositionelle Halbmonatszeitschrift «Le Valais romand», die aber nur drei Jahre Bestand hatte. 1898 zieht er nach Genf, wo er sich endgültig niederlässt und am «Journal de Genève» mitwirkt. Neben seiner eigentlichen journalistischen Tätigkeit befasst er sich hier vermehrt mit der Gegenwartsgeschichte und dem Volksleben seiner engeren Heimat. So publiziert er im Schweizerischen Archiv für Volkskunde Rundtanz- und Abzählverse aus dem Wallis (Courthion 1897), Redensarten und Volksrätsel (Courthion 1898) sowie Bräuche des Jahres- und Lebenslaufes aus dem Val de Bagnes (Courthion 1901). Grosse Beachtung fanden seine Studie «La vie communale en Valais» in der Zeitschrift «Wissen und Leben» (Courthion 1916) und sein Aufsatz «Les bisses du Valais» im «Echo des Alpes» (Courthion 1920). Der meisterhaft konzipierte Artikel über das Wallis sowie die einzelne Talschaften und Orte dieses Kantons betreffenden Beiträge im Geographischen Lexikon der Schweiz stammen ebenfalls aus seiner Feder[1].

Sein Hauptwerk aber bleibt sein «Peuple du Valais». Wegen der darin freimütig geäusserten kritischen Haltung gegenüber zäh verankerten Institutionen stiess das Buch im Wallis selber auf kühle Aufnahme; ausserhalb seiner Heimat aber wurde die Arbeit in ihrem Wert voll erkannt. So schrieb das «Journal de Genève» in seiner Würdigung des Werks: «Ce livre précieux à plus d'un titre constitue une enquête sérieuse et sévère d'un des cantons les plus originaux de la mère patrie. C'est avec des études de cette loyauté que nous risquons le mieux d'apprendre qui nous sommes.»[2]

Über das «apprendre qui nous sommes» hinaus beschäftigten Courthion aber auch die zukünftigen möglichen Entwicklungen seines Heimatkantons. Zu einer Zeit, da der Simplon noch nicht durchstochen, die Rhoneebene nur zum kleinsten Teil melioriert ist und die Technik noch auf der Stufe des Handwerks steht, wünscht er sich, dass aus der Mittelschuljugend einst weniger Advokaten und Notare, dafür aber mehr Ingenieure und Techniker hervorgingen. Er zeigt, wie gewisse Schlüsselpositionen auf entwicklungsträchtigen Sektoren von Einwanderern eingenommen werden, und befürchtet, das Walliser Volk würde auf die Stufe von Handlangern hinabgedrückt. Mit der Zuwendung zum Praktischen, zum Technischen würde für die junge Generation der Weg in eine freie fortschrittliche Zukunft geöffnet.

Solches Gedankengut dürfte Courthion ebenfalls aus der Schule De Tourville und der Demolins aufgenommen haben, war doch letzterer in seinem Buch mit dem bedeutsamen Titel «A quoi tient la supériorité des Anglo-Saxons?» (Demolins 1897) den prinzipiellen Ursachen einer individualistisch-fortschrittlichen wirtschaftlichen und organisatorischen Entwicklung nachgegangen. Für Demolins gibt es im Grunde nur zwei Arten von Völkern, die «partikularistischen» und die «patriarchalisch-gemeinschaftsgebundenen». Für die partikularistischen besteht das Ideal des Menschen in der individuellen Freiheit, in der einsatzbereiten Initiative; ihr Idealtyp ist der «self-made-man», der niemandem etwas schuldet, von niemandem etwas verlangt.

In den Bergbewohnern Frankreichs sieht Demolins vor allem die Vertreter des alten patriarchalisch-gemeinschaftsgebundenen Typus, der in persönlichen Schwierigkeiten bei der Gruppe (Familie, Verwandtschaft, Clan) Schutz, Rat und Entscheidung findet und nicht zu eigener Initiative gedrängt wird. Er zieht es auch vor, mit seinen politischen Führern ein Klientelverhältnis nach der Art der alten Römer einzugehen, ein gehorsames Glied dieses Systems zu sein.

Mit der positiven Bewertung des mobileren angelsächsischen Familientypus unterscheidet sich Demolins (und auch Courthion!) von seinem Altmeister Le Play. Für diesen sind alle jene Familien positiv zu beurteilen, in denen die Kinder zu rigidem moralischem Verhalten, zu Ordnung, Fleiss und Gehorsam angehalten werden, um sie zu treuen Gliedern eines autoritären Staates zu machen. Negativ betrachtet er jenen Geist, der Individualisierung, Differenzierung und Mobilität der Familienglieder fördert.

Seit dem Erscheinen des «Peuple du Valais» sind nahezu siebzig Jahre, seit Courthions Tod fast fünfzig Jahre vergangen. In dieser Zeit hat sich das Wallis mehr verändert als in den tausend Jahren zuvor (vgl. Kaufmann 1965). Courthion, als genialer Vorläufer, hat diese Entwicklung vorausgesehen; dennoch war er kein Bilderstürmer. Er zeigte bei aller Fortschrittlichkeit eine grosse Nachsicht für den naiven Volksglauben seiner Landsleute und ist in mancher Hinsicht für die Erhaltung von Landschaftsbildern, Trachten und Mundarten eingetreten. So schuf er nach dem Erscheinen des «Peuple du Valais» ein 7600 Zettel umfassendes Glossarium der Mundarten des Val de Bagnes, das bei den massgebenden Fachleuten L. Gauchat und J. Jeanjaquet hohe Anerkennung fand[3].

Heute stehen in der Ethnologie und in der Kulturanthropologie die ökologischen Gesichtspunkte und die kulturvergleichenden Methoden (cross-cultural-studies) wieder stark im Vordergrund, desgleichen die Untersuchungen über den Wandel der Familienstrukturen im Zusammenhang mit der wirtschaftlichen Expansion, die durch die Kräfte der Industrialisierung und Urbanisierung vorangetrieben wird. Es geschieht dies heute anhand geschliffenerer Instrumentarien, als es die «nomenclature» der De Tourville und Demolins sein konnte. Die Mängel der Le Play-Schule können aber nicht daran hindern, ihre Originalität, ihre Bemühungen um wahre Wissenschaftlichkeit und ihren Willen zur Synthese anzuerkennen; es ist nicht verwunderlich, dass sie den Geist des hochbegabten und vielseitig interessierten Autodidakten Louis Courthion in ihren Bann zu ziehen vermochte.

Anmerkungen

1 Zur Biographie vgl. Pierre Bioley, Nécrologie: Louis Courthion. In: Annales Valaisannes 1–2, Monthey 1923. – In memoriam, Louis Courthion (verschiedene Autoren), Martigny 1923. – Emile Biollay-Kort, Louis Courthion (1858–1922). In: Almanach du Valais 1952. – Die Zusammenstellung der biographischen Unterlagen verdanke ich meinem Schüler Ph. Welti.
2 Zitiert in: In memoriam Louis Courthion (Martigny 1923) 25.
3 Vgl. dazu In memoriam Louis Courthion (Martigny 1923) 26.

5.
Wir Bergler in den Bergen ...
Soziokulturelle Aspekte des Bergbauernproblems

Da nur noch etwa 8 % der schweizerischen Bevölkerung überhaupt Bauern sind, kann man höchstens 2 bis 3 % zu den eigentlichen Bergbauern rechnen. Sie sind statistisch und ökonomisch gesehen eine verschwindende Minderheit von rund 50 000 ständigen Arbeitskräften und deren Familien. Im Kanton Uri ist die Zahl der in der Landwirtschaft ständig Tätigen von 4388 im Jahr 1939 auf 1327 im Jahr 1969 zurückgegangen. Ein ähnlicher Rückgang lässt sich freilich auch bei anderen Beschäftigungsgruppen feststellen – denken wir etwa an die Herren- und Damenschneider, Schuhmacher, Wagner, Schmiede usw. Warum denn, so kann man fragen, die besondere Anteilnahme am Schicksal der Bergbauern? Warum wird das Bergbauernproblem trotzdem so häufig in der Presse, im Radio und im Fernsehen erörtert?

Von der Anbauschlacht ...

Abgesehen von der Bedeutung des Alpinen im psychischen Haushalt der Schweizer, von denen der Berner Germanist und Schriftsteller Otto von Greyerz gesagt hat, ein jeder von ihnen hätte einen Jodler im Herzen und ein Paar Bergschuhe im Kasten, fällt hier zur Erklärung die Tatsache ins Gewicht, dass die Berufsgruppe der Berglandwirte über einen unverhältnismässig grossen Anteil des schweizerischen Bodens verfügt. Die Alpweiden allein machen ein Viertel des ganzen schweizerischen Territoriums aus; sie sind die eigentliche Domäne der Bergler, dazu kommen Wälder, Weide- und Wiesland in den Talböden. Diese riesigen Gebiete sind früher von der Bergbevölkerung um des Ertrags willen intensiv bewirtschaftet worden, zuletzt noch während der sogenannten Anbauschlacht (Plan Wahlen) im Zweiten Weltkrieg, als die Bauern und ganz besonders die Bergbauern als volksernährende und besonders staatstragende Gruppe hohe Wertschätzung genossen.

... zur Sozialbrache

Nach dem Zweiten Weltkrieg, als kein Mangel an landwirtschaftlichen Produkten mehr bestand, ging die Intensität der Bebauung in den Berggebieten, besonders in den höheren Lagen, rapid zurück. Höhensiedlungen wurden zurückgenommen, Kuhalpen wurden zu Rinderalpen und schliesslich zu Schafweiden, manche Alpen wurden überhaupt aufgegeben, und heute bleiben selbst die fruchtbareren Böden, die früher dem Futterbau gedient hatten, teilweise brach. Der Umfang dieser sogenannten Sozialbrache wird heute auf 80 000 Hektaren geschätzt, und bis zum Jahr 2000 rechnen offizielle Stellen mit einem Anfall von zusätzlich 260 000 Hektaren Brachland, wenn die Entwicklung so weitergeht.

Die Gründe für diesen Substanzverlust sind zunächst wirtschaftlicher Art: Die Selbstversorgung, bei welcher die Marktpreise keine Rolle spielten, ist schon vor Beginn des Zweiten Weltkriegs aufgegeben worden; der Bergbauer produziert heute für den Markt, und zwar hauptsächlich Vieh, Milch und Milchprodukte. Seine Produktion stösst jedoch an die im Gebirge von der Natur gesetzten Grenzen. Während die Bauern des Mittellandes bei steigenden Produktionskosten ihre Erzeugnisse durch Rationalisierung vermehren können, um keine Einkommenseinbussen zu erleiden, ist dies dem Bergbauern nicht im gleichen Masse möglich. So müssen manche Familien trotz nicht unbeträchtlichen öffentlichen Aufwendungen zugunsten der Berglandwirtschaft mit Jahreseinkommen leben, die 6000 Franken pro Jahr und weniger betragen. (J.-P. Hoby, «NZZ» v. 24. 1. 75). Diese Einbusse an Einkommen ist *nicht leistungs-, sondern marktbedingt.*

Bergbauer – Arbeiterbauer – Arbeiter

Die Bergbauern reagieren auf diese wirtschaftliche Benachteiligung in verschiedener Weise: so vor allem durch *Abwanderung* – besonders der jungen Generation – dem Wasser nach, zu den industriellen Erwerbsmöglichkeiten des Unterlandes und zum Teil in den Dienstleistungssektor. *Aufgrund ihrer ungenügenden allgemeinen und beruflichen Ausbildung müssen sich die so Abgewanderten im Unterland meistens mit unqualifizierten und untergeordneten Arbeiten begnügen.*

Wo sich Nebenerwerbsmöglichkeiten in erreichbarer Nähe des Wohnorts in den Bergen befinden, entstand der Typus der sogenannten *Arbeiterbauern*, die neben ihrer Hilfsarbeitertätigkeit in der Industrie noch ihren kleinen Familienbetrieb weiterführen, was jedoch – besonders zur Zeit der Arbeitsspitzen in der Landwirtschaft – zu physischer Doppelbeanspruchung führt und die Unfallquote emporschnellen lässt. Doch handelt es sich bei den

Arbeiterbauern, wie wir vermuten, um eine *Übergangsphase auf dem Wege zur gänzlichen Aufgabe des bäuerlichen Betriebs.* Spätestens beim Generationenwechsel *werden aus den Arbeiterbauern Arbeiter,* die zwar oft noch weiterhin auf dem Land bzw. in den Bergen wohnen, jedoch nicht mehr als Bergbauern bezeichnet werden können. Ihre weitere Zugehörigkeit zum Dorf hat ihre Gründe in den starken Familienbindungen, im Haus- und Landbesitz, im Zugang zu den landwirtschaftlichen Erzeugnissen der Familie ihrer Eltern. Das Verbleiben im Dorf gibt auch die Möglichkeit zur Teilnahme am gesellschaftlichen Leben und am Vereinswesen. Am Arbeitsort selbst ist die Integration oft schwierig: die aus dem Bergdorf stammenden Arbeiter haben – besonders wenn sie nicht mehr sehr jung sind – Mühe, die sozio-kulturelle Schranke zwischen Stadt und Land zu überspringen. Insbesondere haben Arbeiter ländlicher Herkunft aufgrund ihrer patriarchalischen Erziehung Schwierigkeiten, sich Gewerkschaften anzuschliessen und sich an die inoffiziellen Arbeitsnormen zu halten, welche von den nichtländlichen Arbeitern aufgestellt und beobachtet werden.

Eine andere nichtlandwirtschaftliche Erwerbsquelle für die Bergbauern liegt beim *Tourismus.* Es zeigt sich jedoch auch hier bei näherem Zusehen, dass es vor allem die untergeordneten Funktionen sind, die von den Einheimischen ausgeübt werden: Küchendienst, Portierfunktionen, Pistendienst, Bedienung von Skiliften usw. *Der moderne Tourismus stellt an das Gastgewerbe Anforderungen, denen die in dieser Hinsicht schlecht ausgebildeten Bergler nicht mehr wie früher genügen können,* ganz abgesehen von den hohen Investitionskosten für Hotels und für die weitere Infrastruktur, Kosten, die von der bergbäuerlichen Bevölkerung nicht aufgebracht werden können. So *kommt es in Berggebieten unter der Übermacht fremder Investoren manchmal zu Situationen, die in einem gewissen Sinne an Kolonialherrschaft erinnern.*

Die ideologische Reaktion der «Geprellten»

Die bergbäuerliche Arbeit ist heute schon weitgehend eine Angelegenheit derjenigen, die nicht oder nicht mehr über die geistige Beweglichkeit verfügen, noch eine andere Beschäftigung aufzunehmen, was vor allem im Alter ausserordentlich schwierig ist und was zur Überalterung der ansässigen Bevölkerung führt. Diese Gruppe, die oft nur aus Mangel an Entscheidungsfähigkeit nicht abgewandert ist, neigt dazu, ihre schwache wirtschaftliche Position durch moralische Argumente zu kompensieren, indem die traditionellen religiösen Werte, das überkommene Brauchtum und für besonders schweizerisch gehaltene Denkweisen hervorgehoben und dem angeblich dekadenten Verhalten der Städter gegenübergestellt werden. Solche Argumente, die manchmal auch von Politikern verwendet werden, um bestimmten bäuerlichen Forderungen an den Staat Nachdruck zu verleihen, haben viel von ihrer früheren Überzeugungskraft verloren, besonders seit auch im Gebirge der «Ausverkauf der Heimat» eingesetzt hat.

Die Wirtschaftsideologie der Bergbauern richtet sich einerseits gegen die in ihren Augen manchmal überflüssigen und schmarotzenden Beamten und Angestellten, anderseits auch gegen die Bauern des Flachlandes. Die Tatsache, dass die bisherigen Hilfsmassnahmen des Bundes und der Kantone (Getreidepreis, Stützung des Milchpreises) in höherem Masse den Bauern des Flach- und des Hügellandes als denen des Gebirges zugute kamen, weil sie sich nach dem Umfang der Produktion richten, ist ein wichtiges politisches Argument der Bergbauern. Die Vermutung ist nicht von der Hand zu weisen, dass das Schicksal der Bergbauern und die Sympathie, die sie im Volk ganz allgemein geniessen (wie die Aktion *«Heu für Bergbauern»* der Zeitung *«Blick»* gezeigt hat), dazu diente, bäuerliche Forderungen nach staatlicher Intervention und Unterstützung durchzusetzen, dass dann aber die Bergbauern nur sehr beschränkt von diesen Massnahmen profitierten, also gewissermassen als emotionaler Vorspann für andere Interessen benutzt wurden und so die Kastanien für die wohlhabenderen Bauern aus dem Feuer holten.

Das Gefühl, vom Staat geprellt und innerhalb des Berufsstandes der Bauern eine unterprivilegierte Gruppe zu sein, führte in der Vergangenheit zur Gründung von bergbäuerlichen Notgemeinschaften, die durch Zusammenstehen *(«Härestoo»)* zu verhindern suchten, dass bergbäuerliche Betriebe infolge von Verschuldung unter den Hammer kamen. So kam es 1934 unter anderem zu Steuerstreikaktionen im Berner Oberland. Träger dieser Aktionen war neben den bäuerlichen Notgemeinschaften auch die sogenannte Heimatwehr, eine faschistoide Organisation, welche die Freimaurer und die Juden (als angebliche Vertreter des Finanzkapitals) für die misslichen wirtschaftlichen Verhältnisse der Klein- und Bergbauern verantwortlich machte und zu Volksfeinden erklärte (Initiative gegen die Geheimgesellschaften 1937). Zu bergbäuerlichen Aktionen kam es während des Zweiten Weltkriegs an einigen Orten des Alpenvorlandes, so 1943 in Steinen im Kanton Schwyz und später in Bulle im Greyerzerland. Damals ging es darum, das Eingreifen eidgenössischer Funktionäre im Zusammenhang mit kriegswirtschaftlichen Delikten von Sennen gewaltsam zu verhindern.

Vom Lebensmittelproduzenten zum Landschaftsgärtner

Seit einigen Jahren ist die Bergbauernfrage in ein *neues Licht* gerückt worden. Es geht jetzt nicht mehr darum, den Bergbauernstand zu schützen, weil er als besonders bodenständig und staatserhaltend betrachtet wird: *es stehen nicht mehr moralisch-politische, sondern Argumente des Umweltschutzes im Vordergrund.* Es scheint sich die Auffassung durchzusetzen, dass der Bergbevölkerung nicht so sehr die Aufgabe zukommt, Lebensmittel und Vieh auf den Markt zu bringen – wie dies während des letzten Krieges der Fall war –, sondern sie soll sozialen Nutzen für die Gesamtheit der Bevölkerung produzieren. Darunter ist die Erhaltung und Pflege von Kulturland im Dienste des Umweltschutzes und der Erholung ganz allgemein zu verstehen.

Damit die Bergbauern diese Aufgabe erfüllen, muss ihre Existenz nicht nur materiell sichergestellt, sondern auf Parität zu den Verhältnissen in den nichtalpinen Teilen des Landes gebracht werden. Das heisst, wie J.-P. Hoby in der «NZZ» vom 24. 1. 75 ausgeführt hat, dass die öffentlichen Beiträge an die Landwirtschaft von der *Arbeitsleistung* und nicht von der *Produktivität des Bodens* abhängen sollen. Dies setzt einerseits staatliche Einkommenszahlungen an die in Bergbauernbetrieben ständig beschäftigten Arbeitskräfte voraus, anderseits auch weiterhin die Verbesserung der Produktionsverhältnisse, weil nicht nur die Umwelt geschützt und die Erholungslandschaft für alle unterhalten werden muss, sondern auch die Produktionsbereitschaft und Produktionsmöglichkeit für Zeiten gestörter Nahrungszufuhr im Sinne der Kriegsvorsorge sichergestellt werden soll.

Es gilt also, dem heute noch vorherrschenden Rentabilitätsdenken eine neue Orientierung entgegenzustellen, die nicht nach der unmittelbaren Rendite fragt, sondern optimal und auf weite Sicht die Bedürfnisse aller Arbeitenden nach Lebensqualität deckt. Es handelt sich also um eine Einstellung, wie sie mit Bezug auf die militärische Landesverteidigung stets als selbstverständlich vorausgesetzt wurde. Die Feststellung, dass die Bergbauern diesen sozialen Wert schon immer produziert und damit der Allgemeinheit unbezahlbare Dienste geleistet haben und dass er in Zukunft direkt honoriert werden muss, kann – wenn damit Ernst gemacht wird – ihrem Dasein einen neuen Sinn geben und sie bewusst werden lassen, dass ihre Arbeit nicht überflüssig, sondern lebensnotwendig ist und dass es sich bei den vorgeschlagenen Direktzahlungen nicht um Almosen handelt.

Bergbauer sein ist nicht ein «Naturdasein»

Die Aufgabe, die man so den Bergbauern zuweist, stellt jedoch erhöhte Anforderungen an die öffentliche Bildung in den Berggebieten, die allgemein ungenügend ist. Es herrscht immer noch die Auffassung, dass die Landwirtschaft, besonders im Gebirge, kein Beruf sei und dass eine Verbesserung der Schulbildung höchstens die Abwanderung fördere. Wenn letzteres auch nicht ganz in Abrede gestellt werden soll, so kann es anderseits nicht gleichgültig sein, welche Möglichkeiten sich für die Abwandernden eröffnen.

Die Berglandwirtschaft als einer der vielseitigsten Berufe im Zeitalter der Technik muss wie jeder andere Beruf erlernt werden. Bergbauer sein ist nicht einfach ein «Naturdasein». Neben der Ausbildung für die landwirtschaftlichen Tätigkeiten ist auch eine Schulung in nichtlandwirtschaftlichen Arbeiten notwendig, welche zum Beispiel eine erste Grundlage zur Aufnahme eines Nebenerwerbs bildet. Die landwirtschaftlichen Berufsschulen sollten insbesondere die Idee der überbetrieblichen, das heisst genossenschaftlichen Zusammenarbeit fördern. Man hat Mühe zu begreifen, warum in den schweizerischen Berggemeinden, die in der Vergangenheit ein hochentwickeltes Genossenschaftswesen geschaffen haben (besonders im Zusammenhang mit dem Alpbetrieb im Sommer), so wenig Interesse für Gemeinschaftsställe oder für gemeinsame Maschinenhaltung besteht. Der vielgepriesene lebensfähige Familienbetrieb als offizielle Zielsetzung heisst gerade für die Bergbauern praktisch: harte Arbeit, 7-Tage-Woche, niemals Ferien, Katastrophe im Krankheitsfall. Dort, wo man – wie etwa im Wallis – Gemeinschaftsställe mit Besorgung im Turnus und Maschinengemeinschaften gegründet hat, die später zu weiterer gemeinsamer Produktion ausgebaut werden können, möchte man auf keinen Fall zum Einzelbetrieb zurückkehren; dasselbe soll übrigens auch für die vielverlästerten landwirtschaftlichen Produktionsgemeinschaften in den Oststaaten zutreffen (*«Bresche»*, März 1974).

Sowohl die Berglandwirtschaft wie der Umweltschutz und der Kampf gegen den wirtschaftlichen und kulturellen Zerfall ganzer Regionen lassen sich nicht improvisieren, sondern müssen professionalisiert werden. Es wäre Aufgabe der Schule und der Erwachsenenbildung, den Gedanken der interfamiliären Zusammenarbeit und der regionalen Planung von der emotional abweisenden auf eine rational bejahende Grundlage zu stellen. Bessere Fach- und Allgemeinbildung ermöglicht eine effektive Teilnahme am politischen, sozialen und kulturellen Leben und verbessert das Verhältnis zur Gruppe der Nichtlandwirte in den Gemeinden. Die Grund- und Fachausbildung müsste durch ein System der Erwachsenenbildung ergänzt werden, für welche das Bedürfnis in dem Masse anwachsen dürfte, wie die Bildung im Jugendalter modernisiert und ausgebaut wird.

Wie Erhebungen im Kanton Uri und im Wallis gezeigt haben, erwarten die Bergbauern von den Schulen nicht so sehr die Förderung von technischen, sozialen und kommunikativen Fähigkeiten als vielmehr Erziehung zu den traditionellen Werten Gehorsam, Ordnung und Ruhe sowie zu oft recht äusserlichen Formen der Religiosität. Für Kreativität, neue Alternativen und Phantasie bleibt da oft wenig Raum. Einfachheit, Bedürfnislosigkeit und Sparsamkeit waren Werte, welche bei der früheren Selbstversorgungswirtschaft der Bergler zwar eine wichtige Rolle spielten, die jedoch zur Bewältigung der Aufgaben von heute nicht mehr genügen. So ist die äussere und innere Reform des Bildungswesens auf allen Stufen unter den jetzt bestehenden Verhältnissen ein Grunderfordernis für eine sinnvolle wirtschaftliche, soziale und kulturelle Entwicklung der Berggebiete.

6. Die alpine Alltagskultur zwischen Routine und der Adoption von Neuerungen

Im Gegensatz zur Geschichtswissenschaft, welche die dynamischen Anteile des politischen, kulturellen, wirtschaftlichen und sozialen Geschehens erforscht und darstellt, arbeitet die *Volkskunde* vorwiegend die statischen und in ihren Anfängen zeitlich oft nicht fassbaren Momente des Kulturgeschehens heraus. Bei der Erforschung der volkstümlichen Alltags- und Festtagswelt bedient sie sich ihrer eigenen funktional orientierten und auf die Erfassung von Totalphänomenen[1] ausgerichteten Methoden. Die von ihr untersuchten, den Trägern zum Teil unbewussten kulturellen Äusserungen in Wirtschaft, Wohnung, Kleidung und geselligem Leben lassen sich nicht mechanisch in die Perioden der politischen Historie eingliedern, denn die von der Geschichtswissenschaft untersuchten Prozesse wirken nicht unmittelbar auf alle Erscheinungen der anonymen volkstümlichen Kultur. So haben sich z. B. in manchen Teilen der Alpen die im Mittelalter und vielleicht schon früher entstandenen Notgemeinschaften, die später zu kommunalen Realverbänden wurden, mit relativ unwesentlichen Änderungen durch manche Herrschaftswechsel, konfessionelle Umwälzungen, Kriege und Revolutionen bis in unser Jahrhundert hinein erhalten.

Die Volkskunde hat sich von allem Anfang an mit dem Alltag der in überlieferten Ordnungen lebenden «kleinen Leute» befasst. Sie stand dem Landmann immer näher als dem Herrschenden. Bei der Spärlichkeit der Quellen mit Bezug auf das Leben der sozialen Unterschichten ist sie vermehrt auf Konstruktionen angewiesen. Sie versucht dort, wo sie historisch vorgeht, eine Geschichtsschreibung «von unten her» zu leisten. Die «von oben» gesetzten Verhältnisse, die Zentraldirigierung, sind dabei selbstverständlich nicht zu übersehen, aber gewisse Einseitigkeiten wären zu berichtigen.

Die ersten sich bewusst als Volkskunde, Land- und Leutekunde, Statistik (im alten Sinne) verstehenden und bezeichnenden Schriften waren nüchterne Beschreibungen des Erwerbslebens, der Wohn- und Konsumgewohnheiten sowie der Bildungsverhältnisse einzelner Landschaften[2]. Später hat sich die

Volkskunde zu ihrem Schaden von der Darstellung der materiellen Grundlagen des Volkslebens distanziert und sich vorwiegend dem Volksglauben, den Volkssagen, dem Volksbrauch und der Volkskunst als Emanationen einer wie auch immer verstandenen «Volksseele» zugewandt[3].

Alpine Kulturretardierung

Das Alpengebiet, besonders der inneralpine Raum, wurde und wird von den Forschern allgemein als *Hort überlieferungsgebundenen Volkslebens* betrachtet, als ein Gebiet, dessen Kultur durch Beharren in älteren Zuständen ein von anderen Gegenden abweichendes Gepräge aufweist. Zu Beginn dieses Jahrhunderts forschte der Basler Gelehrte Leopold Rütimeyer vor allem im schweizerischen Alpengebiet nach altertümlichen, kulturgeschichtlich interessanten Resten einer primitiven Ergologie. In dem 1924 in Basel erschienenen berühmten Werk «Ur-Ethnographie der Schweiz» beginnt er mit den verschiedenen Eigentums- und Hauszeichen (Kerbhölzern), geht über zu den Steinlampen und Töpfen aus Lavezstein sowie zu den Kerzen aus Birkenrinde und den primitiven Transportmitteln. Ein längeres Kapitel handelt von einfachsten Kinderspielzeugen aus Holz und aus Knochen. Viel Archaisches ist bezeichnend für den schwierigen alpinen Getreidebau und die Verarbeitung des Getreides zu menschlicher Nahrung. Rütimeyer schreibt die Altertümlichkeit des von ihm beigebrachten ergologischen Inventars einem ‹glücklichen volkskundichen Konservatismus› der Bergbewohner zu. Auf dem Gebiet der Rechtsaltertümer untersuchte Max Gmür die Haus- und Eigentumszeichen, die Rechtshölzer, Pflichthölzer, Loshölzer usw., die er als universelles, von sprachlichen und ethnischen Einflüssen wenig berührtes Institut betrachtete, das sich in der Schweiz in die alpinen Räume ‹zurückgezogen› habe[4] (Gmür 1917).

Die von Rütimeyer und anderen Forschern beschriebenen Reste archaischer Ergologie sind relikthafte Einzelerscheinungen in noch vor kurzem schwer zugänglichen Alpentälern, und es wäre falsch, aus diesen musealen Bruchstücken und Überbleibseln früherer Epochen ein geschlossenes Bild zeitloser Alpenkultur konstruieren zu wollen. Dennoch ist das konservative Gesamtgepräge des alpinen Bauern- und Hirtentums unverkennbar. Das unterschiedliche Wesen von Bergbauern und Flachlandbauern ist schon längst Gegenstand des volkstümlichen Bewusstseins. Das stärkere Festhalten am Alten in Wirtschaft, Nahrung, Wohnung und Kleidung bei den Bergbauern, die grössere Wendigkeit und Urbanität bei den stadtnäheren Flachlandbauern geben bei diesen zu manchen Anekdoten und scherzhaften Schilderungen Anlass. Die alpine Lebensumwelt, soweit es sich nicht um besonders verkehrsgünstig gelegene Gebiete handelt, findet ihre Parallelen vom Nordwesten der Iberischen Halbinsel über die Pyrenäen, das Massif Central, den Apennin und die Inseln Korsika und Sardinien bis zu den Karpaten und dem Balkan hin in einzelnen, zum Teil sehr ähnlichen Zoo- und Agrartechniken sowie in den Formen der Behausung und der Nahrung, wobei die Ähnlichkeiten mehr von den natürlichen Umweltbedingungen her zu erklären sind als von Kulturkontakten. Geographisch gesehen, liegen die Zonen der Beharrung gegenwärtig in peripheren Gebieten, was nicht heisst, dass sie auch in historischer Zeit peripher gewesen sind. Im Gegenteil! Manche Alpengebiete, wie die Waldstätte, das Tirol usw. waren während Jahrhunderten politische Energiezentren. Jedes dieser seinen eigenen Bedingungen unterworfenen Rückzugsgebiete verdient eine eingehende Analyse seiner volkstümlichen Kultur und der sie gestaltenden Kräfte. Dabei lassen sich vermutlich auch bestimmte Regelhaftigkeiten mit Bezug auf die Diffusion von Neuerungen sowie auf deren Annahme oder Ablehnung feststellen.

Die bergbäuerliche Land- und Hauswirtschaft ist kaum je unter dem Gesichtspunkt der *Innovationen* dargestellt worden; das Interesse der Volkskundler galt vor allem den Ursprüngen und dem «noch heute», d. h. dem Traditionellen. Die folgenden Ausführungen sind nicht mehr als Pinselstriche anstelle eines ausgeführten Gemäldes. Der dabei eingenommene Gesichtspunkt ist derjenige der volkstümlichen *Rezeption,* der für die Volkskunde richtunggebend ist.

Faktoren der Beharrung

In der früheren und auch heute noch nicht überall behobenen Unwegsamkeit des Gebirges abseits der Durchgangs- und Passwege und -strassen konnte das Neue immer nur verspätet eindringen. Anderseits genoss das Alte für längere Zeit Schutz und Zuflucht. Wenn auch die Alpen als das besterschlossene Hochgebirge der Welt gelten dürfen, so fehlte es doch nicht an schwer zugänglichen und dem durchgehenden Verkehr fernliegenden Tal- und Terrassensiedlungen, die durch den Passverkehr nicht berührt wurden, sondern ihm vielmehr den Rücken zukehrten, weil es an sekundären Verbindungen gänzlich fehlte. Vielerorts waren die Wegverhältnisse so schlecht, dass die Toten im Winter nicht ins Tal zu Grabe gebracht werden konnten, sondern im Schnee oft für längere Zeit aufgebahrt blieben, bis der Weg zum Friedhof wieder offen war. Selbst die Einführung der Eisenbahn vermochte diesen Zustand nicht grundlegend zu verändern, solange nicht Sekundärstrassen geschaffen wurden, die man zu allen Jahreszeiten benutzen konnte; auch nachdem in diesem Jahrhundert solche Strassen geschaffen wurden, blieben doch die Transportkosten erheblich und hinderten die freie Kommunikation.

Die *Isolierung* muss als das wichtigste Hindernis für die technische und kulturelle Entwicklung im Alpengebiet bezeichnet werden. Zivilisatorische Unterschiede zwischen den einzelnen Gebieten eines Landes stehen in engem Zusammenhang mit der unterschiedlichen Geschwindigkeit, Richtung und Intensität des Kommunikationsstromes. Die Angst vor kürzerer oder längerer winterlicher Abgeschlossenheit von der Aussenwelt verstärkte das Streben nach *Autarkie* à tout prix und erschwerte den Übergang zu marktwirtschaftlichen Produktionsformen. Als man den Bauern eines Walliser Bergtales den Vorschlag machte, spekulative Beerenkulturen anzulegen, wendeten sie ein: «Was sollen wir denn im Winter essen, wenn wir im Sommer keine Kartoffeln mehr anbauen können?»

Traditionelles wirtschaftliches Autarkieverhalten als Prinzip wird auch da nicht leicht aufgegeben, wo die totale Selbstversorgung (die es streng genommen überhaupt nie gab) weitgehend illusorisch geworden ist; es handelt sich hier um ein Wertverhalten, das von den Lokalgesellschaften kontrolliert wird und gemäss dem der einzelne auch im Detail nichts vom Eigenen preisgeben darf. Wo die Isolierung aufgehoben wurde wie in den grossen Alpentälern (Rhonetal, Inntal, Etschtal usw.), erhielt sich der Widerstand gegen spekulative Kulturen nicht auf die Dauer, doch waren es hier zunächst fremde Zuzüger, die mit dem Beispiel vorangingen. Louis Courthion erwähnt die Einführung der Spargelkultur in der Rhone-Ebene bei Saxon durch den Franzosen Morel und die Einführung der Erdbeeren-, Pfirsich- und Aprikosenkulturen durch den Basler Egg. Trotz erstaunlicher Resultate dauerte es lange, bis die Einheimischen sich dazu entschliessen konnten, ihre traditionellen Wirtschaftsformen aufzugeben und ihre Grundstücke den gewinnbringenden neuen Kulturen anzupassen (Courthion 1903, S. 213). Einmal erworbene *Kulturmuster*, die sich bewährt haben, wirken auch dann noch weiter, wenn die Ursachen, die zu ihrer Entstehung geführt haben, längst nicht mehr wirksam sind.

Wie sehr Verkehrsabgeschiedenheit und Autarkiewirtschaft im Sinne der Konservierung auch auf einzelne, nicht mit der Produktion zusammenhängende Kulturgüter, wie z. B. die Tracht, wirken, lässt sich leicht anhand der Karten des Atlas der schweizerischen Volkskunde zeigen[4]. Modische Strömungen verschiedenster Art breiten sich entlang der durch die alpinen Talfurchen vorgezeichneten Verkehrswege aus, während die manchmal durch Steilstufen vom Haupttal getrennten Seitentäler davon unberührt bleiben. Als besonders konservativ erwiesen sich aufgrund des für den *Atlas der schweizerischen Volkskunde* zu Beginn des Zweiten Weltkriegs gesammelten Materials die südlichen Walliser Täler sowie das Lötschental, die Terrassensiedlung von

Savièse, in der Ostschweiz die Täler von St. Antönien, Tavetsch und Bergell sowie ganz Appenzell Innerrhoden. Es ist eine in unserem Zusammenhang aufschlussreiche Tatsache, dass im Kanton Uri die alte Tracht (und vieles andere mehr) mit dem Bau der Gotthardbahn verschwunden ist. Eine Karte über die Verbreitung des Muttertages würde zeigen, dass dieser in Gebieten dichten Eisenbahnverkehrs zuerst aufgekommen ist.

Ausser der Verkehrsabgeschiedenheit wirken noch weitere Umstände konservierend auf das Kulturinventar einzelner alpiner Bevölkerungen. Der Mangel an Bargeld bei Bergbauern und die Schwierigkeit kleiner Landwirtschaftsbetriebe, Kredite zu erhalten, verhindern auch bescheidene Betriebsverbesserungen. Es ist, wie Richard Weiss seinerzeit eindrücklich gezeigt hat, keineswegs so, dass der alpine Mensch den höheren Lebensstandard und den Zivilisationsfortschritt grundsätzlich verachtet; sein Verharren in einer archaischen Kultur ist «nicht mehr ein von innen heraus bejahender Konservatismus, sondern ein Zwangskonservatismus ...» (Weiss 1962, S. 249).

Als weiterer Grund des alpinen Zivilisationsrückstandes ist *das Fehlen von vermittelnden Sozialgruppen* in den Dörfern zu erwähnen. Solche Gruppen haben im Flachland durch ihre fortschrittlichen Produktionsformen vielfach als Pioniere gewirkt. Wo es in den Alpen solche Schichten gab, die sich aus reich gewordenen, aus dem Ausland zurückgekehrten Emigranten zusammensetzten, lassen sich auch Neuerungen bei weiteren Teilen der Bevölkerung feststellen. Solche Rückkehrer standen in der Regel ausserhalb des Neides ihrer Dorfgenossen, da niemand glaubte, dass sie ihren Reichtum auf deren Kosten erworben hätten. Die Rückwanderer gehörten oft einflussreichen einheimischen Familien an; ihre Mittelstellung zwischen Aussenwelt und Heimat erlaubte ihnen gewisse Verhaltensalternativen, von denen ein Demonstrationseffekt auf die übrigen Dorfbewohner ausging. So entstanden z. B. unter dem Einfluss von vermögenden Rückwanderern aus Oberitalien die palazzoähnlichen Engadinerhäuser mit Sgraffito-Schmuck (Weiss 1959, S. 50 f.). Von den wenigen, meist ärmlichen Städten und Städtchen im Alpengebiet ging kaum Anregung und Ausstrahlung auf die ländliche Bevölkerung aus.

Als Grund für den alpinen (und ländlichen) Konservatismus wird besonders von französischen Forschern die häufig zu beobachtende Erziehung der kleinen Kinder durch ihre *Grosseltern* und nicht durch die aktive, allenfalls innovationsfreudige Elterngeneration angegeben (Bloch 1948). Diese Erziehungspraxis vermittelt der heranwachsenden Generation Schlüsselwerte der jeweils vergangenen Epoche. Die verbreitete *Altenherrschaft*, besonders auf Einzelhöfen, lähmt die Initiative und Innovationsfreudigkeit der Jungen, wenn diese den Hof erst übernehmen, nachdem sie die Lebensmitte überschritten haben und über das Alter hinaus sind, wo man gern Risiken eingeht.

Die im ganzen Alpengebiet verbreitete Sitte der *Binnenheirat* hängt zusammen mit der Gemeinsamkeit der Lebensformen und mit der Notwendigkeit, die Grundstücke innerhalb der Gemeinde nach den Erbgängen jeweils zu neuen Betrieben zusammenzulegen. Die Endogamie verhindert das Einbringen neuer Anschauungen und Gewohnheiten durch auswärtige Ehefrauen, stützt die lokale Autarkie und wirkt allgemein konservierend (Friedl 1974, S. 23 ff.).

Das mit Bezug auf ländliche und alpine Ortsgesellschaften nach aussen hin manchmal präsentierte Bild einer solidarischen Gemeinschaft entspricht selten der Wirklichkeit (Weiss 1946, S. 339 ff.). Sehr oft ist die Bevölkerung in antagonistische Blöcke, sogenannte *Familienparteien,* aufgespalten. Angesichts einer einzuführenden, das ganze Dorf betreffenden Neuerung genügt es, dass eine der Parteien dafür ist, um die andere zur erbitterten Gegnerin der Neuerung zu machen, und zwar auch dann, wenn der Vorteil der Innovation offensichtlich ist. Es kommt auch vor, dass beide Parteien ihre eigene Variante der Innovation haben; die eine will z. B. eine Verbindung mit dem Haupttal durch eine Fahrstrasse, die andere ist für eine Seilbahn. Manchmal entstehen da, wo es früher keine Dorfwirtschaft (oder keinen Dorfladen) gab, auf einmal deren zwei, weil jede Familienpartei ihre eigene haben will. Heute identifizieren sich die traditionellen Familienparteien oft mit bestehenden überlokalen politischen Parteien, wodurch sie die Möglichkeit von Beziehungen zu extralokalen Machtträgern haben, kraft derer sie in ihrem Sinne auf das Gemeindeleben zurückzuwirken versuchen. Die Blockierung von Neuerungen durch die stärkere Partei wirkt sich nur auf solche Innovationen aus, welche die ganze Gemeinde betreffen. So lehnte die stärkere der Familienparteien in einer kleinen Gemeinde an der Lötschberglinie die Errichtung einer Bahnstation ab (Stebler 1913, S. 18). Bei privaten, oft unwesentlichen Kulturgütern, wie Genussmittel (Tabak, Schokolade, Kaffee usw.), wird die Zustimmung der Gruppe nicht vorausgesetzt, was den Adoptionsvorgang wesentlich beschleunigt.

Wo Angehörige verschiedener *Konfessionen* nahe beieinander leben, genügt es, dass bestimmte Innovationen als «katholisch» bzw. «protestantisch» erklärt werden, um ihre Verbreitung zu beeinträchtigen. Auf den Karten des Atlas der schweizerischen Volkskunde (II, 157–159) ist ersichtlich, dass der Weihnachtsbaum in den katholischen Gebieten später eingedrungen ist als in den protestantischen. Auch Dinge, die primär gar keinen Bezug zum Bereich der Kirche haben, bekommen manchmal eine konfessionelle Bedeutung, so z. B. der Viehkummet oder die französischen Spielkarten, die von Katholiken bestimmter Regionen als «protestantisch» empfunden werden[5]. Dergleichen ist nicht spezifisch alpin, sondern weit verbreitet.

Bei den alpinen *Dorfordnungen, Bauernzünften, Genossenschaftsstatuten, Flurordnungen* usw. fällt auf, dass sie oft sehr detaillierte Vorschriften wirtschaftlicher Art und Anweisungen für Sanktionsverfahren enthalten, jedoch keinerlei Verfahrensvorschriften für die Behandlung von Neuerungsvorschlägen (Heusler 1890, Bielander 1944). Es war offenbar allgemein nicht zu erwarten, dass irgendeine von dem alten Herkommen abweichende Neuerung einer ganzen Gemeinde einleuchten und von ihr angenommen würde. Die alpinen Dorforganisationen eigneten sich vorzüglich für den Kampf gegen Naturgewalten und feudale Ausbeuter, aber nicht für die moderne technische Entwicklung, wie sie im Flachland durch die Agrarrevolution eingeleitet wurde.

Neuerungen

Es gibt keine Arbeitstechnik und kein Werkzeug, die sich nicht im Laufe der Zeit gewandelt hätten und weiterhin wandeln. Auch die ehrwürdigsten Dinge, wie Kultgegenstände und geistliche Gewänder, verändern sich von Generation zu Generation; ein Kampf zwischen den Formen mit ständigen Verschiebungen ist stets wahrscheinlicher als ein absolut statischer Zustand. Wo man zunächst nur Routine und Stagnation festzustellen geneigt ist, haben sich unaufhörlich kleine Veränderungen und kleine Verbesserungen vollzogen. Es handelt sich um eine Entwicklung auf der Grundlage traditioneller Formen, um eine Folge von unmerklichen *endogenen Innovationen,* wie sie sich auch im sprachlichen Verhalten feststellen lässt. Bei näherer Betrachtung von Hacken aus verschiedenen Zeitepochen kann man ständige Verbesserungen in bezug auf die Produktivität des Gerätes feststellen, sei es durch Reduzierung des Gewichtes, sei es durch erhöhte Griffigkeit, sei es durch Diversifikation der Formen je nach der Bodenbeschaffenheit bzw. der Geländeform. Solche Vervollkommnungen können von grosser wirtschaftlicher Bedeutung sein, wenn man die grosse Zahl von Hacken in Betracht zieht. Ähnliche Feststellungen lassen sich mit Bezug auf den Pflug, den Dreschflegel, Gras- und Kornschnittgeräte usw. machen. So war in der Konstruktion der Zäune die Erfindungsgabe der Alpenbewohner fast unbegrenzt, ebenso in der Konstruktion von Zaun-Durchgängen und -übergängen. Ein Bereich dauernder Verbesserungen waren die Transportgeräte (Kraxen, Räfe, Rückentragkörbe und Tansen); hier hat fast jede alpine Gegend ihre Eigentümlichkeit. Als alpine Erfindung sind vermutlich die Fusseisen mit Spitzen, um auf dem Eis zu gehen (Gräppli), zu betrachten, die schon Josias Simmler in seiner Alpenbeschreibung von 1576 erwähnt. Der Dreschflegel, besonders die Gestaltung des Verbindungsstückes zwischen Haltestock und schlagendem Teil sowie die Dimension des letzteren waren immer wieder Gegenstand kleiner Neuerungen. Der sogenannte Bockschlitten als unentbehrlichster Teil der winterlichen Ausrüstung der Holzarbeiter wurde durch schrittweise Verbesserungen durch findige Laien und innovative Wagner zum wendigen «Vollrankschlitten» hinaufentwickelt (Schmitter 1953). Je nach Bodenbeschaffenheit, Geländeneigung, Last und Zugkraft entstanden aus der Initiative Einzelner unzählige lokaltypische Fahrzeugtypen. Es handelte sich dabei um zum Teil nur kleine und unbedeutende Schöpfungen und Vervollkommnungen, die innerhalb der Formenwelt blieben, die für den jeweiligen Ort und die jeweilige Zeit kennzeichnend waren. Die Imitation solcher endogener technischer Erfindungen bzw. Vervollkommnungen vollzog sich auf dem Wege des sogenannten Nachbarschaftseffektes.

Die ersten grösseren *exogenen Innovationen* im Alpengebiet, die historisch nicht fassbar sind, betreffen die Land- und Viehwirtschaft. Von grosser Bedeutung war zweifellos das Aufkommen der jüngsten und in der Folge am meisten verbreiteten Getreideart, nämlich des *Roggens*, der zu Beginn der Eisenzeit im Flachland schon verbreitet war. Eine in den verschiedenen Alpengebieten zu unterschiedlichen Zeitpunkten eingeführte Neuerung war die *Labkäserei*, die sich neben der herkömmlichen Sauerkäserei im Laufe der Zeit fast überall durchsetzte. Der Labkäse kam zuerst dort auf, wo man Käse für den Handel herstellte, denn er konnte als Hartkäse – im Gegensatz zum Sauerkäse – überall hin ohne Gefahr transportiert werden (Gutzwiller 1923).

Die relative Überbevölkerung, die sich im 11. und 12. Jahrhundert für fast alle Gegenden Europas feststellen lässt, führte auch im Alpengebiet zum Ausbau des Siedlungsraumes. Eine ursprünglich an die Wirtschaft im Flachland gewohnte bäuerliche Bevölkerung suchte vermehrt im Alpenraum Fuss zu fassen und die ihr vertrauten Techniken der Viehzucht und des Ackerbaus in Hochtälern, auf Hochterrassen und an steilen Berghängen anzuwenden. Der von da an bis ins 19. Jahrhundert hinein andauernde Bevölkerungsdruck im ganzen Alpengebiet gab in den inneralpinen Trockengebieten vermutlich schon im 13. und 14. Jahrhundert Anlass zu bedeutenden Verbesserungen im künstlichen *Bewässerungswesen*. Die Innovationen bestanden darin, dass man das Wasser nicht mehr bloss aus den nächsten Gebirgsbächen auf Matten und Weinberge leitete, sondern dazu überging, das Wasser für die Bewässerung in der Nähe der Gletscher zu fassen und es dann in aufgehängten Känneln oft stundenweit bis zum Kulturland führte. Dadurch wurde in den inneralpinen Trockengebieten (Dauphiné, Wallis, Aostatal, Tessin, Inntal, Etschtal) bisher fast ertragsloser Boden fruchtbar gemacht, wobei der in manchen Wasserleitungen mitgeführte Granitsand und Schlamm als Dünger diente. Die kulturtechnische Leistung beim Bau bestand in der Befestigung der Kännel an den Felswänden mittels hakenförmig gewachsener und weiter bearbeiteter Äste, die in die Felsen eingekeilt wurden und auf welchen die

Kännel lagen. Die zentrale Bedeutung des künstlichen Bewässerungssystems in den Alpen liess dieses nicht in der Routine erstarren. So wurden mit der Zeit die ausgehöhlten Baumstämme, die als Kännel dienten, durch Kanäle aus gesägten Brettern ersetzt, wodurch grössere Wassermengen transportiert werden konnten. An steinschlaggefährdeten Stellen wurde der Fels durchbohrt, oder die Leitung wurde in die Erde eingegraben. In den Kanal eingesetzte Wasserrädchen hoben bei jeder Umdrehung einen Holzhammer, der auf ein Brett schlug; der Ton war weitherum hörbar, und wenn er aussetzte, wusste der Wächter, dass er sofort nach dem Rechten sehen und allenfalls Hilfe aufbieten musste. Um eine Verstopfung der Kännel zu vermeiden, wurden einfache Entsandungsanlagen errichtet; im 19. Jahrhundert setzte man in Rutschgebieten eiserne Röhren ein. Manchmal waren Naturkatastrophen (Erdbeben, grosse Trockenheit) Anlass zu grösseren Neuerungen, besonders in der Form längerer Tunnel oder Stollen. Seit der Mitte dieses Jahrhunderts finden vielfach Beregnungsanlagen Anwendung, die eine starke Arbeitsentlastung bedeuten, die auch Wasser einsparen und eine gegenüber den früheren Methoden gleichmässigere Verteilung des Wassers über die Grundstücke ermöglichen (Mariétan 1948a).

Gewissermassen ein Gegenstück zur künstlichen Wasserzufuhr aus Gletscherbächen bildete die Nutzbarmachung der Flussauen. Die Gebirgsflüsse und die ihnen zuströmenden Nebenbäche mussten eingedämmt werden. Die *Dämme* bestanden zunächst aus übereinandergeschichteten Steinen, die durch Zimmerung von Rundhölzern zusammengehalten werden mussten. Während jedoch die Errichtung der Wasserleitungen meistens die Angelegenheit von kleinen Genossenschaften am betreffenden Wasser Interessierter war, oblag die Errichtung der Schutzbauten an den Gewässern den einzelnen Gemeinden, wobei ein Zusammengehen benachbarter Gemeinden nötig war. Zu einer planmässigen, grosse Gebiete umfassenden Organisation des Wasserbaues kam es in den Alpen erst in der zweiten Hälfte des 18. und während des ganzen 19. Jahrhunderts, und zwar von Staates wegen.

Vor allem in den Ostalpen gelangten einzelne Gebiete in eine Sonderstellung durch den *Bergbau* (Erze, Steine, Salze), mit dem sich die Bauern auseinanderzusetzen hatten. Vom Bergbau dürften manche Neuerungen ausgegangen sein, besonders dort, wo sich – wie im Salzburgischen und im Tirol – eine eigenartige Verbindung von kleinlandwirtschaftlicher Betätigung und bergmännischer Beschäftigung entwickelte. Aus dem Bergmannsleben wurden vor allem im Bereich des Volksschauspiels und der Volkskunst Anregungen übernommen. Aber auch die von mehreren Autoren gerühmten volkstechnischen Fähigkeiten der Ostalpenbewohner (Bau von kleinen Seilbahnen, durch kleine Wasserräder angetriebene selbstverfertigte Maschinen usw.) dürften durch die Bergbaubetriebe angeregt worden sein.

Bei der Länge und Strenge des Bergwinters ist es nicht verwunderlich, dass die *Wohnkultur* im Alpengebiet verhältnismässig früh zur Ausbildung kam. Der aus Holz und Stein aufgebaute zentralalpine Haustyp, den man Gotthardhaus nennt, besteht aus einer aus Blockwerk gefügten Stube mit einer gemauerten Küche. Die Erfindung der Stube mit dem von der angrenzenden Küche aus beschickten Hinterladerofen wird von den Hausforschern in den oberdeutsch-alpinen Raum verlegt. Von dort verbreitete sie sich rasch im nördlichen und zentralen Alpengebiet und etwas langsamer auch im Osten, wo sich noch lange die Rauchstuben mit der offenen Herdanlage erhielten. In den romanischen und slawischen Alpengebieten blieb man in bezug auf Wohnkomfort anspruchsloser. In den Küchen fand der «Prozess der Zivilisation» seinen Ausdruck in der Abhebung des Kochvorgangs vom Erdboden auf Steinherde und im 19. Jahrhundert auf holzsparende «Sparherde». Die relativ hohe Wohnkultur mancher Alpengebiete ist um so erstaunlicher, als Bergbewohner wegen ihrer extensiven, sich auf mehrere Höhenstufen erstreckenden Wirtschaftsweise meistens mehrere Wohnungen benötigen (Dauersitz, Maiensäss, Alp, Rebhäuschen) (Weiss 1959, Notring 1973, Raulin 1977 und 1977a).

Es scheint, dass bewegte Zeiten – handle es sich um Kriegszeiten, die ganze Landstriche betreffen, oder um lokale *Katastrophen*, wie Dorfbrände, Lawinenunglücke, Bergstürze, Wildwasser, so tragisch sie sich auf die Bevölkerung auswirken mögen – manchmal innovationsfördernd sind. So wurden nach Brandkatastrophen Dörfer traditioneller Holzbaugebiete ganz in Stein wieder aufgebaut; anderswo waren Brandkatastrophen Anlass für den Übergang vom hergebrachten Flachdach zu dem als vornehmer betrachteten Steildach oder vom Schindeldach zur brandsicheren Hartbedachung. Als nach den Kriegsverwüstungen von 1622 die Dörfer des Engadins neu aufgebaut werden mussten, umgab man das Blockwerk mit einem dicken Steinmantel; dies geschah zum Teil aus praktischen Gründen wegen der Feuersicherheit sowie wegen des Kälteschutzes, anderseits aus Gründen der Repräsentation. Nach dem Erdbeben von 1855 im Wallis wurden einzelne Wasserleitungen, die zerstört worden waren, technisch verbessert, und später wurden die Leitungen nach Erdschlipfen manchmal in Tunnel gelegt.

Der Wiederaufbau von Wohnstätten nach Brand- und Lawinenkatastrophen nötigte manche Hausbesitzer zur Aufnahme von Darlehen, deren Rückzahlung vermehrte Marktproduktionen notwendig machte und das rechnerische Denken förderte.

Die Agrarrevolution des ausgehenden 18. Jahrhunderts hat – wenn man von der Einführung der Kartoffel absieht – die alpinen Regionen wenig berührt; die Aufhebung der Allmenden stand im Alpengebiet mit seiner extensiven Viehwirtschaft kaum zur Diskussion.

Die *Kartoffel* drang im Gefolge von Hungersnöten dank ihrem offensichtlichen Beitrag zur Ernährungssicherheit verhältnismässig schnell in das Alpengebiet ein; zum Teil war sie dort früher heimisch als in den benachbarten Ebenen. Ihre Einführung wird da und dort zurückgekehrten Söldnern zugeschrieben. Allgemein bekannt wurde sie nach den Hungerjahren 1771/72 und 1816/17. Die Ernte je Are liegt nur wenig unter dem Mittel des Flachlandes; ihre fast unmittelbare Verwendbarkeit gegenüber dem langen Weg vom Korn zum Brot machte sie rasch populär. Im Gegensatz dazu brauchte der Mais viel längere Zeit, um sich durchzusetzen. Er wurde z. B. im Tessin zunächst nur als Beimengung zum Brotgetreide verwendet und erst später als Polenta – rund zweihundert Jahre nach seiner Einführung in den benachbarten italienischen Provinzen.

Raschen Eingang fanden (im Gegensatz zur sich nur schwer verändernden Hausmannskost) die *Genussmittel*: Was den Weinkonsum betrifft, muss man zwischen den Seiten- und Haupttälern, durch welche die grossen Strassenzüge führen, unterscheiden. Bier kam in den Ostalpen schon im 16. Jahrhundert in Aufschwung; Branntwein war unter den alkoholischen Getränken am meisten verbreitet, besonders an abgelegeneren Orten, wo man Wein wegen der Transportschwierigkeiten und -kosten weniger anschaffte. Das Tabakrauchen, -schnupfen und -kauen als Bestandteil der «Privatkultur» fand rasch Eingang, und auch Frauen waren in manchen Alpengegenden starke Raucherinnen. Der Genussmittelkonsum verbreitete sich natürlich in erster Linie dort, wo alpwirtschaftliche Erzeugnisse ins Flachland verkauft werden konnten oder wo die Frühindustrialisierung Einkommensquellen verschafft hatte.

Manche scheinbar irrationale Ablehnung von Neuerungen bzw. Bewahrung von altartigen Arbeitsmethoden und -geräten erweisen sich bei näherer Betrachtung der Verhältnisse als durchaus *rational*, wenn man sie von ihren eigenen Voraussetzungen aus zu verstehen sucht. Die Beibehaltung des Roggens als Brotfrucht zu einer Zeit, als dieser im Flachland mehr und mehr verschwand, erwies sich in den inneralpinen Gebieten wegen der Widerstandsfähigkeit dieses Getreides gegenüber Trockenheit als sinnvoll. Die im Vergleich zur Sense etwa viermal weniger leistungsfähige Sichel wird in manchen Alpentälern weiterhin für den Getreideschnitt verwendet, weil sie (besonders beim Roggen) weniger Körnerausfall verursacht, was bei der geringen Ertragsfähigkeit des Getreides in Berglagen stark in Betracht fällt. Leichte Holzpflüge leisten bei der starken Zerstückelung des Ackerlandes bessere Dienste als schwere Eisenpflüge, weil sie leichter von einem Acker zum andern transportiert werden können. Dasselbe gilt für die Strauchegge gegenüber der schweren Eisenegge, wie sie im Flachland üblich ist. Die Beibehaltung des Dreschflegels im Zeitalter der Dreschmaschine war dort rational, wo man Strohflechterei für den Eigenbedarf oder als Heimindustrie betrieb, oder dort, wo man die Häuser mit Stroh deckte, was freilich im Alpengebiet aus klimatischen Gründen nur an wenigen Orten der Fall war. Der Verwendungszweck des Strohs bestimmt demnach das Dreschverfahren. Für Strohflechterei braucht man ungebrochenes Stroh, das man nur durch Flegeldrusch erhält.

Die *Zerstückelung* des Ackerlandes als Folge der Realteilung hat neben wirtschaftstechnischen Nachteilen auch gewisse Vorteile; sie wirkt einerseits risikoverteilend und bietet anderseits einer viel grösseren Zahl von Menschen ein Auskommen, als dies bei geschlossener Vererbung möglich wäre (Niederer 1968 Nr. 35, S. 572 ff.).

Die besonders archaisch anmutende *Einzelsennerei* (anstelle der genossenschaftlich betriebenen), die vom modern-wirtschaftlichen Standpunkt aus als Verschwendung von Bau- und Brennholz sowie von Arbeitskraft bekämpft wird, erscheint – als Totalphänomen gesehen – im Rahmen der traditionellen Lebensform durchaus sinnvoll. Sie bietet eine Art Sommerfrische für Frauen, Kinder und alte Leute sowie einen Treffpunkt für Junge. Nach dem in prekären Wohnverhältnissen verbrachten langen Winter ist ein solcher Aufenthalt für den physisch schwächeren Teil der Bevölkerung notwendig, abgesehen davon, dass während des Sommeraufenthaltes auf der Einzelalp noch eine Menge Heu von Privatwiesen eingebracht wird. Diese Vorteile kompensieren die offensichtliche Rückständigkeit bei der Verarbeitung der Milch zu Butter und Käse (Weiss 1941, S. 86–91, Friedl 1974, S. 52 ff.).

Der Vorwurf der Unrentabilität gegenüber der Autarkiewirtschaft geht von den Lehrmeinungen der klassischen Ökonomie aus. Die Selbstversorgungswirtschaft gehorcht jedoch anderen Imperativen als die Renditewirtschaft. Wo der ökonomische Berater von Ertrag und Rendite spricht, spricht der Bergbauer von den Heiratschancen der Tochter, von der Mitgift, von den Verwandten und den Nachbarn. Wenn man ihm vorschlägt, anstelle seiner acht mageren, wenig produktiven Kühe vier qualitativ wertvolle Rassetiere anzuschaffen, so wird er dies auch dann ablehnen, wenn der Tausch finanziell rentabel wäre, weil das Ansehen des Bauern (und die Heiratschancen seiner Tochter) nicht von der Qualität, sondern von der Quantität des Viehbestandes abhängen.

Die Einführung von Motorfahrzeugen, von land- und milchwirtschaftlichen Maschinen, wie elektrischen Melkapparaten, Milchzentrifugen, elektrischen Hütevorrichtungen sowie von Elektroküchen, Telephon usw., wird nicht als Massnahme zur Produktionssteigerung aufgefasst, sondern primär als *Arbeitserleichterung* im Rahmen einer Lebenswelt, die weiterhin durch die Subsistenzwirtschaft bestimmt ist. Der von aussen kommende Beobachter wundert sich zunächst, wenn er feststellt, dass auf einem von Elektrozäunen umgebenen Grundstück mehrere junge Frauen strickend und plaudernd ihr

Vieh hüten. Hier wird der Elektrozaun ganz einfach als Instrument der Arbeitserleichterung benützt, ohne dass die früheren Gesellungsformen preisgegeben werden. Als die ersten Dreschmaschinen eingeführt wurden, versammelten sich da und dort (nicht nur im Alpengebiet) noch während Jahren die ehemals am gemeinsamen Flegeldreschen beteiligt gewesenen Männer rund um die Dreschmaschine und erwarteten vom Besitzer die früher an den Dreschtagen übliche speziell nahrhafte Kost mit entsprechendem Trank.

Unter dem Zwang der alpinen Natur entwickelten sich verschiedene *Kooperationsformen*, jedoch nur da, wo sich Probleme stellten, welche die Arbeitskraft der einzelnen Familienverbände überstieg. Von da aus auf eine allgemeine Kooperationsfreudigkeit zu schliessen, wäre jedoch falsch. Im Idealfall besteht ein Gleichgewicht zwischen kooperativem Verhalten und Familienegoismus, das ein Gewährsmann wie folgt umschrieben hat: «Wir verbinden uns nur, wenn wir müssen, aber wir müssen oft.» Das heisst konkret, dass Genossenschaften für die Verwertung von Milch, Wein usw. durchaus Anklang finden, desgleichen Kreditgenossenschaften, wie z. B. Raiffeisenkassen. Was aber nur mühsam aufkommt, sind landwirtschaftliche Maschinengenossenschaften und Gemeinschaftsställe in den Dörfern. Besonders unempfänglich für die modernen Formen der Kooperation erweisen sich die im Alpengebiet zahlreichen Bewohner von Einzelhöfen. Gegenüber Maschinengenossenschaften wird eingewendet, dass z. B. für die Heuernte so wenig Schönwettertage zur Verfügung stehen, dass alle Genossenschafter zur selben Zeit die Maschinen würden benutzen wollen. Insgesamt lässt sich feststellen, dass diejenigen Neuerungen, welche die herkömmlichen Gesellungsformen – insbesondere die Arbeitsgesellungen – in Frage stellen, auf den stärksten Widerstand stossen. Kooperative Organisationen haben dann Erfolg, wenn ihre Leistungen unmittelbar und kurzfristig den einzelnen Familienbetrieben zugutekommen.

In der zweiten Hälfte des 19. Jahrhunderts entstanden neben den alten Schützenzünften und Schützenbruderschaften vor allem in den deutschsprachigen Alpengebieten die ersten Musikvereine, wodurch in den Dörfern die öffentlichen Beziehungen zum Teil auf Kosten der familiären und verwandtschaftlichen vermehrt wurden, was als ein Anfang von Urbanisierung betrachtet werden kann, wie auch das spätere Aufkommen der Skiklubs[6]. Schon vor der letzten Jahrhundertwende kam es im katholischen Alpengebiet zur Gründung zahlreicher *Raiffeisenkassen*, wobei oft katholische Geistliche als Initiatoren wirkten. Die Raiffeisenkassen vermitteln die örtliche Deckung des Kreditbedarfs, d. h. einheimische Ersparnisse kommen kreditbedürftigen Mitbürgern zugute. Dies geschieht ganz im Sinne bäuerlicher Selbstversorgung, weil hier die Zinsen nicht in fremde Taschen fliessen.

Das moderne *Versicherungswesen* fasste trotz der im Gebirge erhöhten Gefahrenmomente nur langsam Fuss. Einerseits wirkt noch die Vorstellung nach, durch freiwillige Wohltätigkeit besser entschädigt zu werden, anderseits herrscht Widerwille gegen regelmässige Zahlungen und das Risiko, nicht in die Lage zu kommen, die Vorteile der Versicherung zu geniessen. Noch im Jahre 1930 wurde in dem schon von so vielen Dorfbränden heimgesuchten Kanton Wallis die obligatorische Brandversicherung durch Volksabstimmung massiv verworfen (Guex 1971).

Man kann sich fragen, inwiefern die *temporäre Auswanderung* zahlreicher Alpenbewohner innovativ auf die Einheimischen gewirkt hat. Wenn man von einigen privilegierten Einwandererkategorien, wie erfolgreichen Kaufleuten, Offizieren in fremden Diensten usw., absieht, so muss man feststellen, dass die Saison-Emigration der Alpenbewohner verhältnismässig wenig zum kulturellen Wandel beitrug. Sie vollzog sich längs traditioneller Pfade, Wege und Strassen, oft in Gruppen von Leuten aus demselben Dorf. Wo sie auch hinzogen, blieben sie gleichsam in ihrer Tradition; es handelte sich um eine gegenüber dem Neuen und Fremden immune Mobilität. Manche zogen als Hirten, als Erntearbeiter oder als Waldarbeiter aus wirtschaftlich zurückgebliebenen Regionen in andere, ebenfalls zurückgebliebene Regionen. Aus dem Bergamaskischen und dem Veltlin kamen z. B. die wegen ihrer Zähigkeit und Anspruchslosigkeit geschätzten Heuer und Alphirten in die Täler der südlichen Schweiz; aus dem Pustertal wanderten Bergbauern zu Erntearbeiten in benachbarte oberitalienische Landschaften und kehrten dann zur Einbringung ihrer eigenen Ernte, die erst später heranreifte, in ihre Heimat zurück. Diejenigen, die in die Städte zogen, wandten sich Betätigungen zu, die keine lange Anlehre erforderten und auch kein hohes Ansehen genossen. Es fällt auf, wieviele der Beschäftigungen, denen die Auswanderer von Inseln, aus dem Alpengebiet und anderen peripheren Regionen (Pyrenäen, Auvergne, Bretagne usw.) nachgingen, in Beziehung zu den Tätigkeiten standen, welche sie zu Hause ausübten: Pferdeknechte, Auslader, Fuhrleute, Kutscher, Milchverkäufer, Käsehändler, Schweinemetzger usw. Diese Zeitwanderer, von denen manche Frau und Kinder in der Heimat zurückgelassen hatten, wohnten oft zu mehreren in einem Zimmer, das sie von Landsleuten mieteten, und lebten ausserordentlich bescheiden in der stetigen Erwartung des Tages, da sie mit ihren Ersparnissen in ihre Familien zurückkehren würden. Die Einwanderer aus derselben Region wohnten in denselben Quartieren, und manche wagten sich während ihres ganzen Aufenthalts kaum aus diesen Quartieren heraus, wo sie wohnten und arbeiteten (Courthion 1903, S. 203 ff.). Von kultureller Integration in die jeweilige Wirtsgesellschaft kann kaum die Rede sein. Sie sprachen ihre eigene Mundart und waren gewissermassen Fremde im fremden Land, und es war ausserordentlich selten, dass einer der Auswanderer eine Frau aus der Stadt mit nach Hause brachte.

Jene Form der temporären Auswanderung, die man als *Söldnerdienst* bezeichnet, betraf besonders die vorwiegend viehwirtschaftlich orientierten Regionen der Schweiz, wo das Soldatenhandwerk ein gewisses Ansehen genoss, während es in den stark ackerbaulich orientierten Regionen, wo man viele Arbeitskräfte nötig hatte, eher als Äusserung von Trägheit galt. Das Soldatenhandwerk jener Zeit, bei dem mechanische Bewegungen und unbedingter Gehorsam von jeder Art initiativen Denkens ablenkten, erzog keine zu Neuerungen bereiten Leute (Courthion 1903, S. 193). Gelegentlich mögen sie aus der Fremde vereinzelte Kulturpflanzen, wie Rebsorten, Safran usw., mit nach Hause gebracht und dort eingeführt haben. Auch Kartoffeln sollen manchmal von in ihre Heimat zurückgekehrten Söldnern mitgebracht und dann erstmals gepflanzt worden sein. Die Söldner nahmen auch ihre Uniformen mit nach Hause, wo sie sie anzogen und Neid und Bewunderung ihrer Mitbürger erregten. Historische Uniformen bzw. deren Nachbildungen werden heute noch in Bergdörfern bei festlichen Anlässen getragen und sind da und dort ein folkloristisches Element geworden, das auch als Attraktion für Touristen eine gewisse wirtschaftliche Bedeutung hat.

Wir sehen jedoch, dass die temporären alpinen Migranten mit ihrer starken Rückkehrorientierung in ihrer grossen Mehrheit kaum wesentliche Träger von Innovationen waren; sie trugen dadurch, dass sie ihren Familien zusätzliche Ressourcen verschafften, zu der Erhaltung der traditionellen Wirtschaftsweise bei und halfen oft, deren Krisen zu überwinden.

Einige Ausnahmen sind hier aber anzumerken: Es gab Kategorien von Emigranten und Emigrantinnen, die sich nicht auf ganze Gruppen von Auswanderern gleicher regionaler Herkunft stützen konnten; hier wären etwa die zahlreichen Ammen aus Savoyen zu nennen, welche die Kinder von wohlhabenden Lyoner Familien stillten, sowie die Hausangestellten und Hotelangestellten. Die Tätigkeit als Amme oder Hausangestellte im Schosse fremder Familien bzw. in Fremdenpensionen und Hotels machte die aus einfachsten Verhältnissen stammenden jungen Frauen mit verfeinerten Lebensformen bekannt; bei ihrer Rückkehr wirkten sie im Rahmen des Möglichen als Ferment der Innovation, doch stand die Dürftigkeit ihrer Verhältnisse in der Heimat der Realisierung ihrer Wünsche entgegen.

Solche Erfahrungen führten dazu, dass die temporäre Emigration aus den Alpengebieten, die einst zur Stabilisierung der dortigen Gemeinschaften beigetragen hatte, ihren Sinn veränderte und gewissermassen zum Selbstzweck wurde. Sie wurde zum Anlass für die Emanzipierung von Dorfgemeinschaft, Verwandtschaft und Familie, zur definitiven Abwanderung. Allerdings waren dank der modernen Verkehrsmittel Besuche in der Heimat stets leicht möglich. Emanzipierung von der Familie bedeutet keineswegs Trennung; unter Umständen können die affektiven Bande durch den Wegfall der wirtschaftlichen Abhängigkeit noch verstärkt werden. In der Form von Geschenken seitens der über Bargeld verfügenden Kinder an ihre im Bergdorf verbliebenen Eltern fanden Haushaltapparate und vor allem Fernsehapparate dort Eingang (Matter 1978, S. 205). Die häufige Rückkehr ins Dorf gab auch Gelegenheit, urbane Statussymbole und Verhaltensweisen vor den Mitbürgern zu demonstrieren.

Die Bewunderung einzelner hervorragender Bauten und Interieurs als «Bergbauernkultur» trifft nicht den Sachverhalt. Diese Dinge sind nicht aus dem Bergbauerndasein herausgewachsen, sondern verdanken ihre Existenz einzelnen *Pionieren*, die als Offiziere in fremden Kriegsdiensten oder als Baumeister, Vieh- und Käse-Exporteure mit den Kulturzentren im Flachland in Kontakt kamen und von dort den Sinn für Kunst und Schmuck in ihre heimatlichen Täler zurückbrachten. Das eine oder andere, besonders im Hausbau, wurde von den Mitbürgern fragmentarisch übernommen, aber die kulturellen Leistungen der Bergbauern liegen bei den Geräten und Werkzeugen der Land- und Milchwirtschaft, deren einfache und zweckmässige Formen oft von Kunstsinn zeugen, und sie liegen in den demokratischen Einrichtungen, die sie unter dem Zwang feindlicher Naturgewalten und feudaler Willkür geschaffen haben.

Die verhältnismässig wenigen Alpenbewohner, die zu *höherer Bildung* gelangten, haben im allgemeinen nicht als Innovatoren gewirkt; viele wurden Geistliche mit eher konservativer Ausrichtung, andere schlugen die juristische Laufbahn ein. Diese Karrieren entsprachen den traditionellen Vorstellungen der Verwandtschaften und Dorfgemeinschaften, die manchmal auch zur Finanzierung der betreffenden Studien (vor allem für Geistliche) beitrugen. Die intellektuelle Kultur in den Alpenländern hatte keinen Platz für die technischen Wissenschaften. Manche kulturtechnische Unternehmungen, selbst staatliche öffentliche Arbeiten wurden von Leuten ohne Kompetenz geleitet. Das geistige Klima für erfinderische und innovative Talente war höchst ungünstig.

Ein besonderer Fall der Urbanisierung und Modernisierung in den Alpen ergab sich durch den *Fremdenverkehr*, der in gewissem Sinne die Stadt (oder wenigstens städtische Lebensweisen) in die Berge bringt. Es begann mit dem Einlogieren von Fremden bei Privatfamilien, woraus sich manche persönliche Beziehungen ergaben, von denen gelegentlich in Monographien die Rede ist. So soll manchenorts der Christbaum durch Städter in die Berge gebracht worden sein, sei es durch Feriengäste, sei es durch Pfarrer aus dem Flachland, die den Christbaum zunächst in die kirchliche Weihnachtsfeier einführten, von wo er dann – zunächst dort, wo kleine Kinder waren – allmählich auch in die Privathäuser eindrang. Feriengäste waren vielfach die ersten Veranstalter von Feuern zum 1. August; verhältnismässig rasch wurde die Organisation und Weiterentwicklung der Bundesfeier (Lampionumzüge, Platzkonzerte, Ansprache, Feuerwerk) von den Kurvereinen der Bergdörfer übernommen.

Die Aufnahme von Feriengästen durch Einheimische (Ferienwohnungstourismus) gab Anlass zum Ausbau der Häuser und Wohnungen, zum Einbau von Badezimmern usw. Diese Neuerungen wurden jedoch von den Haus- und Wohnungsbesitzern selbst vielfach auch dann nicht genutzt, wenn keine Feriengäste einquartiert waren. Die neu eingerichteten Zimmer wurden nicht als zusätzliche Schlafplätze für die erwachsenen Söhne oder Töchter benutzt, das Badezimmer diente bestenfalls als Waschgelegenheit für die Wochenwäsche; ein Bad wurde von den Einheimischen höchstens vor einem Arztbesuch vorgenommen (Matter 1978, S. 190 ff.).

Das Aufkommen von Touristenhotels führte zunächst mehr zu einer Koexistenz als zu einer Durchdringung verschiedener Lebensformen. Der Grund dafür liegt im jahreszeitlich beschränkten Charakter des Tourismus und in dem Umstand, dass ein Teil der traditionellen kulturellen Elemente (humanisierte Landschaft, Milchprodukte, Trachten, Brauchtum) in das System des Tourismus einbezogen sind. Mit der zahlenmässigen Zunahme der Feriengäste kam es mehr und mehr zur Demonstration alternativer Verhaltensweisen seitens der Gäste. Solange noch ausgesprochen persönliche Dienstleistungen von seiten der Einheimischen im Vordergrund standen oder wenn aufgrund gleicher sportlicher Betätigung (z. B. beim Skifahren) Beziehungen zwischen Fremden und Einheimischen auf der Ebene der Gleichheit vorkommen, ergeben sich Veränderungen in der Mentalität, vor allem bei den Jungen. Mit dem Aufkommen des sogenannten Massentourismus mit seinen Tendenzen zur Rationalisierung werden die unmittelbaren Kontakte schwieriger; manche von den Feriengästen vorgelebten Verhaltensmuster (vor allem mit Bezug auf die Kleidung) werden von den Einheimischen zunächst als anstössig empfunden, später geduldet und schliesslich übernommen.

Im Zusammenhang mit den vom Fremdenverkehr ausgehenden Urbanisierungstendenzen sollen hier noch einige Überlegungen zum Unterschied zwischen *Stadt und Land* Platz finden.

Ländliche Regionen des Alpengebiets und ländliche Regionen des Flachlands unterscheiden sich grundsätzlich von der modernen Stadt durch die Art der demographischen, wirtschaftlichen und sozialen Beziehungen. In ländlich gebliebenen Gebieten, deren soziologisches Hauptmerkmal die Intensität des durch die Primärgruppen Familie, Verwandtschaft und Nachbarschaft beherrschten sozio-kulturellen Lebens ist, dringt individualistisches und rationalistisches Fortschrittsdenken sowie entsprechendes Verhalten – auch noch im Zeitalter der Massenmedien – weniger rasch ein. Es sind nicht nur die

Benachteiligungen durch das Kommunikations- und Transportsystem sowie die naturbedingte Armut karger alpiner Wirtschaft, welche die Rezeption sozio-kultureller Neuerungen (z. B. Kleidermode, moderne Haar- und Barttracht, sprachliche Moden usw.) hemmen. In den Städten begegnen sich die Menschen als Individualitäten, ohne einer gemeinsamen Ordnung verpflichtet zu sein. Die Mehrzahl der Begegnungen in der städtischen Öffentlichkeit (öffentliche Verkehrsmittel, Strassen, Warenhaus, Veranstaltungen usw.) sind eher flüchtiger Art und lassen jeweils nur einen kleinen Ausschnitt der sich Begegnenden oder unter sich Interagierenden erkennen. Dennoch haben die meisten das Bedürfnis, beachtet zu werden, zu gefallen, à la page zu sein, wobei die Kleidermode und die Frisur als wichtigste Darstellungsmittel dienen. Auf dem Lande, wo in der Regel jeder die Verhältnisse des andern kennt und wo man einander nichts vormachen kann, sind solche Darstellungsmittel weniger notwendig; es kommt nur darauf an, nicht aus dem Rahmen zu fallen. Die Kleidermoden – als Mittel ästhetischer Gestaltung – finden dort dennoch mit einiger Verspätung (oft erst, wenn sie in der Stadt unmodern zu werden beginnen) Eingang, wobei jedoch das Individuelle und schon gar das Exklusive kaum eine Rolle spielen; man will lediglich nicht «hinter dem Mond» sein.

Dass sogenannte Kulturretardierungen nicht nur auf das Konto erschwerter Kommunikation gehen, erhellt aus der Tatsache, dass sich Moden meist sehr rasch von einer Stadt zur andern verbreiten, selbst über Sprach- und Kulturgrenzen hinweg, während relativ stadtnahe ländliche Gebiete zunächst unberührt davon bleiben (Weiss 1947, Heintz 1968, 3. Kap.).

Die volkskundliche Betrachtung der alpinen Welt lässt sich weder auf die vorindustrielle Epoche noch auf das Bergbauerntum beschränken, denn die Dynamik der industriellen Revolutionen hat auch den Alpenraum erfasst. Im alpinen *Montanwesen*, an der Übergangsstellung zwischen Urproduktion und Industrie, vollzog sich zuerst in grösserem Ausmass die Trennung zwischen Wohn- und Arbeitsort, indem die Bergleute ihre produktiven Funktionen im Gegensatz zu den Bauern ausserhalb ihres Familienverbandes ausübten. Der Bergbau und seine Folgeberufe (Hammerschmied, Nagelschmied, Messer- und Senseschmied usw.) beschäftigte einerseits einheimische Bauern, die weiterhin einen kleinen Land- und Alpwirtschaftsbetrieb innehatten und diesen von ihren Frauen bewirtschaften liessen, anderseits zahlreiche Angehörige unterbäuerlicher Schichten, die als Fremde von den ansässigen Bauern abgelehnt wurden und denen von den Minenbesitzern nur unter dem Widerspruch der Bauern Grund für Knappenhäuser zugewiesen werden konnte[7]. Es waren diese Nur-Knappen, die schon im 16. Jahrhundert mit dem Mittel des Streiks den Klassenkampf führten und die Lehre von der «Geschwistrigkeit» der Menschen und vom «Wiedertauf» verbreiteten. Der Bergbau kam dort, wo er einträglich war – wie in den Silberminen von Schwaz im Inntal – bald unter die Kontrolle kapitalkräftiger Herren, wie der Fugger, zum Teil blieb er in landesfürstlichem Besitz. Vom Bergbau gingen allenthalben starke Impulse auf die wirtschaftliche, geistige und künstlerische Entwicklung aus. Die Bindung der Bergleute an ihren Beruf war stärker als diejenige des Arbeiters im allgemeinen. Im Spiel und im Lied gestalteten sie die Stationen ihres gefährlichen Lebens mit Abschied, Einfahrt und Bergmannstod und verehrten ihre Berufspatronin, die heilige Barbara. Das Erscheinen der ersten Eisenbahnen im Alpengebiet besiegelte das Schicksal der Erzminen überall da, wo sie zu wenig ergiebig waren.

Was die verbreitete alpine *Textilverarbeitung* betrifft, so lässt sich allenthalben der Übergang vom «Hausfleiss» zur Hausindustrie und dann zur Manufaktur feststellen. Während der Bergbau örtlich an die Stelle des jeweiligen Vorkommens gebunden ist, konnten andere Industriezweige ihren Standort aufgrund günstiger Verkehrsverhältnisse und aufgrund festgestellter Industrialisierungsbereitschaft der Bevölkerung wählen. Eine industrielle Tätigkeit, die gewissermassen schon in der herkömmlichen Hauswirtschaft angelegt ist, wie das Spinnen, Weben, Flechten und Stricken, wurde vor allem von den Frauen rasch angenommen, während etwa das Schleifen von Edelsteinen sich nicht überall als Heimarbeit einführen liess. Es wurde oft darauf hingewiesen, dass sich die wenigen protestantischen Gebiete in den Alpen als industrialisierungsfreudiger erwiesen als die katholischen. Die sinnenfreudigere und musische Mentalität der Katholiken hatte zunächst nicht viel für Manufaktur- und Fabrikarbeit und das damit verbundene neue Zeitgefühl übrig, und auch manche Vertreter der Kirche stemmten sich gegen das Eindringen der meist von protestantischen Unternehmen aus dem Flachland ausgehenden Industrialisierung.

In Glarus führte im Jahre 1714 ein aus dem Kanton Zürich stammender reformierter Pfarrer die Baumwollspinnerei als Heimindustrie ein; darauf folgte im 19. Jahrhundert die maschinelle Produktion, begünstigt durch den im Lande vorhandenen Reichtum an nutzbaren Wasserkräften. Später kamen die Kattundruckerei und die maschinelle Weberei auf; die Fabriken verdrängten überall die Heimindustrie. Neben dem Kanton Glarus gehörte auch Appenzell-Ausserrhoden zu den dichtestbesiedelten ländlichen Gebieten Europas, und zwar zu einer Zeit, da die katholischen Alpengebiete der Schweiz ihre Jugend noch in fremde Kriegsdienste schickte. Das Textilgewerbe wurde in den protestantischen Gebieten im 19. Jahrhundert schon stark mechanisiert, die Volksbildung wurde der bäuerlich-industriellen Bevölkerung in kommunalen Schulen vermittelt, die reformierte Lehre der Kirche wirkte im Sinne des selbständigen Denkens und des Arbeitsethos. Wer aus diesem protestantischen Kantonsteil in den katholischen Teil von Appenzell – nach Innerrhoden – kam, betrat gewissermassen eine Sakrallandschaft. Die Kirche galt dort mehr als der Staat, der Unterricht lag in den Händen von Ordensgeistlichen. Die Männer trieben fast ausschliesslich Viehzucht und Alpwirtschaft, die Frauen stellten in Heimarbeit kunstvolle Rahmenstickereien für den Export her (Egger 1939).

Mit etwelcher Verspätung hat die Industrie auch in zahlreiche katholische Alpengebiete Eingang gefunden. Die Konfessionen haben sich vor allem seit dem Zweiten Weltkrieg durchdrungen, was sich an den zahlreichen Mischehen ablesen lässt, und das Arbeitsethos ist kein protestantisches Privileg mehr (Trümpy 1963, S. 61 f.). Auch hat die Eisenbahn überall im Alpengebiet, ob es katholisch oder protestantisch war, die industriellen Unternehmungen auf Kosten der verkehrsüberlegenen städtischen Zentren geschwächt und teilweise zum Erliegen gebracht.

Von den österreichischen Alpenländern bis in die Westalpen lassen sich heute regional verschiedene Formen des *Arbeiterbauerntums* feststellen, d. h. die Verbindung von Kleinlandwirtschaft mit Lohnarbeit ausserhalb des Wohnorts. In der arbeitsfreien Zeit (zwischen den Arbeitsschichten, die zum Teil den Bedürfnissen der nebenberuflichen Landwirtschaft angepasst sind) bestellen die Arbeiterbauern unter Mithilfe ihrer Familienangehörigen weiterhin ihre Äcker, Wiesen und Rebberge. Dank dem Bareinkommen ist es ihnen manchmal möglich, arbeitssparende Maschinen anzuschaffen. Man kann jedoch auch feststellen, dass diese hybride Wirtschaftsform zu einer Reprimitivierung der Werkzeuge führt, weil der Arbeiterbauer z. B. keine Zeit mehr findet, um einen Dreschflegel kunstgerecht herzustellen. Er begnügt sich dann unter Umständen mit einem primitiven Dreschstock, der den Vorteil hat, dass ihn auch seine Frau und seine Kinder bedienen können, was beim Dreschflegel nicht ohne weiteres der Fall ist.

Wenn auch für die Arbeiterbauern der Zeitaufwand und das Einkommen mit Bezug auf die Arbeit in der Fabrik objektiv bedeutender ist als der Ertrag aus der Landwirtschaft und die dort investierte Zeit und Arbeitskraft, so ist doch in der subjektiven Einstellung die eigene Landwirtschaft wichtiger. Der ausserlandwirtschaftliche Beruf hat eine Hilfsfunktion; er dient – rein instrumental – der Bargeldbeschaffung. So wie beim Gastarbeiter, der in der Schweiz arbeitet, die «Seele» irgendwo im Mittelmeerraum geblieben ist, so ist beim Arbeiterbauern während seiner Arbeit in der Fabrik die «Seele» im Bergdorf. Innerhalb des Fabrikbetriebes wird in der Regel kein sozialer Aufstieg gesucht; die Arbeiterbauern sind und bleiben meistens Hilfsarbeiter und angelernte Hilfskräfte (Bellwald 1963, Rambaud/Vincienne 1964, S. 155 ff.). Manche durch die einheimische Arbeits- und Familientradition bedingte Umstände haben die Entstehung des sozialen Typus des Arbeiterbauern, den man als «Sozialamphibium» bezeichnet hat, wenn nicht gefördert

dert, so doch erleichtert. Im inneralpinen und südalpinen Gebiet herrschen (zum Teil im Widerspruch zum kodifizierten Erbrecht, das die geschlossene Vererbung begünstigt) Erbsitten, die jedem Kind einen realen Anteil an Grund und Boden sowie an genossenschaftlichen Nutzungsrechten sichert. Dieses ererbte Gut bedeutet für den Inhaber weniger ein Produktionsmittel als ein im Kataster eingetragenes, Kontinuität und damit Identität vermittelndes Eigentum, das auch unabdingbare Bedingung für die Zugehörigkeit zur Dorfgemeinschaft und für den damit verbundenen Genuss der gemeindlichen Nutzungsrechte ist. Es wären, etwa mit Bezug auf das Wallis, noch weitere Gewohnheiten zu erwähnen, die das Aufkommen des Arbeiterbauerntums und seine Fortdauer begünstigt haben. Sie liegen in den herkömmlichen Arbeitsverhältnissen. Bei der herkömmlichen Arbeitsteilung, bei der die Frau häufig die Stallarbeiten besorgt, während Männer früher oft gar nicht melken konnten, lässt die Anwesenheit des Mannes zu den »Stallzeiten« leichter vermissen. Die herkömmliche alpine Wirtschaftsform, die dazu zwingt, das Auskommen auf weitem Raume zu suchen, bedingt ein häufiges «Auspendeln» einzelner Familienangehöriger auf Maiensäss, Alp, Acker, Rebberg usw. Diejenigen, die sich nicht zu Hause verpflegen, nehmen eine Trockenspeise, meistens Brot und Käse (was man im Wallis «Spiis» bzw. «viande» nannte) mit auf den Weg. Die für bäuerliche Verhältnisse durchaus nicht überall übliche Tradition des getrennten Essens machte hier das tägliche Pendeln zur Industriearbeit leichter (Niederer 1969, Nr. 38, Friedl 1973 und 1974).

Diejenigen, die sich mit dem Problem der Arbeiterbauern beschäftigt haben, sind sich nicht einig darüber, ob es sich hier um eine dauerhafte Einrichtung handelt, um ein Nebeneinander von entfremdeter Fabrikarbeit mit nur partiellem Engagement und sinnvoller Freizeitbeschäftigung oder um eine Übergangserscheinung auf dem Wege vom Arbeiterbauern zum landlosen Arbeiter, der auf dem Lande wohnt. Werden die Söhne der jetzigen Arbeiterbauern auch ihrerseits dem landwirtschaftlichen Nebenerwerb nachgehen, vielleicht in stärkerer Orientierung auf Monokultur hin, weil einerseits das Einkommen aus der Industriearbeit die Risiken der Landwirtschaft kompensiert und weil anderseits die Verfügung über einen kleinen Landwirtschaftsbetrieb über Zeiten der Arbeitslosigkeit hinweghilft und nach dem Rückzug von der Fabrikarbeit eine selbständige produktive Altersbeschäftigung ermöglicht?

Die Evolution der wirtschaftlichen Verhältnisse und der privaten und öffentlichen Sozialpolitik sowie das Aspirationsniveau der jüngeren Generationen und deren Einstellung zu der ökologisch bedingten Lebensqualität sind die wesentlichen Faktoren, welche die weitere Entwicklung bestimmen werden.

Anmerkungen

1 Das methodische Prinzip des «Totalphänomens» (Marcel Mauss) besagt, dass einzelne Kulturelemente nur adäquat erforscht werden können, wenn sie in ihren Interdependenzen und Interrelationen mit bestimmten anderen Bereichen der betreffenden Kultur gesehen werden. Die totalphänomenologische Betrachtungsweise eignet sich vor allem zur Untersuchung von überblickbaren Ortsgesellschaften. Vgl. Mauss 1968, Trappe 1966.

2 Aus dem alpinen Bereich wäre an solchen frühen Untersuchungen zu erwähnen: Ladoucette 1820. Joseph Rohrer, später Professor für Statistik in Lemberg, veröffentlichte 1796 in Wien eine Schrift mit dem Titel «Über die Tiroler», den er als Beitrag zur österreichischen Völkerkunde verstand und in dem Nahrungs-, Kleidungs- und Beschäftigungsart, Kunstsinn und Denkart der Tiroler Bevölkerung in geordneter Systematik beschrieben werden. – Im Rahmen der von Erzherzog Johann (1782–1859) veranlassten steirischen Landesaufnahme beschrieb der Kameralverwalter J. Knafl das Volksleben des Kreises Judenburg in der Steiermark in einem ausdrücklich als Volkskunde bezeichneten Werk, vgl. Geramb 1928, S. 11. – Aus dem schweizerischen Alpenbereich haben wir des Pfarrers Joh. Rud. Nöthiger *Physisch-topographische Beschreibung des Brienzer Sees* (1775) und die *Physisch-topographische Beschreibung der Talschaft Lauterbrunnen* (1783). Diese beiden Schriften wurden von Nötinger im Auftrag der «Ökonomischen Gesellschaft», Bern, geschrieben und befinden sich in deren Bibliothek, vgl. dazu Dübi 1914. – Am-Herd 1879. – Sererhard 1742.

3 Die sogenannte materielle Volkskultur, d. h. die Welt der einfachen Vorgänge, Tätigkeiten und Sachen, wurde weitgehend von der Sprachwissenschaft untersucht, wobei die Anfänge im wesentlichen von dem Romanisten Rudolf Meringer (1859–1931) mit seiner Zeitschrift *Wörter und Sachen* (Heidelberg 1909 ff.) gemacht wurden. Für das schweizerische Alpengebiet sind als besonders wertvoll für die Kenntnis des alpinen Volkslebens zu erwähnen: Friedli 1905–1927; Stebler 1901, 1903, 1907, 1913, 1922. – Im Jahre 1922 erschienen in Wien zwei volkskundliche monographische Studien von Eugenie Goldstern; die eine über die savoyische Hochgebirgsgemeinde Bessans in der Haute-Maurienne, die andere über das bünderische Münstertal. – In der von den beiden Zürcher Romanisten Jakob Jud und Arnold Steiger herausgegebenen Schriftenreihe *Romanica Helvetica* behandeln die folgenden Bände spezifisch alpine Themen: Usteri 1940, Bodmer 1940, Huber 1944, Maissen 1943. – Sachgeographisch bedeutsam ist das Werk von Lorez 1943. – Siehe weiterhin Rütimeyer 1924, der die Relikte in der alpinen Sachkultur in den Zusammenhang mit prähistorischen und ethnographischen Parallelen zu stellen sucht; ferner Niederer 1956. – Eine grosse kulturgeschichtliche Spannweite kennzeichnet die beiden Bände von Paul Scheuermeier 1943 und 1956. Es handelt sich um eine sprach- und sachkundliche Darstellung landwirtschaftlicher Arbeiten und Geräte in Italien sowie in der italienischen und rätoromanischen Schweiz. – Das Alpwesen wurde dargestellt von Arbos 1922; Frödin 1940 und 1941; Weiss 1941. – Wirtschaft und Leben der Tiroler Bergbauern in Vergangenheit und Gegenwart sollte in einem zweibändigen Werk von Hermann Wopfner dargestellt werden; leider konnte der 1963 verstorbene Verfasser nur drei Hauptstücke des ersten Bandes vollenden. Wopfner 1951–60.

4 *Atlas der schweizerischen Volkskunde*, begründet von Paul Geiger und Richard Weiss, weitergeführt von Walter Escher, Elsbeth Liebl und Arnold Niederer. Teil I: «Kopfbedeckung der Frauen», Karten 51–54, Kommentar S. 296–312; «Haartracht der Frauen», Karte 55, Kommentar S. 313–318.

5 Weiss 1951, S. 96 ff. – Als antagonistische Identifikation oder ostentative Differenzierung ist auch der Widerstand der protestantischen Bündner, Glarner und Ausserrhoder gegen die Einführung des gregorianischen Kalenders zu verstehen. Diese nahmen die neue Zeitrechnung

erst kurz vor oder gar erst nach 1800 an, während die katholischen Orte schon wenige Jahre nach seiner Einführung durch Papst Gregor XIII. im Jahre 1582 dazu übergingen. Vgl. Sprecher 1951, S. 444 ff.

6 Kaum eine Errungenschaft ist von der Bergbevölkerung so rasch und selbstverständlich übernommen worden wie der Ski. Als um die Jahrhundertwende die ersten skandinavischen Skis in die Alpen kamen, wurden sie bald von den Einheimischen in Lärchen-, Eschen- und Birkenholz nachgeahmt, später auch als Fabrikware gekauft.

7 Wopfner 1921. – Zu den Bergleuten vgl. auch die Stichwörter «Barbara» und «Bergmann» in Beitl 1974.

7.
Bestimmungsgründe regionaler Identifikationsprozesse

Zur Problematik der Identität kleiner Gemeinden

Das Problem der lokalen und der regionalen kollektiven Identitäten kann weder allein aufgrund kulturaler noch schichtspezifischer Kriterien abgehandelt werden. Es ist zunächst Gegenstand der Wissenschaft von den Ethnien als sozialen Gebilden, bei denen sich das soziale Handeln primär ableitet von einer tatsächlichen oder von den einzelnen nur geglaubten gemeinsamen Herkunft und dem daraus abgeleiteten Zusammengehörigkeitsethos. Lokalgesellschaften sind sich durch soziale Kohäsion, häufige Binnenkontakte und territoriale Selbstabgrenzung auszeichnende Gruppen (Barth 1969, S. 15 ff.), die man als ethnosoziale Gruppen bezeichnen kann – im Unterschied zu administrativ, betriebstechnisch, gewerkschaftlich oder militärisch organisierten Gruppen. Der Begriff der Ethnizität als der ethnischen Zugehörigkeit und des daraus abgeleiteten Verhaltens ist bis heute vorwiegend im Zusammenhang mit grösseren kulturellen und sprachlichen Minderheiten verwendet worden. Es besteht jedoch kein Grund, nicht auch Ortsgesellschaften als ethnische oder ethnosoziale Gruppen beziehungsweise als Subethnien innerhalb grösserer ethnischer Ganzheiten zu betrachten, an denen jedes Individuum teilhat. Man käme dann – von ego aus gesehen – zu einem System von konzentrischen Kreisen mit der Familie im Mittelpunkt über die Verwandtschaft (als älteste Form der Gruppenbildung) und die Gemeinde zur Provinz, zur Nation und zum Kontinent (Rohan-Csermak 1967).

Das an sich selbstverständliche latente Selbstbewusstsein einer ethnosozialen Gruppe wie zum Beispiel einer Gemeinde kann leicht durch von aussen kommende und als Gefährdung der eigenen Gruppenautonomie empfundene Einwirkungen aktualisiert, gesteigert und politisiert werden, wobei dann die kaum je fehlenden inneren Konflikte vorübergehend zurücktreten. So entwickelt sich etwa im Fall von Verwaltungsreformen «von oben herab», von verordneten Gemeindezusammenlegungen oder von Unterwanderung durch Ortsfremde ein starkes Bewusstsein von Gruppengerechtigkeit, in dem man einen Refeudalisierungsprozess sehen kann, weil hier nicht Leistungskriterien, sondern vielmehr zugeschriebene Statuskriterien wie Herkommen und lange Ortsansässigkeit kollektive Ansprüche legitimieren. Dieses Bewusstsein von Gruppengerechtigkeit wird um so stärker ausgeprägt sein, je zentralere Werte der Gruppe gefährdet sind; einer der zentralsten ist die territoriale und politische Abgrenzung von der jeweiligen Umwelt, ungeachtet der zahlreichen Interaktionen mit dieser Umwelt. Es soll demnach Ethnizität auf allen Ebenen territorialer Einheiten verstanden werden als Wille zur Selbstabgrenzung und als Mobilisierungsprinzip für die Verteidigung von kollektiven Interessen gegenüber Nachbargruppen oder gegenüber jeder Form von Autonomieschmälerung, weniger als Ausdruck und Verteidigung der jeweils eigenen kulturellen Spezifität, wie oft behauptet wird. Diese unterscheidet sich nämlich aufgrund der Verbreitung urbaner Verhaltensmuster auf dem Lande weniger von der einen territorialen Gruppe zur andern als innerhalb der lokalen Gruppen selbst aufgrund von unterschiedlichem sozialen Status, erworbener Bildung und unterschiedlichem Alter. Der Bildungsunterschied hindert aber nicht, dass sich auch der Dorfpfarrer, der eine nahezu universelle Institution repräsentiert, mit der ethnischen Gruppe identifiziert, falls er vom Orte selbst stammt; genau so, wie er sich mit seiner Verwandtschaft identifizieren und allenfalls solidarisieren würde. Verwandtschaft einerseits und ethnosoziale Gruppen andererseits sind sich insofern ähnlich, als man in beide hineingeboren wird und aus beiden Identität gewinnt.

Nun sind Gemeinden freilich schon lange keine in jeder Beziehung autonomen ethnosozialen Gebilde mehr; sie sind längst Gegenstand der staatlichen Verwaltungstätigkeit geworden, doch ist dies nicht überall in gleichem Masse der Fall. In der Schweiz ist die Gemeindeautonomie an der Basis des Staatsaufbaus ein wesentlicher Bestandteil des nationalen Selbstverständnisses (Bridel 1952). Die rund 3000 Gemeinden der Schweiz erheben beträchtliche Gemeindesteuern, verwenden sie für gemeindeeigene Aufgaben und setzen den jeweiligen Steuerfuss aufgrund des Gemeinde-Voranschlages fest; es fallen ihnen viele Aufgaben zu, die die Gemeindeangehörigen unmittelbar und in ihrem Alltag betreffen, wie zum Beispiel das Schulwesen, das Waisen- und Armenwesen. Die meisten Schweizer Gemeinden kennen noch die Gemeindeversammlung, also die direkte Form der Entscheidung über Gemeindeangelegenheiten. Die am Orte Ansässigen, aufgrund ihrer Abstammung oder durch Erwerb des Bürgerrechtes dort Heimatberechtigten, haben Weiden, Wälder und Alpweiden zu gemeinsamem Eigentum; diese spielen für die Identität der Gemeinde als Kollektiv eine ähnliche Rolle wie der Haus- und Hofbesitz für die Familien (Buchmann 1977). Die Gemeindeversammlung bestimmt über die Nutzung und allfällige Veräusserung von Gemeindeland sowie über die Ortsplanung (Zonenplan). Die Gesamtheit der Gemeindebürger hat allein das Recht zur Verleihung des Gemeindebürgerrechtes, dessen Erwerb die unabdingbare Grundlage für den Erwerb des Schweizerbürgerrechtes ist. Sie wählen nicht nur ihren Präsidenten und die übrigen Mitglieder des Gemeinderates, sondern auch die Volksschullehrer, die Kindergärtnerinnen und den Friedensrichter. So hat die Gemeinde als Kollektiv stets «Kompetenz», d. h. sie ist «Ursache von etwas», worin das Wesen der Identität (der individuellen wie der kollektiven) vor allem besteht. Neben diesen kollektiven Pflichten und Rechten der Bürger sind die spezifischen Gratifikationen, welche die Gemeinde bietet, nicht zu übersehen. Wo man – wie in kleinen Gemeinden – auf Schritt und Tritt Behördenmitglieder trifft, mit denen man oft sogar verwandt ist, lassen sich verhältnismässig leicht allerlei Gefälligkeiten wie Empfehlungen, Gutachten und Zeugnisse – die für das Fortkommen der einzelnen entscheidend sein können – erlangen, was über den Weg einer entfernten, abstrakt funktionierenden Verwaltung nicht so leicht möglich ist. Auf der Ebene der ländlichen Gemeinde verbindet sich Privates mit Öffentlichem und Amtlichem wie kaum irgendwo.

Wenn auch die Gemeinden politisch, geographisch und psychisch voneinander abgegrenzt sind, so bewegen sich doch die Menschen, die ihren Wohnsitz und viele ihrer Interessen innerhalb einer politischen Gemeinde haben, in einem weit über diese hinausreichenden Netzwerk von Personen und Institutionen, wenn sie sich mit Bezug auf Nahrung, Kleidung, Bildung, Arzt- und Spitalpflege, Rekreation und andere Bedürfnisse versorgen. Ein grosser Teil der Bevölkerung geht als Tages- oder Wochenpendler einer Berufsarbeit ausserhalb der Wohngemeinde nach. Hier ist jedoch zu vermerken, dass bei Tages-und Wochenpendlern, die im Dorfe noch über einen kleinen Landwirtschaftsbetrieb verfügen oder irgendwie an einem solchen beteiligt sind, der Vorrang im Denken und Fühlen vielfach noch der landwirtschaftlichen Tätigkeit gilt. Es hat sich gezeigt, dass Arbeiterbauern (Bellwald 1963, S. 13 ff.) manchmal zu den sozial aktiven Persönlichkeiten im Dorf- und Vereinsleben gehören und sich mit diesem – und nicht mit dem Fabrikbetrieb – identifizieren, doch bringen sie laufend bewusst und unbewusst überlokale Verhaltensmuster in die dörfliche Gesellschaft ein. Andererseits unterwerfen sie sich der Kontrolle durch das Kollektiv, wofür ihnen dieses Reputation beziehungsweise Leumund verleiht, ohne die es keine persönliche Identität gibt.

Ein besonderes staatspolitisches Problem bieten die sehr kleinen Gemeinden, denen es aus Mangel an Einwohnern nicht mehr gelingt, ihre Behörde selbst zu stellen, und wo aus dem gleichen Grunde wenige Steuerzahler für die Aufrechterhaltung von Gemeindeeinrichtungen aufkommen müssen, die früher von vielen getragen wurden. Solche Gemeinden schliessen sich – ohne zunächst ihre politische Autonomie aufzugeben – immer mehr mit anderen Gemeinden in ähnlicher Lage zu gemeindeübergreifenden Zweckverbänden zusammen, um Probleme der Schule, der Altersfürsorge, der Abwasserreinigung, der Kehrichtbeseitigung usw. zu lösen. Die geringe Bevölkerungszahl und die starke Überalterung sind auch der Grund dafür, dass solche Gemeinden kein politisches Gewicht in den übergeordneten Behörden des Kantons haben, also zum Beispiel nie zu einer Vertretung in der kantonalen Legislative kommen. Zwerggemeinden nehmen oft allerlei staatliche Hilfsaktionen und Subventionen in Anspruch und erhalten Zuwendungen von gemeinnützigen Stiftungen sowie wohlhabenden Partnerschaftsgemeinden. Auf diese Weise entstehen dann sogenannte assistierte Gemeinden, deren kollektive Identität durch die Abhängigkeiten beeinträchtigt wird. Autonomie ist ein leeres Wort, wenn sie nicht auf einigermassen sicherer wirtschaftlicher Grundlage ruht, und dasselbe gilt für die Identität, die individuelle und die kommunale. Die Autonomie der kleinen Gemeinden war sinnvoll während der Jahrhunderte ihrer wirtschaftlichen Autarkie; sie wurde zunehmend dysfunktional mit der Integration der Gemeinden in die nationale Wirtschaft und ihrem Anschluss an das moderne Verkehrsnetz.

Diesen kleinen und kleinsten Gemeinden wird nun von übergeordneten Instanzen nahegelegt, einer Zusammenlegung mit anderen etwa gleichgrossen Gemeinden zuzustimmen, weil sie finanziell und personell allein nicht mehr in der Lage sind, die an sie gestellten Aufgaben zu erfüllen. Diese letzte Stufe der regionalen Integration bedeutet den Verlust der kommunalen Identität (zu der auch der Name gehört) der von der Fusion betroffenen Gemeinden mit Ausnahme derjenigen, der innerhalb der neuen Grossgemeinde eine Dominanzfunktion zukommt, indem sie zum Standort der entscheidenden zentralen Einrichtungen wird.

Am 20. Mai 1979 hatten 27 kleine Gemeinden des schweizerischen Kantons Tessin über ihre Fusion zu 4 Grossgemeinden abzustimmen[1]. Die Befürworter der Fusion wiesen darauf hin, dass eine Grossgemeinde mit viel mehr Nachdruck bei den Regierungsstellen auftreten könne als Zwerggemeinden von je ein paar Dutzend Einwohnern; auch seien das wünschbare politische Spiel zwischen Majorität und Opposition sowie wechselnde kontroverse Mehrheiten nur bei einer Gemeinde von mindestens einigen hundert Einwohnern möglich. Für den Fall einer Annahme der Fusion wurden von der Regierung Finanzhilfen und bedeutende Beiträge an infrastrukturelle Arbeiten und damit auch neue Arbeitsgelegenheiten in Aussicht gestellt. Dadurch sollte nicht zuletzt der Abwanderung der jungen Generation aus den betreffenden Gemeinden Einhalt geboten werden.

Es ging bei dem Abstimmungskampf nicht mehr so sehr um Rivalitäten zwischen den einzelnen Gemeinden, wie sie früher häufig gewesen waren; zu sehr hatte sich schon die gemeinsame Lösung von bestimmten Aufgaben auf überkommunaler Ebene durchgesetzt. Die Gegner stellten vielmehr die effektive Mitsprachemöglichkeit ihrer bisherigen Gemeinde innerhalb der neuen

Grossgemeinde wie auch die Erfüllung der von der Regierung gemachten finanziellen Versprechungen in Frage; das Hauptargument gegen die Fusion war aber überall die Bewahrung der Autonomie, d. h. der bisherigen, allerdings sehr problematisch gewordenen Handlungskapazität: das «fare da sè», wie es jeweils hiess. Die vom Fusionsprojekt betroffene Bevölkerung besteht nur zum kleinsten Teil aus Landwirten; der übrige aktive Teil pendelt täglich zu umliegenden kleinen Industriebetrieben sowie in Büros und Ladengeschäfte. Es handelt sich im allgemeinen um eine urbanisierte und durch eine lange Auswanderungstradition geprägte, politisch wache Einwohnerschaft mit einem hohen Anteil seit langem ansässiger Familien. Fast alle besitzen Häuser oder Anteile an solchen und etwas eigenen Boden.

Was war nun das Resultat der Volksbefragung, für die alle politischen Parteien die Ja-Parole ausgegeben hatten? In dem einen Tal stimmten alle betroffenen Gemeinden gegen die Fusion, inbegriffen der gegenwärtige Zentralort, der durch die Fusion an Bedeutung gewonnen hätte. Eine der Gemeinden wies nur 8 Ja-Stimmen gegenüber 303 Nein-Stimmen auf. Dort wurde der Abstimmungssieg mit Glockengeläute und dem Schwingen der Gemeindefahne auf dem Dorfplatz gefeiert. In den übrigen Regionen kam es ebenfalls bei der Mehrheit der Gemeinden zur Verwerfung, wobei nur diejenigen Gemeinden eine Ausnahme machten, deren Finanzlage am schlechtesten war. Überhaupt spielten finanzielle Überlegungen eine nicht geringe Rolle. Für einige wohlhabende Gemeinden hätte sich die Fusion als Erhöhung des bisherigen Steuerfusses ausgewirkt; zu so viel regionaler Solidarität waren die Stimmbürger nirgends bereit (wohlhabende Gemeinden sind hier solche, auf deren Territorium sich ein Kreisspital, ein grösseres Erholungsheim, eine landwirtschaftliche Schule usw. befinden, deren relativ gutverdienendes Personal in der betreffenden Gemeinde steuerpflichtig ist und keine grossen Ansprüche an die Gemeindedienste stellt. Sie zeigten wenig Lust, ihre Steuereinnahmen mit fusionswilligen Gemeinden zu teilen.). Besonders stark verwarfen diejenigen Gemeinden die Fusionierung, die in den letzten Jahren – zum Beispiel durch Schaffung von Kindergärten, modernen Feuerwehren, Gemeinschaftsställen, Strassenbeleuchtung, Sportanlagen und Museen – wichtige Probleme aus eigener Kraft gelöst und einen gewissen wirtschaftlichen Aufschwung eingeleitet hatten. Während der ganzen Abstimmungskampagne war kaum die Rede von der Bewahrung lokaler kultureller beziehungsweise sprachlicher Traditionen. In diesem Zusammenhang ist zu vermerken, dass sich das kommunale Selbstbewusstsein weit mehr auf moderne, aus eigener Initiative – wenn auch nicht immer mit eigenen Mitteln – geschaffene Einrichtungen stützt als auf Objekte der Denkmalpflege, mögen sie auch noch so gut restauriert worden sein. Die Distanzierung von überlebten Formen und ihre Ablösung durch neuere, den gegenwärtigen Bedingungen entsprechende ist ein Zeichen kommunaler Vitalität.

Die Einzelresultate und das Verhalten im Abstimmungskampf lassen darauf schliessen, dass die Befürworter der Fusion vor allem bei jüngeren Stimmberechtigten zu finden sind, die durch ihr Berufspendeln, ihre Mitgliedschaft in regionalen Sportvereinen und ihre auswärtige Partnersuche weniger gemeindezentriert sind als die zahlenmässig stärkere ältere Generation. Sie ziehen es dennoch vor, weiterhin in ihrem Dorf zu wohnen, wo sie sich zu Hause und nicht nur «untergebracht» fühlen wie in einer städtischen Mietwohnung. Die jungen Leute können sich dem kommunalen Sozialsystem und seinen Bindungen nur sehr allmählich entziehen. Der wichtigste, in hohem Grade stabilisierende Integrations- und Identifikationsfaktor ist der Besitz eines eigenen Hauses oder Hausanteils und etwas eigenen Bodens oder doch wenigstens die Anwartschaft auf einen Teil der elterlichen Liegenschaften. Der allfällige Handelswert solcher Liegenschaften hängt von der Bauordnung und dem Zonenplan ab, auf dessen Gestaltung man mehr Einfluss hat, wenn die Gemeinde autonom bleibt. Die mit der Aufgabe der Gemeindeautonomie verbundenen Kosten sind für den einzelnen nicht so gering, wie es zunächst den Anschein hat.

Zur Überwindung dieser gemeindezentrierten Einstellung und zur Erreichung einer notwendigen regionalen Integration stehen der Tessiner Kantonsregierung mindestens zwei Wege offen. Der eine ist der, von dem bereits bestehenden Gemeindevereinigungsgesetz Gebrauch zu machen und eine Zwangszusammenlegung durchzuführen. Im Falle der Tessiner Abstimmung, welche konsultativen Charakter hatte, wird sich die Regierung aus politischen Gründen davor hüten, das Gesetz jetzt unmittelbar nach der Abstimmungsniederlage in Anwendung zu bringen, obwohl sie dazu legitimiert wäre. Der andere Weg führt über die Aufklärung der Bürger, denen bewusst gemacht werden müsste, dass immer mehr Probleme, die sich der Gemeinde stellen, Probleme der Region sind, und dass die Wirkungen der Anstrengung einer Zwerggemeinde gegenüber den Kräften der Gesamtgesellschaft gleich Null sind. Man denkt an Formen des amerikanischen community development, der sogenannten Gemeinwesenarbeit, welche der Bevölkerung hilft, ihre Probleme zu analysieren, was in unserm Falle darauf hinzielen würde, die Notwendigkeit einer Gemeindefusion zur Stabilisierung der eigenen Gruppe einsichtig und emotional akzeptabel zu machen. Diese kapillare Informationsarbeit müsste seitens des Gesetzgebers unterstützt werden durch das Prinzip der Allmählichkeit bei den Modalitäten der Gemeindezusammenlegung. Im Falle der Tessiner Verschmelzungsprojekte war für die neuzuschaffenden Grossgemeinden die halbdirekte Form der Demokratie für die gesetzgebende Behörde vorgesehen, d.h. dass die allen Beteiligten vertraute Gemeindeversammlung durch ein Gemeindeparlament am Zentralort hätte ersetzt werden sollen. Dies hätte dazu geführt, dass aus den kleineren Gemeinden nur ein oder zwei Vertreter (wenn überhaupt) in das Gemeindeparlament gewählt worden wären, die vielleicht in der Anonymität untergegangen wären. Es ist wahrscheinlich, dass diese die direkte Form der Entscheidung aufhebende neue Bestimmung die Vorlage auch dort zu Fall gebracht hat, wo sie im übrigen gute Aussicht auf Annahme hatte. Die zweifellos rationalere neue Gemeindeverfassung mit dem gegenüber der herkömmlichen Versammlung effizienteren Gemeindeparlament hätte sich wohl aufgrund der Erfahrung nach wenigen Jahren durchgesetzt. Dem Prinzip der Allmählichkeit hätte es auch entsprochen, wenn einzelne Modalitäten der Fusion den beteiligten Gemeinden zur Regelung überlassen worden wären. Auch eine Zusammenfassung von weiterhin noch selbständigen Gemeinden zu Verbandsgemeinden als neue politische Körperschaften mit eigenen legislativen und exekutiven Kompetenzen hätte in Betracht gezogen werden können.

Ethnosoziale Gruppierungen sind nicht ein für allemal gegeben, weder ihrem soziokulturellen Inhalt noch ihren Grenzen nach. Sie unterliegen vielmehr, wie ihre Geschichte zeigt, eigentlichen ethnischen Prozessen, die sich in der Veränderung des Zugehörigkeitsgefühls, der Loyalitätsverpflichtungen und der Identifikation äussern. Wenn heute die schulischen Oberstufen aus den kleineren Gemeinden herausgenommen und innerhalb der Regionen zentralisiert werden, so kommen da junge Leute, zukünftige Bürger aus verschiedenen politischen Gemeinden zusammen, entwickeln sich gemeinsam und wachsen über ihren Kirchturmhorizont hinaus. Nach absolvierter Schulpflicht treffen sie sich weiterhin auf überkommunaler Basis bei der Freizeitverbringung, vor allem der sportlichen, während sich ihre Väter und Grossväter noch in derben Ortsneckereien und in brauchmässigen Schlägereien mit den Burschen der Nachbargemeinden ergingen. Diese Entwicklung zur Regionalität, die progressive Züge trägt, geht nicht auf allen Sektoren des gesellschaftlichen Lebens mit derselben Geschwindigkeit vor sich; am schwersten fällt jeder Gemeinde die Preisgabe der politischen Selbstverwaltung.

Auf der Mikro-Ebene gewonnene sozialwissenschaftliche (unter anderem volkskundliche) Erkenntnisse können Elemente von politischen Entscheidungen über Gemeindeorganisationen und Gemeindeeinteilungen sein, nicht aber solche Entscheidungen ersetzen.

Anmerkung

1 Die Ausführungen über den Tessiner Abstimmungskampf stützen sich u. a. auf Pressemeldungen folgender Tessiner Tageszeitungen: Corriere del Ticino, Giornale del Popolo, Gazzetta Ticinese, Il Dovere, Popolo e Libertà und Südschweiz.

8.
Traditionelle Wirtschafts- und Kulturformen in den Alpen
Teil 1: Die materielle Kultur

Die alpinen Kulturen im weitesten, anthropologischen Sinn sind Produkte der menschlichen Arbeit und der natürlichen Umwelt. Sie sind bäuerliche Kulturen und stehen immer und überall in Beziehung zu den angrenzenden Ebenen. Von dort aus sind die alpinen Gebiete zuerst von Hirten, die ihren Herden folgten, genutzt worden. Später wurden sie gerodet und kolonisiert, und zwar von Tieflandbauern, die ihre sozialen und technischen Gewohnheiten mitbrachten und versuchten, sie im Gebirge anzuwenden. Diese Pioniere mussten sich, wollten sie überleben, ihrer natürlichen Umwelt anpassen und sich gegen sie verteidigen. Die Anpassung bestand einerseits darin, dass sie geeignete Werkzeuge für die Auseinandersetzung mit der alpinen Natur schufen, und anderseits darin, dass nur solche Elemente von aussen aufgenommen wurden, die sich in die bestehenden Wirtschaftsformen einfügten. Die von Generation zu Generation weitergegebenen Regeln wurden ständig im Sinne einer besseren Anpassung an die natürliche Umwelt verfeinert. Die Naturschranke, die ein jeweiliges Ergebnis sozialer und technischer Entwicklung ist, wurde so durch die Arbeit des Menschen im Laufe der Jahrtausende zurückgedrängt, wodurch die Alpennatur humanisiert wurde und die alpine Kulturlandschaft entstand.

Die alpine Landwirtschaft war – vor allem in den inner- und südalpinen Tälern – bis um die Mitte des 19. Jahrhunderts und zum Teil darüber hinaus eine Selbstversorgungswirtschaft, die von den Regeln der profitorientierten Marktwirtschaft nur wenig berührt wurde und wo Familie und Betrieb eine unzertrennbare Einheit bildeten. Um sich das Lebensnotwendige zu verschaffen, mussten die Bergbewohner mühsame und gefährliche Beschäftigungen auf sich nehmen. Der geringe Ernährungsspielraum erlaubte kein Experimentieren mit neuen technischen Verfahren und neuen Kulturen, weil ein Fehlschlag des Versuchs Hunger zur Folge haben konnte. Trotz des unverhältnismässig grossen Arbeitsaufwandes, den die Alpenbauern in ihre auf verschiedenen Höhenstufen angesiedelte Wirtschaft investierten, waren die

Alpen Problemgebiete; dies zeigte sich darin, dass sie temporär Arbeitskräfte und Soldaten ins Tiefland abgaben, weil die eigene Produktion aus Land- und Alpwirtschaft nicht die ganze Bevölkerung zu ernähren vermochte. In manchen Tälern fanden die überschüssigen Arbeitskräfte einen Nebenerwerb an Ort und Stelle, sei es beim Spinnen und Weben für den Handel, bei der Holzschnitzerei, der Beschäftigung im Forstwesen, im Bergbau, in der Metallverarbeitung oder beim Passverkehr. An manchen Orten waren die jahreszeitlichen Wanderungen der jungen Leute in die Städte mit ihren vielseitigen Arbeitsmöglichkeiten so selbstverständlich wie die Wanderungen, die man regelmässig mit dem Vieh unternahm.

Durch das Anlegen von Saumpfaden und später von Fahrstrassen über die verkehrsgünstigsten Alpenpässe wurden einige Alpentäler aus ihrer Isolierung erlöst. Die verbesserten Verkehrs- und Transportmöglichkeiten lockerten den Zwang zur Selbstversorgung und eröffneten in der Form des Transitverkehrs den Zugang der Gebirgsbauern zur Geld- und Marktwirtschaft. So trennten sich einzelne Regionen der Alpen – je nach der Entfernung von den modernisierenden Zentren der Ebene – verschieden rasch vom reinen Autarkiedenken. Es profitierten jedoch nur verhältnismässig wenige Gebiete von der verkehrsbedingten Entwicklung; an den meisten Orten verharrte man in atavistischer Isolierung und erzeugte weiterhin fast alles zum Leben Notwendige selbst.

Nicht alle Teile der alpinen Kultur sind den Zwängen des Gebirgsreliefs und des Klimas in demselben Masse ausgesetzt wie das Wirtschaftsleben, die tägliche Nahrung und die Wohnung. Die Bereiche des Religiösen, der Kunst, des Brauchs und der Sprache werden auch durch konfessionelle, ethnische und politische sowie geschichtliche Kräfte beeinflusst.

Die Kammerung des alpinen Gebietes, die Mannigfaltigkeit in der Qualität des Bodens sowie die Kommunikationsschwierigkeiten während des oft bis zu sieben Monaten dauernden Winters haben zur Folge, dass sich die alpinen Kulturen von Tal zu Tal, ja von Gemeinde zu Gemeinde – trotz starker Ähnlichkeit der Grundstrukturen – durch eine grosse Vielfalt in den Einzelheiten unterscheiden. Es zeigt sich dies in der Art des Anbaus, in der Siedlungsform, im Typ der Wanderungen mit dem Vieh, in den Formen der Emigration, in Brauch und Tracht sowie in dialektalen Nuancen.

Abseits der Verkehrswege ist manche kulturelle Errungenschaft erst spät in das Alpengebiet eingedrungen. Dies hängt ausser mit der Unwegsamkeit und Unwirtlichkeit des alpinen Raumes auch mit der Armut der kargen alpinen Wirtschaft und vielleicht mit einem grundsätzlichen Misstrauen gegenüber dem Neuen zusammen. Vor allem im Bereich der Sachkultur, wo mit einfachsten Geräten und Methoden Landwirtschaft und Hausbau betrieben werden, scheint es oft, als ob Jahrhunderte spurlos vorübergezogen seien. Man braucht mancherorts in den Alpen nicht lange zu suchen, um Geräte zu finden, deren Gebrauch sich schon für die Steinzeit nachweisen lässt. Man denke hier etwa an Bastmäntel, Steinlampen, Kerbhölzer, Handmühlen usw. In solchen Fällen dürfen wir annehmen, dass es sich bei den alpenländischen Vorkommen um Relikte von einst viel weiter verbreiteten Kulturgütern handelt. Die Alpen sind gewissermassen ergologische Museen, in denen sich nicht nur archaisches Sachgut, sondern auch Rechts- und Betriebsformen erhalten haben, die in den Niederungen längst ausgestorben sind. Anderseits ist zu sagen, dass manche Neuerungen – wie zum Beispiel das Spinnrad, die Wassermühle und später die Kartoffel – im Alpengebiet verhältnismässig rasch aufgenommen wurden. Auch das Gedankengut der Reformation fand zum Teil vorübergehend, zum Teil endgültig Eingang in einige Alpengebiete, wo es eine der geistigen Grundlagen für die Frühindustrialisierung bildete.

Die traditionelle Wirtschaft und Kultur der Alpenländer als autarke Selbstversorgungswirtschaft auf Grund von Ackerbau und Viehzucht erreichte ihren Höhepunkt in den verschiedenen Alpenräumen zu verschiedenen Zeitpunkten. Um die Mitte des vergangenen Jahrhunderts hatten die Industrialisierung und der Ausbau des Verkehrswesens eine Abkehr von der autarken Berglandwirtschaft und eine Hinwendung zum ökonomischen Leistungsdenken zur Folge. Der Strassenbau und später der Eisenbahnbau brachten den Saumverkehr über die Alpenpässe hinweg, den Fuhrwerks- und Vorspanndienst und vielerorts auch die Flösserei zum Erliegen. Das Feuchter- und Kälterwerden des Klimas, das zu einem Vorrücken der Gletscher führte, bewirkte, dass das Getreide in den höheren Lagen nicht mehr zur Reife gelangte; auch Hochweiden wurden in ihrem Ertrag verringert, was allerdings nicht nur klimatisch bedingt war, sondern seinen Grund vielfach auch in der dauernden Überbesetzung der Alpweiden hatte. Seit Beginn des 19. Jahrhunderts setzte im Alpengebiet die Abwanderung der Bevölkerung in die Ebene und zum Teil nach Übersee ein, besonders dort, wo man zu weit von den Industriezentren entfernt war, um einen Pendelverkehr dorthin aufzunehmen. Dies führte zur Aufgabe von Alpweiden und zum Verlassen von Wohnstätten, Weilern und ganzen Dörfern.

Im folgenden soll die traditionelle alpine Kultur dargestellt werden, wie sie fast überall bis vor der Industrialisierung in Erscheinung trat.

Wanderungen mit dem Vieh

Die Wirtschaftsethnographen unterscheiden grundsätzlich drei *Systeme* von Wanderungen mit dem Vieh: den Nomadismus, die Transhumanz und die Alpwirtschaft. Ihnen allen ist im Gegensatz zur Standviehhaltung gemeinsam das organisierte Wandern von Herden über mehr oder weniger grosse Entfernungen zwischen Winterweiden und Sommerweiden, die sich im Wechsel der Jahreszeiten ergänzen, so dass die Tiere immer ihre Nahrung finden. Der Nomadismus, bei dem Familien, die nirgends sesshaft sind, ständig mit ihren Herden herumziehen und diese betreuen, kam in den Alpen schon im 19. Jahrhundert nicht mehr vor.

Dagegen ist die Transhumanz (Wanderschafhaltung) vor allem in den sommertrockenen Gebieten auf der Südseite der Alpen bis heute verbreitet. Die Transhumanz setzt eine Sommerweide und eine Winterweide voraus, zwischen denen die Hirten mit ihren Herden hin- und herwandern, ohne dass in der Regel eine Einstallung der Tiere erfolgt. Der häufigste Typ von Wanderungen mit dem Vieh in den Alpen ist jedoch die Alpwirtschaft. Sie bedingt vorwiegend festgelegte vertikale etappenweise Wanderungen von einer Dauersiedlung, wo das Vieh während des Winters eingestallt wird, zu freien Sommerweiden, wo es während rund drei Monaten verbleibt und entweder vom Besitzer und seiner Familie oder von gedingten Hirten betreut wird. Zwischen der Transhumanz und der Alpwirtschaft gibt es zahlreiche Zwischenformen, so etwa, wenn bei der Transhumanz die Schafherde zwischen Sommer- und Winterweide zeitweise eingestallt wird.

Nomadismus, Transhumanz und Alpwirtschaft sind nicht als Stufen der kulturellen Entwicklung aufzufassen; sie sind in erster Linie Anpassungen der Wirtschaft an ein bestimmtes natürliches Milieu.

Die Transhumanz

Die Transhumanz ist nach der Meinung verschiedener Agrarhistoriker eine sehr frühe und primitive Form der Weidewirtschaft. Es handelt sich dabei um Wanderungen, die die Schafherden einer sesshaften, ackerbautreibenden Bevölkerung unter der Führung einzelner Hirten regelmässig ausführen, um von einer Winterweide in einer Ebene ausserhalb des Gebirges auf eine hochgelegene Sommerweide zu gelangen und umgekehrt, wobei die Tiere in der Regel nicht eingestallt werden. Diese auf der Ausnützung klimatischer Gegensätze beruhende Weidetechnik hat ihren Ursprung nach der Meinung von Jules Blache «weniger in einer genialen Erfindung des Menschen als in den Gesetzen der lebendigen Ernährer». Die Naturbedingtheit der Transhumanz erhellt aus der Tatsache, dass sie in allen Gebieten um das Mittelmeerbecken herum verbreitet ist, wo es im Winter weder Schnee noch Frost, aber viel Feuchtigkeit und Regen gibt. Im Sommer sind diese Gebiete von Hitze und Trockenheit verbrannt, was eine Wanderung der Tiere auf die grasreichen Bergweiden nahelegt – eine Wanderung, die vielleicht schon die Wildschafe instinkthaft alljährlich vollzogen haben. Die grossen, den französischen

Alpenraum berührenden Viehwanderstrassen der Gebirgstranshumanz und ihre Nebenstrassen führen von der Provence (Camargue und Crau) in die Gebiete des Haut-Verdon, Vercors, Dévoluy, Oisans, Ubaye und Mercantour. Dies sind, wenn man vom Vercors absieht, niederschlagsarme Gebiete, «trockene Alpen», was für Schafe weniger nachteilig ist als für Kühe, da sie während mehrerer Wochen ohne Wasser auskommen können.

Von der Poebene zogen die Bergamasker Schafhirten dem Flusse Adda und dem Comersee entlang über den Bernina-Pass ins Engadin, bis ihnen gegen Ende des 19. Jahrhunderts durch eine strenge Seuchenverordnung der Zugang zu den Sommerweiden in der Schweiz erschwert und schliesslich verunmöglicht wurde. Aus der Gegend von Ivrea, Biella und Novara brachte man die Schafe im Sommer in die Seitentäler des Aosta-Tales; Schafe aus Venetien und Friaul sömmerten jenseits der karnischen Pässe auf den Alpen des Gailtales in Kärnten. Im Winter fanden sich die Friauler, Bergamasker und Trentiner Herden in den Niederungen von Venetien und der unteren Lombardei. Häufig waren auch winterliche Wanderungen von Viehherden aus den französischen Alpentälern (Tarentaise, Maurienne, Briançonnais) nach dem Süden Frankreichs und in die Ebenen des Piemonts, weil die Heuvorräte im Gebirge für die Überwinterung des Viehs nicht genügten.

Seit 1878 führt die Eisenbahngesellschaft Paris–Lyon–Méditerranée (P.L.M.) die Schafe in speziellen Wagen in die Nähe der Weidegebiete, doch haben die Herden von der Ausladestation bis in die Hochweiden oft noch eine Reise von mehreren Tagen zu machen. Früher gab es besondere, 10 bis 40 m breite Wanderwege für die transhumierenden Schafherden. Um die Mitte des 19. Jahrhunderts zogen noch rund 400 000 Schafe auf diesen Viehwanderwegen gegen die Alpen. Als dann andere Strassen gebaut wurden, nahmen die Anrainer die Viehwanderwege (*carraïres*) vielfach unter den Pflug.

Die Wanderungen vollziehen sich in allen Ländern der grossen Transhumanz (Spanien, Italien, Frankreich) unter ähnlicher Organisation, bei welcher die Herden der einzelnen Besitzer in Kompanien (Südfrankreich) zusammengefasst werden, die zu Anfang des 19. Jahrhunderts bis zu 20 000 Tiere zählen konnten. Der oberste Leiter der Herde war der *Bayle*, der sich in der Mitte der Herde aufhielt und durch seine Befehle an die Hirten die Wanderung leitete. An der Spitze der Herde gingen einige Ziegenböcke als Leittiere; Esel trugen in Doppelkörben die Habseligkeiten der Schäfer, die Käsereigeräte und die frisch geworfenen Lämmer. Die Hunde, mit Stachelhalsbändern versehen, sorgten für Ordnung an den Flanken der Herde. Einzelne Schäfer mussten sich um Unterhalt und Nachtlager kümmern, andere führten Verhandlungen mit Bauern und zahlten, wenn durch die Tiere Schaden angerichtet worden war; manchmal mussten auch Grundstücke zur vorübergehenden Weide gemietet werden. Auf der Alp verbrachten die Tiere die Nacht im Freien in der Nähe der primitiven Hütte, wo die Hirten ausruhten. Die Hut der Tiere war meistens sehr sorgfältig; hierin waren besonders die Bergamasker Hirten Meister. Sie hielten ihre Herde stets auf engem Raum zusammen, und wenn dieser abgeweidet war, führten sie die Tiere auf die danebenliegende Parzelle und so fort, bis die ganze Fläche abgeweidet war. Die Bergamasker waren allerdings in der Regel nicht für die Transhumanz gedingte Hirten, sondern Besitzer oder Pächter ihrer Herden, und hatten ein nicht geringes Standesbewusstsein.

Wo die Schafhirten nicht selbst Besitzer der Herden waren, sondern in einem Dienstverhältnis standen, mussten sie für ihre Arbeit belohnt werden; dies erfolgte in Geld oder Naturalien (Nahrung, Lämmer, Wolle). In den Bergamasker Dörfern wurde nach dem System der Halbpacht verfahren: Der ganze Gewichtszuwachs der Herde vom Frühjahr bis zur Rückgabe der Tiere an den Besitzer im Herbst wurde zwischen Hirt und Besitzer geteilt. Wenn ein Tier verunfallte oder durch Krankheit einging, so war dies zu Lasten des Besitzers. Der Hirte musste in diesem Fall dem Besitzer das Fell des Schafes oder mindestens das abgeschnittene rechte Ohr (mit der Besitzermarke) vorweisen. Dieser Modus des Beweises ist bei den meisten Schafzüchtern üblich und gültig.

Bei der Gleichartigkeit der natürlichen Grundlagen der Transhumanz sind deren kulturelle Ausprägungen von grosser Einheitlichkeit. Überall gab es festgelegte Strassen wie die *Carraïres* in Südfrankreich, die *Tratturi* in Italien und die *Cañadas* in Spanien; überall kam es vor allem beim Auftrieb der Herden – zu einer Zeit, da die Felder schon angebaut waren – zu Übergriffen der Herden auf die Kulturen, während beim Abtrieb die Tieflandbauern versuchten, die Hirten dazu zu bewegen, ihre Schafe wegen des hochbegehrten Schafdüngers, der dabei abfiel, auf ihren Brachfeldern lagern zu lassen.

Eine wichtige Rolle spielt allenthalben das Herdengeläute, wobei im ganzen Alpengebiet zwei Typen von Glocken unterschieden werden: eine runde gegossene Glocke aus Bronze (hauptsächlich für Kühe) und eine flache geschmiedete *Treichel* aus Eisen- oder Kupferblech. Die Treicheln werden auf den Schafmärkten feilgehalten; Herstellungsorte sind Chamonix, Bagnes, Veltlin, Val Camonica, Carpentras usw. Die schweren Glocken für die Kühe hängen an verzierten Lederhalsbändern, sie werden manchmal nur zeremoniell bei der Auffahrt auf die Alp verwendet; die billigeren Treicheln hängen an hölzernen Schellenbögen, die oft von den Hirten selbst hergestellt, durch Kerbschnitt verziert und manchmal auch bemalt werden. Überhaupt gelten die Hirten als Schnitzkünstler, und in Museen finden sich Erzeugnisse der Hirtenkunst wie Schäferstöcke, kunstvoll geritzte Büchsen aus Horn, Löffel aus Horn und aus Holz usw. Diese Arbeiten dienten zum Teil dem Verkauf und wurden an den Schafmärkten abgesetzt.

Das *Leben der Hirten* im Sommer in den Bergen spielt sich in grosser Abgschiedenheit ab. Während des Tages übernimmt einer der Schäfer das Amt des Kochs und bereitet in grossen Töpfen auf offenem Feuer die Mahlzeiten; die Hunde werden alle zur gleichen Zeit gefüttert, um Rivalitäten zu vermeiden. Die Schäfer verschmähen es nicht, hin und wieder einen Hasen oder sogar eine Gemse zu schiessen. Die Hirten ziehen mit ihren Herden auf verschiedene Weideflächen, von denen die höchsten bei der Ankunft – um den 15. Juni – noch mit Schnee bedeckt sind. Dann und wann muss der Hirte ein Tier suchen, das sich von der Herde getrennt hat. Gegen Mitte September tritt er mit seiner Herde die Wanderung ins Tiefland an.

Im Winter, der im Gebiet von Arles ungefähr sieben Monate dauert, vollzieht sich das Leben der Hirten zum Teil in Schilfhütten, zum Teil auf der Weide, wo die Tiere vom Morgen bis zum Abend weiden; nur die Mutterschafe, die Lämmer haben, werden einmal des Tags heimgeholt, um ihre Jungen zu säugen. Die Tiere verbringen die Nacht in Pferchen, die man alle zwei Tage versetzt, so dass die Weide gleichmässig gedüngt wird, denn die Düngung der Weiden durch den Schafmist ist ein wichtiger Teil der Entschädigung an die Besitzer der Grundstücke. Der Hirte hatte früher in einer Ecke des Pferchs nur einen kleinen Verschlag, in dem er auf einem Bett schlief.

Die einzigen Unterbrechungen im Leben der Hirten waren die Feste Weihnachten und Ostern sowie das Ereignis der Schafschur, das im Frühjahr stattfand. Das Scheren der Schafe war in der Regel nicht die Sache der Hirten, sondern von Spezialarbeitern. Nach der Schur wurden die Tiere gezeichnet durch die bei allen schafhaltenden Bevölkerungen üblichen Einschnitte in ein Ohr und durch auf dem Fell mit Pech angebrachte Initialen oder Wappen des Besitzers.

Am Osterdienstag kamen die Hirten in die Stadt, um den Heiligen der südfranzösischen Schäfer, Saint-Véran, zu feiern, der im VI. Jahrhundert Bischof von Cavaillon gewesen war.

Auf der Sommer- und der Winterweide sowie auf den Wanderungen ist der Schäferhund der unentbehrliche Begleiter des Hirten; er umkreist die Schafe und sorgt dafür, dass keines seitlich ausbricht. Die Hunde gehören je nach Region verschiedenen Rassen an; wo immer möglich, lässt man sie mit der Herde aufwachsen. Da sie die Tiere nicht verletzen sollen, werden ihnen manchmal die Reisszähne abgeschliffen. Als gute Hirtenhunde gelten die provenzalischen *Labris*, die auch von italienischen Schafhirten angeschafft werden.

Es gehörte zu den Pflichten des Schäfers, Krankheiten seiner Tiere zu erkennen, sie wie ein Veterinär zu behandeln und womöglich zu heilen. Als gebräuchliches Mittel gegen Räude verwendeten die Hirten den aus eingeweichten Tabakblättern herausgepressten Saft; drehkranke Schafe liessen sie scharfen Rauch einatmen, auch der Aderlass war häufig. Ebenso musste der Schäfer gebrochene Glieder seiner Tiere einschienen können, was einige anatomische Kenntnisse voraussetzte. Wo die altbewährten Heilmittel nichts nützten, versuchte es der Hirte mit Besprechungen und anderen magischen Praktiken. Es kam häufig vor, dass Schäfer kranke Menschen behandelten, denn sie kannten nicht nur die Futterkräuter, sondern auch Heilkräuter, die auf den Alpen wachsen.

Im 19. Jahrhundert stellten die alpinen transhumanten Hirten noch ziemlich viel Schafkäse her, obwohl schon damals die Schafzucht vor allem wegen der Wolle betrieben wurde. Der Schafkäsebereitung sind mehrere ausseralpine Gebiete treugeblieben wie die Pyrenäen, die Cevennen, Korsika, Sardinien, Süditalien und die Balkangebiete.

Überall, wo Gebirgsweiden in Transhumanz bestossen wurden, mussten den betroffenen Gemeinden Pachtsummen entrichtet werden. Die Chefhirten brachten den Gemeindebehörden und den Pfarrgeistlichen verschiedene Geschenke mit, insbesondere Olivenöl aus der Provence, und die ganze Gemeinde bereitete den durchziehenden Hirten einen fröhlichen Empfang. Bei der Rückkehr von der Alp in die Niederungen erhielten die Behördenmitglieder und die Flurhüter der Berggemeinden ein oder zwei Schafkäslein, solange die Hirten solche auf den Alpen noch herstellten. Für die Winterweide in der Ebene verlangten die Besitzer der Weiden nur eine relativ bescheidene Entschädigung, weil das Entgelt hauptsächlich in dem Mist der Schafe bestand.

Die mediterrane Transhumanz verdankt ihre Entstehung und ihre Fortdauer bis heute vor allem dem sommertrockenen Mittelmeerklima, das in dieser Form nur in räumlich beschränkten Teilen der Erde vorkommt. Sie verschwindet, sobald man aus dieser Klimazone in den nordalpinen oder atlantischen Raum hinaustritt (J. Blache). Die Geographen unterscheiden zwischen normaler und inverser Transhumanz, wobei die letztere Bezeichnung ausdrücken soll, dass das Vieh der Alpenbewohner in die Niederungen auf die Winterweide zieht, während bei der normalen Transhumanz das Vieh der Bewohner der Ebene im Sommer auf die Hochweiden im Alpenraum zieht. Die normale Transhumanz von den Ebenen ausserhalb des Alpengebietes auf die alpinen Sommerweiden war zahlenmässig stets bedeutender als die inverse Transhumanz. Normale und inverse Transhumanz garantieren den Herden das ganze Jahr hindurch eine natürliche Weide – im Gegensatz zu den Regionen, wo man gezwungen ist, im Sommer Futter für das Überwintern der Tiere zu sammeln, und wo die mühsame, stets von Launen des Wetters abhängige Heugewinnung das Leben der Viehzüchter prägt. Allerdings hat die Transhumanz als Form der Viehhaltung auch Nachteile. Sie beschränkt sich hauptsächlich auf Kleinvieh, nämlich Schafe und Ziegen, weil das Rindvieh solche langen und ununterbrochenen Wanderungen nicht erträgt. Kühe kommen für die Transhumanz nur dort in Frage, wo die Distanz zwischen Sommerweide und Winterweide in der Ebene verhältnismässig kurz ist. So schickte man z. B. im Winter Kühe aus der oberen Maurienne (Bonneval) über den Mont-Cenis-Pass ins Piemontesische und im Sommer solche aus der Gegend von Biella im Piemont in die Bergtäler am südlichen Alpenrand. Sowohl die normale wie die inverse Transhumanz sind in den französischen Alpen seit dem 11. und 12. Jahrhundert belegt. Die Kartäuser- und Zisterzienserklöster der französischen Voralpen besassen bedeutende Viehherden, die sie auf den Alpen in der Umgebung der Klöster sömmerten und im Winter in die Ebenen bei Valence, ja bis in die Provence hinunterschickten, wobei ihnen ihre wirtschaftliche und politische Macht den Durchzug durch die Territorien der verschiedenen Grundherren erleichterte. Für das 13. Jahrhundert hat Thérèse Sclafert die normale Transhumanz von Herden aus der Provence auf Alpen im Durance-Gebiet nachgewiesen. Das Recht zur Transhumanz war bereits im Mittelalter öffentlich anerkannt; darauf weisen die statuarisch festgelegten Abgaben und Entschädigungen hin, die denjenigen Grundbesitzern entrichtet werden mussten, deren Gebiet die Herden durchzogen. Die Art der Produktion hängt von den jeweiligen wirtschaftlichen Verhältnissen ab; so bewirkte das Aufkommen der Textilindustrie am Rande der Alpengebiete die Abkehr von der Käseproduktion zugunsten der Wollproduktion. Heute stehen die Produktion und der Verkauf von Lämmern und grösseren Schlachttieren im Vordergrund.

Die alpine Transhumanz, deren besonderes Merkmal die Vertikalität der Wanderungen ist, hat ihre Entsprechung ausserhalb des Alpenraumes in der süd- und südwestdeutschen Transhumanz. Von den Sommerweiden der Schwäbischen und Fränkischen Alb treiben die Schäfer ihre Schafherden auf die abgeernteten Felder des süddeutschen Donaugebietes und nachher auf die Winterweiden des Rhein- und Maingebietes und schliesslich wieder zurück ins Alb-Gebiet.

Das Küherwesen

Eine der Transhumanz verwandte alpine Form der Wanderweidewirtschaft war die Küherei, die früher auf der Nordabdachung der Schweizer Alpen verbreitet war. Diese Wirtschaftsform hat mit der Transhumanz den Umstand gemein, dass zwischen der Anbauwirtschaft des Herdenbesitzers und der Herde keine betriebliche Einheit besteht oder dass die Besitzer oft überhaupt keinen Anbau betreiben, sondern nur von ihren Herden leben. Dagegen unterscheidet sich das Küherwesen von der Transhumanz dadurch, dass nicht Schafe, sondern Kühe gehalten werden und dass man diese im

Winter einstallt. Von den nordalpinen Alpweiden aus waren allfällige Winterweiden in den Ebenen zu weit entfernt, als dass man sie mit Kühen hätte bestossen können. Da die Küher in der Regel keinen eigenen Boden besassen, der hätte Winterfutter hervorbringen können, mussten sie ihr Vieh im Winter bei Ackerbauern unterbringen und füttern lassen, wofür sie dem Bauern Milchprodukte überliessen. Die im Sommer mit ihrem Vieh auf den Hochweiden und im Winter in Symbiose mit den Talbauern lebenden Küher bildeten im nordalpinen und voralpinen Raum (Emmental, Entlebuch, Glarus, Schwyz, Appenzell, Gruyère usw.) seit dem 16. Jahrhundert einen eigenen Berufsstand, der sich mentalitätsmässig stark von demjenigen der Ackerbauern unterschied. Die Küher betonten den Bauern gegenüber gern ihre grössere Freiheit, die Freiheit der Wandernden gegenüber den Sesshaften, die an die Scholle gebunden sind. Die schweizerischen Küher waren seit der 2. Hälfte des 16. Jahrhunderts die wichtigsten Hersteller der Hart-Labkäse, welche die Sauerkäse- und Butterproduktion weitgehend verdrängten und für den Export geeignet waren. Jedes Jahr brachten die Küher auch eine Anzahl Tiere auf die mailändischen und burgundischen Märkte. In einigen Voralpengebieten begannen sie gegen Ende des 18. Jahrhunderts durch das Einsieden der Schotte in eigenen Zuckerhäuschen mit der Herstellung von Zuckersand, der exportiert wurde.

Der Untergang des Küherwesens steht im Zusammenhang mit der Umstellung der Bauern in den tiefergelegenen Gebieten von der Getreidewirtschaft auf die Graswirtschaft und Milchwirtschaft, was den Kühern das Winterheu entzog. Seit Beginn des 19. Jahrhunderts begann man auch in Dorfkäsereien mit der Käseherstellung für den Export, wodurch den Bergkühern eine scharfe Konkurrenz erwuchs, der sie schliesslich nicht mehr standhalten konnten (Ramseyer 1961).

Die Alpwirtschaft

An das Gebiet der südalpinen Transhumanz, die sich während des Sommers auf vielfach steinigen und magern Böden abspielt, schliesst sich im Norden eine feuchtere, grasreichere alpine Zone an mit saftigen Weiden, die vor allem für Grossvieh geeignet sind. Wir befinden uns im Gebiet der Alpwirtschaft, die gegenüber der Transhumanz, bei der die Tiere während des ganzen Jahres auf offener Weide bleiben, eine entwickeltere Form der Viehhaltung darstellt.

Die Schwierigkeit für die Bauern dieser Gebiete kommt von der Strenge des langen Winters mit seinen Schneemassen, der keine Winterweide freilässt und die Bauern zur Einstallung der Tiere während 6 bis 7 Monaten zwingt. Das für diese Tiere erforderliche Trockenfutter muss während des Sommers gewonnen und eingebracht werden. Oft ist der Talgrund, in dem sich die Siedlung befindet, zu eng, um eine hinreichende Futterbasis für das Vieh zu bieten, so dass auch in höheren Lagen, ja bis in die Region der Alpweiden hinauf, Gras gemäht und getrocknet werden muss. Diese Schwierigkeiten, zu denen sich noch ein wegen des Klimas und der Steilheit des Geländes wenig ergiebiger Ackerbau gesellt, hat zu einem System der Viehwirtschaft geführt, das man als Alpwirtschaft bezeichnet. Es setzt im Gegensatz zur Transhumanz das Vorhandensein einer festen Station voraus, in die man im Laufe des jährlichen Weideturnus immer wieder zurückkehrt und wo man sich die längste Zeit des Jahres aufhält. Es ist ein ausgesprochen vertikales System der Herdenwanderung mit vorbestimmten Etappen und mit relativ kurzen Entfernungen. Alp und Talgut bilden dabei eine betriebliche Einheit. Die verschiedenen Etappen der jahreszeitlichen Wanderungen sind 1) der Talbetrieb mit Wohnhaus und Stall, wo Mensch und Tier während der Wintermonate hausen, sowie umliegenden Wiesen und Äckern; von hier steigt man gegen Mitte Mai auf 2) das Maiensäss, wo das Vieh sowohl durch offenen Weidgang wie auch durch Stallfütterung ernährt wird. Hier befinden sich auf privatem Grund Ställe für die Tiere und Wohngelegenheiten für die Familie. Im Hochsommer ziehen die Hirten auf die höchste Stufe, die allgemein als 3) Alp bezeichnet wird und aus ausgedehnten Weideflächen besteht, die im Gegensatz zum Talbetrieb und zum Maiensäss oft genossenschaftlich genutzt werden. Die Alp ist mit den nötigen Gebäuden für die Unterbringung der Hirten und der Sennen ausgestattet sowie mit den nötigen Anlagen für die Milchverarbeitung und oft auch mit Ställen für das Vieh. Der Aufenthalt dort dauert drei Monate und mehr, je nach Höhenlage. In umgekehrter Reihenfolge findet die Alpabfahrt statt. Dies ist freilich nur ein sehr grobes Schema; in der Tat gibt es selbst auf kleinem Raume kaum zwei Alpbetriebe, welche genau dieselbe Struktur aufweisen.

Insbesondere schieben sich manchmal noch weitere Bewirtschaftungs-Stufen ein, z. B. zahlreiche Heuscheunen mit Stall inmitten von Mähwiesen zwischen der Talwirtschaft und dem Maiensäss. Hier wird meist in den frühen Wintermonaten das im Sommer dort eingebrachte Heu verfüttert. Das Vieh wird in diesen Stallscheunen täglich vom Heimgut aus besorgt. Wenn die Stallscheunen zu weit entfernt sind oder wenn der Weg dahin durch Lawinen gefährdet ist, so gibt es dort einfache Wohngelegenheiten (Alpstübchen) für die Hirten. Das System der über den Berg verstreuten Stallscheunen ersetzt den beschwerlichen Abtransport des Heus in das Heimgut und den noch beschwerlicheren Hinauftransport des Düngers in die Mähwiesen.

Man kann sich leicht vorstellen, dass diese Stufenwirtschaft, deren unterste Güter manchmal auf 700 bis 800 m ü. M. liegen, die höchsten oft auf über 2000 m, beträchtliche Marsch- und Transportleistungen erfordert, die manchmal mehr als die Hälfte der effektiven Arbeitskraft in Anspruch nehmen.

Dazu kommt eine ungebührliche Belastung an Gebäudekapital, besonders dort, wo sich bedeutender Ackerbau oder sogar Weinbau mit der Viehwirtschaft verbindet. So traf J. Brunhes im Val d'Anniviers im Wallis eine Familie, die im Laufe des Jahres unter 70 verschiedenen Dächern wohnte und wirtschaftete.

Unter den verschiedenen Möglichkeiten, die alpinen Landwirtschaftsbetriebe einzuteilen, erscheint die *Unterscheidung zwischen Acker-Alpwirtschaftsbetrieben und Gras-Alpwirtschaftsbetrieben* sinnvoll. Bei den Acker-Alpwirtschaftsbetrieben handelt es sich um Kleinbetriebe mit stark entwikkelter Selbstversorgung, wie sie besonders für die inneralpinen und südalpinen Täler (Maurienne, Tarentaise, Wallis, Aostatal, Etschtal, Inntal usw.) bezeichnend ist. Die Gras-Alpwirtschaftsbetriebe herrschen im nordalpinen Raum vor: in den nordfranzösischen Voralpen, am Nordabhang der Schweizeralpen, im Vorarlberg, im Allgäu, in Oberbayern und Berchtesgaden. In manchen Voralpengebieten werden an Feldfrüchten höchstens noch Kartoffeln angebaut. So war es nicht immer. In den heute fast ackerbaufreien Waldstätten (Uri, Schwyz und Unterwalden) wurde zu Beginn des 14. Jahrhunderts Roggen bis auf 1500 m hinauf angebaut; die Weiden und Wälder wurden bei vorwiegender Schaf- und Ziegenhaltung nur extensiv genutzt. Aber seit dem Ausgang des 13. Jahrhunderts gewann infolge des Anschlusses des Urnerlandes an den internationalen Transitstrang des Gotthards die Rindviehzucht an Boden, und es kam zum Export von Milchprodukten und Vieh.

Die Selbstversorgung mit Getreide wurde jedoch wegen der unverhältnismässig hohen Transportkosten noch lange in bescheidenem Umfange beibehalten. Mit dem Bau der Gotthardstrasse und der Gotthardbahn, die 1882 eröffnet wurde, wurden die noch vorhandenen Äcker zum grössten Teil in Wiesen umgewandelt. Eine ähnliche Entwicklung machten – allerdings zu verschiedenen Zeitpunkten – die meisten nordalpinen, feuchten Gebiete durch.

Für die Gebiete vorwiegender Gras-Alpwirtschaft ist die Einzelhofsiedlung kennzeichnend: Der Talbetrieb befindet sich innerhalb der zum Hof gehörenden Wiesen; auch die schwache Parzellierung ist charakteristisch für die Graswirtschaft des Alpennordfusses. Die Gras-Alpwirtschaftsbetriebe (Wiesen-Alpbetriebe) sind in der Regel flächenmässig auch grösser als die Acker-Alpbetriebe und sind besser an den Markt für Nutzvieh und für Milchprodukte angeschlossen.

Die beiden Grundtypen Acker-Alpbetrieb und Wiesen-Alpbetrieb kommen in zahlreichen Varianten in allen Alpenländern vor. Gemeinsam ist beiden, dass sie einen grösseren Teil ihres Viehs auf den Alpen sömmern. Zu den nordalpinen Wiesen-Alpbetrieben gehören meistens Alpen in Privatbesitz. Diese liegen verhältnismässig niedrig und sind leichter vom Heimgut aus zugänglich als die Alpen des inneralpinen Gebietes. Deshalb können sie mit den Arbeitskräften der Besitzerfamilie allein betrieben werden, während die Alpweiden der mehr auf Ackerbau hin orientierten Bergbauern sehr oft im Genossenschaftsverband genutzt werden. Die ackerbautreibenden Bergbewohner sind zur Zeit der Viehalpung durch die Getreideernte und andere Feldarbeiten stärker ans Tal gebunden als diejenigen, die eine einseitige Viehwirtschaft betreiben.

Im Gegensatz zum einfach strukturierten Wiesen-Alpbetrieb stellt der Acker-Alpbetrieb als intensive Form der Bodennutzung grössere Anforderungen an die Arbeitskraft seiner Besitzer. Die Lieder, welche das Leben der Berghirten preisen, nehmen kaum Bezug auf die inneralpinen Hirtenbauern, sondern nur auf die voralpinen Hirten mit ihren Bräuchen, farbenprächtigen Trachten und Spielen, die viel Körperkraft erfordern.

Die hohe Arbeitsbeanspruchung der inneralpinen Hirtenbauern ist nicht nur durch den Ackerbau bedingt, sondern auch durch die in der Regel grössere Steilheit der Grundstücke, durch die Abgeschlossenheit vom Verkehr und durch die Geldarmut.

Die Alpwirtschaft im engeren Sinne, das heisst die temporäre Nutzung der Hochweideflächen für die Ernährung des Viehs, lässt sich nach der Lage und nach den Eigentums- und Bewirtschaftungsverhältnissen untersuchen. Die *Höhenlage* ist für die Alp als Betriebseinheit kein entscheidendes Merkmal, denn es gibt hochgelegene Viehwirtschaften, die keine Alpen, sondern Dauersiedlungen sind. Anderseits gibt es im Voralpengebiet Temporärsiedlungen, die nicht höher als 800 m liegen. Man muss sie als Alpen bezeichnen, weil das dortige Gelände nur extensiv als Sommer-Viehweide genutzt wird und im Winter verlassen ist. Die obere Alphüttengrenze verläuft in den inneralpinen Gebieten zwischen 2000 und 2700 m ü. M., im Tirol und in Salzburg zwischen 1700 und 2600 m, in Kärnten zwischen 1400 und 1900 m, in der Steiermark zwischen 1300 und 2100 m; anderseits liegen am nördlichen Alpenrand manche Alpen auf Höhen zwischen 800 und 1200 m. Je höher die Lage, desto später beginnt die Vegetation, desto früher schneit es wieder ein, entsprechend nimmt die Zahl der Weidetage mit zunehmender Höhe ab: bei 600 bis 1200 m Meereshöhe beträgt sie durchschnittlich 116 Tage, auf 2400 bis 2700 m nur 73 Tage. Das sind jedoch nur Durchschnittswerte; es gibt Hochweiden, die nur während einigen Tagen im Hochsommer benutzt werden, und umgekehrt gibt es im Emmental Alpen, auf denen man während 150 bis 180 Tagen sömmert. Auf einigen tiefliegenden Alpen bleiben die Hirten sogar mit einigen Stücken Vieh den Winter über, um das im Sommer gewonnene Heu an Ort und Stelle zu verfüttern, anstatt es ins Tal hinunterzutransportieren. Dies ist z. B. der Fall auf der Alp Kaiserau bei Admont in der Steiermark, wo etwa ein Dutzend Kühe gewintert werden, während im Sommer sechsmal mehr

Tiere dort weiden. Die Alp Urnerboden, eine der grössten der Schweiz, ist im Winter von 25 Familien bewohnt und hat ein eigenes Kirchlein und eine eigene Winterschule.

Die Alpen liegen zumeist in demselben Gemeindebann, in dem sich die Talgüter befinden, doch es gibt auch Gemeinden, die zu wenige eigene Alpen haben und Alpweiden auf dem Boden anderer Gemeinden benutzen. Dies macht oft mehrtägige Wanderungen mit dem Vieh notwendig, wobei manchmal Bergkämme und sogar Firne und Gletscher überschritten werden. Die vertikale Distanz zwischen der Talsiedlung und den Alpweiden variiert regional ziemlich stark; sie bestimmt die Zahl der dazwischenliegenden Betriebsstufen (Vorwinterungen, Maiensässe). In den höchsten Dauersiedlungen der Alpen wie St. Véran (2040 m) in den Hautes-Alpes und Juf (2126 m) im Tal von Avers (Graubünden) sowie Obergurgl (1927 m) in den Ötztaler Bergen fallen Dauersiedlung und Alp zusammen. Die dortigen Alpen können vom Dorf aus bewirtschaftet werden, und das Vieh kehrt täglich in die Dauersiedlung zurück. In St. Véran werden die Herden tagsüber abwechslungsweise von je einem Besitzer – die Reihenfolge wird durch das Los bestimmt – gehütet. Alpen ohne Zwischenstufe, sogenannte einstufige Betriebe, finden sich häufig an den nördlichen Rändern des Alpengebietes. Die sich über die Dauersiedlung erhebenden Berge sind z. B. im Emmental ungewöhnlich niedrig, so dass die Alpweiden nur 200 bis 400 m über den Dörfern liegen. Hier ist kein Platz für Maiensässe.

In den meisten Regionen der Alpen findet sich jedoch die Einrichtung der *Maiensässe*, die eine Übergangsstufe zwischen dem Talbetrieb und dem Alpbetrieb darstellen. Sie bestehen im wesentlichen aus einem Wiesenkomplex, wo das Vieh im Frühjahr, bevor es die Alp bezieht, und in der Regel auch im Herbst, bevor es ins Tal hinuntersteigt, vorübergehend weidet. Das Vieh wird dort nachts eingestallt. Die Maiensässe dienen auch der Heugewinnung und besitzen deshalb Heuscheunen und Wohngelegenheiten. In manchen Gegenden wohnen während der Fütterungszeit und der Heuernte die Familien geschlossen auf den Maiensässen. Die Maiensässe, die in den allermeisten Fällen Privatbesitz sind, grenzen fast immer unmittelbar an die Hochalpen, und oft befinden sich die Gebäude an der Grenze zu den alpinen Weiden, so dass die Kühe, die tagsüber auf der Alp weiden, nachts in die Ställe des Maiensässes gebracht werden und der über Nacht im Stall abfallende Dünger den Maiensässweiden zugute kommt. Der Dünger ist besonders dort wichtig, wo auf den Maiensässen auch Ackerbau betrieben wird, wie z. B. in der mittleren Tarentaise. Je südlicher ein Gebiet gelegen ist, um so besser eignen sich die Maiensässe für den Anbau und um so länger dauert dort der Aufenthalt; er kann z. B. im Briançonnais und Embrunais bis zu 9 Monaten dauern. In den italienischen Alpen sind die Maiensässe (*casolari, monti, maggesi*)

Sommersiedlungen im eigentlichen Sinn des Wortes. Die ganze Familie des Besitzers wohnt während des Sommerhalbjahres auf dem Casolare, wo es Mähwiesen, Obstbäume und Gärten gibt. Die Maiensäss-Siedlungen in den italienischen Alpen und im Tessin sind meistens kleine Weiler, zu denen – wie auch im Wallis – oft eine Kapelle und manchmal ein Schulhaus gehört. Für die Steiermark sowie Teile Kärntens und Salzburgs haben ehemalige, später aufgelassene Bauerngüter, die alpwirtschaftlich betrieben werden, die Funktion von Maiensässen übernommen.

Die Maiensässe wurden seit jeher nicht nur wegen der Viehweide, sondern auch zur Erholung aufgesucht, gewissermassen als Sommerfrische – einerseits von den sie besitzenden Familien selbst, anderseits von Talbewohnern, die nicht Viehhalter sind, sondern dort Ferien machen.

Das Dreistufenschema Dauersiedlung – Maiensäss – Alp unterliegt von Tal zu Tal zahlreichen Abwandlungen. Zwischen Talwirtschaft und Maiensäss schliesst sich häufig noch eine Zwischenstufe ein; es handelt sich – wie bereits erwähnt – um Stallscheunen im Gebiet der Dauersiedlung, wo das Vieh während des Winters das dort im Sommer eingesammelte Heu verzehrt. Man treibt das Vieh im Laufe des Winters von Stall zu Stall bzw. von Scheune zu Scheune, wo es von einzelnen Angehörigen der Besitzerfamilie gepflegt wird. Das System hängt mit der Zerstückelung des Wiesareals zusammen; dazu kommt in Realteilungsgebieten noch die Aufteilung der Scheunen und Ställe in Einzelanteile. In den Scheunen hat jeder Teilhaber etwas Raum zur alleinigen Benützung; das Eigentumsrecht an Ställen beschränkt sich auf eine zeitliche Benützung. Manchmal ist die Entfernung zwischen der Dauersiedlung und den Winterställen so gross, dass es zuviel Zeit kostet, zweimal täglich dazwischen hin und her zu wandern. Das Problem wird dann so gelöst, dass der Besitzer jeden Abend ein jüngeres Mitglied seiner Familie in die Stallscheune schickt, um das Vieh zu besorgen. Der Betreffende übernachtet dann in der dortigen einfachen Stube oder auf einer Pritsche im Stall, melkt und besorgt am nächsten Morgen die Kühe und kehrt mit der Milch ins Dorf zurück.

Im Gegensatz zu den schweizerischen und savoyischen Stallscheunen bestehen die Ausfütterungsplätze in der Tarentaise aus eigentlichen Wohnbauten mit angrenzendem Ackerland und Mähwiesen. Die Besitzerfamilien nehmen dort mehrmals im Jahr Wohnsitz und verrichten ihre Arbeit auf den Äckern und Wiesen. Im Winter wird dort der aufgespeicherte Heuvorrat verfüttert. Wenn man die Besitzer der Ausfütterungsställe fragt, warum man das Vieh nicht den ganzen Winter im Dorfe halte und das Winterheu ins Dorf hinabschaffe, um es dort zu verfüttern, bekommt man zur Antwort, es würde mehr Arbeit kosten, den Dünger auf die Wiesen bei der Stallscheune hinaufzubefördern, als jeden Tag die Milch ins Dorf hinabzutragen. Der Ausfütterungsbetrieb hat seine grösste Verbreitung in den schweizerischen Kantonen Graubünden, Glarus, Wallis sowie im Vorarlberg.

Mit deutsch Alp, Alm, französisch *montagne, alpage, alpe*; italienisch *alpeggio*; slowenisch *planina* bezeichnet man die über der Waldgrenze gelegenen *alpinen Weidegebiete,* die nur im Sommer während einer durchschnittlich dreimonatigen Weidezeit von Vieh und Alppersonal bezogen werden, in der übrigen Jahreszeit dagegen meistens verlassen sind. Alpwirtschaft wird in allen Alpenländern und in unterschiedlichen Formen in anderen europäischen Gebirgen wie Pyrenäen, Zentralmassiv, Jura, Vogesen, Apennin, Karpaten usw. betrieben. Die Alpen können nach verschiedenen Kriterien typisiert werden, je nach der Lage, den aufgetriebenen Tieren, den Besitzverhältnissen und den erzeugten Produkten. Die österreichischen Geographen unterscheiden z. B. zwischen Niederalpen, Mittelalpen und Hochalpen. Nach dem Bestoss der Alpen und nach den erzeugten Produkten unterscheidet man seit altersher zwischen folgenden: Melk- oder Kuhalpen (auch Sennalpen), Galt- oder Jungviehalpen, Ochsen- und Stieralpen, Schaf- und Ziegenalpen, Pferdealpen und gemischte Alpen.

Die *Eigentumsverhältnisse* an den Alpen sind verschieden. Die einen sind in öffentlicher Hand (Staat, Gemeinde), andere sind im Besitz von Korporationen und Privatgenossenschaften, schliesslich gibt es auch viele, meistens kleinere Alpen in Privatbesitz. Manche Alpen gehörten zuerst Grundherren geistlichen und weltlichen Standes. Die Bauern hatten das Nutzungsrecht und mussten hierfür bestimmte Abgaben an Käse und Butter leisten. In der Schweiz gehen manche Alpen auf die sogenannten Tal-Markgenossenschaften zurück; andere, wie z. B. diejenigen des Kantons Glarus, waren bis 1395 Klosterbesitz (Säckingen). In den französischen Alpen ging ein Teil der im 12. und 13. Jahrhundert grossen Grundherren gehörenden Alpen später in den Besitz von Klöstern über. Diese betrieben vor allem in den nördlichen Voralpen in grossem Umfang Alpwirtschaft, überliessen aber später den Bauern teils individuell, teils kollektiv gegen Entrichtung einer Abgabe – meistens in natura – die Weiden zur Nutzung. Nach der Französischen Revolution wurden zahlreiche Weiden als Nationalbesitz verkauft und gelangten in die Hände von Privatpersonen, wie z. B. im Beaufortin (Savoyen). In den Ostalpen waren viele Bauern Leibeigene der grossen Grundherren und der grossen Klöster, besassen jedoch das Weide- und Holzrecht auf den Alpen. Wie in den französischen und den Schweizer Alpen zeichnen sich die tieferliegenden nördlichen Randgebiete durch das Vorherrschen von Privatalpen aus. Der Grund für diesen Sachverhalt ist immer derselbe: die leichte Zugänglichkeit, die es dem einzelnen Bauern möglich macht, selber seine Alpwirtschaft zu besorgen. Dies erklärt zum Teil auch das Vorherrschen von Privat-Alpbesitz im Salzburgischen, in der Steiermark, wo sich die Alpen in eine Menge niedriger Ketten und Bergrücken verzweigen, und in Kärnten mit seinem zum grossen Teil sanften Gebirgsgelände. In den inneralpinen und südalpinen Gebieten Briançon, Queyras, Tarentaise, Aostatal, Wallis usw. gehören zahlreiche Alpweiden der Gemeinde und werden gemeinschaftlich von Genossenschaften genutzt; dies gilt auch für die Julischen und die Karnischen Alpen. Zu den gemeinschaftlichen Alpen rechnet man auch diejenigen, die Gruppen von Privatpersonen gehören (Geteilschaften, consortages).

Infolge der zentralen Bedeutung der Alpweiden in der traditionellen Bergbauernwirtschaft gab es zahlreiche Bestimmungen mit Bezug auf die *Berechtigung zum Viehauftrieb* und die Nutzung. Fast überall musste man in der Gemeinde ansässig sein, um das Nutzungsrecht auf Gemeindealpen zu besitzen; oft war dazu auch das Heimatrecht in der Gemeinde notwendig, d. h. die Zugehörigkeit zu einer der altangestammten Familien. Bürger anderer Gemeinden, die im Orte niedergelassen waren, hatten vielfach kein Recht zur Alpnutzung oder mussten eine höhere Gebühr entrichten. Sehr allgemein hat sich im ganzen Alpengebiet der Grundsatz ausgebildet, dass nur solches Vieh auf die Alpen der Gemeinde getrieben werden kann, das im Tal durchgewintert worden ist, und zwar nicht etwa mit zugekauftem Heu, sondern mit dem eigenen Heu des Besitzers. Die Folge der Bestimmung, dass nur selbst gewintertes Vieh auf die Alp getrieben werden kann, ist, dass der Besitzer einer grossen Herde und entsprechendem Winterfutter ein grösseres Alprecht hat als der Arme, der nur eine oder zwei Kühe und ein paar Ziegen hat. In manchen Gemeinden hat man deshalb den Armen ein oder sogar mehrere Alprechte zugesichert, unabhängig davon, ob sie das Vieh selbst gewintert haben. Die Korporationsalpen gehören einer geschlossenen Gruppe von Viehbesitzern und haben privaten Charakter. Solche Korporations- oder Privatgenossenschaftsalpen sind im ganzen Alpengebiet verbreitet unter Namen wie Consortages, Geteilschaften, Korporationsalpen, Interessenschaftsalpen. Privatgenossenschaftsalpen haben eine statuarisch festgelegte Zahl von Kuhrechten; die Kuhrechte der einzelnen Besitzer wurden mittels Kerben auf Hölzer – sogenannte Tesseln – eingetragen und manchmal gehandelt wie Aktien.

Sowohl auf den Gemeinde- wie auf den Korporationsalpen sind diejenigen, die die Alp nutzen, zu bestimmten *Leistungen* verpflichtet. Sie haben mehrere Arbeitstage zum Unterhalt der Wege auf die Alp zu leisten, ferner zum Reinigen der Alp von Steinen, zur Wiederherstellung der oft mit Lawinenschutt bedeckten Tränkestellen und zum Einrichten der Zäune im Frühjahr und Entfernen derselben im Herbst. Die Zahl der Arbeitstage richtet sich in der Regel nach der Stückzahl des Viehs, das ein Alpgenosse aufgetrieben hat. Für den Unterhalt des Alppersonals auf Alpen mit genossenschaftlichem Betrieb müssen die Alpbenutzer Brot, Käse, Fleisch, Speck usw. zur Verfügung stellen. Zur Deckung der Betriebsspesen wird eine Art Alpzins gefordert; dieser ist nicht zu verwechseln mit dem Lohn für die Hirten. Eine in natura entrichtete Gabe ist für den Geistlichen bestimmt, der die Alp segnet oder Messen für die Alp und die Alpgenossen liest.

Verbreitet waren in den katholischen Alpengebieten die Käs- und Butterspenden zu bestimmten Tagen an die Armen. Solche Spenden beruhen oft auf Gelübden, die getan wurden, um die Alpen vor Tierseuchen, Schlangen und anderen Gefahren zu bewahren.

Die Tatsache, dass eine Alpweide Besitz der Gemeinde ist, bedeutet nicht, dass sie von den Viehbesitzern kollektiv benützt wird. Auf vielen Weiden, die Gemeinden oder Genossenschaften gehören, kann durchaus jeder Alpgenosse seine Alpwirtschaft selbst betreiben, d. h. sein Vieh pflegen und die Milch zu Butter, Käse und Zieger verarbeiten. Die Gebäulichkeiten sind in diesem Falle Privateigentum jedes einzelnen. Das System der *Einzelalpung* auf den der Gemeinde gehörenden Alpweiden ist überall in den Alpen verbreitet, und zwar vorwiegend bei den schönsten und grössten Alpen. Es findet sich auf den Alpen von Oberbayern, wo nur selten eine Vereinigung der Bewirtschaftenden vorkommt. Jeder Alpbestosser hält dort für seine ein bis zwei Dutzend Stück Vieh seine eigene Alphütte, seine eigene Käserei und seinen eigenen Hüterbuben.

In Tirol, Salzburg, Kärnten, im Fürstentum Liechtenstein, im schweizerischen Voralpengebiet und auch in einigen inneralpinen Tälern wie z. B. der Maurienne ist die Einzelsennerei auf Genossenschafts- und Gemeindealpen (neben den Privatalpen) stark verbreitet. Auf der grössten der schweizerischen Alpen, dem Urnerboden, wo während 100 Tagen über 1400 Kühe weiden, finden wir rund 300 einstöckige Hütten mit Einzelwirtschaft. Im französischen Alpengebiet herrscht die Einzelalpung (*«petite montagne»* nach Ph. Arbos) vor, und zwar in den Voralpen des Chablais, im Oisans-Massiv sowie in den inneralpinen Tälern der Maurienne und des Briançonnais.

Bei der Einzelalpung hat fast jeder der Alpbenützer seine eigene Hütte. Diese bilden entweder ein «Sommerdorf» oder sie sind mehr oder weniger gleichmässig über das Weidegebiet verstreut. Die gleichmässige Verteilung über die ganze Oberfläche der Alp hat eine entsprechende Verteilung des Düngers zur Folge. Die Einzelalpung bringt jeden Sommer eine grosse Anzahl von Bergbewohnern auf die Alpen, während bei genossenschaftlichem Betrieb wenige genügen. Auf dem vorher erwähnten Urnerboden wohnen den Sommer über mehrere hundert Personen. An vielen Orten, wo die Einzelalpung üblich ist, zieht die ganze Familie auf die Alp, nicht zuletzt, weil das Leben auf den Alpen im Sommer als gesünder gilt. Die Männer begeben sich jedoch häufig zwischendurch ins Tal, um Winterfutter und Korn zu ernten oder nach ihren Weinbergen zu sehen, wo es solche gibt. Die eigentliche Arbeit auf der Alp wird dann von Frauen und Kindern verrichtet. In manchen Einzelalpungsgebieten der französischen Alpen wird der ganze Hausrat auf die Alp genommen: Esswaren, Brennstoff (u. a. getrockneter Kuhmist), Schweine, Hühner, Kaninchen und sogar Bienenschwärme. Das Melken der Kühe und die Verarbeitung der relativ kleinen Milchmenge zu Butter und Käse obliegt in den Einzelalpungsgebieten auch meist den Frauen. Diese steigen manchmal am Morgen nach dem Melken und Käsen ins Tal hinunter, um dort für die mit der Heuarbeit beschäftigten Männer zu kochen, dann beim Heuen zu helfen, am Abend den steinigen steilen Weg auf die Alp emporzusteigen und dort wieder die Kühe zu melken. Die geringe Milchmenge, die täglich anfällt, erlaubt nur die Herstellung von kleinen Käsesorten. In Nordsavoyen wurden die Alpen mit Einzelbetrieben als *Montagnes à tommes* (im Gegensatz zu den *Montagnes à gruyère)* bezeichnet; Tomme ist der kleine Käse, der dort hergestellt wird, wo die Milchproduktion zur Herstellung von grösseren Käsen, etwa vom Gruyère-Typ, nicht ausreicht. Auch die Butterbereitung spielt in den Einzelbetrieben eine grosse Rolle. Man entrahmt zuerst die Milch und stellt aus dem Rahm Butter her. Mit der Magermilch werden dann Magermilch-Käse von allgemein geringerer Qualität für den Eigengebrauch hergestellt.

Dass bei der Einzelalpung die *Frauen* melken und die Milch verarbeiten, erstaunt nicht. Die Milchverarbeitung im bäuerlichen Haushalt während des Winters war von jeher eine Frauenarbeit wie das Kochen und das Brotbacken. Auf der Alp, wo ähnliche primitive Einrichtungen für die Sennerei bestanden wie im Talgut, war es nur natürlich, dass die Frau butterte und käste. Als am Ausgang des Mittelalters die Herstellung grosser Hartkäse vom Gruyère- und Emmentaler-Typ aufkam, ging man zum Grossbetrieb über, der sich rasch spezialisierte. Dadurch wurde das Sennen (Käsen) eine Männerarbeit; es war für eine Frau nicht zumutbar, die schweren Käselaibe zu heben, zu wenden und zu transportieren.

In den schweizerischen Alpentälern erfuhr die Alpwirtschaft zwischen dem 13. und 15. Jahrhundert eine Steigerung und eine Verbesserung ihrer Produkte, insbesondere durch den Übergang von der alten Sauerkäserei zur Labkäserei, welche die Herstellung von exportfähigem Hartkäse möglich machte. Die Tatsache, dass nun bei der Viehzucht und der Sennerei Männer statt Frauen am Werk waren, erregte bei den Nachbarn der Schweizer Alpenbewohner heftige Kritik. Sie meinten, es sei für Männer weibisch und schamlos, Kühe, Schafe und Ziegen zu melken sowie Käse und Butter herzustellen: Sie beschuldigten die Schweizer Sennen sogar des Lasters der Sodomie.

In den österreichischen Alpen herrscht im Westen (Tirol, Vorarlberg) männliches, im Osten weibliches Alppersonal vor. Die Berchtesgadener

Alpen kennen praktisch nur die Sennerinnen, im Allgäu mit seiner entwickelten genossenschaftlichen Alpwirtschaft gibt es vorwiegend männliches Alppersonal. Auf genossenschaftlich betriebenen grossen Alpen in hoher Lage und in weiter Entfernung von den Dauersiedlungen gibt es überall nur männliche Arbeitskräfte.

Zwischen der Einzelsennerei und dem alpwirtschaftlichen Genossenschaftsbetrieb gibt es einige *Übergangsformen*. Vielfach hat man bei Einzelalpung eine gemeinsame Hutschaft, welche allerdings in der Regel nur bei zusammenliegenden Hütten (Alpdörfern) möglich ist. Die Herde wird am Morgen unter der Hut eines gemeinsam angestellten Hirten oder eines im Turnus bestimmten Viehbesitzers auf die Weide getrieben, dort gemeinsam gehütet, und kehrt abends wieder gemeinsam zurück. Es kommt auch vor, dass sich Älpler zusammenschliessen und die Milch an einen Sennen verkaufen. Dieser bezahlt sie zu einem im voraus abgemachten Preis und verarbeitet sie auf eigenes Risiko.

Ein anderes Verfahren, das ebenfalls eine Übergangsstufe von der Einzelsennerei zur genossenschaftlichen Sennerei darstellt, ist der sogenannte Milchabtausch. Die Viehbesitzer einer Alp überlassen einem Genossen die täglich gewonnene Milch und lassen ihn diese für die eigene Rechnung verwerten. Am nächsten Tag erhält ein anderer Genosse die gesamte Milch aller übrigen und verarbeitet sie für seine eigene Rechnung. Dann kommt einer der übrigen Alpgenossen nach dem andern an die Reihe. Da nun nicht alle Alpgenossen gleichviel Milch abgeben können, muss über die Lieferung jedes einzelnen Buch geführt werden. Solange man nicht schreiben konnte, bediente man sich dazu eines einfachen Kerbstockes. Die bei diesem System hergestellten Milchprodukte wurden mit Ausnahme des Käses, der noch weiterer Behandlung bedurfte, vom Berechtigten gleich in Empfang genommen. Die Wechselsennerei wurde auch so betrieben, dass die Milch nicht nacheinander von den Alpgenossen verarbeitet wurde, sondern von einem dafür angestellten Käser, der jedoch nicht auf eigene Rechnung arbeitete. Dieses System kam auf, weil man grössere Käse herstellen wollte, wie z. B. den Fontina-Käse im Aostatal, bei dem man für 1 kg Käse ungefähr 11 Liter Milch braucht und der ein Gewicht von 10 bis 18 kg aufweist.

Beim eigentlichen *Genossenschaftsbetrieb* treibt der Besitzer des Viehs dasselbe im Frühjahr auf die Alp und holt es im Herbst samt dem Alpprodukt wieder ab. Um zu wissen, wieviel Käse, Butter und Ziger jeder Genosse am Ende der Alpsaison zu bekommen hat, d. h. welchen Anteil er am Alpnutzen hat, wird festgestellt, wieviel Milch seine Kühe ergeben. Heute wird nach jedem Melken die Milch jedes Alpgenossen gemessen und nach Kilogramm notiert, doch war das in früheren Zeiten nicht so. Es gab damals einen oder mehrere bestimmte Messtage, und die Milchmessung war eines der wichtigsten Geschäfte innerhalb des Älplerlebens. Vielerorts begnügte man sich mit einem Milchmessungstag pro Sommer, z. B. St. Jakob (25. Juli) oder Mariä Himmelfahrt (15. August); oft wurde das Messgeschäft auf den Beginn der Alpzeit verlegt. Darüber beklagten sich jedoch die ärmeren Bauern, weil ihre Kühe zu diesem Zeitpunkt wegen der dürftigen Winterfütterung, zu der sie ihre Armut zwang, weniger Milch gaben als diejenigen der reicheren Bauern. Je mehr der Wert der Milch und der Milchprodukte stieg, um so mehr Messtage wurden angeordnet; am Ende des 19. Jahrhunderts wurde selbst in konservativen Alpgebieten die Milchmenge jede Woche festgestellt. Die Milchmessung war mit sorgfältigen Kontrollbestimmungen umgeben. Es ist davon auszugehen, dass die Sennen auf den Genossenschaftsalpen an einem niedrigen Milchertrag am Stichtag interessiert waren, die Bauern aber waren darauf aus, ihn hochzutreiben, denn viel Milch beim Probemelken ergab einen grossen Anteil an den Milchprodukten. Die Sennen spekulierten hingegen auf schlechte Ergebnisse beim Probemelken in der Meinung, dass die Viehbesitzer am Ende der Alpperiode über die Menge der Milchprodukte überrascht sein würden und die Sennen entsprechend gefeiert und geschätzt würden. Damit das Alppersonal die Kühe vor dem Probemelken nicht herumjagen und dadurch ermüden konnte, so dass sie im Milchertrag zurückgingen, sandten die Bauern schon vor dem Messtag Weideaufseher auf die Alp, um den Weidgang zu überwachen. Dem Messtag ging ein Ausgleichstag voraus, an dem keiner seine eigenen Kühe melken durfte. Dadurch wollte man sich die Gewissheit verschaffen, dass die Kühe restlos («bis auf den letzten Tropfen») ausgemolken seien. Am eigentlichen Messtag nun durfte jeder Alpgenosse seine Kühe selbst melken, weil keine Gefahr mehr bestand, dass einer dieselben nicht vollständig ausmolk. Jeder zog soviel heraus als er konnte, weil von der Menge der Milch die Grösse des Anteils am Alpertrag abhing. Zuerst kamen diejenigen an die Reihe, die die meisten Tiere hatten; die Besitzer von nur einer Kuh kamen zuletzt dran und waren insofern günstiger gestellt, als ihre Kühe noch etwas zunehmen konnten an Milch, während die andern gemolken wurden. Der Milchertrag des Probemelkens wurde in der Regel auf Kerbhölzer aufgezeichnet; diese dienten am Ende der Alpzeit als Ausweis für den Bezug des entsprechenden Anteils an Milchprodukten.

Das Probemelken gab auf den Alpen des Kantons Graubünden Anlass zu einem Milchmessfest (*masüra*), an dem nicht nur die Alpgenossen, sondern auch die jungen Leute aus dem Dorf auf die Alp hinaufstiegen. Im Unterengadin waren an diesem Tage die Rollen innerhalb des Alppersonals verkehrt: die Hirten und Sennenbuben waren frei, und der Alpmeister musste das Vieh selber hüten.

Die Gesamtheit der Alpgenossen bildet die Alpgemeinde, die eine Alpkommission wählt. Diese bestimmt in der Regel den Tag der Alpfahrt und der

Alpentladung. Sie wählt den Alpvogt oder Alpmeister und stellt die notwendigen Knechte an: den Senn und den Hirten, die Zusennen und die Zuhirten sowie allfällige weitere Hirten für die Schafe, Ziegen und Schweine. Die *Alpfahrt* ist um so farbiger, je bedeutender die Viehzucht und die Alpwirtschaft für das betreffende Alpengebiet ist. So unterscheidet sich in der Schweiz die voralpine reine Viehzüchterzone deutlich von den inner- und südalpinen Regionen, wo Viehzucht und Ackerbau in geschlossener Autarkiewirtschaft dominieren. In der voralpinen Zone, die sich vom Säntisgebirge über Glarus, die Zentralschweiz, das bernische Voralpengebiet, das Freiburgische (Gruyère) bis ins savoyische Voralpengebiet hinein erstreckt, ist in langdauernder Entwicklung eine typische Hirtenkultur entstanden. Die ganz besonders festlich ausgestaltete Alpfahrt ist ein Ausdruck des Viehzüchter-Standesbrauchtums. Eine wichtige Rolle spielen beim Alpaufzug die grossen Treicheln an den messingbeschlagenen ledernen Riemen, die den Tieren zur Ehre des Tages umgehängt werden. Sennen ziehen ihre Festtracht an – im Appenzellischen gelbe Kniehosen, rote Westen und weisse Strümpfe. Im Greyerzerland und in den angrenzenden waadtländischen Gebieten fährt man Ende Mai zur Alp. Voraus schreitet der Senn in der blauen Hirtenbluse mit kurzen Puffärmeln, das Sennenkäppchen schief auf dem Hinterkopf, die Salztasche umgehängt. Ihm folgt die Herde und zum Schluss auf einem Wagen der grosse Käsekessel. Die Leitkühe tragen zwischen den Hörnern den bändergeschmückten einbeinigen Melkschemel und am Hals die schweren Treicheln an kunstvoll gestickten Lederhalsbändern. Dort, wo sich das Vieh zur Zeit der Alpfahrt schon auf dem Maiensäss befindet, finden am letzten Sonntag vor der Alpfahrt manchmal Spiele und Tanz der jungen Leute statt, und es werden Höhenfeuer angezündet, um das bevorstehende freudige Ereignis der Alpfahrt zu verkünden.

Zu Beginn der Weidezeit lässt man anlässlich des Alpauftriebs mancherorts im hochalpinen Gebiet (Savoyen, Wallis, Berner Oberland, Graubünden, Zillertal) die Kühe gegeneinander kämpfen, um schliesslich die Siegerin – die «Königin» – zu ermitteln. Der Kampf ist für die unmittelbar beteiligten Viehzüchter von besonderem Interesse, weil sich für den Besitzer der Königin eine Reihe von Vorteilen ergeben. Die «Königin» hat Anrecht auf die besten Weideplätze und den besten Platz an der Tränke, und der glückliche Besitzer verzeichnet einen Prestigegewinn. Der Kampf der Kühe untereinander ist nicht etwa das Ergebnis einer Dressur, sondern einer instinktiven Aggressivität.

Auf der Alp herrscht dort, wo der Genossenschaftsbetrieb eingeführt ist, eine Sennenhierarchie mit strenger *Arbeitsteilung*. Dem Obersenn liegt das Käsemachen ob, er hat zugleich den Oberbefehl über den ganzen Betrieb und ist gegenüber den Bauern der Hauptverantwortliche. Der Hirte bzw. Oberhirte hat den Oberbefehl über den Weidebetrieb, er ist im Gegensatz zum Sennen kein Spezialist der Milchwirtschaft. Der Hirt ist für das Wohlbefinden der Herde verantwortlich; er weiss, wo die jeweils passende Weideart ist, und führt seine Tiere dorthin. Auf grösseren Alpen ist dem Obersennen ein Zusenn beigegeben, der dem Sennen beim Melken, beim Waschen des Käses und beim Reinigen der Geräte hilft. Auch der Meisterhirt verfügt je nach Grösse der Alp über einen oder mehrere Gehilfen, die Unterhirten. Sie sind Melker und hüten die Herde nach Anweisungen des Meisterhirten. Zu den Unterhirten rechnet man auch diejenigen, die das Jungvieh hüten, das auf die entlegensten und schwer zugänglichen Gebiete der Alp getrieben wird. Auch Schafhirten und Schweinehirten kommen je nach der Zusammensetzung des Viehbestandes auf der Alp vor. Mit dem täglichen Messen und Registrieren der anfallenden Milch kann ein spezieller Schreiber betraut werden, dem auch noch andere Aufgaben obliegen. In den niederschlagsarmen Alpengebieten, wo künstlich bewässert wird, findet sich manchmal ein Wassermeister, der die Bewässerungskanäle, welche die Alp durchziehen, instandhalten muss. Grosse Alpen brauchen auch einen Holzer und einen Salzer; kaum irgendwo fehlt das «Mädchen für alles», der Handbub, ein Knabe von zehn bis fünfzehn Jahren, der meist das besorgen muss, wozu die andern keine Lust haben: Feuer anmachen, kochen, Mist aus den Ställen scharren usw.

Es gibt auch genossenschaftlich organisierte Alpen (z. B. in den Ormonts im Kanton Waadt), wo es keine Angestellten gibt und wo die Genossenschafter einander im Turnus bei der Arbeit ablösen.

Die Alpen sind meist in sogenannte *Stafel oder Weidstufen* eingeteilt; diese sind in der Regel um so zahlreicher, je grösser die Vertikalzone ist, über die sich die Alp erstreckt. Die einzelnen Weidezonen haben ihre Gebäude bzw. ihre Sennhütten, die oft nur sehr dürftig ausgestattet sind. Im Kanton Tessin, wo sich die Alpweiden wegen der geringen Höhe der Talsohle über einen Vertikalabstand von bis zu 1000 m erstrecken, kommen einstafelige Alpen nur selten vor und sogar die Maiensässen sind dort mehrstufig. Sehr zahlreich sind die Stafel auf den Alpen des Goms im Kanton Wallis, wo die Alp Mässeri im Binntal 32 Stafel zählt. Es muss dort alle drei bis vier Tage der ganze Betrieb verlegt werden. Von seiten der Alpgenossen wird diese komplizierte Einrichtung damit gerechtfertigt, dass das Vieh weniger weit zum Melkplatz laufen müsse und dass bei einer Vielzahl von Stafeln der Dünger besser verteilt werde. Auf 14 bis 16 Stafel kommen auch manche Alpen in Belledonne, Beaufortin und in der Tarentaise, doch werden nicht alle davon jedes Jahr besucht. Die Alpflächen sind nirgends einheitliche Areale, sondern sind ökologisch stark differenziert; auf engstem Raum wechseln hervorragende Futterlagen mit steinigen oder versumpften Flächen ab. Die Vertikalausdehnung bewirkt zeitliche Verschiebungen des Graswuchses, so dass auch ohne Stafel ein komplizierter Weidewechselbetrieb notwendig ist.

Das Auftreiben von zu viel Vieh auf die Alpweide führt zur Zerstörung des Weidebodens und ist auch für das Vieh nachteilig, weil es dann zu wenig Nahrung findet, abmagert und geringen Ertrag gibt. Um eine Überbenutzung der Alp zu verhüten, wird eine maximale Bestossungszahl festgelegt, die nicht überschritten werden darf, die sogenannte Randung.

Die *Arbeit des Sennen* vollzieht sich in der einfachen Sennhütte, die in einem Raum die Käserei und die Einrichtungen für die primitiven Lebensbedürfnisse der Älpler enthält. In einer Ecke befindet sich eine Feuerstelle, neben der ein drehbarer Galgen aus Holz angebracht ist, der sogenannte Turner. Daran hängt der bauchige Kessel aus Kupfer, in dem die Milch zum Käsen erhitzt wird. Die einfachen Mahlzeiten der Älpler werden auf einer zweiten Feuerstelle zubereitet. Die übrige Einrichtung der Hütte besteht aus der Käsepresse, einem Tisch mit Bank und dem Lager für die Sennen und die Hirten. Wo man die Milch zum Aufrahmen hinstellt, braucht man noch einen Milchkeller, der meist in den Berg hineingegraben ist und deshalb eine kühle Aufbewahrung der Milch erlaubt. Zur Rahmbildung muss man nämlich die Milch mindestens einen Tag an der Kühle stehen lassen. Der fertige Käse muss bei dieser einfachsten Einrichtung ausserhalb der Sennhütte untergebracht werden. Auf manchen Alpen gibt es einen besonderen Käsespeicher. Das Ganze hat dort, wo die Alpwirtschaft nur in den Händen von Männern liegt, oft ein unreinliches Aussehen. Eine Ausnahme machen allein die Milchgeschirre, die sorgfältig gereinigt werden müssen, wenn die Milch nicht sauer werden soll.

Das Tagewerk beginnt damit, dass der Hirte das Vieh, das die Nacht auf der Weide verbracht hat, sammelt und zum Melken auf den Platz vor der Hütte treibt. Das Melken beginnt um 4 oder 5 Uhr, jeder mit Ausnahme des Handbuben muss bei dieser Arbeit mithelfen. Der einzelne hat dann 20 bis 25 Kühe zu melken und die Milch jedes einzelnen Bauern zu messen, wenn nicht ein Probemelken stattgefunden hat. Die Milch wird in niedrige, sehr weite Gebsen aus Holz geschüttet und diese im Milchkeller übereinander aufgestellt. Nachdem diese erste Arbeit des Tages getan ist, wird das Frühstück eingenommen, das aus Milch, Brot und einer fetten Rahmspeise besteht. Dann müssen die Küher und sein Gehilfe wieder hinaus zum Vieh, um dieses auf die Tagweide zu treiben; der Senn und der Zusenn beginnen mit der Zubereitung des Magerkäses. Die Milch vom Vortag in den grossen Holzgebsen wird abgerahmt und der Rahm in das mühlsteinförmige Dreh-Butterfass geleert. Das ein- bis zweistündige Drehen des Butterfasses obliegt dem Zusennen, der auch die Butter weiter verarbeitet.

Die abgerahmte Milch kommt nun in den Kupferkessel, wobei manchmal auch noch die frischgemolkene Morgenmilch dazugegeben wird. Unter dem «Kessi» muss nun der Handbub ein gleichmässiges leichtes Feuer unterhalten, um die Milch auf ungefähr 25 Grad Celsius zu erwärmen. Wenn diese Temperatur erreicht ist (was der Senn durch Eintauchen des Armes in die Milch feststellt), wird der am Galgen (Turner) hängende Kessel weggedreht. Durch Beigabe von Lab, das aus gekochtem und nachher getrocknetem Kälbermagen hergestellt ist und das man unter langsamem Rühren beimischt, wird die Milch im Käsekessel zum Gerinnen gebracht. Die Milch geht in eine quarkartige Masse über, die man etwas erkalten lässt. Die weisse Masse wird mit einem Holzsäbel in Stücke geteilt und diese werden noch weiter mit der Hand zerrieben. Danach kommt der Kessel mit der Masse, die man «Bruch» nennt, wieder über das Feuer und wird auf 30 bis 38 Grad Celsius erhitzt. Während sich die Masse erwärmt, wird sie mit einem entrindeten Tännlein umgerührt. Jetzt scheidet sich die Käsmilch von der Käsemasse. Diese schwimmt in kleinen festen Flocken in der Käsmilch herum. Wenn man mit dem Rühren aufhört, setzen sich die Flocken und bilden auf dem Boden des Kessels einen ziemlich konsistenten Ballen. Der Senn unterfängt diesen mittels eines grobmaschigen Tuches, nimmt ihn aus dem Kessel und bringt ihn in die hölzerne Käseform, um ihn zu pressen. Hernach kommt der Käse in den Käsekeller «ins Salz». Er macht eine Gärung durch und wird dann erst konsumfähig.

Im Kessel befindet sich jetzt nur noch die Käsmilch (Sirte). Diese wird zum Sieden und dann zur zweiten Scheidung gebracht, nicht mittels Lab wie bei der ersten Scheidung, sondern mittels Milchessig, einer Mischung aus Schotte und Milch, die man sauer werden lässt. Was sich jetzt ausscheidet, ist der Ziger, eine quarkartige, fettarme Masse. Diese wird in zylindrischen Formgefässen zu Stücken von etwa 5 kg geformt. Auf den bünderischen Alpen wird der Ziger manchmal geräuchert. Der Ziger gelangt, soweit er nicht schon dem Alppersonal als Speise dient, zur Verteilung an die Bauern wie die übrigen Alpprodukte.

Nach Ausfällung des Zigers befindet sich im Kessel immer noch eine dünne, wässrige, grünlich-gelbe Flüssigkeit, die man Schotte nennt. Sie wird zum Auswaschen der Holzgefässe auf der Alp verwendet und nachher den Schweinen verfüttert. Früher hat man sie mancherorts eingedampft, wobei eine sandige braune Masse zurückblieb, die dann in Fabrikbetrieben zu Milchzucker raffiniert wurde. Bei heissem Wetter wird die Schotte von den Sennen auch als Getränk geschätzt. In der zweiten Hälfte des letzten Jahrhunderts fand sie in einigen Gegenden der schweizerischen Voralpen Verwendung für Molkenkuren; da gab es im Appenzellerland und im Toggenburg ein Dutzend Molkenkurorte, die von einer prominenten Kundschaft besucht wurden.

Wenn der Käsekessel leergeschöpft ist, muss ihn der Bub reinigen, wozu er Sand oder Büschel von Schachtelhalm verwendet. Das Mittagessen ist auf der Alp eine Nebenmahlzeit. Das zweite Melken erfolgt ungefähr zwölf Stunden nach dem ersten, d.h. um 3 Uhr nachmittags. Die Kühe werden immer in der gleichen Reihenfolge, zu gleicher Zeit und womöglich vom selben Melker gemolken, der die Besonderheiten seiner Tiere kennt. Die Hirten sind während des Vormittags nicht untätig gewesen. Am Morgen, wenn das Vieh noch hungrig ist, treiben sie es zuerst auf die am Vortag schon geweideten Plätze, damit diese völlig abgeweidet werden. Allmählich lässt man es dann in die frische Weide treten. Die Hut der Milchtiere folgt zwar grundsätzlich einem bestimmten Weideplan, der jedoch nicht zu schematisch befolgt werden kann. In heissen Sommern ist der Umtrieb nicht derselbe wie in feuchten, in guten Jahren nicht derselbe wie in schlechten. Der Jungviehhirt bzw. Galtviehhirt braucht mit seiner Herde nicht zum Melken zurückzukehren; seine Tiere weiden auf den höheren und rauheren Teilen der Alp bis hinauf an die Geröllfelder. Die Jungtiere bleiben über Nacht im Freien und der Hirte findet Unterschlupf in einer aus rohen Steinen erbauten Hütte oder unter einem vorspringenden Felsen.

Viele atmosphärische Ereignisse können das sommerliche Dasein der Alphirten unterbrechen. Weder im Juli noch im August oder September sind die Älpler vor Schneefällen sicher. Um das Vieh vor Kälte und Hunger zu bewahren, müssen manchmal Schneefluchten aufgesucht werden. Dies sind unter den Alpen gelegene geschützte Plätze (nicht selten auf fremdem Grund), die aufgrund rechtlicher oder traditioneller Regelungen bei Schneefall während der Alpzeit mit dem Vieh bezogen werden dürfen. Vieh, das zu stark unter Kälte gelitten hat, gibt auch nach Eintritt wärmerer Witterung keine oder wenig Milch mehr. Regenmangel ist ebenfalls eine gefürchtete Erscheinung, weil die Weiden mit dünner Humusschicht dann rasch austrocknen und die Quellen versiegen. Die Wasserversorgung auf der Alp spielt eine entscheidende Rolle, benötigt doch eine Kuh durchschnittlich 40 Liter Wasser am Tag. Grosse Schäden verursachen die im Gebirge häufigen Lokalgewitter mit ihren wolkenbruchartigen Regen oder sogar mit Hagelschauern. Die Tiere sind schon unruhig, bevor das Unwetter da ist; wenn aber der Hagel niederprasselt, sind sie kaum mehr zu halten und rasen blindlings davon, wobei sie manchmal über Felswände abstürzen. Auch Blitzschläge in Mensch und Vieh sind nicht selten.

Eine Abwechslung in das Dasein der Hirten bringt jeweils der Stafelwechsel. Vom untersten Hüttenplatz wechselt man in aufsteigender Folge nach dem nächst höheren, und vom höchsten geht es zurück in den zweithöchsten und etappenweise weiter bis auf den untersten. Die Schafe weiden meistens auf den wildesten und magersten Alpen (Schafbergen), wo sonst kein Vieh hingeht, doch kommt es auch vor, dass sie auf separaten Teilen der Kuhalpen oder sogar zusammen mit Kühen und Rindern gealpt werden. Auf den Schafalpen fehlen gewöhnlich die Stallgebäude; es gibt höchstens eine primitive Hütte, die als Schlafraum und Küche für den Hirten dient. An manchen Stellen der Alpen treibt man die Schafe im Frühjahr ins Gebirge und lässt einen Schafhirten alle 8 oder 14 Tage nach den Tieren sehen und ihnen Salz geben. Wo die Schafzucht bedeutender ist, hat man meist einen eigenen Schafhirten, der den ganzen Sommer, nur von einem Buben oder einem Hund begleitet, auf der einsamen Schafalp lebt. Die Nahrung schafft er im Frühjahr mit sich hinauf; manchmal hält er sich auch eine Milchziege.

Bei den *Ziegen* muss man zwischen Heimgeissen und Alpgeissen unterscheiden. Die letzteren verbringen die ganze Weidesaison auf der Alp und weiden dort mit den Milchkühen und den Rindern, so dass man keine besonderen Ziegenalpen braucht. Die Heimziegen wandern im Sommer am Morgen nach dem Melken im Dorf mit dem Geisshirten bis auf die Alpen hinauf und kehren jeden Abend wieder ins Dorf zurück, um gemolken zu werden. Die Ziegen und Schafe finden noch auf höchstgelegenen Hängen ihre Nahrung, manchmal sogar dort, wo sich der Mensch nicht mehr hingetraut. Die Heimziegen spenden dem Gebirgsbewohner so viel Milch für den Eigenbedarf, dass er während des Sommers all sein Milchvieh auf die Alp geben und dadurch einen Teil des im Tal geernteten Futters für den Winter sparen kann. Der Weg, den die Heimziegen vom Dorf auf die Alp zurücklegen müssen, kann im Hochsommer 6 bis 8 Stunden betragen; natürlich wirkt sich dies negativ auf den Milchertrag aus. Der Heimziegenhirt muss gut zu Fuss sein, um täglich den stundenlangen Weg mit den schnellfüssigen Ziegen zu machen. Die Verpflegung der im Tal übernachtenden Ziegenhirten erfolgt bei den einzelnen Bauern der Reihe nach (im Turnus), wobei die Nahrung im einzelnen durch die Tradition bestimmt ist.

Zu den meisten Kuhalpen gehören auch Schweine, welche hauptsächlich mit Schotte gemästet werden. Sie werden entweder ständig in Ställen gehalten oder laufen tagsüber auf der Weide herum und grasen wie die Kuh. In diesem Falle wird ihnen ein Draht durch die Nase gezogen, dessen beide Enden aneinandergekettet sind. Dies soll die Schweine daran hindern, die Erde aufzuwühlen. Oft schreiben die Alpreglemente vor, dass die Zahl der Schweine zu derjenigen der Kühe in einem bestimmten Verhältnis zu stehen habe.

Wenn auch die Weidenutzung auf der Alp alle anderen möglichen Nutzungen überwiegt, so darf doch nicht übersehen werden, dass auf den Alpen häufig *Heu* gewonnen und manchmal sogar *Getreide* und *Kartoffeln* angebaut werden. Besonders in ausgesprochenen Hochgebirgstälern, wo der Talboden so schmal ist, dass nicht Platz genug für dem Viehbestand der Siedlung entsprechende Mähwiesen ist, braucht man ausgedehnte Wiesen in der Region der Alpen. Diese Wiesen stehen allgemein mit der Alp in keinem direkten Zusammenhang. Solche «Mähder» sind entweder Privatbesitz oder Gemeineigentum. In Trockengebieten sucht man den Ertrag dieser Bergmähder durch künstliche Bewässerung zu steigern. Der Ertrag kann so leicht auf das Doppelte ansteigen. Im übrigen werden die Heuberge selten gedüngt. Im Juli, manchmal auch erst im August, steigen die Alpbauern für mehrere Tage in die Alpenregion hinauf, wo sie eine kleine Hütte mit Feuerstelle und Tisch sowie eine kleine Heuscheuer besitzen und wo sie auch schlafen. Das auf der Alp gewonnene Heu wird bei günstigen Wegverhältnissen schon im Sommer, bei ungünstigen erst im Winter auf dem Schnee zu Tal befördert. Zur Vermeidung der Übernutzung und damit der Erschöpfung der Wiesen werden die Bergmähder nur alle zwei Jahre gemäht.

Neben den Alpenwiesen oder Mähdern sind die Wildheuplanggen ein weiteres Heuproduktionsgebiet. *Wildheuplanggen* sind kleine Grasplätze an Stellen, die dem Weidvieh nicht zugänglich sind. Oft sind diese Plätze so steil, dass die Mäher Fusseisen anschnallen müssen, damit sie nicht ausgleiten. Wo die Sense nicht mehr hinkommt, nimmt man die Sichel zuhilfe, um das kurze Gras zu schneiden. Im Ötztal hat man für derartige Lagen besondere Sensen mit kurzem Worb (Stiel). Die Wildheuplanggen gehören in der Regel den Gemeinden, und die Zuteilung der Nutzung geschieht auf verschiedene Weise. In einzelnen Gebieten (z. B. Berner Oberland und Glarus) bleibt sie reglementarisch oder brauchmässig den Armen vorbehalten, Leuten ohne eigenen Grundbesitz, die nur über ein paar Ziegen verfügen. Meistens jedoch hat jeder Gemeindebürger den gleich grossen Anspruch auf das Wildheu. Da die einzelnen Plätze mit Bezug auf Quantität und Qualität des Grases sowie auf Zugangs- und Abtransportmöglichkeiten verschieden sind, sind die Plätze mehr oder weniger begehrt. In manchen Gebirgsgegenden lässt man die Wildheuer die verschiedenen Wildheuplätze selber untereinander verteilen; anderswo wird eine Verlosung vorgenommen, auch Versteigerungen kommen vor. Die Zuteilung durch das Los ist wohl am weitesten verbreitet und entspricht am besten der Mentalität der Bevölkerung. Die Heuernte auf den Wildheuplanggen reduziert sich auf das Einfachste. Neben der Sichel und der Sense ist der Wetzstein mit Wetzsteingefäss unentbehrlich, ebenso das Dengelzeug. Die Heugabel ist bei dem kurzen Wildheu nicht zu gebrauchen, dagegen braucht man immer ein Heutuch oder Heunetz. Oft wird das Heu am gleichen Tage gemäht und eingesammelt. Zu diesem Zwecke wird es mit leichten, kurzstieligen Rechen zusammengenommen, oft auch – wie Arbos aus den französischen Alpen berichtet – mit einem einfachen Besen zusammengewischt. Das geerntete Heu wird zunächst in besonderen, je nach Gegend verschiedenen Traggeräten in die primitiven Wildheuhüttchen (Bargen, Gaden) verbracht; wo diese fehlen, werden sogenannte Tristen errichtet. Die Tristen sind Heuhaufen in Birnenform, auf flachem Boden rund um einen zentralen Stamm errichtet. Da das Wildheu nicht etwa auf der Alp verfüttert wird, sondern im Winter in den Ställen der Dauersiedlung das Winterfutter ergänzt, muss es mit grossem Aufwand an Zeit und Arbeitskraft von der Alpregion, wo sich die Tristen befinden, ins Tal hinunterbefördert werden. Dies geschieht je nach der Art des Geländes und des Klimas – wie bei dem Heu von den Mähdern – schon gleich nach der Ernte oder dann erst bei hoher Schneedecke im Winter. In allen inneren Alpentälern vom Tirol bis an die Grenze zwischen Savoyen und dem Dauphin findet der Heutransport ins Tal häufiger im Winter als im Sommer statt. Man verwendet dazu Schlitten und andere gleitende Unterlagen. Der Heuzug wird oft im Nachbar- oder Dorfverband ausgeübt und nimmt an einigen Orten einen Teil des Winters in Anspruch. Das Heuziehen hat viel Ähnlichkeit mit dem Holztransport aus den Hochwäldern. Beide sind gefährlich und fordern manchmal Opfer, von denen die Marterl an den Alpwegen und die Eintragungen in den Sterberegistern zeugen. In den südlichen Alptälern mit unsicheren Schneeverhältnissen ist der Transport im Sommer häufiger, sei es auf Mauleseln oder Heubrettern.

Die Bedeutung des Wildheus für die alpine Selbstversorgungswirtschaft kann kaum überschätzt werden. Die Regelung zur Nutzung der Wildheuplanggen setzt kleine Bauern ohne eigenes Land in Stand, sich im Winter ein oder mehrere Stück Vieh zu halten, was ihnen mancherorts das Recht gibt, im Sommer dieses Vieh auf die Alp zu treiben. Aber nicht nur den armen Familien mangelte es an Winterfutter und meistens an barem Geld, um solches von aussen her zuzukaufen. Die Wildheugewinnung war für alle ein Mittel, um die Winterfütterung zu ergänzen.

Mit der Eröffnung von Arbeitsgelegenheiten durch die Heimindustrie, durch den Fremdenverkehr usw. konnte in vielen Familien Bargeld verdient werden, womit nicht nur der Heuzukauf, sondern auch die Verbesserung der Talwiesen finanziert werden konnten. Dadurch erübrigte sich vielfach die mühsame und gefährliche Wildheugewinnung, doch betraf der Rückgang die verschiedenen Alpengebiete in unterschiedlicher Weise. In Hochsavoyen sowie in den bayrischen und österreichischen Alpen hat sie sich länger und zum Teil bis heute erhalten.

Bevor – meistens im Laufe des Monats September – die *Alpentladung* stattfindet, werden in den genossenschaftlich betriebenen Alpen die Molkereiprodukte nach Massgabe des Milchertrages unter die Genossen verteilt. Die Verteilung der Alpprodukte Käse, Butter und Ziger hat für die Bergbauern eine ähnliche Bedeutung wie die Ernte für die Ackerbauern. Zu den genannten Erzeugnissen der Milchwirtschaft kommt noch der Gewichtszuwachs der gealpten Tiere. Wenn auf der Alp Butter und Ziger fabriziert werden, verteilt man diese auf manchen Alpen mehrmals während des Sommers; es kommt jedoch auch vor, dass sie den ganzen Sommer oben bleiben und dann meistens einen zweifelhaften Geruch und Geschmack annehmen. Bei der Verteilung des Alpnutzens herrscht im allgemeinen dieselbe Genauigkeit und Sorge um Gerechtigkeit wie beim Probemelken. Da nicht alle Käslaibe gleich wertvoll sind – es gibt z. B. gut gereifte, handelsfähige und junge weiche –, wendet man das Losverfahren an, von dem manche lieber abhängig sind als von menschlicher Gerechtigkeit. Die Verteilung des Alpnutzens, der für das Wirtschaftsjahr der Bergbauern entscheidend ist und von dem auch der Ruf der Sennen abhängt, bietet häufig Anlass zu einem Fest.

Die Abfahrt von der Alp wird allenthalben im Alpengebiet von zeremoniellen Handlungen und Festlichkeiten begleitet. Mancherorts verkündeten früher Höhenfeuer den Talbewohnern, dass die Herden nun zurückkehren würden. Die Abfahrt wird, wenn die Alp während des Sommers von schwerem Unglück verschont geblieben ist, festlich begangen. Die Heerkuh und die beste Milchkuh («Heermesserin») werden mit Blumen und Bändern geschmückt; sie tragen schwere Treicheln, die fast bis an den Boden reichen, während das Jungvieh blecherne Schellen trägt. Wenn das Vieh angekommen und in den Ställen geborgen ist, spielt im Wirtshaus die Tanzmusik auf und das Dorf feiert die glückliche Heimkehr von Herde und Hirten.

Die Rückgabe der Alpschafe nach der Sömmerung erfolgt in der Regel nach der Alpabfahrt der Kühe. Die Tiere werden mit Hilfe der Zeichen, die man vor dem Auftrieb an ihren Ohren angebracht hat, geschieden. Um die Ausscheidung zu erleichtern, sind auf der Alp oder in der Nähe des Dorfes Pferche errichtet, und zwar ein grosser Pferch, um den herum kleinere Pferche der einzelnen Familien angeschlossen sind. Die Besitzer suchen dann ihre Schafe im grossen Pferch heraus und stossen sie durch kleine Durchgänge in die privaten Abteile. Die Schafscheid ist an einigen Orten mit einer kleinen Festlichkeit verbunden. Nach dem Scheiden werden die Schafe gewaschen; wo es möglich ist, bringt man sie an ein Wasser, das sie durchschwimmen müssen. Dann sind die Tiere zum Scheren bereit, das jede Familie eigenhändig vornimmt.

Noch ist für das Milchvieh nicht die Zeit der Einstallung gekommen; bis zu Beginn der Stallfütterung anfangs November weidet das Vieh entweder auf den Wiesen des Viehbesitzers oder auf der Allmende (Gemeinweide). Es gab früher auch noch das Recht der Gemeinatzung, eine verbreitete Einrichtung, die darin bestand, dass das private Eigentum an den Wiesen um das Dorf herum vorübergehend aufgehoben und allgemein zur Beweidung freigegeben wurde. Auch die geschorenen Schafe weiden in Dorfnähe, bis der Schnee kommt.

Die Stallfütterung vollzieht sich, wie wir schon gesehen haben, nicht während des ganzen Winters in demselben Stall. Die Bergbauern ziehen mit ihrer Viehhabe während des Winters in die sogenannten Vorwinterungen und in die Maiensässe, um dort das im Sommer eingebrachte Heu und Emd zu verfüttern – entsprechend dem Grundsatz, mit dem Vieh dem Futter nachzuziehen und dieses an Ort und Stelle dem Vieh zur Nahrung zu geben. Während der Winterung wurde früher die Milch zu kleinen Hauskäsen sowie zu Butter verarbeitet. In der traditionellen alpinen Viehwirtschaft war es üblich, das Vieh im Winter durchzuhungern; besonders dort, wo man im Sommer nur so viel Stück Vieh auf der Alp sömmern konnte wie man durchgewintert hatte, streckte man die Nahrung der Tiere in der Hoffnung, dass sie sich dann im Sommer auf der Alp sattfressen könnten.

Die traditionelle Art der *Milchverwertung* auf den Alpen wie in den Dauersiedlungen bestand – wie bereits erwähnt – darin, dass man die Milch in einem flachen Holzgefäss (Gebse) einen oder mehrere Tage stehenliess, bis sich der Rahm an der Oberfläche gesammelt hatte. Daraufhin wurde er mit einem flachen Löffel abgeschöpft und in einem Stoss- oder Drehbutterfass in Butter verwandelt. Aus der entrahmten Milch stellte man Magerkäse her, aus der dabei entstandenen Käsmilch allenfalls noch Ziger. Man kann diese alte Art der Milchverwertung als Butterwirtschaft oder Magerkäserei bezeichnen im Gegensatz zur Fettkäseproduktion, bei der die Milch nicht entrahmt, sondern direkt fetter Labkäse hergestellt wird und dann Ziger. Allerdings lässt sich auch bei der Lab-Fettkäserei noch etwas Butter gewinnen aus dem sogenannten Vorbruch (das ist die auf der erhitzten Käsmilch obenauf schwimmende fette Masse), der geringe Mengen von Butter zweiter Güte ergibt. Die Fettkäserei trat in den nordalpinen Gebieten, wo man Lab-Käse für den Export herstellte, schon im 16. Jahrhundert an die Stelle der mittelalterlichen Butterwirtschaft und Sauerkäserei, bei der als Gerinnungsmittel saure Schotte verwendet wurde. Der Übergang zur Fettkäserei führte im 17. Jahrhundert zu einem Mangel in der Butterversorgung und zu vergeblichen Versuchen der Berner Regierung, die Fettkäserei zu verbieten.

In den Ostalpen waren vor allem die Steiermark und das Berchtesgadener Alpengebiet auf Butterproduktion ausgerichtet; in den französischen und italienischen Alpen wurde wegen geringerer Nachfrage weniger Butter erzeugt. In den Hautes-Alpes war die Butter am Ende des 18. Jahrhunderts billiger als Baumnussöl, das man dort in den Niederungen herstellte.

Bei der grossen Auswahl an Käsesorten, die in- und ausserhalb des Alpengebietes hergestellt werden, kann man zunächst zwischen Labkäsen und Sauerkäsen unterscheiden. Bei der Labkäserei wird die Scheidung der Milch durch einen aus Kälber- oder Zickleinmagen zubereiteten Gärungserreger bewirkt. Der mittels Lab erzeugte Käse wird als «Süsskäse» bezeichnet. Die

Labgärung und das «Brennen», d.h. die Erhitzung des Käses, die ihm das Wasser entzieht, und das Pressen ergeben Hartkäse vom Typ des Gruyère oder Emmentalers, dessen Härtegrad durch längeres Lagern noch erhöht wird.

Die Sauerkäserei hat sich noch da und dort erhalten, z.B. bei der Herstellung des Glarner Schabzigers, der als Sauerkäse mittels einer besonderen Kleesorte, die man pulverisierte, aromatisiert wird. Die ostalpinen Sauerkäse wie der im Berchtesgadener Land aus saurer Milch hergestellte Topfenkäse und der Steirerkäse in der Steiermark werden fast ausschliesslich im Haushalt der Erzeuger verbraucht, ebenso die in einigen slowakischen Alpen hergestellten, als *trniči* bezeichneten zwiebelförmigen Sauerkäse, in die mittels ausgekerbter Brettchen ein Bildmotiv eingedrückt wird. Solche trniči wurden von den noch ledigen Sennen der Alp Velika planina in den Kamniker Alpen (Slowenien) ihren Mädchen zum Andenken und als Beweis ihrer Liebe verschenkt. Beim Käsen mit Lab kann man entweder Weichkäse oder Hartkäse herstellen. Weichkäse wird aus Milch bei relativ niederer Temperatur erzeugt; dabei wird die dicke Milch ohne weitere Verarbeitung in Formen geschöpft, aus denen die Käsmilch (Molke) abläuft. So entsteht der Vacherin aus den Bauges, der Reblochon aus dem Genevois, der Romadur aus dem Allgäu, der stark gesalzene bayerische Weisslacker; als halbhart kann der im Allgäu und in der östlichen Schweiz hergestellte Tilsiter bezeichnet werden. An Labkäsen haben die schweizerischen Alpen den Greyerzer- und den Emmentalerkäse hervorgebracht. Schweizerische Sennen haben die Herstellung dieser Sorten mit Erfolg in Savoyen, im Jura und im Allgäu und anderswo verbreitet, was darauf schliessen lässt, dass die Qualität der Käse nicht primär von der Bodenbeschaffenheit und vom Klima abhängt wie diejenige des Weines, sondern von der Herstellungstechnik.

Reine Schafkäse werden im Alpengebiet nur noch an ganz wenigen Orten hergestellt; dagegen gibt es einige berühmte Sorten, die aus einer Mischung von Kuh- und Schafmilch hergestellt werden, wie der berühmte Mont-Cenis-Käse von Lanslevillard in der Maurienne. Für die Herstellung dieser Käsesorte soll die Milch von 3 Kühen, 40 Mutterschafen und zwei Ziegen das beste Mischungsverhältnis ergeben. Der Käse wird mit besonderen Kräutern gewürzt. Ebenfalls berühmt ist der Saint-Marcellin, ein manchmal nur aus Ziegenmilch, manchmal aus Kuh- und Ziegenmilch hergestellter kleiner Käse aus der Isère. Im Tauern-Gebiet, wo man an gewissen Stellen ebenso viele Ziegen wie Kühe hält, verarbeitet man abgerahmte Kuhmilch mit Ziegen-Vollmilch zu Schnittkäse. Berühmt waren früher die kleinen, Puina genannten Käslein, welche die Bergamasker Hirten im Sommer aus gemischter Schaf-, Ziegen- und Kuhmilch bereiteten.

Mit saurer Molke zur Scheidung gebracht wird – wie schon erwähnt –

überall in den Alpen die nach der Herstellung von Labkäse zurückbleibende Käsmilch oder Sirte.

Das so entstandene Produkt heisst deutsch Ziger oder Topfenkäse, französisch *sérac*, auch *recuite*, italienisch *ricotta* oder *scotta*, slowenisch *skuta*. Der Ziger, das am wenigsten wertvolle Milchprodukt, spielt eine grosse Rolle in der Ernährung des Alppersonals. Frischer Ziger, der in Schotte aufgelöst genossen wird, war die typische Hirtenspeise vor allem in manchen getreidearmen voralpinen Gebieten, wo Brot nur als Leckerbissen bekannt war.

Die künstliche Bewässerung

Einige inneralpine und südalpine Regionen wie das Aostatal, das Wallis, die Maurienne, die Tarentaise, die Täler des Dauphiné und der Haute Provence, das Tessin und das Etschtal sind wegen ihres trockenen Sommerklimas auf künstliche Bewässerung angewiesen, wenn die Mähwiesen einen nennenswerten Ertrag geben sollen. Manche Berghänge, die den sengenden Sonnenstrahlen dieses Trockenklimas ausgesetzt sind, wären ohne künstliche Bewässerung unfruchtbare Steppe.

In den alpinen Trockengebieten werden – im Gegensatz zu der mittel- und unteritalienischen Gartenbewässerung – hauptsächlich die Mähwiesen, womöglich auch Alpweiden, aber nur ausnahmsweise Äcker bewässert.

Das Wasser wird aus einem Bergbach mittels eines einfachen Dammes in einen Kanal (Oberwallis: *Suon, Wasserleite;* Unterwallis: *bisse;* Tessin: *riale;* Vallée d'Aoste: *ru;* Südtirol: *Waal)* abgeleitet, der viele Kilometer lang sein kann und der oft sehr exponiert an steilen Felswänden entlangführt; der Kanal ist dann entweder in das feste Gestein eingehauen oder besteht aus Holzkänneln, die durch Tragkeile an der Felswand aufgehängt sind. Wenn nun das Wasser der Hauptleitung ein privates Grundstück bewässern soll, so staut man das Wasser mit Hilfe von Steinen, Erdschollen oder auch mittels einer grossen flachen Eisenschaufel, die man quer durch den Graben in den Rasen zu beiden Seiten stösst. Das so zum Überlaufen gebrachte Wasser wird auf verschiedene Weise über ein Verteilungsnetz und über kleinere Adern auf dem Grundstück des Benützers verteilt.

In den eigentlichen Trockenperioden wird Tag und Nacht gewässert, in einigen besonders trockenen Gebieten des Wallis (äusseres Vispertal) aufgrund einer speziellen kirchlichen Bewilligung selbst am Sonntag, während sonst das Wässern am Sonntag als körperliche Arbeit untersagt ist. Meistens sind die Benützer einer Wasserleitung zu einer Geteilschaft (consortage) zusammengeschlossen. In gemeinsamer Arbeit stellen sie im Frühjahr die Hauptleitung, die über den Winter Beschädigungen erlitten hat, wieder her.

Die Benützung jeder Wasserleitung ist streng geregelt und erinnert an die Verhältnisse in den Oasen. Es besteht meistens ein sich während des ganzen Sommers wiederholender Turnus von 14 bis 21 Tagen, innerhalb welchem jeder Geteile *(consort)* Anrecht auf eine bestimmte Anzahl Bewässerungsstunden hat, je nach der Grösse seiner Kulturfläche. Die Arbeit des Bewässerns (meistens von April bis September) bedeutet in den inneralpinen Trokkengebieten eine zusätzliche Belastung, die durch die starke Parzellierung noch besonders erschwert wird.

Die künstlichen Wasserleitungen sind zum Teil urkundlich schon für das 13. Jahrhundert belegt. Die *Wasserrechte* (Anzahl Stunden) der einzelnen Geteilen *(consorts)* waren im Wallis durch Einkerbungen auf hölzernen Tesseln festgehalten. Tesseln sind kleine Holzstäbe, die auch im übrigen Rechnungswesen der Walliser Bergbauern, zum Beispiel beim Alpauftrieb, beim Messen der Milch usw. allgemeine Verwendung fanden, ganz im Einklang mit der altertümlichen «Holzkultur» dieser Alpenregion.

Als Massstab für die *Zeitbestimmung beim Wässern* waren im Wallis früher die Ereignisse der natürlichen Umwelt massgebend, z. B. das Aufgehen der Sonne über bestimmten Berggipfeln, das Beschienenwerden von bestimmten Gebäuden im Laufe des Vormittags. Am Nachmittag hatte man die Schattenzeichen, d. h. man achtete darauf, wann ein bestimmtes Gebäude (Kapelle, Stall) am gegenüberliegenden Berghang in den Schatten trat. Nachts richtete man sich nach den Sternen.

Ackerbau, Weinbau und Obst

Ackerbau

Die Bergbauernwirtschaft in ihrer polykulturellen Ausprägung war weitgehend Selbstversorgungswirtschaft. Sie suchte auch dann, wenn sich die Dauersiedlungen auf verhältnismässig hochgelegenen Terrassen befanden, möglichst alle Stufen vom Talgrund bis in die Region der Alpweiden hinauf auszunützen. Die Benützung der verschiedenen Geländestufen nach der Tiefe (zu den Weinbergen) und nach der Höhe (zu den Maiensässen und Alpweiden) machte häufige Wanderungen (zum Teil mit dem Vieh) notwendig. Die Selbstversorgung setzte voraus, dass jeder Eigentümer auf allen Höhenstufen etwas Kulturland besass, was eine starke Zerstückelung nicht nur der Grundstücke, sondern auch der dazugehörenden Gebäude (Stallscheunen, Kornspeicher, Maiensässhütten usw.) zur Folge hatte. Bei zunehmender Bevölkerungszahl musste jeweils alles unternommen werden, um das Kulturland zu verbessern und zu vermehren. Dies geschah durch Terrassierung und durch gründliche Ausnützung auch des letzten Stückchens Boden. Man trug manchmal die Erde auf Steinblöcke hinauf, um dort Roggen oder Kartoffeln anzubauen. Die Terrassierung erlaubte, Äcker auch an sehr steilen Hängen mit guter Sonnenexposition anzulegen. Die unter dem Druck des Schnees nach unten abgerutschte Ackererde musste jedes Frühjahr wieder hinaufgetragen und auf die ganze Fläche verteilt werden. Sowohl in den inneralpinen Tälern als auch in den Bergen des Friauls, des Bergamaskischen, des Tessins und des Nordpiemonts gibt es Orte, wo die Äcker, hauptsächlich wegen ihrer Steilheit, nur mit der Hacke umgegraben wurden; anderswo hatte man leichte Pflüge, welche die Erde nur aufritzten, zum Teil aber auch Pflüge, mit denen die Schollen gestürzt werden konnten.

Das am meisten angebaute Getreide war in den Zentral- und Westalpen der Winterroggen, dessen *Aussaat* im Juli oder August stattfand. Die Saat erreichte im Herbst eine Höhe von ca. 20 cm und diente bis zum Schneefall als Weide für die Schafe (Haute-Maurienne). Der Winterroggen konnte erst im September des folgenden Jahres geerntet werden, das heisst, dass die Aussaat des neuen Wintergetreides erfolgen musste, bevor der noch stehende Roggen eingebracht war. Zwangsläufig konnte in diesem Falle das Feld, das die Ernte trug, nicht mehr angesät werden und blieb fast ein Jahr lang brach. In mehr als hundert Gemeinden der französischen Alpen brauchte das Wintergetreide mehr als 13 Monate zur Reifung, was die dortigen Bauern zur Anwendung der Höhenbrache zwang. Eine Technik, um die Brache zu vermeiden, war diejenige des sogenannten Schlafkorns. Das Saatgut kam erst kurz vor dem Gefrieren des Bodens in die Erde, so dass die Keimtemperatur im Herbst nicht mehr erreicht wurde und das Wintergetreide erst im Frühjahr nach der Schneeschmelze keimte.

Wie spät auch das Getreide in den hohen Lagen geerntet wurde, so war es doch meistens noch nicht ausgereift und musste durch verschiedene Techniken zur *Dörrung* gebracht werden. In einigen Tälern Graubündens, des Wallis und des Tessins sowie in den Ostalpen zwischen Isonzo und Mur findet man an der oberen Grenze des Getreideanbaus die Histen, die mächtigen, senkrecht aufgerichteten, leiterartigen Trockengestelle zum Ausreifen der Garben. Ausser den freistehenden Trockengerüsten gibt es auch direkt an Scheunen angebrachte Einrichtungen zum Trocknen des Getreides. Dem gleichen Zweck dienen auch die Walliser Pfostenspeicher, von denen noch die Rede sein wird. Im Ostalpenraum kam auch das Austrocknen des Getreides auf einem Rost über dem Herdfeuer vor. In den französischen Alpen, wo zum Beispiel in Saint-Véran (Queyras, Hautes-Alpes) noch auf einer Höhe von 2100 m ü. M. Winterroggen reif wird (nebst etwas Gerste und etwas Hafer), haben die Häuser zum Zwecke der Getreidetrocknung «ein grosses Gerippe aus Zimmerwerk, zwei- bis dreimal höher als der Stall, über dem sie stehen.

Roh behauene Lärchenstämme bilden die Rückwand und die beiden Seitenwände; nach der eine Laube bildenden Fassade hin bleibt der Bau offen mit einigen Pfosten zum Abstützen des Daches und mit Querstangen zum Aufhängen der Garben» (Raoul Blanchard). In der Oberen Romanche im nördlichen französischen Alpengebiet wurden die Körner nach dem Dreschen auf Tüchern im Freien der Sonne ausgesetzt.
Mit ausserordentlicher Energie suchten die Alpenbewohner im Frühjahr die einsetzende Sonnenwärme zu unterstützen; dies geschah vor allem durch das Bestreuen des noch von tiefem Schnee bedeckten Ackerlandes mit dunkler Erde oder mit Russ. Da sah man manchmal ganze Familien, deren Mitglieder die in Kartoffelkörben transportierte Erde ausstreuten. Um die Keimbildung vor der Aussaat zu erwirken, wurde das Saatgut manchmal angefeuchtet.

Trotz all diesen Bemühungen macht der Getreideertrag im Durchschnitt nur die Hälfte dessen aus, was man in der Ebene erntet.

Auch die verschiedenen *Anbausysteme* entwickelten sich unter dem Diktat der klimatischen Verhältnisse.

In den inneralpinen Trockengebieten findet sich häufig ein Zweizelgen-Brachsystem. Die Höhenbrache wurde hier schon erwähnt; daneben gibt es nach Monheim auch die Trockenbrache, die dann vorkommt, wenn die Bodenfeuchtigkeit nicht ausreicht, um jedes Jahr eine Ernte hervorzubringen. Da Brachland weniger Wasser verdunsten lässt als bebautes Land, kann es einen Teil der Bodenfeuchtigkeit für das folgende Erntejahr aufspeichern. Bei stärkerer Bodenfeuchtigkeit findet man häufig das Einfeldersystem und die Egartenwirtschaft, bei welcher auf demselben Felde Körnerbau und Futterbau abwechseln (zum Beispiel während 5 bis 6 Jahren Wiesland und etwa 3 Jahre Ackerland).

Von den *angebauten Getreidearten* ist in den inner- und südalpinen Tälern der Winterroggen am häufigsten, weil er verhältnismässig ergiebig ist. In höheren Lagen am Nordfuss der Alpen und in den Ostalpen ist man gezwungen, den weniger ergiebigen Sommerroggen zu kultivieren, weil der Winterroggen unter der langen Schneebedeckung des Winters zugrunde gehen würde. Neben dem Roggen steigt auch der Sommerweizen sehr hoch hinauf; seine Kultur ist jedoch mit mehr Risiken verbunden, weshalb er viel weniger häufig angebaut wird. Die Gerste wird als Sommerfrucht gebaut und ist im ganzen Alpengebiet verbreitet, jedoch weniger als Roggen und Weizen, weil sie als Brotfrucht weniger geeignet ist. Sie dient vor allem zur Herstellung von Suppen und Breien. Dasselbe gilt auch vom Hafer, der ziemlich viel Wärme braucht. Der frostempfindliche Mais hat seine Hauptverbreitung in den südalpinen und in den föhnbestrichenen nordalpinen Tälern; er erreicht kaum die 1000-Meter-Grenze. Der Mais findet bei der alpinen Bevölkerung auch ausserhalb seiner Anbaugebiete Verwendung und hat einen starken Wandel in der Ernährung mit sich gebracht. Der Buchweizen wird noch in einigen südlichen Alpentälern hauptsächlich als Nachfrucht nach der Roggenernte angebaut; seine kleinen, bucheckerähnlichen Früchte werden als Brei (polenta nera) genossen. Der Anbau der Hirse, deren zu Brei verkochte Körner man noch im Mittelalter viel gegessen hat, wurde vor allem von der Kartoffel verdrängt.

Zum alpinen Ackerbau gehörten seit dem Ende des 18. Jahrhunderts die Kartoffeln, die in den inner- und südalpinen Tälern eine Anbauhöhe von 1900 m ü. M. erreichen. Sie bildeten in einigen Alpentälern bereits um die Wende des 18. Jahrhunderts ein Hauptnahrungsmittel; in anderen – zum Beispiel Aostatal – wurden sie erst nach der Hungersnot 1815/17 eingeführt. Keine andere Kulturpflanze kann im alpinen Raum auf dem gleichen Areal so viel Nährstoffe für den Menschen erzeugen wie die Kartoffelpflanze. Der Ertrag in den Berggebieten liegt nicht weit unter dem Durchschnitt, der in den Niederungen erzielt wird.

Der Lein (Flachs) gehörte in manchen Gebirgstälern zu jedem Hof. Er geht auf der Nordseite der Alpen bis auf ca. 1250 m ü. M. hinauf, im Vorderrheintal reift er noch auf 1650 m.

Ackerbohnen und Erbsen gedeihen bis 1750 m ü. M.; in den Gärten von St. Véran auf 2040 m findet man Salat, Zwiebeln, Lattich, Lauch, weisse Rüben, Karotten, Spinat, Kohl und Sellerie.

Weinbau

Es liegt in der Logik der Selbstversorgung, dass die Bergbewohner, wo irgendwie möglich, auch Wein anbauten. So fehlen die Rebberge in keinem der Haupttäler der französischen Alpen, wo sie oft bis auf 700 und 800 m ansteigen, in der mittleren Maurienne und im Vispertal (Oberwallis) sogar bis zu über 1000 m ü. M. Die rebbautreibenden Bergbauern müssen zur Besorgung ihrer Weinberge aus ihren Dauersiedlungen oft in tieferliegende Gebiete hinabsteigen, was Wege von 15 und mehr Kilometern bedeutet. Meistens besitzen sie im Weinberg – entweder allein oder mit Nachbarn oder Verwandten zuammen – eine Unterkunft, die den Charakter eines Wohnhauses haben kann.

Der Wirtschaftsraum der rebenbesitzenden Bergbauern des Val d'Anniviers erstreckt sich über eine Vertikaldistanz von 520 m ü. M. – wo die Rebberge sind – bis auf 2800 m ü. M., wo im Sommer die Kühe weiden. Hier sind auf kleinem Raum durch die vertikale Erhebung Lebens- und Wirtschaftsformen zusammengedrängt, die sich in der Ebene vom 40. bis 80. Breitengrad erstrecken. Im Gegensatz zu anderen weinbautreibenden Bergbewohnern nehmen diejenigen des Val d'Anniviers ihre Kühe, Schafe und

Ziegen auf ihren Wanderungen mit und treiben sie in der Talsiedlung auf die Weide. Die Wanderungen der Anniviarden und anderer Bewohner der Seitentäler des Wallis haben ihr Gegenstück im Tessin, wo es in der Gegend von Locarno Weinbergdörfer gibt, die zeitweilig von Familien des Verzascatales bewohnt werden. Auch in den Ostalpen, besonders im Adda-Tal sowie im Camonica-Tal spielt der Weinbau eine wichtige Rolle, desgleichen im Etschtal zwischen Meran und Bozen und sogar nördlich des Brennerpasses in Zirl bei Innsbruck.

In den Seitentälern des Aostatales besassen manche Bergbauern Weinberge, Wiesen und einen zweiten Wohnsitz im Doire-Tal. Sie verblieben dort nach der Weinlese mit einem Teil ihrer Viehhabe während des ganzen Winters bis in den April hinein.

Um zu ihren Reben zu gelangen, müssen nicht alle Rebenbesitzer in den Bergen halbe oder ganze Tagesreisen unternehmen. Manchmal befinden sich die Rebberge innerhalb des Gemeindeareals, nicht selten an felsdurchsetzten, sorgfältig terrassierten Steilhängen, wo sonst keinerlei Anbau möglich ist. Die grosse Sommertrockenheit der inneralpinen Täler macht den Weinbau noch auf Höhen von 1200 m möglich, während im feuchten voralpinen Gebiet der Weinbau zwischen 400 und 500 m aufhört.

Im Kanton Wallis sind zahlreiche Rebberge im Besitz von Burgergemeinden (bourgeoisies); diese bearbeiten ihre Rebberge in Gemeinschaftsarbeit und veranstalten mehrmals im Jahr Gemeindetrünke, an denen alle Bürger teilnehmen können.

Obstbau

In einigen Gegenden der Alpen (Tessin, Aostatal) verband sich die Alpwirtschaft mit der Kultur der Edelkastanie. Die Bergbauern des Verzascatales (Tessin) schlossen in ihre Wanderungen, die einerseits auf Maiensäss und Alp, anderseits in die Ebene hinunterführten, auch eine Station in den Kastanienselven ein, um dort die Kastanien herunterzuschlagen und in den Dörrhäusern zu trocknen. Die Bedeutung der Kastanie als Nahrungsmittel erhellt aus der Tatsache, dass ein einziger etwa 70jähriger Baum jährlich 100 bis 200 kg Früchte liefert – genug, um eine Person während 6 Monaten zu ernähren. Gebirgsbewohner in Lagen, wo keine Kastanienbäume mehr wuchsen, verschafften sich solche in tieferen Lagen auf fremdem Boden gemäss dem Ius plantandi. Es ist nicht übertrieben, zu sagen, dass die Kastanie in den Bergen des Tessins und des Piemonts Menschen und Tiere vor Hungersnot bewahrt hat. Das Laub der Edelkastanie wurde als Streue verwendet. Auch das Holz der alten Bäume war geschätzt; es diente als Bauholz für Dachstühle, zur Herstellung von Rebstecken und lieferte eine geschätzte Holzkohle.

Die Edelkastanie gedieh auch in den vom Föhn durchstrichenen Tälern um den Vierwaldstättersee; ihre Früchte, die gedörrt und zu Mehl vermahlen wurden, halfen an manchen Orten Korn zu sparen und spielten bis ins 18. Jahrhundert hinein eine wichtige Rolle. In diesen Gebieten der Zentralschweiz, wo wegen einseitiger exportorientierter Vieh- und Milchwirtschaft fast kein Ackerbau mehr betrieben wurde, fanden die Kleinbauern teilweisen Ersatz für Getreide in den Früchten der zahlreichen Nuss- und Obstbäume, die sich nicht nur in den privaten Hofstätten, sondern auch auf den Allmenden befanden, wo ihre Pflanzung sogar behördlich angeordnet wurde. Für die Bedeutung der Obstbäume in diesem Gebiet zeugt auch, dass in der Gegend von Schwyz ziemlich viel Obstwein erzeugt wurde. Mit zunehmender Höhe nimmt die Intensität des Obstwuchses ab und setzt am Nordabhang der Zentralalpen in 950 m Höhe ü. M. ganz aus. Ein Teil des Steinobstes, vor allem Kirschen und Zwetschgen, diente seit dem Ende des 18. Jahrhunderts in immer grösserem Masse zur Herstellung von Edelbranntwein wie Kirsch und Zwetschgenwasser.

In den inneralpinen Tälern gedeihen Obstbäume bis auf Höhen von durchschnittlich 1400 m, doch verzichtet man in höheren Lagen auf Obstbäume. Man hat in Dorfnähe nur Laubbäume, deren Zweige und Blätter als Futter für das Vieh dienen; daher machen die Dörfer des Oisans, des Queyras, des Goms und des Engadins einen kahlen Eindruck. Im allgemeinen verzichtet der Alpenbewohner leichter auf frische Früchte als auf Wein.

Waldwirtschaft und Jagd

Die Bedeutung des Holzes als Handelsartikel wurde erst im 19. Jahrhundert richtig erkannt. Damals waren weite Gebiete in den Alpen sowohl durch aktive Rodung (Schwenten, Brandrodung) als auch durch die altertümlichen Nutzungsformen wie Waldweide, Streusammeln, Harzgewinnung usw. in ihrem Waldbestand reduziert. Dazu kam die Entnahme des Holzes für den Haus- und Hüttenbau sowie für Zäune und das notwendige Brennholz, vor allem für die Käse- und Zigerherstellung. Die Entwaldung erreichte in den verschiedenen Teilen der Alpen einen höheren oder geringeren Grad. Sie ist am stärksten in den Alpen des südlichen Dauphiné und der Provence, wo der Wald von oben, von den Alpweiden her gerodet worden ist, um die Weideflächen zu vergrössern. Da die Weiden dort mager sind, musste verhältnismässig viel Wald gerodet werden, um den Bedarf der Bevölkerung an Weidegründen zu befriedigen. Wenn in dem feuchteren Savoyen weniger Wald vernichtet wurde, so deshalb, weil die Weiden in Savoyen auf der gleichen Fläche grössere Erträge liefern als im südlichen Dauphiné. In den Schweizer Alpen ist die Holzvernichtung etwas weniger weit vorgedrungen, trotz der bedeutenden Viehzucht mit ihrem grossen Bedarf an Brenn- und Bauholz für die Sennhütten. In den Ostalpen ist der Anteil des Waldes an der gesamten Oberfläche des Landes heute noch grösser als in den beiden übrigen Hauptteilen des alpinen Gebirgssystems, obschon dort die Eisenhütten, die Salinen und die Glashütten riesige Holzmengen verschlangen.

Im traditionellen Verständnis der Gebirgsbauern war der Wald Holzlieferant für die autochtone Wirtschaft, Weidebezirk, Viehfutter- und Streuelieferant und nicht zuletzt Jagdgebiet. Früh schon erkannte man den Nutzen der Bannwälder bei der Lawinenverhütung und erliess Verordnungen gegen den Holzschlag – nicht jedoch gegen die übrigen Nutzungformen – in diesen Wäldern. Es war üblich, das Vieh zu gewissen Zeiten im Walde weiden zu lassen, besonders bei starker Hitze oder bei Unwetter, und als die Waldweide durch gesetzgeberische Massnahmen bekämpft wurde, wehrten sich manche alpine Gemeinden für deren Fortbestand. Der Wald war in der vorindustriellen Zeit vor allem Nährwald.

Eine andere Nebennutzung des Waldes war die Waldgräserei, bei der auf Lichtungen im Gebirgswald, die durch Lawinen, Windbruch usw. entstanden sind, dort gewachsenes Gras entweder von Hand abgerupft oder mit der Sichel abgeschnitten wurde. Wenn dies regelmässig geschieht, verwachsen die betreffenden Blössen kaum mehr, was zwar im Interesse des Viehhalters ist, jedoch dem Aufkommen eines wirtschaftlich verwertbaren Hochwaldes entgegensteht. Die Sorge des Viehzüchters war die Beschaffung von Futter für sein Vieh, und die Forstverordnung, die ihm die Waldgräserei und den Holzschlag verbot, erschien ihm als ein Übergriff in seine Rechte. Diese Auffassung führt ihn manchmal noch heute zum Holzfrevel, ein Delikt, das bei der Bergbevölkerung nicht als «stehlen», sondern mit mildernden Ausdrücken bezeichnet wird.

Während im schweizerischen Alpengebiet der Wald zum grössten Teil in Gemeinde- und Korporationsbesitz ist, herrrscht im Ostalpengebiet flächenmässig der private Kleinwaldbesitz vor. Er diente in der Vergangenheit ausschliesslich der Selbstversorgung, wobei die darin betriebene Viehweide und Streuenutzung wichtiger war als der Holzertrag. Wenn sich auch die volkswirtschaftliche Bedeutung der Waldwirtschaft erst in der ersten Hälfte des 19. Jahrhunderts durchgesetzt hat, so gab es doch im 17. und 18. Jahrhundert Holzexporte aus dem Alpengebiet. Dabei handelte es sich um eine ungeordnete Waldnutzung, ja um Raubbau. Die Abholzung kam vor allem in der Nähe von flössbaren Flüssen vor. So gab es um 1742 Holzknechte aus dem Tirol im Engadin, die das dort gefällte Holz auf dem Inn bis nach Hall im Tirol flössten, wo es zur Feuerung der Sudpfannen in den dortigen Salinen verwendet wurde.

Während das Holzfällen in der Ebene eine verhältnismässig einfache Arbeit darstellte, verlangte es im Hochgebirge besondere Übung, Körperkraft und Geschicklichkeit. Der Holzknecht lebte oft wochenlang von seiner Familie getrennt in selbsterbauten Holzhütten. Die Nahrung war sehr einfach; sie bestand in den Ostalpen meistens aus Mehlspeisen und Kartoffeln sowie etwas Milch, die die mitgebrachten Ziegen lieferten. Für die gefährliche Arbeit brauchten die Holzknechte Steigeisen und Knieeisen, um an den Bäumen hinaufklettern zu können.

Das gefällte Holz musste unbeschädigt den Berg hinuntergebracht werden. Dies besorgten die Holzknechte im Winter mit Schlitten, eine gefährliche Arbeit, bei der mancher aus der Schlittbahn hinausgeworfen und vom Schlitten begraben wurde.

Eine andere Form des Holztransportes geschah mittels auf Stangengerüsten ruhenden hölzernen Gleitbahnen (Riesbauten) mit halbzylindrischen Kanälen, in denen sich die entasteten und entrindeten Stämme infolge der eigenen Schwere fortbewegten. Der Transport zu Wasser erfolgte durch Flössen, eine Arbeit, die einen besonderen Grad von Mut, Erfahrung und Geschicklichkeit erforderte und bei der ein besonderer Ehrenkodex galt. Dieser verbot zum Beispiel den Flössern sich anzuseilen oder an den Ufern des Baches herumzuklettern; der richtige Flösser blieb im Bach.

Holzkohle wurde in allen Waldgebieten erzeugt, aber wohl nirgends mehr als im Umkreis des steirischen Erzberges. Dort wurde das gewonnene Eisenerz in den waldreichen Tälern verarbeitet; man brachte das Erz zum Holz, errichtete Hochöfen auf der Basis von Holzkohle, ferner Hämmer und Schmieden zur Weiterverarbeitung des Eisens zu Handelsprodukten. Viele Kleinbauern verdingten sich zu Forstarbeit und Köhlerei. Überall wurden wegen der Holzkohlengewinnung Schläge in den Wald getrieben, und während des Sommers brannten die Kohlenmeiler. Die Köhler lebten in den Wäldern in elenden Bretterhütten. Ihre kleine Landwirtschaft wurde fast ausschliesslich von den Frauen besorgt.

Durch die Einführung des Kokses ging die Meilerköhlerei, die einen grossen Teil der Wälder in den Alpenländern aufzehrte, ganz zurück. Die Waldbauern in den österreichischen Alpenländern betrieben, nachdem sie gegen Ende des 18. Jahrhunderts zu eigenem Waldbesitz gekommen waren, bis in die entlegensten Hochgebirgstäler hinauf eigene Sägemühlen.

Das Holzfällen, Flössen und Kohlenbrennen war zum Teil ein Nebenverdienst für Bauern, die nur wenig Land hatten; zum Teil jedoch wurden diese Arbeiten von eigentlichen Berufsleuten ausgeführt, die eine eigene soziale Schicht mit eigenen Traditionen bildeten. Dasselbe gilt auch für die Bergknappen, denen nur mit dem Widerspruch der Bauern Grund für ihre Knappenhäuser zugewiesen werden konnte.

Wie der Holzknecht und der Köhler, hat auch der *Pecher* seine Lebensbasis im Walde. Der Pecher ging mit dem Waldbesitzer einen Vertrag ein, bei dem der Erlös aus dem Harzverkauf gleichmässig zur Hälfte geteilt wurde (Niederösterreich). Es gab auch Eigentumspecher, die ihren eigenen Wald besassen und bearbeiteten. Das *Harz* wurde an Pechsieder verkauft, die daraus Terpentinöl und Kolophonium, aber auch Wagenschmiere herstellten. Diese Erzeugnisse gelangten durch die Vermittlung von Wanderhändlern an die Verbraucher.

In einem gewissen Sinne kann auch der Honig als ein Produkt des Waldes bezeichnet werden. Seit jeher zogen die Bauern in die bewaldeten Hochtäler, um Tannenhonig zu erlangen. Im Mittelalter war überhaupt die *Waldbienenzucht* üblich, wobei hohle Bäume die Bienenstöcke abgaben. Die Einfluglöcher wurden mit Stirnbrettchen versehen, die in den Ostalpen und vor allem im slowenischen Alpengebiet ein besonderer Anwendungsbereich der volkstümlichen Malerei waren. Die Darstellungen zeigten Jagd- und Tierfabeln sowie Spottszenen auf den Teufel, Martin Luther, die Frauen usw.

Die im östlichen Alpengebiet und darüber hinaus verbreitete Bienenrasse Apis Melfica Carnica stammt ursprünglich aus den Steirischen Alpen und den Karawanken. In manchen Alpentälern ist es üblich, die Bienenstöcke in einer Art Transhumanz von Ort zu Ort zu bringen, so dass sie während des ganzen Jahres «Bienenweide» haben; so bringt man zum Beispiel die Bienen aus dem Queyras während des Winters in die Provence, anderswo sömmert man sie auf der Alp. Bis zum Aufkommen des Rohr- und Rübenzuckers, der anfänglich sehr teuer war, musste der Honig den Zucker ersetzen.

In einzelnen Waldgebieten der Ostalpen und Oberbayerns entstand das Wachszieher- und Lebzeltergewerbe. Die Lebzelter in den Ostalpen stellten aus Mehl, Honig und Gewürz Gebildbrote für den Verkauf her; die Wachszieher, die oft mit den Lebzeltern vergesellschaftet waren, formten Andachtsfigürchen aus Wachs, die in den Herrgottswinkeln der Bauernhäuser aufgestellt wurden.

Jagd

Die Jagd – älter als die Viehzucht und der Ackerbau – war einmal die Grundlage des Lebensunterhalts. Später wurde sie ein Vergnügen der Mächtigen, demzuliebe das Gemeineigentum der Bauern am Wald eingeschränkt wurde. Die Privilegien der Adeligen gaben Anlass zur heimlichen Jagd der Bauern, zum Wildern. Der Wilderer verkörperte die volkstümliche Anschauung vom Gemeineigentum des Waldes als eines Nahrungsspenders für die angrenzenden Siedlungen; diese Anschauung dauerte auch noch fort, als die feudalen Rechte abgelöst waren und staatliche Forst- und Jagdgesetze Ordnung in das Forst- und Jagdwesen zu bringen suchten. Die Forst- und Jagdgesetze wurden als Eingriff in die angestammten Rechte des Volkes empfunden, und wer sich dagegen verging, konnte mit der Verschwiegenheit seiner Mitbürger rechnen. Noch im vergangenen Jahrhundert wurde die Jagd in den Alpenländern nicht nur zur Nahrungsbeschaffung für magere Zeiten, sondern auch zum Zwecke der Sicherheit der Gegend ausgeübt. Die damals noch zahlreich vorhandenen Raubtiere wie Bären, Wölfe und Luchse fügten dem Viehbestand, vor allem dem Kleinvieh, Schaden zu. Beim Auftauchen solcher Raubtiere kam es zum Aufgebot sämtlicher Jäger des Ortes und zu organisierten Bärenjagden. Noch im 19. Jahrhundert trommelte man nachts auf einigen Alpen in Graubünden, um die Bären zu verscheuchen, weil man keine zureichende Bewaffnung hatte, um sie zu erlegen. Den Bären und Wölfen suchte man auch durch Fallenstellen und durch Fangnetze beizukommen.

Die Hochwildjagd, auf die man sich jeweils im Sommer nach St. Jakob (25. Juli) begab, war eine Nebenerwerbsquelle im Dienste der Nahrungsbeschaffung. Am beliebtesten war die Gemsenjagd, welche indessen die grössten Anstrengungen erfordert und am meisten Gefahren bringt. Auch die Murmeltiere, die vor allem in den West- und Zentralalpen häufig vorkommen, sind ein beliebter Gegenstand der Jagd. Diese Jagd ist zwar gefahrlos, erfordert jedoch viel Geduld, da sich die Tiere oft tagelang in ihrer Höhle verborgen halten, wenn sie Gefahr wittern.

Die Murmeltiere sind vor allem ihres Fettes wegen begehrt, das zu Heilzwecken, besonders zur Herstellung von Salben, Verwendung findet. Häufig werden die Tiere auch ausgegraben, so z. B., wenn man sie wegen ihrer Drolligkeit zur Unterhaltung der Menschen verwenden will. In Savoyen gab man sie Knaben auf ihre Wanderungen mit, wo die affenähnlichen Tiere durch ihre täppischen Tänze zur Leierkastenmusik die Leute ergötzten.

In den österreichischen Alpen waren manche Alpweiden im Besitz von adeligen und anderen Jagdherren. Diese verhinderten mancherorts die Ausübung der Alpwirtschaft, weil sie glaubten, diese störe die Ruhe im Jagdrevier und beeinträchtige den Jagderfolg.

Sammelwirtschaft

Rund um die Alp und die Dauersiedlung gab es ausser Futtergewinnung und den Produkten aus dem Feldbau eine Anzahl von Nebennutzungen, die zur Fristung des Lebensunterhalts von Mensch und Vieh nicht unwichtig waren.

Als eine Form der Sammelwirtschaft war die *Futterlaubgewinnung* im ganzen Alpengebiet und weit darüber hinaus verbreitet. Das Laub der

Eschen, Ulmen, Ahorne usw. wurde abgerissen, abgebrochen oder abgeschnitten und für den nahrungsarmen Winter getrocknet. Die Tiere, insbesondere die Ziegen und Schafe, frassen das getrocknete Laub nicht nur, weil sie Hunger hatten, sondern auch wegen der besonderen Stoffe, welche die Blätter enthalten und die vom Heu nicht geboten werden. Kleine Laubgaben an die Milchkühe sollten nach der volkstümlichen Meinung die Milchabsonderung anregen. Durch die Schneitelung erhielten die Eschen und Ahornbäume ein kandelaberartiges Aussehen. Für das Trocknen des Laubes gab es verschiedene Verfahren. Man hängte die Laubbündel an Stangen auf die Lauben der Scheunen und Stadel. Es kam auch vor, dass man das geschnittene Laub zum Trocknen in die Astgabeln der Bäume hineinhängte, die man geschneitelt hatte (Unterwallis). Das Schneiteln wurde in der Regel nur von Frauen und Kindern ausgeführt und galt vielerorts als eine des Mannes unwürdige Arbeit. Die Schneitelbäume standen meistens auf den Privatgütern in der Nähe des Dorfes, seltener auf der Allmeine oder den Alpen, wo das Schneiteln erst nach der Alpentladung erlaubt war.

Ebenfalls zur Sammelwirtschaft gehörte das Sammeln von *Gras* an Wegrändern und Strassenrändern, auf Grenzstreifen, welche die Äcker voneinander trennen, und von Waldgras. In hohem Ansehen stand vielerorts der *Wacholder,* dessen Zweige mit der Sichel abgeschnitten und, in Säcke verpackt, manchmal stundenweit nach Hause getragen wurden. Dies war im Gegensatz zur Laubgewinnung eine Männerarbeit. Die Wacholdergewinnung war überall gestattet. Man legte Wert darauf, die Wacholderzweige im Schatten zu trocknen, z. B. auf dem Dachboden und in verlassenen Gemächern. Zur Verfütterung wurde der Wacholder in einem Holzstampf (meist von Buben) zerquetscht. Vor der Fütterung wird das Wachholdergelecke mit etwas Mehl und Salz vermischt. Man glaubt, dass dieser «Leckerbissen» die Verdauung der Tiere anrege und ihnen ein feines, weiches Fell gebe.

Eine gewisse Rolle in der Wirtschaft der Bergbauern spielte der *Alpenampfer* (Rumex alpinus), der besonders üppig auf den überdüngten Stellen in der Nähe von Alphütten und Viehlagerplätzen gedeiht und manchmal auch in besonderen Gärten in den Dörfern angebaut wurde. Die Blätter wurden zwei- bis dreimal im Jahr abgerissen und meistens im Freien in grossen Kesseln gekocht. Die so gekochten *Blakten* wurden zur Konservierung in viereckige Holzgestelle oder in Fässer, manchmal auch in Erdgruben gelegt und fest gepresst. Der Rumex alpinus dient heute als Schweinefutter; es gibt manche Belege dafür, dass er auch als menschliche Nahrung, besonders als Hungernahrung, gedient hat.

Ein anderweitiges Objekt der Sammelwirtschaft war die *Streue,* die man in den Wäldern fand. Besonders beliebt war die Nadelstreue, meistens mit Moosen und Flechten durchsetzt. Die Forstordnungen verboten vielfach das

Zusammenrechen der Nadeln mittels Geräten, weil dadurch der Aufwuchs der Sämlinge verhindert wird, doch wurde diese Art der Waldnutzung dennoch geübt und von der Bergbevölkerung nicht als Frevel empfunden. Die Laubstreue (Buchen, Ahorn usw.) war weniger wertvoll als die Nadelstreue. Auf den Alpen und Allmenden befinden sich Böden, die nur saures Riedgras oder Farn und ähnliche als Viehfutter ungeeignete Pflanzen tragen. Diese dienten jedoch als Streue und wurden in ähnlicher Weise wie das Wildheu gesammelt. Das Riedgras wurde meistens nicht auf der Alp verwendet, sondern ins Tal gebracht, denn auf den Alpen wurde allgemein nicht eingestreut; das Vieh stand den ganzen Sommer auf den kahlen Brettern des Stallbodens oder auf dem Steinboden.

Das Sammeln von wildwachsenden *Beeren,* Haselnüssen, Heilkräutern und Alpenblumen war in Wäldern, auf Allmenden, Alpen und auch auf privatem Boden im allgemeinen frei, solange es nicht in wirtschaftlicher Absicht geschah, und auch dann noch blieben die Sammler von Beeren und *Blumen* zum Verkauf meist unbehelligt, wenn sie durch ihre Sammeltätigkeit keinen Kulturschaden anrichteten. Dieses dem Empfinden der Bevölkerung entsprechende Recht wurde vor allem von den Bergbauern ohne Grundbesitz benützt. Diese waren zu einzelnen Epochen verhältnismässig zahlreich; daneben gab es allenthalben auch Armut und Bettel, eine Tatsache, welche von den Hochgebirgsreisenden des frühen 19. Jahrhunderts oft in deren Reisebeschreibungen vermerkt wurde. Die landlosen Bauern und die Armen machten vorwiegend Gebrauch von den primitiven Sammelmethoden. Sie gruben z. B. Enzianwurzeln aus und brachten sie in die Schnapsbrennereien. Der gelbe *(Gentiana lutea),* der rote *(Gentiana purpurea)* und der punktierte Enzian *(Gentiana punctata)* sind im ganzen Alpengebiet verbreitet. Sie wurden im Nachsommer mit grossen schmalen Hauen ausgegraben. Die Enziannutzung war nicht ganz kostenlos; meistens musste dem Besitzer der Weide eine relativ bescheidene Pachtsumme bezahlt werden.

Das Beerensammeln wurde vor allem von Kindern besorgt. Die Beeren wurden in den Gebieten mit Fremdenverkehr an die Hotels verkauft oder dienten als Nahrungsmittel für die Familien der Gebirgsbewohner selbst.

Das Edelweisspflücken und der Edelweisshandel florierten vor allem im südöstlichen Alpengebiet, wo die Pflanze besonders reich und schön gedeiht. In der Ortschaft Unterbreth in Krain stand auf manchen Häusern die Anschrift «Edelweiss-Depot». Die dortigen Händler kauften den jungen Burschen, die ihr Leben um die Blume wagten, die schönen Sterne für einen Pappenstiel ab und versandten sie in alle Welt. Unmengen von Edelweiss schmücken nicht nur die Hüte von Touristen, sondern wurden auch serienmässig auf Spruchkartons geklebt, die als Wandschmuck dienten. Die Bergbauern hatten, bevor sie Edelweissromane gelesen hatten, für das Edelweiss nicht sehr viel übrig; es war für sie die «Bauchwehblume», die – in Milch gekocht und mit Honig versetzt – ein Heilmittel gegen Diarrhoe war.

Die schon erwähnte Harzgewinnung von Fichten, Föhren und Lärchen war ebenfalls verbreitet, obschon sie fast überall verboten war. Im Ötztal war noch zu Anfang dieses Jahrhunderts längs der Talstrasse kilometerweit kein unverletzter Baum zu finden. Frisches Harz wurde bei der Wäsche dem Wasser beigesetzt und diente auch zur Behandlung von Wunden. Das Harzkauen war ein reinlicheres Seitenstück zum Tabakkauen. Man verwendete dazu fast ausschliesslich Fichtenharz, das man beim Gang durch den Wald von der Baumrinde ablöste. Die Sitte des Pechkauens war vor allem im hinteren Zillertal bei Mann und Frau verbreitet, und man glaubte dort, Harzkauen bürge für schöne weisse Zähne.

In einigen Alpengebieten holten die Hirten Kristalle und andere Mineralstücke aus den einsamen und wilden Klüften herunter und setzten sie manchmal zu respektablen Preisen bei den Touristen ab.

Siedeln und Wohnen in den Alpen

Siedlung

Die Dauersiedlungen der Alpenbewohner sind einerseits Einzelhöfe und kleine Weiler, anderseits Dorfsiedlungen, die mehr oder weniger geschlossen sein können. In den südlichen Voralpen (Var-Tal, Seealpen) gibt es stark konzentrierte, geradezu festungsähnliche Siedlungen; weniger festungsähnlich, aber doch konzentriert sind im ganzen Alpengebiet auch Dörfer an den Mündungen grosser Täler sowie an Strassen mit lebhaftem Fernverkehr. Die grössere Häufigkeit geschlossener Siedlungen in den romanischen Teilen der Alpen kann nicht abgestritten werden. Nach einer Stichprobenerhebung der FAO (Food and Agriculture Organization) (Cépède/Abensour 1960) leben in den alpinen Gemeinden der Schweiz, Bayerns und Österreichs drei Viertel der Bewohner in Einzelhöfen oder kleinen Weilern; in den französischen Alpen fällt dieser Anteil auf 15 % und in den italienischen Alpen auf nur 10 %. Es gibt offenbar bestimmte ethnische Siedlungstraditionen. Aber die natürliche Umwelt und bestimmte siedlungsgeschichtliche Faktoren waren ebenfalls entscheidend für die Siedlungsart. So kann man durchwegs in den Alpen – sei es im Tirol, im Salzburgischen, in Teilen Kärntens und der Steiermark, im schweizerischen Voralpengebiet und im nördlichen Teil Savoyens – feststellen, dass die im Mittelalter gerodeten Gebiete in der Form von Einzelhöfen besiedelt wurden. Dabei ist noch zu bemerken, dass die Streusiedlungsform vor allem in regenfeuchten Gebieten vorkommt, wo die Viehzucht gegenüber dem Ackerbau im Vordergrund steht. Bei der Streusiedlung stehen die Höfe in der Regel inmitten des arrondierten Bodeneigentums, was den Vorteil kurzer Arbeitswege bietet. In den alpinen Einzelhof- bzw. Streusiedlungsgebieten wird der ganze Hof fast immer geschlossen innerhalb der Familie vererbt, so dass die Höfe im Besitz derselben Familie bleiben. Einzelhöfe können sich in höheren Lagen ansiedeln als Dörfer oder Weiler, was sich vor allem im Südtirol feststellen lässt. Das Leben in der Einzelsiedlung ist nicht ohne Einfluss auf die Mentalität der Bewohner; es fehlt die erziehende Wirkung der Nachbarschaft, daraus erklären sich eine gewisse Unverträglichkeit und ein auffallender Mangel an Gemeinsinn.

Eine Übergangsform zwischen dem Einzelhof und dem Dorf ist der Weiler, der manchmal über gemeinsame Weide und andere Gemeinschaftseinrichtungen verfügt. Manche Ortsnamen des Alpengebietes wie Bagnes, Lötschen, Saas (Wallis) usw. bezeichnen nicht eigentlich eine Ortschaft, sondern sind Sammelnamen für verzweigtes, zerstreutes Land mit Dörfern und Weilern.

Die Dauersiedlungen in den Alpen können verschiedene Lagen einnehmen: auf den Schwemmkegeln der Seitenflüsse und Bäche (Rhonetal, Wallis), etagenmässig auf schmalen Felsrippen zwischen Lawinenzügen und Wildbächen, unterhalb von vor Lawinen schützenden Hochwäldern (Bannwäldern), manchmal in Höhenlage an bevorzugter Sonnenexposition. In der Vergangenheit spielte die Sicherheit eine wichtige Rolle für die Anlage der Siedlung.

Die Meereshöhe des Siedlungsraumes schwankt mit der Höhe der Bergmassive; je höher diese sind, desto höher hinauf kann die Siedlung reichen. Während im Vercors, dessen höchste Erhebung 2097 m beträgt, das höchste Dorf auf 1253 m liegt, liegen manche Weiler der durchschnittlich viel höheren Maurienne auf über 2000 m. Das Dorf Saint-Véran im obersten Queyras (Hautes-Alpes) liegt als höchster Gemeindehauptort Europas auf 2040 m ü. M. In den Schweizer Alpen liegt der Weiler Juf im Tal von Avers (Graubünden) auf 2116 m, Chandolin (Val d'Anniviers) auf 1936 m; in den österreichischen Alpen liegt Obergurgl im Tirol, am Übergang vom Ötztal ins Schnalsertal, auf 1927 m; in den italienischen Alpen finden wir die Siedlung Trepalle im Veltlin auf 2070 m ü. M.

Bei Höhenlagen von Siedlungen wie Saint-Véran, Chandolin usw. spielt das Bestreben eine grosse Rolle, dem Schlagschatten des Schatthanges auszuweichen.

Das alpine Dorf spiegelt in vorzüglicher Weise seine Sozial- und Wirtschaftsstruktur wieder: Da sind die «normalen» Bauernhäuser, die Kleinhäuser der landlosen Bauern, die Villen der zurückgekehrten Auswanderer, die in der Stadt reich geworden sind; da sind die kommunalen Einrichtungen wie Käserei, Waschhaus, Backhaus, Sägerei, Mühle, da ist die Tanzlaube für die

Jungen und da ist die Sakrallandschaft mit Kirche, Friedhof, Beinhaus, Kapellen, Oratorien und Wegkreuzen.

Die alpinen *Hausformen,* sowohl diejenigen der Wohngebäude wie diejenigen der Wirtschaftsgebäude, sind einerseits von natürlichen Verhältnissen, anderseits von kulturellen Traditionen geprägt. Es gibt kein einheitliches alpenländisches Bauernhaus. Die augenfälligste Unterscheidung ist diejenige zwischen Holzbau und Steinbau. Die süd- und westeuropäische Tradition der Steinbauweise wirkt vom Mittelmeer bis in die feuchten Waldgebiete der französischen Alpen, wenn auch – besonders bei Wirtschaftsgebäuden – mit Anleihen an die Holzbauweise. Steinbauten prägen die Hauslandschaft der Alpensüdseite, erreichen aber den Alpenkamm nicht überall, da ihnen ein anderer, gemischter Haustyp, den man das Gotthardhaus nennt, entgegentritt. Es ist dies ein aus Stein und Holz aufgebauter Haustyp, der eine aus Blockwerk gefügte Stube mit der gemauerten Küche verbindet. Diese Hausform findet sich besonders in den Hochtälern des Wallis und Graubündens sowie im Gotthardgebiet und im oberen Tessin, mit gewissen Abwandlungen bis an den Rand der französischen Westalpen und der Ostalpen. Diese Häuser fassen nicht Mensch und Vieh unter einem Dach zusammen; sie sind vielmehr das Zentrum von Streuhöfen, wie sie die alpine Mehrzweckwirtschaft auf verschiedenen Höhenstufen verlangt.

Im Alpengebiet herrschte der Streuhof in verschiedenen Formen vor, z. B. als Paarhof, wenn Haus und Stall als annähernd gleich grosse Gebäude nebeneinanderstehen. Wenn mehr als zwei Gebäude (neben Wohnhaus und Stallbau noch Speicher, Holzhütte, Backhaus usw.) vorhanden sind, spricht man von Haufenhöfen oder Gruppenhöfen. Mehrere Gebäude lassen sich schliesslich zu Dreiseithöfen und Vierseithöfen verbinden, wie dies im Ostalpenraum der Fall ist. Seit dem 17. und 18. Jahrhundert sind aus den Paarhöfen und Haufenhöfen mehr und mehr Einhöfe entstanden, indem man Haus und Wirtschaftsgebäude unter einem Dach vereinigte.

Für alle diese Bauten ist typisch – wenigstens in den Langholzgebieten – die Verwendung der Blocktechnik (auf gemauertem Sockel) sowie das Anbringen von Lauben, einem häufigen alpinen Baumotiv, das mit dem Bergklima und dem Trocknungsbedarf funktionell zusammenhängt. Die Blockbauweise herrscht in den Alpen überall dort vor, wo man nicht mit Stein baut, sie ist aber auch in Nord- und Osteuropa sowie in Waldgebieten Nordamerikas verbreitet. Sie ist an das Vorkommen von Nadelholz gebunden, dessen Länge und Geradegewachsenheit erst die Errichtung von Blockbauten möglich machen. Beim Blockbau wird das Stammholz liegend verwendet; man hat deshalb gesagt, es sei ein Mauern mit Holz. Bei der primitiven Blockbauweise wird entrindetes Rundholz verwendet, vor allem bei Ställen und Scheunen, manchmal – besonders in den Ostalpen – auch bei Wohnhäusern. Eine entwickeltere Form besteht darin, dass man behauene oder gesägte Balken aufeinanderlegt und sie mit Holznägeln verzapft. Die Balken werden an den Enden (Ecken) so miteinander verbunden, dass der jeweils obere Balken in die Einkerbung des nächstunteren eingreift, wobei das Gefüge mehr oder weniger kunstvoll ausgearbeitet werden kann.

Bei den alpinen und voralpinen Haustypen dominiert das Nebeneinander von Wohn- und Wirtschaftsräumen im Erdgeschoss, ganz im Gegensatz zu den südalpinen Bauernhäusern mit ihrem Übereinander von Stall, Wohnküche, Schlafkammer und offenem Estrich sowie zu den *Maisons en hauteur* der *Villages perchés* in den Alpes Maritimes. In den französischen Alpen finden sich eigentliche Holzbauten nur im nördlichen Teil (Nord-Savoyen) im Kontakt mit der schweizerischen Hauslandschaft. Doch kommt es auch dort, wo man mit Stein baut, selten vor, dass man nicht noch anderes Material mitverwendet. Meistens ist der Dachstuhl aus Holz, desgleichen die Tür- und Fensterrahmen. Manchmal ist das untere Geschoss aus Stein und der obere Teil, der als Heuscheune dient, aus Holzpfosten und Brettern oder aus Blockwerk. Letzteres ist zum Beispiel der Fall in Saint-Véran (Queyras, Hautes-Alpes).

Es wäre falsch, anzunehmen, dass im Alpenraum allgemein nur «primitive» Hausformen zu finden seien. Im deutsch-österreichischen Alpengebiet sind Bauweise, innere Wohneinrichtung und Hausrat im Vergleich zur romanischen und slawischen Anspruchslosigkeit sehr entwickelt; oft sind z. B. die Stuben inwendig getäfelt. Bemerkenswert ist der im Engadin (Graubünden, Schweiz) vorkommende Haustyp, der auch ins österreichische Oberinntal und auf den Vintschgau übergreift. In den geschlossenen Dörfern des Engadin herrschten im 16. Jahrhundert die Blockbauten vor, wie im Gotthardgebiet. Nach den Kriegsverwüstungen von 1622 mussten diese zum Teil neu aufgebaut werden, dabei wurde das Blockwerk mit einem dicken Steinmantel umgeben; dies geschah zum Teil aus praktischen Gründen wegen der Feuersicherheit sowie wegen des Kälteschutzes, zum Teil aus Gründen der Repräsentation. Bei der Verzierung dieser Häuser in Sgraffito-Technik verwendete man Ornamente, die von Kunstbauten der italienischen Renaissance abgeguckt waren und vermutlich durch die Vermittlung von zurückgekehrten Emigranten den Weg ins Engadin fanden. Die Engadiner Bauern hatten zuerst in Mehrhöfen gewohnt und gewirtschaftet, die sich seit dem 17. Jahrhundert immer mehr zu Einhöfen entwickelten, wo Wohnteil, Speicher und Stall unter einem Dach vereinigt sind.

Anstatt der hölzernen Lauben, die man im Alpengebiet so häufig findet, schmücken im Engadin und in angrenzenden Gebieten Erker und Balkönchen mit schmiedeisernen Geländern die Fassaden. Die asymmetrisch angeordneten Fensteröffnungen, welche sich als Lichtfänger nach aussen stark erweitern, beleben die Mauermassen. Man darf jedoch beim Betrachten der palazziähnlichen Bauernhäuser nicht vergessen, dass diese den Reichtum der begüterten Familien in den Alpen repräsentierten und dass die armen Familien viel bescheidener wohnten.

Das bayrisch-tirolische Alpenhaus ist ein Einhaus, meistens mit steinernem Erdgeschoss und je einem Obergeschoss und Dachgeschoss aus Holz in Blockmanier. Der Giebel ist reich ornamentiert mit geschnitzten Ständern, Streben und Sparren. Der Eingang zum Wohnteil befindet sich je nach Region auf der Giebelseite oder auf der Traufseite. In höheren Lagen ist das verhältnismässig flache Pfettendach mit Schindeln gedeckt und mit Steinen beschwert. Oft thront darauf ein zierlich ausgesägter Dachreiter mit der Glocke, die das Gesinde zum Essen ruft.

Die stattlichen Bauernhäuser in den Alpentälern mit ihrem künstlerischen Fassadenschmuck dürfen nicht darüber hinwegtäuschen, dass es abseits der Hauptstrasse auch ärmliche Behausungen gab. In manchen Häusern bestand die Wohnung nur aus einem Kochraum und einer Stube von vielleicht fünf mal fünf Metern. Die Küche war aus Rohmauerwerk, fensterlos, der Dachstuhl bildete die Decke. Gekocht wurde auf der offenen Herdstelle. Die Stube diente als Ess-, Wohn- und Schlafraum. Unter den Betten der Erwachsenen befanden sich Schiebebetten, die man nachts hervorzog. Häufig teilten drei bis vier Kinder dasselbe Bett. Wo die Erbform der Realteilung herrschte, führten die Teilungen der Häuser zu zahlreichen Umbauten. Die Räume der einzelnen Familien lagen oft wirr durcheinander. Im italienischen Alpengebiet waren nach H. Wopfner oft die kleinsten Häuser zwischen drei und vier Familien aufgeteilt, die in der gemeinsamen ärmlichen Küche ihre Nahrung zubereiteten und in einer gemeinsamen Stube, die durch Kohlestriche in Bezirke aufgeteilt war, Tag und Nacht zubrachten. Der Pauperismus war in Gebirgsgegenden nicht weniger verbreitet als in den Ebenen.

Der Hausbau war im Alpengebiet meistens Sache des Besitzers, d. h. jeder Bauer war sein eigener Baumeister. Die Errichtung eines Hauses konnte mit einem verhältnismässig bescheidenen Geldaufwand durchgeführt werden, weil nach altem Brauch die Verwandtschaft, die Nachbarn oder die Gemeindeglieder unentgeltliche Arbeit leisteten oder Beiträge in der Form von geschenkten Türen, Fenstern usw. lieferten. Dies gilt vor allem für Holzbauten; bei gemauerten Häusern war die Nachbarhilfe nicht im gleichen Ausmass möglich. Eine wichtige Nachbarhilfe bestand im Zutragen und Zuführen von Baumaterial; beim Bau von privaten Alphütten mussten oft die im Tal zugesägten Balken auf den Schultern mehrere hundert Meter hoch hinaufgetragen werden. Alle diese Bauhilfen beruhten auf Gegenseitigkeit.

Der Unterschied zwischen der Hauskultur des Voralpengebietes und derjenigen der inneralpinen und südalpinen Täler liess sich auf den ersten Blick erkennen: hier die stattlichen Holzhäuser mit reichen Verzierungen und geschnitzten Inschriften, Meisterwerke der Blockbaukunst, die regelmässig mit Hilfe der Dorffeuerspritze von oben bis unten abgewaschen wurden, dort meistens Steinhäuser in den engen Gassen, wobei diese vor allem im Süden oft zugleich Verkehrsweg, Wasserkanal, Hühnerhof und Bedürfnisanstalt waren.

Archaische Züge in der Bauart

Die Wirtschaftsbauten und die Temporärsiedlungen repräsentieren manchmal sehr archaische Stufen des Hausbaus. So findet man noch Hirtenhütten und Holzhackerhütten, wo sich die Feuerstelle in der Mitte des Raumes befindet, was gegenüber dem Kamin und besonders gegenüber dem Sparherd den Vorteil hat, dass man auch lange Äste verbrennen kann, ohne sie vorher zu verkleinern.

Alphütten sind oft Paläste im Vergleich mit den Alpstafeln und den Wachthütten, die oft nur aus herumliegenden Steinen roh aufgeschichtet sind und kaum mehr als Hütten bezeichnet werden können. Besser sind demgegenüber Felsüberhänge und Höhlen, die als zeitweilige Unterkünfte für Hirten und Herden in Betracht kommen. Milchkeller befinden sich im Tessin manchmal in den im Gestein vorkommenden Spalten, aus denen ständig ein kalter Wind bläst, oder noch häufiger an Wasserstellen, so dass kaltes Wasser um den Keller herum oder durch ihn hindurch fliesst. Rundbauten nach dem System der «falschen Kuppel» (Kragkuppel) kommen im Alpengebiet nur mehr selten vor; als Milchkeller findet man sie auf den Alpen des Poschiavotales, wo diese Konstruktion geschätzt wird, weil sie luftdurchlässige und darum kühle Keller ergibt.

In der Haute-Provence finden sich ebenfalls Rundbauten, die sogenannten *Bories,* die besonders im Lubéron-Gebirge während einiger Tage oder Wochen im Jahr von Schafhirten und ihren Herden bewohnt werden. Sie sind wie die Milchkeller des Poschiavotales in Trockenmauerart aufgeschichtet, Platte auf Platte, wobei die höheren Schichten stets um einige Zentimeter nach innen vorstehen, bis sie sich nach oben in einem kuppelartigen Gewölbe schliessen. Es ist dies eine Bauweise, die sich in Mykene beim Grab des Agamemnon, bei den sardischen Nuraghen und bei den apulischen Trulli findet.

Als archaisch müssen auch die für den Kanton Wallis typischen, jedoch auch in angrenzenden Gebieten vorkommenden Speicherbauten bezeichnet werden, die auf Holzpfosten mit Steinplatten stehen. Die Steinplatten, die oben auf den Pfosten liegen, werden als Schutz gegen Feuchtigkeit und Mäuse aufgefasst, dürften jedoch auch konstruktionsmässig bedingt sein. Man unterscheidet zwischen Garbenspeicher und gewöhnlichem Speicher. Der erste, der auch eine Dreschtenne enthält, dient der Unterbringung von Garben, während der zweite das gedroschene Getreide, Mehl, Brot, Käse, Fleisch, aber auch Kleider und Wäsche aufnimmt. Der Garbenspeicher ist vermutlich die entwickeltere Form einer anderen Einrichtung im Dienste des Getreidebaus, der Kornhiste. Dies ist ein leiterähnliches Gerüst, an dem die Garben nach der Ernte zum Trocknen und zum völligen Ausreifen aufgehängt werden. Histen findet man vor allem dort, wo das Getreide auf den Äckern nicht voll zum Ausreifen kommt: in den Ostalpen von Tirol aus ostwärts nach Kärnten, Steiermark und Nordslowenien sowie in einigen Hochtälern der Schweizer Kantone Graubünden und Tessin. Die Histe kann auch als eine Art Garbenspeicher betrachtet werden, besonders dort, wo sie – wie in den Ostalpen – ein Dach trägt; die Funktionen des Trocknens und des Aufbewahrens erfüllt jedoch besser der Walliser Garbenspeicher.

Urtümlich und ungewöhnlich in ihrer Art wirken die Alpbauten der Alp Velika planina in den Kamniker Alpen in Slowenien. Sie besteht aus Hütten mit ovalförmiger Grundmauer, innerhalb derselben sich die in Blockmanier erbaute Wohnstube des Sennen befindet. Der Raum um diesen zentralen Wohnteil herum dient als Viehstall. Das ganze ist mit einem fast bis zur Erde reichenden Schindeldach, das von dem kubischen Wohnblock getragen wird, bedeckt, so dass unter einem Dach die Wohnstätten des Sennen und der Viehstall vereinigt sind.

Zum Schutz vor Lawinen haben die Menschen in den Bergen oft aus groben Steinen gemauerte Lawinenspaltkeile an ihren Gebäuden errichtet. Diese sollen die Lawinen zerteilen und ableiten.

Wohnen

Die Bergbevölkerung der Westalpen und der Südalpen wohnt vorwiegend in Wohnküchen; der Herdraum hat den Charakter eines Wohnraums. In den deutschsprachigen Alpentälern ist dagegen meistens die Stube der Ort des Wohnens und der familiären Behaglichkeit. Die Geschichte der *Stube* ist aufs engste mit ihrem wichtigsten Bestandteil, dem Ofen, verbunden: ohne Ofen keine Stube. Das Heizen des Stubenofens geschieht von der Küche aus; der Ofen ist in der Stube, aber sein «Mund» ist ausserhalb der Stube. Der Ofen, um den herum die Ofenbank angebracht ist, entspricht den Bänken für die Alten am Cheminée in der west- und südalpinen Wohnküche. Im Zentralalpengebiet der Schweiz (Rheintal, Uri, Wallis, oberes Tessintal) werden die Ofen häufig aus Platten des dort vorkommenden Specksteins (Giltstein, Lavezstein) hergestellt. Die Stube mit dem Ofen wurde zum Teil auch von den benachbarten hochalpinen französisch- und italienischsprechenden

Bevölkerungen (Welsch-Wallis, Veltlin, Trentino, Piemont) übernommen, allerdings mit geringerer Ausstattung.

Ursprünglich befand sich in der Stube im Winter alles, was Wärme suchte, z. B. die Hühner, die man gewöhnlich in einem Käfig unter der Ofenbank unterbrachte, oder junge Schweine. In der Stube wurde, solange es daneben oder darüber keine speziellen Schlafräume gab, auch geschlafen.

Die Stube zeigt eine in ganz Mitteleuropa weit verbreitete Raumeinteilung, indem der Ofen neben der Eingangstüre steht (was natürlich ist, da er von aussen, meistens der Küche her, geheizt wird) und sich ihm schräg gegenüber eine Kultecke mit Kruzifix und anderen Kultgegenständen auf hochgelegenem Wandbrett befindet. In dieser Ecke steht oft auch der Familientisch mit dem Platz des Hausvaters an der oberen Schmalseite.

Im Salzburgischen, in Kärnten und der Steiermark wärmte man sich und ass man in den sogenannten *Rauchstuben;* das sind umfassende Wohnräume, die – mit kaminlosen Herdstellen und Backöfen – als Stube und als Küche zugleich dienen. Der Rauch wurde zunächst von einem über der offenen Herdstelle angebrachten, baldachinartigen Funkenhut aufgenommen, wo er sich abkühlte. Von dort quoll er dann hervor und sammelte sich unter der Stubendecke. Diese war in der Rauchstube höher als in den übrigen Gemächern, um dem beissenden Rauch oben Platz zu geben, so dass ein Aufenthalt wenigstens im Sitzen möglich war. Es gab oberhalb der Stubenfensterchen kleine Öffnungen, durch die der Rauch mit der Zeit ins Freie entwich. Der Aufenthalt und das Schlafen in den Rauchstuben soll häufig zu Augenerkrankungen geführt haben. Anderseits hielt der Russüberzug des Raumes allerlei Ungeziefer fern.

Die südalpinen und westalpinen *Wohnküchen* unterscheiden sich von den ostalpinen Rauchstuben durch die gemauerten Wände. Das Feuer kann sich in altertümlichen Verhältnissen – vor allem in Temporärsiedlungen – ohne Rauchfang und Kamin mitten im Raum befinden; es kann jedoch auch in einem mehr oder weniger kunstvoll ausgestatteten Cheminée, das sich an der Wand oder in einer Ecke des Raums befindet, brennen. Das Feuer, das nicht nur wärmt, sondern auch ein wenig erhellt und um das herum sich Sitzgelegenheiten mit hohen Lehnen befanden, ist in den romanischen Ländern der Ort, wo man wohnt, isst und kocht. Der Kultecke der alpinen Stuben entspricht im Gebiet der Romania der Kaminsims, auf dem kleine Kultgegenstände, allerlei Andenken usw. aufgestellt werden.

Das Zusammenleben mit Tieren wurde von der Gebirgsbevölkerung allgemein nicht als störend empfunden. Da die Stallscheunen oft von den Dauersiedlungen weit entfernt sind und dort kleine Stuben, die als Schlafraum dienen können, nicht immer vorhanden sind, schlafen die Viehbesorger oft im warmen Stall auf einer Pritsche. Eigentliche *Stallwohnungen* finden sich innerhalb des Alpengebietes in der oberen Maurienne, in den obersten Gemeinden der Tarentaise, im Queyras sowie in einigen an Savoyen grenzenden Gebieten des Piemonts. Es handelt sich hier wohl um das Überleben einer früher verbreiteten Wohnweise. Allgemein wird das Zusammenleben von Mensch und Vieh in einem ungetrennten Raum während des Winters durch das rauhe Klima, die lange Dauer des Winters und durch den Mangel an Brennstoff erklärt, doch dürften auch andere Faktoren mitgewirkt haben. Wie wollte man sonst erklären, dass man im Queyras-Gebiet im Winter in grossen gewölbten Räumen mit dem Vieh zusammenlebte, im Nachbargebiet der oberen Ubaye – mit ähnlichen klimatischen Verhältnissen – jedoch nichts davon wissen wollte?

Die Wohnstallhäuser der französischen Alpen sind Einhäuser mit einer engen Verbindung von Wohn- und Wirtschaftsteil. Die Stallwohnung hat zwei Teile, die in den ältesten Typen dieses Hauses nur durch einen Jauchegraben getrennt sind: den Wohnteil und den Stall. Im Wohnteil befindet sich das ein- oder zweistöckige kastenartige Bett, unter dem oft etwas Kleinvieh gehalten wird. Zur Erwärmung der Stallwohnung genügt die Körperwärme des Viehs nicht immer ganz; es werden oft noch Briketts aus Schaf- und Ziegenmist verbrannt. Ursprünglich war die Stallwohnung der ständige Aufenthaltsort; später richtete man im ersten Stock neben der Scheune Sommerstuben ein. Die Küche befindet sich im Erdgeschoss und ist manchmal in demselben Raum wie die Wohnung der Menschen und Tiere; manchmal ist sie durch eine Wand von der Stallwohnung abgetrennt.

Der *Hausrat* in den Küchen und Wohnungen der Alpenbewohner war denkbar einfach. Der wichtigste Bestandteil der Kücheneinrichtung war die Feuerstelle mit der Feuerplatte, die sich in den einzelnen Alpengebieten auf verschiedener Höhe befand. Über dem Feuer war meistens ein Rauchhut, von dessen Querbalken eine durch Verzahnung verstellbare Kette herabhing. Daran hing der kupferne, bronzene oder eiserne Kochkessel. Auf der Feuerstelle wurde nicht nur für die Familie gekocht, sondern im Winter auch gekäst. Dazu diente ein aus Holz gefertigter, drehbarer Kesselgalgen (Herdgalgen), an dessen waagrechtem Arm man den Käsekessel aufhängte. Die Töpfe und die Pfannen stellte man zum Kochen auf einen eisernen Dreifuss. In der Regel fehlten weder die Feuerzange noch der Schürhaken. Häufig befand sich in der Küche ein einfacher Küchenschrank; manchmal gab es nur Wandbretter (Tellergestell), auf denen das Koch- und Essgeschirr aufgestellt wurde. Vor allem in den Westalpen bemühte man sich, diesen oft bis zur Decke reichenden Wandbrettern ein schmuckes Aussehen zu geben, indem man das bunte Fayence-Geschirr in eine schöne Ordnung brachte. Oft fand sich in der Küche auch der Teigtrog, dessen Deckel als Küchentisch dienen konnte. In manchen Küchen fand man einen Backofen, der oft wegen seiner grossen Dimension zum Teil halbkugelförmig über die Hauswand ins Freie hinausragte.

An der Wand hing irgendwo ein kerbschnittverziertes Salzfass. An den Balken der Decke oder an der Wand war ein Brotbrett (Brotrechen) angebracht, wo man das Brot aufbewahrte und vor Mäusefrass sicherte. Zum Zerkleinern des in der Regel harten Brotes gab es vielfach besondere Geräte, bestehend aus einer Klinge mit Griff, die an dem einen Ende auf einem Brett mittels eines Ringes so befestigt war, dass man sie heben und auf das zu schneidende Brot hinabdrücken konnte. Die in einer Küche nie fehlenden Wassereimer waren manchmal aus Holz, häufig auch aus Kupfer, in den Alpen jedoch selten aus Ton.

Wo Föhren vorkommen, bediente man sich zur Beleuchtung der harzigen Späne dieses Holzes. Man steckte sie in Mauerritzen oder besondere Kienspanträger bzw. Kienspanzangen. In den Alpen diente auch der Talg (das geschmolzene Fett von Rindern und Schafen) als Beleuchtungsstoff. Der Talg fand Aufnahme in Talglampen, die man aufhängen konnte. Häufig stellte man auch Kerzen her; es gab in manchen Bauernhäusern Formen zum Giessen derselben. In den südlichen Alpentälern und in den Westalpen hatte man Öllampen aus Kupfer, Messing oder Glas.

Dort, wo man nicht mehr im Stall mit den Tieren wohnte oder in der Rauchstube, die keine hohe Wohnkultur erlaubte, sondern in der Stube, kamen zuerst handwerklich gefertigte Möbel auf. Kennzeichnend für die Stube, deren Wände oft getäfelt wurden, sind die festen Wandbänke, die Tischecke mit dem Herrgottswinkel darüber, Stühle, Bänke und Kästen, ferner kleine Eckschränke für allerlei Kleingerät, Schriften und Gebetbücher, die man gerne zur Hand hatte, wenn man bei Tische sass.

Nicht überall diente die Stube als Schlafgemach wie im schwäbischen und alemannischen Gebiet; im Tirol zum Beispiel schliefen der Bauer und die Bäuerin in der Nebenstube, die andern Hausbewohner in Schlafkammern unmittelbar unter dem Dache. Aus der Stube drang die Wärme durch eine Luke in die Schlafkammer, zu der hinauf eine neben dem Ofen angebrachte kleine Holzstiege führte. Wo in der Stube auch geschlafen wurde, standen die merkwürdig kurzen Betten oft auf hohen Pfosten, weil die Wärme nach oben steigt, dann aber auch, damit die Ausziehbetten für die Kinder tagsüber daruntergeschoben werden konnten. Vor dem Hohlraum zwischen den hohen Bettpfosten, auf der Schauseite des Bettes, stand oft eine Truhe, deren Vorderwand mit Kerbschnitzereien geschmückt war. Manchmal stand auf der Truhe die Wiege, die an der Bettlade befestigt war. In primitiven Wohnverhältnissen, wo man eine Störung des Kindes durch Haustiere oder durch den Wolf zu befürchten hatte, wurden die Wiegen an der Decke aufgehängt.

An sonstigem Mobiliar gab es Regale zur Aufnahme der Zinnkannen und Zinnteller, wo man solche hatte und nicht mit Holzgeschirr vorlieb nahm, und vor allem standen im Winter die Webstühle, Spinnräder und Zettelhaspel im Raum. Spinnen und Weben bildete zwischen Neujahr und Ostern die Hauptbeschäftigung der Frauen; in manchen Gegenden obliegt das Spinnen der Frau und das Weben dem Manne. Nach Ostern wurde der Webstuhl bis zum nächsten Winter abmontiert.

Mit der Trennung von Feuerraum und Wohnraum gingen manche der ursprünglich an die Feuerstelle gebundenen Verrichtungen und Bräuche in den Stubenraum über, so die Mahlzeiten, die Abendsitze, die Spiele und das Tanzen. Der Ofen, die wärmespendende Seele der Stube, war dort, wo das entsprechende Gestein vorkam, aus Speckstein, der die Eigenschaft hat, die Wärme sehr lange zu behalten; meistens jedoch hatte man Kachelöfen. In den Ostalpen sind diese – auf einem vierkantigen Unterbau – oft bienenkorbartig gewölbt, im Zentralalpen- und Voralpengebiet eher kastenförmig und mit einer Bank versehen.

Die Einrichtungsstücke in den anderen Räumen wie Schlafkammern, Vorratskammern usw. waren in ihrer Gestaltung weniger anspruchsvoll als die Möbel in der Stube. Da gab es wandfeste Betten mit Stroh- oder Laubsäcken, Einbaumtruhen als Vorratsbehälter, einfache Schränke für die Kleider, Wandnägel und Wandnischen.

In den Gebieten, wo man mit Holz baute, verwendete man vielfach keine Eisenbeschläge und keine Metallnägel, ausser bei repräsentativen Gebäuden wie Kirchen und Gemeindehäusern. Die Türen der gewöhnlichen Häuser hatten keine Eisenangeln, sondern oben und unten Holzzapfen, die in ein Loch in der Türschwelle und in ein solches des Türsturzes hineingriffen; auch die Türschlösser waren mit Ausnahme des Schlüssels früher ganz aus Holz gefertigt. In der «Holzzeit» verfügte man über eine erstaunliche Kenntnis der nach Herkunft und Eigenschaften verschiedenen Holzarten und wusste diese für den jeweils passenden Gebrauch auszuwählen. Die Wertschätzung guter Holzbaukunst zeigte sich in einzelnen Alpengebieten (Westalpen, Wallis) in der Ablehnung der Bemalung von Möbelstücken und in der Bevorzugung des Kerbschnittes. Dies war besonders mit Bezug auf die seltenen und kostbaren Hölzer wie z. B. dem Holz der Zirbelkiefer (Arve) der Fall.

Wie hier schon dargelegt worden ist, erklärt sich die ärmliche Ausstattung so mancher Wohnungen im Berggebiet durch den Umstand, dass das Wirtschaften der Bergbewohner, auf ausgedehntem und grosse Vertikaldistanzen umfassendem Raum, Unterkünfte an verschiedenen Punkten bedingt. Dies hat zur Folge, dass keine Wohnstätte richtig eingerichtet ist, ja oft mangelhaft und sogar schlecht. Die Genossenschafts-Alphütten, wo die Sennen etwa ein Viertel des Jahres verbringen, haben keinerlei Wohnausstattung. Der Tisch in dem einzigen Raum dient vor allem der Käseverarbeitung. Als Sitzgelegenheit gibt es oft nur den angeschnallten Melkstuhl. Ursprünglich war auch der Schlafplatz – eine Bretterpritsche mit etwas Heu oder Stroh – in dem Feuerraum, wo gekäst wurde. Wo Einzelsennerei betrieben wird, sind die Alphütten durchwegs besser eingerichtet, und wenn gar Sennerinnen dort das Regiment führen, sind sie meist recht wohnlich.

Nahrung

Die *Ernährung* der Bergbevölkerung hat sich in Anpassung an die alpinen Wirtschaftsformen und deren Ansprüche an die körperliche Leistungsfähigkeit ausgebildet. Die Kost war im allgemeinen einförmig, gewisse Speisen wie das Mus kehrten täglich wieder. Gemüse waren, wenn man vom Kraut absieht, verhältnismässig selten. Dort, wo man aus klimatischen Gründen kein Getreide anbaute, sondern solches anderswo kaufen musste, blieb der Brotkonsum stark eingeschränkt. Hier konnten manchmal Käse und Ziger geradezu die Stelle des Brotes einnehmen; so soll man in Voralpengebieten zu Fettkäse statt Brot Magerkäse gegessen haben. Fettkäse wurde in den Schweizer Alpen, insbesondere im Wallis, bei besonderen Gelegenheiten am offenen Feuer gebraten (Raclette); die geschmolzene Schnittfläche des halbierten Käses wurde abgeschabt und mit Brot oder mit gesottenen Kartoffeln gegessen. Eine andere ursprüngliche Älplerspeise war der vor allem in der französischen Schweiz unter der Bezeichung «Fondue» verbreitete heisse Käsebrei. Als Frühstücksspeise der Älpler war in den voralpinen Hirtengebieten der Zentral- und der Westschweiz Schotte mit frischem Ziger das übliche.

Die Festspeise der Älpler war der geschlagene Rahm, der an besonderen Tagen entweder allein oder mit Gebäck aufgestellt wurde. In den nord- und voralpinen Gegenden feierte man Weihnachten und Neujahr mit Schlagrahmessen, anderswo die Fastnacht. Auch bei den Festen, die im Sommer auf den Alpen abgehalten wurden, gab es geschlagenen Rahm, zum Beispiel am Jakobstag.

Das wenige Mehl, das man eingekauft hatte, diente zur Herstellung von mit reichlicher Butter gebackenen *Mehlspeisen* wie zum Beispiel Krapfen. Als Brotersatz dienten – vor allem in niedrigeren Lagen – gedörrte *Baumfrüchte*, besonders Birnen, dann auch Kastanien, die auf der Nordseite der Alpen, beispielsweise in der Gegend des Vierwaldstättersees, viel verbreiteter waren als heute; ferner Baumnüsse und Haselnüsse sowie Heidel- und Preiselbeeren. Im Kanton Glarus (Schweiz) wurde unter dem Namen «Birnbrot» ein Gemisch von *Dörrobst und Teig* hergestellt, das sehr haltbar war und als Brotersatz diente.

Wo sich die Viehwirtschaft mit altalpiner Agrarwirtschaft verband, spielte die Getreidenahrung eine hervorragende Rolle, sei es in der Form des Körnerbreies oder des flachen, ohne Verwendung von Sauerteig zwischen erhitzten Steinen gebackenen Fladenbrotes oder sei es in der Form der unübersehbaren Zahl von alpinen Sorten aufgegangenen Brotes. Allen gemeinsam war der Umstand, dass sie nur wenige Male im Jahr gebacken wurden und im Verlauf der langen Lagerung sehr hart wurden. Am häufigsten wurde Roggenmehl verbacken; wo es davon zu wenig gab, verwendete man eine Mischung von Roggen- und Gerstenmehl. Das Backen von reinem Haferbrot wurde früh aufgegeben. In Landschaften, wo man viel Mais anbaute, wurde Maisbrot gebacken (Ost- und Südalpenraum). Da das Brotmehl bei den Bergbauern oft nicht für das ganze Jahr ausreichte, versuchte man, es zu strecken, indem man zum Beispiel dem Brotteig Bohnenmehl oder Kartoffelbrei beimischte. In den südlichen Alpenlandschaften (Piemont, Südtirol, Tessin), wo die Edelkastanie wächst, wurde Kastanienmehl in grossem Ausmass (bis zu einem Drittel) als Zusatz bei der Brotbereitung verwendet. Meistens wurde das Brot gewürzt, vor allem mit Kümmel, Anis oder Koriander. Vielfach bevorzugte man flache, wenig getriebene Brotformen, die man als Vorrat auf die Alp mitnahm, da sie weniger schimmelten.

Das harte Brot musste vor dem Essen oft zuerst (meistens in Wasser) aufgeweicht werden. Weissbrot war in den Gebieten, wo man keinen Weizen anbaute, ein Festtagsgericht; meistens wurde es in andere Speisen, zum Beispiel Suppe, eingebrockt.

Zur Getreidenahrung gehörte auch das Mus, eine dick eingekochte Masse aus verschiedenen Getreidesorten, Butter und Milch. Es war vor allem dort verbreitet, wo man mit dem Brot sparen musste. Der Haferbrei war im Mittelalter eine allgemeine Bauernspeise. Auch Hirsebrei war seit urgeschichtlicher Zeit verbreitet; später kamen noch der Buchweizenbrei und der Maisbrei dazu. Die Breie bildeten allgemein das Frühstück des Bergbauern; sie wurden entweder mit Mehl oder mit zerkleinerten Körnern gemacht.

Ein allgemein verbreitetes, in sehr verschiedenen Formen auftretendes Gericht waren die Krapfen, in heissem Fett hellbraun gebackene, meistens gefüllte Kuchenteigstücke. Diese kamen vor allem an Tagen schwerer Arbeit (Heuernte, Getreideernte, Heuzug) sowie an Festtagen auf den Tisch. Die Füllung konnte aus Marmelade, aus Spinat, aus Käse usw. bestehen. Die Krapfen und andere in Butter oder Schweinefett gebackene Gerichte bewirkten eine ausgiebige Sättigung und halfen zugleich Mehl sparen.

Von den *Gemüsen* fand der Kohl, der auf verschiedene Weise konserviert wurde, die grösste Verwendung, vor allem in den Ostalpen, wo er vor der Einführung der Kartoffel fast jeden Tag auf den Tisch kam. Die Kartoffeln, die seit dem Ausgang des 18. Jahrhunderts aufgekommen waren und in einigen Gegenden bald zur Hauptnahrung wurden, drängten nicht nur die früheren Bohnen-, Erbsen- und Linsengerichte zurück, sondern auch den Brotkonsum. Sie gediehen, wie man bald feststellte, auch auf mittelmässigem Boden und mussten, um in der Küche verwendet zu werden, nicht den Weg durch die Mühle und den Backofen nehmen wie das Getreide. Für die Gebirgsgegenden, wo der Getreidebau stets schwierig war, bedeutete der Kartoffelanbau sehr viel, weshalb man in manchen Bergtälern früher danach griff als in den kornreichen Niederungen.

Was das *Fleisch* betrifft, so genoss man vor allem geräuchertes und an der Luft getrockenetes Fleisch. Frisches Fleisch kam fast nur zu Festzeiten auf den Tisch, besonders an den Festen des Winters, weil in diese Zeit das Viehschlachten fiel. Geflügelfleisch kam mancherorts nicht auf den Tisch, sondern galt höchstens als Krankenspeise.

Eine fettreiche, kräftige und reichliche Kost war typisch für die Alpengebiete Bayerns und Österreichs; dabei spielten die aus der Fettpfanne herausgebackenen Krapfen eine grosse Rolle. Die slawischen und romanischen Alpenbevölkerungen lebten im Vergleich dazu eintöniger und karger, zum Beispiel mit Polenta, Teigwaren und Reis. Im Welschtirol führte die Einseitigkeit der auf zum Teil unausgereiftem Mais basierenden Ernährung zum Auftreten einer typischen Mangelkrankheit, der Pellagra, zu deren Bekämpfung 1904 ein besonderes Gesetz geschaffen wurde.

An manchen Orten der Alpen konnten die Bergbewohner ihren Bedarf an *Wein* aus eigener Lese decken. Gemeinden, die auf Höhen wohnten, wo Reben nicht mehr gediehen, erwarben Rebberge in tieferen Lagen, um sich selber mit Wein versorgen zu können (französische Alpen, Wallis, Aostatal, Tessin). Wo die Ernte bedeutend war, wurde zu allen Tagesmahlzeiten – mit Ausnahme des Frühstücks – Wein getrunken, manchmal freilich auch solcher zweiter und dritter Pressung (Tresterwein, Piquette). Die ärmeren Bergbauern mussten ihre Gelüste nach Wein im Wirtshaus befriedigen, da sie im eigenen Keller keinen Wein eingelagert hatten. Wo man im Wirtshaus importierte Weine trinkt, gibt es oft traditionell und geschichtlich bedingte Bindungen: In Graubünden trinkt man vorzugsweise Wein aus dem Veltlin, das einst ein Untertanengebiet Graubündens war; in der Zentralschweiz, besonders in Uri, trinkt heute der Bauer im Dorfwirtshaus «noch denselben Tropfen, den einst sein reislaufender Vorfahre sich auf den ennetbirgischen Feldzügen in die durstige Kehle goss» (Richard Weiss). Erheblichen Aufwand an Geld forderte der Genuss von *Branntwein*, wo er nicht im eigenen Haus erzeugt wurde. Besonders geschätzt war der Schnaps aus den Wurzeln verschiedener Enzianarten; aber auch aus den Früchten des Vogelbeerbaumes, aus Heidelbeeren und Wacholder wurde Schnaps gebrannt. Schnaps – oft von minderwertiger Qualität – vertrat dort, wo man keine eigenen Reben hatte, den Wein und war das wohl verbreitetste Getränk in den Alpen, von dem fast kein Ort frei war. Mancherorts herrschte die Sitte des *Schnapskaffees*, der auch Frauen huldigten. Der Kaffee wurde in den Städten der Alpentäler zu Ende des 18. Jahrhunderts und in den Dörfern noch später eingeführt. Er galt zunächst als verderblicher Luxusartikel, fand aber bald starke Verbreitung, so dass ein Autor mit Bezug auf das Berner Oberland 1781 schreiben konnte: «Der Käsekessel wird zum Kaffeekessel, der Kaffee wird mit Rahm und ganzen Zuckerhüten gekocht ...» Es handelte sich hier allerdings um eine festliche Angelegenheit; der Einbruch in die Alltagskost geschah erst später.

Der Lebensmittel-*Vorratshaltung* dienten die Keller, die Vorratsräume innerhalb des Hauses, die Speicher und manchmal in der Nähe des Wohnhauses mit Holz ausgekleidete Erdgruben.

Die freistehenden Speicherbauten sind im alpinen Gebiet vorwiegend in Blockwerkart errichtet; oft stehen sie auf Pfosten, auf denen manchmal eine runde Steinplatte liegt (Wallis und angrenzende Gebiete). Diese Isolierung vom Erdboden schützt vor Bodenfeuchtigkeit und tierischen Schädlingen. Sie kann auch durch Ecksteine und Steinsockel oder durch einen überkragenden Oberteil auf der Untermauerung bewerkstelligt werden. In wohlhabenderen Gebieten des Alpenvorlandes sind die freistehenden Speicherbauten an Vorderwand und Türen mit Rosetten, Wirbeln, heiligen Symbolen (zum Beispiel Marienmonogramm) sowie Namen der Erbauer und Jahreszahlen geschmückt. Im Innern der Speicher und Vorratsräume hingen sogenannte Brotleitern für den Brotvorrat in Gegenden, wo man nur ein- oder zweimal im Jahre buk. Ähnliche Gestelle gab es auch für die runden Alpkäse. Andere Vorräte wie Roggen-, Weizen- und Gerstenkörner sowie Dörrfrüchte wurden in den Alpenländern oft in Truhen aufbewahrt. Auf den Alpweiden gab es – vor allem im nordalpinen Gebiet – Kässpeicher in Blockwerk auf Pfosten, worin der Alpertrag des Sommers auf Käsegestellen diebessicher aufbewahrt wurde und wo der Senn auf einem Tisch seine Käse pflegte und salzte. In verkehrsarmen Gebieten, wo der Käse nicht abgesetzt werden konnte, wurde er von den Bauern in Speicher gelegt und jahrelang aufbewahrt. Vielfach hing das Ansehen des Bauern von der Anzahl der Käse ab, die er besass, und es gab schliesslich hundertjährige Käse, die an Ausstellungen gezeigt wurden und nur noch Prestigewert für ihre Besitzer hatten.

Zur Aufbewahrung der Kartoffeln diente der Keller, wo man ca. 1 m tiefe Gruben zu deren Lagerung hatte. In den Ostalpen gab es in der Nähe der Häuser etwa 3 m tiefe, mit Holz ausgekleidete Schächte von 1 m Durchmesser. Hier wurden heiss eingeweichte Krautköpfe als Wintervorrat aufgeschichtet und mit Brettern und daraufliegenden Steinen beschwert.

Kollektivismus und Individualismus

Die alpine Viehwirtschaft beruht, wie gezeigt worden ist, wesentlich auf dem Weidgang in den Alpen. Die Beweidung der Alpen durch das Vieh setzt voraus, dass die Weiden allen Tieren ungeteilt zur Verfügung stehen; Alpweiden lassen sich schwerlich parzellieren. Dieser Umstand führt in vielen Fällen zum *Gemeinbesitz* an den Alpweiden für alle diejenigen, die Vieh auftreiben. Der Anteil am Gemeinschaftsbesitz macht den alpinen Viehzüchter abhängig von den Mehrheitsbeschlüssen aller Mitbesitzer mit Bezug auf den Zeitpunkt der Alpfahrt und der Alpentladung und mit Bezug auf Arbeiten zur Instandhaltung und allfälligen Verbesserung des Gemeinbesitzes. Einschränkend muss erwähnt werden, dass es auch viele (meist kleinere) Alpen im Privatbesitz sowie von Unternehmern gepachtete Alpen gibt.

Bei Gemeinbesitz an Alpweiden (Gemeindealpen, Genossenschaftsalpen, Korporationsalpen) wird der Alpnutzen entweder gemeinsam in der Form der genossenschaftlichen Sennerei gewonnen oder individuell nach dem Einzelsennereisystem, bei dem jeder Bauer seine eigenen Wohn-, Sennerei- und Stallräumlichkeiten auf dem der Gemeinde, Korporation oder Genossenschaft gehörenden Alpboden hat und selber melkt und käst.

Der Gemeinbesitz an Land ist in den verschiedenen Regionen der Alpen unterschiedlich entwickelt. Vielfach gibt es neben den Alpweiden in Gemeinbesitz auch Allmenden. Das sind Weiden, die Eigentum der Gemeinde oder Nachbarschaft sind. Sie sind meistens durch einen Zaun von den privaten Grundstücken abgetrennt und dienen im Frühling und im Herbst als Gemeinweide; während der Alpzeit weiden dort die Kühe, die wegen des Milchbedarfs im Dorfe gehalten werden. Auch ein Teil des Ackerbodens wird manchmal im Gemeinwerk bearbeitet, weil es sich um Gemeindeäcker handelt, deren Produkt in irgendeiner Form wiederum allen zugutekommt. Im Wallis besitzen die Burgergemeinden oft Rebberge, deren Ertrag dazu dient, mehrmals im Jahr einen Bürgertrunk zu veranstalten. Die Arbeiten in den Reben der Gemeinden des Val d'Anniviers in der Umgebung von Sierre werden jedes Jahr von den Bürgern unter Begleitung von Trommeln und Pfeifen verrichtet.

In den Trockengebieten setzt die ordentliche Benutzung der künstlichen Wasserleitungen regelmässige Unterhaltsarbeiten voraus. Diese werden von den sogenannten Geteilen (Miteigentümern) der einzelnen Wasserleitungen geleistet; wenn es sich um Gemeinde-Wasserleitungen handelt, sind grundsätzlich alle Familienvorstände zur Arbeit verpflichtet, doch werden nicht alle auf einmal aufgeboten; es wird vielmehr jeweils die nötige Zahl von Arbeitern durch das Los bestimmt.

Im Tal von Arvieux (Queyras) versammelten sich früher nach Bedarf die Familienvorstände zum sogenannten *Arruido*, um über die zu verrichtenden gemeinschaftlichen Arbeiten zu beschliessen, z. B. über den Tag, da man den Gemeindebackofen in Betrieb setzen wollte, oder über Ausbesserungsarbeiten an Strassen, Wasserleitungen usw. Hier wurde auch bestimmt, wer die Kühe des Dorfes auf der Gemeindeweide hüten sollte.

Die Gemeinatzung, bei der die Eigentumsrechte an Wiesen und Äckern vorübergehend aufgehoben sind, um dem Vieh im Frühjahr und im Herbst (nach der Rückkehr von den Alpweiden) den freien Weidgang zu erlauben, erhielt sich lange. Diese Betriebsform wurde vor allem dort beibehalten, wo die Zersplitterung des Grundbesitzes zu stark war, als dass jede Parzelle für sich als Weide hätte benutzt werden können.

Gemeinschaftsbesitz waren häufig auch die Backöfen, die Feuerwehrgeräte und die Brunnen. Vor der Einführung der obligatorischen Schulpflicht gab es Schulhäuser im Besitz von Geteilschaften, die eigens Lehrer anstellten.

Solange Zehnten entrichtet werden mussten, wurde manchmal das Zehntgetreide auf Gemeindeäckern im Gemeinwerk angebaut. Nirgends jedoch fanden wir Spuren von kollektivistischen Agrarverfassungen, bei denen man Anbau und Ernte von dem einen Ende der Flur bis zum andern Ende im Dorfverband ausgeführt und nachher jeder Familie einen Anteil zugewiesen hätte.

Der Wald kam in den französischen und den schweizerischen Alpen nach dem Zerfall des Feudalismus zum grossen Teil in öffentliche Hand (Gemeinden, Staat). Die Einwohner oder Ortsbürger haben in diesem Falle gewisse Holzschlagrechte für ihren privaten Gebrauch oder erhalten jedes Jahr gewisse Mengen an Brennholz zugeteilt. Der Wald mit seinen Vorräten an Holzbeständen diente den Gemeinden im Gebirge oft als Sparkasse, aus denen sie sich in Zeiten erhöhten Geldbedarfs Hilfe beschaffen konnten. Dasselbe lässt sich von den Bauernwäldern sagen, die vor allem in den Ostalpen häufig sind. In Einzelhofgebieten verfügen die Höfe in vielen Fällen über eigenen Wald.

Die Nutzungsrechte an den Allmenden, Alpen und Wäldern erstreckten sich nicht überall auf alle Ansässigen, sondern beschränkten sich auf eine abgeschlossene Bevölkerungsgruppe wie Burgergemeinde (zu der man kraft seiner Abstammung aus einem der autochthonen Geschlechter gehört) oder Korporation. Bei den Gemeindealpen bestand die Vorschrift, dass nur das von den einzelnen Genossen gewinterte Vieh auf der Gemeindealp gesömmert werden dürfe. Wegen dieser Bestimmung gingen die Armen der Gemeinde, die kein Grossvieh hatten, meistens leer aus, d. h. sie partizipierten nicht am Alpnutzen. Dagegen hatten sie das Recht, ihre Ziegen auf die Ziegenweide zu treiben; auch die Wildheugewinnung war ihnen gestattet, mancherorts sogar ihnen allein vorbehalten.

Die für den richtigen Ablauf all dieser Gemeindeangelegenheiten Verantwortlichen, die Gewaltshaber, Procureurs und Syndics, wie man sie auch immer nannte, wurden meistens jedes Jahr neu bestellt, wobei ein Hausvorstand nach dem andern in einer traditionellen Folge an die Reihe kam. Diese *Reihendienste* waren früher in- und ausserhalb des Alpengebietes sehr verbreitet, ob es sich nun um die Ziegenhut, die Brunnenreinigung oder das Anheizen des Gemeindebackofens handelte. Charakteristisch ist für dieses System, dass bei dem Einzelnen keine besonderen Kenntnisse vorausgesetzt werden; von jedem wird angenommen, dass er die ihm zugefallene Aufgabe erfüllen könne.

Von früheren Reihendiensten zeugen noch die in schweizerischen Museen erhaltenen Kehrtesseln (Kerbhölzer mit Aufzeichnung von Reihenfolgen) aus dem schweizerischen Alpengebiet: Da gibt es z. B. eine Tessel mit den Hauszeichen derjenigen, die zur Bärenjagd antreten mussten, eine andere diente dem Aufgebot zu einer mehrtägigen Prozession «um Befreiung von dem bösen Nachtwind»; verbreitet waren die Tesseln zur Regelung des Nachtwachdienstes in den Dörfern. Es gab auch individuelle Tesseln, auf denen die Tagschichten eingekerbt wurden, die ein jeder für die Gemeinde oder für eine der Korporationen geleistet hatte. Nachdem man am Ende des Jahres die Abrechnung mit der Korporation oder der Gemeinde gemacht hatte, wurden die Einkerbungen weggeschnitten, und es konnte eine neue Rechnungsperiode beginnen.

Ausserhalb dieser Gemeindepflichten gab es freiwillige *Formen der gegenseitigen Hilfe* bei Arbeiten, die das Arbeitspotential einer Familie überstiegen. Wenn zum Beispiel im Lötschental eine Familie eine Alphütte auf der Alpweide errichten wollte, so wandte sie sich an die Gesamtheit der Männer des Dorfes mit der Bitte, ihr an einem bestimmten Tage das bereits zugeschnittene Bauholz auf die Alp zu tragen (Vertikaldistanz ca. 600 m). In einem Tage wurden die schweren Balken, Bretter und Schindeln hinaufgetragen. Der aussergewöhnliche Charakter der Arbeit, an dem auch die Frauen teilnahmen, gab Anlass zu einem Fest, wobei der Besitzer des neuen Hauses nicht mit Speise und Trank sparte. Aber nicht nur beim Transport des Baumaterials, sondern auch beim Bauen selbst war die gegenseitige Hilfe unter Nachbarn üblich; manchmal war sie sogar durch die Gemeindeordnung vorgeschrieben samt der Speisen und Getränke, die in diesem Falle den Helfern vorzusetzen waren.

Ähnliche Formen der gegenseitigen Hilfe konnte man bei dem winterlichen Abtransport des Bergheus ins Tal beobachten; auch hier gab es anschliessend ein Fest mit traditionellen, besonders fetten Speisen. Wo ein Familienvater unverheiratete junge Töchter hatte, konnte er meistens der Arbeitshilfe der jungen Burschen gewiss sein.

Das Herumziehen mit dem Vieh von Stallscheune zu Stallscheune im

Winter, bei tiefem Schnee, um jeweils das im Sommer gesammelte Heu zu verfüttern, gab häufig Anlass zu gegenseitiger Hilfe, desgleichen das mühsame Hinauftragen der abgerutschten Erde auf die steilen Äcker im Frühjahr. Im Winter mussten die Wege offengehalten werden, was nur in gemeinsamer Arbeit geleistet werden konnte.

Ausser diesen vorwiegend instrumentellen Formen der gegenseitigen Hilfe, die vor allem lange weiterbestanden, weil die Wegverhältnisse ungenügend, das Bargeld rar war und deshalb bezahlte Arbeitskräfte nicht in Frage kamen, gab es auch Arbeiten, bei denen der einzelne keinen wirtschaftlichen Nutzen von der Zusammenarbeit hatte. Sie sind übrigens in den Alpen nicht sehr zahlreich und fehlen fast ganz in den Einzelhofgebieten. So kam man früher im Winter manchmal zum *Abendsitz* zusammen, um gemeinsam zu spinnen, zu stricken und Nüsse aufzubrechen unter dem Vorwand, Licht zu sparen. Meistens waren da junge Mädchen und junge Burschen; es kam auch etwa zu einem Tanz und zum gegenseitigen Kennenlernen.

Im übrigen dürfte die Bereitschaft der Bergbevölkerung zur *Kooperation* nicht überschätzt werden; wo sich die volkstümliche Ethik des «do ut des» erhalten hat, war dies meistens unter dem Zwang der Naturgewalten, der Isolierung und der Armut. Die grosse Verbreitung der Siedlung in Einzelhöfen, die verbreitete Einzelalpung auf den Gemeinde- und Korporationsalpen, das häufige Scheitern kooperativer Dorfmolkereien und anderer kooperativer Unternehmungen lassen vermuten, dass sich die Bergbewohner nur dort zu gemeinsamer Tat vereinigen, wo sie müssen. Aber sie müssen es zweifellos öfter als die Bewohner der Ebene. Der Mittelpunkt aller Anstrengungen war der Familienbetrieb, und das Arbeiten auf Gegenseitigkeit kam ihm zugute.

Die Vorstellung von einer freudig zum Gemeinwerk schreitenden Gemeinde entspricht nicht der Wirklichkeit. Die im Gemeinde-Frondienst verrichteten Arbeiten wurden oft trotz grossem Zeitaufwand schlecht besorgt, so dass man sie dort, wo es möglich war, schliesslich auf dem Wege der Akkordarbeit verrichten liess.

Die spontane Hilfeleistung bei Naturkatastrophen, insbesondere bei Lawinenunglücken und bei Brandkatastrophen war früher über alle Parteiungen hinweg selbstverständlich und machte an den Gemeindegrenzen nicht halt. Dieses Gesetz aller Bergbewohner wurde jedoch durch das aufkommende Versicherungswesen eingeschränkt, da die Versicherungen bei Unfällen nur dann zahlen, wenn die freiwilligen verunglückten Helfer versichert sind.

So fand man überall in den Alpen ein Miteinander von kooperativen und individualistischen Praktiken, zu denen man den Grund schon in der Erziehung der Kinder legte, indem sie einerseits zur Unterordnung unter das Kollektiv erzogen wurden, anderseits aber schon früh lernten, auf eigenen Füssen zu stehen und sich selbst zu helfen.

Eine ähnliche Dichotomie bestand auch mit Bezug auf Gemeineigentum und Privateigentum. Zweifellos ist das Gemeineigentum an Alpweiden und Allmenden, worauf der Weidgang beruht, sowie manchmal an Wildheuwiesen in den Gebirgsgegenden vorherrschend. Das Winterfutter dagegen wird auf dem privaten Boden der Heim- und Maiensässwiesen gewonnen, auch der Ackerboden und die Weinberge sind privates Gut. Nur selten waren einzelne Äcker, die durch gemeinsame Arbeit bei Wildbachverbauungen und Flusskorrektionen gewonnen wurden, Besitz der ganzen Gemeinschaft. Sie wurden meistens aufgeteilt und den Gemeindebürgern zur privaten Nutzung zugewiesen, wenn sie eine Familie gründeten. Bei ihrem Tod fiel das Grundstück wieder an die Gemeinde zurück.

Zu allen Zeiten gab es in den Alpentälern auch *Armut*. Aus den Armenverzeichnissen des Berner Oberlands kann man entnehmen, dass die Zahl der Armengenössigen (Unterstüzungsberechtigten) im Jahre 1764 in einzelnen Gemeinden 20 % der Bevölkerung ausmachte. Die Armut nahm besonders in denjenigen Gebieten zu, wo man vom Ackerbau zur reinen Viehwirtschaft übergegangen war. Die Viehzucht brachte zwar einigen grossen Viehbesitzern Reichtum, aber der Ackerbau hatte vielen Beschäftigung und ein bescheidenes Auskommen verschafft. Die Armut führte auch zur Bettelei, die unter mancherlei Vorwand wie Blumen-, Beeren- und Mineralienverkauf an Fremde betrieben wurde.

Zu den Ärmsten in den Alpen gehörten, da sie nicht einmal des Bettelns fähig waren, die Kretinen, also diejenigen, die in ihrer körperlichen und geistigen Entwicklung auf kindlicher Stufe stehengeblieben waren. Sie waren klein, untersetzt, hatten eine greisenhafte Physiognomie, konnten nicht reden, sondern höchstens stammeln. Der Kretinismus fand sich vor allem in abgeschlossenen Alpentälern, so im Wallis, im Aostatal, in einigen Tälern Savoyens, im Ötztal, in Kärnten, Salzburg und der Steiermark. Die von vielen Alpenreisenden beschriebene endemische Krankheit ist durch Verbesserung der hygienischen Verhältnisse, durch die Abgabe von Jod usw. erfolgreich bekämpft worden.

Bevölkerungsdruck und ergänzende Erwerbsquellen

Eine erste starke Bevölkerungsvermehrung, die auch die Alpengebiete ergriff, setzte im 11. und 12. Jahrhundert ein. In manchen Alpengebieten vergrösserte man damals systematisch den Nahrungsraum durch grosse Brandrodungen und steigerte den Ertrag der Wiesen und Weiden durch künstliche Bewässerung. Dennoch wuchs die Bevölkerung mehr und mehr über die bisher verfügbaren Unterhaltsmittel hinaus. Die Entlastung der Gebirgsgegenden durch Abwanderung war nur in beschränktem Masse möglich; die Städte, wie sie damals im Alpengebiet erwuchsen, waren zu klein, um eine ländliche Überschussbevölkerung aufzunehmen, und eine Abwanderung in entfernte ausseralpine Länder kam höchstens im Rahmen von fremden Kriegsdiensten in Betracht. Aller Rodungseifer der Alpenbauern vermochte nie den Landhunger vollauf zu befriedigen und gegen die Überbevölkerung der Bergtäler, wie sie – mit einigen durch die Pest bedingten Unterbrüchen – bis zur Mitte des 19. Jahrhunderts sichtbar wird, ein ausreichendes Gegengewicht zu schaffen. Im 13. Jahrhundert begannen im oberen Wallis die sogenannten Walser als Kolonisten nach dem Piemont auszuwandern, von wo ein Teil später nach Graubünden, Liechtenstein und Vorarlberg weiterwanderte, um dort sesshaft zu werden. Aus dem Gebiet von Kärnten und Osttirol zogen um 1325 Kolonisten in den Raum von Gottschee in Slowenien, doch hatten bajuwarische Bauernsippen südlich des Alpenhauptkammes schon früher zahlreiche Siedlungen gegründet.

Oft versuchten Gemeinden ihren Wirtschaftsraum zu vergrössern, indem sie sich über Wasserscheiden hinweg Weideland auf dem Gebiete anderer Gemeinschaften aneigneten.

Die Verschiedenheit der landwirtschaftlichen und der übrigen Produkte in den Gebieten nördlich und südlich der Alpen bedingte deren Austausch. Dieser vollzog sich über die Alpenpässe, zunächst über den Mont Cenis, den Grossen und den Kleinen St. Bernhard und den Simplon aus Italien zu den berühmten Messen der Champagne; dem *Verkehr* von Italien nach Südwestdeutschland dienten der San Bernardino, der Gotthard, Splügen, Septimer, Brenner und einige weniger bedeutende Alpenpässe wie der Bernina-Pass und der Maloja-Pass. Die Bewältigung des Durchgangsverkehrs wurde vielfach zum Monopol der an den Passrouten ansässigen Bevölkerung und bildete einen bedeutenden Nebenverdienst zur Landwirtschaft. Es ging nicht nur um den Warentransport, sondern auch um die Instandhaltung der Saumwege und Brücken und nicht zuletzt um den Personentransport (Kaufleute, Pilger usw.). Bei den Übergängen, wo es Hospizien gab, nahmen sich Klosterbrüder der Reisenden an. Berühmt waren der «Reisedienst» der Chorherren vom Grossen St. Bernhard, die mit den von ihnen gezüchteten Bernhardinerhunden manche verunglückte Reisende retteten, und derjenige der *Marronniers* des Mont-Cenis-Hospizes, welche die Reisenden auf schwindligem Gleitwege mit primitiven Schlitten hinunter nach Lanslebourg transportierten.

Schon im 14. Jahrhundert kam es im Alpengebiet zur Herstellung von *Erzeugnissen des Hausfleisses* über den Eigenbedarf hinaus, in der Absicht, zusätzlichen Verdienst zu gewinnen. Es handelte sich zunächst um Ware, die man ohnehin für den Eigengebrauch herstellte, wie Tuch, landwirtschaftliche Geräte (Rechen, Weingartstecken usw.). Es waren meistens Kleinbauern, die so während des Winters als Woll- oder Leinenweber und Holzwerkzeugmacher einen Nebenverdienst suchten. Im Gebiet des Alpsteins im schweizerischen Voralpenland begannen die Bauern im 16. Jahrhundert mit der *Leinwandweberei*, die später der *Baumwollweberei* Platz machte, und verkauften ihre Erzeugnisse an Zwischenhändler, die sie an die grossen Exportfirmen weitervermittelten. Zur Zeit der Frühindustrialisierung waren Appenzell-Ausserrhoden und Vorarlberg die am dichtesten besiedelten ländlichen Gebiete Europas. Im schweizerischen Kanton Glarus begannen um die Mitte des 17. Jahhunderts die dortigen Bauernfamilien über den eigenen Bedarf hinaus *Gewebe aus Wolle und Hanf* für den Export herzustellen. Später bürgerte sich dort die *Baumwoll-Handspinnerei* ein, die von Frauen, Männern und Kindern, sogar in den Alphütten, betrieben wurde, bis die Maschinenspinnereien im 18. Jahrhundert den Untergang der Handspinnerei brachten. Es folgte eine Epoche der *Handweberei*, die um die Mitte des 19. Jahrhunderts einging, was Anlass für eine massive Auswanderung war. In den südlichen französischen Voralpen (vor allem im oberen Verdon) kam die *Wollspinnerei und -weberei* auf und gewann im 18. Jahrhundert durch die Einführung der spanischen Merino-Wolle an Bedeutung. Bedeutend war die Tuchweberei auch in den italienischen Alpen.

Die *Leinenweberei* entwickelte sich vorwiegend in Gebieten bedeutenden Flachs- und Hanfanbaues wie das Isère-Tal (Grésivaudan). Im Nord- und im Südtirol erzeugte man im Heimindustriebetrieb ein gewalktes und nachher aufgerauhtes Gewebe mit verfilzter Oberfläche unter der Bezeichnung Loden; Wollhüte wurden im Hochtal von Sexten (Südtirol) und im Serrois (Hautes-Alpes) hergestellt. Das Stricken von Strümpfen, Socken und Mützen als Hausgewerbe wurde an verschiedenen Orten von Frauen und manchmal auch von Männern ausgeübt. Das zeitaufwendige Klöppeln von Spitzen als Hausgewerbe der Frauen behauptete sich im 19. Jahrhundert an verschiedenen Orten des Tirols, des Salzkammergutes und des Berner Oberlandes. Die Spitzen fanden dort, wo sie als schmückender Besatz der Landestracht verwendet wurden, lokalen Absatz. Sie wurden jedoch auch an fremde Gäste in Kurorten verkauft. Im Gebiet von St. Gallen, Appenzell und Vorarlberg entwickelte sich im 19. Jahrhundert aus der Hand- und Rahmenstickerei die

Maschinenstickerei. In den oberitalienischen Alpengebieten und im Tessin betrieb man, soweit der Maulbeerbaum angepflanzt werden konnte, Seidenraupenzucht; neben der Kokon-Produktion gab es in diesen Gebieten auch Seidenspinnerei als kleinbäuerliches Gewerbe, das sich dann im oberitalienischen Alpengebiet in Industriebetriebe umwandelte. Die manuelle Herstellung von *Geflechten aus Roggenstroh* (meistens für die Hutfabrikation) war im Gebiet der Gruyère (Schweiz), im Onsernonetal (Tessin), im Tal des Drac sowie an mehreren Orten im Tirol von Bedeutung. Im Südtirol war das Flechten von Körben aus Haselnuss- und Weidenzweigen eine Beschäftigung, die zum Teil als Hauptberuf, zum Teil von älteren Bauern, die ihr Gut ihren Nachkommen übergeben hatten, ausgeführt wurde. Sehr oft jedoch lag die Korbflechterei in den Händen der Nichtsesshaften und galt bei den Bauern deshalb als anrüchiges Gewerbe.

In waldreichen Gebieten wurde die *Holzverarbeitung* früh zum Hausgewerbe, das auf Absatz zielte. Da waren zunächst die aus Zirbelholz (Arvenholz) gefertigten Schüsseln und Teller aus dem Zillertal, nach denen grosse Nachfrage bestand. Das westalpine Gegenstück dazu war scherzhaft als *Argenterie* bezeichnetes Holzbesteck aus dem Bauges-Massiv in den nördlichen französischen Voralpen. Im übervölkerten Tal von Gröden (Gardena) in den Dolomiten war das Schnitzen von Holzfiguren mit religiösen Motiven ein frühes bäuerliches Hausgewerbe; später stellte man daneben auch Tierfiguren (als Kinderspielzeug) und Genreartikel, Uhrgehäuse usw. her. Von Gröden aus verbreitete sich die Holzschnitzerei in die Nachbartäler von Fassa, Villnöss und Enneberg. Frühe Zentren der Holzschnitzerei waren auch Berchtesgaden, Oberammergau und die Viechtau bei Gmunden (Oberösterreich), ferner das Val de Rhêmes, einem Seitental des Aostatales.

Die *Lederverarbeitung* für den Absatz im Raum von Grenoble stand im Zusammenhang mit der in früheren Jahrhunderten stark verbreiteten Ziegenzucht. Das Leder junger Ziegen wurde in Grenoble gegerbt und zugeschnitten, das Nähen der Handschuhe wurde im Winter als Heimarbeit von den Frauen und Töchtern in den Bergdörfern besorgt.

Schon kleine Erzvorkommen in den Alpen gaben manchmal Anlass zu primitiven Formen der *Verhüttung* mittels Holzkohle und zu Eisenhämmern. In den Bauges, in den nördlichen französischen Voralpen, wo Eisen verhüttet wurde, genossen die Erzeugnisse der dortigen Nagelschmieden während langer Zeit internationalen Ruf. Im Stubai- und im Zillertal blühte bereits im 17. Jahrhundert ein Kleineisengewerbe im Nebenberuf, welches hauptsächlich Geräte für die Landwirtschaft herstellte: Pflugscharen, Sicheln, Sensen, Beile und andere Werkzeuge. Berühmt waren wegen der Qualität des Stahls die Messerklingen und Sensen der steirischen Hammerschmieden. Allenthalben in den Alpen gab es Kleinbetriebe zur Herstellung von eisengeschmiedeten Schellen und gegossenen Glocken für die Herdentiere.

Die Schiefergewinnung und *Schieferverarbeitung* war im 17. und 18. Jahrhundert im Kanton Glarus von Bedeutung; zunächst wurden Schiefertische für den Export hergestellt, später fanden Schreibtafeln und Griffel guten Absatz. Schiefer wurde auch bei Frutigen (Berner Oberland) und im Aostatal gebrochen. In der Südschweiz und in den angrenzenden italienischen Alpentälern, besonders im Veltlin, wurden in kleinindustriellen Betrieben Töpfe, Lampen und andere Gegenstände aus Speckstein (Giltstein, Lavezstein) hergestellt und durch Hausierhandel sowie auf den Märkten vertrieben. Der Verkauf von Bergkristall bildete seit Jahrhunderten eine beliebte Erwerbsquelle, besonders im Zillertal und in den Schweizer Alpen, wo sich ein eigener Berufsstand, die Strahler, entwickelte.

Die Erzeugnisse der bäuerlichen und halbbäuerlichen Gewerbe in den Alpen wurden zum Teil an Zwischenhändler verkauft, zum Teil jedoch von einheimischen *Händlern* verhausiert oder auf den *Märkten* feilgeboten. Bereits um die Mitte des 17. Jahrhunderts trugen junge Männer aus dem Stubaital die Erzeugnisse der dortigen Kleineisenindustrie auf Rückentragkörben (Kraxen) nach Bayern, Baden, Württemberg, aber auch nach Ungarn und in die Lombardei. Die meisten Händler waren kleine Grundbesitzer, deren Frauen zu Hause die Landwirtschaft besorgten. Auch die Grödner brachten ihre Schnitzware selbst in den Handel, wobei sie fast alle europäischen Länder bereisten. Aus dem Onsernone-Tal (Tessin), wo die Strohflechterei schon seit dem 16. Jahrhundert bezeugt ist, reisten die Händler mit ihrer Ware im Frühjahr weg und kamen im Frühherbst wieder zurück. Sie besuchten verschiedene norditalienische und savoyische Märkte. Die wandernden Blumenhändler der Westalpen (Venosc) begannen mit dem Verkauf von Alpenblumen: Alpenrosen, Enzian, Türkenbundlilie usw., deren Wurzeln oder Knollen sie bei sich trugen, nebst Abbildungen der Pflanzen in ihrer Blüte. Später vertrieben sie Knollen und Sämereien, die sie in den grossen Gärtnereien des Pariser Bassins eingekauft hatten. Ihre Reisen führten sie durch Deutschland, Russland, die Türkei, ja sogar nach China und Japan. Andere verlegten sich auf den Verkauf von Kräutertees (thé des Alpes), wobei sie manchmal in die Kurpfuscherei abglitten. Käsespezialitäten bestimmter Gebiete wurden ebenfalls durch Hausieren abgesetzt, so zum Beispiel der Glarner Schabzieger, ein Kräuterkäse.

Selbst mit dem Eis der Gletscher machten Bergbewohner ein Geschäft, indem sie es als Tafeleis in die Städte brachten und dort verkauften, solange es noch keine Eismaschinen gab.

Waren schon einmal einige Erfahrungen mit dem Wanderhandel gemacht, so wurde bald einmal auch mit Waren gehandelt, die ausserhalb der engeren

Heimat der Hausierer erzeugt worden waren. Die Bewohner des Tales von Gressoney waren seit Jahrhunderten als fahrende Handelsleute in der deutschen Schweiz und in Süddeutschland bekannt. Sie handelten hauptsächlich mit Tuch, führten jedoch auch Gewürze, wohlriechende Substanzen und andere leichte, aber kostbare Waren mit sich. Manche von ihnen wurden im Ausland Inhaber von eigenen Geschäften und gelangten in der Fremde zu bürgerlichen Ehren. Sie sprachen unter sich – wie übrigens auch die zahlreichen übrigen Auswanderer aus dem Aostatal und dem Piemont – eine Geheimsprache.

In Tirol waren es die Leute aus dem Defereggental, die einen sehr weitläufigen Wanderhandel betrieben. Ihr Teppichhandel erstreckte sich über Deutschland, Frankreich, Polen und Russland. Daneben vertrieben sie Schwarzwälder- und Schweizer Uhren sowie Strohhüte.

Es gehörte vor allem bei den tirolischen Wanderhändlern dazu, vor ihrer Kundschaft tirolisches Wesen wie eine Art Exotik (Binnenexotik) hervorzukehren und sich selbst zum Gegenstand des Spotts zu machen, was sich letztlich günstig auf das Geschäft auswirkte. Die Wanderhändler aus dem Zillertal, die zuerst mit Teekräutern, verschiedenen Oelen und Tinkturen gehandelt hatten, verlegten sich nach der Mitte des 19. Jahrhunderts auf den Verkauf von Lederhandschuhen. Ihre Fähigkeit, zu singen und zu jodeln, setzten sie häufig als Verkaufsstrategie ein, und der Jodler war gewissermassen ihr Markenzeichen. Ihre Lieder, in denen sie eine idealisierte Alpenwelt besangen, waren zugleich Werbung für den Fremdenverkehr, der im Zillertal in den siebziger Jahren des 19. Jahrhunderts einsetzte. Er brachte Arbeits- und Verdienstmöglichkeiten, die den Zillertalern den Wanderhandel ersparten; sie brauchten nicht mehr in die Fremde zu gehen – diese kam jetzt zu ihnen.

Neben den Wanderhändlern, die meistens lesen, schreiben und vor allem rechnen konnten, gab es auch eigentliche *Wanderarbeiter* – sehr oft Analphabeten –, die auszogen, um ihre Arbeitskraft zu verkaufen. Bei der Stellensuche zählten sie vor allem auf ihre Körperkraft, die auch in der Heimat Prestige verschaffte. Aus dem Pustertal wanderten bäuerliche Leute zu Erntearbeiten in benachbarte oberitalienische Landschaften und kehrten dann zur Einbringung der eigenen Ernte, die erst später heranreifte, in ihre Heimat zurück. Ähnliche Wanderungen landwirtschaftlichen Charakters machten alljährlich im Frühsommer junge Leute aus den Hautes-Alpes, denen man den Spitznamen *Gavots* (von *se gaver*, sich vollstopfen) gab, wenn sie als Erntearbeiter in die Provence hinunterstiegen. Sie bildeten meist kleine Arbeitsgruppen, bestehend aus zwei Schnittern und einer Garbenbinderin. Wenn die Arbeit zu Ende war, boten sie ihre Dienste dort an, wo das Getreide etwas später reif war. So stiegen sie – stets mit der Kornernte beschäftigt – allmählich höher bis hinauf in ihre Bergtäler, wo das Getreide inzwischen auch reif geworden war.

Manchmal verband sich die Wanderarbeit der Gavots mit der inversen Transhumanz; während die Frauen in der Gegend von Arles die Schafe besorgten, verdingten sich die Männer zu verschiedenen Feldarbeiten. Aus Savoyen kamen während Generationen Rebarbeiterinnen und Rebarbeiter zu den immer gleichen Weinbauern am Genfersee; andere liessen sich an der Place du Molard in Genf anwerben. Man nannte sie deshalb «Molardiers». Später wurden die savoyischen Rebarbeiterinnen (*effeuilleuses*) teilweise durch solche aus dem Aostatal (Val de Rhêmes, Champorcher etc.) ersetzt. Tiroler und Vorarlberger Holzhacker kamen während des Sommers ins benachbarte Graubünden und machten dort Holzschläge in Akkordarbeit; aus dem Bergamaskischen und aus dem Veltlin kamen die wegen ihrer Tüchtigkeit, Zähigkeit und Anspruchslosigkeit geschätzten Heuer und Alphirten in die Alpentäler der südlichen Schweiz. Zahlreiche Kinder beiderlei Geschlechts im Alter von 8 bis 14 Jahren verliessen jedes Frühjahr die übervölkerten Täler Westtirols, des Vorarlbergs und Graubündens, um im Schwabenland (südlicher Teil von Baden-Württemberg) während des Sommers bei den dortigen Bauern je nach Alter der Kinder Vieh zu hüten, Pferde zu putzen, Stallarbeiten zu verrichten, kleine Kinder zu bewahren usw. Die «Hut-Kinder» oder «Schwabengänger» – es waren meist solche aus Taglöhnerfamilien – reisten unter der Führung einer erwachsenen Person zu dem am Vortag des St. Josephstages (19. März) in Ravensburg stattfindenden «Bubenmarkt», wo sie von Bauern angeworben wurden. Die Eltern ersparten sich durch die Verschickung der Kinder deren Ernährung und Kleidung während der Dauer von 6 bis 7 Monaten. Die Kinder erhielten auch einen bescheidenen Lohn, zum Teil in bar, zum Teil in der Form von Kleidern und Schuhen.

Zahlreich waren in allen Teilen der Alpen die Bergbewohner, die in periodischer Auswanderung – sei es während der Sommermonate oder häufiger während der Wintermonate oder auch bei jahrelanger Abwesenheit – mittels einer *nichtlandwirtschaftlichen Tätigkeit* ihren Unterhalt und auch oft ein kleines Kapital zu verdienen suchten. Aus dem Tessin wanderten seit dem 14. Jahrhundert geschlossene Gruppen von Baumeistern und Bauhandwerkern nach Italien, Spanien, Russland usw. aus, wo sie zum Teil an bedeutenden Bauten mitwirkten, so z. B. am Kreml in Moskau. Diese Bauhandwerker wurden zum grossen Teil schon in der Heimat ausgebildet, wo es auch Maurergilden gab. Diejenigen, die keine berufliche Ausbildung genossen hatten – das waren vor allem die Männer aus den abgelegenen Bergtälern des Tessin – zogen als Fumisten (Rauchfangverbesserer) bis nach Holland hin; zahlreich waren die Kaminfeger, die in die Emigration ihre noch im Knabenalter stehenden Söhne mitnahmen, weil diese dank ihres geringen Körperumfangs durch die Kamine schlüpfen konnten. Typisch für die Tessiner Winterauswanderung waren die Kastanienbrater. Aus dem südalpinen Raum zogen auch viele Kupferschmiede und Kesselflicker in die Welt hinaus. Sie besassen zum Teil eigene Geheimsprachen, die mit dem Furbesco, der italienischen Gauner- und Landfahrersprache des 16. Jahrhunderts, verwandt waren. Einen Berufsjargon vom gleichen Typus verwendeten auch die herumziehenden Steinmetzen von Samoëns und von Sixt in Hochsavoyen. Aus den dichtbevölkerten Tälern Westtirols, wo der Steinbau heimisch war, wanderten seit dem 18. Jahrhundert Maurer, Stuckarbeiter und Maler nach Deutschland, Frankreich und Holland, wo sie während der Sommermonate arbeiteten, um im November oder Dezember wieder heimzukehren. Für das Jahr 1807 vermerkt der Präfekt des Departements des Hautes-Alpes, Ladoucette, 4319 Auswanderer aus seinem Verwaltungsgebiet, darunter 705 Lehrer, 501 Hanfschleizer, 469 Fuhrleute, 404 Scherenschleifer, 63 Schweinemetzger. Erstaunlich ist hier die Auswanderung von Lehrern. Es zeigt sich nicht selten, dass sich besonders hochgelegene und abgeschiedene Orte durch Bildungsbeflissenheit auszeichnen. Die Kinder gingen dort zur Winterzeit manchmal bis zu ihrem 18. Lebensjahr zur Schule und verdingten sich nachher als Lehrer teils in der Provence und im Languedoc, teils im Bas-Dauphiné und in der Gegend von Lyon. Wie die landwirtschaftlichen Dienstboten liessen sie sich auf den Herbstmärkten um Martini entweder von Schulen oder von Privaten engagieren. Die Art der Beschäftigung, denen die Auswanderer in der Fremde nachgingen, war von Tal zu Tal verschieden; allen gemeinsam ist der Umstand, dass es sich um Tätigkeiten handelte, die keine lange Lehre erforderten und die auch kein hohes Ansehen genossen. Es waren vielmehr diejenigen Arbeiten, die die jungen Leute in den Städten kaum mehr ausführen wollten. Es fällt auf, wie viele der Beschäftigungen, denen die Auswanderer aus dem Alpengebiet und anderen peripheren Regionen (Pyrenäen, Massif Central, Bretagne) nachgingen, eine gewisse Beziehung zu den Tätigkeiten hatten, welche die Auswanderer zu Hause ausgeübt hatten: Pferdeknechte, Fuhrleute, Kutscher, Milchverkäufer, Käsehändler, Schweinemetzger usw. Berufe, bei denen man stillsitzen musste (Schuhmacher, Schneider), wurden weniger häufig gewählt.

Die einfachen Arbeiter, von denen manche Frau und Kind in der Heimat zurückgelassen hatten, wohnten oft zu mehreren in gemieteten Zimmern und lebten ausserordentlich bescheiden in der stetigen Erwartung des Tages, da sie mit ihren kleinen Ersparnissen ins Dorf zurückkehren würden. Die Einwanderer aus derselben Region wohnten in denselben Quartieren, besuchten dieselben Läden und Gaststätten. Neuankömmlinge fanden dort sofort Anschluss und erhielten die nötigen Informationen über das Leben in der Stadt. Es gab in allen grösseren Städten Vereinigungen regionaler Gruppen wie die *Enfants des Alpes* in Marseille für die Auswanderer aus dem Departement des Hautes-Alpes. Das ersparte Geld hielten die Auswanderer zusammen bis zu ihrer Heimkunft; dass sie schriftliche Nachricht nach Hause schickten, kam nur selten vor. Verhältnismässig wenige Frauen wanderten vorübergehend in die Fremde und versahen Stellen im Hausdienst oder als Ammen. Die Saisonauswanderung und auch die temporäre, sich oft über mehrere Jahre erstreckende Auswanderung führte in der Regel nicht zu Heiraten mit Personen aus dem Bestimmungsort der Emigration. Das Ziel vieler junger Leute bestand darin, möglichst rasch etwas Geld zu verdienen, um in der Heimat eine Familie gründen zu können mit einer Frau aus dem dortigen, meistens recht engen Heiratskreis. Zweifellos lassen sich die verschiedenen Formen der Auswanderung, zu denen viele nur in Extremfällen Zuflucht nahmen, auf ökonomische Gründe zurückführen, doch mag auch eine Unzufriedenheit mit dem bisherigen Lebenskreis mitwirken. Man hat gesagt, dass in ländlichen Verhältnissen sozusagen jede nicht landwirtschaftliche Tätigkeit als inferior betrachtet wird; nur in der Fremde lässt sich auf diese Weise Geld verdienen, zu Hause wird man wieder Landwirt sein. Diese Einstellung führte dazu, dass zum Beispiel im Tessin, einem typischen Auswanderergebiet, die dortigen Handwerksberufe schon seit dem Beginn des 19. Jahrhunderts in den Händen von zugezogenen Ausländern waren.

Die temporäre Emigration wurde von den Zeitgenossen sehr unterschiedlich beurteilt; viele wandten sich gegen die sommerliche Emigration der Männer, die den Frauen, Kindern und alten Leuten die ganze Last der Landwirtschaft überlasse; die in der Fremde ausgeübten Berufe seien von geringem Umfang und niederer Art, sie könnten in keiner Weise aufwiegen, was dem Lande an Arbeitskraft verlorengehe. Auswanderung, so wurde auch gesagt, halte die jungen Männer von der Ehe ab und drücke die Geburtenzahl herab. Andere sahen in der temporären Emigration einen Beweis der Vitalität, eine Möglichkeit der Gebirgsbewohner, ihre Betriebsamkeit und auch ihre Nüchternheit zur Geltung zu bringen und durch das verdiente Geld sich und ihren Familien ein erträgliches Leben zu gestatten. Was die Gebirgsländer betrifft, so muss ihnen zweifellos eine Ausnahmesituation zugestanden werden. Sie bringen mehr Menschen hervor, als sie produktiv verwenden können; die Standorte der Erzeugung und des Verbrauchs von Arbeitskraft fallen auseinander, während die Zeitwanderung sie miteinander verbindet. So gesehen sind die Wanderungen aus den Gebirgen in die Ebene und in die Städte nicht so widerspruchsvoll, wie das oft dargestellt wird; sie sind vielmehr eine Erscheinung, die für alpine Wirtschaft und Gesellschaft seit Jahrhunderten charakteristisch ist.

Eine besondere Form der temporären Auswanderung war der *Söldnerdienst* der Schweizer für die französischen Könige, für Spanien, Holland, das ehemalige Königreich Neapel usw. Die Söldner fassten ihre Tätigkeit als ein Handwerk, das Kriegshandwerk, auf. Man rechnet, dass sich von 1373 (erstes

Kontingent für die Visconti in Mailand) bis zur endgültigen Abschaffung der Fremden Dienste (mit Ausnahme der heute noch bestehenden Schweizergarde des Papstes) durch die Bundesverfassung von 1848 etwa eine Million Schweizer ausländischen Herren zur Verfügung gestellt haben.

Finanziellen Gewinn aus der Reisläuferei hatten vor allem die Offiziere; wenn sie sich eine Pension gesichert hatten, kehrten sie in ihre Heimat zurück, wo sie ihre Wohnhäuser zu kleinen Palästen umbauen liessen und wo man sie oft in die Ämter der Gemeinde oder des Tales wählte. Bei den Gemeinen reichte es im besten Falle zur Gründung eines bescheidenen Hausstandes, wenn sie nicht eine starke Abneigung gegen strenge Erwerbsarbeit, gepaart mit kostspieligen Konsumgewohnheiten, aus der Fremde mit nach Hause gebracht hatten.

Im 19. Jahrhundert nahm die Zahl der *Dauer-Auswanderungen*, sowohl in die Ebenen und Städte des eigenen Landes wie auch ins Ausland und vor allem nach Übersee, rapid zu. Die traditionellen ergänzenden Erwerbsmöglichkeiten in den Bergen gingen unter dem Druck der in- und ausländischen Konkurrenz zurück, und nicht überall entwickelte sich der Tourismus in dem Ausmasse, als dass er genügend Ersatz hätte bieten können. Die Mechanisierung der Spinnerei, Weberei und Stickerei brachten die Handarbeit, wie sie in den Bergen betrieben wurde, zum Erliegen. Die Vorstellung von einem möglichen beruflichen Aufstieg in der Fremde oder aber aufgrund der Auslanderfahrung nach der Rückkehr in die Heimat verbreitete sich. Es gab auch (z. B. im Kanton Tessin) eine behördliche Förderung der Auswanderung in der Form von Geldbeträgen an Auswanderungswillige und es gab eine zum Teil intensive Werbung seitens der Einwanderungsländer. Es fällt auf, dass die Bewohner der französischen und der italienischen Alpen (inklusive der italienischen und der französischen Schweiz) das Ventil der Emigration mit grösserer Leichtigkeit und grösserer Häufigkeit benutzt haben als diejenigen der Ostalpen, die zwar Wanderhandel und Berufswanderungen durchführten, sich jedoch weniger häufig zur definitiven Abwanderung entschlossen als die andern. Es scheint, dass für die romanischen Alpenbewohner das Leben in den Bergen etwas ist, das man ertragen muss, während in der deutschen Schweiz und in den Ostalpen eine Bindung an Boden und Umwelt die Leute stärker von der definitiven Auswanderung abhielt.

Definitive Auswanderung hatte es freilich schon früher gegeben, wenn etwa temporäre Emigranten zu bedeutendem wirtschaftlichen Erfolg gelangt waren und sich dann dauernd am Auswanderungsziel niederliessen; auch die Einzelwanderungen von qualifizierten Berufsleuten wie z. B. von Schweizer Käsern nach grossen Milchwirtschaftsbetrieben waren oft definitiver Art. Dies gilt auch für die schon erwähnten Wanderungen der Tuchhändler aus dem Tal von Gressoney, von denen manche in der Schweiz und in Süddeutschland sesshaft geworden sind. Definitiv waren die Emigrationen der Waldenser, die nach der Aufhebung des Ediktes von Nantes (1685) in grösserer Zahl aus den Alpentälern des Dauphiné nach Süddeutschland (Württemberg, Baden, Hessen) auswanderten, wo sie sich 1820 den evangelischen Landeskirchen anschlossen. Nach Jean Jalla (Les Vaudois des Alpes) brachten sie als Landwirte aus ihren Tälern die Luzerne mit in ihre neue Heimat und die Kartoffel, die man in ihren Tälern schon seit fast einem Jahrhundert angebaut hatte. In den österreichischen Alpen, wo die Bevölkerung zum Teil die Reformation angenommen hatte, war in der Folge die Gegenreformation siegreich, und 1731 befahl das sogenannte Emigrationspatent von Salzburg den Protestanten, das Land zu verlassen. Dies führte im Zillertal, im Salzburgischen sowie in Oberösterreich zur Auswanderung von Zehntausenden von Menschen, die mit der religiösen Neuordnung im Sinne der Gegenreformation nicht einverstanden waren. Der grösste Teil von ihnen wurde in Ostpreussen angesiedelt, ein kleiner Teil zog nach Savannah im Staate Georgia (USA).

Im 19. Jahrhundert verliessen zahlreiche Alpenbewohner ihre Täler, um ihren bisherigen Lebensraum mit einem solchen in Übersee zu vertauschen. In der Schweiz wiesen die alpinen Kantone Tessin, Schwyz und Obwalden den grössten Prozentsatz von überseeischen Auswanderern auf. Das Hauptziel der verschiedenen regionalen Auswanderungen waren die Vereinigten Staaten. Im Jahre 1845 wanderten 118 Personen aus dem Kanton Glarus in die Green County im Staate Wisconsin, wo sie die Siedlung New Glarus gründeten, die durch die dort betriebene Milchwirtschaft rasch zur Blüte gelangte. Die Berggebiete des Kantons Tessin, wo einzelne Gemeinden den Auswanderungswilligen Geld für die Reise vorstreckten, siedelten vor allem in Kalifornien, wo sie heute noch wesentlichen Anteil an der Landwirtschaft haben. Als 1853 in der Schweiz bekannt wurde, dass man in Australien Gold entdeckt habe, machten sich 2000 Tessiner nach diesem entfernten Erdteil auf. In Barcelonnette (Alpes-de-Haute-Provence) bahnte sich 1823 eine Auswanderungswelle nach Mexiko an, die dort zur Entstehung einer blühenden Kolonie führte. Im schweizerischen Kanton Wallis setzte um die Mitte des 19. Jahrhunderts eine Auswanderung (hauptsächlich nach Argentinien) ein.

Wenn man von definitiver Auswanderung spricht, so muss dies cum grano salis verstanden werden. Die Loslösung von den ursprünglichen Lebensverhältnissen war meistens nicht vollständig; dies bestätigen schon die vielen geselligen und wohltätigen Vereine, die in den Zentren der Auswanderung sowohl im Inland wie auch in fremden Ländern Leute derselben Herkunft vereinigen. Das Heimweh erfasste nicht nur die Schweizer Söldner in den fremden Kasernen, wenn sie den «Ranz des vaches» hörten, sondern auch die zivilen Auswanderer. Davon zeugen die vielen Briefe, mit denen die Ausgewanderten Bekannte – und damit ein Stück Heimat – nachzuziehen versuchten. Die Rückkehr in die Heimat nach vielen Jahren der Emigration war bei denjenigen, die es «zu etwas gebracht hatten», nicht selten, und in manchen Berggegenden erinnern die vornehmen Häuser der «Americains» (Haute Durance) und der «Spagnoli» (Poschiavo) usw. an den Erfolg einstmals Ausgewanderter, während die vielen Verarmten kaum Spuren hinterlassen haben. Häufig war auch die Bestattung Ausgewanderter «in der Heimaterde». In einigen Bergfriedhöfen sind die Grabmäler der zurückgekehrten Auswanderer zahlreicher als die einfachen Kreuze der Sesshaften.

Es ist nicht zu übersehen, dass die definitive oder quasi definitive Auswanderung aus den Gebirgstälern dorthin Überalterung und damit Stillstand und Erstarrung brachte, schliesslich auch Rückgang der Bevölkerungszahl. Wo die produktiven Bevölkerungsgruppen dauernd geschmälert wurden und die Anzahl der nur konsumierenden Gruppen zunahm, kam es zur Aufgabe der an der Grenze des Siedlungsraumes gelegenen Höfe und Weiler. Angesichts der Abwanderung der jungen Leute in der entscheidenden Jahreszeit des kurzen Sommers genügte die Arbeitskraft der Zurückgebliebenen nicht mehr, um die Futter- und Nahrungsmittel für die übrigen drei Viertel des Jahres einzubringen. Es verwilderten die früher wohlgepflegten Wiesen, und die Äcker blieben unangebaut und von Unkraut überwuchert. An die Stelle des anspruchsvollen Grossviehs traten vielfach genügsame Schafherden, die man jetzt auf die früheren Kuhalpen trieb. Wie gesagt, erfolgte der Exodus nicht überall im gleichen Rhythmus; es gab ein räumliches und zeitliches Gefälle. Man kann feststellen, dass die Entsiedelung zuerst in den Provenzalischen Alpen begonnen hat, dass sie dann weiterschritt durch den Dauphiné nach Savoyen und Nordsavoyen. Auch im italienischen Raum sind Verschiedenheiten in der Stärke des Vorganges festzustellen: starke Abwanderung erfolgte aus den Seitentälern des Aostatales, wo die Rückwanderung der Saison-Migranten mehr und mehr ausblieb; dieselbe Entwicklung liess sich im schweizerischen Kanton Tessin verfolgen, wo die oberen Talabschnitte zugunsten der dem Tiefland näher gelegenen entsiedelt wurden. Ganz ähnlich liegen die Verhältnisse im Wallis, wo um das Jahr 1910 herum das bevölkerungspolitische Übergewicht von den Berggemeinden auf die Haupttalsohle (Rhonetal) überging. Die deutschsprachigen Gebiete erwiesen sich im allgemeinen als resistenter gegenüber der Abwanderung, dies zeigt sich etwa im Vergleich zwischen dem deutschsprachigen Südtirol und dem angrenzenden italienischsprachigen Trentino.

Inmitten sich entsiedelnder Hochtäler gab es immer auch Gemeinden, deren Bevölkerungszahl zunahm, was entweder mit örtlichen Industrien zusammenhing, wie z. B. den Berg- und Hüttenwerken von Cogne im Aostatal, oder mit der Entwicklung des Fremdenverkehrs (Chamonix, Courmayeur, Zermatt, Interlaken, Grindelwald, Davos, St. Moritz, Cortina d'Ampezzo). In der Schweiz begann die industrielle Verwertung der Schönheit der Alpen gerade zu der Zeit, da die Solddienste bei fremden Mächten durch die Verfassung untersagt wurden, und der Fremdenverkehr erwies sich in der Folge als ein wichtiges Mittel, um den Bevölkerungsrückgang in den Alpen zu bremsen.

Bibliographische Hinweise

Einen geschlossenen Überblick über die Alp- und Landwirtschaft des gesamten Alpengebietes (einschliesslich Vogesen, Jura und Schwarzwald) gibt das Werk von Frödin (1940–41). Der Autor konnte sich auf bedeutende Werke aus den ersten Jahrzehnten dieses Jahrhunderts stützen, wie das nunmehr klassische von Arbos (1922). Von dem 13–bändigen Monumentalwerk von Raoul Blanchard «Les Alpes Occidentales» (1938–56) stand Frödin nur der erste Band zur Verfügung. Für die Schweizer Alpen konnte er sich auf die vom Schweizerischen Alpwirtschaftlichen Verein unter der Leitung von A. Strüby seit 1894 herausgegebenen Alpstatistiken und Darstellungen der Alpwirtschaft (économie alpestre) in den verschiedenen Kantonen stützen. Für die Ostalpen (einschliesslich Bayern) lagen vor: Spann (1923) und Krebs (1928). Für die italienischen Alpen gab ihm das Werk von de Gasperi (1915) gute Hilfe.

Heute zählt Frödins Werk schon zu den älteren Darstellungen, und es sind neue Synthesen über die alpine Land- und Viehwirtschaft in ihrem Zusammenhang mit Emigration, Industrialisierung und Fremdenverkehr entstanden wie diejenigen von Cépède/Abensour (1960), Dainelli (1963), Gabert/Guichonnet (1965), Veyret (1967). Hiebeler (1977) berücksichtigt in seinem Alpen-Lexikon neben den Problemen des Alpinismus auch die Wirtschafts- und Lebensweise der Alpenbewohner. An Werken, die neben den Alpen auch ausseralpine Berggebiete behandeln, sind zu nennen: Blache (1933) und Herzog (1956).

Unter den Regionalstudien über die traditionelle alpine Wirtschaft verdienen besondere Erwähnung Weiss (1941) und Zwittkovits (1974). Das grosse Werk von Hermann Wopfner (1951–60) bietet trotz seines Torso-Charakters wichtige Informationen über die Besiedlung der Alpengebiete Tirols, über die Besitzverhältnisse, die demographische Entwicklung und die wirtschaftliche Selbstversorgung der Bergbauern. Scheuermeier (1943–56) gibt den alpinen Wirtschaftsformen und Arbeitstechniken breiten Raum. Für die jugoslawische bzw. slowenische Wirtschaft ist die Darstellung von Novak (1961) massgebend. An bemerkenswerten alpwirtschaftlich orientierten Lokal-Monographien sind zu nennen: Moritz (1956), Lorez (1943), Lurati (1968).

Eine historische Übersicht über die Entwicklung der Milchwirtschaft gibt Gutzwiller (1923). Das Küherwesen findet seine Darstellung bei Ramseyer (1961); eine «Histoire du Gruyère» schrieben Ruffieux/Bodmer (1972). Die in den Alpen wichtige Sammelwirtschaft (insbesondere die Wildheugewinnung und die Laubnutzung) findet ihre Darstellung bei Waldmeier-Brockmann (1941).

Der Siedlung in den Alpen sind folgende Werke gewidmet: Französische Alpen: Robert (1939 und 1939a), Raulin (1977 und 1977a). Für die Schweiz gibt das Werk von Richard Weiss (1959) einen vorzüglichen Überblick. Die Schweizerische Gesellschaft für Volkskunde publiziert eine Buch-Reihe unter dem Titel «Die Bauernhäuser der Schweiz»; davon betreffen die folgenden

Bände den alpinen Raum: Simonett (1965–68), Hösli (1983), Gschwend (1976–82), Brunner (1977), Anderegg (1979–87), Furrer (1985), Egloff (1987), Affolter/Känel/Egli (1990). Für die Bauernhäuser des alpinen Teils Italiens siehe Nangeroni/Pracchi (1958). Für Österreich orientiert kurz das von österreichischen Spezialisten verfasste Werk «Haus und Hof» (1972).

Das wichtige Problem der alpinen (temporären und definitiven) Emigration wird von vielen Autoren behandelt, z. B. von Allix (1933), Blanchard (1934 und 1938–1956). Speziell dem Thema der Emigration sind gewidmet: Ulmer (1943), Lurati (1957), Guichonnet (1948), Pedrazzini (1975 und 1981).

Mäder/Kruker (1983) vermitteln ein sachkundiges, kritisches Bild von den wirtschaftlichen, sozialen und kulturellen Verhältnissen der Alpwirtschaft und der Lebensweise von Hirten und Sennen. Mit dem Werden der alpinen Kulturlandschaft und den Auswirkungen der modernen Nutzungsformen (Industrie, Verkehr, Massentourismus) auf diese Kulturlandschaft befasst sich Bätzing (1984). Den sozialen und demographischen Besonderheiten alpiner Gesellschaften aus historischer Sicht sind die Werke von Viazzo (1989) und Mathieu (1992) gewidmet.

8.
Traditionelle Wirtschafts- und Kulturformen in den Alpen

Teil 2: Die immaterielle Kultur

Magie und Sage

Das Weltbild der Gebirgsmenschen, wie es sich in Lebensregeln, Sagen und Märchen ausdrückt, ihre Religiosität und ihre Kunst haben mit den entsprechenden Erscheinungen der angrenzenden Ebenen einen gemeinsamen Grund. Dieses Gemeinsame wird jedoch im Gebirge modifiziert durch den übermächtigen Einfluss des Raumes. Auf den Alpenbewohner wirkt dieser von der Vertikalen bestimmte Raum jedoch nicht – wie auf den Touristen – unmittelbar, sondern über das Erlebnis der Arbeit zur Lebensfristung. Im Zentrum dieses Erlebnisses steht die Alp, die für den Bergbauern die gleiche Wichtigkeit besitzt wie das Meer für den Seemann. In beiden walten geheimnisvolle Mächte, und vom Verhalten ihnen gegenüber hängen alles Wohl und Wehe ab. Ein Frevel konnte nach der Sage eine blühende Alp zum starren Gletscher wandeln; das Unterlassen des Betrufes brachte Unheil über die Alp und das Vieh. Der Unbeständigkeit der Eigenschaften aller Dinge versuchten die Bergbauern durch allerlei magische Handlungen (und Unterlassungen) entgegenzuwirken.

Ein apotropäischer Brauch zur Vertreibung des Nebels, der den Hirten die Viehhut erschwert, fand sich auf einigen Alpen des Wallis und Graubündens. Die Hirtenknaben nahmen ein rundes, auf beiden Seiten zugespitztes Holzstück und steckten es quer zwischen die halboffene Tür der Sennhütte und den Türpfosten. Dann wickelten sie eine Schnur um das Holzstück. Wenn sie nun an beiden Enden der Schnur kräftig hin- und herzogen, so geriet das Holzstück in rasche Bewegung; es begann infolge der Reibung zu brennen und brannte an den Enden je ein Loch in die Türe und den Pfosten. Diese Notfeuererzeugung bezeichneten sie mit «sanar il diavel» (den Teufel kastrieren). Durch symbolisches Kastrieren wollte man den Nebel (den man als Geschöpf des Teufels betrachtete) zerstören. Ähnlicher Notfeuerzauber wurde auch gegen andere böse Mächte angewendet, zum Beispiel gegen dämonistisch aufgefasste Viehkrankheiten. Man trieb dabei das Vieh durch den Rauch des Notfeuers.

Merkwürdige und auffallende Dinge in der Bergwelt forderten eine Erklärung, die meist in der Form der Sage gegeben wurde. In den Westalpen wurden scheibenförmige Felsblöcke als Wurfgeschosse des Riesen Gargantua gedeutet oder als Steine, die er aus seinem Rückentragkorb oder aus seinen Schuhen geschüttet hätte. Anderswo wurden von Bergstürzen herrührende alleinstehende Felsblöcke mit dem Teufel in Verbindung gebracht, eine Auffassung, die sich in den Bezeichnungen solcher Steine als Teufelsstein, Teufelskirche, Teufelsplatte wiederspiegelt. Mit dem Teufel in Verbindung standen die Hexen, die ihre ausgelassenen Tänze an Orten ausübten, die heute oft noch Hexenboden heissen und an denen angeblich kein Gras wächst. Häufig sind in Ortsbezeichnung und Sage die mit verschiedenen Namen benannten Zwerglein oder *Wildleute* als uralte Höhlenbewohner zu finden (Wildmannliloch, Wildloch etc.), welche sich den Menschen oft als hilfreich erwiesen, wenn sie sie nicht durch ihre Undankbarkeit erzürnten: Sie sollen – nach einer Sage aus Graubünden – den Sennen die Labkäserei beigebracht haben; sie selbst nährten sich von Gemsenmilch, weshalb sie so flink waren. Sie stellten auch Gemskäse her, die sich nie aufzehrten, solange man ein Stücklein davon übrigliess. Man durfte ihnen keine Geschenke geben; sie empfanden solche als Aufkündigung des Dienstverhältnisses und entfernten sich traurig. Sie waren die Herren der Gemsen; zu leidenschaftliche Jäger wurden von ihnen über Abgründe zu Tod gestürzt, wenn sie den ihnen zukommenden Anteil an Gemsen beim Abschuss überschritten.

Wie sehr sich der Mensch durch seinen Leichtsinn die Gunst der Natur verscherzt, zeigt die folgende *Sage* aus dem Kanton Glarus:

Vor langer Zeit wuchs dichtes und fettes Gras bis zuoberst an die Gräte der Alp. Heute findet man solches Gras (Futter) nur noch in den tieferen Lagen. Warum? Weil es den Sennen zu gut ging. Wenn sie mit dem Vieh auf den unteren Alpstafeln waren, stiegen sie oft ins Tal hinunter, um zu tanzen und allerlei Unfug zu treiben. Wenn sie auf den oberen Stafeln waren, war dies nicht mehr möglich, denn das Gras war dort so nahrhaft, dass sie dreimal des Tags melken mussten und keine freie Zeit mehr hatten. So sollen sie einmal gesagt haben: «Wenn nur der Teufel dieses Gras nähme!» Die Strafe folgte auf dem Fusse; das beste Gras, die Muttern, verwandelte sich in Rentierflechte und blieb Rentierflechte.

Das Herabreichen von Gletschern oder von Geröllfeldern in die Zone der Alpweiden erklärte man nicht nur im alpinen Raum, sondern auch im Himalaya und in den Pyrenäen durch das übermütige und sündhafte Verhalten von Sennen und Sennerinnen oder von Hirten. Hier eine der zahlreichen, im ganzen Alpengebiet verbreiteten Versionen:

Auf der Stelle, wo jetzt der Turtmann-Gletscher seine Eislasten ausbreitet, befand sich einst die schönste Alp des Tales, Blümlisalp geheissen. Der Senn hatte eine Jungfrau namens Kathrin bei sich, mit der er ein unzüchtiges Leben führte, während er seinen alten blinden Vater auf unmenschliche Weise behandelte. In einer Nacht brach ein Gewitter los. Der Sohn befahl seinem Vater, das entlegene Vieh einzutreiben, und dieser gehorchte. Da geschah es aber, dass der blinde Vater in dem wilden Sturm sich ungewollt immer weiter von der Alp entfernte und dass alle Kühe ihm nachzogen. In derselben Stunde brach der Gletscher von den festen Höhen los und bedeckte in vernichtender Geschwindigkeit die schöne Alp und das frevelhafte Paar für immer mit seinen turmhohen Massen (nach Tscheinen/Ruppen 1872).

Zum Weltbild der Berghirten und Sennen gehört die Vorstellung von ruhelosen Verstorbenen, die sich als Geister oft am Ort ihrer Missetat aufhalten. Hier verbindet sich die kirchliche Lehre vom Fegfeuer mit altem Glauben an die *Wiederkehr der Toten* und mit dem volkstümlichen Bedürfnis nach Vergeltung.

Ein Hirte liess eine widerspenstige Kuh in eine Schlucht abstürzen, um sie loszuwerden. Die Tat blieb unerkannt, aber vom Tage seines Todes an musste der Hirte als Geist die Kuh tagtäglich aus der Schlucht, in die sie gestürzt worden war, herauftragen. Aber jedesmal entglitt ihm das Tier wieder wie einst dem Sisyphus der Felsblock.

Ein Grund für Ruhelosigkeit nach dem Tode und Erlösungsbedürftigkeit armer Seelen ist die Vergeudung und Verschüttung von Milch. Die Milch gehört nicht dem Sennen, sondern den Alpgenossen, und auch unabsichtliche Verschüttung derselben muss nach dem Tode durch spukhaftes Käsen und Buttern auf der Alp, wo die betreffenden Sennen gehaust hatten, gebüsst werden. In den Gebieten künstlicher Bewässerung gibt es entsprechende Sagen von Wasserdieben, die nach ihrem Tode als Wiedergänger an den Wasserleitungen gesehen werden (Wallis).

Ein alpines Sagenmotiv ist auch dasjenige von dem lautlosen oder musizierenden Zug der armen Seelen, die auf bestimmten Wegen rastlos Berg und Tal durcheilten. In diesen *Totenprozessionen* zogen als Doppelgänger auch solche mit, deren Tod bevorstand. Die Wege, auf denen man solche Gratzüge wahrgenommen haben will, sind diejenigen, die die armen Seelen bei ihren Lebzeiten begangen hatten und die den Einheimischen oft gar nicht mehr bekannt waren. Diese Totenzüge waren als Todesvorzeichen gefürchtet.

Besonders eindrucksvoll erscheint die frauenlose Welt der schweizerischen und österreichischen Alpsennen in der Sage von der *Sennenpuppe*:

Die Schindalm, im Stillupp (Zillertal) gelegen, war einst eine schöne, grüne Kuhweide; da haben aber der Senn und die zwei Hirten einmal einen lustigen Feiertag gefeiert, aber keinen christlichen, sondern einen heidnischen, weshalb die Strafe nicht lange auf sich warten liess. Erst haben sie gesoffen und sich mit Speisen überladen, dann hatte der Senn in seinem heidnischen Übermut den Einfall, aus weichem Zirbelholz einen Götzen zu schnitzen. Hernach brachte der Senn die beste Butter her und strich unter Zoten und wildem Gelächter seinem Götzen den Mund voll. Weil aber der Götze nicht essen wollte, schlug ihn der Senn über den Haufen, und der Hirte half ihm dabei. Dem dritten gefiel das Frevelspiel nicht so sehr; er weigerte sich, daran teilzunehmen. Nachdem es Nacht geworden, legen sich die drei Älpler zusammen nieder. Wie es Mitternacht wird, kommt etwas herein zur Liegestatt – es ist der Götz – und sagt rauh und barsch: «Den erscht'n find'i» (es war derjenige, der nicht mitgemacht hatte), «Den zweit'n schind'i», dem zog er die Haut vom Leibe und nagelte sie an die Wand, «Den dritten wirf' i übers Dach!» Dabei ergriff er den Senn, schleifte ihn hinaus und warf ihn einige Male über das Hüttendach hin und her, wobei der Senn einen Knochen nach dem andern brach und schliesslich zerfetzt liegenblieb. (nach Alpenburg 1860.)

In den zahlreichen Varianten dieses Motivs besteht der Frevel der Sennen zusätzlich darin, dass sie die meistens aus Holz und Lumpen hergestellte Puppe sakrilegisch taufen.

Auf den Alpen war die *Schlangenplage* früher sehr gefürchtet. Es bestand die Vorstellung, dass Schlangen sehr begierig auf Milch seien und dass sie Kühe melken könnten. Dies erscheint aber unmöglich, weil sie mit ihren kleinen Zähnen die Euter verletzt hätten, was die Kühe nicht geduldet hätten.

Die Sagen berichten von Schlangenbannern, die die Schlangen mit magischem Pfeifen und Flötenspiel in ein Feuer zwangen, wo sie umkamen. Alpen, die keine Vipern aufwiesen, schrieben diesen Umstand früheren Beschwörungen zu; bei näherem Zusehen kann man jedoch feststellen, dass es sich jeweils um nach Norden gerichtete Orte handelt, die von den Schlangen gemieden werden, weil sie zu kalt sind.

Die in zahlreichen Varianten vorkommende *Sage vom Ewigen Juden* ist über weite Teile der Alpen verbreitet, wobei die Grundthematik immer dieselbe ist; einst lachende und wohnliche Gegenden fallen der Vergletscherung anheim und werden unbewohnbar:

Eines Tages kam der Ewige Jude aus dem Aostatal in die Schweiz über den Gletscherpass, den man heute Theodulpass nennt. Damals war die ganze dortige Gegend mit Wiesen, Wäldern, ja selbst mit Reben und prächtigen Obstgärten bedeckt. Es gab eine Anzahl schöner Weiler und nicht weit vom Passübergang befand sich ein reiches Dorf. Hier bat der Ewige Jude um Gastfreundschaft, wurde aber von den hartherzigen Bewohnern überall zurückgewiesen. Der alte Mann machte sich davon und man weiss nicht, welche Verwünschungen er ausgesprochen hat. Als er nach fünfhundert

Jahren wiederkam, war kein Dorf mehr da und auch keine Menschen, die ihn hätten aufnehmen können. Nur noch magere Weiden sah er und weiter unten dunkle Tannenwälder, in denen Raben krächzten. Und nach weiteren fünfhundert Jahren, als er wieder den Theodulpass überschreiten wollte, gelang ihm dies nur unter grosser Mühe; ein Sturm fegte über die Höhe, und beim Abstieg wäre er beinahe in eine Gletscherspalte gefallen. Er setzte sich auf einen Stein und weinte so sehr, dass seine Tränen den Schwarzsee bildeten. (nach Guntern 1978, S. 302f.)

Ein von den Alpensagen festgehaltenes dämonisches Ereignis war das plötzliche, rätselhafte Auseinanderreissen der Herde. Die Tiere wurden auf einmal von einer grossen Unruhe ergriffen und machten sich im Galopp davon. Nach einigen Tagen kehrten sie zurück «mit Strohhalmen zwischen den Klauen und gaben rote Milch», wie es in den Sagen vom sogenannten *Viehrücken* heisst.

Unter dem zunehmenden Einfluss der Kirche wurden manche der heidnischen Vorstellungen und die entsprechenden Praktiken verchristlicht. Um Viehseuchen sowie Schlangenplagen zu bannen und das gefürchtete Viehrükken zu verhindern, liess man nun Geistliche zwecks Exorzismen auf die Alp kommen und stiftete *Spenden* an die Kirche, an die Armen oder an die einheimische Bevölkerung. Manche dieser Spenden haben sich bis auf den heutigen Tag erhalten. Die Armen aus dem Rhonetal, die kein eigenes Vieh besassen, stiegen alljährlich am 14. August auf die Alpen des Turtmanntals, um dort Käse, Ziger und Brot zu empfangen, wofür sie mit einem Gebet für die Hirten und die Herde dankten. Nach der einen Überlieferung soll es sich um ein Opfer handeln, mit dem sich die Alpbesitzer von der Vipernplage loskauften, nach einer andern Überlieferung, um das Vieh von einer bösen Krankheit zu befreien.

Zum Schutze ihrer Herden riefen die schweizerischen Sennen jeden Abend in archaischer Rezitationsmelodik ihren Betruf durch den Trichter, mit dem sie die Milch seihten, über Alp und Herde. Er bestand in der Anrufung der Namen Gottes, Christi und Mariä sowie der besonderen Viehheiligen Sankt Anton, Sankt Wendelin und Sankt Jakob. Der *Betruf*, der auf einigen Alpen der Zentralschweiz heute noch zu hören ist, bannte das Unheil, soweit der Ton reichte. Nach dem Glauben der Leute konnten die Tiere plötzlich von der Alp verschwinden, wenn man ihn unterliess.

Das Vieh als der grösste und oft einzige Reichtum des Bergbauern war Gegenstand von mancherlei *Schutzmassnahmen* religiöser und magischer Art. Die Walser Bauern im Vorarlberg bespritzten vor dem Alpauftrieb ihr Vieh mit dem Dreikönigswasser, das der Dorfgeistliche am Dreikönigstag geweiht hatte, und sie reichten ihm ebenfalls gesegnetes Dreikönigssalz. Wenige Tage nach der Ankunft des Viehs wurde dieses vom Priester selbst gesegnet, samt der ganzen Alp und den Hütten. Die Hirten entzündeten ein Feuer, das der Priester ebenfalls segnete, und trieben dann ihr Vieh durch die Rauchschwaden, wodurch es vor Seuchen bewahrt werden sollte.

Der «homo alpinus»

Wenn die alpine Umwelt durch die jeweilige Wirtschaftsform die in ihr lebenden Menschen prägt, so geschieht dies nicht überall in den Alpen auf die gleiche Weise. Am grössten ist der Unterschied zwischen den reinen Viehzüchtern *(Wiese-Alp-Bauern)* des Voralpengebietes und den Acker-Alp-Bauern der inneralpinen Täler. Die Viehzüchter im nordalpinen Gebiet, deren Vorfahren zum Teil Hirtenkrieger waren, betrachteten die Fron des Getreidepflanzens als knechtisch; sie gingen im Sommer auf die Alp, wie sie sagten, um stark zu werden, nicht um zu arbeiten. Ein Stück lässige Faulheit gehörte zum Wesen dieser Herdenbesitzer, welche jedoch für Kraftproben bei Körperspielen jederzeit zu haben waren. Man staunte, wenn man sie tanzen sah, über ihre drastische körperliche Beweglichkeit. Familie und Verwandtschaft galt bei ihnen mehr als die Dorfgemeinde. Dieser Menschentyp hat sich freilich nicht in seiner reinen Form erhalten. Als Viehzucht und Milchverarbeitung sich im Unterland im Sinne des Fortschrittes entwickelten, verloren die Hirten in den Voralpen ihre privilegierte politische und ökonomische Stellung.

Die Bergbauern des inneralpinen Raumes waren in erster Linie *Acker-* und manchmal auch *Weinbauern*. Sie zogen nicht selber auf die Alp, «um stark zu werden», sondern liessen ihr Vieh während des Sommers durch fremde Viehknechte besorgen. So entwickelten sich dort begreiflicherweise kein sennisches Standesbewusstsein und keine nennenswerten Hirtenbräuche. Ihre Autarkiewirtschaft war bis in unser Jahrhundert hinein fast geldlos. Man lebte in Dorfgemeinschaften mit rigiden sozialen Regeln, die fortschrittlichen Initiativen wenig Raum liessen.

Bei allen Alpenbewohnern stehen *physische Kraft, Ausdauer und Härte* in hohem Ansehen, in Anbetracht der Weitläufigkeit des Wirtschaftsraumes und der starken Zerstückelung des Grundbesitzes auch die Marsch- und Tragfähigkeit der Frauen. P. Scheuermeier schreibt in seinem Buch «Bauernwerk in Italien» (1943, S. 49) über einen Taufbrauch in Antronapiana: «Wird ein Mädchen geboren, so lässt man es an der Taufe von einer leichtfüssigen Jungfrau in möglichst raschem Lauf in die Kirche tragen, und alle, die unterwegs den beiden begegnen, grüssen das Neuangekommene mit dem Wunsche: Santa Maria, buona gamba!»

Bezeichnend für die Bedeutung, die man der Körperkraft beimass, sind die noch im Volke erzählten Geschichten von erstaunlichen Kraftleistungen Einzelner, wie das Bergauftragen von riesigen Käsekesseln, von Brunnentrögen, Baumstämmen, ja von Kühen. Starke Männer rissen z. B. auch Bäume aus und benutzten sie als Spazierstöcke oder gelegentlich auch als Waffe. Frauen trugen strickend schwere Salzsäcke aus dem Tal in ihre Alphütten hinauf.

Bis in die jüngste Zeit hinein verlangte das Leben in den Alpen grösste Vorsicht mit Bezug auf Experimente beim Anbau und bei der Viehzucht. Bewährte, wenn auch nicht perfekte Verfahrensweisen hatten den Vorzug vor Innovationen mit unsicherem Erfolg, weil man z. B. eine Missernte nicht hätte ertragen können, ohne hungern zu müssen. Wo immer Experimente gemacht wurden, waren es die reichen Bauern, die sie sich leisten konnten.

Allgemein werden die Bauern und die Bergbauern im besonderen als besonders heimattreu und mit ihrem Boden verbunden betrachtet. Dies galt zweifelsohne für die Inhaber der geschlossen vererbten Höfe des schweizerischen Voralpengebietes und eines grossen Teils der Ostalpen. Auf der Südseite der Alpen, wo die Güter unter alle Erben verteilt werden und der Anteil des Einzelnen klein ist, war Anhänglichkeit an den Boden stets geringer. Dazu kommt, dass dort, wo die urbane Kultur vorherrschte, der Bauer seit jeher eine untergeordnete soziale Stellung einnahm. So waren dort viele nur gezwungenermassen Bergbauern, deren Treue mehr der Familie und der Verwandtschaft als dem Boden galt.

Die *Proletarier der Alpen* waren die Bergknappen in den österreichischen Alpen, die zum Teil Fremde waren. In Schwaz im Unterinntal führten im religiösen Gewand der Wiedertäuferei um 1525 die Knappen der dortigen Silbergruben bereits mit den Mitteln des Streiks den Klassenkampf. In den siebziger Jahren des 19. Jahrhunderts entstanden gewerkschaftliche Organisationen der Weber im protestantischen Kanton Appenzell-Ausserrhoden und solche der Fabrikarbeiter im ebenfalls protestantischen Kanton Glarus, wo es 1873 zu einem Streik in einer Spinnerei kam.

Die Arbeiterorganisationen in den Alpengebieten hatten allgemein gegen religiöse und soziale Vorurteile sowie gegen zeitweilige Interesselosigkeit der Arbeiter zu kämpfen, da diese durch Klein-Grundbesitz oder durch Anteil an Gemeinde- oder Korporationsland ihr Arbeitseinkommen komplettieren konnten. Da sie sich mehr als Bauern denn als Arbeiter verstanden, entwickelten sie meistens kein Klassenbewusstsein und nahmen nicht aktiv am Leben der Gewerkschaften teil. Hingegen wurden Truppen, die sich hauptsächlich aus Soldaten vom Gebirge zusammensetzten, manchmal zu Ordnungsdiensten bei Streiks und Arbeiterunruhen in den Städten aufgeboten, weil sie für diesen Zweck als besonders zuverlässig galten.

Von der Wiege bis zur Bahre

Die Riten und Bräuche, welche den Lebenslauf der Bergbewohner begleiten, gleichen im grossen und ganzen denjenigen der jeweils angrenzenden Ebenen, wobei jedoch mit einer gewissen Retardierung zu rechnen ist.

In den Alpen greifen Sippe und Verwandtschaft mannigfaltig in das Leben des Einzelnen ein, sie regeln es durch Überlieferung älterer Lebensformen. Es ist unter diesen Verhältnissen schwieriger, seinen eigenen Weg zu gehen, als in der modern-städtischen Zivilisation.

Das Gebot, die werdenden Mütter zu schonen, war bei allen Bergbevölkerungen bekannt; man wusste aufgrund der Tradition, welche Arbeiten während der Schwangerschaft zu unterlassen waren. Während die Zahl der Totgeburten allgemein niedrig war, verstarben viele Kinder in den ersten Lebensmonaten, doch war die Rate regional unterschiedlich. Es gab Bergfriedhöfe, wo die Kindergräber fast die Hälfte des Friedhofs besetzten, und andere, wo es nur eine kleine Ecke für die Kindergräber gab. Bei der katholischen Bevölkerung trachtete man danach, die Kinder unmittelbar nach der Geburt zu taufen, wie es von der Kirche vorgeschrieben war. In den Alpen konnte diese Ordnung nicht immer eingehalten werden, zum Beispiel wegen der Abwesenheit des Vaters in der Emigration oder wegen ungünstiger Wegverhältnisse im tiefen Winter und oft wegen Lawinengefahr.

Das straffe Wickeln der Säuglinge, das in den Städten allgemein schon vor 1900 aufgegeben wurde, erhielt sich in vielen Teilen der Alpen bis zum Zweiten Weltkrieg, ebenso der Brauch, dass die Mutter vor der Aussegnung in der Kirche das Haus nicht verlassen durfte, und der Ritus der Aussegnung überhaupt. Die Stillzeit war bei den Frauen in den Bergen allgemein länger als in der Ebene.

Kinder spielten verhältnismässig wenig, weil sie durch die Mithilfe bei der Arbeit in Anspruch genommen waren und weil sie von den Erwachsenen kaum Anregung zum Spielen erhielten. Es gab jedoch einfache *Spielzeuge*, die sich auf das Vieh, das kostbarste Eigentum der Bergbewohner, bezogen. Es waren zylindrische, einige Zentimeter lange, noch mit der Rinde bekleidete Holzklötzchen, die an ihrem vorderen Ende das Hauptattribut der Kuh, zwei Hörner, aufwiesen. Diese meistens von Erwachsenen hergestellten Spielzeugtiere wurden von den kleinen Knaben manchmal in selbstgemachten kleinen Pferchen vereinigt, wie dies mit den wirklichen Kühen auf der Alp geschah.

Im Alter von etwa 6 Jahren wurden die Kinder zu Hütern des Kleinviehs, und mit 10 Jahren waren die Buben oft schon Gehilfen bei der Sömmerung des Viehs auf den Alpen. Mit 14 oder 15 Jahren galten sie als vollwertige Alpknechte.

Der junge Hirte oder die junge Hirtin, die zum ersten Mal auf die Alp gingen, wurden allerlei rituellen Scherzen unterworfen, manchmal auch rituell geschlagen. Auf den Berchtesgadener Alpen bekam die Jungsennerin, die zum ersten Mal auf die Alp fuhr, vom Alpbesitzer am Jakobitag (25. Juli) sechs rituelle Schläge zugemessen. Falls die jungen Burschen nicht als Viehhirten aus ihrer Heimat ins Tiefland hinunterzogen, um dort fremdes Vieh zu hüten, schlossen sie sich den *Knabenschaften* (Burschenschaften, frz. *jeunesses*, *abbayes*, ital. abbadie, rätorom. compagnias de mats) an. Diese hatten je nach Gegend einen mehr militärischen, mehr sittenrichterlichen oder einen auf Spiel und Fest hin ausgerichteten Charakter. Überall hatten sie die Gestaltung der kirchlichen und weltlichen Jahresbräuche in der Hand, insbesondere das Recht der Wegsperre («Spannen»), d.h. das Aufhalten des Hochzeitszuges, um vom Bräutigam eine Abgabe für die Kasse der Knabenschaft zu erzwingen. Mit allerlei Lärmgeräten veranstalteten sie eine Katzenmusik (Charivari), um missliebige eheliche Verbindungen wie die Heirat von sehr Ungleichaltrigen, Untreue und andere missliche Vorkommnisse zu geisseln und dorfkundig zu machen.

Die Ehepartner suchte man in den meisten Fällen in der eigenen Gemeinde oder in deren nächstem Umkreis. Dies konnte auf verschiedene Weise geschehen: beim Abendsitz, bei Gemeinschaftsarbeiten (Getreideernte, Hanfverarbeitung, Weinlese usw.), bei Familienfesten (hauptsächlich bei Hochzeiten), auf Jahrmärkten und bei Wallfahrten. In einigen Alpengebieten (Bayern, Oesterreich, Deutschschweiz sowie an einigen Orten in Savoyen) gab es zur Einleitung der Ehe den Brauch des *Kiltgangs* (Fensterln, Gasslgehn). Dieser Brauch, der auch ausserhalb des Alpengebietes und insbesondere in Skandinavien verbreitet war, gab den unverheirateten Burschen des Dorfes das Recht, an bestimmten, brauchmässig festgelegten Tagen bei den ledigen Mädchen des Ortes nächtliche Fensterbesuche zu machen. Dies konnte sowohl in geselliger wie auch in einzelgängerischer Form geschehen. Bei der geselligen Form zogen zwei, manchmal auch sechs oder acht Burschen von einem Haus zum andern, überall dorthin, wo hübsche und lustige Mädchen waren. Dort lockten sie durch das Sprechen von erotischen Reimen, meist mit verstellter Stimme, die Mädchen aus dem Bett ans Fenster. In einigen Gegenden blieb es dabei, in anderen wurden die Kiltgänger ins Haus gebeten, wo gesungen, musiziert und getanzt wurde. Die beliebtesten Instrumente waren dabei die Maultrommel und die Mundharmonika. Der gesellige Kiltgang erlaubte nur eine erste Annäherung. Ein längeres und intimeres Reden zwischen einzelnen Burschen und Mädchen war wegen der gegenseitigen Kontrolle nicht möglich; solches erlaubte nur der einzelgängerische Kiltgang. Hierbei wanderte nur ein einziger Bursche, meist im geheimen, zum Fenster eines Mädchens, um zunächst mit verstellter Stimme um Einlass zu bitten. Am Anfang wurde ihm meistens nur ein Fenstergespräch erlaubt, und erst wenn sich die Beziehung enger geknüpft hatte, liess das Mädchen den Burschen in seine Kammer hinein. Der Kiltgang war eine nächtliche Angelegenheit; vor 10 Uhr abends galt er als unpassend, nach 12 Uhr nachts als unehrenhaft. Die Einzelkiltgänger wurden von ihren Kameraden kontrolliert, die z. B feststellten, ob das Licht in der Kammer brenne (das Auslöschen galt vielerorts als unehrenhaft). Zu junge Bürschchen und auswärtige Kilter wurden unsanft heimgeschickt, manchmal vorher verprügelt oder in den Brunnentrog geworfen.

Auf den Alpen, wo es junge Sennerinnen gab, war der Einzelkiltgang leichter als im Dorf, weil es weniger Beaufsichtigungs- und Störungsmöglichkeiten gab. An den einen Orten verbot der Brauch die körperliche Verbindung, anderswo hatte man dagegen nichts einzuwenden. Im allgemeinen herrschten in den Gebieten der Nachtfreierei relativ freie Sitten mit Bezug auf das *Sexualleben*, und an manchen Orten, vor allem im Voralpengebiet, wurde nur dann geheiratet, wenn begründete Aussicht auf Nachkommenschaft bestand. In denjenigen Alpengebieten, wo die Bauerngüter geschlossen an einen einzigen bevorzugten Nachkommen vererbt wurden, zögerten die Besitzer oft sehr lange mit der Übergabe. Der präsumptive Erbe ging in diesem Fall meist lange, bevor er den Hof übernehmen konnte, ein Liebesverhältnis ein, das in der Regel nicht ohne Folgen blieb. Dergleichen wurde zum Beispiel in Kärnten als durchaus normal empfunden, da jedermann wusste, dass der junge Bauer sein Mädchen zum Altar führen würde, sobald es die äusseren Verhältnisse erlaubten. Dieser meist durch den Kiltgang eingeleitete voreheliche Verkehr rechtfertigte sich insofern auch wirtschaftlich, als das junge Paar bei der Übernahme des Hofes über Kinder verfügte, die schon bei der Arbeit mithelfen konnten.

Als alpenländische Besonderheit bestand (ausser in einigen südlichen Alpentälern) noch während des ganzen 19. Jahrhunderts die *Spätheirat* (ca. 30 Jahre für die Männer und 27 bis 29 Jahre für die Frauen). Das hohe Heiratsalter erklärt sich aus dem Umstand, dass die Verlobten warten mussten, bis das elterliche Gut verteilt wurde. Man heiratete innerhalb eines räumlich engen Gebietes, damit das Erbteil des Mannes und dasjenige der Frau zu einem neuen Betrieb zusammengelegt werden konnten. Bis dies der Fall war, verstrich in der Regel eine lange Verlobungszeit. Dort, wo ausserlandwirtschaftliche Erwerbsmöglichkeiten (zum Beispiel durch Verlagsindustrie oder Manufaktur) aufkamen, sank das durchschnittliche Heiratsalter und die Partnerwahl wurde freier. Im allgemeinen war der Anteil der Verheirateten unter der ehefähigen Bevölkerung in den Alpen, vor allem auf der Nordseite der Alpenhauptkette, ziemlich niedrig. So waren zu Anfang des 19. Jahrhunderts im Trentino von 1000 Männern über 40 Jahren deren 500 verheiratet, im Nordtirol gar nur 350. Auch dies war eine Folge der Bodenknappheit. Es kam oft vor, dass die Kinder eines Bergbauern, auch wenn sie erwachsen waren, mangels eigenen Bodens zu Hause blieben und den Eltern halfen, den Hof zu bearbeiten. Wenn dann einer der Söhne den Hof erbte, blieben sie weiterhin dort als Unverheiratete und beanspruchten von ihrem Bruder meistens nur den Unterhalt und Versorgung im Falle von Krankheit und Alter. Das späte Heiratsalter und die hohe Quote von Unverheirateten wirkten im Sinne einer Stabilisierung der Bevölkerungszahl.

Die jahreszeitliche Ansetzung der *Eheschliessung* richtete sich einerseits nach den Gegebenheiten des Wirtschaftsjahres, anderseits (bei den Katholiken) nach den kirchlichen Vorschriften und nach bestimmten regional verschiedenen Tabus. Die Hochzeit fiel in der Regel nicht in die Zeiten, da das Vieh auf den Hochalpen war, und auch nicht in die Erntezeiten. In den romanisierten Gebieten kam der Monat Mai nicht in Frage, da er nach römischer und galloromanischer Tradition als Unglücksmonat oder als «Monat der Esel» galt. Auch der Monat November als «Totenmonat» wurde gemieden, eher kam noch der Oktober in Frage. Kirchlich verboten waren die Hochzeiten auch während der Fastenzeit und während des Advents sowie in der Weihnachtswoche. In der Maurienne und in der Tarentaise heiratete man nicht gern im Herbst vor Wintereinbruch, weil es dann für das junge Paar schwierig sei, sich einzurichten. So kam als Hochzeitstermin häufig die Zeit nach Ostern in Frage, manchmal auch die Fastnachtszeit.

Sehr verschieden war in den Alpen das Hochzeitsbrauchtum. An vielen Orten war die Hochzeit ein Dorffest, das sich über mehrere Tage erstrecken konnte, zu dem jedoch auch die geladenen Gäste Geld und Geschenke beisteuerten, so dass sich auch ärmere Leute ein Hochzeitsmahl gestatten konnten. In einigen Hochtälern des Wallis (zum Beispiel Val d'Anniviers, Goms) gab es überhaupt kein Fest; die jungen Eheleute begaben sich unmittelbar nach der Trauung wieder an die Arbeit.

Im Gebirge, besonders im Hochgebirge, kommen jedes Jahr Menschen durch Absturz, Steinschlag, Schneesturm und Lawinen um. Zur Erinnerung an diese *Unglücksfälle* stehen an vielbesuchten Wegen Bildstöcke oder «Marterln», auch wenn das Unglück an entlegener Stelle passiert war. Der Sinn des «Marterls» liegt darin, dem Verunglückten und ohne den Empfang der hl. Sterbesakramente Verstorbenen das fromme Gebet der Vorübergehenden für die Erlösung aus dem Fegfeuer zu sichern. Oft wird auf dem Marterl der gewaltsame Tod des Dahingeschiedenen bildlich und textlich dargestellt. Als Bewahrer vor jähem Tod galt in den Alpenländern der hl. Christophorus. Dessen Bild wurde oft riesengross an die Aussenmauern von Kirchen gemalt; wer es morgens anblickte und dabei ein Gebet sprach, sollte an dem betreffenden Tage vom jähen Tod verschont bleiben. Auf der Höhe des Arlbergs wurde 1386 eine Christophorus-Kapelle mit Hospiz gestiftet, um den Reisenden Unterkunft und Schutz bei Schneesturm und Lawinengefahr zu bieten. In zahlreichen Wallfahrtskapellen finden sich Votivbilder, die von Personen gestiftet worden sind, die aus den Gefahren der Berge gerettet wurden.

Wie überall, trachtete man auch in den Alpen danach, die *Verstorbenen* mit der grössten Sorgfalt zu behandeln, was nicht immer leicht war. Wenn der Weg zum weit entfernten Friedhof nicht gegangen werden konnte, kam es vor, dass man den Leichnam zunächst in den Schnee betten musste, bis der Transport möglich war. Die Wege von den hochgelegenen Weilern waren manchmal so steil, dass man den Toten nicht auf der Bahre tragen konnte; so wurde er auf ein Maultier gebunden und erst im Talgrund eingesargt. Allenthalben in den hochgelegenen Orten erzählte man von den Strapazen, Gefahren und Unfällen aus der Zeit, da es nur im Talgrund Pfarreien gab, nach denen man die Leichen transportieren musste, um sie zu bestatten. Die Unglücksfälle, die da und dort dabei vorkamen, waren manchmal der Anlass zur Gründung von Pfarreien in den hochgelegenen Siedlungen.

Über das ganze Alpengebiet verbreitet war die Sitte, auswärts verstorbene Gemeindeangehörige heimzuholen und in der Heimaterde zu bestatten. Dies ist eine Sitte, die fortdauert und dank der besseren Verkehrsmöglichkeiten leichter durchzuführen ist.

Bräuche und Feste des Jahreslaufes

Die *kirchlichen Feste des Jahreslaufes* in den verschiedenen Gebieten der Alpen unterscheiden sich nur wenig von denjenigen der angrenzenden Ebenen. Der schöne Brauch, dass Hirten bei der Mitternachtsmesse an Weihnachten in der Provence ein mit Bändern geschmücktes Lamm feierlich als Opfersymbol am Altar vorbeiführten, berührt das Alpengebiet nur insofern, als die Hirten, die bei diesem Anlass eine ländliche Pastorale aufführten, im Sommer mit ihren Herden auf den Alpen geweilt hatten.

Manchmal beteiligen sich Alphirten oder Viehbesitzer aktiv an kirchlichen Festen. In Ferden (Lötschental, Wallis) wird am Ostermontag vielen hundert Talbewohnern feierlich eine *Spende* gereicht, die aus auf besondere Weise hergestelltem würzigen Käse sowie aus Brot und Wein besteht. Die Käsespende ergibt sich im wesentlichen aus dem Alpnutzen zweier Tage im Juli. Sie geht auf eine mittelalterliche fromme Stiftung zurück, die man gemacht habe, weil die Tiere auf der Alp von zahlreichen Unfällen und Krankheiten heimgesucht worden seien. Solche Spenden sind über das ganze Alpengebiet verbreitet, wobei die Termine verschieden sind (Ostern, Vorabend von Mariä Himmelfahrt, Tag des hl. Bartholomäus (24. August), Tag der Alpentladung).

Am Abend vor der Alpauffahrt erhalten die Kühe manchmal *geweihte Speisen*, zum Beispiel geweihtes Mehl, damit sie auf der Alp kein Unglück treffe. Häufig wird auch geweihtes Salz verabreicht (Schweiz); in Kärnten bekommt das Vieh entweder geweihtes Brot oder Knödel aus feinem Heu, Palmzweigen und Kleie, die mit geweihtem Salz gewürzt sind.

Als *Alpsegen* bezeichnet man die Einsegnung der Alp durch den Priester, wofür dieser Anrecht auf eine Gabe in Form von Milchprodukten hat. Im Val d'Anniviers erhält der Geistliche als Entgelt für die Segnung den Käse, der aus dem Milchertrag des dritten Alptages hergestellt wurde. Diese Spende wird vom Meistersenn jeder Alp des Tales am Bartholomäustag (24. August) in der Kirche von Vissoie dem Pfarrer dargebracht und von diesem gesegnet.

In den katholischen Gebieten gibt es auf den grösseren Alpen oft Kapellen oder doch wenigstens Bethäuser und Alpkreuze, wo am Abend gemeinsame Gebete gesprochen werden. In diesen Zusammenhang gehört auch der schon erwähnte feierliche abendliche *Betruf* der Innerschweizer Sennen:

Ihr Küehli zu loben all Schritt und Tritt
Des heilige Gottes Namen lobä!
Ave Maria, ave Maria, ave Maria!
Jesus! Jesus! Jesus!
O herzallerliebster Herr Jesus Christus, wir bitten Dich!
Behüet unsri Alp und alls was dazugehört und ist.
Hier auf dieser Alp, da ist auch ein goldig Ring.
Drin wohnt die lieb Mutter Gottes mit ihrem Kindlein darin.
Es walte Gott und der lieb heilig Sankt Antoni!
Es walte Gott und der lieb heilig Sankt Wendelin...
Es walte Gott! Sie mögen üs das Vieh gsund erhalten und bewahrä.

Neben den in diesem Betruf vorkommenden *Heiligen* werden von den Alphirten der Innerschweiz auch der hl. Josef, der hl. Jakobus und der hl. Gallus sowie der hl. Nikolaus von Flüe angerufen. Die von den Alphirten verehrten Heiligen sind nicht in allen Teilen der Alpen dieselben. So wird der heilige Leonhard, der ursprünglich der Patron der Gefangenen war und deshalb eine Kette als Attribut hat, in Bayern eben wegen dieser Kette als Viehheiliger verehrt und erhielt als solcher einen hohen Rang in der Hierarchie der Heiligen («bayrischer Herrgott»). Sein Bild findet sich in Bayern und in Österreich häufig an Stalltüren und an Bildstöcken auf Alpwegen. Der heilige Wendelin, dessen Attribute Schafe, Hirtenstab und Hirtentasche sind und der im deutschsprachigen Gebiet als Hirten- und Bauernpatron verehrt wird, dessen Bild man in manchem Bildstöcklein findet, ist im französischen und italienischen Sprachgebiet nahezu unbekannt. Neben den weitverbreiteten

Hirtenpatronen gibt es auch zahlreiche lokale, von den Hirten verehrte Heilige, so zum Beispiel den im tessinisch-italienischen Grenzgebiet verehrten San Lucio, dessen Attribut ein Käse ist. Sein Heiligtum ist eine Wallfahrtskirche auf dem Luciopass, wohin die Pilger früher am Todestag des heiligen Märtyrers (12. Juli) hinaufstiegen. Sie zogen bei der Ankunft zuerst, den Rosenkranz betend, um den neben der Kirche gelegenen Teich herum, dessen Wasser sich im Sommer wegen des Vorhandenseins von Spaltalgen (oscillatoria rubescens) blutrot färbte. Das Martyrium des Heiligen wurde vom Volk mit der roten Farbe des Teiches in Verbindung gebracht.

Der Jakobstag (25. Juli) ist neben dem Tag Mariä Himmelfahrt (15. August) der Höhepunkt des Alpsommers von den Waadtländer Alpen bis in die Ostalpen. Er wird mit einem Gottesdienst und mit allerlei Belustigungen gefeiert.

Am Tage Maria zum Schnee (5. August) finden manchmal Wallfahrten zu hochgelegenen Kapellen statt, wie zu derjenigen vom Schwarzsee bei Zermatt oder zu der vermutlich höchsten Wallfahrtskapelle der Alpen, derjenigen der Madonna von Rocciamelone (3538 m) über der Stadt Susa im Piemont.

Der Bartholomäustag (24. August) hat vor allem in den Zentralalpen Bedeutung als Termin für die Beschenkung der Armen oder des Pfarrers mit Alpprodukten.

In denjenigen Gebieten, wo sich eine Standeskultur der Alphirten herausgebildet hatte, wie in der Zentralschweiz, gab und gibt es kirchliche *Sennenbruderschaften*. Diese verfolgen kirchliche und wohltätige sowie gesellige Zwecke. Sie veranstalten meistens im Herbst nach der Alpentladung religiöse Feiern, in denen der toten Vorfahren (Sennenjahrzeit) gedacht wird. Darauf folgen weltliche Festlichkeiten mit Fahnenschwingen, Musik, Tanz usw. Das ganze wird als Sennenchilbi bezeichnet.

Die wichtigsten als alpin zu bezeichnenden *Bräuche* spielen sich während des Sommerhalbjahres ab und sind eng mit der Sorge um das Vieh verbunden. Dabei bilden Alpauffahrt und Alpabfahrt die Höhepunkte. Doch ist auch schon der erste Austrieb des Viehs im Frühjahr wichtig und stellt die Hirten in einen Kreis von Brauch und Spiel. In den französischen Alpen gilt Saint-Jean als Schutzpatron der Hirten, und an seinem Festtag beginnt meistens der Aufstieg mit den Herden auf die Maiensäss oder die Alpen. Am Vorabend des 24. Juni wird in manchen Dörfern in der Isère (Westalpen) mittels Kuhglokken die kommende Alpauffahrt angekündigt. Am Morgen des Johannistages werden dann die Kühe und auch die Ziegen mit Feldblumen bekränzt und auf die Weide getrieben. Dabei findet ein Wettlauf der Hirten statt; derjenige, der zuletzt ankam, wurde auf verschiedene Weise geneckt und gedemütigt, er musste zum Beispiel verkehrtherum (mit dem Gesicht nach hinten) auf einem Esel reiten, er wurde mit stinkenden Pflanzen bekränzt und bekam den

Übernamen *«litchibirrier»* (Butterfasslecker). Ähnliche Bräuche finden sich auch in Kärnten, wo der Hirte, dessen Herde als erste am Pfingstmontag auf die Weide kommt, einen Blumenkranz erhält; der Hirt jedoch, der verschlafen hat, wird verspottet, indem man seiner Kuh eine Glocke aus Holz umhängt. Im Berchtesgadener Land erhielt die Sennerin, die zum erstenmal auf die Alp fuhr, am St. Jakobstag vom Alpbesitzer – wie schon erwähnt – sechs rituelle Schläge; auch die Kuhbuben wurden vom Bauern gepritscht, wenn dieser zur Alpbesichtigung erschien. Sowohl die Sennerin als auch die Kuhbuben mussten das Brett, mit dem sie geschlagen wurden, vorher küssen und so die Rechtmässigkeit des Schlagrituals anerkennen.

Der Grad der Feierlichkeit des Alpaufzuges bzw. der Alpabfahrt richtet sich nach der Bedeutung, die der Viehzucht innerhalb der verschiedenen Regionen des Alpengebietes zukommt. Nicht überall präsentiert sich der Alpaufzug so festlich und farbenfroh wie im nordalpinen Gebiet der Schweiz und einigen Teilen Savoyens. Überall jedoch finden sich magische Vorkehren, die von den Viehbesitzern getroffen werden, um das Vieh während der Alpzeit vor Unglück und Schaden zu bewahren. Als ungünstig für die Durchführung der Alpfahrt gilt in der Deutschen Schweiz der Mittwoch, in den romanischen Alpengebieten der Freitag und manchmal auch der Dienstag. Zuweilen ist die Alpauffahrt an feste Tage gebunden wie den Veitstag (15. Juni), Johannistag (24. Juni), Peter- und Paulstag (29. Juni) usw. Als magisch-religiöses Schutzzeichen für das Vieh gelten mit gesegneter Kreide auf den Rücken gezeichnete Kreuze, das Streuen von Salz zwischen die Hörner und das Ausräuchern des Stalles mit am Palmsonntag in der Kirche gesegneten «Palmen».

Im Gegensatz zu den Gebräuchen im schweizerischen Voralpengebiet geht der Alpauftrieb in den Ostalpen ohne Feierlichkeit vor sich. Dagegen wird dort der Abtrieb von der Alp im September festlich gestaltet, falls nicht während des Sommers ein Unfall vorgekommen ist.

Besonders feierlich ist der Alpaufzug (die Alpfahrt) im Appenzellerland, im Toggenburg und im Greyerzerland. Voran geht der Senn in Volltracht, den reich verzierten Milcheimer an der linken Schulter. Die Meisterkuh trägt den Melkstuhl zwischen den Hörnern, ihr folgen die übrigen Kühe, alle tragen schwere Glocken. Das Alppersonal folgt in bestimmter Reihenfolge, und am Schluss kam früher der Wagen mit dem blitzblanken Sennereigerät wie Butterfass, Käsekessel, hölzerne Milcheimer usw.

Der Alpaufzug, so wie er in den nordalpinen Gebieten der Schweiz vor sich geht, gab im 19. Jahrhundert zu allerlei volkskünstlerischer Betätigung Anlass. Der abnehmbare Boden des bei der Alpfahrt zeremoniell verwendeten Milcheimers aus Ahornholz, den der Vorsenn auf seinem Rücken trägt, wurde früher von Peintres naïfs mit farbenprächtigen Darstellungen der

Alpfahrt bemalt. Dieselben Peintres naïfs verfertigten auf Bestellung als Wandschmuck auch Bilder von der Viehhabe einzelner Bauern. Eine ähnliche Hirtenkunst entstand im Gebiet von Greyerz, wo Peintres naïfs Bilder von Herden mit Hirten beim Alpaufzug (der sog. poya) malten. Die Bilder der Greyerzer Maler wurden von den Besitzern der betreffenden Herden über dem Eingang zur Scheune angebracht. Eine ähnliche Dokumentation der volkstümlichen Erlebniswelt findet sich im Salzkammergut auf Löffelrehmen und anderen Kleinmöbeln. Auch naive Scherenschnittkünstler im Pays d'Enhaut (Waadt) und im Simmental (Bern) haben Alpauffahrten und Alpabfahrten dargestellt.

Unmittelbar nach dem Alpauftrieb finden auf den Alpen des Wallis und Graubündens und auch auf denjenigen des Aostatales meist Kämpfe zwischen den Kühen statt, aus denen eine Siegerin hervorgeht, die man als «Königin» oder «Heerkuh», «Heerstecherin» usw. bezeichnet. Manche Viehbesitzer ziehen es allerdings vor, die «*reine de lait*», die beste Milchkuh zu besitzen, denn «den Heerkühen mag man die Hörner melken».

Die auf der Alp während des Sommers abgehaltenen Feste fallen je nach der Gegend auf ganz verschiedene Termine. Als früher auf den Alpen im Kanton Graubünden nur einmal im Sommer das Milchquantum der Kühe jedes Alpgenossen gemessen wurde, war der Messtag (*masüra*) ein richtiges Volksfest, an dem das ganze Dorf – alles, was Beine hatte – zu den Hirten und Sennen auf die Alp hinaufstieg, um zu schmausen, zu tanzen und Geschichten zu erzählen. Oft werden die Alpfeste am Jakobstag (25. Juli) oder am darauffolgenden Sonntag mit Gesang und Tanz gefeiert; andere Termine sind der Margaretentag (20. Juli), der Tag der hl. Anna (26. Juli) und Mariä Himmelfahrt (15. August).

Auf manchen Alpen zündeten die Hirten am Vorabend des St. Johannistages, im Wallis auch des Peter-und-Paul-Tages oder des Tages Mariä Himmelfahrt Höhenfeuer an, um den Leuten im Tal anzuzeigen, dass sie am folgenden Tag erwartet würden mit Speise, Trank und wenn möglich mit Musik. In den nordalpinen Hirtengebieten der Schweiz fehlen bei den Älplerfesten nicht die Wettkampfspiele wie Schwingen und Steinstossen, die dort, wo sich die ganze Wirtschaft um das Vieh dreht, eine alte Tradition haben. Seit altersher treffen sich an bestimmten Tagen die Hirten und Sennen verschiedener Alpen zu Wettkämpfen; im Anschluss daran kommen auch Alphornblasen, Jodeln und Fahnenschwingen zum Zuge. Von der Obrigkeit arrangiert, wurden 1805 und 1808 solche Hirtenfeste in Unspunnen bei Interlaken zu internationalen Schaustücken gemacht. Den romantischen Charakter dieser Feste beschrieb Madame de Staël 1810 in ihrem Buch «De l'Allemagne»: «Dann begannen die Spiele. Die Männer aus dem Tal und die vom Berge hoben riesige Steine und kämpften mit bewundernswerter Behendigkeit und Kraft gegeneinander.

Diese Körperkraft trug früher zur Wehrhaftigkeit der Nationen bei: heute, wo Taktik und Artillerie über das Schicksal der Armeen bestimmen, sieht man in diesen Übungen nur noch ländliche Spiele.»

Auch ausserhalb der festlichen Anlässe gaben sich die Alphirten verschiedenen Formen des spielerischen Kampfes hin; neben dem Schwingen bildete das Häkeln (das gegenseitige Sicheinhaken mit dem kleinen Finger oder dem Mittelfinger), bei dem es darum ging, den Gegner vom Fleck zu reissen, einen beliebten Zeitvertreib. Ein ähnliches Spiel war das Faust6stossen, bei dem die auf den Tisch gelegte Faust des einen diejenige des andern zurückzustossen versuchte, bis diese über den Tischrand abgedrängt wurde.

Manchmal haben die Hirten das Bedürfnis, ihr Dasein und ihre Tätigkeit auf der Alp zu verewigen, indem sie ihre Initialen sowie das Jahr ihres Aufenthaltes in Holz oder Stein einritzen. Hin und wieder verwendet man dazu besondere Bretter und zeichnet nicht nur die Namen auf, sondern auch das Datum von Alpfahrt und Alpentladung sowie die Zahl der gesömmerten Tiere. In katholischen Gebieten werden Gedenkzeichen für auf der Alp verunglückte Hirten und Sennen an Bäumen, Felsen oder Hütten angebracht, auf denen neben dem Namen und der Jahreszahl auch meist ein Kreuz und R. I. P. steht.

Bei genossenschaftlicher Alpung müssen vor der Alpabfahrt die während des Sommers erzeugten Milchprodukte verteilt werden, die für die Bergbauern eine ähnliche Bedeutung haben wie die Getreideernte für den Ackerbauern. Die Bestimmung des Anteils eines jeden ist wegen der unterschiedlichen Qualität der einzelnen Käselaibe eine schwierige Angelegenheit; oft wird – wie schon erwähnt – die Verteilung durch das Los entschieden. Wenn es aber einmal so weit ist, dass jeder seinen Teil in Empfang genommen hat, gibt es manchmal noch einen kleinen Imbiss auf der Alp. Mancherorts ist der «Kästeilet» sogar ein Fest, zu dem auch die Dorfbewohner heraufkommen. In Graubünden werden die Zugtiere des Wagens mit dem Käse an der Grenze der Alp gegen die Dauersiedlung hin oft mit Blumen geschmückt, und in guten Jahren kann der Einzug ins Dorf zu einer Art Triumphzug werden. Dem Wagen kommen Kinder entgegen, die mit Bändern und Blumen geschmückte Fahnen tragen.

Wie es vorher bereits beschrieben wurde, werden die Kühe für die Heimfahrt festlich geschmückt. In der Steiermark wird den Leitkühen ein tütenförmiger bunter Schmuck über die Hörner gezogen. Gefältelte Papierstreifen und lange, flatternde Bänder an den Hornspitzen lassen die Tiere stolz daherschreiten. Geht ein Stier im Zuge mit, so wird er auf besondere Art geschmückt; manchmal geht ein maskierter Stiertreiber mit, der mit seinen geschwärzten Händen Frauen und Kinder zu erhaschen und zu schwärzen sucht (Steiermark). Ist jedoch ein Stück Vieh auf der Alp abgestürzt oder sonst umgekommen, so fällt der Schmuck bei der Abfahrt der Herde weg, und wenn gar jemand aus der Familie des Besitzers gestorben ist, tragen die Tiere Trauerschmuck, schwarze, blaue oder violette Kränze, die oft über Generationen im Hause aufbewahrt werden.

Was den Termin der Alpentladung (der Alpabfahrt) betrifft, so gibt es dafür gewisse Tage wie den Tag der Kreuzerhöhung (14. September), Mauritiustag (22. September, Wallis), Michaelstag (29. September, Westalpen und Uri). Oft zwingen kalte Nächte und Reif im September zu früherer Alpentladung. Es kommt auch vor, dass zuerst nur die Milchkühe ins Tal zurückgetrieben werden und dass das Galtvieh erst an einem späteren Termin abgeholt wird. Vielfach richtet sich die Alpentladung zeitlich nach den Viehmärkten, an denen man das Vieh absetzen will, bevor die Stallfütterung beginnt.

In den Hautes-Alpes werden die Tiere für die Rückkehr von der Alp ins Tal nicht geschmückt; dagegen finden vor der Alpabfahrt gegenseitige Einladungen zwischen den Hirten verschiedener Alpen statt, wobei traditionelle Speisen (*lasagnes, beignets,* etc.) verzehrt werden. Während getanzt und gesungen wird, zünden die Hirten Höhenfeuer an, um die Rückkehr ins Tal für den folgenden Tag anzuzeigen.

Auch auf den savoyischen Alpen waren spezielle Mahlzeiten der Hirten vor der Alpabfahrt üblich. Aus dem Dorf stiegen jeweils Frauen auf die Alp, um bei der Zubereitung der Speisen zu helfen. Es wurde zur Handharmonika getanzt und Höhenfeuer verkündeten den Leuten im Tal die Alpabfahrt für den folgenden Tag. Auf manchen savoyischen Alpen wurden entweder einzelne Tiere wie die *«reine de combat»* und *«la reine de lait»* oder alle Tiere – wenn auch in verschiedener Weise – geschmückt. Am Abend der Rückkehr ins Dorf, wenn das Vieh in den Ställen geborgen war, luden die Viehbesitzer die Hirten und Sennen zum Essen und Trinken ein, wobei auch getanzt und gesungen wurde. Dies war gewissermassen die Zeremonialisierung der Rückkehr der Hirten in ihre Familie und in die Dorfgemeinschaft.

Im ganzen Alpengebiet war die Vorstellung verbreitet, dass die Alphütten im Herbst nach dem Abzug der Sennen und des Viehs von allerlei Geisterwesen bewohnt würden, von Kobolden mit gespenstischem Vieh oder auch von Hirten und Sennen, die als Wiedergänger für begangene Missetaten büssen müssen.

Bei den profanen Bräuchen des Jahreslaufes spielen die *Maskengestalten* und die damit verbundenen *Lärmumzüge* im Winter und zur Fastnacht eine wichtige Rolle. Es sind dies Erscheinungen, die zwar über die ganze Erde verbreitet sind, jedoch in Gebirgslandschaften (Alpen, Pyrenäen, Karpaten usw.) in grösserer Variationsbreite mit Bezug auf Formen, Farben usw. vorkommen als in weiten, offenen oder gar in Industriegebieten. Sie sind dort auch altartiger; die geschichtlichen Belege zeigen, dass die heute noch in den Alpen verbreiteten Fastnachtsbräuche vor zwei oder drei Jahrhunderten weit häufiger waren. Masken- und Lärmbräuche kennzeichnen nicht nur die Zeit zwischen Dreikönigen bzw. Lichtmess und Aschermittwoch, sondern auch die Zeit nach Martini, den Nikolaustag und dessen Vorabend sowie die Abende zwischen Weihnachten und Dreikönigen. Zu den typischen Äusserungen dieser Brauchzeiten gehört neben den Elementen des Lärms und der Masken auch das fette Essen, wobei die in heissem Fett gebackenen Krapfen eine grosse Rolle spielen. Profane Mittwinter- und Fastnachtsbräuche setzen einen über den Familienverband hinausreichenden Gemeinschaftskreis voraus, welcher jedoch durch die saisonale Abwanderung junger Leute geschwächt wird. Dieser Umstand dürfte neben konfessionellen Einflüssen (Protestanten) die relativ geringe Vitalität der öffentlichen Winter- und Fastnachtsbräuche in den meisten Gebieten der Westalpen erklären. Unterschiede im Brauchtum ergeben sich immer auch aus der Wirtschaftsform in ihrer Anpassung an die Landschaft. In Gebieten des Getreidebaus (zum Beispiel im Vintschgau) wollen die Buben durch Peitschenknallen das «Korn aufwekken», im Engadin wird am 1. März von den Buben mit Kuhglocken der Winter vertrieben und das Gras aufgeweckt. Im Gegensatz zum verbürgerlichten Brauchtum der Städte, an dem alle Altersgruppen und beide Geschlechter beteiligt sind, wurden die meisten alpenländischen Maskenbräuche ausschliesslich von Burschen und – meist ledigen – Männern ausgeführt, deren Organisationen sich im Alpengebiet als Knabenschaften, *compania de mats, jeunesses, abbayes* usw. länger gehalten haben als im Flachland.

Alpine Formen des Winter- und Vorfrühlingsbrauches zeichnen sich durch die Äusserung primärer und natürlicher Kräfte aus, etwa im Springen, Laufen, Jagen und Tanzen; dazu kommt auch das brauchmässige Stehlen von Viktualien. Als weiteres archaisches Element, das – früher allgemein verbreitet – sich im ostalpinen Brauch erhalten hat, wäre auch das Schlagen der Mädchen durch die Burschen zu nennen, das nach altem Glauben Wachstum und Fruchtbarkeit wecken und beschleunigen soll. Auch die Verwendung des Wassers oder anderer Flüssigkeiten wie Blut, Jauche usw. in der Form von Benetzen und Bespritzen ist ein solches archaisches Element: Im Lötschental (Wallis) gab es noch um die Jahrhundertwende Spritzen aus Holz, um die bei den Maskenumzügen zum Fenster hinausschauenden Frauen und jungen Mädchen zu bespritzen, sei es mit aufgeschwemmtem Kaminruss, sei es mit Jauche oder – falls vorhanden – Tierblut.

Die Holzmaske, meist aus Zirbenholz (Arvenholz) geschnitzt, die in Verbindung mit Schaf- und Ziegenfellen, welche die ganze Figur des Trägers verhüllen, und mit Kuhglocken am Gurt getragen wird, ist für einen Teil des schweizerischen und österreichischen Alpengebietes kennzeichnend und berührt auch noch das Friaul und die slowenische Region.

Berühmt sind die «schönen» und die «schiachen» (hässlichen) Perchten von

Imst im Tirol. Sie treten – nur im Abstand von mehreren Jahren – in Umzügen auf, in denen sich charakteristische Perchtentänze und Perchtensprünge in ursprünglichen Formen erhalten haben. Das häufige Vorkommen von wilden, bösen, den Teufel oder Tiere darstellenden Maskengestalten neben «schönen», gutmütigen scheint besonders für den Ostalpenraum typisch zu sein. Die «schönen» Perchten hatten nette Kleider mit Bändern und Borten und trugen Stöcke, die mit bunten Bändern geziert waren. Die «schiachen» Perchten zogen sich so hässlich wie nur möglich an, behängten sich mit Mäusen und Ratten, Ketten und Schellen, und die Stöcke, die sie trugen, endeten oben in einem Teufelskopf. Wie die Maskengestalten des Lötschentales (Roitschäggeten) trug eine der «schiachen» Perchten Russ und Asche mit sich, um Frauen und Kinder zu schwärzen. Die schönen Perchten dagegen teilten manchmal Geschenke aus. Es ist noch nicht abgeklärt, ob die «schönen» Perchten ihre Entstehung den behördlichen Verboten der «schiachen» Perchten verdanken und gewissermassen deren Ersatz darstellen, oder ob es sich um einen ursprünglichen Dualismus von Gut und Böse, Sommer und Winter, Kultur und Natur etc. handelt. Beim sogenannten Perchtlspringen sprangen die mit Tier- und Teufelsmasken verkleideten «schiachen» Perchten über die Brunnentröge, wobei sie sich der Hirtenstäbe bedienten.

Das Treiben der Perchten war oft mit der Einsammlung von Geschenken verbunden, ein allgemein fastnächtliches Brauchelement, das sich auch in den französischen Alpen findet und sogar ausserhalb der Alpen noch vorkommt, sich jedoch im Gebirge besser erhalten hat.

An manchen Fastnachtsfesten und wiederum besonders in den alpenländischen Gebieten traten sogenannte Wilde Männer auf, sei es in den Umzügen, sei es in den sogenannten Wildmannspielen, die im Freien abgehalten wurden. In diesen wurde der Vernichtungskampf wider das Dämonische und Dunkle der Natur dargestellt. Der Wilde Mann war manchmal in ein Fell, öfters noch in Moos oder Baumflechten gekleidet; er wurde gefesselt und schliesslich «getötet».

In einigen Orten der Ostalpen und der Schweizer Alpen wurden beim Abbrennen von *Frühlingsfeuern* (meistens am Sonntag Laetare) glühend gemachte Holzscheiben in das Dunkel der Nacht hinausgeschleudert. Man steckte die in der Mitte mit einem Loch versehenen Scheiben an eine lange biegsame Rute und liess sie im Feuer anglühen, dann wurden sie ab einem Schrägbrett weggeschleudert. Meistens rief man dazu einen Spruch aus, zum Beispiel eine Widmung an die Person, der die Scheibe zugedacht war. Eine andere Form des «mobilen Feuers» fand sich vereinzelt in den französischen Alpen in der Form von Fackeln (brandons), die an bestimmten Tagen der Fastenzeit oder auch am Johannistag meist von Kindern herumgetragen wurden; diese sagten dazu Sprüche auf, welche Fruchtbarkeit herbeiwünschen und die Vernichtung von Schädlingen durch Rauch und Feuer bewirken sollten. Eine ähnliche Wirkung wird im Ostalpengebiet und in Appenzell-Innerrhoden dem Räuchern des ganzen Hauses zur Weihnachtszeit mit gesegnetem Harz-Weihrauch zugeschrieben.

Kleidung

Zu allen Zeiten haben sich Land- und Bergbevölkerungen durch die Eleganz der städtischen Mode verführen lassen, und die zahlreichen regionalen Sonntags- und Festtagstrachten auf dem Lande und in den Bergen können nur aufgrund der Kenntnis der städtischen Moden erklärt werden. Es handelt sich jedoch nie um eine wahllose, unveränderte Übernahme. Die Kleider der städtischen Mode wurden dem lokalen Geschmack und den praktischen Bedürfnissen der Bergbewohner angepasst; so musste zum Beispiel die Weite des Frauenrockes ein rüstiges Ausschreiten erlauben. Auch auf die vorhandenen Werkstoffe musste Rücksicht genommen werden. Zweifellos haben Gebirgsgegenden, je verkehrsferner und wirtschaftlich selbständiger sie waren, die so übernommenen und umgestalteten Trachten jeweils länger bewahrt als verkehrsoffene. Erhaltend wirkte stets auch strenge katholische Kirchlichkeit. Einst verbreitete Modeneuheiten wurden nur deshalb als für einzelne Gegenden charakteristisch und autochthon empfunden, weil sie sonst überall verschwunden waren.

Innerhalb der zahlreichen Formen der alpinen *Trachten* lassen sich einige durchgehende Merkmale feststellen, wie zum Beispiel die deutliche Markierung der Oppositionen ledig/verheiratet, unverheiratete/verheiratete Frau, Knabe/Jüngling, katholisch/protestantisch, reich/arm usw. So gab es in den südlichen Seitentälern des Wallis einen Kinderrock für Mädchen und Knaben vor der Schulzeit; erst nach der Beendigung der Schulzeit trug der Knabe die lange Hose, die auch ein Zeichen dafür war, dass der Bub jetzt rauchen, tanzen, das Wirtshaus besuchen und Liebschaften eingehen durfte. Im österreichischen Alpengebiet trugen die katholischen Frauen Halskrausen nach spanischer Art, die Protestantinnen hatten einen Halsschmuck, der an die Beffchen der evangelischen Geistlichen erinnert. Durch besondere, relativ kleine Variierungen wurde die lokale Zugehörigkeit und Abgrenzung von den Nachbargemeinden ausgedrückt, zum Beispiel durch Unterschiede im Kopfputz, durch eine besondere Faltung des Rockes usw. Man könnte das Alpengebiet in sogenannte Trachtenlandschaften einteilen, so wie man ja auch alpine Hauslandschaften konstruiert. Im Vergleich zu den Trachten weiter, offener Gebiete zeigen die überreich gegliederten Alpengebiete eine grosse Variationsbreite mit Bezug auf die Trachten.

Während die inneralpinen, vorwiegend aus selbstgewobenem Tuch gefertigten dunkelfarbigen Feiertagstrachten mit langen, vorne zugeknöpften Ärmeln und hochgeschlossenem Mieder eher streng wirken, trotz der schmucken Hauben, wie man sie vor allem in den Westalpen fand, verrieten die effektvollen Trachten in Bayern und in den österreichischen Alpenländern starke naive Gefallsucht durch die Miederformen mit grossem Busenausschnitt, durch die starke Betonung der Hüften und die kurzen Röcke. Dem Einschreiten der weltlichen Behörden und den Sittenpredigten von der Kanzel herunter war meist nur kurzfristiger Erfolg beschieden. Wie auch anderwärts sind in den Alpen die Trachten der gegenüber den Frauen mobileren Männer rascher verschwunden als die Frauentrachten. Eine Ausnahme macht der von Kaiser Franz Josef (1848–1916) getragene graue, mit grünem Revers und grünen Borden versehene «Steireranzug», der weite Teile Österreichs eroberte und die alten Lokaltrachten der Männer verdrängte.

Es bestand früher überall ein strenger Unterschied zwischen der Sonntags- und Festtagstracht einerseits und der Werktagstracht anderseits. Die letztere ist vom ethnographischen Standpunkt aus nicht weniger interessant, obschon sie wegen ihrer Unscheinbarkeit meist nicht beachtet wird. Einige Bestandteile der alpinen Alltagstrachten, insbesondere der Berufstrachten, sind *alteuropäisches Primitivgut.* So begegnet man in den Ostalpenländern langen bis halblangen Tuchbahnen aus hausgemachtem Schafwollstoff (Loden), die durch einen Ausschnitt über den Kopf gezogen werden. Diese «Wetterfleck» genannten Kleidungsstücke dienten Forstleuten, Holzknechten, Fuhrleuten und Jägern als Brust- und Rückenschutz. Die früher im Alpengebiet verbreiteten Felljacken mit oder ohne Ärmel waren oft aus Ziegenfell gefertigt und galten als ausgezeichneter Schutz gegen die Unbilden des Wetters. Sie gehören zu den primitivsten Kleidungsstücken, von denen schon in der Odyssee die Rede ist, wo der Schweinehirt Eumäus eine Ziegenhaut trägt. Zu den Resten alteuropäischen Trachtenwesens gehören auch die mit Kapuzen versehenen groben leinenen Jacken, die man unter der Bezeichnung «Hirtenhemd» in den Bergen von Uri, Bern, Wallis und Graubünden manchmal noch antrifft. Die grosse Kapuze schützte den Kopf nicht nur bei Regen, sondern auch vor den Halmen beim Eintragen des Heus. Sie diente aber vor allem als Schutz beim Füttern des Viehs. Eine lederne oder strohene calottenförmige, randlose Kappe ist in der ganzen Schweiz verbreitet und dient den Sennen dazu, das Haar vor Staub und Schmutz zu schützen, wenn sie beim Melken den Kopf gegen die Flanke des Tieres stützen. Den praktischen Anforderungen des Hirtenberufes entsprach auch der pelerinenartige Mantel oder die eigentliche Pelerine mit Kapuze. Die Herstellung von Holzschuhen, die ganz aus dem Vollen herausgearbeitet werden und mit Lederriemen zum Hineinschlüpfen versehen sind, dürfte eine sehr alte Technik sein; sie wird heute noch im zentralschweizerischen Alpengebiet geübt. Noch zu Beginn dieses Jahrhunderts sah man am Sonntagmorgen vor den Kirchen im Kanton Uri Reihen von solchen Holzschuhen, die den Bauern gehörten, welche in der Kirche mit nackten Füssen beteten.

Es sind dies alles nur Einzelstücke; eigentliche Werktags-Berufstrachten haben innerhalb des Alpengebietes zum Beispiel die bergamaskischen Schafhirten entwickelt, und zwar in folgender Zusammenstellung: schwere Manchesterhose, Weste (Gilet) aus dem gleichen Stoff, keine Jacke, dafür einen langen weiten Hirtenmantel aus Wolle und einen Filzhut. Eigene Werktagstrachten hatten auch die Bergleute und die Flösser, vor allem in den Ostalpen.

Neben den durch Zweckmässigkeitserwägungen bestimmten Trachten gibt es in einigen genau umgrenzten Gebieten des schweizerischen Voralpenlandes mit vorherrschender Vieh- und Alpwirtschaft und einem eigentlichen Küherstand besondere Festtagstrachten *(Zeremonialtrachten)*, die vor allem am Tage der Alpauffahrt und der Alpabfahrt sowie am Sennenball getragen werden. Zu dieser Zeremonialtracht gehört in Appenzell-Innerrhoden eine eng anliegende, grellgelbe Kniehose aus Leder, die in gemusterten weissen Kniestrümpfen steckt. Über dem bestickten weissen Hemd öffnet sich die mit bunten Seidenstickereien und ziselierten Silberknöpfen verzierte rote Weste. Der lederne Brustgürtel zeigt reiche Messingbeschläge, die meistens Kühe und einen Sennen mit Hund darstellen. Um die Hüfte schlingt der Senn ein buntes Tuch. Er trägt einen flachen schwarzen Filzhut mit einem künstlichen Blumenkranz. Die rindsledernen, nägelbeschlagenen Schuhe haben verzierte Silberschnallen, die wiederum das Bild der Kuh zeigen. Am rechten Ohr hängt die goldene Nachbildung eines Rahmlöffels. Im Munde steckt die schwarze Deckelpfeife mit silbernen Beschlägen, den Deckel nach unten gewendet. Rechtsseitig am Hosenbund ist das mit Münzen geschmückte Uhrgehänge festgehakt.

Die gelben Hosen und roten Westen werden nur vom Alpsennen und seinem Gehilfen, dem Zusennen, getragen; die übrigen am Alpauftrieb beteiligten Helfer tragen Hosen aus Halbleinen mit altertümlichem Hosenlatz. Über dem roten Gilet tragen sie einen hellgelben Zwilchkittel.

In einigen alpinen Gebieten der Schweiz wird an hohen Kirchenfesten, insbesondere an Fronleichnam, an Kirchweihfesten sowie Primizen in alten bunten Uniformen paradiert, welche noch im vergangenen Jahrhundert von den Soldaten in fremden Kriegsdiensten getragen worden waren.

Nur ausnahmsweise findet man bei Gebirgstrachten eine *Verwischung* von Alter, Geschlecht und Zivilstand. Bei der Heuarbeit im Gebirge, beim «Ausfüttern» der Tiere im Winter bei tiefem Schnee trugen die Frauen in den Seitentälern des Wallis oft Männerhosen.

Als «alpiner» *Schmuck* können neben den Ohrgehängen in der Form von Geräten der Milchwirtschaft die vor allem in Bayern und in den Ostalpen verbreiteten, auf den Landsknechtbrauch zurückgehenden Hahnenfedern auf dem Hut der Burschen gelten, die, wenn sie nach vorn gerichtet sind, eine Herausforderung zum Raufen bedeuten, während rückwärtsgebogene Federn auf friedliche Stimmung schliessen lassen. Hahnenfedern gehören auch zur Tracht der Tiroler Schützenkompanien, und auch die italienischen Gebirgstruppen, die «Alpini», haben heute noch ihre «Adlerfedern», die allerdings nur zurechtgemachte Gänsefedern sind.

Musik und Gesang

Zur alpenländischen Musik, die in der Frühzeit immer praktische Funktionen hatte, gehören sowohl vokale Gattungen wie Jauchzer, Jodler, Lockrufe, Kuhreihen und Betruf, als auch instrumentale Gattungen, bei denen man zuerst an den Klang des Alphorns denkt. Zu den Schallinstrumenten gehören ferner die Viehglocken, die Schellen, Kuhhörner usw. Glocken und Schellen hatten vor allem Signalfunktion, weil man mit ihrer Hilfe den Standort der Tiere ausmachen konnte, doch spielten sie auch in der Fastnacht eine Rolle, und heute noch wird von den Appenzeller Sennen das «Schellenschütten» geübt, bei dem sie halbmeterhohe, gut aufeinander abgestimmte Schellen, die sie rhythmisch bewegen, ertönen lassen. Es sei auch an die Ratschen (als Ersatz der Kirchenglocken in der Karwoche) und an die Peitschen erinnert, die in Österreich beim «Aperschnalzen» im Frühjahr (Peitschenknallen zum Aufwecken des Grases oder des Korns) und an einigen Orten der deutschen Schweiz beim Nikolausbrauch verwendet wurden.

Die Alpenmusik war vor allem Freiluftmusik der Hirten; sie diente der Fernverständigung, der Beruhigung der Tiere, der Geselligkeit, konnte aber auch Gegenstand des Wettstreites sein. Lärmmusik wurde veranstaltet, um unerwünschte Geister zu vertreiben und gute zu wecken (R. Weiss); betonter Rhythmus förderte die Arbeitslust, und Melodik diente der Verständigung mit dem Vieh sowie der eigenen Unterhaltung.

Es wird vermutet, dass die Ursprünge der alpenländischen Musik bei Wanderhirten der Steppen Zentralasiens zu suchen sind. Von ihnen kam vor allem das *Alphorn* nach Europa. Es ist in österreichischen und slowenischen Gegenden sowie im Allgäu bekannt, gilt aber ganz besonders als Nationalinstrument der Schweiz, wo es allerdings fast nur in den deutschsprachigen Berggebieten vorkommt. Die Hauptverbreitungsgebiete in der Schweiz sind das Bündner und Berner Oberland, die Innerschweiz und einige Teile der Kantone Wallis und Freiburg. Im Val d'Anniviers (Wallis) heisst es «touta», in

Graubünden «tiba» (lat. tuba); in Uri ist eine gewundene, kleinere Form mit dem Namen «Pichel» gebräuchlich.

Das Alphorn besteht aus einer 1–4 m langen konischen, grifflochlosen Röhre – aus einem Stämmchen gebohrt oder aus zwei ausgehöhlten Halbstämmen zusammengesetzt – mit einem hölzernen Mundstück und einem aufgebogenen Schalltrichter versehen, manchmal mit Rinden oder Peddigrohr umwickelt und häufig mit Brandmalerei verziert. Das Alphorn kann nur stehend geblasen werden, wobei das vordere Ende auf den Boden gestützt wird. Sein weicher Ton trägt im freien Raum sehr weit. Der Umfang der Naturtöne ist beschränkt auf etwa eine Oktave, wobei der Ton f, das berühmte Alphorn-fa, in der Höhe zwischen dem gebräuchlichen f und fis liegt, was eine ganz spezielle Tonleiter ergibt. Dieser verschobene Ton gehört auch zur Appenzeller Ländlermusik und kommt im Jodel sowie den alten Kuhreihen vor.

Das Alphorn ist in der Schweiz schon seit mehreren Jahrhunderten heimisch; der früheste europäische Beleg für «Tuba» im Sinne von Alphorn findet sich in den Akten über die Märtyrer vom Nonsberg (Südtirol) aus dem Jahre 397: Christliche Mönche hätten dort «strepitu tubae» (unter dem Dröhnen der Tuba) den Märtyrertod erlitten.

Weitere Blasinstrumente, die früher meist in den Mussestunden beim Viehhüten von den Hirten selbst hergestellt wurden, waren primitive Flöten, Ziegen-, Schaf- und Kuhhörner sowie aus abgeschälter Eschen- oder Weidenrinde gefertigte Schalmeien. Als Megaphon wurde die Folle verwendet, ein hölzerner Milchtrichter, mit dem die Älpler in der Abenddämmerung den Betruf (z. B. eine Heiligenlitanei mit dreimaligem Ave-Maria) über die Alp ertönen liessen, wobei auch die Echowirkung ausgenutzt wurde. Es bestand die Überzeugung, dass der göttliche Schutz soweit reiche, wie der Ruf zu hören sei.

In Österreich war die Schwegelpfeife verbreitet, eine klappenlose Sechslochflöte, die zum Tanz bei den Festen der Almhirten aufspielte. Man kannte auch einen einfachen Dudelsack, der sich wahrscheinlich aus der Schalmei entwickelt hatte. Trommeln und Pfeifen als Arbeitsmusik in den Weinbergen des Wallis wurden schon erwähnt, doch fanden sie auch Verwendung in der Fronleichnamsprozession; diese Instrumente gehen auf die frühere Militärmusik zurück.

Das kleinste in den Alpen bekannte Musikinstrument ist die Maultrommel, auch Brummeisen genannt. Sie besteht aus einem gebogenen Metallrahmen von ca. 5 cm Durchmesser, in den ein Stahlfaden gespannt ist, der sich mit dem Finger anzupfen lässt. Der Ring wird so zwischen die Zähne geklemmt, dass Mundhöhle und Zunge einen veränderbaren Resonanzraum ergeben; die Mundstellung bestimmt dann die Höhe des Summtons.

Im Gegensatz zu den Blasinstrumenten sowie den Schellen und Glocken werden die Saiteninstrumente mehr im Innenraum verwendet, vor allem für die Tanzmusik. In den Alpenländern (besonders in der Ostschweiz und im Wallis) wurden Solo-Gesang und Tanz vom *Hackbrett* begleitet. Bei diesem Instrument sind über einen trapezförmigen hölzernen Klangkörper Drahtsaiten gespannt, die mit Klöppeln, an deren Ende kleine Knöpfe sind, angeschlagen werden; in der Ostschweiz werden die Saiten mit dünnen, leichten Ruten geschlagen, was einen weicheren Klang ergibt. Das Hackbrett, das bereits 1477 in der Schweiz nachgewiesen ist, gehört zusammen mit 2 Violinen, Violoncello und Kontrabass zur typischen Appenzeller Streichmusik. In der Innerschweiz dagegen besteht die Tanzmusik aus 1–4 Klarinetten, Trompete, Violine, Kontrabass, der lautenähnlichen Halszither und vor allem der rein gestimmten Handharmonika, dem berühmten Schwyzerörgeli. In Bayern und Tirol ersetzte eine Zeitlang die Harfe das Hackbrett. Im 18. und 19. Jahrhundert fand die *Zither* Eingang, ein Resonanzkasten mit Saiten, die – im Gegensatz zum Hackbrett – mit den Fingern gezupft werden. Bei entwickelteren Formen werden die Melodiesaiten über einem Griffbrett vom Daumen angeschlagen, auf den ein Metallring aufgesetzt ist, und die Begleitung wird mit den übrigen Fingern der rechten Hand gezupft.

Die Musikanten spielten stets auswendig und brachten aus dem Stegreif Triller und andere Verzierungen an; die beliebtesten *Tänze* in den Alpenländern waren Schottisch, Polka, Mazurka und Ländler. Der Ländler, im ruhigen 3/4 oder 3/8 Takt, war ursprünglich im «Landl» (Österreich ob der Enns) heimisch, verbreitete sich aber rasch in allen deutschsprachigen Landschaften. Er besteht aus mehreren Tanzfolgen in wechselnder Tonart, wobei der Schluss, der der Einleitung gleicht, meist «geplattelt» und von Händeklatschen begleitet wird. Der Schuhplattler als separater pantomimischer Paar- oder Gruppentanz ist vor allem in Bayern und Österreich verbreitet; mit charakteristischen Dreh- und Sprungfiguren stampft der Tänzer auf den Boden und schlägt mit den Händen zum Takt der Musik auf Schenkel, Knie und Schuhabsätze.

Der *Ländler* war nicht nur in den Ostalpen, sondern auch in Appenzell und der Innerschweiz verbreitet. Im Sarganserland und Oberwallis wurde selten getanzt, mit Ausnahme der Fastnachtszeit. In Visperterminen (Wallis) tanzte man öffentlich nur an der Fastnacht auf der Gemeindestube, aber dann zwei bis drei Tage und Nächte hindurch.

Nicht nur Musikinstrumente, sondern vor allem auch *die menschliche Stimme* hatten ihre Bedeutung im traditionellen Hirtentum. Zu den ursprünglichsten Gefühlsäusserungen gehört der Schrei, der in Freude und Übermut zu dem mit Kopfstimme hervorgebrachten Jauchzer (Juchzer) wird. Mit einem solchen Jauchzer grüssten sich die Hirten über weite Entfernungen hinweg; er konnte aber auch an ein Lied oder einen Tanz angehängt werden.

Eine ausführliche Tonfolge, ein- oder mehrstimmig, ist der *Jodler*, dessen wesentliches Merkmal der Wechsel von Brust- zu Kopfstimme (Falsett) ist. Der Jodler wird als Signal, Gruss oder Zuruf gebraucht, kann jedoch auch nur zur eigenen Freude hervorgebracht werden. Es kommen nur vokalreiche Silben ohne besondere Bedeutung vor, wie zum Beispiel «holleriaho». Ein einzelner Sänger steckt dabei oft einen Finger ins Ohr, oder fasst sein Ohrläppchen; die Jodler einer Gruppe stecken die Köpfe zusammen oder legen sich die Arme über die Schultern. So «zauren» (Appenzell) sie mehrstimmig, teils übermütig, teils gefühlvoll gedehnt, meist im harmonischen Durdreiklang. Dabei übernimmt mal der eine, mal der andere Teilnehmer die Melodieführung und überlässt den andern die aus dem Stegreif gesungene Begleitung. Oft lässt dazu einer ein grösseres Geldstück an der Innenwand eines irdenen Milchbeckens kreisen, was ein eigentümliches Geräusch ergibt.

Eine Ausweitung des Jodelns war das Schnadahüpfl (wörtlich: Schnitterhüpfer), bei dem zwei- oder vierzeilige scherzhaft-parodistische Liedstrophen mit Jodeln abwechselten und manchmal an ernste Lieder angehängt wurden. Oft aus dem Stegreif gedichtet, waren sie vor allem in den Ostalpen bekannt und haben sich im 19. Jahrhundert von Oberösterreich aus über Deutschland bis nach Appenzell ausgebreitet. Ein gutes Beispiel ist das in der ganzen Schweiz bekannte «Myn Vatter ischt an Appezeller ... Jodel ... Er esst de Chäs mit samt dem Täller ... Jodel».

Das Jodeln ist vor allem in den deutschsprachigen nordalpinen Kantonen der Schweiz verbreitet, weniger in Graubünden; in Österreich wird es vor allem in der Steiermark gepflegt, am wenigsten in Kärnten und ausserhalb des deutschen Sprachgebiets fast gar nicht.

Wie bereits erwähnt, war die Musik für die Hirten nicht Selbstzweck, sondern hatte bestimmte Funktionen, vor allem mit Bezug auf das Vieh. Das gilt in besonderem Masse für den Kuhreihen, ein Eintreibelied, das sich aus Lockrufen zusammensetzt. Die Erfahrung zeigte, «dass die Kühe durch die orphische Macht dieses einfachen Gesanges, an den sie gewöhnt sind, sich tatsächlich besser leiten lassen als durch Flüche, Steinwürfe und Hiebe» (R. Weiss).

Der *Kuhreihen* oder Kühreihen, in der welschen Schweiz «ranz des vaches» genannt, verbindet langsame, lyrische Melodienfolgen auf die Worte «Lobe», «lobela», «Loba», «liauba», «Ave Maria» oder andere Texte mit bewegteren, zum Teil rezitativischen Teilen, die die Kühe beim Namen nennen. Das auf keltischen oder noch früheren Ursprung zurückweisende Wort «lobe» oder «loba» bedeutet etwa die geschmückte Leitkuh, hatte früher aber wohl auch

Le ranz-des-vaches

Aus: Forum alpinum (1965); Zürich, S. 44

Der ursprünglich wesentlichste Bestandteil des Kuhreihens (ranz des vaches) mit seiner weitausholenden lyrischen Melodik ist der Zuruf an die Kühe, zum Melken heimzukommen, wobei sie mit Namen gerufen werden.

beschwörenden Charakter. Es ist anzunehmen, dass die Melodien von Betruf und Kuhreihen wesentlich älter sind als die später unterlegten, teilweise christlichen Texte, bei denen der Gleichklang von lobe = Kuh und lobe! als Aufforderung zum Lob Gottes ausgenutzt wurde. Schon 1545, bald nach Erfindung der Buchdruckerkunst, wurde eine typische Kuhreihenmelodie, welche stark an die Alphornweisen anklingt, aufgezeichnet und gedruckt.

Während in den inneralpinen und südalpinen Gebieten sowie in den Westalpen eine stille, liedhafte Melodik geringen Tonumfangs herrschte, die an Kinderlieder mit den Tonfolgen d' d' e' e' d' h' erinnert, waren die nordalpinen Kuhreihen, zum Beispiel der Appenzeller «Löckler», in einen grossen Bogen gespannt und reich ausgeschmückt.

Welche Bedeutung der Kuhreihen über die Funktion des Vieh-Eintreibens hinaus hatte, zeigt eine medizinische Dissertation aus dem 18. Jahrhundert, in der berichtet wird, dass Schweizer Söldner heimwehkrank wurden, wenn sie eine Kuhreihen-Melodie hörten. Im Jahre 1621 war es für schweizerische Truppen in französischen Diensten verboten worden, den «ranz des vaches» zu singen oder zu spielen, weil die Söldner davon krank wurden oder sogar desertierten.

In den südlichen Alpentälern hatte man besondere *Freude am Singen*, wobei neben Sologesängen auch Lieder mit Vorsängern und Refrain beliebt waren. Der Inhalt war hauptsächlich von Auswanderungsschicksalen, Heimatliebe und Liebe zur Familie bestimmt. Auch im Greyerzerland, das wenig Instrumentalmusik bot, wurde gern gesungen, meist im dortigen Patois. Im Wallis erlangten einige Lieder weite Verbreitung, zum Beispiel «Trois jeunes soldats revenant de guerre» (Val de Bagnes) und das Weihnachtslied «Il est né, le divin enfant» (Val d'Anniviers). Die tänzerische Melodie zu «Niene geits so schön und luschtig wie bi üs im Ämmetal» wurde über das Emmental hinaus international bekannt.

Der Volkskundler Richard Weiss hat darauf hingewiesen, dass die Lobpreisung der Alpen in vielen Heimat- und Sennenliedern nicht von den Sennen selbst ausging, sondern von der «Natursehnsucht und Alpenbegeisterung der höfisch-städtischen Bildungsschicht». Als typische Beispiele für solche Heimatlieder, in denen Berglandschaft und Sennenleben gepriesen werden, nennt er «Wo Berge sich erheben» und das Küherlied:

Uf de Bärge-n-isch guet läbe!
D'Chüejer jutze nid vergäbe...

sowie das 1833 von Josef Anton Henne gedichtete Abendlied «Lueged, vo Bergen und Tal». Richard Weiss schreibt: «Diese gefühlvoll bewusste Interpretation der Kühergefühle ist durch die Vermittlung vorwiegend städtischer und nicht alpiner Kreise, welche solche Lieder etwa in den Ferien auf Bergwanderungen oder vor einer Klubhütte singen, zuletzt zu den Älplern selber gelangt. Erst auf dem Umweg über das städtische Naturgefühl ist ja die poetische Betrachtung von Herdengeläute, Alpenglühen, Edelweiss und Alpenrosen, Jauchzen und Alphornklängen den Berglern geläufig geworden» (R. Weiss 1946, S. 241, siehe dazu auch Weiss 1933 und 1934).

Die alpine Religiosität

Man ist versucht, die Meinung zu vertreten, dass der katholische Glaube den alpinen Existenzformen besonders angemessen sei. Die Anschaulichkeit und – man möchte sagen – Handgreiflichkeit des volkstümlichen Katholizismus spielt eine wichtige Rolle im Kampf gegen die Gefahren, die den alpinen Menschen vor allem bei seiner täglichen Arbeit bedrohen. Von den kirchlichen Abwehr- und Schutzmitteln, den Sakramenten und Sakramentalien gehen Gegenwirkungen aus, an die der Protestant nicht glaubt. Er wird sogar viele Praktiken des Vulgärkatholizismus als Magie und Aberglaube bezeichnen.

Im geistigen Haushalt des Katholiken, besonders des alpinen, spielen die heiligen Orte eine hervorragende Rolle. Die Kapelle im Weiler, die den Gottesdienst in nächster Nähe ermöglicht, wird zum Bedürfnis, wenn der Weg zur Pfarrkirche weit und gefährlich ist. Die Konkretisierung des Religiösen in der Landschaft unterscheidet puritanisch reformierte und säkularisierte Gegenden von den katholischen, wo die ganze Gemeindeflur bis hinauf zu den Gipfeln von Kapellen, Bildstöcken, Wegkreuzen und Marterln apotropäisch umgrenzt ist. Zahlreiche Wallfahrten führten und führen manchenorts noch heute das katholische Volk zu hochgelegenen Kapellen, wie sie vor allem für die französischen und piemontesischen Alpen bezeichnend sind. Der Weg dorthin ist oft steil und voller Gefahren und bedeutet für diejenigen, die ihn gehen, eine Art Ritus des Übergangs vom Profanen zum Heiligen. Die Wallfahrt auf den Rocciamelone (3538 m) von Novalese oder Susa (Piemont) aus musste zeitweilig verboten werden, weil immer wieder Unglücksfälle vorkamen.

Die Legende setzt nicht selten an den Anfang mancher Wallfahrtsorte eher unbedeutende Bergbewohner als Werkzeug jenseitiger Mächte, sei es, dass ihnen die Muttergottes erschien wie am 19. September 1846 zwei Hirtenjungen, die auf einem Berge bei La Salette (Dep. Isère) die Kühe hüteten. Später entstand dort auf 1860 m ein grosser, von weither besuchter Wallfahrtsort. Hirten sollen auch wallfahrtliche Kultbilder geschaffen haben, wie ein Hirt am Arlberg, dem man die grosse Christophorus-Statue von St. Christoph am Arlberg zuschreibt; andere hatten nach der Legende vergessene oder verlorene Gnadenbilder wieder aufgefunden, wie die beiden Hirten, die im Jahre

1407 bei Matrei am Brennerpass eine Marienstatue entdeckten, die aus einem hohlen Lärchenstock herausgewachsen war. Dies führte in der Folge zur Entstehung der Wallfahrt von Maria Waldrast an der Stelle des wunderhaften Fundes. Auch die grossen Wallfahrtsorte Madonna del Sasso bei Locarno und von Madonna della Guardia am Giovi-Pass bei Genua gehen nach der Legende auf Visionen von Hirten zurück.

Die dauernde Gefährdung menschlichen und tierischen Lebens durch Krankheit und Unglücksfälle gab Anlass zu zahlreichen frommen Gelübden, die dann, wenn glückliche Verschonung bzw. Heilung eintrat, in der Form von *Votivtafeln* eingelöst wurden. Es handelt sich um auf Holz, Leinwand, Blech oder Papier gemalte Bilder, die als Opfergaben an den Wänden von Wallfahrtskirchen oder von abgelegenen Gnadenstätten angebracht wurden. Das Bedürfnis nach Anschaulichkeit hat eine besondere Kompositionsweise hervorgebracht: In einem Wolkenkranz sieht man den Schutzheiligen oder die Muttergottes, darunter den Anlass des Dankes: Errettung aus einer Lawine oder einer Rüfe, Sturz über eine Felswand mit glücklichem Ausgang, Errettung aus einem Wildbach, Erlösung vom Krankenbett etc. Meistens ist in der rechten Ecke der Stifter der Tafel dargestellt und daneben stehen die Worte Ex Voto oder P. G. R. (per grazia ricevuta). Oft werden der Hergang des Unfalls oder der Krankheit und die wunderbare Errettung auf der Tafel noch beschrieben. Ausserdem gibt es Bittafeln, aus denen vor allem die Sorge um das Vieh oder um den in die Fremde gezogenen Sohn spricht. Es werden als Bitte oder als Dank für die Erfüllung eines Wunsches auch Nachbildungen von Körperteilen oder ganzen Personen bzw. Tiere aus Holz, Silber, Eisen, Wachs oder Ton geopfert, das heisst zur Ehre der Heiligen in Kapellen aufgehängt.

Auf dem Unterton eines kargen, gefährdeten Lebens werden das Gepränge der dörflichen *Fronleichnamsprozession* und anderer Prozessionen, die barocken Passionsspiele, das reiche Kircheninnere und das prächtige Priesterkleid als Kontrast, Ergänzung und Erhebung empfunden. Im Vergleich zur protestantischen Welt erscheint die katholische als sinnlicher, was sich zum Beispiel in der Zahl der Feste und vor allem in dem reichen, von den Protestanten verneinten, wenn nicht gar verachteten Fastnachtsbrauch der Katholiken äussert. Die katholische Kirche drückte für die «natürlichen» Dinge, wie sie an Fastnacht vorkommen mochten, eher beide Augen zu als bei «ketzerischen Abweichungen vom Glauben». Wo immer die katholische Bevölkerung nach Schmuck und Bildhaftigkeit hin neigt, zeigt sich die protestantische allem Aufwand abhold. Es genügt, die nüchternen protestantischen «temples» bei den Waldensern der Westalpen oder des Piemonts mit den dortigen katholischen Kirchen zu vergleichen, oder die mit Heiligendarstellungen reich bemalten Salzburger- und Zillertalerschränke mit den bibelspruchverzierten Schränken der Protestanten.

Seit jeher liess sich die *protestantische Vorliebe für das Wort* gegenüber dem sinnennäheren Bilde, insbesondere dem religiösen Bilde, feststellen. Es hängt dies mit der vom Volke rezipierten Hochschätzung der Bibel zusammen. Man fasst hier einen grundlegenden Unterschied zwischen katholischer und protestantischer Volkskultur, so dass man sagen konnte, die protestantische Religion sei eine Buchreligion oder eine Wortreligion. Da das Lesen der Bibel gelernt werden musste, ist die protestantische Volkskultur zugleich eine Schulkultur. Auf protestantischem Boden wurde glaubensmässig begründete allgemeine Schulbildung früher volkstümlich als auf katholischem: Ohne Schule kein Lesen, ohne Lesen (der Bibel) kein Heil *(R. Weiss)*. Die Fähigkeit des Lesens und Schreibens, gepaart mit einer grösseren Unabhängigkeit von den Geistlichen und demnach einer grösseren geistigen Autonomie, bewirkte bei den Protestanten ein gegenüber den Katholiken ausgeprägteres Arbeitsethos und eine grössere Fähigkeit zur Übernahme von Innovationen. So blieben die katholischen Gebiete (nicht nur diejenigen der Alpen) länger traditionalistisch, die protestantischen neigten mehr zu Fortschritt, Geistesregsamkeit und Erwerbssinn. Dies lässt sich unabhängig von der religions- und wirtschaftsgeschichtlich geführten Diskussion über Calvinismus und Kapitalismus *(Weber 1920)* sowohl für die Vergangenheit wie für die Gegenwart feststellen.

Während eines Jahrhunderts wurden im Salzburgischen protestantische Bergleute und Bauern des Landes verwiesen; wie die Geschichtsschreibung später feststellte, handelte es sich um die geschicktesten Arbeiter und die wohlhabendsten Bauern. Übrig blieben die demütigen und rechtgläubigen Untertanen, «die nichts besassen als ihre grenzenlose Geduld im Ertragen der 120 Feiertage bei Gebet und Andacht, die im Salzburgischen Land vorgeschrieben waren» (Francé 1913). Im schweizerischen Alpengebiet entstanden in den protestantischen Kantonen Glarus und Appenzell-Ausserrhoden Industriegebiete (Textilindustrie), die zu den dichtbesiedeltsten Europas gehörten, als katholische Alpengebiete der Schweiz ihre Jugend noch in fremde Kriegsdienste schickten. In den katholischen Gebieten legte man weniger Wert auf die Ausbildung einer technischen Intelligenz. Die dortigen Gebildeten waren vor allem Theologen und Juristen.

In dem schweizerischen Kanton Appenzell, der sich 1597 in einen protestantischen und einen katholischen Teil spaltete, führte der katholische Innerrhoder noch um 1900 weitgehend das gleiche Leben wie seine Vorfahren: Er trieb fast ausschliesslich Viehzucht und Alpwirtschaft, verschmähte jede Form sitzender Lebensart, seine Frau betrieb etwas Heimarbeit in der Form der Handstickerei. Die Kirche galt mehr als der Staat, das Schulwesen wurde stark von der Kirche beeinflusst und der höhere Unterricht lag ganz in den Händen von Ordensgeistlichen. Die kirchenfromme Gesinnung äusserte sich in einer grossen Zahl von vielbesuchten Wallfahrtsorten und einem ausgeprägten Totenkult. Wer aus dem protestantischen Ausserrhoden nach Innerrhoden kam, betrat eine Sakrallandschaft. – Im protestantischen Ausserrhoden war die Textilindustrie damals weitgehend mechanisiert, die Volksbildung der bäuerlich-industriellen Bevölkerung in kommunalen Schulen auf laizistischer Grundlage pflanzte den jungen Leuten Arbeitsamkeit, Sparsamkeit und Reinlichkeitssinn ein, was wesentlich zum wirtschaftlichen Aufschwung des Landes beitrug. Neben der Schule wirkte auch die protestantische Predigt durch rationale Gedankenführung auf die Formung eigenständigen Denkens hin und auch zu Glaubenskonflikten, die beim Katholiken durch rituelle Formen der Religiosität und durch die Beichte leichter gelöst werden können. Es liegt im Sinne der protestantischen Rationalität, dass die Kinderzahl geplant wird, während man bei den Katholiken einfach «Kinder hatte». Im protestantischen Tal von Safien im Kanton Graubünden war um 1910 das Zweikindersystem die Regel, in dem katholischen Nachbartal mit gleichen ökologischen Bedingungen gab es mehrere Familien mit 12 und mehr Kindern. Aus dem ersteren Tal gingen zahlreiche Lehrer hervor, aus dem Nachbartal fast nur Hilfsarbeiter.

Die Zahl der Protestanten im Alpengebiet war nicht immer so klein wie heute, wo sie nur noch von regionaler Bedeutung ist. Im Raume des heutigen Alpenlandes Österreich waren vor der *Gegenreformation* drei Viertel der Bevölkerung protestantisch. Erstaunlich rasch und ohne die schweren Kämpfe, die sich anderswo abspielten, fanden die Bewohner der Ostalpen – wenn man von den zahlreichen Auswanderern und verbliebenen Kryptoprotestanten absieht – zum Katholizismus zurück.

Zur Zeit der Gegenreformation wurde der Katholizismus wiederum die herrschende Form der Religiosität fast im ganzen Alpengebiet. Wie in der hohen Kunst war damals auch in der volkstümlichen Kunst das Barock der prägende Kunststil, dessen Verbreitung nach 1600 von unten durch die Kapuziner und von oben durch die Jesuiten auf verschiedenste Weise gefördert wurde. Die Gegenreformation brachte vor allem anschauliche, sinnfällige Formen der Frömmigkeitsübung, die durch ihre Üppigkeit einen Ausgleich zu einem kargen Leben darstellten. Damals blühte das Wallfahrtswesen zum letzten Mal mächtig auf, indem vor allem in der zweiten Hälfte des 18. Jahrhunderts zahlreiche neue Gnadenstätten entstanden und neue volkstümliche Heilige (Isidor, Notburga, Johannes von Nepomuk usw.) aufkamen. Damals entstanden die vom Barock geprägten Sakrallandschaften (Weiss 1959) als Konkretisierungen des Religiösen mit Kapellen, Bildstöcken und Wegkreuzen. Der Bischofssitz Brixen, der geistliche Mittelpunkt von Tirol, zählte zu jener Zeit zwölf Kirchen und ebensoviele Klöster und Kapellen auf eine Bevölkerung von weniger als 3000 Einwohnern. In dem Bezirk Goms am obersten Rhonelauf wurden bei einer Bevölkerungszahl von rund 4000 in den Jahren von 1650 bis 1800 über 70 Kirchen und Kapellen errichtet und mit Altären, Kanzeln, Orgeln, Glocken, Gestühlen und Bildern versehen.

Von grosser Wirkung waren vor allem die barocken Schauprozessionen und die öffentlichen Passionsspiele in der Karwoche. Das ganze Andachtswesen (die individuelle Pflege der Frömmigkeit) gründete sich auf unmittelbar ansprechende Bildhaftigkeit in der Form von Weihnachtskrippen und anderen geschnitzten oder gemalten Darstellungen wie zum Beispiel der Hinterglasbilder. Das kleine Andachtsbild, das man im Gebetbuch verwahrte, erlebte seine eigentliche Blüte, als der Jesuitenorden mystische Strömungen im Volk für die gegenreformistische Propaganda zu nutzen begann. Der Kirchenschmuck wurde barockisiert, desgleichen die Kirchenmusik. Der Tod Christi wurde nördlich der Alpen durch das «Heilige Grab» dargestellt; während des Himmelfahrtsgottesdienstes zog der Messmer eine Christusfigur zum Kirchengewölbe hinauf, und während des Pfingstgottesdienstes wurde eine hölzerne Taube als Symbol des Heiligen Geistes heruntergelassen. Das einfache Kirchengeläut wurde an Sonn- und Feiertagen erweitert zu einem kunstvollen Glockenspiel. Auf den Friedhöfen standen seit dem Hochbarock eiserne Grabkreuze, die manchmal geradezu an blühende Bäume erinnerten.

Das barocke Volksbrauchtum war allerdings nicht frei von Auswüchsen verschiedenster Art; manche Wallfahrten, insbesondere solche, die sich über mehrere Tage erstreckten, mussten von den kirchlichen Behörden verboten werden; die Passionsspiele und die Karfreitagsprozessionen gaben den Darstellern der Juden Anlass zu groben Ausschreitungen.

Es wäre falsch, das barocke Pranggefühl in Kult und Fest und die damit verbundenen Derbheiten und Exzesse als spezifisch alpin bezeichnen zu wollen; dergleichen war in allen katholischen Gebieten verbreitet und gelangte in städtischen Verhältnissen sogar noch zu grösserer Entfaltung, verebbte jedoch in den Alpen weniger rasch. Es scheint, dass dort, wo das reformatorische Gedankengut stark verwurzelt gewesen war und wo es auch zur Zeit der Gegenreformation noch sogenannte Kryptoprotestanten gab, wie in einzelnen österreichischen Alpentälern, der Katholizismus allgemein nüchterner blieb. Dies gilt nach Arnold van Gennep auch für die Täler des Départements Hautes-Alpes, wo die *Protestanten* (Waldenser) einst zahlreich gewesen waren. Bei den Protestanten und Kryptoprotestanten entwickelten sich zur Zeit der Gegenreformation die Hausandachten, insbesondere das Vorlesen aus Andachtsbüchern und der religiöse Gesang, den manchmal eine Hausorgel begleitete. In den Bauernstuben nahmen die Bibeln und die Andachtsbücher den Platz in der Ecke über dem Familientisch ein, wo bei den Katholiken das Kruzifix hing. Damals entstand in sprachlich und kulturell italienischen (Bergell, Poschiavo) und rätoromanischen (Engadin) Alpentälern reformiertes Schrifttum in den entsprechenden Sprachen, und es sollen im Engadin von einfachen Bauern rätoromanische Bibeln für den Preis eines Rindes oder 8 Saumlasten Salz gekauft worden sein.

Wo Angehörige beider Konfessionen nahe beieinanderlebten, zum Beispiel innerhalb derselben Gemeinde, gestaltete sich das Zusammenleben von Ort zu Ort verschieden, von der offenen Animosität bis zur friedlichen Koexistenz, oftmals unter Benutzung derselben Kirche. Doch bildeten die beiden konfessionellen Gruppen stets eigene Heiratskreise, die sich erst seit dem Ende des Zweiten Weltkrieges und vor allem seit dem Zweiten Vatikanischen Konzil aufzulösen beginnen.

Volkskunst

Der *Barock* in seiner volkstümlichen Ausprägung dürfte vor allem im österreichischen, bayrischen und schweizerischen Alpenraum die eigentliche Kunst des Volkes geworden sein. Dort sind auch Rokokoeinflüsse – vor allem in der Tracht – nachhaltiger wirksam geworden als in den inneralpinen Tälern, wobei das geschätzte Vorbild des katholischen Kirchenschmuckes besonders wirksam war. Es handelt sich allerdings um einen simplifizierten Barock und ein simplifiziertes Rokoko, deren Formen sich ständig und überall wiederholten und die der persönlichen Variation nur geringen Spielraum liessen. Bezeichnend ist nun für die Volkskunst in den Alpen, dass die barocken Formen in der Möbelmalerei, beim Hausbau, in der Tracht weiter beibehalten wurden, nachdem der Barock als Stilepoche längst vorbei war. Im alpinen Hausbau finden die typischen Tulpen- und Nelkenmuster des bäuerlichen Barock bis heute Verwendung als Ausschnitt bei Laubenbrüstungen sowie als Fassaden- und Möbeldekoration. Gotisierende und später barockisierende Tendenzen, die von den Bürgerhäusern ausgingen, haben vor allem im nordalpinen Gebiet der Schweiz das ursprüngliche schwachgeneigte Dach zugunsten des steilen Daches mit manchmal barock geschwungenem Giebel verdrängt. Häufig zeigen sich bei den Erzeugnissen der Volkskunst stilistische Gegensätze zwischen der äusseren Form und der Dekoration; so können zum Beispiel gotisch gebaute Truhen und Schränke mit Motiven des Barock oder des Rokoko dekoriert werden. Auf dem Gebiet der religiösen Kunst stellt man, besonders in den Süd- und Westalpen, vielfach das Beharren am romanischen Stil beim Kirchenbau fest, wobei jedoch das Innere teilweise barock ausgestaltet ist.

Die wenigsten Gegenstände, die man als Volkskunst bezeichnet, sind von den Benützern selbst hergestellt worden. Viele kommen aus der Werkstatt von dörflichen Halb-Handwerkern oder sind von Störarbeitern angefertigt worden. Erzeugnisse des Hausfleisses sind vor allem die Stoffe. Im übrigen ist die Kunst, die man in den Bergtälern bewundert (Sgraffitoschmuck, ornamentale Malerei usw.) keineswegs so bodenständig, wie man sich dies vorstellt; sie ist nicht das Erzeugnis kargen Bergbauerntums, sondern zum Teil auswärtiger Künstler, die im Auftrage von in fremden Kriegsdiensten reichgewordenen Offizieren, heimgekehrten Emigranten mit bedeutendem Vermögen, wohlhabenden Viehzüchtern und Besitzern von Hausindustrie-Verlagsunternehmen arbeiteten.

Hausinschriften finden sich vor allem, wenn auch nicht ausschliesslich, in deutschsprachigen protestantischen Alpengebieten und auch in angrenzenden romanischen Landschaften (Pays d'Enhaut, Val Bregaglia), soweit dort Holzbauten vorkommen. Es handelt sich bei diesen Inschriften um die Namen der Besitzerfamilie, des Baumeisters samt Gehilfen sowie um das Jahr der Erbauung und auch um Segenssprüche, Sprichwörter, Lebensweisheiten usw., meist in tugendhafter Form ausgedrückt. Solche Inschriften lassen sich vor allem auf den alpinen Blockbauten mit den grossen, horizontal artikulierten Holzflächen anbringen.

Schrift tritt – vor allem in protestantischen Alpengebieten (Appenzell, Graubünden, Bern) – auch in der Ausführung von allerlei auf Papier oder Pergament kunstvoll geschriebenen Dank- und Segenssprüchen, stereotyp abgefassten Liebesbriefen, Taufzetteln etc. zutage. Neben Elementen der gotischen Schrift finden sich in diesen Kalligraphien geometrische Bandgeflechte und das symbolische Element des Knotens. Es waren Schreibkünstler und Dekorateure, manchmal auch geschickte Lehrer, die solch kleine Kunstwerke von kaum zu überbietender dekorativer Schönheit schufen.

Verputzte *Steinfassaden* wurden häufig mit Sgraffitomalerei verziert (z. B. Tirol, Graubünden). Auf ein Mörtelband wurde ein helleres zweites aufgetragen, dann kratzte man in den noch feuchten Mörtel dieser Oberschicht die gewünschten Verzierungen so tief ein, dass die dunklere Unterschicht bloss hervortrat. Die ältesten bäuerlichen Sgraffiti zeigen noch Ornamente, die an die italienische Renaissance erinnern, häufiger jedoch ist barockes Pflanzengerank mit den beliebten Tulpen- und Nelkenmustern. Künstlerisch wertvolle Freskomalerei auf Hausfassaden und auch auf Seitenmauern findet sich vor allem in Tirol und im angrenzenden süddeutschen Alpengebiet (Oberammergau). In der Steiermark und in Kärnten sieht man eher laienhafte Fresko-Darstellungen von Schutzheiligen (Sankt Florian, Sankt Isidor, Sankt Georg usw.) nebst Madonnenbildern. Ausschliesslich religiöse Motive finden sich auf ländlichen Wohnbauten und auch auf Wirtschaftsbauten des Kantons Tessin. Sie dürften in der Hoffnung auf Segenswirkung von den Besitzern der Häuser in Auftrag gegeben worden sein und stammen zum Teil von denselben Künstlern, denen man die barocken, über und über bemalten Bildstöcke, Oratorien und Kapellen verdankt, die im Zuge der borromäischen Gegenreformation das Tessin zu «einem frommen, bunten Garten» (Piero Bianconi) gemacht haben. Sonnenuhren an Kirchtürmen und Hauswänden, meist von Jahreszahlen, Symbolen und Sinnsprüchen umgeben, sind in allen Teilen der Alpen und darüber hinaus verbreitet.

Ideologie des Alpinen

Die Alpenlandschaft war wegen ihrer schweren Zugänglichkeit und ihrer geringen wirtschaftlichen Ertragsfähigkeit für die Grundherrschaften und die Landesherrschaften zu wenig interessant, als dass sich eine kostspielige Verwaltung gelohnt hätte. Das durch die Gebirgsnatur gegebene Vakuum ermöglichte einigen Gebieten der Alpen ein Sonderdasein mit weitgehender *Selbstverwaltung*, die im Flachland unmöglich gewesen wäre. So verfügte das Gebirgsland Tirol seit 1342 über eine relative Selbständigkeit gegenüber dem Landesfürsten dank einer Vertretung des Bauernstandes im Landtag. Es bestand dort ebenfalls eine weitgehende gemeindliche Selbstverwaltung. Ähnliche Verhältnisse fanden sich im Lande Vorarlberg. Auf der Nordseite des Gotthard gründeten die Talleute von Uri, Schwyz und Unterwalden die schweizerische Eidgenossenschaft, die als einzige der sich weitgehend selbst verwaltenden Alpengebiete zur dauernden Eigenstaatlichkeit gelangte. Innerhalb des Dauphiné schied sich östlich und westlich des Mont-Genèvre-Passes im Raume von Briançon ein politisches Gebilde aus, das zu langdauernder Autonomie gelangte und bis zur Französischen Revolution eine Art Eidgenossenschaft bildete. Als weitere sich selbst verwaltende Alpengebiete sind ferner Graubünden, das Oberwallis sowie verschiedene oberitalienische Kommunen zu nennen.

In Tirol und ganz besonders in der Schweiz hat sich das Bewusstsein dieser frühen Freiheit, die von Bergbauern und Hirten den Landesherren abgetrotzt worden war, in Verbindung mit Vorstellungen von Kriegstüchtigkeit und Hirtenleben zu einem Gefühlskomplex verdichtet. Dieser hält bis heute an, obschon sich der Anteil der «Hirten» innerhalb der Gesamtbevölkerung auf wenige Prozente reduziert hat. Dieses *Alpenhirten-Syndrom* der Schweizer war schon Sainte-Beuve aufgefallen und veranlasste ihn zu dem Wort: «Tout vrai Suisse a un ranz éternel au fond du coeur».

Die Hochschätzung des alpinen Menschen geht zurück bis zu den Humanisten und findet sich später als Naturromantik in Albrecht von Hallers berühmtem Gedicht «Die Alpen» (1729) und in Rousseaus «Nouvelle Héloïse» (1761). Dergleichen war vor allem für die Bildungsschichten bestimmt; das Volk begeisterte sich etwas später entweder an Heimweh-, Alphorn-, Edelweiss- und Jodelromantik, an Wilhelm Tell oder an den Älplerspielen wie Schwingen, Steinstossen usw. – Sportarten, die durch die Turnvereine im 19. Jahrhundert über das ganze Land verbreitet wurden. Schon am 17. August 1805 hatten «Freunde alter vaterländischer Sitten und Gebräuche» das grosse Hirten- und Sennenfest in Unspunnen bei Interlaken veranstaltet, das nur äusserlich etwas mit den althergebrachten, von den Hirten selbst veranstalteten Alpfesten zu tun hatte, was schon daraus ersichtlich ist, dass das Fest nach bürgerlich-städtischer Art mit einem Festzug eröffnet wurde. Die um jene Zeit entstandenen Heimatlieder machten die im 18. Jahrhundert von der Bildungsschicht getragene Alpenbegeisterung im 19. Jahrhundert zum Gemeingut des Volkes, wobei Alpenlandschaft, Freiheit und Sennenleben die Hauptthemen bildeten. Diese in der Ebene, meist in Städten entstandenen Heimatlieder gelangten schliesslich – wie bereits erwähnt – zu den Älplern selbst, wodurch in ihnen eine neue, selbstverklärende Betrachtungsweise des von ihnen bisher als durchaus prosaisch empfundenen Alltags geweckt wurde. Ein Lieblingsmotiv in den Heimatliedern jener Zeit war das aus der engen Umwelt und der damit verbundenen geistigen Unbeweglichkeit der Bergler zu erklärende Heimweh, das im 19. Jahrhundert gewissermassen zur schweizerischen Nationaltugend erhoben wurde. Auch die «freie Armut» der Bergler wurde dichterisch verklärt. Dieses Idealbild alpinen Daseins fand in der politischen Rhetorik ihr Gegenstück in Stereotypen vom Bergbauerntum als Kraftquell der Nation, von der Verbundenheit der Bergbauern mit ihrem Boden, von den Bergbauern als Hütern des Glaubens usw. Diese Stereotype, die auch in die agrarpolitische Argumentation hineinspielten, wirkten noch weiter, als das traditionelle Selbstverständnis der Bergbauern einer äusseren und inneren Krise wich und als es offenbar wurde, dass das wirtschaftliche Gefälle zwischen Bergland und Unterland stets grösser wurde, als die jungen, regsamen Kräfte aus dem Alpengebiet mehr und mehr abwanderten, und als manchenorts Zerfall und Verlotterung festzustellen waren.

Eine ähnliche «alpine Ideologie» fand sich auch in Tirol, wo der Bauernstand über die Geschicke des Landes schon sehr früh mitberaten durfte. Hier war es vor allem das stille Heldentum des Bergbauern auf seinem Einzelhof, das gepriesen wurde. Die freie Vergangenheit, aus der eine ausgeprägte Sonderart und ein starker Heimatsinn erwachsen waren, sollten weiterhin als Bollwerk gegen jede Art von Zentralismus wirken. Der Tiroler Freiheitskämpfer Andreas Hofer aus dem Passeiertal, 1809 Oberkommandant und zeitweilig Regent von Tirol gegen die französische Besatzung, spielt hier eine ähnliche Rolle wie Wilhelm Tell in der Schweiz. Während das den Schweizern wichtige «Sennische» im seelischen Haushalt der Tiroler zugunsten des Bäurischen etwas zurücktritt, werden hier vor allem Überlieferungstreue und Treue zum angestammten katholischen Glauben hoch bewertet.

Nach aussen hin zeigt sich diese *Werthaltung* im Festhalten an zum Teil antiquierten Formen, zum Beispiel in historischen Trachten, Liedern, Tänzen usw., die dann als das Eigentliche empfunden werden. Auf den Fremden, insbesondere den Touristen, hat dergleichen stets als gern gesehener Exotismus gewirkt. Es liegt nahe, dass die alpinen Träger solcher Traditionen, in denen ihre Urwüchsigkeit zutage tritt, gewissen Erwartungen der Touristen, die ja immer das andere, das Verschiedene wollen, entgegenkommen. So suchten schon zu Ende des 18. Jahrhunderts Tiroler Sänger und Sängerinnen-Gruppen in Nationaltracht, lange bevor der Touristenstrom zu ihnen kam, ihr Glück in der Ferne und scheuten sich nicht, sich dem jeweiligen Publikumsgeschmack anzupassen, was manche Zeitgenossen missbilligten.

Mit dem Bau der Eisenbahnlinien wuchs der Fremdenverkehr schnell an und erlaubte nun, folkloristische Darbietungen im eigenen Dorf zu kommerzialisieren. Nirgends in den Alpen dürfte sich diese Unterhaltungsindustrie mehr entwickelt haben als in dem grössten Fremdenverkehrsgebiet der Bundesrepublik, dem alpinen Oberbayern und dem Allgäu. Was hier geboten wird, ist im Gegensatz zum eher sentimental-patriotischen Folklorismus der Schweiz das «lustige Bayern» mit Schuhplattlern, Watschentänzen und selbstparodistischen Schaustellungen von Gebirgshirten und Holzhackern, wobei die bezahlenden Feriengäste oft mit- und nachspielen dürfen. Für die Wintergäste werden auch Maskenumzüge mit gruseligen Holzmasken veranstaltet, wo solche früher nie in Gebrauch gewesen waren. In gleicher Weise fand auch das Alphorn manchenorts Eingang, wo man es früher nicht gekannt hatte – gewissermassen als fabrikneues Relikt.

So werden nicht nur die schöne Landschaft und die gute Luft, sondern auch altalpines Kulturgut «aus zweiter Hand» in den Dienst des Fremdenverkehrs gestellt. Manche mögen dies bedauern, doch darf man nicht vergessen, dass sich der Fremdenverkehr vielfach als rettende Erwerbsquelle für wirtschaftlich schwache Berggebiete erwiesen hat.

Das Alpengebiet ist auch in kultureller Hinsicht seit der Mitte des letzten Jahrhunderts in starkem Umbruch begriffen; seine wachsende Durchgängigkeit liess es Strömungen verschiedenster Art aufnehmen. Trotzdem wird es – mit seinen Eigenheiten und Eigentümlichkeiten – weiterhin und wohl auch noch für lange Zeit eine Welt für sich bleiben.

Bibliographische Hinweise

Was die Bräuche des Jahres- und Lebenslaufes, das Hirtenleben usw. betrifft, so sind für das französische Alpengebiet in erster Linie die Arbeiten von Arnold van Gennep (1916, 1921, 1932–48 und 1949–53) zu nennen. Man wird ferner mit Gewinn die Darstellungen von Thivot (1966 und 1970) lesen. Für die Schweiz finden sich Darstellungen des alpinen Brauchtums in Brockmann-Jerosch (1929–31), Weiss (1946) und im «Atlas der schweizerischen Volkskunde» (1950–89).

Auch Österreich hat sein ethnographisches Atlaswerk, den «Österreichischen Volkskundeatlas» (1959ff.). Umfassender noch ist das traditionelle Volksleben Österreichs bei Haberlandt (1927) dargestellt. Speziell dem alpinen Maskenbrauch in Österreich ist das Werk von Schmidt (1972) gewidmet. Zur Stellung der Musik in den Alpenländern siehe Wiora (1949), Klier (1956) sowie Baumann (1976).

«Alpensagen»-Sammlungen fanden schon vor einem Jahrhundert zahlreiche Leser, so z. B. die Sammlung von Alpenburg (1860). Peuckert (1963 und 1965) verdanken wir zwei Sammlungen. Märchen aus den Alpen sammelten u. a. Uffer (1945) und Joisten (1971), um nur eine kleine Auswahl zu nennen.

9.
Lokale und regionale Identität im Alpengebiet und Regionalplanung

Nur zögernd setzt sich die Erkenntnis durch, dass es bei der Lösung von Entwicklungsproblemen – handle es sich um die Dritte Welt oder um die Entwicklung im eigenen Land – neben wirtschaftlichen und verkehrstechnischen Problemen auch um soziale und kulturelle Fragen geht. Die ungenügende Rücksicht auf die historisch gewachsenen lokalen und regionalen Verhältnisse führt nicht selten zu ablehnenden Reaktionen und ist verantwortlich für die oft beklagte geringe Umlernbereitschaft der Bevölkerung und für das Misstrauen von vielen Einheimischen gegenüber innovationsfreudigen Mitbürgern oder Zuzügern. Bei den Klagen über den lokalen Partikularismus von Behörden und Volk wird leicht übersehen, wie tief vor allem in den Bergkantonen die unmittelbare Gemeindedemokratie und die Gemeindeautonomie im Volksbewusstsein verwurzelt sind, und zwar auch dort, wo der Gemeindeversammlung kaum ein Dutzend Stimmbürger angehören und wo man nur schwer Leute für die Besetzung der Gemeindeämter findet. Was wunder, wenn Planer und politische Akteure den Volkswillen manchmal als «Störfaktor» (Linder/Hotz/Werder 1979, S. 105 ff.) betrachten und versuchen, das «Volk» bei der Durchsetzung der Planung zu umgehen, anstatt durch rege Informations- und Aufklärungstätigkeit die Zeit für die notwendigen Veränderungen reif zu machen? Planung bedingt immer Bewusstseinsänderung der Betroffenen, und dies braucht Zeit. Man muss sich von der Illusion befreien, dass die Übernahme städtischer Errungenschaften in Landgemeinden und Bergdörfern (Motorisierung, Fernsehen, städtischer Komfort usw.) traditionelle gemeindepolitische Leitvorstellungen unmittelbar und rasch verändern, wie dies in grossstadtnahen Agglomerationsgemeinden meist der Fall ist. Negative planerische Erfahrungen machte man z. B. da und dort im Alpengebiet mit der Einführung von kleinen Industriebetrieben, weil die industrielle Produktionsweise dort noch weitgehend unbekannt oder doch ungewohnt war und die darin arbeitenden Menschen bei ihren Mitbürgern zunächst an Ansehen verloren. Die Regionen haben bezüglich der wirtschaftlichen Tätigkeiten ihre traditionellen Neigungen und Abneigungen, an denen die Planung nicht ungestraft vorübergehen kann. Die Inhaber von Gastronomiebetrieben im Alpengebiet (und anderswo) können davon ein Lied singen.

Solche Fragen, die mit der Mentalität der Bevölkerung in Problemregionen zusammenhängen, dürften die Expertengruppe «Regionalprobleme» des Schweizerischen Nationalfonds veranlasst haben, erstmals Volkskundler und Ethnologen damit zu beauftragen, zu untersuchen, welche historischen, kulturellen und politischen – also nichtmateriellen – Kräfte im Sinne einer effizienten koordinierten Entwicklung der einzelnen Gemeinden im Verband mit anderen Gemeinden wirken können und wo und warum anderseits Barrieren gegenüber solcher übergemeindlicher Zusammenarbeit bestehen. Durch diese Untersuchung – so heisst es im Ausführungsplan des Forschungsprogramms – soll «die bestehende Unsicherheit über die Gründe der Entstehung regionaler Identität» (womit regionales Zugehörigkeits- und Zusammengehörigkeitsbewusstsein gemeint ist) abgebaut werden.

Die Gemeinden

Die Gemeinde ist das wichtigste soziale Gebilde zwischen der Herkunftsfamilie und der Gesamtgesellschaft, das die Individuen prägt. Die Gemeinde – ganz abgesehen von ihrer Hoheits- und Verwaltungsfunktion, die oft zu Unrecht als ihre einzige Funktion betrachtet wird – ist zunächst ein sozialer Lebenszusammenhang, der freilich starke innere Spannungen, z. B. im Sinne des Familienclanwesens, nicht ausschliesst. Neben der klischeehaften Vorstellung von der Harmonie innerhalb kleiner Gemeinden muss auch die Vorstellung von einer früher quasi absoluten politischen und wirtschaftlichen Autarkie der Berggemeinden korrigiert werden. Auch die abgelegensten Gemeinden waren trotz ihrer starken Angewiesenheit auf materielle und geistige Selbstversorgung seit jeher durch zahlreiche Fäden mit neben- und übergeordneten wirtschaftlichen und politischen Gebilden verbunden. Aber immer noch sind die Gemeinden Mikrokosmen, kleine Welten, in denen jedem von uns zuerst gesellschaftliches Leben ausserhalb der Familie zum anschaulichen Erlebnis wurde. Hier – in der lokalen Umwelt – verwirklicht sich die Heimatbeziehung durch das Verhältnis der Menschen zu der Gemeinde, in der sie aufwachsen. Die gefühlsmässige Bindung des einzelnen an seine Gemeinde liegt auf derselben Linie wie seine Bindung an die Herkunftsfamilie, bei der der Mensch allerdings noch stärker in seiner Tiefendimension erfasst wird.

Der Einfluss der Gemeinde kommt sofort nach dem der Familie, wobei die Dauer der Eingelebtheit über die Stärke des Zugehörigkeitsgefühls, der Identifizierung mit der Gemeinde als Sozial- und Kulturgebilde entscheidet. Die unreflektierte Alltagserfahrung des Gemeindelebens mit seinen naturräumlichen Gegebenheiten und lokaltypischen Bauten, den gemeinsamen Formen des Verhaltens im Rahmen der örtlichen Sitte und des örtlichen Brauches sowie der jeweils eigenen Nuancierung der Mundart, die sich von derjenigen der Nachbargemeinden unterscheidet, verbindet sich mit dem Bewusstsein gemeinsamen Herkommens. Die weiträumigeren Zusammenhänge des Kantons und des Bundes werden viel abstrakter, oft über den Umweg der Identifikation mit Symbolen wie uniformierten Beamten, Nationalmannschaften, Wappen, Fahnen, Hymnen usw. wahrgenommen; sie erreichen nicht die Anschaulichkeit des Lebens in der Gemeinde mit ihren vielen Gemeinsamkeiten – vom Dorfladen bis zum Glockengeläute der Kirche.

In manchen Berggemeinden verfügt fast jede Familie über eigenen Haus- und Grundbesitz, ein Zustand, der wegen der Erbsitte der Realteilung im Alpengebiet weiterhin anhält. Im Unterschied zum Städter kann der Land- und insbesondere der Bergbewohner als Eigentümer von Grund und Boden die Entwicklung seines Siedlungsraumes mitbestimmen. Allerdings ist er für diese Verantwortung nicht immer entsprechend vorbereitet.

Die ansässigen Heimatberechtigten, die in der Regel auch durch zahlreiche Verwandtschaft miteinander verbunden sind, bilden in manchen Kantonen noch eine eigene Bürgergemeinde (in manchen Kantonen auch Burgergemeinde genannt), welche die gemeinsamen Güter (Wälder, Allmenden, Alpen) besitzt, verwaltet und nutzt und gegebenenfalls auch das Ortsbürgerrecht an geeignete Bewerber verleiht. Alle diese Kompetenzen verstärken natürlich ganz besonders das Zugehörigkeitsgefühl der einheimischen Bewohner zu ihrer Gemeinde und dementsprechend auch die Distanz gegenüber Zugereisten (z. B. Besitzern von Zweitwohnungen usw.).

Die Gemeinde als lokale soziale Einheit setzt sich als jeweils eigener Lebens- und Interaktionszusammenhang von anderen Gemeinden als Eigengruppe (in-group) ab. Dies geschieht nicht ohne ein natürliches Überlegenheitsgefühl der Eigengruppe (Ethnozentrismus), ein Gefühl, ohne das es keine soziale Identität gibt.

Die Absetzung findet ihren juristischen Ausdruck in der Tatsache, dass die als Sozialzusammenhang verstandene Gemeinde meistens zugleich eine mit Hoheitsrechten ausgestattete Verwaltungseinheit ist, die sich in den von uns untersuchten Ortschaften mit der Gemeinde als gelebter Wirklichkeit nicht nur räumlich deckt, sondern mit ihr aufs engste verbunden ist. Wegen des hohen Anteils der seit langer Zeit am Orte ansässigen, dort heimatberechtigten und miteinander verwandten Familien sind die mit der Verwaltung der Gemeinde beauftragten Personen meistens Verwandte, Freunde oder Nachbarn, manchmal auch Rivalen der Familien und Einzelpersonen, welche die

Gemeinde ausmachen. Wo man auf Schritt und Tritt Behördenmitglieder trifft, mit denen man oft verwandt oder befreundet ist, lassen sich – leichter als in städtischen oder halbstädtischen Verhältnissen – von den Behörden allerlei dem Ermessen überlassene Dienste und Gefälligkeiten wie Empfehlungen, Zeugnisse und Gutachten erlangen, die für das Fortkommen des einzelnen entscheidend sein können. Diese Verbindung von Privatheit und Öffentlichkeit, bei der man ganz allgemein auf Duzfuss steht, ist für die kleinen Gemeinden ein wichtiger Grund für die Identifikation ihrer Einwohner mit dem Gemeindeganzen; es macht einen Unterschied, ob Gemeindeangestellte und Ratsmitglieder den lebensgeschichtlichen Hintergrund eines Gesuchstellers kennen oder ob über sein Gesuch abstrakt aufgrund von Akten und Normen der Verwaltung entschieden wird.

Die Gemeinde, die sich als Interessengruppe versteht, gewährt durch die Institution der Gemeindeversammlung dem einzelnen direkte Mitsprache in Angelegenheiten, die ihn unmittelbar im Alltag betreffen; er kann dort seine Interessen von Angesicht zu Angesicht vertreten, zum Beispiel im Schulwesen, bei der Ortsplanung, bei der allfälligen Veräusserung von Gemeindeland, bei Fragen der Strom- und Wasserversorgung, bei der Erstellung öffentlicher Bauten und bei der Wahl von Gemeindeangestellten. Die Autonomie der Gemeinden, die einen Teil des Staatsverständnisses der Schweizer bildet, sowie die politische Handlungsfähigkeit als höchste Form des kommunalen Selbstbewusstseins sind freilich beschnitten durch die Gesetze des Bundes und des Kantons; vor allem aber werden sie eingeschränkt durch die Abhängigkeit der Gemeinden – insbesondere der Berggemeinden – von Subventions- und Finanzausgleichsgeldern, deren Gewährung Mitbestimmungs- und Mitspracherechte des Staates gegenüber Privaten und gegenüber Gemeinden zur Folge haben.

Da die Gemeinde einen sozialen und institutionellen Zusammenhang bildet und damit ein Raum erhöhter innerer Kommunikation und Interaktion gegenüber der Aussenwelt ist, versteht sie sich ihrer Herkunft nach als handelndes Subjekt mit dem Willen zu dauern, als Kollektiv mit Kompetenzen, als Ursache von etwas. Darin besteht ja vor allem das Wesen der Identität, der individuellen wie der kollektiven, Ursache von etwas zu sein. Das eifersüchtige Beharren auf der Gemeindeautonomie ist zwar durchaus vereinbar mit dem Eingehen von interkommunalen Verbindungen zum Zwecke der Kehrichtbeseitigung, Abwasserreinigung usw. Solche Zweckverbände erreichen jedoch kaum das Bewusstsein der Einwohner der Gemeinde. Dagegen stösst die von Zentralbehörden verordnete Zusammenlegung von Schulen, Zivilstandsämtern usw. in Zentralorten in der Regel auf heftigen Widerstand. Dieser ist um so grösser, je näher die bedrohten, bisher selbst kontrollierten Bereiche mit dem Leben der einzelnen Familien verbunden sind; das ist sicher der Fall mit Bezug auf die Schule, das Bestattungswesen, das Zivilstandsamt und den Gesundheitsdienst. Mit Bezug auf die Beibehaltung der Schule um jeden Preis (etwa in der Form der Gesamtschule) gehen allerdings die Meinungen auseinander. Die einen sehen in der Schliessung der Schule einen ersten Schritt zur Aufhebung der Gemeindehoheit und Selbstverwaltung, andere sind der Meinung, der vernünftige Umgang mit den Interessen der Kinder erfordere, dass man sie in eine gut ausgebaute Regionalschule ausserhalb der Gemeinde schicke, weil dies ihre beruflichen Chancen verbessere.

Die starke Bindung an den Boden äussert sich im häufigen Widerstand gegen Güterzusammenlegungen; die Verbundenheit mit dem gemeindeeigenen Territorium wird offenbar in den nicht eben seltenen Auseinandersetzungen über Gemeindegrenzen, wobei sich längst verjährte Streitigkeiten als Grund für unfreundliche Einstellungen gegenüber Nachbargemeinden über Jahrzehnte und manchmal über Jahrhunderte erhalten. Die Gemeinde in ihrer heutigen Existenz hat im Bewusstsein der Bevölkerung eine Vergangenheit, innerhalb welcher territoriale Auseinandersetzungen mit Nachbargemeinden eine wichtige Rolle spielen. Wenngleich die Nutzung der gemeindeeigenen Alpen und Allmenden für den einzelnen nicht mehr den gleichen Wert hat wie zur Zeit der vorwiegenden Selbstversorgung, so kommt dem Gemeindeland doch heute wiederum wachsende Bedeutung zu als möglicher Expansionsraum für touristische Infrastrukturen, die der Gemeinde unter günstigen Umständen zusätzliche Steuereinnahmen bringen.

Die Entwicklungsregionen im Sinne des Investitionshilfegesetzes (IHG)

Trotz des starken Willens zur Autonomie und Selbstabgrenzung standen die Gemeinden zu allen Zeiten in grösseren historischen, politischen und wirtschaftlichen Zusammenhängen; im Falle Graubündens waren es die 49 Gerichtsgemeinden, im Wallis die aus den bischöflichen Verwaltungsbezirken hervorgegangenen Zehnden. Bei der Festlegung der Entwicklungskonzeptregionen durch die kantonalen und die eidgenössischen Planungsbehörden wurde auf die historischen Zusammenhänge, die im Bewusstsein des Volkes weiterleben, Rücksicht genommen. Einige der Regionen, die jetzt mittels Investitionshilfen des Bundes entwickelt werden sollen, sind eigentlich alte Talschaftsgemeinden wie das Bergell, das Puschlav, das Unterengadin usw. im Kanton Graubünden oder die Zehnden Goms, Visp, Leuk, Hérens, Entremont usw. im Kanton Wallis. Das Regionalbewusstsein findet eine institutionelle Stütze in der Einteilung des Kantons in Bezirke und Kreise

(Gerichtsbezirke, Wahlkreise für die Bestellung der kantonalen Parlamente), doch entsprechen die historisch gewachsenen und politisch organisierten Kreise nicht einfach den von den Planern vorgesehenen Entwicklungsregionen im Sinne des Investitionshilfegesetzes. Bei der Ausgrenzung der heutigen Entwicklungsregionen waren sich deshalb politische und planerische Gremien durchaus nicht immer einig.

Wie steht es mit der Solidarität innerhalb der sozio-ökonomischen Planungsregionen? Die Entwicklungskonzepte des Bundes (im Sinne des Investitionshilfegesetzes) zielen auf die Schaffung von Regionalzentren (und allfälligen Subzentren), die nach Massgabe ihres Entwicklungspotentials als ausbaufähig befunden werden. Diese sollen durch die Schaffung neuer und den Ausbau bestehender Infrastrukturen zu zentralörtlichen Schwerpunktgemeinden (zum «Herz» der Region) werden und den stadtfernen Regionen auf die Dauer Lebensqualitäten sichern, die den Bevölkerungsschwund aufhalten. In der Sprache der Planer heisst dies «dezentralisierte Konzentration». Die infrastrukturell auszubauenden Zentren und Subzentren hat man sich wohl als in der Talsohle an den grossen Durchgangsstrassen liegend vorzustellen. Die in der Regel bevölkerungsmässig schwachen Berggemeinden wären dann gewissermassen das Hinterland. Da die Bevölkerungsdichte mit zunehmender Meereshöhe abnimmt, haben Berggemeinden ein stimmenmässig geringes Gewicht bei Wahlen und Abstimmungen und werden von den Behörden nicht selten vernachlässigt.

Zuwanderungen in die Höhensiedlungen waren seit jeher selten; niemand zieht in seiner produktiven Lebensperiode gern an einen Ort, der abseitiger gelegen ist als der Ort, wo er aufgewachsen ist, und die Liebe der Mädchen – heisst es – «läuft nicht dem Wasser entgegen» an Orte, wo der Energieaufwand für den täglichen Lebensunterhalt wesentlich grösser ist als am Herkunftsort.

Manche Berggemeinden, die nicht wie Arosa, Davos, St. Moritz, Montana, Zermatt usw. zu bedeutenden Touristenzentren geworden sind, befürchten nicht zu Unrecht, dass ihnen durch die Regionalisierung bisherige Funktionen entzogen werden, dass sie einen Substanzverlust erleiden und schliesslich zu Schlafdörfern für die Jungen und zu Asylen für die Alten und Gebrechlichen werden. Vor allem befürchten sie, ihre Schulen und ihre Lehrer (die als Steuerzahler nicht zu unterschätzen sind) zu verlieren.

Mit einem Wort: Das Zentrum gedeiht auf Kosten des Hinterlandes. Demgegenüber sind die Planer offenbar (wenn auch nicht explizite) der Meinung, es könne oder müsse mit der Zeit zu einer Identifikation der ganzen Region mit ihrem Zentrum kommen; die verstärkte örtliche Fixierung vieler Tätigkeiten am Zentralort (vergleichbar mit dem früheren Marktgeschehen) erzeuge notwendigerweise auch einen entsprechenden Kommunikations-

und Bewusstseinszusammenhang, ja das Zentrum sei für das Regionalbewusstsein, die regionale Identität unentbehrlich.

Diese Bemerkungen über die Gegensätze zwischen Berggemeinden und Talgemeinden sollten deutlich machen, dass neben den kantonalen und regionalen Disparitäten auch ein ganz bedeutendes Wohlstandsgefälle innerhalb der Entwicklungsregionen selbst besteht und dass für die Bewohner der abgelegeneren Gemeinden die Infrastrukturen des durch die Investitionshilfe privilegierten regionalen Zentrums (Schulhäuser, Sportanlagen, Hallenbäder, Verwaltungsgebäude) vorläufig eher noch Symbole der Dominanz der grossen über die kleinen Gemeinden darstellen als Symbole für das Gruppenbewusstsein, die Identität der Region.

Die Autoren, die sich mit diesen Problemen der kleinen Gemeinden befasst haben, sind mit Bezug auf deren zukünftiges Schicksal ziemlich ratlos; die klassischen Mittel der Regionalpolitik (in der Form von Investitionen zur Schaffung von baulichen Infrastrukturen) sind hier ungeeignet, fehlt es doch oft schon an Verwendungszwecken für die sich infolge der Entvölkerung leerenden Gebäude.

Bei der «dezentralisierten Konzentration» im Sinne des Investitionshilfegesetzes darf die Tatsache des Gefälles zwischen den «Schwerpunktgemeinden» und den peripheren Berggemeinden nicht ausser acht gelassen werden. Die Kritiker des gegenwärtigen Konzepts plädieren für die Schaffung regionaler Mehrzweckverbände und vor allem für die Verbesserung der Kommunikation innerhalb solcher Gemeindeverbände mittels moderner Daten-Übermittlungstechniken, die es möglich machen, ganze Verwaltungseinheiten zu dezentralisieren. Für den Transport von Personen (z.B. für Spitalbesuche, gesellige oder kulturelle Anlässe usw.) wird vorgeschlagen, ein regionales System von «Bedarfsbussen» einzurichten, die rund um die Uhr telefonisch angefordert werden können (Albonico 1979, S. 140ff.). Für die regionalen Wachstumskerne (Schwerpunktgemeinden) spricht jedoch der Umstand, dass sie vor allem der Schaffung von Arbeitsplätzen dienen sollen (die an bestimmte Standortbedingungen gebunden sind).

Ohne die Reduktion der Isolierung, d.h. ohne grosszügigen Ausbau der Verkehrswege und des öffentlichen Transportmittelnetzes ist das Verharren in abgelegenen Kleingemeinden auf die Dauer nur schwer zumutbar. Der Arbeitsweg sollte für Arbeitspendler aus solchen Gemeinden und Gemeindeteilen nicht länger sein und keinen grösseren Energieaufwand erfordern als derjenige, den ein durchschnittlicher städtischer Arbeitnehmer auf sich nimmt. Der Pendler könnte so die gute infrastrukturelle Ausstattung des Zentralortes und dessen Arbeitsplatzangebot nutzen und mit der erhöhten Lebensqualität verbinden, die durch das Wohnen im Bergdorf gegeben ist und die durch Verfügung über eigenen Haus- und Landbesitz noch wesentlich verstärkt wird. All dies spielt sich innerhalb der Region ab, die dann neben dem Wohnort, der Wohngemeinde, gewissermassen zum Identitätsraum zweiter Dimension (zur grösseren Heimat) werden sollte, was freilich viel Zeit braucht, wie dies auch für andere sozio-ökonomische Neuerungen der Fall ist; man denke hier nur an die effektive gemeindepolitische Aktivität der Frau.

Das «Bekenntnis» zur Region und deren Zentrum als einer grösseren, etwas heterogenen Heimat, aber psychisch durchaus noch wahrnehmbar und widerstandsfähiger gegen anverwandelnden staatlichen Zentralismus als die abgelegene Gemeinde für sich allein, bedeutet natürlich einen gewissen Abbau der lokalen Identität (negativ ausgedrückt: des Kirchturm- oder Dörfligeistes) zugunsten eines grösseren «Wir». Diese Verschiebung des Zugehörigkeitsbewusstseins dürfte in dem Masse zunehmen, wie die Region als ganze sichtbar an Zukunftsperspektive für die Realisierung individueller Lebenspläne gewinnen wird.

Bei der Weihe eines neuen Gemeindebanners im Herbst 1980 sagte der Gemeindepräsident von Törbel im Vispertal (Wallis) folgende Worte, die in die Richtung eines solchen umfassenden «Wir» weisen:

«Darum sei hier der grosse Gedanke des neuen Gemeindebanners angeführt, das die markanten Merkmale der Gemeinde, das Wappen als zentralen Punkt festsetzt und verankert, aber eben von hier aus Linien zieht zu den umliegenden Gemeinden (...) und so die grössere Gemeinschaft ankündet, und die Farben des Kantons Wallis mit hineinnimmt in diesen immer mehr wachsenden Kreis».

Das regionale Zugehörigkeitsgefühl – die regionale Identität – kann gefördert werden durch bewusste Berücksichtigung der Region in der Presse, im Radio und im Fernsehen; anstelle der Gemeindeporträts könnten vermehrt Regionen vorgestellt werden. Gelegentlich oder auch regelmässig erscheinende interkommunale bzw. regionale Kleinzeitungen, die auch angriffig sein dürften und nicht nur historisierend-beschaulich, könnten integrierend wirken. Auch «zornige Heimatliebe» dürfte darin zum Ausdruck kommen. Integrativ auf Regionsebene wirken natürlich auch Feste, die bewusst in den regionalen Rahmen gestellt werden.

Wichtiger als der symbolische Ausdruck in Bild, Wort und Schrift sind die Früchte tatsächlicher interkommunaler, d.h. regionaler Zusammenarbeit. Für Graubünden ist das bemerkenswerte Beispiel der Corporaziun Val Schons zu erwähnen, wo es sich nicht nur um kostensparende Zusammenarbeit, sondern um ein Werk der Solidarität handelt. Hier geben die Wasserrecht-Konzessionsgemeinden (die Empfänger von Wasserzinsen) im Rahmen eines Finanzausgleiches einen Teil ihrer Einnahmen an die Corporaziun Val Schons, welche den Zweck hat, die gemeinsamen wirtschaftlichen und kulturellen Interessen der Einwohnerschaft der Gemeinden des ganzen Kreises Schons zu fördern (Trepp 1975, Albonico 1979, S. 130 ff.).

Bei der Problematik der Regionalisierung steht die Frage der Gemeindeverschmelzung (Vincenz 1974) stets im Hintergrund, obschon sie weitgehend tabuisiert ist. Die relativ grosse Zahl von Zwerggemeinden, die für eine effiziente Selbstverwaltung und Entwicklung zu klein sind, legt aber eine sachliche Diskussion nahe. Man müsste, um dem Sachverhalt näherzukommen, zwischen der Gemeinde als politisch-administrativer Selbstverwaltungseinheit und der Gemeinde als gelebter, sozialer Alltagswirklichkeit unterscheiden. Untersuchungen innerhalb zusammengelegter (fusionierter) Gemeinden sowohl in der Schweiz wie in der Bundesrepublik haben gezeigt, dass die administrative Zusammenlegung keinen Einfluss auf die affektive Bindung der Einwohner an ihre traditionelle Ortsgesellschaft und auf das bisherige örtliche Vereinsleben haben. Der Verlust der politischen Selbständigkeit berührt die Gemeinde als soziale Wirklichkeit viel weniger als die unmittelbar an der politischen Machtausübung Beteiligten. Wenn von «Gemeindesterben» gesprochen wird, so bezieht sich dies ausschliesslich auf die Gemeinde als Verwaltungseinheit und keineswegs auf die alltäglichen Beziehungen der Einwohner im Nahbereich. Die infolge der zunehmenden finanziellen Abhängigkeit vieler Gemeinden von Bund und Kanton ohnehin beschränkte Gemeindeautonomie ist vielleicht gar nicht das wichtigste an der Gemeinde; wichtiger ist das Geflecht der alltäglichen Beziehungen und das tatsächliche Ortsbewusstsein. Der Verlust der Dorfschule ist unter Umständen viel einschneidender als der Verlust der eigenen Verwaltung. Es gibt – wie man weiss – Gemeinden, die zu dem Schluss gekommen sind, dass sie die an sie gestellten administrativen Aufgaben mit weniger Schwierigkeiten und zweckmässiger gemeinsam mit einer Nachbargemeinde lösen könnten und wo die Mehrheit der Bürger dies auch gewünscht hat. In einigen Fällen handelt es sich um eine Art «Heirat» unter ungefähr gleichwertigen Partnern, wobei der eine seine etwas besser entwickelte Infrastruktur, der andere seine Landreserven einbrachte. In anderen Fällen, wenn z. B. kleine Gemeinden in grössere «Schwerpunktgemeinden» eingemeindet wurden, handelt es sich freilich mehr um ein «Verschlucktwerden». Wichtig ist, dass Gemeindefusionen als gewissermassen letzte Stufe gemeindlicher Zusammenarbeit nicht einfach durch übergeordnete Instanzen dekretiert werden können, wie dies bei der Gebietsreform in der Bundesrepublik der Fall war.

Unsere Ausführungen lassen sich kurz so zusammenfassen: Der moderne Mensch steht als Punkt im Zentrum konzentrisch angeordneter Heimatkreise, mit denen er sich in unterschiedlicher Weise identifiziert. Am grössten ist sein Zugehörigkeitsgefühl zur Herkunftsfamilie, dann zum Herkunftsort, wo er aufgewachsen ist und seine grundlegenden Handlungsweisen erworben hat. Das ist die engste Heimat, um die herum sich als weitere Heimatkreise die Region, der Kanton und die Eidgenossenschaft lagern. Ein Bewohner der Gemeinde Schiers ist an seinem Ort ein Flütsch, ein Jecklin oder ein Tarnuzzer; in den Nachbargemeinden ist er ein Schierser, in Chur ein Prättigauer, in Zürich bezeichnet er sich als Bündner und in Berlin als Schweizer. Auf diese und ähnliche Weise bringt das Volk die Hierarchien der Heimaten, in denen es lebt, unbewusst zum Ausdruck. Alle diese Heimaten sind miteinander in vielfältiger Weise verbunden; eine sich konsequent abschliessende Gemeinde würde keine nach aussen wahrnehmbare Leistungen mehr produzieren, was zum Verlust ihrer Identität führen müsste.

Gegenwärtig richtet sich das öffentliche Interesse vermehrt auf die gemeinsame Lösung von wirtschaftlichen und kulturellen Problemen in Regionalverbänden, die wie in Genf, Basel und im Jura auch zu grenzüberschreitender Zusammenarbeit geführt haben. Es ist keineswegs so, dass – wie gelegentlich behauptet wird – Bund und Kantone in Berggemeinden Grossprojekte durchführen wollen, die von der ansässigen Bevölkerung weder gewünscht noch gebraucht werden. Die Verbesserung der Existenzverhältnisse im Berggebiet bedeutet auch nicht die kritiklose Nachahmung städtischer Verhältnisse; es geht um die Herstellung eines Ausrüstungsstandards, der den örtlichen Gegebenheiten angepasst ist. Solche Bestrebungen und deren finanzielle Unterstützung durch den Bund und die Kantone sind ein Korrektiv der geographischen Benachteiligung peripherer Gebiete unseres Landes; sie sind Ausdruck eines erweiterten Gerechtigkeitsgedankens und ein Beweis nationaler Solidarität.

10.
Regionaltypische Bauten und Identitätswahrung

Mancher ländliche Baustil – «Architektur ohne Architekt» – wird in der Schweiz von den Einheimischen wie auch von fremden Besuchern als landschaftsprägend und als repräsentativ für die betreffende Region empfunden. So spricht man von Appenzeller, Berner, Walliser, Engadiner und Tessiner Häusern. Sie sind in generationenlanger Entwicklung entstanden, indem sie das Zufällige und Einmalige abstreiften und in lokalen wie in regionalen Bereichen mit dem am Ort erhältlichen Material in gleicher Weise erbaut wurden. Inwieweit trägt die Bewahrung der traditionellen regionalen Eigenart menschlichen Bauens und Siedelns zur jeweiligen lokalen und regionalen Identität (zum örtlichen Zugehörigkeitsgefühl) bei?

In seinem 1957 in der Zeitschrift des Schweizer Alpenclubs *Die Alpen* erschienenen vielbeachteten Aufsatz «Alpiner Mensch und alpines Leben in der Krise der Gegenwart» schrieb der Volkskundler Richard Weiss, dass schweizerische Bergbewohner ihr von Touristen bewundertes sonnenverbranntes Blockhaus abwertend als »leidi schwarzi Hütte» bezeichnen, und im Vorwort zu seinem Werk «Häuser und Landschaften der Schweiz» (1959) stellte er fest, dass «unsere schönen Bauerndörfer» vielfach abgelegte Hüllen, Larven einer vergangenen Zeit seien, «in denen sich mehr oder weniger parasitenhaft ein neues Leben eingenistet hat». In diesen Fällen kann wohl kaum von einer Identifikation der Bewohner mit ihren Wohnstätten gesprochen werden. In Zeiten wachsenden Wohlstands, gesteigerter Wohnkultur und angemessener Hygiene sind Wohnungen mit kleinen Räumen, niedrigen Decken und winzigen Fenstern ein Symbol der Armut und tragen nicht zum Selbstwertgefühl ihrer Bewohner bei. Von Identifikation der Bewohner mit dem eigenen Heim, Haus und Hof kann man nur dort sprechen, wo grosse, geschlossen vererbte Einzelhöfe seit Generationen im Besitz derselben Familie sind, wo der Hof noch als Denkmal der eigenen Familiengeschichte erfahren wird.

Obschon viele im traditionellen Stil errichtete Bauernhäuser nicht mehr dem landwirtschaftlichen Betrieb dienen, für den sie ursprünglich erstellt worden waren, finden solche Bauten – seien es alpine Blockbauten oder Fachwerkbauten im Mittelland – allgemein grosse Wertschätzung seitens des sogenannten «pädagogischen Mittelstandes»; alte Bauernhäuser sind als Zweitwohnung von Städtern zurzeit begehrt, Nachahmungen (Chaletbauten als «Einheits-Schweizer Häuser») finden sich nicht nur in grosser Zahl ausserhalb der historischen Dorfkerne, sondern als Versatzstücke national-heimatlicher Eigenart schon seit der Jahrhundertwende selbst in städtischen Vororten und Industrieansiedlungen. Regionaltypische Bauten gehören zu den häufigsten Bildmotiven bei der Fremdenverkehrswerbung, und für die Beliebtheit zeugen die hohen Besucherzahlen der über 200 Freilichtmuseen in Europa, in denen traditionelle ländliche Wohn- und Wirtschaftsbauten besichtigt werden können (Ballenberg bei Brienz, Stübing bei Graz, Skansen in Stockholm, Arnheim in Holland, Kommern in der Eifel usw.).

Bei den Landbewohnern selbst stellt sich die Frage der Identifikation mit ihren Wohnstätten und ihrem Lebensraum etwas anders. Es gibt dort oft wenig oder gar keine Opposition, wenn im Zusammenhang mit dem Ausbau von Durchgangsstrassen alte Bauten abgerissen werden. Scheinbare Ausnahmen werden bezeichnenderweise oft von Städtern getragen, die aufs Land ziehen wollen. Wo es beim Landbewohner – zum Beispiel beim Pendler und Nebenerwerbsbauern – um praktische Entscheidungen geht (zum Beispiel bei der Gründung eines Hausstandes), wird oft das moderne Eigenheim (mit Garten) vorgezogen. Nur bei Bauten, die nicht den Dorfbewohnern unmittelbar in ihrem Alltags- und Familienleben dienen – wie Kapellen, Ferienhäuser für Stadtbewohner usw. –, wird manchmal für die traditionelle, romantischem Empfinden entsprechende Form optiert. Dies geschieht nicht selten unter dem Einfluss von Einheimischen, die ausgewandert sind, aber enge Beziehungen zum Heimatort aufrechterhalten. Manche, insbesondere jüngere Land- und Bergbewohner wollen jedoch nicht, dass ihr Wohnort – wie sie sagen – zu einem Museum werde; in diesem Sinne sind auch die von Städtern in der Presse oft heftig kritisierten modernen Kirchenbauten in den Alpen nicht ein Zeichen von Identitätsverlust, wie manche meinen, sondern eher ein Zeichen dafür, dass die jungen Leute weiterhin in ihren Tälern und auf ihren Bergen wohnen wollen.

So sieht man denn die jungen Familien auf dem Lande und in den Bergen immer mehr den angestammten Hausformen entwachsen (wo dies nicht der Fall ist, handelt es sich vielfach um eine Art «Zwangskonservatismus», der durch Knappheit an finanziellen Mitteln bedingt ist). Viele bauen jetzt Eigenheime an den Ortsrändern oder in sonniger, oft weithin sichtbarer Hanglage. Dadurch veröden manche Dorfkerne, und es verschwinden viele früher selbstverständliche spontane Kommunikations- und Erlebnismöglichkeiten; es kommt zu einer sensorischen Verarmung. Die temporäre Benutzung alter Häuser im Dorfkern durch Feriengäste, manchmal auch durch Fremdarbeiter, oder durch Landkommunen können meistens den Zerfall nur verzögern, aber auf die Dauer nicht aufhalten. Die Bewohner der neuen ländlichen Eigenheime (Chaletbauten oder Steinbauten, manchmal mit rustikalen Zutaten wie schmiedeeiserne Fenstergitter, Arvenstübli, Cheminée usw.) suchen sich in ihren Wohnungen durch erhöhten Wohnkomfort und bessere Wohnhygiene (pflegeleichte Böden, Zentralheizung, moderne sanitäre Anlagen usw.) ein Surrogat für die verlorene frühere Integration ins Dorfleben zu schaffen. Wo der Mann als Pendler den grössten Teil des Tages von zu Hause abwesend ist, entwickeln sich bei manchen Ehefrauen in Ermangelung identitätsfördernder zwischenmenschlicher Beziehungen sterile Ordnungsvorstellungen, bei denen der Mensch mehr und mehr zum Requisit der Wohnung wird. Eine solche Entwicklung ist auf dem Lande jedoch seltener als in stadtnahen Agglomerationssiedlungen.

Die heute vielberufene regionale oder lokale Identität hängt zweifellos nicht primär an regionaltypischen Bauten; diese haben an sich nur Symbolqualität, auch wenn es sich um sogenannte «Ensembles» («schützenswerte Dorfbilder») handelt. Wo identitätsfördernde Sozialstrukturen fehlen, ist all dies zunächst nur Kulisse. Lokale Identität (Zugehörigkeitsgefühl) hängt – ganz besonders natürlich für solche, die keine direkte Verfügung über Grund und Boden haben – nicht an der Landschaft als solcher und auch nicht am traditionellen «Baugesicht» derselben, sondern ist Folge positiver menschlicher Beziehungen, die an den Wohnort geknüpft sind. Diese Beziehungen herkunftsbedingter und mitmenschlicher Gemeinsamkeit haben freilich wie alle sozialen Interaktionen einen kulturellen Ort und einen kulturellen Inhalt. Der räumliche Rahmen der Beziehungen ist dann mehr als nur ein «Territorium». Die Ausstattung des Wohnbereichs kann die Interaktions- und Kommunikationsfreudigkeit und damit das örtliche Zugehörigkeitsgefühl fördern oder hemmen; im besten Fall ist er ein «Satisfaktionsraum» (I. M. Greverus). Dabei ist die ästhetische Qualität der Siedlung nicht massgebend; entscheidend ist das Vorhandensein einer wechselvollen Bild- und Gebrauchswelt, die durchaus aus einem Nebeneinander und Übereinander von Nützlichem und Überholtem, Stilreinem und Stillosem bestehen kann, wenn nur die Möglichkeit zu ungezwungener Kommunikation einerseits und Privatheit anderseits gewährleistet ist. Architektonischer und historischer Purismus hat mit Identitätsempfinden wenig zu tun. Wichtig erscheint mir indessen zu betonen, dass der ländliche Massstab, so wie er von den einheimischen (ethnischen) Gruppen in langer Erfahrung entwickelt worden ist, im wesentlichen gewahrt bleibt und dass notwendige Veränderungen allmählich, in gestuften Phasen erfolgen sollten, nicht durch abrupten Wechsel.

«Bauten werden auf doppelte Art rezipiert», schrieb Walter Benjamin, «durch Gebrauch und durch Wahrnehmung», mit anderen Worten: praktisch und optisch. Wo Ortsplaner, Architekten und Sozialwissenschaftler zusammenarbeiten, haben sich einige diesbezügliche Erkenntnisse durchgesetzt. Man begann an bestimmten Orten, Kommunikationsanalysen durchzuführen, und zwar in dem scheinbaren «Niemandsland» zwischen dem privaten und dem öffentlichen Bereich. Dabei zeigte es sich (zum Beispiel auf der kleinen Insel Burano in der Lagune von Venedig und in der «gewachsenen» Bergarbeitersiedlung Eisenheim in Oberhausen im Ruhrgebiet), dass der Erlebnisreichtum des öffentlichen Raumes nicht so sehr durch die formalästhetische Vielfalt der Bauten als vielmehr durch die unmittelbare Verbindung des engeren Wohnbereichs zu Strassen und Plätzen zustandekommt. So sehr Intellektuelle Privatheit und Abgeschiedenheit schätzen mögen, so sehr ist für Kinder, Jugendliche und Alte und für die Mehrzahl der Bevölkerung überhaupt die Teilnahme an der Öffentlichkeit und am Leben der Mitmenschen ein vitales Bedürfnis. Solche Erkenntnisse werden leider von manchen Architekten und Planern noch als irrelevante Soziologismen abgetan. Vertreter der Soziologie, d. h. Experten für Bewohner- und Raumbenutzer- Analysen, sind in Gremien des Denkmalschutzes sowie der Orts- und Regionalplanung noch kaum vertreten.

In einem so weitgehend auf den Tourismus angewiesenen Land wie die Schweiz sind die landwirtschaftlich ärmsten Gegenden landschaftlich und baulich meist die schönsten. Manche der sich heute entleerenden Bergdörfer sind von unnachahmlichem ästhetischen Reiz. Die bei traditionellen Bauten verwendeten Materialien widerspiegeln die geographische Umwelt, so dass die Häuser aus dem Boden herausgewachsen zu sein scheinen, auf dem sie stehen. Aus Zweckmässigkeitsgründen entstanden, sind sie – besonders eindrucksvoll im Wallis und im gebirgigen Teil des Tessins – wegen der Klarheit ihres konstruktiven Prinzips und des einfachen Rhythmus ihrer Flächen Gegenstand ästhetischen Erlebnisses geworden; das primär aus Notwendigkeit Entstandene wird nun als ein Schönes empfunden.

Dies ist auch dann noch der Fall, wenn die früher der Land- und Viehwirtschaft dienenden Gebäude unter möglichster Schonung ihres ursprünglichen Aspektes neue Verwendungszwecke gefunden haben, konkret: wenn Walliser Garbenspeicher (sogenannte Stadel oder Raccards) sowie Tessiner Scheunen und Ställe nun als Ferienhäuschen dienen. Die Änderung des Verwendungszweckes von Bauten – die immer besser ist, als die Gebäude dem Zerfall zu überlassen – ist an und für sich nichts Neues. Bevor sich die Walliser Garbenspeicher in Ferienhäuschen verwandelten, waren sie (seit dem Rückgang des einheimischen Getreidebaus) Heuschober, Lagerschuppen usw. Wenn die Bergbauern zu sogenannten Fremdenverkehrsbauern werden, weil die Einnahmen aus der Vermietung eines «Fremdenzimmers» mit zwei Betten ungefähr gleich gross sind wie der Ertrag, den eine Milchkuh im Laufe eines Jahres abwirft, verändert sich selbstverständlich auch ihre Bau- und Wohnweise. Dabei ist es wichtig, dass die Siedlung ihre ästhetische Attraktivität bewahrt, die, wenn sie einmal zerstört worden ist, nicht wiederhergestellt werden kann. Sie ist neben der Schönheit der Landschaft und den klimatischen Vorzügen ein wichtiger Rohstoff der Fremdenindustrie.

In Orten wie Grindelwald, Lenk, Diablerets, Andermatt usw., die sich im Laufe vieler Jahrzehnte zu Kurorten entwickelt haben, stellen sich viel weniger Identitätsprobleme als in «unberührten», in situationsbedingtem Konservatismus verharrenden Siedlungen, deren Bevölkerungszahl ständig abnimmt. Ein diesbezügliches negatives Beispiel ist die Tessiner Gemeinde Corippo im Verzascatal. Das Dorf ist architektonisch intakt; es wurde 1974 vom Nationalen Komitee anlässlich des Europäischen Jahres für Denkmalpflege besonders ausgezeichnet. Zwischen den schön restaurierten Fassaden kommt aber aus situationsbedingten Gründen kein Dorfleben zum Tragen; von 196 im Jahr 1900 ist die Zahl der Einwohner im Jahr 1979 auf 42 gesunken. Diese bleiben hauptsächlich deshalb noch dort, weil sie praktisch kostenlos wohnen. Nicht alles Alte, Intakte ist notwendig gut; es besteht die Gefahr, dass Corippo zu einem Museumsdorf wird, zu einer Enklave der Vergangenheit.

Heimat und Identität sind nicht eine Frage des Baustils, auch nicht der Landschaft; Heimat ist da, wo der Mensch mit seinesgleichen Benützer und Gestalter der gebauten Umwelt ist.

11.
Volkskundliche und völkerkundliche Forschung im Alpenraum
Ein Überblick

Die Alpen – das besterschlossene Hochgebirge der Welt – sind für die Vertreter der verschiedenen Humanwissenschaften ein Dorado geworden, seit sie im Laufe des 18. Jahrhunderts ihren Schrecken verloren haben und heute zum begehrten Erholungsraum für Millionen von Menschen geworden sind.

Nachdem einzelne Vertreter der aufklärerischen Land- und Leute-Kunde und Statistiker (im alten Sinne des Wortes) nüchterne Beschreibungen des alpinen Wirtschaftslebens sowie der Wohn- und Essgewohnheiten der Gebirgsbevölkerung hinterlassen hatten, kamen die romantischen Sagen- und Liederforscher, die in der Folge von den Vertretern der Richtung «Wörter und Sachen» der Dialektforschung abgelöst wurden. Ihnen verdankt man zahlreiche technische Beschreibungen der alpinen Sachkunde (Spinnen und Weben – Bodmer 1940; Haus- und Speicherbau – Huber 1944; land- und viehwirtschaftliche Arbeitsmethoden – Lorez 1943; Holzwirtschaft – Maissen 1943/Schmitter 1953; künstliche Bewässerung – Eichenberger 1950/Niederer 1956 usw.). Zu Beginn dieses Jahrhunderts forschte der Basler Gelehrte Leopold Rütimeyer (1856–1932) im schweizerischen Alpengebiet nach kulturgeschichtlich interessanten materiellen Zeugen einer archaischen Ergologie. In seiner «Ur-Ethnographie der Schweiz» (1924) beschreibt er die Eigentumszeichen und Kerbhölzer, die damals noch im Gebrauch waren, ferner die Steinlampen und Töpfe aus Lavezstein, die einfachen Transportgeräte und die Kinderspielzeuge aus Tierknochen und Aststücken usw. Als bisher einziger stellte er solche Fundstücke entsprechenden Objekten aus sogenannten Primitivkulturen gegenüber, wobei er sich auf die Theorien Adolf Bastians vom Elementar- und Völkergedanken berief. Ein durch seine Sachlichkeit hervorragendes Opus sind die zwei Bände von Paul Scheuermeiers «Bauernwerk» (1943, 1956), eine umfassende Beschreibung der alpinen und der italienischen bäuerlichen Sachkultur, die der Verfasser in jahrelanger Feldarbeit zusammen mit der entsprechenden Terminologie an Ort und Stelle erhoben hatte.

Das Werk Scheuermeiers steht in engem Zusammenhang mit dem monumentalen Sprach- und Sachatlas Italiens und der Südschweiz von Jakob Jud und Karl Jaberg (1928–1940). Eines ist allen früheren (das heisst vor dem Ende des Zweiten Weltkrieges abgeschlossenen) Forschungen gemeinsam: das Bestreben, ein originales Abbild von einem vermeintlich ursprünglichen Kulturzustand (und einem entsprechenden Sprachschatz) zu geben, der von der modernen Zivilisationswelt abgehoben ist. Dies bedeutet die Nicht-Berücksichtigung alles Fremden, von aussen Importierten, aller Innovationen, die nach der Meinung der Autoren nichts mit der autochthonen typischen Erscheinungsweise zu tun haben.

Dazu kommt als weiteres Gemeinsames die Praxis, soziologische Fragestellungen auszuklammern. Man sah die alpinen Gemeinden als sich selbst genügende Mikrokosmen und übersah sowohl die internen Ungleichheiten und Spannungen sowie die oft konfliktuellen Beziehungen zum übergeordneten Staat. Das Schwergewicht der linguistischen und volkskundlichen Forschungen lag auf der materiellen Kultur, auf dem sogenannten Bauernwerk, das durch die natürlichen Bedingungen der Landschaft einer Mechanisierung nur beschränkt oder gar nicht zugänglich war. Einige volkskundliche Untersuchungen stellen die Rituale des Lebenslaufes sowie diejenigen des Kirchenjahres und des Agrarjahres in den Vordergrund (Escher 1947, Hugger 1961 und 1964), wobei die Anpassung der Rituale an die sich rasch wandelnden wirtschaftlichen Verhältnisse meistens negativ als «Zerfall» gewertet wurde.

Manche Erforscher des Alpinen schrieben den nachhinkenden Zivilisationsprozess einem nicht näher begründeten (den Alpenbewohnern gewissermassen angeborenen) Konservatismus und einer «natürlichen» Liebe zum Althergebrachten zu, was nicht unbedenklich ist, jedoch die von ihnen beigebrachten Fakten nicht entwertet.

Erst der Volkskundler Richard Weiss (1908–1962), der erste Inhaber eines Lehrstuhles für Volkskunde an einer schweizerischen Universität, bezeichnete 1957 in seinem Aufsatz «Alpiner Mensch und alpines Leben in der Krise der Gegenwart» als Ursache der alpinen Kulturretardierung einen ökonomisch bedingten Zwangskonservatismus und nicht die angeblich von innen heraus kommende Bejahung des Althergebrachten, die man den Alpenbewohnern gerne andichtete. Die von Richard Weiss geschilderten kulturellen Verhältnisse im Alpengebiet waren in der Folge Gegenstand einer engagierten empirisch-soziologischen Untersuchung des Soziologen Urs Jaeggi (1965). Auf die Untersuchung Jaeggis folgten eine Reihe von theoretisch und historisch fundierten Untersuchungen über alpine Gemeinwesen im Zusammenstoss mit den grossen zivilisatorischen Strömungen der modernen Wirtschafts- und Konsumgesellschaft. Sie stammen meist von französischsprachigen Ethnologen und Agrarsoziologen wie Gérald Berthoud, Genf (1967) und

Placide Rambaud, der vor allem Gemeindeuntersuchungen in Savoyen durchgeführt hat (Rambaud/Vincienne 1964, Rambaud ^{2}1974, ^{2}1981), und sie weisen gegenüber früheren volkskundlichen Untersuchungen ein höheres theoretisches Niveau und exaktere Erhebungsmethoden auf. Als neue Themen kamen jetzt das Innovationsverhalten (Matter 1978), der Tourismus sowie das Phänomen der sogenannten Arbeiterbauern (Industriependler aus Alpentälern) zur Sprache.

Als um die Mitte der sechziger Jahre die ersten amerikanischen Kulturanthropologen in das Alpengebiet kamen, um hier Feldforschung zu treiben, war das Berggebiet scheinbar schon «überforscht». Es war kaum eine Talschaft, die nicht ihre Monographie hatte, ausserdem gab es jetzt eine Anzahl von Untersuchungen zum sogenannten Bergbauernproblem in wirtschaftlicher, sozial-hygienischer und bildungspolitischer Sicht. Auch wenn nicht alle diese Untersuchungen akademischen Rang hatten, so waren sie doch von Leuten geschrieben, die mit ihrer Sache vertraut waren und die sich nicht leicht etwas vormachen liessen. So konnte man gespannt sein, was denn die amerikanischen Forscher bei nur geringer oder ganz fehlender Kenntnis dieser Publikationen während eines relativ kurzen Aufenthalts in den Alpendörfern noch entdecken würden. Es war zu befürchten, dass sie Dinge herausfinden würden, die den europäischen Alpenspezialisten längst bekannt waren.

Aber warum kamen sie überhaupt in die Alpen? Die Wahl des Alpengebiets wurde von den betreffenden Forschern damit begründet, dass in den Ländern der Dritten Welt wegen der dortigen negativen Einstellung der Behörden und zum Teil auch der Bevölkerung der Zugang für anglo-amerikanische Anthropologen praktisch kaum mehr möglich sei und dass selbst die Indianer in Nordamerika sich dagegen wehrten, weiterhin Untersuchungsobjekt von Anthropologen zu sein.

Wie mein Kollege Pierre Centlivres aus Neuchâtel festgestellt hat (Centlivres 1980:35–36), kam ein erster Anstoss zur anthropologischen Forschung in der Schweiz von Raoul Naroll (1971), der die kulturelle Vielfalt der Schweiz und die Werte, die den diesbezüglichen bejahenden Konsensus ermöglichen, zur Erforschung vorschlug – gleichsam als Paradigma für eine internationale oder gar eine Weltregierung. Die amerikanischen Forscher wählten jedoch, ihrer Forschungstradition entsprechend, relativ abgelegene, vom Tourismus kaum berührte Berggemeinden von je einigen hundert Einwohnern. Dies dürfte zum Teil damit zusammenhängen, dass für einen Aufenthalt von begrenzter Dauer grössere Gemeinwesen oder ganze Regionen nicht in Frage kamen. Vielleicht haben hier auch noch Vorstellungen nachgewirkt, die auf Redfields «Little Community» zurückgehen (Redfield 1955).

Die in den Alpen arbeitenden Kulturanthropologen waren zum Teil bekannte Fachleute, die schon Feldforschungen in Afrika, Asien oder Südamerika betrieben und darüber publiziert hatten; zum andern Teil waren es Studenten ohne Felderfahrung, die hier Material für ihre Dissertation sammeln wollten. Sie alle hatten vor ihrem Eintreffen in Europa ausführliche, theoretisch untermauerte Arbeitsprojekte verfasst, aufgrund derer sie die für ihren Aufenthalt in der Schweiz notwendigen finanziellen Mittel von amerikanischen Stiftungen erhielten. Die den amerikanischen Forschern zur Verfügung gestellten Mittel reichten zur Untersuchung einer einzigen *community*. Es fehlt ihren Arbeiten in der Regel der erhellende Vergleich mit anderen Gemeinwesen innerhalb des kulturell doch recht komplexen Alpenraumes. Die alpine Vielfalt kommt zu kurz, und allzu rasch entsteht dann das Bild eines mehr oder weniger überall ähnlichen *Alpine village*.

Was nun die theoretischen Ansätze und den begrifflichen Apparat betrifft, den die amerikanischen Anthropologen ihren Forschungen zugrunde legten, so handelt es sich um solche, die bisher mit Bezug auf die alpinen Mikrokosmen nicht angewandt worden waren. Die Wahl kleiner Gemeinden und die Methode der teilnehmenden Beobachtung waren zwar für die europäischen Forscher nichts Neues. Neu dagegen war etwa die minuziöse Beobachtung des Verhaltens zum Zwecke der Unterscheidung von vorgegebenen Verhaltensformen und tatsächlichem Verhalten (Muehlbauer 1975).

Es liegt im Wesen der wissenschaftlichen Tradition der anglo-amerikanischen Kultur- und Sozialanthropologie, wo immer möglich durch eigene systematische Beobachtungen zu arbeiten, vermutlich deshalb, weil beim Studium der sogenannten Primitivkulturen wenig oder keine Gelegenheit zu Archivstudien besteht und weil die oft mangelhafte Beherrschung der Eingeborenensprache den Forscher auf visuelle Methoden verweist. Einer der amerikanischen Forscher, die ich im schweizerischen Alpengebiet kennengelernt habe, wollte die intrakommunalen Parteiungen feststellen, nachdem das Bestreben solcher Parteiungen von der Bevölkerung bagatellisiert und als der Vergangenheit angehörend bezeichnet worden war. Er beschloss, auf systematische Weise zu untersuchen, wie es sich damit verhalte. Von seiner Wohnung aus, die ihm unmittelbar Ausblick auf den Dorfplatz mit Kirche, Pfarrhaus, Konsumladen und Poststelle gab, registrierte er während mehrerer Wochen systematisch die Begegnungen von Dorfbewohnern an dieser zentralen Stelle. Er stellte in zahlreichen Fällen ein eindeutiges Meidungsverhalten fest (Vermeidung des Blickwechsels, Nichtgrüssen). Die statistische Auswertung seiner Beobachtung mit Bezug auf die Zugehörigkeit zu den beiden Faktionen innerhalb des Dorfes ergab, dass es sich bei den Meidungen fast ausschliesslich um Angehörige verschiedener Familienparteien handelte. So wurden durch die genaue Beobachtung des Meidungsverhaltens die Behauptungen der Gewährsleute in Frage gestellt (Muehlbauer 1975).

Neu war auch die von mehreren amerikanischen Forschern praktizierte Auswertung historischer Dokumente mittels des Computers. Hier ist besonders die historisch-demographische Forschung von Robert Netting (von der *University of Arizona*) hervorzuheben (Netting 1972, 1981). Netting, ursprünglich Afrikanist, verfolgte anhand von Pfarrei-Registern die Bevölkerungsgeschichte der Berggemeinde Törbel im Kanton Wallis über 300 Jahre zurück. Dabei stellte er nicht nur erstaunlich lange Patrilinien fest (Netting 1979), sondern er konnte auch die den Betroffenen unbewussten sehr langfristigen Mechanismen aufzeigen, welche homöostatisch das Gleichgewicht zwischen Nahrungsspielraum und Bevölkerungszahl regulierten.

Wie Robert Netting in Törbel, so hat sich Frau Ellen Wiegandt in der Gemeinde Mase im französischen Wallis mit den auf lange Dauer hinaus wirkenden Praktiken der Erbteilung, der Partnerwahl (Binnenheirat) und der Emigration befasst und gezeigt, wie dadurch die Akkumulation von Reichtum und lokaler Macht in den Händen weniger Individuen verhindert wurde (Wiegandt 1977).

John Friedl von der *Ohio State University* widmet in seiner Dissertation (1974) seine besondere Aufmerksamkeit den Arbeiterbauern (Industriependlern). Friedl weist auch auf die nativistischen Tendenzen der Bevölkerung hin. Er zeigt, wie die auf der nationalen Einkommens- und Vermögensskala einen tiefen Stand einnehmenden Dorfbewohner dieses Manko durch eine eigene Wertordnung kompensieren, in der harte körperliche Arbeit, Ehrlichkeit, Gemeinsinn und vor allem Glaubenstreue die Hauptkriterien sind. Hierin fühlen sie sich heute noch den «Unterländern» und den Stadtbewohnern überlegen (Friedl 1974:74–75).

Die geschichtliche Dialektik zwischen kleinen Gemeinden und übergreifendem Staatswesen fand eine meisterhafte Darstellung in dem Werk «The Hidden Frontier, Ecology and Ethnicity in an Alpine Valley» durch die Anthropologen John W. Cole und Eric R. Wolf (1974). Es handelt sich hier um die Ergebnisse einer langdauernden Untersuchung von zwei benachbarten Dörfern im italienischen Alpengebiet: dem deutschsprachigen St. Felix in der Provinz Bozen (Südtirol) und dem italienischsprachigen Tret in der Provinz Trient. Die beiden Orte, durch die Provinz- und Sprachgrenze voneinander getrennt, sind nur wenige Kilometer voneinander entfernt und unterhalten gesellschaftliche Beziehungen zueinander. Die beiden Autoren haben von 1960 bis 1969 unabhängig voneinander Untersuchungen in den beiden Gemeinden durchgeführt. Wolf, der als gebürtiger Österreicher von Haus aus deutschsprachig ist, interessierte sich für die Sozialstrukturen und für das unterschiedliche politische Verhalten der beiden Dörfer. Cole befasste sich mit ökologischen Problemen, mit den Wirtschaftsstrukturen und im besonderen mit dem Erbrecht. Nebst intensiver teilnehmender Beobachtung betrieben die beiden Autoren ausgedehnte Archiv- und Literaturstudien, die nicht nur die Region der beiden Gemeinden (Nonsberg) betreffen, sondern die historisch-politischen Makrokosmen – habsburgisch Tirol einerseits und das Bistum Trient andererseits. Bei oberflächlicher Betrachtung könnte man meinen, die beiden Gemeinwesen – das italienische Tret und das deutschsprachige Sankt Felix – seien sich ähnlich; in beiden herrscht Landwirtschaft verbunden mit Holzverwertung vor. Der Unterschied besteht in der Art der sozialen Beziehungen. Diese Beziehungen hängen aufs engste mit den Erbgewohnheiten zusammen: geschlossene Vererbung der Betriebe an einen einzigen Nachkommen im deutschsprachigen St. Felix, reale Aufteilung der Grundstücke und Häuser an alle Erbberechtigten zu gleichen Teilen im romanischen Tret. Mit anderen Worten: In St. Felix wird die Einheit und Fortdauer des Hofes über die persönlichen Ansprüche der Miterben gestellt, während in Tret die Kontinuität des Betriebes keine Rolle spielt; man sichert jedem Erben ein Stück Boden und einen Anteil an den Gebäuden. Die Erbsitte bestimmt die unterschiedlichen innerfamiliären Beziehungen und auch diejenigen innerhalb der Dorfgemeinschaft. In St. Felix, wo nur einer der Nachkommen den väterlichen Hof bekommt, entsteht schon vor dem Erbgang eine innerfamiliäre Hierarchie unter den Geschwistern. Diese Hierarchie überträgt sich auch auf die Beziehungen innerhalb des Dorfes, wo die präsumptiven oder tatsächlichen Erben das Sagen haben und wo die nicht Erbenden auch politisch eine untergeordnete Stellung einnehmen – früher als Knechte und Dienstboten, heute als Gelegenheitsarbeiter oder Auspendler.

Die Untersuchung von Cole und Wolf ist methodologisch von grossem Interesse, was auch für die vorher erwähnte historisch-demographische Untersuchung von Robert Netting gilt. In beiden Fällen wird die Geschichte ernstgenommen und zu der vorgefundenen Realität in Beziehung gesetzt. In allzu vielen Monographien figuriert eine sogenannte geschichtliche Einführung nur, um der Form zu genügen. Es wird dann in der Folge keinerlei Beziehung mehr zwischen Vergangenheit und Gegenwart hergestellt. Wenn es seitens der Volkskundler im Alpenraum eine gewisse Irritation gegenüber den dort arbeitenden amerikanischen Kulturanthropologen gibt, so hat sie ihren Grund in der Unkenntnis und zum Teil bewussten Vernachlässigung der von den europäischen Forschern während Jahrzehnten erarbeiteten Monographien, die wegen ihres vorwiegend deskriptiven Charakter als unwissenschaftlich betrachtet werden.

Den amerikanischen Kulturanthropologen, die im Alpengebiet gearbeitet haben, ist jedoch zu bestätigen, dass sie mit zum Teil neuen Fragestellungen an die alpenländische Gesellschaft herangegangen sind. So haben sie sich zum Beispiel mit den in manchen Berggemeinden mit beschränkten Ressourcen herrschenden Parteiungen (Familien- oder Geschlechterparteien, *factions*) befasst, die manchmal, wie G. Muehlbauer (1979) zeigt, einen Prozess der Institutionalisierung durchmachen und sich herrschenden politischen Parteien anschliessen. Sie gewinnen dadurch direkte Kontakte zu der übergeordneten Regierung.

Mit dem Übergang von der Natural- zur Geldwirtschaft ist in den alpinen Gemeinden ein neuer Sozialtyp, derjenige des Unternehmers *(entrepreneur)*, entstanden. Die innovatorische Rolle der lokalen Unternehmer ist der Hauptgegenstand einer Reihe von Fallstudien, die von Prof. F. G. Bailey *(University of California*, San Diego) und von dessen Schülern im französischen und italienischen Alpengebiet durchgeführt wurden (Bailey (Hrsg.) 1971, 1973). Solange die Forschung ihren Blick vorwiegend auf die traditionellen Ordnungen richtete, spielten die *entrepreneurs* für sie keine Rolle. Erst als die Dynamik der neueren wirtschaftlichen Entwicklung nicht mehr zu übersehen war, musste man sich auch mit ihnen befassen.

Etwas vom Erstaunlichsten mit Bezug auf die Forschungen über die alpine und auch über die mediterrane Kultur ist die jeweils auf den eigenen nationalen Forscherkreis zentrierte Beschränkung und Isolierung. So haben etwa die italienischen Ethnologen und Volkskundler kaum Kenntnis genommen von den Ergebnissen der angelsächsischen Forschungen im Mittelmeerraum. Die schweizerischen und österreichischen Volkskundler wissen wenig oder nichts von der anglo-amerikanischen oder auch der französischen Forschung im Alpenraum. Es handelt sich hier um ein allgemeines Merkmal der europäischen Volkskunde, die sich lange als nationale Wissenschaft verstand. Dass die Volkskunden als nationale und regionale Ethnographien der Integrierung durch eine theoretische Ethnologie und durch erhellenden interkulturellen Vergleich bedürfen, ist mehrfach erkannt und ausgesprochen worden, ganz besonders durch den schwedischen Ethnologen Sigurd Erixon, der schon zu Ende der dreissiger Jahre in der Zeitschrift «Folk-liv», dann durch die Herausgabe der drei Bände von «Laos» (1951–1955) und schliesslich durch die Gründung der Zeitschrift «Ethnologia Europaea» (zusammen mit Géza de Rohan aus Paris, Branimir Bratanić aus Zagreb und Jorge Dias aus Lissabon) auf dieses Ziel hingearbeitet hat. Das erklärte Ziel der Forschergruppe «Ethnologia Europaea» und der gleichnamigen Zeitschrift ist es, «sowohl die Scheidewände einzureissen, welche die allgemeine Ethnologie von den Forschungen über Europa trennen, als auch diejenige, die sich zwischen den verschiedenen nationalen Schulen innerhalb des Kontinents erheben».

12.
Aspekte der Sammelwirtschaft in den Schweizer Alpen

gemeinsam mit Robert Kruker

Einleitung

Bis gegen die Mitte des 20. Jahrhunderts gab es in den schweizerischen Alpen eine beträchtliche Anzahl von Menschen, die – abseits der Verkehrswege, der Industrie und des Tourismus – weitgehend auf die Nutzung lokaler Ressourcen angewiesen waren. Die von der alpinen Bevölkerung praktizierte Landwirtschaft diente weitgehend der Selbstversorgung, garantierte die Existenz jedoch kaum. Die Bergler waren deshalb gezwungen, alles, was der nähere Lebensraum ohne menschliches Dazutun hergab, auszunutzen. Deshalb hatte die Sammelwirtschaft als primitivste Art der Landnutzung eine «wichtige, in Krisenzeiten sogar lebensnotwendige Bedeutung» (Bielmann 1972, S. 85). Die landlose Bevölkerung war besonders auf die Möglichkeiten der Sammelwirtschaft angewiesen. Der Anteil der landlosen Familien betrug im Alpengebiet um 1800 vielerorts zwischen 20 und 30 % (vgl. Kasthofer 1825, S. 23; Mathieu 1980, S. 168) und nahm als Folge des starken Bevölkerungswachstums im 19. Jahrhundert (vgl. Rüesch 1979, S. 166) noch zu. Das wirkte sich besonders gravierend aus, wenn noch keine industriellen Erwerbsmöglichkeiten vorhanden waren. Im Kanton Uri beispielsweise verfügten im 18. und 19. Jahrhundert zwei Drittel der Bevölkerung nur über bescheidenste Mittel, die kaum für das Nötigste zum Leben ausreichten (Bielmann 1972, S. 219). Die Sammelwirtschaft war deshalb für diese breiten armen Schichten sowohl Ersatz für die fehlende Nahrungsmittelproduktion als auch für den Mangel an Futter zur Überwinterung des Viehs.

Gesammelt wurden im allgemeinen die wilden Beeren und Kräuter, die Nebenprodukte der Waldbäume (Laub, Bartflechten, Reisig), in gewissen Regionen auch Wildfrüchte der Bäume (Nüsse, Obst, Kastanien in den Kantonen Schwyz und Unterwalden; vgl. Bircher 1938, S. 51) sowie das Wildheu, das in den steilen und unwegsamen Gebieten dem Weidgang des Viehs nicht zugänglich war.

Trotz der Feststellung, dass die Sammelwirtschaft «für die ärmeren Klassen von jeher von kaum glaublicher Ertragshöhe war» (Zitat aus dem Volkswirtschaftlichen Lexikon der Schweiz von 1885 bei Bircher 1938, S. 51), wurde die Sammelwirtschaft in der wirtschafts- und sozialgeschichtlichen Forschung lange Zeit als eine für unseren Kulturkreis marginale Tätigkeit gehalten und in den Darstellungen über die alpinen Wirtschafts- und Gesellschaftsformen höchstens beiläufig zur Sprache gebracht. Dieser Mangel wird unter anderem damit begründet, dass sich die Marginalität der Sammelwirtschaft in der fehlenden Schriftlichkeit widerspiegle, dass also die Quellen fehlen würden.

Immerhin gibt es eine Reihe wirtschaftswissenschaftlicher, kulturgeographischer, sozialgeschichtlicher sowie sprach- und sachkundlicher Arbeiten, welche die Sammelwirtschaft oder Teilaspekte davon wenigstens erwähnen.[1] Die einzige bedeutende und umfassende wissenschaftliche Arbeit zur Sammelwirtschaft in den Schweizer Alpen ist die ethnographische Studie von Anni Waldmeier-Brockmann (1941). Am ausführlichsten behandelt sie dabei das Sammeln des Wildheus. Gemäss Waldmeier-Brockmann ist das Wildheu im Vergleich mit den verschiedenen Objekten der Sammelwirtschaft am bedeutendsten (Waldmeier 1941, S. 27).

Im folgenden beschränken wir uns auf diejenigen Zweige der Sammelwirtschaft, die in engem Zusammenhang mit der alpinen Viehwirtschaft stehen: mit dem Wildheu und dem Futterlaub, die beide deshalb als Wildprodukte bezeichnet werden können, weil sie ohne menschliches Zutun (Rodung, Pflanzung, Düngung) wachsen. Insbesondere einem dieser Sammelobjekte, dem Wildheu, wurde in der Literatur – nicht zuletzt seiner symbolischen Bedeutung wegen – immer wieder Aufmerksamkeit geschenkt.[2]

Das Wildheu

Unter Wildheu versteht man «dasjenige Futter, das auf alpinen (ungedüngten) Wiesen gemäht und in gedörrtem Zustand zur Winterfütterung in die Talgüter gebracht wird» (Waldmeier 1941, S. 27). Das Wildheu wird, wie alle Objekte der Sammelwirtschaft, aus Gründen der Knappheit gesammelt. Für diese Knappheit waren einerseits ökologische, anderseits sozio-ökonomische Faktoren verantwortlich.

Ökologische und soziale Determinanten

Die entscheidenden Umweltfaktoren für das Ausnutzen der steilen, am Rande der produktiven Areale liegenden Wildheugebiete sind:
- das alpine Klima mit dem langdauernden Winter und der entsprechend langen Stallfütterungszeit des Viehs;
- die Topographie, die vor allem in den Bergtälern mit schmalen Talböden oder fehlenden natürlichen Terrassen die Möglichkeiten des Grasfutteranbaus stark einschränkten.

Solche Gebiete sind vor allem am Alpennordhang vom Simmental über das Berner Oberland, die Innerschweiz (insbesondere die Kantone Unterwalden und Uri) bis zum Kanton Glarus, dem St. Galler Oberland und Nordbünden sowie in den Bergtälern des Kantons Tessin zu finden.

Klima und Topographie zusammen sind die Gründe für die kargen landwirtschaftlichen Erträge in den Alpen und zwangen die Bergbewohner zur Ausnutzung sämtlicher Futterquellen, auch wenn diese noch so abgelegen und vielfach nur unter Lebensgefahr nutzbar waren. Dabei waren die Erträge der mageren Wildheuwiesen gering im Vergleich zu denjenigen der gedüngten Talwiesen (vgl. Arbos 1922, S. 92).

Je ärmer der Bauer war, desto eher war er darauf angewiesen, Wildheu zu sammeln. Die Wildheuplätze waren denn auch «die Wiesen des ärmeren Teils unserer Bevölkerung» (Blumer/Heer 1846, S. 379; vgl. R. v. Tavel 1891, S. 119). Zum Wildheu hatte die bäuerliche Unterschicht, die selber kein eigenes Land besass, im Sommer ihr Kleinvieh auf dem Allmendland weiden liess und es im «Winter noch auf die unergiebige Winterweide an den Südhängen trieb» (Waldmeier 1941, S. 24, 34) freien Zugang. Bis gegen die Mitte des 20. Jahrhunderts gab es in einigen abgelegenen Hochtälern des Kantons Uri noch «Geissbauernsiedlungen», in denen die Familien ihren Unterhalt fast vollständig aus der Sammelwirtschaft, z. T. in Verbindung mit Holzköhlerei und Mineraliensammeln («Strahlen»), bestritten (Waldmeier 1941, S. 24–25). Aber auch diejenigen Bergbauern, die eine kleine Fläche eigenen Landes besassen, hatten in der Regel zu wenig Winterfutter, das sie aus ihrem Boden ziehen konnten, und um Viehfutter von aussen zuzuführen, fehlte ihnen das nötige Bargeld. Dank dem Sammeln von Wildheu konnte also eine nicht unbeträchtliche Zahl von landwirtschaftlichen Familienbetrieben ohne oder mit nur wenig eigenem Landbesitz überleben.

Der Arbeitsablauf

Zwischen Mitte August und Mitte September war je nach Höhenlage, Exposition und Witterungsverlauf die Zeit der Wildheuernte. Sammelort, Sammelbeginn und Sammelmenge waren meist nach traditionellen Regeln oder Reglementen festgelegt (Binda 1983, S. 20–30). Das Schneiden des Wildheus, das Zusammentragen und die Lagerung erfolgten innerhalb weniger Tage. Am Vorabend des Sammelbeginns stiegen die Wildheuer – meist eine oder zwei Personen pro Haushalt je nach Reglement – in die Wildheugebiete. Sie waren ausgerüstet mit Sichel und Sense, Dengelamboss, Dengelhammer, Wetzstein und Wetzsteinfass, mit Traggeräten, Heuseilen und allenfalls Steigeisen sowie mit den persönlichen Utensilien und Vorräten, die nötig waren für das Leben auf dem Berg (Binda 1983, S. 37; Ritschard 1990, S. 194–204). Zum Zeitpunkt des Sammelbeginns am frühen Morgen des festgelegten Tages wurden die Sammelstellen bis ins letzte Jahrhundert vielfach im Wettlauf wie die Claims der Goldgräber besetzt (Renner 1941, S. 82; R. v. Tavel nennt das Wildheuen deshalb «okkupatorische Produktion», 1891, S. 119). Manchmal waren die Stellen durch das Los zugewiesen worden (Ritschard/Schmocker 1980, S. 37) oder sie wurden auf der Gant ersteigert (Lorez 1943, S. 135). Im Laufe der Zeit, als die Nachfrage nach Wildheu zurückging, haben sich in vielen Tälern Familientraditionen zum Abmähen bestimmter Wildheuplanken herausgebildet.

Bei guter Witterung trocknete das Gras so schnell, dass es noch am gleichen oder spätestens am folgenden Tag zusammengebracht werden konnte. Die Lagerung des gesammelten Heus erfolgte je nach Gegend unterschiedlich, in der Regel dezentralisiert auf den Wildheubergen unter einem Dach in einfachen Gebäuden oder als Tristen, d. h. birnenförmigen festgestampften Heuhaufen an einer flachen Stelle in den Berghängen (Binda 1983, S. 48–53). Je nach topographischen Gegebenheiten und lokaler Tradition wurde das gesammelte Wildheu im Herbst (zum Beispiel in Vrin, vgl. Collenberg 1972, S. 54) oder im Spätwinter, der arbeitstechnisch meist günstigsten Periode (Waldmeier 1941, S. 81–109; vgl. auch Arbos 1922, S. 97), zu den Talgütern gefahren. Anfangs des 20. Jahrhunderts begannen die Bauern mit Hilfe von staatlichen Subventionen Drahtseilschleifen zu erstellen, mit denen sie das Wildheu im Anschluss an die Ernte ins Tal führen konnten (Waldmeier 1941, S. 80–81; Ritschard/Schmocker 1980, S. 104 ff.; Binda 1983, S. 75–113).

In der Regel wurden die einzelnen Wildheuplätze nur jedes zweite Jahr gemäht. Damit wurde eine Übernutzung vermieden und ein nachhaltiger Ertrag gesichert (vgl. Waldmeier 1941, S. 42; Ritschard/Schmocker 1980, S. 37).

Soziale Organisation und rechtliche Aspekte des Wildheuens

Das Sammeln des Wildheus spielte sich vielerorts in einem wechselseitigen Prozess von Kooperation und Konkurrenz ab. Am Brienzersee im Berner Oberland sowie in den Kantonen Schwyz und Glarus beispielsweise wurde die Sammelarbeit allein von den Männern ausgeführt. Die Gemeinsamkeit des Aufstiegs am Vorabend des Sammelbeginns wechselte zum Wettstreit um die Belegung der guten Plätze bei Tagesanbruch. Beim Mähen des Wildheus standen die Männer in Konkurrenz zueinander: Jeder arbeitete für seinen möglichst umfangreichen Futtervorrat. Solange die Nachfrage nach Wildheu gross war, erhielt sich das Muster des Konkurrenzverhaltens in diesen Regionen (Hösli 1948, S. 300).

Im Rheinwald (Graubünden), wo die Wildheuplätze im voraus zugeteilt wurden, war das Wildheuen «keine Sache für Einzelgänger, ja nicht einmal für eine einzelne Familie. Meistens schlossen sich deshalb mehrere Familien zusammen. Ein erfahrener Wildheuer übernahm das Kommando, spielte den ‹Capo› (Chef). Er lenkte den Gang der Arbeit, notierte die Arbeitszeit der einzelnen Heuer und verteilte den Ertrag» (Lorez 1979, S. 10).

Die Lagerung des Sammelgutes auf den Bergen und der Abtransport ins Tal waren durchwegs Gemeinschaftsarbeiten. Der einzelne Bauer wäre dazu nicht in der Lage gewesen. Das in den Alpen überall feststellbare Prinzip der gegenseitigen Hilfe spielte auch hier, weil man zur Solidarität gezwungen war.[3]

In der Regel hatten alle Mitglieder einer Gemeinde Zugang zu meist gemeindeeigenen Wildheuplätzen. Dieses Recht wurde auch im Schweizerischen Zivilgesetzbuch im Artikel über die Aneignung wildwachsender Objekte verankert.[4] Im einzelnen waren die Rechte zur Wildheugewinnung durch den Ortsgebrauch bestimmt, der dafür sorgte, dass das Wildheuen sozial gerecht erfolgte. Verschiedene Regeln sollten Zwistigkeiten unter den Haushalten beziehungsweise Wildheusammlern vermeiden. So durfte pro Haushalt nur eine beschränkte Anzahl von Männern am Wildheuen teilnehmen (Waldmeier 1941, S. 39; Hösli 1948, S. 300; Binda 1983, S. 21, 23). Der Termin des Sammelbeginns war auf die Stunde genau vorgeschrieben. Die verschiedenen Zuteilungsmodi der Wildheuplätze (Eroberung im Wettstreit, Los, Ersteigerung) wurden bereits erwähnt.

In Gebieten, wo der Abtransport vor dem Schneefall erfolgte, waren die Transportwege vorgeschrieben, um Kulturlandschäden zu vermeiden und um die Lawinenzüge in Grenzen zu halten (Collenberg 1972, S. 56). Die Runsen, die als Transportwege benutzt wurden, hielt man durch Gemeinschaftsarbeit instand (DRG Bd. 6, S. 147).

Trotz genauer Reglementierung kam es in den Zeiten, als die Bauern noch auf jeden Büschel Wildheu angewiesen waren, zu Streitereien (Hösli 1948, S. 300). Mit dem Rückgang der Nachfrage verschwand jedoch das Konkurrenzverhalten.

Der Wandel

Bereits zu Beginn des 20. Jahrhunderts ging das Sammeln von Wildheu im allgemeinen stark zurück. Diese Tendenz verstärkte sich – mit Unterbrüchen während den wirtschaftlichen Krisenzeiten – bis in die Gegenwart. Der heutige Anteil des Wildheus wird gegenüber der Menge, die noch vor 35 Jahren gesammelt wurde, auf wenige Prozente geschätzt.[5]

Im Verlaufe des Rückgangs zeichneten sich verschiedene Etappen der Veränderung ab: An die Stelle von Konkurrenz traten Familientraditionen und Kooperation mit Bezug auf das Belegen und Abernten der Wildheuplätze. Wo die Versteigerung von Anteilen üblich gewesen war, wurde sie durch Zuteilung gegen einen festen, meist sehr niedrigen Preis abgelöst.

Die Erleichterung des Wildheutransportes, die mit der Einführung der Drahtseilschleifen zustande kam, vermochte den Rückgang der Wildheugewinnung nicht aufzuhalten. Die allgemeine Erhöhung des Wohlstands in der schweizerischen Gesellschaft, von der auch die Bergbevölkerung etwas profitierte, erlaubte es dieser, vom Sammeln des «Martergrases» (Lorez 1979, S. 9) abzukommen. Einen Einfluss hatte auch die Ansiedlung von Industrie in einigen Bergtälern, die den Bauern Nebenerwerbsmöglichkeiten verschaffte. Das hatte einerseits zur Folge, dass die Arbeiterbauern etwas Bargeld für den Zukauf von Heu aus dem Flachland zur Verfügung hatten; anderseits liess die Fabrikarbeit dann auch keine Zeit mehr für derart arbeitsintensive Beschäftigungen wie das Wildheuen (Binda 1983, S. 111).

Heute wird nur noch an sehr wenigen Orten Wildheu gesammelt. Der Zweck des Wildheuens hat sich zum Teil gewandelt. Der Sammelertrag wird nicht mehr im bäuerlichen Betrieb verwendet, sondern zur Fütterung von Wildtieren verkauft, die in Parks gehalten werden und das Gras gedüngter Kunstwiesen nicht ertragen (Ritschard/Schmocker 1980, S. 122).

Zur symbolischen Bedeutung des Wildheuens

Rückgang und Funktionswandel des Wildheuens bedeuten nicht, dass dieser Typ von Sammelwirtschaft aus dem Bewusstsein der schweizerischen Bevölkerung verschwunden sei. Im Gegenteil; der Wildheuer gehört zu den Stereotypen, die jahrzehntelang in den schweizerischen Schulbüchern thematisiert wurden, als Beispiel und Symbol für die armen, aber wagemutigen Vorfahren der Urschweiz. Die symbolische, volkstümliche Bedeutung des Wildheuers ist Teil eines weit verbreiteten schweizerischen Geschichtsbildes, das die alpine Kultur und insbesondere das alpine Hirtentum als wichtige Konstanten für das schweizerische Selbstverständnis betrachtet (vgl. Weiss 1962, S. 233). Auch auf die alpine Heldenfigur des späten 19. und 20. Jahrhunderts, den Bergführer, blieb die Arbeit des Wildheuens nicht ohne Wirkung: In vielen Bergführermonographien der Pionierzeit (Periode der Eroberung der Hochalpen) wird darauf hingewiesen, dass der Held seinen Körper beim Wildheuen auf die Anforderungen des Bergführerberufes vorbereitete.

Immer wieder haben Presseberichte, Beiträge in Volkskalendern (Calender Romontsch 1932, S. 327–340, Bündner Kalender 1982, S. 83, 84), Monographien (Lorez 1943, Ritschard/Schmocker 1980, Binda 1983, Ritschard 1990) das Wildheuen zum Inhalt. Die Monographie zum Wildheuen in Ringgenberg von G. Ritschard und E. Schmocker will bewusst «die Erinnerung an jene Zeiten des harten Lebenskampfes der Zukunft lebendig erhalten».

Wenn dieser Rückgriff auch nicht falscher Romantisierung oder Verklärung gleichkommt, so ist er doch auch im Zusammenhang mit der Perzeption gegenwärtiger Zivilisationskrisen zu sehen. Diese Rückwärtsorientierung erklärt auch die Tatsache, dass es Leute gibt, die sich – in einer Art Folklore und sportlicher Freizeitbeschäftigung zugleich – in die Rolle des Wildheuers zurückversetzen. In den steilen und ausgesetzten Mähdern und Fluhbändern oberhalb des Dorfes Ringgenberg am Brienzersee pflegt eine Gruppe von traditionsverbundenen Berner Oberländern die Arbeit ihrer Vorfahren weiter, obwohl sie wirtschaftlich nicht mehr dazu gezwungen sind. Sie bedienen sich dabei modernster Hilfsmittel wie des Helikopters (Ritschard/Schmocker 1980, S. 122, 123; Ritschard 1990, S. 236–237).

Diese Hobbywildheuer unterstellen der harten Arbeit am steilen Berg – ähnlich wie die Schulbuchverfasser und Kalenderschriftsteller, nur in anderer Form, nämlich durch die Tat – hohe geistige Werte, die sie mit der Arbeit und den Entbehrungen der Vorfahren in Verbindung bringen. Tatsächlich hatte das Wildheuen mindestens seit der «Entdeckung» der Alpen für die geistigen Eliten einen hohen Symbolgehalt und war eine der Stützen des schweizerischen Nationalgefühls. Der Wildheuer war immer wieder zur Idealfigur des kämpferischen und freiheitsliebenden, aber auch darbenden Urschweizers emporgehoben worden. Selbst Friedrich Schiller, der Verfasser des schweizerischen Nationaldramas «Wilhelm Tell», zog die Figur des Wildheuers in einer der Schlüsselszenen des Schauspiels heran. Darin wird ein Wildheuer, der in politischer Gefangenschaft sitzt, zum auslösenden Moment der Ermordung des Tyrannen.[6]

Anders als der Alpenjäger, der die Freiheit der Bergler symbolisiert, steht der Wildheuer für den heute kaum mehr nachvollziehbaren Lebenskampf der ärmsten Bewohner der Alpen. Damit hat er auch eine negative Konnotation. Er vertritt den besitzlosen Teil unserer Vorfahren, die unter Lebensgefahr das Futter für ihre Ziegen, die «Kühe des armen Mannes», sammeln mussten.

Für den Bergbauern von heute ist die Wildheuerei, abgesehen von wenigen Ausnahmen, keine Notwendigkeit und kein Anliegen mehr. In seinem Gedächtnis ist sie eine Angelegenheit, die glücklicherweise überwunden ist. Die jüngste Generation der Bergbauern kennt das Wildheuen kaum mehr aus eigener Anschauung. Für sie ist es bereits eine durch das Erzählgut und die Medien vermittelte Sache.

So ist denn letztlich die Wildheuersymbolik nicht mehr unmittelbar im Bewusstsein der Alpenbewohner verankert; sie ist vielmehr eine Gegebenheit, auf welche vornehmlich Pädagogen und politische Eliten nicht ohne ideologische Tendenz gelegentlich zurückgreifen.

Die Gewinnung von Futterlaub (Schneiteln)

So wie das Wildheu diente bis zum Ende des 2. Weltkrieges das Laub bestimmter Bäume zur Ergänzung des Viehfutters. In den Bergregionen war das Sammeln von Laub viel weiter verbreitet als die Gewinnung von Wildheu und war im Gegensatz zu diesem nicht vorwiegend eine Angelegenheit der armen Leute. Die Zugabe von getrocknetem Laub zum gewöhnlichen Futter für das Gross- und Kleinvieh wurde als vorteilhaft, wenn nicht als notwendig erachtet und sollte die Milchproduktion fördern (Früh I, 1930, S. 513; Waldmeier 1941, S. 120–124).

Das Einsammeln von Futterlaub war nicht nur in den Alpen, sondern auch im Jura, in den Vogesen, in den Pyrenäen, den Cevennen, den Karpaten wie auch in Skandinavien und im Mittelmeerraum üblich (Trier 1963, S. 10; Jud/Jaberg 1930: Karten 542–544).

Die Art der Laubgewinnung änderte sich im Laufe der Zeit und ist je nach Gegenstand verschieden. Man findet das simple Abreissen der Blätter von irgendwelchen Bäumen, aber auch das Abschneiden, welches das Wiederausschlagen der Zweige begünstigt, ferner die Anpflanzung bestimmter Laubbäume und die Ausmerzung anderer Arten. In den schweizerischen Alpenregionen lieferte die Esche (Fraxinus excelsior) das am meisten geschätzte Futter für das Vieh.

Der Schnitt der Eschen wurde nur alle zwei Jahre, gewöhnlich Ende August oder September, vorgenommen. Die Äste wurden von jungen Leuten mit Hilfe von Gerteln oder Sicheln abgehauen. Manchmal benutzte man auch eine Baumschere, die an einer langen Stange befestigt war und mittels einer Schnur vom Boden aus betätigt werden konnte. Frauen und Kinder lasen die Zweige auf, bündelten sie und brachten sie nach Hause, wo man sie am Schatten trocknen liess. Die Futterlaubbäume befanden sich manchmal auf Privatwiesen, manchmal auf der Allmend oder entlang der öffentlichen Wege und der Bäche. Durch wiederholtes Schneiden bekamen die Laubbäume (Eschen, Ahorne und Ulmen) knorrige Formen, die an Kandelaber erinnern. Hier sei noch bemerkt, dass das Holz der so beschnittenen Bäume weich wird und sich nicht mehr zur Verarbeitung durch den Schreiner eignet.

In den Schweizer Alpen wurden die Zweige von Nadelhölzern nur ausnahmsweise dem Vieh verfüttert. Bis nach dem 2. Weltkrieg wurden vor allem die Zweige der Weisstanne (Abies alba) zur Streckung des Viehfutters im Frühjahr verwendet, unter Missachtung der Forstreglemente, die nur das Sammeln von dürrem Holz erlaubten (Waldmeier 1941, S. 129–130).

Das Geleck («Gläck»)

Um den «Gluscht» (Gelüst) ihrer Tiere zu befriedigen und ihren Appetit anzuregen, sammelten die Hirten im Spätherbst Zweige vom Wacholder, die sie in einer primitiven Holzstampfe (ausgehöhlter Baumstamm und Holzhammer), manchmal gemischt mit Alpenrosensprossen, Mehl und Salz, zerquetschten. Dieses «Gläck» (Idiotikon 3, 1245) verabreichte man dem Vieh nach dem Heu (Waldmeier 1941, S. 130–131; Niederer 1950, S. 5).

Das Kraut

Nebst dem Laub schnitt man zur Ergänzung des Viehfutters auch allerlei Kraut an den Wegrändern und auf den schmalen Grasstreifen, welche die kleinen Äcker zusammenhalten und als Grenzzeichen dienen. Im Lötschental handelte es sich vor allem um Bärenklau, Löwenzahn, Sauerampfer und Nesseln. Der Sitte gemäss kam nie eine Frau vom Felde heim, ohne einen Büschel ausgerissenes Kraut in der Hand zu halten. Dieses Kraut liess man – wie das Laub – am Schatten trocknen (Niederer 1950, S. 2).

Beim Füttern des Viehs wurde eine bestimmte Reihenfolge beachtet (Niederer 1950, S. 2 f.). Im Lötschental (Kanton Wallis) gab man den Tieren zuerst Heu, dann das «Gläck», gefolgt von einer Portion Emd. Dann wurden die Kühe gemolken und aus Eimern getränkt, danach erhielten sie getrocknetes Laub, vermischt mit etwas Heu oder Emd. Für die Ziegen war die Reihenfolge Heu, Wasser, Melken und dann Laubfutter oder Emd. Das gedörrte Kraut von Acker- und Waldrändern wurde dem Vieh nach dem Gläck gereicht. Auf diese Weise wurde die Futtergabe zu einem eigentlichen Menü.

Der Anteil der getrockneten Blätter und Zweige beim winterlichen Füttern betrug allgemein 2–5 %, aber diejenigen Bauern, die nur wenige Heuwiesen hatten, verfütterten weit mehr Laub.

Alpenampfer (Blacken, Blakten)

In einigen Gegenden, die arm an Ackererde sind und wo das Füttern der Schweine mit Kartoffeln als Verschwendung betrachtet wurde, zog man Nutzen aus einer Pflanze, die wegen ihres Wucherns auf dem Felde unerwünscht war, nämlich dem Alpenampfer (Alpenblacke, Rumex alpinus; Idiotikon 5, S. 548; Früh II, 1932, S. 166; Waldmeier 1941, S. 124–127). Mit ihren saftigen Stengeln und grossen Blättern gleicht sie dem Rhabarber. Man findet sie wild auf dem fetten Boden rund um die Alpställe. Sie wurde auch in Blackengärten angebaut und in der Regel zweimal im Sommer geerntet. Die Blacken werden in grossen Kesseln gebrüht, abgesiebt und dann in zwei Meter hohen Brettergestellen zur Gärung gebracht. Wenn die Masse kompakt genug war, so nahm man das jeweils benötigte Quantum heraus, wozu man ein Schroteisen verwendete (Lorez 1943, S. 141–143; Stebler 1903, S. 258–260). Die Blacken dienten als Nahrung für die Schweine bis nach dem Zweiten Weltkrieg. Der Ampfer (Rumex) war – wie der Geograph und Botaniker H. Brockmann-Jerosch gezeigt hat – früher auch eine Nahrung für die Menschen (Brockmann-Jerosch 1921, S. 6).

«Bettlauben»

Hier wäre noch eine Sammeltätigkeit zu erwähnen, welche hauptsächlich vom Föhn bestrichene Gegenden betrifft. Unter der Wirkung des Föhns fallen im Herbst die Blätter (vor allem diejenigen der Buchen) rasch in grossen Mengen. Die Gemeindebehörden der Gegend von Sargans im Kanton St. Gallen setzten jeweils einen Tag fest, an welchem allen Familien gestattet war, das trockene Laub zu sammeln. Dieses diente zum Füllen der Laubsäcke, auf denen man schlief. Seit dem Anfang dieses Jahrhunderts wichen die Laubsäcke mehr und mehr den Matratzen, und das Buchenlaub diente nur noch als Viehstreue (Idiotikon 3, S. 957; Brockmann-Jerosch 1929, Bd. I, S. 25 und Abb. 42 u. 43; Waldmeier 1941, S. 137–139).

Schluss

Bis zum Beginn dieses Jahrhunderts erlaubte das Wildheu – wenigstens teilweise – das Überleben kleinerer Betriebe, die über wenig oder kein eigenes Land verfügten. Es handelte sich um eine mühsame und arbeitsintensive Tätigkeit. Im Vergleich zu demjenigen der Fettwiesen war der Ertrag gering, aber die Qualität war vorzüglich. Der durchschnittliche Wildheuertrag einer Familie genügte zur Überwinterung von einem Stück Grossvieh oder fünf Ziegen.

Die Wildheuernte steht im Zusammenhang mit der gewohnheitsrechtlichen Bestimmung, dass diejenigen Bauern, welche ihr Vieh mit selbstgewonnenem Trockenfutter über den Winter brachten, ihre Kühe im Frühjahr und im Herbst auf den Gemeindewiesen weiden lassen und auf der Alpweide sömmern lassen konnten. Das Wildheuen war notwendig, solange der Ertrag der Berglandwirtschaft sehr niedrig war und viele Bergbauern am Rande des Elends und des Hungers lebten.

Der allgemeine Wohlstand der Gesellschaft hat sich auch auf die Bergregionen ausgewirkt. Man schneidet heute das Gras vielerorts nur noch an Stellen, die weniger geneigt und mit Mähmaschinen zugänglich sind. An einigen Orten ist das Wildheuen – wie bereits erwähnt – ein geschätztes Hobby geworden, das von wenigen Leuten mittels modernster technischer Hilfsmittel ausgeübt wird.

Das Schneiden von Futterlaub, das früher viel weiter verbreitet war als das Wildheuen, ist heute ebenfalls fast ganz ausser Gebrauch gekommen. Die modernen Düngungsmethoden und das Anlegen von Kunstwiesen haben den Ertrag an Heu und Emd wesentlich gesteigert. Hierzu ist zu bemerken, dass die Laubgewinnung keinen Symbolwert hat wie das Wildheuen, welches in der Person des Mähders auf diejenigen Werte verweist, die das zähe und genügsame Wesen der Vorfahren bestimmten.

Anmerkungen

1 Dazu gehören die volkswirtschaftlichen Dissertationen von Bircher (1938, S. 50–54 und 96) und von R. v. Tavel (1891, S. 118, 119), ferner zahlreiche Hinweise in dem dreibändigen Werk «Geographie der Schweiz» von J. Früh (1930–45), siehe dazu die Stichwörter «Heu», «Schneiteln», «Blakten» im Registerband, und die sozialgeschichtlichen Dissertationen von Bielmann (1972, S. 85, 101–103, 118, 119), Bucher (1974, S. 172, 179), sowie die unpublizierte Berner Lizentiatsarbeit von Mathieu (1980, 254–257).

2 Berlepsch (1861, S. 373–384), Renner (1941, S. 80–83), Ritschard/Schmocker (1980) und Ritschard (1990, S. 167–244) geben ein vollständiges Bild vom Leben und von der Arbeit der Wildheuer in Vergangenheit und Gegenwart in einer Gemeinde des Berner Oberlandes. Dasselbe gilt für die Monographie von Binda (1983), welche das Wildheuen im Verzascatal (Tessin) zum Gegenstand hat.

3 Beschreibungen des Abtransports von Wildheu als Gemeinschaftsarbeit finden sich bei Waldmeier (1941, S. 78–109); Lorez widmet dem Heuziehen ein besonderes Kapitel (1943, S. 144–154). Für die französischen Alpen siehe Arbos (1922, S. 94). Ritschard/Schmocker (1980, S. 104–118) beschreiben ausführlich den Heutransport mittels Drahtseilschleifen, desgleichen Binda (1983, S. 75–113).

4 Nach Artikel 699 des Schweizerischen Zivilgesetzbuches vom 10. Dezember 1907 ist «das Betreten von Wald und Weide und die Aneignung wildwachsender Beeren, Pilze und dergleichen in ortsüblichem Umfang gestattet, soweit nicht im Interesse der Kulturen seitens der zuständigen Behörde einzelne bestimmt umgrenzte Verbote erlassen werden».

5 Hösli (1948, S. 299) erwähnt, dass auf zwei Heubergen des Kantons Glarus, wo um 1890 noch 65 Mähder tätig waren, im Jahre 1920 nur noch ein halbes Dutzend Männer dieser Arbeit nachgingen. Inzwischen wurde ganz darauf verzichtet. In Vrin (Kanton Graubünden) wurden im Jahre 1965 von den 203 Hektaren, die als Wildheumatten registriert waren, nur noch 18 Hektaren genutzt (Kruker 1979, S. 114; vgl. auch Waldmeier 1941, S. 113–116).

6 In der Tyrannenmord-Szene lässt Schiller die Frau Armgard das Handwerk ihres von Gessler gefangen gehaltenen Mannes wie folgt schildern:

> Rudolf: «Wer seid Ihr? Wer ist Euer Mann?»
> Armgard: «Ein armer
> Wildheuer, guter Herr, vom Rigiberge,
> Der überm Abgrund weg das freie Gras
> Abmähet von den schroffen Felsenwänden,
> Wohin das Vieh sich nicht getraut zu steigen» —
> Rudolf (zum Landvogt):
> «Bei Gott, ein elend und erbärmlich Leben!
> Ich bitt Euch, gebt ihn los, den armen Mann!
> Was er auch Schweres mag verschuldet haben,
> Strafe genug ist sein entsetzlich Handwerk».

13.
Das Heimatmuseum als Bewahrer kultureller Werte

Von den 538 Museen, die es laut dem 1980 erschienenen Museumsführer von Lapaire und Schärer in der Schweiz gibt, sind beinahe die Hälfte solche der «kleinen Geschichte» und des vergangenen Alltags der unmittelbaren Umwelt, das heisst Heimatmuseen. In der Regel sind es lokalhistorisch interessierte Liebhaber, die sich um die Zeugnisse des vergangenen Alltags und Festtags kümmern. Die Konservatoren der grossen Museen befassen sich erst neuerdings und nur zögernd mit den Sachgütern der traditionellen Kultur und Lebensweise. – Worauf aber ist beim Aufbau von Heimatmuseen besonders zu achten? Im folgenden wird darauf eingegangen.

Der Anfang vieler Heimatmuseen besteht darin, dass man alles sammelt, was irgendwie an vergangene *Arbeits- und Lebensformen* erinnert: früher gebrauchte landwirtschaftliche Arbeitsgeräte, Altväterhausrat, manchmal auch alte Schriftstücke, Bücher und Fotografien. Die so entstehenden Sammlungen sind zunächst nicht viel mehr als Anhäufungen von ausser Gebrauch gekommenen *Gegenständen*, aber sie sind nichtsdestoweniger die notwendige Vorstufe späterer Museen. Der fremde Betrachter solcher Sammlungen steht meistens ratlos vor einer Fülle von verrosteten und verstaubten Gerätschaften, und erst im Gespräch mit der Person des Sammlers bekommen die alten Dinge Sinn und Leben, denn ihm – dem Sammler – sind Funktion und Bedeutung vieler Gegenstände vertraut, weil er sie meist noch im Gebrauch gesehen oder sogar selbst gebraucht hat.

Stärke der «Kleinen»

Der Sammeleifer mancher Amateure erhielt Auftrieb, als sich die *Raritätenhändler* nicht mehr nur für Kunstgüter – oder was sie dafür hielten – interessierten, sondern zunehmend auch für die alltäglichen Gerätschaften der Vergangenheit, wie alte Pflüge, Dreschflegel, Spinnräder, Kupferkessel, Zinngeschirr, Kaffeemühlen, Bügeleisen usw. Manche Zeugen althergebrachter

Lebens- und Arbeitsgewohnheiten wurden von den Einheimischen anfänglich für einen Pappenstiel hergegeben und landeten irgendwo in *privaten Sammlungen* oder zieren jetzt rustikale Gaststätten und Ferienhäuser. Besonders bedauerlich ist allenthalben der Verlust ortstypischer, von einheimischen Handwerkern angefertigter Möbelstücke.

Ein Ortsmuseum kann die Zeugen der untergehenden Volkskultur vor der allfälligen Zerstörung und der geschäftlichen Spekulation besser bewahren als die zentralen Museen, weil es den Gegenständen näher ist, die ja letztlich dorthin gehören, wo sie herstammen und wo sie gebraucht wurden.

Inventarisieren

Nun weiss man freilich, dass ein Haufen alter Gegenstände – selbst wenn einige Ordnung hineingebracht wird – nicht das dauernde Interesse der Einheimischen findet, und für einen fremden Besucher ist ein solches Sammelsurium schlechthin ein Buch mit sieben Siegeln. Sammeleifer selbstloser Ortskundiger in allen Ehren – aber es braucht noch etwas mehr. Die Dinge sollten zuerst einmal sachkundig *inventarisiert* werden: Jeder Gegenstand bekommt eine Karteikarte, auf der das Objekt benannt wird (auch mit der jeweiligen mundartlichen Bezeichnung); es werden auch die genauen Masse vermerkt, ferner die Herkunft und die Angabe, aus welchem Material der Gegenstand ist und wozu er gebraucht wurde, sowie allenfalls der Versicherungswert. Ein aufgeklebtes Foto soll dem Benützer der Kartei helfen, sich sofort ins Bild zu setzen, und ist unter anderem nützlich bei der Suche nach gestohlenen Objekten.

Das blosse Bewahren und Inventarisieren, so wichtig es ist, gibt aber noch kein Museum. Das Museum ist nicht nur eine Bewahrungsanstalt, sondern auch ein *Dienstleistungsbetrieb*, besonders wenn es Anspruch auf öffentliche Unterstützung erhebt. Das heisst: es muss sein Sammelgut zur Geltung bringen, also zur Belehrung, zur Freude und zur Erbauung der Allgemeinheit ausstellen.

Wie ausstellen?

Die Kunst der *Museumsgestaltung* besteht vor allem darin, die ausgestellten Dinge in ihrer einstigen Funktion und Bedeutung zu zeigen. Dabei empfiehlt es sich, den Ratschlag zünftiger, wissenschaftlich ausgebildeter Volkskundler und Museumsfachleute einzuholen, was leider allzu oft unterlassen wird. So kommt es vor, dass Gemeinden alte Gebäude im Hinblick auf ein zu schaffendes Heimatmuseum mit hohen Kosten umbauen oder restaurieren lassen und dann die Hauptsache, die Ausstellung, Beschriftung und Erklärung des Sammelgutes, unerfahrenen Dilettanten überlassen.

Selbstverständlich sollten alle Gegenstände sauber und klar beschriftet sein; die *Beschriftung* ist gewissermassen die Visitenkarte jedes Museums. Nun genügt es beispielsweise nicht, einen Gegenstand einfach als Getreideputzmühle («Röndle») oder als «Spaltsäge» (Gattersäge mit Vertikalzug) zu bezeichnen; auf einer Texttafel muss kurz die Handhabung, Funktion und Bedeutung erklärt werden. Noch besser ist es, wenn man der Beschreibung ausserdem erläuterndes *Bildmaterial* (zum Beispiel eine Grossfotografie vom Arbeitsvorgang) beigeben kann. Moderne Museen verlebendigen sich dauernd durch sogenannte *Wechsel- und Sonderausstellungen*. Diese bringen dem Museum mehr Besucher als die permanenten Schausammlungen, die man meistens ein für allemal gesehen hat.

Die Heimatmuseen haben zunächst ihre ganz besondere und eigene Aufgabe innerhalb der Gemeinde, und zwar mit Bezug auf die *Schule*. Durch wiederholte und geplante Museumsbesuche unter der Führung von darauf vorbereiteten Lehrern kann das Wissen der Schüler um das eigene Herkommen und um die Leistungen der Vorfahren, kann also die kulturgeschichtliche Vergangenheit des Ortes anschaulich vermittel werden. Für die Schule ist das Museum in erster Linie ein *Lehr- und Lernort*, der für diesen Zweck überall mit relativ bescheidenen Mitteln eingerichtet werden kann.

Schwerpunkte setzen

Je nach dem *Standort* eines Lokal- oder Regionalmuseums werden die Schwerpunkte verschieden sein. Man kann sich eine «Museumslandschaft» denken, wo die einzelnen Heimatmuseen die jeweils *besondere Eigenart* ihrer Gemeinden betonen würden: So gäbe es innerhalb einer Grossregion ein Museum mit besonderer Betonung des traditionellen Ackerbaus, ein anderes würde den Rebbau veranschaulichen, ein anderes wieder die früheren Formen des Transports oder die früher am Ort übliche Heimarbeit usw.

Auch ein in erster Linie für die ansässige Bevölkerung und für die Gemeindeschulen bestimmtes Museum sollte auf gute und ansprechende Darstellung achten und sich gelegentlich durch eine Sonderausstellung (die auch einmal von aussen kommen kann) bemerkbar machen, vielleicht auch durch Vorträge, Wettbewerbe unter Schülern usw. Besonders geschätzt wird von den Einheimischen die Darstellung von *Stammbäumen* der Burgergeschlechter mit ihren Wappen, ferner historische Fotografien, auf denen sie ihre Vorfahren erkennen können.

An Touristen denken

Eine besondere Bedeutung kommt den Museen in grösseren *Fremdenkurorten* zu. Während die vorwiegend für die einheimische Bevölkerung bestimmten Museen oft nur ein- bis zweimal im Monat geöffnet sind, sind die Museen an Fremdenkurorten während der Saison täglich während mehreren Stunden geöffnet. Sie werden, wenn sie gut zugänglich sind, rege besucht; das kommt daher, dass sich Feriengäste mit Vorliebe solchen Tätigkeiten zuwenden, für die sie im Alltag keine Musse finden; so besuchen sie gerne Heimatmuseen, auch wenn sie in der Stadt kaum je ein Museum betreten. Ein von fremden Gästen und allenfalls auch von Kennern gerühmtes Museum ist für den betreffenden Ort Grund zu einem gewissen «Dienstleistungsstolz», und in diesem Sinne kann es für die Einwohnerschaft durchaus *identitätsfördernd* sein. Ein solches Museum muss freilich bestimmten Anforderungen entsprechen. Es muss manches erklären, was für den Einheimischen selbstverständlich ist. Wichtig ist deshalb allenthalben die *Beschriftung*, insbesondere diejenige der Texttafeln. Sie soll prägnant zusammenfassend und womöglich mehrsprachig sein.

Auf Details achten

Die Besucher, die meist aus städtischen Verhältnissen stammen, sind in der Regel anspruchsvoll mit Bezug auf die museale *Präsentation*. Diese sollte in jeder Beziehung gefällig und eher aufgelockert sein. Zu verwerfen sind altertümelnde, schwer lesbare, verschnörkelte Anschriften; anderseits wirkt eine übertriebene Nüchternheit auf die Besucher eher entmutigend. Heimatmuseen sollen zu heiterer Wahrnehmung von Vergangenheit und Wandel anregen. Mit Bezug auf die Darstellung und Beleuchtung können die Museumsgestalter viel von den Dekorateuren städtischer Spezialgeschäfte und Warenhäuser lernen.

Die Einrichtung von Museen und Ausstellungen ist sehr arbeitsintensiv; sie erfordert viel Phantasie, Liebe zum Detail und auch künstlerisches Geschick. Eine kleine Gemeinde allein wird kaum in der Lage sein, jedes Jahr eine neue Ausstellung zu präsentieren, und schon die Wartung des Museums während der Saison stösst oft auf personelle Schwierigkeiten. Es ist deshalb meines Erachtens zweckmässig, *Regionalmuseen* zu schaffen, wodurch eine breitere personelle und auch finanzielle Basis entsteht.

Altes mit Neuem verbinden

Manche meinen, für Heimatmuseen kämen nur *alte ortstypische Gebäude* in Frage, die selbst Museumsstücke sind. Es ist jedoch zu bedenken, dass die wirksame Darstellung des Sammelgutes in den meist engen Räumen eines alten Wohnhauses schwierig ist. Durch die Verwendung von Stellwänden und Spots geht ohnehin der ursprüngliche Charakter solcher Interieurs weitgehend verloren, abgesehen davon, dass die an manchen Tagen zahlreichen Besucher kaum die nötige Distanz zu den ausgestellten Objekten haben und deshalb die Enge des Museums bald wieder verlassen. Es fehlt jedoch nicht an Beispielen von Orts- und Regionalmuseen, die in ansprechenden *Neubauten* untergebracht sind (vgl. Bulle, Triesenberg FL, Lötschental). Zeitgemässe Heimatmuseen leben nicht zuletzt aus der Spannung zwischen dem ausgestellten Altgut und der modernen Präsentation.

14.
Sitten, Bräuche und Traditionen auf dem Hintergrund des Umbruchs im Berggebiet

Die Begriffe «Sitte und Brauch» werden heute meist als Einheit verstanden. Sie bezeichnen Verhaltensweisen, welche die menschlichen Gesellschaftsgruppen formen und darstellen. Zur Hervorhebung des dabei Wesentlichen scheint es uns nützlich, zwischen Sitte und Brauch zu unterscheiden und die beiden Begriffe je eigens kurz zu definieren und nachher in ihrem Verhältnis zur lokalen und regionalen Identitätsbildung getrennt zu betrachten.

«Sitte» und «Brauch» unterscheiden sich mit Bezug auf Breite und Kraft ihrer Geltung und Auswirkung sowie mit Bezug auf die Sanktionen bei ihrer Ausserachtlassung (König 1967, S. 258f.).

Die *Sitte*, der besonders in überschaubaren dörflichen Verhältnissen der Charakter der Unverletzlichkeit anhaftet, regelt alles, was mit der menschlichen Generationsordnung und der Beziehung zwischen den Geschlechtern zusammenhängt – von der Geburt über Heranwachsen, Brautwerbung, Heirat und Eheleben bis zu Kinderaufzucht, Sorgepflicht gegenüber den Alten und Pietät gegenüber Verstorbenen. Vom familiären Lebenskreis aus laufen verschiedene Linien zum öffentlichen Moralbewusstsein mit Bezug auf das Schamgefühl und die Kleidungsformen, auf die Pflicht zur Gegenseitigkeit, auf die Respektierung fremden Eigentums und auf die Hilfepflicht in Notfällen auch gegenüber Unbekannten. Während diese Bereiche allgemein – wenn auch nicht überall auf gleiche Weise – durch die Sitte geregelt werden, gilt dies selbst innerhalb von Europa nicht in demselben Masse für die Pflicht zur Arbeit, die Gastfreundschaft und den Umgang mit Tieren.

Im Verhältnis zwischen Sitte und Religionsübung lassen sich je nach der Konfession und je nachdem man den städtischen oder den ländlichen Lebensbereich betrachtet, erhebliche Unterschiede feststellen. Die Zeit liegt noch nicht allzu weit zurück, da man es auch in reformierten Gemeinden mit der Beteiligung am kirchlichen Leben sehr genau nahm, während es heute, da sich die Sitte aus dem Bereich des religiösen Verhaltens teilweise zurückgezogen hat, nicht mehr überall als unsittlich gilt, «an nichts zu glauben».

Entsprechend der gegenüber Brauch, Gewohnheit, Konvention und Mode stärkeren affektivischen Verankerung der Sitte sind auch die Sanktionen bei Ausserachtlassung und Verstoss weit stärker. Sie reichen von Äusserungen der Missbilligung und Ermahnung zur gesellschaftlichen Meidung, zu Boykott und Verlust von Rang und Stand. Dies gilt auch bei Verstössen, die von den Organen der Rechtspflege nicht erfasst werden; die Sanktionen der Sitte können gleichsam von jedermann verhängt werden.

Der *Brauch* umfasst einerseits die mehr äusserlichen Umgangsformen wie Gruss und Anrede, Formen der Vorstellung, Benehmen bei Tisch usw., anderseits die Festbräuche als Handlungsform bei immer wiederkehrenden Anlässen im Ablauf des Jahres und im Menschenleben von der Geburt bis zum Tod. Sie sind in Unterscheidung zur Sitte, die dem Leben und der Fortdauer der menschlichen Gemeinschaft dient, Auszeichnung und Erhöhung der Familien- oder der Lokalgemeinschaft in Verbindung mit bestimmten Anlässen. Mit Bezug auf die kollektive Identitätsbildung und Identitätswahrung interessieren hier vor allem die festlichen Bräuche der kirchlichen und der vereinsmässig organisierten Gruppen, die kein Einzeldasein führen, sondern – besonders auf dem Lande – in mancherlei Beziehung mit dem Rest der Ortsgesellschaft verbunden sind und diese, wie dies zum Beispiel für Blasmusiken oft der Fall ist, regelrecht repräsentieren. Die festliche Erscheinungswelt dieser Gruppen mit ihren Prozessionen, Umzügen, Trachtentänzen, Volksspielen usw. ist in ihrer Vielfalt unübersehbar, aber insofern harmlos, als es jedermann freigestellt ist, an solchen Anlässen teilzunehmen oder nicht.

Sitte und kollektives Identitätsbewusstsein

Gegenüber vorwiegend traditionell orientierten Gesellschaften, wie sie in vielen Teilen der Alpen noch vorkommen, haben in den modernen Industriegesellschaften und besonders in den Städten die Bedeutung der Sitte sowie ihre eindeutigen Inhalte und ihre Verbindlichkeit abgenommen. An ihre Stelle sind zum Teil ganz neue Formen der Verhaltensregelung und -beeinflussung durch Phänomene wie die Mode und die Werbung getreten. Die Begegnung zwischen der traditionellen, rigiden Sitte alpin-ländlicher Bevölkerungen und der freieren der Touristen und Feriengäste ist nicht problemlos. Einerseits lockert sich bei der Jugend in den Berggebieten die Bindung an die herkömmliche Sitte, was sich besonders augenfällig im Wandel der Kleidung zeigt, und es gewinnt der verlockende, mondäne Lebensstil an Zugkraft; anderseits versucht sich die mittlere und ältere Generation der Einheimischen ihrer angestammten Identität durch die Betonung der eigenen traditionellen Werte zu versichern, als da sind Arbeitsamkeit, Genügsamkeit, intakte Sexualmoral, Gemeinschaftsgeist, Hilfsbereitschaft und Kirchentreue. Die Einheimischen werden in dieser Selbstverklärung bestärkt sowohl durch ihre Geistlichen als auch durch die Erwartenshaltung mancher Bewohner des Unterlandes, die eine starke seelische Bindung an die alpine Welt und eine Hochschätzung von deren Bewohnern bewahrt haben. Ebenso werden sie bestärkt durch die Flut der medialen Botschaften, die bei ihnen den Eindruck erwecken müssen, dass in den Städten vorwiegend gottlose und böse Menschen am Werke sind. Dieses Ethos der Genügsamkeit, der Sittenstrenge und des Gemeinschaftsgeistes besteht jedoch in unseren Alpentälern nicht ungebrochen weiter, seit durch die Kontakte nach aussen die Möglichkeiten gewachsen sind, Vergleiche zwischen dem eigenen Lebensstandard und demjenigen in den Städten anzustellen.

Konflikte, die auf der Unterschiedlichkeit zwischen der Sitte der Stadtbewohner und derjenigen der Bergler beruhen, ergeben sich heute noch, wenn Touristen und Feriengäste leichtfertig ungemähte Wiesen betreten oder «halbnackt» durch die Dörfer wandern. Mit Bezug auf die Kleidung besteht heute freilich mehr Toleranz denn noch vor vier Jahrzehnten, als kirchliche Organisationen in Ferienorten Plakate anbrachten mit der Aufschrift: «Wanderer, kleide dich anständig!», und harmlose Touristinnen in Shorts von der einheimischen Bevölkerung auf unsanfte Weise zurechtgewiesen wurden.

Brauch und Identitätsbewusstsein

Während die Ordnungen der Sitte – freilich mit unterschiedlicher Intensität – jedermann angehen und gewissermassen selbstverständlich sind, weisen die Bräuche des Jahreslaufes eine grosse Vielfalt auf. Sie sind ausserdem einem viel rascheren Wandel unterworfen als die Sitten. Da sie recht eigentlich von lokal oder regional begrenzten Gruppen getragen werden, sind sie nicht nur Ausdruck von deren Identität, sondern durch ihre alljährliche Wiederkehr auch Verstärker dieser Identität. Als Prototyp kann hier das Fest der Kirchweih genannt werden, das in katholischen Gegenden mit feierlichem Gottesdienst beginnt, zu dem die festlichste Kleidung getragen wird. Zur Kirchweih gehört der Schmuck der Strassen und der Häuser sowieso die Beflaggung des Kirchturms. Die Kirchweih ist auch ein Tag für Familienbesuche von auswärts, mit festlichem Mahl, oft auch mit Jahrmarkt und Volksbelustigung wie Preiskegeln und Wettschiessen.

Das Alpengebiet hat seine eigenen, zum grossen Teil mit der Alpwirtschaft verbundenen Bräuche, die Ausdruck des Selbstbewusstseins der dortigen Viehzüchter sind. Der festliche Alpaufzug im Appenzellerland hat seine ganz bestimmten Formen. Ihm geht ein kleiner Geisshirte im Sennenkleid mit einer munteren Schar weisser Ziegen voraus. Dahinter schreitet der Senne in voller Tracht (gelbe, eng anliegende Kniehose aus Hirschleder, rote Weste, weisse Kniestrümpfe usw.), den reich verzierten Melkeimer an die linke Schulter gehängt. Ihm folgen drei Kühe mit grossen Schellen. Das übrige Alppersonal folgt in bestimmter traditioneller Ordnung. Am Ende der Herde marschiert der Besitzer der Tiere, von seinem Hund begleitet. Der «klassische» Alpaufzug endet mit einem Pferdefuhrwerk, das mit den verschiedenen kunstvoll verzierten Sennereigeräten beladen ist. Im Zusammenhang mit dem Alpaufzug haben sich eine Anzahl bemerkenswerter volkstümlicher Elemente erhalten: messingbeschlagene Hosenträger und silberne Schuhspangen, feinziselierte Tabakpfeifen, naive Malereien auf den Aussenseiten der Melkeimer-Böden, messingbeschlagene Glockenriemen usw. (Fuchs/Schlaepfer 1980, S. 36–41).

Unmittelbar nach dem Alpauftrieb liefern sich Kühe in einigen Gebieten des Wallis, wo besonders kampflustige Kuhrassen zu Hause sind, ohne wesentliches Zutun der Hirten Hörnerkämpfe, aus denen eine Siegerin – die «Heerkuh» oder «Königin» – hervorgeht, die dank ihrer Stärke gewisse Vorteile beim Weidgang geniesst. Die Hirten bilden während des Kampfes einen Ring um den Kampfplatz und verfolgen das Geschehen mit Spannung, denn der Besitz der «Königin» ist für den betreffenden Bauern Gegenstand des Prestiges. Das Verfolgen der sich ganz natürlich entspinnenden Kämpfe war ursprünglich eine Angelegenheit der betreffenden Hirten und Viehbesitzer, und nur wenige fremde Zuschauer wohnten dem Schauspiel bei (Gyr 1946).

Während des Alpsommers finden an bestimmten traditionell festgelegten Tagen Alpfeste statt, bei denen die Bevölkerung aus dem Tal zu den Hirten und Sennen auf die Alp hinaufsteigt. In den nordalpinen Hirtengebieten der Schweiz fehlen bei den Älplerfesten nicht die Wettkampfspiele wie Schwingen und Steinstossen, die dort, wo sich die ganze Wirtschaft um das Vieh dreht, eine alte Tradition haben. Seit altersher treffen sich an bestimmten Tagen die Hirten und Sennen verschiedener Alpen zu Wettkämpfen; im Anschluss daran kommen nebst dem Tanzen auch Alphornblasen, Jodeln und Fahnenschwingen zum Zuge.

Wo die Alpwirtschaft auf genossenschaftlicher Basis betrieben wird, müssen die während des Sommers erzeugten Milchprodukte verteilt werden, die für die Bergbauern eine ähnliche Bedeutung haben wie die Getreideernte für den Ackerbauern. Die Verteilung der jedem Viehbesitzer zukommenden Menge an Käse hat auf einigen Alpen zeremoniellen Charakter. Im Justistal bei Sigriswil über dem Thunersee findet der sogenannte «Chästeilet» an einem festgesetzten Tage statt. Die Käse des Sommers sind dort zu Losteilen von je fünf Käselaiben von 20 bis 30 Pfund aufgeschichtet, was ungefähr dem Ertrag einer Kuh in einem Alpsommer entspricht. Nach einer Ansprache des Bergvogts wird jedem Viehbesitzer die Anzahl der «Lose» zugesprochen, die er aufgrund der Zahl der von ihm aufgetriebenen Kühe zugut hat. Um Ungerechtigkeit wegen der unterschiedlichen Qualität der Käse zu vermeiden, geschieht die Verteilung durch das Los (Cesco/Kitamura 1977, S. 199–201).

In manchen Gebieten Graubündens werden die Zugtiere des Wagens, auf dem der Käse transportiert wird, für den Einzug ins Dorf – der in guten Jahren ein regelrechter Triumphzug sein kann – mit Blumen geschmückt. Dem Wagen kommen die Kinder des Dorfes entgegen, die mit Bändern und Blumen geschmückte Fahnen schwingen.

Im Religiösen verhaftet ist der Betruf, wie er noch in einigen Teilen des schweizerischen Alpengebietes jeden Abend litaneiartig vom Sennen durch den Trichter gerufen wird, mit dem man die Milch seiht. Der Betruf bittet um Obhut durch die Jungfrau Maria und die besonderen Viehheiligen; soweit der Schall reicht, soll alles Unheil von der Alp gebannt bleiben. (Staehelin 1982).

Ebenfalls vom Religiösen her zu erklären sind die Alpspenden zugunsten der Kirche oder der Armen. Sie beruhen auf Gelübden, welche von den Sennen, Hirten und Viehbesitzern gemacht wurden, um damit Viehseuchen, Schlangenplage und anderes Unheil zu bannen. Am bekanntesten ist heute wohl die Ostermontagsspende von Ferden im Lötschental, bei der Ziger, Brot und Wein an die Bewohner der Pfarrei sowie der Nachbarpfarreien verteilt werden, wofür die Empfänger mit einem traditionellen frommen Spruch danken (Bloetzer 1964).

Spenden werden von Alpgenossenschaften auch an die Kirche ausgerichtet als Gegengabe für die Segnung der Weiden, Ställe und Tiere durch den Pfarrer; so überreichen zum Beispiel die Sennen des Val d'Anniviers am Sonntag nach dem Bartholomäustag (24. August) dem Pfarrer in der Kirche des Hauptortes Vissoie reich verzierte Alpkäse (Hoffmann-Krayer 1940, S. 56–57).

Im Winter und zur Fastnachtszeit spielen Maskengestalten und die damit verbundenen Lärmumzüge in manchen Gebieten der Alpen eine wichtige Rolle. Es sind dies zwar Erscheinungen, die überall vorkommen, jedoch in den Gebirgstälern im Unterschied zu dem verbürgerlichten Maskenbetrieb der Städte einen altartigen Charakter aufweisen.

Am 13. Januar feiern die Bewohner des Appenzeller Hinterlandes den Alten Silvester (den Silvester nach dem Julianischen Kalender, der sich in Appenzell-Ausserrhoden bis zur Französischen Revolution gehalten hat). Da ziehen maskierte Burschen, ihr Schellengeläut erklingen lassend, von Hof zu Hof, wo sie einen Jodel zum besten geben und daraufhin bewirtet und mit einer Geldgabe belohnt werden. Man unterscheidet dabei zwischen «wüsten» und «schönen» Kläusen. Die «wüsten» tragen Kostüme und Kopfbedeckungen aus Tannenreisig, Laub und Moos sowie furchterregende Masken; die «schönen» Kläuse wirken freundlich und tragen auf dem Kopf eine Radhaube, auf welcher geschnitzte Figürchen stehen, die Szenen aus dem Leben und der Arbeit der Bauern oder Alpsennen darstellen (Fuchs/Schlaepfer 1980).

In selbstverfertigten riesenhaften Masken aus Arvenholz, mit Schaf- und Ziegenfellen sowie mit Schellen angetan, ziehen in der letzten Fastnachtswoche im Lötschental die furchterregenden «Roitschäggättä» (die Rauchgescheckten) lärmend durch die Dörfer und erschrecken die Kinder (Seeberger 1981, S. 112f.).

An einigen Orten der Alpen hat sich der Brauch des fastnächtlichen Scheibenschlagens erhalten. Auf einer Höhe in Dorfnähe machen die Buben ein Feuer an, in welchem kleine Holzscheiben, die sie an Ruten gesteckt haben, angeglüht werden. Nachher schlagen die Buben die Scheiben – eine nach der andern – von einem Brett ab, so dass sie weit in die Nacht hinausfliegen. An einigen Orten ist das Abschlagen der Scheiben mit einem überlieferten Spruch verbunden und mit der Nennung einer Person, der die betreffende Scheibe gewidmet ist (Brühlmann 1981, S. 119–120).

Die hier erwähnten Bräuche sind vorwiegend auf die einheimische Bevölkerung beschränkt, wenn auch etwa mit Bezug auf die Urnäscher Silvesterkläuse der zunehmende «Touristen- und Vergnügungsrummel» und die Kommerzialisierung beklagt werden. Die früher auf der Alp spontan sich bildenden Kuhkämpfe gaben Anlass zu organisierten «matches de reines» im Rhonetal. Sie werden jeweils im Frühjahr von Vereinen und Viehzüchter-Syndikaten in lukrativer Absicht veranstaltet und ziehen grosse Besuchermassen an (Gyr 1981, S. 210).

Vom Wandel der Bräuche

Die Deutung der volkstümlichen Jahresbräuche als magische Abwehr böser Mächte, als Fruchtbarkeitszauber oder als Ahnenkult hat lange den Blick auf die gegenwärtige Bedeutung von Fest und Brauch verstellt (Kapfhammer 1977, S. 8). Die Methode, die darin besteht, das Volksbrauchtum durch seine Projizierung auf das magische Denken früherer Generationen zu deuten, klammert all jene Veränderungen aus, die im wirtschaftlichen, gesellschaftlichen und geistigen Leben im Laufe der Jahrhunderte auf den Brauch eingewirkt haben, und hält den Sinn, den die Ausübenden dem Brauch heute geben, für unwichtig oder falsch. Bei einem solchen Vorgehen kann man in einer «Baccharia» (Engadiner Bauernmetzgete) die Elemente eines steinzeitlichen Jägeropfers sehen und in einem «Silvesterklaus» die Verkörperung eines Ahnengeistes.

Der Umgang mit den tatsächlichen Brauchträgern der Älpler- und der Maskenbräuche zeigt jedoch, dass der heutige öffentliche Brauch in ganz anderen, meistens heiteren Zusammenhängen steht und mit dem magischen Ernst nichts zu tun hat. In den letzten Jahrzehnten hat eine Exaktivierung der Brauchforschung stattgefunden, welche die Erkenntnisse einwandfrei verfolgbarer historischer Entwicklungen vom Mittelalter bis in die Gegenwart in den Mittelpunkt ihrer Bemühungen stellt, wobei die Bräuche auch stets in ihrem sozialen und kulturellen Bezugsfeld gesehen werden. Diese neue Richtung hat die früheren mythologischen Schulen ersetzt. Daneben hat freilich die populäre heimatkundliche Literatur noch Mühe, sich von den ihr liebgewordenen Erklärungen aufgrund von Fruchtbarkeitskulten, Dämonenabwehr usw. zu trennen. Dasselbe kann von manchen Organisatoren von Brauchanlässen gesagt werden, die es nicht wahrhaben wollen, dass «ihr» Brauch nicht lebender Zeuge einer weit zurückliegenden «heidnischen» Frühzeit ist.

Eine andere weit verbreitete Meinung geht dahin, dass es in früheren Zeiten nur würdige, sinnige und «reine» Bräuche gegeben habe. Die archivalischen Quellen liefern jedoch eine Unmenge von örtlich und zeitlich genau fixierten Belegen für die Mischung von Feierlichkeit, Ernst, Gaudi und Geschäft, und ohne Zweifel hat das Nahrungs- und Gastgewerbe stets vom Hunger und vom Durst der Teilnehmer an Brauch und Fest profitiert. An Ungebärdigkeiten, Schlägereien unter Teilnehmern und anderen Derbheiten hat es auch zu keinen Zeiten gefehlt.

Schon früh lässt sich auch Rücksicht auf den Fremdenbesuch nachweisen, der vor allem bei grösseren Stadtfesten und an Wallfahrtsstätten wirtschaftlich von Bedeutung war.

Wenn wir die Geschichte der Volksbräuche verfolgen, soweit sie durch Archivalien und andere Dokumente (zum Beispiel durch Bildquellen und Zeitungsberichte) belegt sind, so werden herkömmliche Vorstellungen über die «Echtheit» mancher Bräuche fragwürdig. Man darf die «Echtheit» der Formen nicht mit ihrem Alter gleichsetzen. Wie weit soll man denn nun den Brauch, die Tracht, die volkstümliche Musik oder Volkssprache zurückbuchstabieren, um zu einem einwandfreien Muster zu kommen? Ist das Brauchtum lebendig, so muss es mit der Zeit gehen und sich entwickeln, indem es zum Beispiel moderne Organisations-, Kommunikations- und Kostendekkungsformen benützt. Wenn in früherer Zeit Altersklassen (insbesondere Jungmannschaften), Nachbarschaften und ähnliche organische Gefüge Träger des Brauch- und Festlebens waren, so sind nach Auflösung dieser Gruppen im Zuge der Bevölkerungsumschichtung vielfach die örtlichen Vereine wie Turnverein, freiwillige Feuerwehren oder auch die Schuljugend an ihre Stelle getreten. Viele volkstümliche Bräuche wären ohne ihre Übernahme durch diese neuen Träger einfach nicht mehr lebensfähig. Mit der neuen

Trägerschaft veränderten sich auch die Brauchformen insofern, als die Bräuche nun auch von solchen Vereinsmitgliedern aufgeführt wurden, die – zum Beispiel als Zuzüger – nie unmittelbar im örtlichen Lebenszusammenhang gestanden hatten.

Eine spätere Stufe der Entwicklung ist gekennzeichnet durch die Entstehung von speziellen Brauchtums- und Trachtenvereinen sowie Volksmusikensembles, die gewissermassen stellvertretend für die Dorfgemeinschaft auftreten und unter deren Wirken die Bräuche zum Repräsentationsgut werden – besonders dann, wenn solche Gruppen auch auswärts auftreten und zum Beispiel an Folklorefestivals im Ausland teilnehmen. Von dieser Entwicklung unberührt bleiben meist die an den kirchlichen Kultus gebundenen Prozessionen (Appenzell, Visperterminen, Lötschental), welche neben religiösen Zwecken auch der lokalen Selbstdarstellung dienen. Dasselbe gilt für die schauwirksamen Prozessionen der Karwoche (zum Beispiel in Mendrisio und in Romont).

Dass man Bräuche, die noch mit der örtlichen Brauch-Tradition verbunden sind, von Ort und Termin losgelöst in Festzügen, an Festivals und anderen Grossveranstaltungen vorführt, wurde oft kritisiert, doch ist der Vorgang schon alt und durch die historischen Schwingfeste des 18. Jahrhunderts gewissermassen vorgebildet. So war auch das bekannte Alphirtenfest zu Unspunnen von 1805 (und seine späteren Wiederholungen) ein solches Auftreten von durchaus traditionsverwurzelten lokalen Gruppen und Idividuen am «Unort» und zur «Unzeit» (Trümpy 1969). Wenn auch das ganze Fest von dem Berner Schultheiss von Mülinen als Schaustück für ein internationales Publikum arrangiert war, um die Alpenbewohner von ihrer glänzendsten Seite zu zeigen, so lassen doch die zeitgenössischen Berichte keinen Zweifel darüber, dass die beteiligten Älpler aus vielen Teilen der Schweiz freudig mitgemacht haben. Es ist nicht einzusehen, warum die traditionellen lokalen Brauchübungen zur Inzucht verurteilt sein sollen.

Ein Vorgang, der Beachtung verdient, ist die Entstehung überregionalen Brauchtums durch Selektion aus verschiedenen lokalen Brauchtümern. Wenn Brauchgestalten, Trachtenträgerinnen oder Volksmusikensembles zu nationalen und internationalen Schaustellungen abgeordnet werden, so sehen sich die solche Veranstaltungen beschickenden Organe vor der Notwendigkeit, diejenigen Bräuche, Trachten und Musiken auszuwählen, die aufgrund ihrer bisherigen Beliebtheit bei den betreffenden Veranstaltungen voraussichtlich am besten abschneiden werden. So können ursprünglich lokale volkstümliche Brauchelemente zu überregionalen Emblemen werden. Auf diese Weise ist zum Beispiel die Appenzeller Streichmusik mit ihren Musikanten im Sennenkostüm und entsprechendem sennischen Gehabe zum quasi offiziellen Emblem des ganzen Kantons geworden. Puristen verurteilen das Auftreten solcher Gruppen gerne als unecht und nachgemacht und kritisieren die sich unter der Assistenz von Radio, Fernsehen und Schallplattenindustrie unvermeidlich einstellenden Manipulationen sowie die mit solchen Aufführungen verbundenen kommerziellen Interessen. Die Integration von Volksbrauch und Volksmusik in die moderne Massenkultur stört jedoch den Normalverbraucher keineswegs und schon gar nicht die Bewohner unserer Alpengebiete, denen die Technik ja tatsächlich ein besseres Leben verschafft hat. Die Suche nach einem imaginären Reich der Ursprünglichkeit wird allenfalls von Philosophen betrieben, die jedoch selber in ihrem täglichen Leben meistens nicht bereit sind, auf moderne Bequemlichkeit zu verzichten.

Unter dem Leitbegriff «Eigenständige Entwicklung» wird heute für die Randgebiete der Schweiz nicht nur vermehrte wirtschaftliche und politische, sondern auch kulturelle Autonomie verlangt. Wie stellt sich hier das Problem mit Bezug auf das volkstümliche Brauchtum?

Der bei den Bewohnern des schweizerischen Mittellandes und seiner Städte verbreiteten starken Bindung an die alpine Welt und deren Kultur wohnt die Tendenz inne, die Bergbewohner auf ein museales Dasein zu verpflichten, dem allein Echtheit attestiert wird. Das läuft darauf hinaus, dass sich Leute zu Schulmeistern der Alpenbewohner machen, die keine Ahnung von der Realität des Bergbauernlebens haben.

Manchmal wird in Fremdenkurorten den an die Bergbevölkerung gerichteten Rollenerwartungen dadurch entsprochen, dass man im Blick auf Feriengäste und Touristen vor allem in Umzügen bei Dorffesten längst überwundene Arbeitsmethoden von Wildheuern, Schäfern, Sennen und Spinnerinnen zeigt, wobei im Bedarfsfall auch ortsfremde Gruppen herbeigezogen werden. Eine der Literatur entnommene Schilderung aus der Zeit des Zweiten Weltkrieges sei hier gestattet: «Die Vereine vom Unterland brachten auch ‹Älplersennen› und ‹Wildheusammler› mit, die in ihren weissen Hirtenhemden und mit ihren Körben auf dem Rücken den Festzug verschönerten. Natürlich hätte man hier im Dorf auch echte Wildheusammler und Älplersennen gehabt, aber die hiesigen sind zu arm und hätten für den Festzug einen gar zu traurigen Eindruck gemacht; auch hätten sie sich geschämt, in diesem prächtigen Umzug mitzugehen. Aber sie kamen heute doch herunter ins Dorf und stehen jetzt entlang den Häusern und freuen sich über die schöne Gruppe der fremden ‹Wildheusammler›.» (Fischer 1943, S. 303).

Es ist nicht zu übersehen, dass sich die Bergbevölkerung durch solche Manifestationen in eine Statistenrolle zur Darstellung einer der Vergangenheit angehörenden Bauernkultur begibt, deren Beliebtheit auch durch den Publikumserfolg zahlreicher neuerer einschlägiger Schaubücher bestätigt wird.

Nichts von dem, was die Bevölkerung heute vordringlich beschäftigt (Existenzprobleme, Abwanderung der Jugend), erscheint in solcher in der Vergangenheit verankerter Folklore, die ihren Trägern bestenfalls eine historische Identität vermittelt, nicht aber eine solche mit Bezug auf die Gegenwart oder gar die Zukunft. Damit soll nicht gesagt sein, dass den fremden Gästen bei festlichen Anlässen vor allem die Probleme der Bergbevölkerung vor Augen geführt werden sollen; wir haben aber gelungene Dorffeste gesehen, die in witziger und manchmal ironischer Form das aktuelle Leben und Schaffen ihres Dorfes darstellten, nicht ohne humoristische Anspielungen auf die fremden Folklore- und Antiquitätennarren. Solche Feste finden aber meistens ausserhalb der Fremdensaison statt, wenn die Einheimischen unter sich sind (Niederer 1977, Nr. 101).

Die integrative und identitätsbildende Kraft des alpinen Brauchtums – des angestammten wie des rückwärtsgewandten «für die Fremden» – darf nicht überschätzt werden, schon deshalb nicht, weil es ausserhalb des Alltags stattfindet. Unabhängig und unbeeinflusst davon spielen sich andere Entwicklungen ab. Im Vordergrund steht hier der moderne Sport, der in den Jahrzehnten seit dem letzten Weltkrieg die alpine Jugend mehr und mehr in seinen Bann gezogen hat und der seine eigenen Bräuche entwickelt. Die aus dem Gemeindeverband herausgewachsenen Sportgruppen stärken das Selbstvertrauen der jungen Erwachsenen in die eigene Handlungsfähigkeit und – besonders beim Mannschaftssport – in die Zusammengehörigkeit und markieren so einen festen Bezugspunkt innerhalb des lokalen und regionalen Raumes. Der Wintersport, speziell der Skilauf, ist für Mädchen und Burschen von grösster Wichtigkeit; sie beherrschen diesen Sport in der Regel besser als die Touristen, wodurch ihr Prestige bei den fremden Gästen mächtig ansteigt.

Die sportlichen Aktivitäten der Bergjugend sprengen in der Form von Wett- und Freundschaftsspielen mit anderen Mannschaften innerhalb der Region die traditionelle Ortsgebundenheit, den «Dörfligeist», und fördern so die Entwicklung eines *regionalen* Identitätsbewusstseins innerhalb der jungen Generation.

15. Gemeindedualismus – ein schweizerisches Unikum

Am oberen Ende des längsten Seitentals, das im schweizerischen Kanton Wallis in das Rhonetal einmündet, liegt – von mehr als zwanzig Viertausendern umgeben – der rund 3700 Einwohner zählende Sommer- und Winterkurort Zermatt. Dessen Gemeindebann ist mit 243 Quadratkilometern der drittgrösste der Schweiz und umfasst zum überwiegenden Teil solchen Boden, der vom alp- und landwirtschaftlichen Standpunkt aus unproduktiv ist, nämlich Felsen, Geröllhalden, Gletscher und Firne.

Zur Zeit flackert in Zermatt ein Streit zwischen den dortigen alteingesessenen Ortsbürgern und den später zugezogenen Einwohnern wegen der Bodennutzungsrechte für touristische Infrastrukturen oberhalb der sogenannten Grasnarbe; es geht demnach um mehr als um den berühmten Felsobelisken des Matterhorns (4477 m ü.d. M.), nämlich um die Vermarktung eines der grössten touristisch erschlossenen Winter- und Sommerskigebiete der Alpen.

Die Protagonisten in diesem Rechtsstreit, der seit dem Jahre 1965 schwelt und heute noch nicht abgeschlossen ist, sind einerseits die aus den autochthonen Familien bestehende Ortsbürgergemeinde Zermatt (dort «Burgergemeinde» genannt)[1] und andererseits die Einwohnergemeinde Zermatt (dort offiziell «Munizipalgemeinde»), zu der alle in Zermatt wohnenden stimm- und wahlberechtigten Schweizerbürger gehören, beide Gemeinden auf demselben Territorium existierend. Dabei ist festzuhalten, dass jeder dort wohnende stimmberechtigte Ortsbürger (Burger) automatisch zur Munizipalgemeinde gehört, das heisst dort Wahl- und Stimmrecht hat, aber nicht umgekehrt; es sei denn, ein Zugezogener («Fremder») hätte das Zermatter Bürgerrecht durch Einkauf erworben, was aber – wie wir sehen werden – nicht leicht ist.

Die Zermatter Ortsbürgergemeinde (Burgergemeinde) geht zurück auf nachbarschaftliche Wirtschaftsverbände des Mittelalters, die sich und ihr Territorium in den Jahren von 1538 bis 1618 von den alten Feudalherrschaften loskauften und sich 1621 zu einem freien «Meiertum» – gewissermassen zu einer eigenen Republik mit eigener Gerichtsbarkeit – zusammenschlossen.[2] Die Ortsbürgergemeinde ist demnach ein Personalverband der Nachfahren jener Hirten und Lehensbauern, die vor Jahrhunderten den damaligen Adligen das Land um Zermatt bis hinauf zu den höchsten Graten abgekauft hatten. Von den im Zermatter Burgerarchiv erhaltenen Kaufurkunden aus dem 16. und 17. Jahrhundert leiten die Zermatter Bürger das Recht ab, dieses Land zu besitzen, zu verwalten und zu nutzen.

Im Gegensatz zur Ortsbürger- oder Burgergemeinde ist die Einwohnergemeinde (Munizipalgemeinde) verhältnismässig neu. Sie wurde durch Gesetz vom 2. Juni 1851 im ganzen Kanton Wallis eingeführt, nachdem die Schweizerische Bundesverfassung von 1848 den Schweizer Bürgern die freie Niederlassung im ganzen Staatsgebiet garantiert hatte und ihnen später aufgrund der revidierten Bundesverfassung von 1874 auch das Wahl- und Stimmrecht in den Angelegenheiten der jeweiligen Wohngemeinde nach dreimonatigem Aufenthalt zuerkannte.

Die jeweils mit der Gemeinde nur örtlich verbundenen niedergelassenen Nichtburger wurden jedoch nicht automatisch Mitnutzniesser des Grundbesitzes an Weiden und Wäldern, welche Eigentum der Bürgergemeinde waren. Diese blieb allein – und das war in den meisten Kantonen der Schweiz so – im Besitz ihres Vermögens, das der Gesetzgeber nicht einfach auf die neuentstandenen und gewissermassen oktroyierten Einwohnergemeinden (Munizipalgemeinden) übertragen wollte, weil dadurch bei der Volksabstimmung die Annahme der Bundesverfassung in Frage gestellt worden wäre.[3]

In den meisten Schweizer Kantonen opferte man damals die Ortsbürgergemeinde demnach nicht der Einwohnergemeinde, sondern führte einen administrativen Dualismus ein: eine Ortsbürgergemeinde und eine politische oder Einwohnergemeinde auf demselben Territorium, beide mit eigenen Behörden und eigener Rechnungsführung. In manchen Gebirgsgemeinden, die kaum Zuzug von aussen bekamen, gab es nur wenige und manchmal überhaupt keine Einwohner, die nicht zugleich Ortsbürger waren, so dass Ortsbürgergemeinde und politische Gemeinde praktisch zusammenfielen. In diesem Falle übernahm die Exekutivbehörde der durch die Staatsverfassung eingeführten Einwohnergemeinde (der Gemeinderat) die Verwaltung des Ortsbürgervermögens. Wo jedoch die stimmberechtigten Nichtortsbürger, die «gewöhnlichen» Einwohner, mindestens die Hälfte der Gemeindeversammlung ausmachten, konnten die Ortsbürger einen eigenen Rat (Bürgerrat) verlangen.

Wenn auch der Bürgergemeinde die allgemeine Gemeindeverwaltung und die politische Funktion entzogen und der Einwohnergemeinde (Munizipalgemeinde) übergeben wurden,[4] so blieb die Bürgergemeinde im öffentlichen

Leben doch von Bedeutung; nicht nur wegen ihres Grundbesitzes an Alpweiden, Allmenden und Wäldern, deren Nutzung für die ortsansässigen Bauern zur Ergänzung ihrer privaten Güter existentiell notwendig war, sondern auch weil sie das Recht behielt, Aussenstehenden das Ortsbürgerrecht zu erteilen.

Im Zermatt waren die ausführenden Behörden der beiden Gemeinwesen – der Gemeinderat (Munizipalität) und der Burgerrat – lange Zeit praktisch identisch, so dass sie gemeinsam tagen konnten und nach dem Gesetz nur zu getrennter Rechnungsführung verpflichtet waren. Burgergemeinde und Munizipalgemeinde teilten sich in die Kosten für die Wasserversorgung sowie das Elektrizitätswerk und schufen zusammen mit dem dortigen aktiven Kurverein das autofreie Touristendorf Zermatt.[5] Bis 1968 bestand der Gemeinderat (die Munizipalität) ausschliesslich aus Zermatter Bürgern.[6]

Doch zurück zum «Kampf ums Matterhorn».[7] Während es im Jahre 1864 (ein Jahr vor der berühmten, tragisch endenden Erstbesteigung des Matterhorns) in Zermatt nur eine einzige Familie gab, die nicht der Burgerschaft angehörte, sind heute von den rund 3700 Einwohnern nur noch etwa 1400 Zermatter Bürger, die seit dem Ende des Zweiten Weltkriegs zur Minderheit geworden sind.[8]

Im Unterschied zu manchen anderen schweizerischen Bürgergemeinden, die sich damit begnügen, ihre Güter (Wälder und Allmenden) schlecht und recht zu verwalten und ihre Vergangenheit zu glorifizieren, schufen die Zermatter Bürger nicht nur Wege, Wasserfuhren, Mühlen und Backöfen für ihre eigenen Leute, sondern bauten schon vor mehr als hundert Jahren – als Zermatt ein Bergsteigerort wurde – Touristenhotels, die sie zum Teil selbst betrieben, zum Teil verpachteten. Heute verfügt die Bürgergemeinde nicht nur über eigene Hotels, sondern auch über mehrere gutrentierende Seilbahnen und Bergrestaurants. Hatten früher die Gletscher, die Schneegebiete, die Geröllhalden und die Felsen als wert- und herrenloser Boden gegolten, so sind sie jetzt für die touristische Erschliessung interessant geworden. Dies gilt, was Zermatt anbetrifft, besonders für die Sommerskigebiete beim Kleinen Matterhorn (3884 m ü.d. M.), auf das vor einigen Jahren für über 100 Millionen Franken eine Seilbahn gebaut wurde, deren Hauptaktionärin die kapitalkräftige und risikofreudige Zermatter Bürgergemeinde ist.[9]

Wie viele andere wohlhabende Bürgergemeinden in der Schweiz verteilt diejenige von Zermatt jedes Jahr einen sogenannten Bürgernutzen.[10] In Zermatt steht jeder Bürgerfamilie ausser eineinhalb Ster Holz aus dem Bürgerwald ein Nutzen von jährlich 500 Franken pro Familie plus 150 Franken für jedes Familienmitglied zu. Das ist nicht viel mehr als ein symbolischer Wert, gemessen an den in die Millionen gehenden Gewinnen,[11] welche die Bürgergemeinde alljährlich realisiert. Diese gehen im Hinblick auf weitere Investionen für touristische Infra- und Suprastrukturen zum grössten Teil in Baufonds.

Die Bürgergemeinde Zermatt ist heute ein ins Grosse gewachsenes kapitalistisches Unternehmen. Die 21 Burgerfamilien fühlen sich als eine Art Dorfaristokratie mit einem ausdrücklichen Selbstbewusstsein, das sich nicht nur auf das nachweisbar hohe Alter ihrer Burgergeschlechter stützt, sondern auch auf die subjektiv als überragend empfundene Stellung innerhalb der Gesamtgemeinde. Auch als Minderheit geben die Bürger dank ihrer Finanzkraft weiterhin in der politischen Gemeinde den Ton an. Die Abneigung gegen fremde Zuzüger, die sich Teile ihrer (der Bürger) Landschaft zu eigen machen wollen, um daraus Gewinn zu ziehen, findet ihren verbalen Ausdruck in abfälligen Bezeichnungen für die Zuwanderer wie «fremdi Hudla» und «fremdi Fetzla».[12]

Bis zum Jahre 1965 arbeiteten Ortsbürgerschaft und politische Gemeinde zusammen, und niemand nahm Anstoss daran, dass die beiden exekutiven Behörden – nämlich der Ortsbürgerrat, der stets am längeren Hebelarm sass, und der Rat der politischen Gemeinde (Einwohnergemeinde) – personell fast identisch waren und dass der Präsident der Einwohnergemeinde zugleich «Burgerpräsident» war.[13] Es handelt sich im Grunde nur um einen internen Verwaltungsdualismus.

Diese Zusammenarbeit endete, als sich am 11. Dezember 1965 einige Nichtbürger («blosse» Einwohner) von Zermatt an die kantonale Oberbehörde (Staatsrat des Kantons Wallis) wandten und sich darüber beschwerten, dass die Bürgergemeinde sich das Recht anmasse, allein über die «unkultivierbaren Böden» in der Gemeinde zu verfügen und darauf Konzessionen zu erteilen, Seilbahnen zu bauen und Bergrestaurants zu errichten. Laut Gesetz sei es die Einwohnergemeinde, welcher – ohne die Bürgergemeinde zu fragen – das Recht zukomme, am Matterhorn und überall auf dem «unkultivierbaren Boden» der Gemeinde Seilbahnen zu spinnen sowie Restaurants zu bauen und an den bestehenden Transporteinrichtungen und Berggaststätten mitzuverdienen. Dabei verwiesen die Beschwerdeführer sowohl auf Artikel 664 des Schweizerischen Zivilgesetzbuches wie auch auf ein kantonales Gesetz vom 17. Januar 1933, welche beide eindeutig festhalten, dass an dem der Kultur nicht fähigen Lande, wie Felsen, Schutthalden, Firnen und Gletschern, kein Privateigentum bestehe (folglich auch keines der Bürgergemeinde); sie seien öffentliches Gut unter staatlicher Hoheit (die lokal durch die Einwohnergemeinde ausgeübt wird).[14]

Diese Beschwerde führte zu einem Prozess der Einwohnergemeinde Zermatt gegen die dortige Ortsbürgergemeinde, deren Vertreter erklärten, sie könnten aufgrund von Urkunden ihre Besitzrechte bis hinauf in die Gletscher und Grate lückenlos nachweisen und es sei selbstverständlich, dass die bisherigen Eigentumsrechte der Bürgergemeinde gewahrt werden müssten. Es kam in der Folge zu einer Krise in der Zusammenarbeit zwischen Bürgergemeinde und Einwohnergemeinde, und es formierte sich als Gegenkraft zur Ortsbürgergemeinde eine «Einwohnerpartei der Nichtbürger», die inzwischen zur Mehrheit geworden war.[15] Seitdem arbeiten im Gemeindehaus der Ortsbürgerrat (Burgerrat) und der Munizipalrat in getrennten Etagen. Diese Entwicklung gereicht vor allem der politischen Gemeinde zum Nachteil, die vor dem Konflikt von der begüterten Bürgergemeinde auf mannigfache Weise (Abtretung von Boden, Finanzierung von Projekten, zinsgünstige Darlehen usw.) unterstützt worden war.

Am 5. November 1982 – siebzehn Jahre nach der Beschwerde der Nichtburger – verlor Zermatts Bürgergemeinde in erster richterlicher Instanz das Matterhorn und die ausgedehnten unkultivierbaren Gebiete an die politische Gemeinde.[16] Das Waliser Kantonsgericht anerkannte zwar die Echtheit der von der Zermatter Ortsbürgergemeinde vorgelegten historischen Kaufurkunden und deren Rechtskraft; was jedoch den landwirtschaftlich unproduktiven Boden betreffe – befand das Gericht –, so habe dafür keine nachweisbare Kaufabsicht der Zermatter Familien bestanden, da die Felsen und Gletscher zur Zeit des Loskaufs von der Grundherrschaft nicht wirtschaftlich genutzt worden seien. Dieses unproduktive Land sei damals aus Gewohnheit mitverkauft worden.[17] Die Zermatter Burger zogen darauf das Urteil des kanonalen Gerichts vor das Schweizerische Bundesgericht, welches am 23. Februar 1984 das erstinstanzliche Urteil bestätigte.[18] Damit hatte das Gesetz über die Tradition gesiegt, aber noch ist der Schlussstrich unter diesen Streit nicht gezogen.

Der Eigentumsanspruch der Ortsbürgergemeinde auf das kulturfähige Gebiet (Alpweiden und Wälder) bleibt indessen unbestritten. «Soweit also Schafe weiden können», schreibt der «Walliser Bote» vom 7. März 1984, «gehört die Bergwelt der Burgerschaft.» Das Urteil des Schweizerischen Bundesgerichts stellt die Zermatter Behörden vor das Problem festzustellen, wo genau das kultivierbare Land aufhört. Zur Zeit existieren zwei «Vegetationskarten»; die eine stammt von der Burgergemeinde, die andere von der politischen Gemeinde, und beide zeigen – wie zu erwarten – einen anderen Grenzverlauf.[19] Die Grenze ist vor allem deshalb umstritten, weil mehrere der Burgergemeinde gehörende Bergrestaurants und Stationen von Bergbahnen im Grenzbereich von kultivierbarem und unkultivierbarem Grund stehen. So wird um jeden Quadratmeter Boden am Matterhorn und unterhalb des Matterhorns gekämpft.[20]

Es gibt aber auch Ortsbürger, die einen anderen Weg suchen, indem sie die Frage stellen, ob denn nicht die in der kantonalen Verfassung neben der politischen Gemeinde verankerte Bürgergemeinde auch öffentliches Gut (im

Falle von Zermatt das land- und forstwirtschaftlich unkultivierbare Land) verwalten dürfe. Als im Jahre 1852 die politischen Gemeinden (Munizipalgemeinden) eingeführt worden seien, so argumentieren sie, habe man zwar deren Funktionen umschrieben, nicht aber diejenigen der gesetzlich weiterexistierenden Ortsbürgergemeinden, die manchenorts auch noch öffentliche Pflichten wahrnehmen wie zum Beispiel die Armenpflege, die Waisenamtspflichten und überall im Kanton Wallis die Einbürgerungen bzw. die Verleihung des Ortsbürgerrechts.[21]

Die Frage, ob die Ortsbürgergemeinden als Gemeinwesen öffentlichen Rechts auch öffentliche Güter verwalten dürfen, ist für viele Burgerschaften im Kanton Wallis von grundsätzlicher Bedeutung, weil sie aufgrund langer gewohnheitsrechtlicher Tradition solches öffentliche Eigentum bisher verwaltet haben und weil die Hoheit über die Berge, Geröllhalden usw. im Zusammenhang mit den touristischen Infrastrukturen für Fremdenkurorte wie zum Beispiel Saas-Fee, Crans-Montana u. a. wirtschaftlich interessant geworden ist, wie das Beispiel von Zermatt zeigt.

Wie wird man Bürger von Zermatt?

Um die Mitte des 19. Jahrhunderts bestand der Ort Zermatt aus einem eingassigen, ärmlichen Dorf mit Kirche und mehreren kleinen Aussensiedlungen. Bewohner waren die zwanzig Burgerfamilien, deren Vorfahren sich im 16. und 17. Jahrhundert aus feudaler Herrschaft losgekauft und sich ihre eigene Ordnung mit Bezug auf die Nutzung von Alpweiden, Wäldern, Allmenden und Bewässerungsanlagen sowie auf die dorfpolizeilichen Belange gegeben hatten.[22] Wer nicht zu den zwanzig Stammfamilien zählte, galt als Fremder und war der Gnade und Ungnade der Burgerschaft ausgeliefert, die ihm von einem Tag auf den andern den Aufenthalt in der Gemeinde verbieten konnte.[23] Eine Einbürgerung war für diejenigen Auswärtigen, die in Zermatt Grund und Boden ererbt oder gekauft hatten, zwar nicht unmöglich, doch zeigte sich die Zermatter Burgerschaft mit Bezug auf Einbürgerungen wie die meisten Walliser Bürgergemeinden sehr zurückhaltend. Um als Vollberechtigter in das Reich der Bürgerschaft aufgenommen zu werden und deren Güter mitnutzen zu können sowie deren Rechtsschutz zu geniessen, muss eine von Fall zu Fall wechselnde, aber allgemein hohe Einkaufssumme gezahlt werden. Die Bürgergemeinde kann jedoch ihr nicht genehme Gesuchsteller auch jederzeit abweisen.

Die Schweizerische Bundesverfassung von 1848 drängte die Bürgergemeinde als Personalverband in den Hintergrund und legte durch die Einführung der Freizügigkeit den Grund zur Einwohnergemeinde (politische

Gemeinde, Munizipalgemeinde), in der jedem Schweizerbürger an seinem Niederlassungsort nach einer bestimmten Aufenthaltszeit die gleichen politischen Rechte zuerkannt wurden wie einem Angehörigen der Ortsbürgergemeinde. Ausgenommen davon war freilich das Recht auf Nutzung der Bürgergüter, das heisst der im Gemeinbesitz der Ortsbürger befindlichen Wälder, Alpweiden und Allmenden, sowie das Recht der Einbürgerung. Durch das kantonale Gesetz aus dem Jahre 1870 wurden jedoch die Bürgergemeinden als Träger des Einbürgerungsrechts verpflichtet, allen seit fünf Jahren in der Gemeinde ansässigen Kantonsbürgern den Erwerb des vollen Bürgerrechts (samt Nutzungsrecht) zu erleichtern. Für den Fall, dass sich Bürgergemeinden dennoch weigerten, den Gesuchsteller in ihr Bürgerrecht aufzunehmen, so sollte nunmehr die übergeordnete kantonale Behörde (der Staatsrat) über die Stichhaltigkeit des Weigerungsgrundes sowie über die Höhe der zu entrichtenden Einbürgerungssumme entscheiden und die Ortsbürgergemeinde zur Ausstellung der Bürgerrechtsurkunde zwingen können.

In den fünfziger Jahren des vorigen Jahrhunderts mietete ein «auswärtiger» Walliser Bürger, Alexander Seiler aus dem Goms – dem obersten Teil des Rhonetales –, in Zermatt das kleine Hotel «Mont Cervin» mit drei Betten und kaufte in der Folge mehrere Grundstücke, auf denen er neue Hotels erstellte, da er mit einer raschen Entwicklung Zermatts als Bergsteigerzentrum und Fremdenort rechnete. Nachdem er innerhalb von zwanzig Jahren ein bedeutendes touristisches Unternehmen geschaffen hatte, stellte er am 6. Juni 1871 im Bewusstsein seiner Verdienste um den aufblühenden Fremdenort und aufgrund des kantonalen Gesetzes von 1870 das Gesuch um Aufnahme in das Zermatter Bürgerrecht. Dieses Gesuch wurde am 17. Juni des gleichen Jahres vom Burgerrat Zermatt abschlägig beantwortet. Die Motive Seilers für sein Einbürgerungsgesuch lagen einerseits in der Hoffnung, die landwirtschaftlichen Ressourcen – wie sie die grossen Zermatter Gemeingüter darstellen – für seinen Hotelbetrieb nutzbar zu machen; andererseits wollte er sich vermutlich als Politiker mit einer gewissen Welterfahrung in der Zermatter Behörde zur Geltung bringen, was praktisch nur möglich war, wenn er Zermatter Burger wurde, da ein Nichtbürger damals keine Chancen hatte, in den Rat gewählt zu werden (der Zermatter Gemeinderat bestand bis 1969 ausschliesslich aus Ortsbürgern). Die Burgerschaft Zermatt befürchtete jedoch eine Übernutzung der Gemeindegüter durch den «Parasiten» Seiler und – was eine mögliche politische Aktivität Seilers im Schosse der Ortsbürgergemeinde betrifft – zweifellos auch die Ämterkonkurrenz durch Seiler und seine Söhne.

Alexander Seiler legte gegen die Ablehnung seines Gesuches Berufung beim Staatsrat des Kantons Wallis ein, welcher im Jahre 1872 und nochmals 1874 den Zermatter Burgern eindeutig erklärte, sie könnten aufgrund des Bürgerrechtsgesetzes von 1870 den Gesuchsteller nicht abweisen. Die Burgergemeinde rekurrierte dann an die Legislative des Kantons (den Grossen Rat) und darauf an die eidgenössischen Instanzen. Der Schweizerische Bundesrat und die Bundesversammlung entschieden im Sinne des Gesuches von Alexander Seiler, doch die Zermatter Burger gaben nicht nach. Im Winter 1888/89 liess der Walliser Staatsrat das unbotmässige Dorf während sechs Monaten durch ein Landjägercorps besetzen, um den Ortsbürgerrat zur Ausstellung der Bürgerrechtsurkunde für Alexander Seiler zu zwingen, und – da auch das nicht zum Ziel führte – unter Kuratel stellen und bot eine Kompanie Soldaten auf, die nötigenfalls nach Zermatt hätten beordert werden können. Ein Rekurs der Zermatter an das Schweizerische Bundesgericht blieb erfolglos. Schliesslich stellten sie am 7. April 1889 nach neunzehnjährigem Kampf die Bürgerrechtsurkunde an Alexander Seiler und seine Familie aus, die damit die 21. Burgerfamilie in Zermatt wurde. Diese hat sich ökonomisch und politisch als Motor des Fortschritts hervorgetan und ist am Aufschwung der früher unbedeutenden Gemeinde zum weltbekannten Sommer- und Winterkurort massgebend beteiligt.[24]

In dem Masse, wie der Fremdenverkehr an Bedeutung gewann, verlor die althergebrachte Subsistenzwirtschaft an Boden und damit auch der Wert landwirtschaftlicher Nutzung der Bürgergüter. Die Landwirtschaft überhaupt wurde bedeutungslos, so dass es «heute leichter ist, auf den Höhen einem Steinbock als auf einer der Zermatter Alpen einer Kuh zu begegnen».[25] Da jedoch die Anwesenheit von Vieh in einem Bergdorf zu den Klischeevorstellungen des Touristen gehört, wurde auf Veranlassung des Kurvereins in Zermatt Ende der sechziger Jahre eine Herde Walliser Schwarzhalsziegen von aussen eingeführt, die nun allmorgendlich und allabendlich durch das Dorf trottet und eines der beliebtesten Fotomotive der Sommergäste darstellt.[26]

Nachdem Zermatt nach dem Zweiten Weltkrieg auch ein bedeutender Wintersportplatz geworden war, trat die touristische Nutzung des unkultivierbaren Gemeindegebiets in den Vordergrund, und Einnahmen aus Durchfahrtsrechten, Bodenabtretungen, Baurechten usw. flossen in die Kassen der Bürgergemeinde, welche selbst rentable Infrastrukturen für den Winter- und Sommerskisport errichtete und diese in eigener Regie betrieb. Dadurch bekam der «Bürgernutzen» qualitativ und quantitativ einen neuen Charakter; er wurde gewissermassen zu einer Dividende.[27]

Nach der Einbürgerung Alexander Seilers im Jahre 1889 kam es in Zermatt erst in jüngster Zeit wieder zu einem Einbürgerungsgesuch. Im Frühjahr 1973 hatte eine in Zermatt geborene Walliserin den Antrag um Aufnahme in die dortige Bürgergemeinde gestellt. Der Zermatter Burgerrat teilte der Hotelbesitzerin – die einer seit mehr als 100 Jahren ansässigen, aber in einer anderen, 10 Kilometer entfernten Walliser Gemeinde heimatberechtigten Familie angehört – mit, ihr Gesuch könne vorläufig wegen Schwierigkeiten bei der

Festsetzung der Einkaufssumme nicht behandelt werden. Nachdem sich die Frau wegen Nichtbehandlung ihres Gesuchs an die kantonale Oberbehörde gewandt hatte, stimmten die Zermatter Burger – welche in der Gesuchstellerin nur eine Vorgeschobene anderer, die Einbürgerung anstrebender Einwohner sahen – widerwillig zu, setzten jedoch für den Einkauf eine Abschrekkungssumme von 172 000 Franken fest. Das war der Gesuchstellerin des Guten zuviel, und sie wandte sich an die Walliser Regierung (Staatsrat), welche anordnete, die Frau sei gegen eine Einkaufssumme von 4000 Franken mit allen Rechten und Pflichten in das Bürgerregister von Zermatt einzutragen. Die Bürgergemeinde Zermatt klagte darauf den Walliser Staatsrat beim Schweizerischen Bundesgericht in Lausanne wegen Verletzung der Autonomie der Bürgergemeinde an, zu deren hoheitlichen Befugnissen die Erteilung des Bürgerrechts und die Festsetzung der Einkaufssumme gehörten. Das Bundesgericht vertrat die Auffassung, die Bürgergemeinden seien gemäss den kantonalen und gesetzlichen Vorschriften verpflichtet, ansässigen Walliserbürgern nach fünf Jahren Niederlassung auf Gesuch hin das Bürgerrecht zu erteilen. Da die Zermatter Burgermeinde keine Satzung über die Höhe der jeweiligen Einkaufssumme besass, setzte das Bundesgericht in seinem Urteil vom 12. Dezember 1984 die Einkaufssumme in eigener Kompetenz auf 4000 Franken fest, wobei – laut Pressemeldung – einer der Bundesrichter bemerkte, die Frau komme preisgünstig zu ihrer Einbürgerung, müsse man doch davon ausgehen, dass das geschätzte Nettovermögen der Burgergemeinde Zermatt 70 Millionen Franken betrage.[28]

War es bei Alexander Seiler noch um die für seinen Hotelbetrieb unentbehrliche Nutzung der Alpweiden, Allmenden und Wälder gegangen, so stand bei dem letzteren Gesuch die Teilhabe am Vermögen der zur «Kapitalgesellschaft» gewordenen Burgerschaft, das zwischen 1973 und 1984 von 11 Millionen auf schätzungsweise 70 Millionen angestiegen war, im Vordergrund der Auseinandersetzung.

Krise der schweizerischen Bürgergemeinden

Die Burgergemeinde Zermatt ist dank ihrer Machtstellung beim Ausbau der Infra- und Suprastrukturen des dortigen Wintersportplatzes zu einer der reichsten in der Schweiz geworden und stellt einen Sonderfall dar. Einige städtische Bürgergemeinden, wie diejenigen von Bern, Basel, Luzern, St. Gallen und Chur, verfügen über noch grössere Vermögen.[29] Manche ländlichen Bürgergemeinden jedoch – vor allem solche in Berggebieten – zehren vielmehr dauernd von ihrem Vermögen, da sie im Gegensatz zu den Einwohnergemeinden keine Steuern erheben dürfen, jedoch zu gesetzlich festgelegten

Natural- und Geldleistungen zugunsten der kommunalen Öffentlichkeit verpflichtet sind (Heizung der Schul- und Gemeindehäuser, Beiträge an die Armenlasten der Einwohnergemeinde, Kosten für Aufforstung, Steuern usw.). So wurde schon oft der Wald zur Bank der Bürgergemeinde, um zur Erfüllung der gesetzlichen finanziellen Pflichten Geld daraus zu schlagen. Mancherorts stellen die Wälder – der bei weitem bedeutendste Besitz der Bürgergemeinden[30] – ein finanzielles Problem dar, da oft mehr in diesen Besitz hineingesteckt werden muss, als bei den gegenwärtigen Holzpreisen herausgewirtschaftet werden kann. So hat man in einigen Kantonen den Bürgergemeinden verfassungsrechtlich die Möglichkeit eingeräumt, sich aufzulösen und samt ihrem Besitz mit der Einwohnergemeinde zu verschmelzen, wenn eine qualifizierte Mehrheit von Bürgern dies begehrt.[31]

Manchen Bürgergemeinden droht das Aussterben, nicht wegen finanzieller Schwierigkeiten, sondern deshalb, weil die Zahl der Bürger nicht nur im Verhältnis zu den Einwohnern, sondern auch absolut zurückgegangen ist. Ursache dafür ist die gewaltig gesteigerte geographische Mobilität. Der zahlenmässige Schwund der Bürgerfamilien ist vielfach auch Folge einer allzu lange restriktiv geübten Einbürgerungspraxis. So musste 1977 der Grosse Rat des Kantons Thurgau die Auflösung einer Bürgergemeinde beschliessen, die nur noch aus zwei in der Gemeinde niedergelassenen Bürgern bestand.[32]

Auch dort, wo es noch nicht so schlimm steht, erregte es Anstoss, dass oftmals ein im Verhältnis zur Gesamteinwohnerschaft kleiner Personenkreis ansässiger Ortsbürger über bedeutende Geschäfte wie Landverkäufe, Strassen- und Wegebau, Erteilung von Konzessionen und Durchfahrtsrechten usw. befinden und Entscheide fällen kann, die für ganze Gemeinden und sogar ganze Regionen von grosser Tragweite sein können, wie zum Beispiel die Weigerung, Bauterrain abzutreten für die Ansiedlung von Industriebetrieben, durch die Arbeitsplätze für die einheimische Bevölkerung entstehen könnten. So ertönt mehr und mehr der Ruf nach unentgeltlicher Einbürgerung von Schweizern, die seit mehreren Jahren in der Gemeinde ansässig sind. Dadurch soll ein neuer Kern von Ortsbürgern entstehen, der sich mit dem Gemeinwesen in besonderer Weise identifiziert.[33] Ein Beispiel gab vor einigen Jahren die Bürgergemeinde Unterehrendingen im Kanton Aargau, die auf einen Schlag alle seit dem Jahr 1920 in ihrer Gemeinde ansässigen Familien ins Ortsbürgerrecht aufnahm.[34]

Ebenfalls zur Stärkung der Bürgergemeinden versucht das Gemeindegesetz des Kantons Baselland aus dem Jahre 1970 beizutragen, indem es die Stimmberechtigung in Angelegenheiten der heimatlichen Bürgergemeinde auf alle innerhalb des Kantons wohnhaften Ortsbürger ihrer jeweiligen Bürgergemeinde (Heimatgemeinde) erstreckt, also nicht nur auf die in ihrer Ortsbürgergemeinde Ansässigen, wie das sonst die Regel ist.[35]

Vielerorts steht den ortsansässigen Bürgern alljährlich ein relativ bescheidener Anteil am Ertrag der bürgerlichen Wald- und Alpwirtschaft zu, meistens in der Form von Brennholz (das sogenannte Losholz oder Gabholz[36]), das früher von grösserer Bedeutung war als heute; es werden auch Wein aus den Rebbergen der Bürgergemeinde und – wie im Falle von Zermatt – manchmal Geldbeträge ausgerichtet.[37]

Der nicht am Ort verbürgerte «blosse» Einwohner geniesst diesen Vorzug nicht, und da die Lust, den Bürgernutzen mit den Zugewanderten zu teilen, früher sehr gering war, gab es nur selten neue Einbürgerungen. Obschon der Bürgernutzen bei den herrschenden wirtschaftlichen Verhältnissen längst kein entscheidender Faktor für die Existenz der einzelnen Bürgerfamilien mehr ist, sondern vielfach nur einen symbolischen Wert hat, wird er dennoch immer wieder Gegenstand von politischen Angriffen.[38]

Der Umstand, dass der Bürgernutzen heute in vielen Fällen nicht an eine Mehrheit, sondern an eine verschwindend kleine Minderheit der Einwohnerschaft ausgezahlt wird, verleiht der Vorstellung, dass es sich um ein Privileg des örtlichen «Bürgerclubs» handelt, Vorschub, obschon es sich beim Bürgernutzen – wie das Schweizerische Bundesgericht festgestellt hat – um keine Rechtsungleichheit, sondern um einen privatrechtlichen Anspruch handelt.[39]

Im Kreuzfeuer der Kritik haben manche Bürgergemeinden den Bürgernutzen freiwillig abgeschafft und die Gefahr in Kauf genommen, dass dadurch das Interesse der Bürger an ihrem Gemeingut nachlässt. Dieses Interesse versucht man da und dort durch Ortsbürgerfeste, Waldfeste, Heimattagungen – zu denen auch die auswärts wohnenden Gemeindebürger eingeladen werden – sowie durch die feierliche Umschreitung des Gemeindebannes neu zu beleben.[40]

Das Einbürgerungsrecht

Man kann sich fragen, warum Schweizerbürgerinnen und Schweizerbürger, die doch alle aufgrund ihrer Abstammung schon ein ursprüngliches Ortsbürgerrecht (Heimatrecht) und eine Kantonsbürgerschaft besitzen, sich noch dazu um die Aufnahme in die Bürgergemeinde ihres derzeitigen Wohnorts bemühen und bereit sind, dafür eine Einkaufssumme zu bezahlen. Der Gründe sind vielerlei. Der Erwerb des Bürgerrechts bedeutet immer zugleich die Zuerkennung des Kantonsbürgerrechts, und wo eine staatliche Anstellung – zum Beispiel als Polizist, Förster, Verwaltungsbeamter oder Lehrer an einer öffentlichen höheren Lehranstalt – zu vergeben ist, werden traditionellerweise Kantonsbürger bevorzugt. Ein Grund für die Bewerbung um das Bürgerrecht des Wohnorts kann auch ein Bauvorhaben sein. Wer sich in die

Ortsbürgergemeinde seines Wohnorts eingekauft hat, dem wird leichter ein schönes Stück Bauland abgetreten, und er kann ausserdem damit rechnen, dass ihm aus dem Bürgerwald Bauholz zu stark reduziertem Preis zugeteilt wird. Zum Besitzstand grösserer, vor allem städtischer Bürgergemeinden gehören auch Altersheime, Stipendienfonds und Stiftungen, deren Inanspruchnahme manchmal statuarisch auf Ortsbürger beschränkt ist. Auch die Chancen, in ein politisches Gremium des Wohnkantons gewählt zu werden, erhöhen sich bei Besitz des betreffenden Kantonsbürgerrechts.

Was die Einbürgerung von Ausländern betrifft, so ist daran zu erinnern, dass das Ortsbürgerrecht nur eines der drei Elemente des Schweizer Bürgerrechts ist. Die beiden anderen sind das Schweizerische Staatsbürgerrecht und das Kantonsbürgerrecht. Es gibt kein Schweizer Bürgerrecht «an sich», das heisst ohne kantonale und kommunale Grundlage. Diese dem Ausländer vielfach unverständliche Kompliziertheit erklärt sich aus dem schweizerischen Demokratieverständnis, wonach das demokratische Prinzip mit dem Ideal weitestgehender kommunaler Selbstverwaltung (Gemeindefreiheit) gleichbedeutend ist.[41] Bei der Einbürgerung von Ausländern ist die Autonomie der Bürgergemeinden insofern beschränkt, als auch die Bundes- und die Kantonsbehörden über die Einbürgerungswürdigkeit mitzureden haben. Die Einbürgerung von Ausländern kann nicht nur ein Anliegen der Dorfpolitik sein, sondern berührt die Interessen des ganzen Landes. Doch lässt sich die Bürgergemeinde beim Einbürgerungsprozess, wenn dies nicht durch das Gemeindegesetz vorgesehen ist, auf keinen Fall ausschalten, obschon es ein immer kleiner werdender Kreis von Ortsbürgern ist (oft weniger als zehn Prozent der stimmberechtigten Einwohner einer Gemeinde), der darüber entscheidet, ob einem Ausländer das Gemeindebürgerrecht erteilt werden soll oder nicht.[42] Da die Ortsbürger innerhalb der ländlichen Einwohnergemeinden in der Regel eine konservative Tendenz vertreten und wenig Kontakt mit Neuzuzügern haben, überrascht es nicht, dass auch guteingeleiteten Einbürgerungsgesuchen von seit mehr als zwölf Jahren am Ort ansässigen Ausländern oft nicht entsprochen wird. Diese müssen es dann – falls sie darauf beharren, Schweizerbürger zu werden – in einer anderen Gemeinde versuchen, wobei wiederum eine soundso lange Ansässigkeit Bedingung dafür ist, dass ein Gesuch gestellt werden kann. Es gibt jedoch auch Gemeinden, die keine Forderungen nach Ansässigkeit stellen und Ausländer einbürgern, wenn diese den Einbürgerungsbedingungen des Kantons und des Bundes genügen, während andere schweizerische Gemeinden den Assimilationsgrad der Bewerber durch ein Examen feststellen.[43]

Mit Rücksicht auf ein sich wandelndes liberales Rechtsempfinden haben einige Kantone die erste Stufe bei der Einbürgerung von Ausländern den Einwohnergemeinden übertragen. Das Gemeindebürgerrecht wird nun nicht mehr von einer Minderheit in der Gemeinde Heimatberechtigter, sondern von der Gesamtheit der in einer Gemeinde wohnhaften Schweizerbürger erteilt.[44]

Wer sich als Ausländer in der Schweiz einbürgern lassen will, muss dafür besorgt sein, dass er von einer Bürgergemeinde die verbindliche Zusicherung erhält, sie werde ihn zu ihrem Bürger machen, wenn alle anderen Erfordernisse, die der Bund und der Kanton stellen, erfüllt sind. Die beiden protestantischen deutschen Industriellen Gunter und Ernst Wilhelm Sachs bewarben sich im Jahre 1974 mit Erfolg um ihre Einbürgerung in die katholische und romanischsprachige Gemeinde Surcuolm im Kanton Graubünden. Von den 56 dortigen Stimmberechtigten erschienen deren 32 zur Abstimmung über die Einbürgerung der beiden Brüder Sachs. Dem Einbürgerungsgesuch wurde einstimmig entsprochen. Am 27. November 1976 wurde die Einbürgerung der Brüder Sachs auch vom Grossen Rat (der Legislative) des Kantons Graubünden ohne Gegenstimme bestätigt. Die beiden Sachs hatten dem Kanton Graubünden, in dem sie vorher bereits die notwendige Anzahl Jahre verbracht hatten, die gesetzlich erlaubte Maximaltaxe von je 3000 Franken und der Gemeinde Surcuolm je 6000 Franken abzuliefern. Ausserdem stifteten sie einen Betrag von 100 000 Franken für die Renovation der Kirche von Surcuolm.[45]

Weniger Glück mit seinem Einbürgerungsgesuch hatte ein tschechischer Emigrant, der seit mehr als zehn Jahren in einer Landgemeinde des Kantons Luzern wohnt und sich dort für seine Familie ein Eigenheim gebaut hat. Sein Gesuch wurde von der Bürgerversammlung mit 83 gegen 27 Stimmen abgelehnt. Der Grund für eine Ablehnung, der – wenn er nicht rein formaler Natur ist – dem Gesuchsteller nicht mitgeteilt wird, lässt sich in einer kleinen Gemeinde nicht verheimlichen. So war in der Boulevardzeitung «Blick» vom 15. Dezember 1983 zu lesen, der tschechische Emigrant habe sich unbeliebt gemacht, weil er sich – zusammen mit anderen Bewohnern des neuen Dorfquartiers – bei einem angesehenen Bauern und ehemaligen Gemeinderat über das nächtliche Kuhglockengebimmel in seinem Wohnviertel beschwert hatte. Der Angestellte machte Lärmmessungen und trat damit als Zeuge vor Gericht auf, welches den Bauern anhielt, die Kühe nachts zwischen 22 Uhr und 6 Uhr nur bis 80 Meter an die Wohnhäuser heranzulassen. Es entstanden starke Spannungen zwischen dem Bürgerrechtsbewerber und den Ansässigen, deren Ablehnung des Einbürgerungsgesuchs von einem Ortsbürger so begründet wurde: «Wir sind immer noch freie Schweizer und lassen uns von Ausländern solche Sachen nicht vorschreiben.»

Aufhebung der Ortsbürgergemeinden?

Die Geschichte der schweizerischen Ortsbürgergemeinden ist die Geschichte des sukzessiven Abbaus ihrer öffentlichen Rechtsbefugnisse. Die Entwicklung verläuft in Richtung auf die Einheitsgemeinden, wie sie in drei Kantonen der französischen Schweiz (Waadt, Neuenburg und Genf), wo das Rechtsdenken sich stärker als in der deutschen Schweiz an den Freiheits- und Gleichheitsprinzipien der Französischen Revolution orientiert hat, seit langem bestehen. Das Fehlen einer staatsrechtlich anerkannten Körperschaft mit erblichen Sonderrechten, wie es die Bürgergemeinde darstellt, hat sich dort keineswegs nachteilig auf das Gemeindeleben ausgewirkt, wenngleich auch dort die alteingesessenen Familien (familles bourgeoises) eine mehr oder weniger exklusive Geselligkeit pflegen und vielfach Träger lokaler «historischer» Bräuche sind. In den Kantonen Neuenburg und Jura sind auch die seit einer durch das Gesetz bestimmten Zeit niedergelassenen Ausländer in Gemeindeangelegenheiten stimmberechtigt. Sie können jedoch nicht in die Gemeinde-Exekutive (Gemeinderat) gewählt werden.[46] In den deutschschweizerischen Kantonen – besonders in den Bergkantonen – und im Tessin hat das ortsbürgerliche Gemeindegut hingegen immer noch den Wert eines von den Vorfahren im Kampf gegen feindliche Naturgewalten und gegen feudale Ausbeuter und Unterdrückung erworbenen Erbgutes, dessen Eigentum, Verwaltung und Nutzung rechtmässig nur den Nachfahren, das heisst den ansässigen Ortsbürgern als Kollektiverben, zukommt.

Der Abbau der Rechte der Ortsbürgergemeinden begann damit, dass ihre Kompetenz zur Abweisung bzw. zur Aufnahme von Bürgerrechtsbewerbern durch kantonale Gesetze beschränkt wurde, wie wir dies am Fall der Zwangseinbürgerungen in Zermatt gezeigt haben. In dem Masse, wie wegen der durch die Industrialisierung bedingten Bevölkerungsverschiebungen und -vermischungen der Kreis der Ortsbürger in vielen Gemeinden des Mittellandes anteilmässig klein geworden war und die Erteilung des Bürgerrechts durch eine oft verschwindend kleine Minderheit der ansässigen Ortsbürger nicht mehr verantwortet werden konnte, nahm man ihnen in einigen Kantonen das Einbürgerungsrecht und übergab es der Verfügungsgewalt der Einwohnergemeinden. Ein weiterer Abbau der ortsbürgerlichen Kompetenzen ergab sich, als einige kantonale Gemeindegesetze den Bürgergemeinden verboten, den ansässigen Ortsbürgern Erträgnisse aus dem Bürgergut in Form des sogenannten Bürgernutzens (in natura oder in Geld) auszurichten, der vielen nichtverbürgerten Einwohnern seit jeher ein Dorn im Auge war.

In den beiden letzten Jahrzehnten kam es vermehrt zu politischen Vorstössen, welche die Abschaffung der Bürgergemeinden und die Übernahme ihrer Waldgebiete, Allmenden und Kapitalien durch die Einwohnergemeinden forderten. Die Argumente der Gegner können wie folgt zusammengefasst werden: Die Ortsbürgergemeinde sei ein «Staat im Staate», dessen Interessen oft denjenigen der Einwohnergemeinden – vor allem auf dem Gebiet der Bodenpolitik und der Ortsplanung – entgegengesetzt seien. Es ist die Rede davon, dass Bürgergemeinden, die viel Boden besitzen, diesen als Druckmittel gegenüber den Einwohnergemeinden benützen, indem sie den Verkauf von Bauland an diese verweigern bzw. ihn nur zu ungünstigen Bedingungen abtreten. Es wird von den Gegnern auch auf Fälle verwiesen, wo die Ortsbürgergemeinden, die sich territorial mit den entsprechenden Einwohnergemeinden decken, die sich aufdrängende Zusammenlegung von Zwerggemeinden verhindert haben, weil das Vermögen der mit zu fusionierenden Bürgergemeinden verschieden gross war.[47] Die Gegner der Ortsbürgergemeinden argumentierten mit der verwaltungsmässigen Doppelspurigkeit, die sich aus dem Nebeneinander beider Gemeinden ergebe, und sie attackierten die Engherzigkeit mancher Bürgergemeinden, «wo die Ablehnung eines Einbürgerungsgesuches oder zumindest seine Schubladisierung als patriotische Tat zu gelten scheint».[48]

Kurz: der Dualismus Einwohnergemeinde – Bürgergemeinde[49], sagen die Gegner der letzteren, verhindere oft das Zustandekommen einer vernünftigen Gemeinde- und Einbürgerungspolitik, und nachdem ihr ein Teil ihrer Kompetenzen bereits entzogen worden sei, sei ihre gänzliche Aufhebung nur der weitere konsequente Schritt.

Die Befürwortung der Ortsbürgergemeinden, deren Kompetenzen sowie die Beziehung zu den entsprechenden Einwohnergemeinden von Kanton zu Kanton, ja von Gemeinde zu Gemeinde sehr unterschiedlich sind, operieren teilweise mit ideologischen Argumenten, indem sie auf die traditionellen Werte ihrer Gemeinden hinweisen, aus denen sich – lange bevor es Einwohnergemeinden gab – die schweizerische Gemeindeautonomie entwickelt habe.[50] Sie bildete, so heisst es, eine notwendige Schranke gegenüber staatlichen Zentralisationstendenzen und seien in diesem Sinne staatspolitisch bedeutsam. Die Anhänger der Bürgergemeinden nahmen auch Zuflucht zu unverbindlichen Deklamationen wie: es dürfe nicht ausser acht gelassen werden, dass der Wert der Bürgergemeinde auf ideellem Gebiet liege, dass sie die Keimzelle des Staates sei und die Hüterin der Tradition und des vaterländischen Bewusstseins usw.

Überzeugender wirken Hinweise auf tatsächliche Leistungen einiger fortschrittlicher, vorwiegend städtischer Bürgergemeinden, wie die Errichtung von Waisenhäusern, Alters-, Plege- und Kinderheimen und neuerdings von Alterswohnheimen. Weitere Leistungen sind die Pflege des Bürgerwaldes, der Unterhalt der Feld- und Waldwege, Beiträge an gemeinnützige und soziale Institutionen und an lokale Vereine. Manche Ortsbürgergemeinden betreiben eine vorausschauende antispekulative Bodenpolitik und eine liberale, zum Teil kostenlose Einbürgerungspraxis.

So reicht das Spektrum der schweizerischen Bürgergemeinden von den bäuerlichen Kollektiven, wo Allmend- und Waldnutzung noch eine reale, das Privateigentum ergänzende Funktion haben, zu den zum Teil sehr begüterten städtischen Bürgergemeinden von patrizischem Zuschnitt mit vorwiegend philanthropisch, gemeinnützig und kulturell ausgerichteten Tätigkeiten.[51] Dazwischen liegen die ihr Bodeneigentum touristisch und kommerziell verwertenden Bürgergemeinden, die den Charakter von Kapitalgesellschaften angenommen haben. Alle versuchen sie gegenwärtig unter sich rasch verändernden Umweltbedingungen, aus dem Dilemma von gezielter Privilegierung ihrer Mitglieder einerseits und allen Einwohnern der Gemeinde zugute kommenden öffentlichen Leistungen andererseits herauszufinden, wobei die Zeit zweifellos mehr gegen als für sie arbeitet.

Anmerkungen

1 *Ortsbürgergemeinde* (auch «Bürgergemeinde» oder «Burgergemeinde» genannt): Jeder Schweizer besitzt neben dem Bürgerrrecht (Heimatrecht) der Eidgenossenschaft und seines Heimatkantons aufgrund seiner Abstammung (Herkunft aus einer männlichen Ahnenlinie) oder durch Einkauf auch das Bürgerrecht (Heimatrecht) einer der rund 3000 schweizerischen Gemeinden, und zwar unabhängig davon, wo er geboren ist und wo er wohnt. Frauen erhalten bei der Heirat das Bürgerrecht ihres Ehemannes (Einbürgerungsautomatismus). Die Ortsbürger- oder Bürgergemeinde, die sich personell aus den in ihrem Territorium niedergelassenen und stimmberechtigten Ortsbürgern zusammensetzt, ist gehalten, in Not geratene Heimatberechtigte zu unterstützen. Sie verfügt über ein eigenes Bürgervermögen (Wälder, Allmenden, Alpweiden, Immobilien, Kapitalien usw.) und ist von der *Einwohnergemeinde*, welcher die üblichen kommunalen Aufgaben und insbesondere der Verkehr mit den übergeordneten Behörden des Kantons obliegt, sorgfältig zu unterscheiden. In der Einwohnergemeinde, die auch «Politische Gemeinde» oder «Munizipalgemeinde» genannt wird, geniessen auch die ortsansässigen Nichtortsbürger(-innen) normale politische Rechte. Die beiden Gemeinden existieren neben- und miteinander auf demselben Territorium, daher die Bezeichnung «Gemeindedualismus». Vgl. Meylan/Gottraux/Dahinden 1972, S. 33f, S. 255ff; Buchmann 1977.

2 Kämpfen 1942, S. 39ff. Vgl. auch Julen 1978.

3 Kämpfen 1942, S. 56. – Nur die für die öffentlichen Angelegenheiten notwendigen Güter (Strassen, Gassen, Plätze, Schuppen, Quellen, Brunnen, Feuerspritzen, Friedhöfe usw.) wurden Eigentum der politischen Gemeinde. Kämpfen 1942, S. 64.

4 Deshalb wird letztere auch «Politische Gemeinde» genannt.

5 Schmid 1972, S. 19ff. (In Zermatt fahren ausschliesslich Kutschen, Pferdeschlitten und Elektromobile.)

6 Schmid 1972, S. 13.

7 So der Titel des bekannten Tatsachenromans (1929) des Juristen und Schriftstellers Carl Haensel (1889–1968, in dem es um die Erstbesteigung des Matterhorns von 1865 geht.

8 Tribune-Le Matin (Lausanne), 6. 11. 1982.
9 Walliser Bote, 19. 10. 1984.
10 Zum Bürgernutzen vgl. Buchmann 1977, S. 75ff, S. 174, sowie: Atlas der schweizerischen Volkskunde, 1968, Teil I, Karte 97 und Kommentar I, S. 560ff.
11 Sonntagsblick (Zürich), 11. 12. 1983; Schweizer Illustrierte, 5. 3. 1984.
12 «Fremdi Hudla» = «fremde Lumpen» (rohes Scheltwort). Schweizerdeutsches Idiotikon (Wörterbuch der schweizerdeutschen Sprache), Bd. 2, Sp. 995ff s. v. Hudel. – «Fremdi Fetzla»: «als Schelte in bürgerstolzen Orten gegenüber den Fremden gebraucht». Ebd., Bd. 1, Sp. 1155 s. v. Fotzel. – Die beiden Scheltwörter beziehen sich auf die Grundbedeutung Fetzen, Lumpen, zerrissene Kleidungsstücke.
13 Neue Zürcher Zeitung, 2. 9. 1970; Stern, 14. 4. 1983.
14 Neue Zürcher Zeitung, 1./2. 2. 1975; dies., 6. 11. 1982; Frankfurter Rundschau, 27. 11. 1982; Stern, 14. 4. 1983.
15 Neue Zürcher Zeitung, 2. 9. 1970.
16 Neue Zürcher Zeitung, 6. 11. 1982; Tribune-Le Matin (Lausanne), 6. 11. 1982.
17 Walliser Volksfreund, 16. 7. 1983.
18 Neue Zürcher Zeitung, 6. 3. 1984.
19 Schweizer Illustrierte, 5. 3. 1984.
20 Ebd.
21 Walliser Volksfreund, 16. 7. 1983.
22 Kämpfen 1942, S. 40f, S. 277f.
23 Courten 1929, S. 7.
24 Meine Darstellung des Zermatter Burgerrechtshandels stützt sich auf die Dissertation von Kämpfen 1942.
25 Schmid 1972, S. 21.
26 Schmid 1972, S. 31.
27 Walliser Bote, 19. 10. 1984 (Darstellung des Zermatter Burgerrates von den durch die Burgergemeinde erbrachten Leistungen zur Förderung des Tourismus).
28 Meine Darstellung dieser zweiten Einbürgerung stützt sich auf folgende Zeitungsberichte: Basler Zeitung, 12. 11. 1982; Sonntagsblick (Zürich), 11. 12. 1983; Walliser Bote, 13. 12. 1984.
29 Vgl. zum Beispiel Hofer 1972.
30 33 % der öffentlichen Waldungen der Schweiz sind Eigentum von Bürgergemeinden. In mehreren Kantonen umfasst der Waldbesitz weit über zwei Drittel der öffentlichen Waldfläche. Das ist beispielsweise in den Kantonen Wallis (84,2 %), Baselland (74,4 %), Solothurn (73,9 %) und Aargau (71,3 %) der Fall. Neue Zürcher Zeitung, 4. 8. 1974.
31 In den Kantonen Zürich, Freiburg und Glarus ist die Zahl der Bürgergemeinden durch Verschmelzung bereits geschrumpft. Im Kanton Luzern, wo durch ein neues Gemeindegesetz die Vereinigung sämtlicher Bürgergemeinden mit Einwohnergemeinden geplant war, kam es dann bei der endgültigen Fassung des Gemeindegesetzes von 1978 nur zu einem fakultativen Zusammenlegungsangebot. Luzerner Neuste Nachrichten (Magazin), 23. 1. 1983.
32 National-Zeitung (Basel), 8. 12. 1977.
33 Buchmann 1977, S. 188; Klaus 1970.
34 Freundliche Mitteilung von Herrn Gemeinderat Bütler, Gemeindeschreiber, Unterehrendingen.
35 Buchmann 1977, S. 161.
36 Vgl. Atlas der schweizerischen Volkskunde Teil I, Karte 97 und Kommentar I, S. 560ff (Zuteilung von Holz aus Gemeindewäldern).
37 Zum Bürgernutzen allgemein vgl. Buchmann 1977, S. 86ff, S. 163, S. 174.

38 Neue Zürcher Zeitung, 6. 8. 1974.
39 Neue Zürcher Zeitung,14. 2. 1985.
40 Buchmann 1977, S. 185; zum Bannumgang vgl. Strübin, 2. Auflage 1967, S. 47ff.
41 Meylan/Gottraux/Dahinden 1972, S. 35ff, S. 163ff, S. 285ff.
42 Neue Zürcher Zeitung, 6. 8. 1974 («Die Achillesferse der Bürgergemeinden»); Luzerner Neuste Nachrichten, 24. 10. 1979.
43 In dem Film «Die Schweizermacher» (1979) von Rolf Lyssy wird die Pedanterie der mancherorts in der Schweiz üblichen Einbürgerungsprozeduren in geistreicher Weise aufs Korn genommen. Vgl. dazu Neue Zürcher Zeitung, 16. 5. 1979: «Wie wir Schweizer machen, korrekt, langwierig und schwierig».
44 Buchmann 1977, S. 177; National-Zeitung, 8. 12. 1977.
45 Darstellung aufgrund von Zeitungsberichten in: Bündner Zeitung (Chur), 29. 11. 1976 (Bericht über Einbürgerungen des Grossen Rats des Kantons Graubünden); Tages-Anzeiger-Magazin (Zürich), 15. 1. 1977 (Einbürgerungen in Graubünden und auch sonst).
46 Bois 1973.
47 Die in der Schweiz gefühlsmässig und staatspolitisch starke Verankerung der Gemeindeautonomie macht die Fusion – auch von Zwerggemeinden mit weniger als 100 Einwohnern – sehr schwierig. Die in einigen europäischen Staaten, darunter die Bundesrepublik Deutschland, aufgrund der neuen sozioökonomischen Entwicklung durchgeführten drastischen Reduktionen der Anzahl der Gemeinden, für die bevölkerungsmässige Mindestgrössen festgelegt wurden, wäre in der Schweiz nur gegen äussersten Widerstand der betroffenen Gemeinden denkbar. Auch dort, wo Zusammenlegungen von Kleinstgemeinden (Einwohnergemeinden) einmal in die Wege geleitet worden sind, können die mit zu fusionierenden Ortsbürgergemeinden, wenn die Zahl ihrer Mitglieder bei der Abstimmung noch stark ins Gewicht fällt, die Fusion blockieren. Vgl. Niederer 1980, Nr. 122, S. 150ff.
48 Neue Zürcher Zeitung, 6. 8. 1974.
49 Die Entstehung des Gemeindedualismus in der Schweiz (mit besonderer Rücksicht auf die Verhältnisse im Kanton Tessin) wurde aus rechtshistorischer Sicht behandelt von Caroni 1964. – Eine soziologische Analyse der Auswirkungen des Gemeindedualismus in einer Berggemeinde des Kantons Tessin wurde durchgeführt von Guindani 1973.
50 Weniger als die Bürger der sprachverwandten Nachbarländer empfindet der Schweizer Bürger die Gemeinde als Agentur der übergeordneten staatlichen Verwaltung. Die schweizerischen Gemeinden haben in der Erfüllung der meisten ihnen von Kanton und Bund gestellten sowie der selbstauferlegten Aufgaben grosse Ermessensfreiheit. In der grossen Mehrzahl der Landgemeinden ist die direkte Demokratie in der Form der beschlussfassenden Gemeindeversammlung als oberstes Gemeindeorgan voll ausgebildet. Vgl. Gasser 1952, S. 50ff; Meylan/Gottraux/Dahinden1972, S. 24ff.
51 Neue Zürcher Zeitung, 4. 8. 1974.

16.
Frauen von Visperterminen einst und jetzt

Die einzigen Aufzeichnungen über die Visperterminer Frauen früherer Generationen finden sich in den seit dem 17. Jahrhundert von den jeweiligen Ortsgeistlichen geführten Tauf-, Eheschliessungs- und Sterberegistern. Daraus lässt sich mehr entnehmen, als die scheinbar dürren Zahlen über den Zeitpunkt von Geburt, Heirat und Tod vermuten lassen. Wenn auch die entsprechenden Daten mit Bezug auf Visperterminen nicht ausgewertet worden sind, so dürfte es doch nicht abwegig sein, die Ergebnisse von Untersuchungen aus anderen, wirtschaftlich ähnlich gelagerten alpinen Gemeinden in etwa auf die Verhältnisse von Visperterminen zu übertragen. Die von Demographen angestellten Durchschnittsberechnungen zeigen, dass die Lebenserwartung der Frauen in den Bergdörfern bis in das erste Viertel dieses Jahrhunderts hinein niedriger war als diejenige der Männer. Das durchschnittliche Sterbealter betrug zu Beginn des 18. Jahrhunderts um die 40 Jahre für die Männer und um die 30 Jahre für die Frauen. Um die Mitte dieses Jahrhunderts jedoch betrug es 68 Jahre für die Frauen und 62 Jahre für die Männer. Der Grund für diese Umkehrung des Verhältnisses liegt bei der verbesserten medizinischen und pflegerischen Betreuung der Frauen während der Schwangerschaft und im Kindbett sowie beim Rückgang der physischen Arbeitsbelastung der Frauen dank der Mechanisierung der Landwirtschaft und der Motorisierung der Transporte. Bei den Männern wirken sich erhöhte Berufs- und Verkehrsrisiken lebensverkürzend aus.

Das durchschnittliche Heiratsalter hat sich im Laufe der Jahrhunderte nur wenig verändert. Es lag, wie der Anthropologe Robert Netting festgestellt hat, zwischen 1700 und 1970 in Törbel – einer der Nachbargemeinden von Visperterminen – zwischen 27 und 29 Jahren für die Frauen und zwischen 30 und 33 Jahren für die Männer. Diese im ganzen Alpengebiet übliche Spätheirat hatte eine Beschränkung des Nachwuchses zur Folge. Sie war bedingt durch die herrschende Erbsitte. Eine Heirat war in der Regel erst möglich, wenn die beiden Partner durch Erbfolge zu Liegenschaftsanteilen gekommen waren, welche zusammengelegt die wirtschaftliche Grundlage zur Gründung einer Familie ergeben. War die Ehe vollzogen, so wurde in jeder Beziehung zur Fortpflanzung ermutigt und es wurden in der Regel keine den natürlichen Lebensgesetzen widersprechende Massnahmen zur Geburtenregelung angewendet. Wäre dies der Fall gewesen, so müsste es aus den Familienstatistiken aufgrund der zeitlichen Abstände zwischen den einzelnen Geburten ersichtlich sein. Wir haben es demnach mit einer weithin unkontrollierten Gebärfreudigkeit zu tun, die durchaus mit der Morallehre der Kirche und mit dem sittlichen Empfinden der Bevölkerung im Einklang stand. Familien mit 9 und mehr Kindern, bei welchen der Altersunterschied zwischen dem Jüngsten und dem Ältesten bei 18 und mehr Jahren lag, waren durchaus keine Seltenheit.

Nicht nur war das Heiratsalter in den Berggemeinden allgemein hoch, sondern viele Erwachsene heirateten überhaupt nicht. Die Anzahl der über 20jährigen, die ihr Leben lang ledig blieben, betrug zeitweise um die 30 %. Ehepartner mit Landbesitz, die man heiraten konnte, standen bei der allgemeinen Güterknappheit nicht beliebig zur Verfügung, so dass das Heiraten stets eine schwierige und viel Geduld erfordernde Angelegenheit war. Während der Ledigenstand in städtischen Verhältnissen nicht unproblematisch war, galt er in der alpinen Gesellschaft als quasi normal. Ledige Frauen arbeiteten in der Regel in der elterlichen Landwirtschaft oder in derjenigen eines Bruders. Dass jüngere Frauen ihre Eltern im Alter pflegten und auf ihr individuelles Lebensglück verzichteten, entsprach durchaus dem ethischen Empfinden der Bevölkerung und kommt auch heute noch vor.

Trotz der hohen Zahl von Unverheirateten gab es nur wenige uneheliche Geburten (zwischen 1 und 2 % aller Geburten). Erst in den letzten 50 Jahren, als mehr Frauen als früher ausserhalb der Gemeinde Stellen annahmen, dürfte die Zahl der unehelichen Geburten leicht angestiegen sein. Bei der allgemeinen Hochschätzung der Jungfräulichkeit erfuhren ledige Mütter zahlreiche Demütigungen. Voreheliche Schwangerschaften galten ebenfalls als unehrenhaft – nicht nur für die Mutter, sondern auch für deren Eltern und für den schuldigen Partner –, aber doch nicht in demselben Masse wie uneheliche Geburten. Wenn die Hochzeit – oft auf Drängen des Ortsgeistlichen – einige Wochen vor der Geburt des Kindes stattgefunden hatte, ebbte das Gerede über die sittenwidrigen vorehelichen Beziehungen bald ab, und niemand trug einen dauernden moralischen Schaden davon. Voreheliche Schwangerschaften lassen sich aus den Familienstatistiken leicht nachweisen, aber diese geben keine Auskunft darüber, in welchen Fällen die voreheliche Zeugung in der Absicht vollzogen worden war, Eltern, die z. B. aus familienpolitischen Gründen in eine Heirat nicht einwilligen wollten, vor Tatsachen zu stellen und so die Heirat zu erzwingen.

In den Zeiten der traditionellen Selbstversorgung der Familien, die in Visperterminen bis in die 30er Jahre dieses Jahrhunderts dauerte, oblag den Frauen nicht nur die Besorgung des Haushalts, die Obhut und Pflege – auch bei Krankheit – der meist grossen Kinderschar sowie die Versorgung der Familie mit selbstangefertigter Kleidung; sie mussten ausserdem mithelfen bei der Heuernte und dienten im Sommer als Melkerinnen und Sennerinnen auf den Alpen. Man fand sie auch auf dem Kornacker mit aufgekrempeltem Oberrock und mit zur Erde gebeugtem Rücken beim Kornschneiden mit der grossen Sichel. Die Frauen schienen fast untrennbar mit dem Rückentragkorb, der «Tschifere», verbunden zu sein, die – zusammen mit dem Spinnrad und dem Kunkelstab – recht eigentlich das Emblem der Walliser Frauen in den Bergdörfern war. Die «Tschifere» und das Rückentraggefäss aus Arvenholz für die Milch, die Brente, hatten den Vorteil, die Arme der Trägerin für andere Beschäftigungen freizulassen. So wurden im Gehen von den Frauen oft Strümpfe und ganze Pullover gestrickt. Den Frauen oblag auch das Wässern der Wiesen während des Tages, wobei sie bei der grossen Zerstückelung des Grundbesitzes oft einen stundenlangen Hin- und Herweg in Kauf nehmen mussten. Ganz schwere Arbeiten wie Waldarbeiten und das Umgraben und Pflügen der Äcker sowie die Hackarbeiten im Rebberg wurden ihnen nicht zugemutet. Dagegen besorgten sie die sogenannten Nacharbeiten in den Reben, das Umbiegen der Schosse, das Entlauben und das Lesen.

Manche fremden Besucher haben sich in Wort und Schrift über die «Erniedrigung der Frau» in den Walliser Bergdörfern ereifert. Tatsache ist, dass – solange die Selbstversorgung der Familien vorherrschend war – die Frau im wörtlichen Sinne Mitarbeiterin (keineswegs Sklavin) des Mannes war, soweit es ihre Körperkraft und ihre Mutterpflichten gestatteten. In den traditionellen Bergbauernfamilien gab es keine strikte Arbeitsteilung nach Geschlechtern, sondern Frau und Kinder halfen nach Möglichkeit bei der gemeinsamen Arbeit zur Gewinnung und Sicherung des täglichen Brotes. Sie fühlten sich dadurch nicht entehrt oder in ihren Rechten geschädigt, solange ein Vergleich mit anderen Verhältnissen kaum oder gar nicht möglich war. Zur Überforderung der Frau konnte es freilich kommen, wenn die Männer auf fremden Bauplätzen arbeiteten und nur gelegentlich übers Wochenende in das Heimatdorf zurückkehrten.

Die grosse Wende für Visperterminen kam kurz vor Ausbruch des 2. Weltkrieges, als die bequeme Postautostrasse das Dorf erreichte. Der moderne Verkehr brachte Visperterminen in engeren Kontakt mit dem Haupttal der Rhone, was bald zur Entwicklung eines regen Pendlerverkehrs von männlichen und weiblichen Arbeitskräften zwischen dem Bergdorf und dem Talgrund führte. In gewissem Sinne – wenn auch nicht vollständig – lockerten sich dadurch die Bindungen zu den traditionellen wirtschaftlichen Daseinsgrundlagen, jedoch nicht zu der dörflichen Gesellschaft als solcher. Heute bezieht nicht einmal ein halbes Dutzend Visperterminer Bauern ihr ganzes Einkommen aus der Landwirtschaft. Die übrigen sind Arbeiterbauern, die mit modernen landwirtschaftlichen Maschinen und Fahrzeugen weiterhin Viehwirtschaft und Weinbau treiben, ihren Hauptverdienst aber im Tal finden.

Während die erste Generation der Pendler als ungelernte Hilfsarbeiter ihr Brot in den Fabriken und den Gewerbebetrieben des Rhonetales sowie auf Bauplätzen verdient hatte, strebten zuerst die Söhne, dann auch die Töchter nach einer geregelten Berufslehre mit Abschlusszeugnis, sei es im handwerklich-technischen, sei es im Dienstleistungsbereich. Durch die Übernahme moderner Errungenschaften (Motorisierung, Elektroherd und Waschmaschine, audio-visuelle Medien, Frauenpresse usw.) vollzog sich in den Nachkriegsjahren auch in Visperterminen nach und nach der Übergang in die Modernität. Beim Wandel des privaten, d. h. des häuslichen Lebens und der Konsumgewohnheiten war die Frau die treibende Kraft. Die modernen Ansprüche an Sauberkeit und Wohnlichkeit führten bei den jungen Frauen zur Abwendung von der Viehwirtschaft, insbesondere von der Arbeit im Stall, dessen Unsauberkeit in krassem Gegensatz zu der gepflegten Wohnung steht. Heute sind fast nur noch ältere Frauen bereit, die Kühe zu füttern, sie zu melken und den Stall zu reinigen. Dadurch wird die Viehwirtschaft in Visperterminen mehr und mehr abnehmen. Während man im Jahre 1953 noch 763 Kühe und Kälber zählte, waren es 1987 nur noch 147 Tiere.

Wenn jetzt Apparate die Haushaltführung wesentlich erleichtern und Fertigprodukte aus dem Konsumladen ganze Arbeitstage ersparen, eröffnen sich für die verheirateten Frauen bei geringerer Kinderzahl und längerer Lebenserwartung neue Perspektiven. Einige ergriffen die Möglichkeit zu Heimarbeit in der Form von Maschinenstrickerei und anderer Textilarbeiten für Privatfirmen und für die Armee. Andere übernehmen ausserhäusliche Tätigkeiten in der Gemeinde, in der Kirche, in der Fürsorge und in den Vereinen. Es entsteht ein neuer, auf individuelle Lebensgestaltung hin orientierter Frauentyp, der sich von der traditionellen Frauenrolle absetzt.

Bei aller Modernisierung haben die Vispertermінerinnen manche Traditionen in die moderne Lebensform integriert. Man sieht heute in Visperterminen ältere Frauen noch tagtäglich das alte Arbeitsgewand und dazu das Kopftuch tragen. An der Prozession am Fronleichnamstag und am darauffolgenden Segensonntag sowie an anderen hohen Festtagen tragen auch junge Frauen die feierliche Festtagstracht mit dem charakteristischen hohen Walliserhut, dessen Ränder mit einer schlauchförmigen, vielfach gefältelten Taftbandkrause, «Krees» genannt, besetzt sind. Zur «Grosstagstracht» gehört auch das seidene, goldbestickte Hutband und das in gleicher Weise bestickte Schultertuch. Zur Zeit besteht ein Trachtenverein, der sich für die Erhaltung der Wallisertracht einsetzt und der eine Kinder-Trachtentanzgruppe betreut, die bei Hochzeiten und anderen festlichen Anlässen auftritt.

So findet der Besucher des stattlichen Bergdorfes überall ein Nebeneinander von Traditionellem und Modernem. Diese «Gleichzeitigkeit des Ungleichzeitigen» trägt wesentlich zum Charme der zu Recht berühmten Gemeinde bei.

17. Frühere Formen kollektiver Arbeit in ländlichen Gemeinden

Im Zentrum des traditionellen Gemeindelebens in historischer Zeit steht die brauchmässig geregelte Arbeit als unerlässliche Grundbedingung der kommunalen Existenz. Im folgenden soll von den konkreten Erscheinungsformen solcher Arbeit die Rede sein, welche dazu beigetragen hat, die grossartige wilde Natur unserer Berge in jene bewunderungswürdige Kulturlandschaft zu verwandeln, die jedem Besucher unvergesslich bleibt. Mit «Gemeinde» ist hier nicht so sehr die politisch-administrative Einheit gemeint als vielmehr soziologisch die Gesamtheit von Nachbarn (König 1958, S. 47 f.) und deren Verhältnis zueinander sowie die damit verbundenen Pflichten und Rechte, die auf dem allgemeinen Prinzip der Gegenseitigkeit beruhen. Vorausgesetzt wird das subjektive Gefühl der Zusammengehörigkeit. Es bildet sich durch die persönlichen Beziehungen der Gemeindemitglieder untereinander, durch häufige Kontakte und gegenseitige Hilfe. Die ländliche Gemeinde in historischer Zeit war ein genossenschaftliches Gebilde und eine moralische Verantwortungseinheit, und dies über alle Spannungen, persönlichen Reibereien und Rivalitäten hinweg.

Ein hoher Grad von konkreter Solidarität äusserte sich in der Form der Anteilnahme und Hilfe bei besonderen Familienereignissen und deren Folgen. Bei der damaligen Bedrohung und Unsicherheit des Lebens, Krankheiten, Seuchen, Bränden, feindlichen Einfällen war das Aufeinanderangewiesensein in der Not selbstverständlich, und der Nachbar war der typische Nothelfer. Dabei darf man nicht vergessen, dass die durchschnittliche Lebensdauer in der Vergangenheit weit kürzer war als heute und dass der Tod in jedem Lebensalter zuschlug und nicht – wie heutzutage meist – erst im fortgeschrittenen Alter. Er war gemeinschaftsbedrohend wegen des Ausfalls von Menschen im produktiven Lebensalter, die für das Funktionieren und den Bestand der Gemeinschaft wichtig waren. Um so unentbehrlicher waren hier die verwandtschaftlichen und nachbarschaftlichen Beziehungen, denen eine weitaus wichtigere Bedeutung zukam als heute (Imhof 1984, S. 36 f.). Es stand nicht das einzelne Ego im Zentrum allen Denkens und Handelns, vielmehr spielten konstante Gruppierungen wie Familie, Verwandtschaft, Nachbarschaft, Dorfschaft die entscheidende Rolle. Der Kreis der Verwandten zum Beispiel, die zur Unterstützung Bedürftiger herbeigezogen wurden, war so gross, dass der Einzelne nur wenig belastet wurde. So sah das Walliser Kantonalgesetz zur Armenunterstützung von 1898 vor, dass Verwandte und Verschwägerte bis zum 8. Grad (nach römischer Berechnung) zur Unterstützung herbeigezogen werden konnten.

Träger von kollektiven Aktionen im Sinne der Wohltätigkeit, der damaligen Caritas, war manchmal die ganze Dorfgesellschaft, manchmal eine bestimmte Altersgruppe, etwa so, dass die Ernte einer Witwe in Gemeinschaftsarbeit der dörflichen Knabenschaft eingebracht wurde, wie es Gottfried Keller in seinem Gedicht «Sommernacht» schildert, wo es heisst:

> *«Das sind die Bursche jung und wacker,*
> *Die sammeln sich im Feld zuhauf*
> *Und suchen den gereiften Acker*
> *Der Witwe oder Waise auf,*
> *Die keines Vaters, keiner Brüder*
> *Und keines Knechtes Hilfe weiss.*
> *Ihr schneiden sie den Segen nieder,*
> *Die reinste Lust ziert ihren Fleiss.»*
> (Gesammelte Werke in 4 Bänden, Bd. 1, S. 38 f.)

Das wissenschaftliche Interesse für genossenschaftliche Ordnungen war zu Ende des letzten Jahrhunderts von den sozialen Bewegungen jener Zeit angeregt worden. So befasst sich der russische Gelehrte und politische Anarchist Peter Kropotkin (1842–1921) in einer breit vergleichenden Studie, die sich auf deutsche, englische, französische und russische Veröffentlichungen stützt, mit historischen Genossenschaften in der Perspektive einer universalen Strukturgeschichte der Gegenseitigkeit (Kropotkin 1904). Bemerkenswert ist bei Kropotkin, dass er in seiner Darstellung auch das Wettbewerbsmoment einschliesst, weil er einsah, dass Kooperation und Wettbewerb Verhaltensweisen sind, die einander nicht ausschliessen, sondern oftmals ergänzen.

Dem Phänomen der unmittelbaren, geselligen Kooperation hat auch der Volkswirtschaftler Karl Bücher (1847–1930) Aufmerksamkeit geschenkt, wobei er deren durch Takt, Gesang und Musik befördertes Lustmoment in den Vordergrund stellte (Bücher 1919).

In der Schweiz hat vor allem der aus Tamins stammende Theologe Leonhard Ragaz (1868–1945) in seinen Vorlesungen an der Zürcher Universität des öfteren die vorkapitalistische Dorfgesellschaft positiv beurteilt, so zum Beispiel in der Vorlesung «Christentum und soziale Frage» vom Sommersemester 1909, wo er sagte: «Es gab eine ganze grosse Epoche im Leben der Menschheit, wo wirtschaftliches Leben nicht durch den Gedanken an den Profit beherrscht war... Das ganze Mittelalter war von einem andern wirtschaftlichen Prinzip beherrscht; ich möchte es kurzweg das Genossenschaftsprinzip nennen» (Mattmüller 1957, S. 195).

Nicht nur die eher theoretisch und wissenschaftlich, sondern auch die politisch orientierten Schriften jener Zeit neigen zur sozialromantischen Idealisierung bäuerlich-genossenschaftlicher Ordnungen. Während die Konservativen die überkommenen traditionalen Ordnungen verteidigten, wollten die Sozialisten die alten Werte der Solidarität in der neuen industriellen Gesellschaft in die Wirklichkeit umsetzen. Auch die Volkskunde war lange in der Idealisierung bäuerlich-gemeinschaftlicher Lebensformen befangen, die für die Zeit rascher Industrialisierung typisch war; dies gilt besonders für die deutsche Volkskunde. Nach der nationalsozialistischen Perversion wurde sie diesbezüglich nüchterner und wendet sich heute ideologiefreieren Fragestellungen, zum Beispiel den Problemen des sozio-kulturellen Wandels, zu.

Trotz des vorher erwähnten romantischen Bildes in Gottfried Kellers «Sommernacht» soll die Dorfgemeinschaft nicht als eine von Nächstenliebe und Hilfsbereitschaft überfliessende Welt dargestellt werden. Die Beziehungen der einzelnen Mitglieder zueinander waren wohl persönlich, aber durchaus unsentimental. Es gab immer auch clanhafte Familienverbindungen, Machtkonzentrationen und unversöhnliche Feindschaften. Selbst scheinbar so egalitäre Institutionen wie das Gemeinwerk erweisen sich nicht selten als Instrumente struktureller Ungleichheit, wenn zum Beispiel die wirtschaftlich Mächtigeren von der Gratisarbeit der Habenichtse profitieren (Felber 1906, S. 33 ff.).

Abgesehen von den alltäglichen Arbeiten der Familie in Haus und Hof gibt es vier immer wiederkehrende Arbeitsformen, die fast überall in den ländlichen Gemeinden Europas und darüber hinaus vorkamen und zum Teil noch vorkommen, allerdings in unterschiedlicher Dichte und Ausprägung.

Da ist erstens das *Gemeinwerk* als die von einem lokalen Kollektiv unentgeltlich geleistete Arbeit zugunsten der Gemeinde oder einer anderen öffentlich-rechtlichen oder auch privaten Körperschaft wie zum Beispiel einer geschlossenen Alpkorporation oder einer dörflichen Schützenzunft, die über Grundbesitz verfügt;

– zweitens der sogenannte *Reihendienst*, bei uns auch Kehrordnung oder Rod genannt, bei dem nach einer bestimmten Ordnung befristete Ämter und Dienstleistungsverpflichtungen von Person zu Person weitergegeben werden (rotieren), derart, dass jede von ihnen nur während einer festgelegten Frist den

Dienst zu leisten hat und nach Ablauf dieser Frist von der in der Reihe auf ihn folgenden Person abgelöst wird, wie zum Beispiel beim Wachtdienst. Der Reihendienst bezieht sich nicht nur auf Einzelpersonen, sondern auch auf Höfe, Weiler, Strassen usw., die jeweils nacheinander «drankommen»;

– drittens die *Bittarbeit.* Man versteht darunter die gemeinschaftlich unter Freunden, Nachbarn, Verwandten und Bekannten freiwillig ausgeführten Arbeiten, wie zum Beispiel das Dreschen, das Hinauftragen der Erde vom unteren Ackerrand usw. Sie kommt vor allem dort zum Zuge, wo die Kräfte des eigenen Hausstandes nicht genügen, wenn es darum geht, dringliche oder besonders schwere Arbeiten innert nützlicher Frist auszuführen;

– viertens die *gesellige Arbeit,* von der man nicht sagen kann, dass sie die Kräfte des eigenen Hausstandes übersteigt. Es handelt sich vielmehr um Zusammenkünfte zur Ausführung langwieriger und mechanischer Arbeiten wie etwa das Flachsbrechen, das Ausschälen von Maiskolben oder das Spinnen, wobei das Bedürfnis nach Unterhaltung, Scherz, Gesang und auch Erotik im Vordergrund stand, da ja die Möglichkeit allabendlicher privater Unterhaltung durch Radio und Fernsehen noch nicht gegeben war.

Das *Gemeinwerk* (Durgiai 1943, Niederer 1956, Atlas d. schweiz. Volkskunde, Karte I, 94 u. Kommentar S. 524–534), von dem zuerst die Rede sein soll, ist eine durch Recht und Brauch geregelte Form des kollektiven Arbeitsaufwandes einer grösseren oder kleineren organisierten Gruppe, sei es eine Bürger- oder Einwohnergemeinde, eine Korporation oder eine Genossenschaft. Die in der Regel unentgeltlichen oder mit einer nur bescheidenen Entschädigung vergüteten Arbeiten kommen der jeweiligen Gruppe als Gesamtheit zugute. Richard Weiss sagt dazu, dass das Gemeinwerk «erhaltend und bewahrend auf die genossenschaftlich geformte Talgemeinschaft mit ihrem Selbständigkeitsdrang einwirkt». Nirgends hat sich das Gemeinwerk so stark und so lange gehalten wie in den inneralpinen Selbstversorgungsgebieten mit bedeutendem Gemeinbesitz.

In seiner Autobiographie beschreibt der Theologe Leonhard Ragaz (1868–1945) das Gemeinwerk in seinem Heimatdorf Tamins: «Der ganze umfassende Gemeinbesitz musste auch gemeinsam verwaltet werden. Das geschah durch gemeinsame Arbeit, welche ‹Gemeinwerk› hiess. Es erstreckte sich besonders auf die Anlage und Pflege von Alp- und Waldwegen …, auf den Bau von Wuhren gegen die Gefahr der Wildbäche sowie auf Ausrodung und Anpflanzung von Wald. Zu diesem Gemeinwerk wurden die Männer am Abend vorher durch Ausrufen aufgeboten. Auch die Frauen hatten sich, wenn die Männer fehlten, daran zu beteiligen» (Ragaz 1952, S. 46 f.).

Im Anschluss an die Schilderung des Gemeinwerks tritt Ragaz der Auffassung entgegen, wonach auf die Verwaltung von Gemeingut und die Arbeit dafür nicht der nötige Eifer und die nötige Gewissenhaftigkeit aufgewendet würden. «Die Erfahrungen mit unserem Dorfkommunismus», schreibt Ragaz, «widerlegen diese Annahme ganz gründlich. Bei uns war das Gegenteil der Fall. Es war selbstverständlich, dass an das Gemeingut und die Gemeinarbeit viel mehr Eifer und Treue gewendet wurde als an das eigene Gut und die eigene Arbeit.» – Eine Aussage freilich, die sich nicht verallgemeinern lässt, denn allzu zahlreich sind die dorfamtlichen Ermahnungen an die Gemeinwerkpflichtigen, sich pünktlich einzufinden und fleissig zu arbeiten, und die Sanktionen, die über die Säumigen verhängt wurden, gingen von Bussen, die in Wein oder Geld zu entrichten waren, bis zur Viehpfändung. Gefängnisstrafen kamen bei der wegen Auswanderung zumeist knappen Zahl von Arbeitskräften nicht in Frage, denn wer hätte das Feld des Schuldhaften bestellen sollen, wenn nicht die Nachbarn?

Natürlich war es Ragaz klar, dass die Taminser Idylle seiner Jugendzeit (der achtziger Jahre des vergangenen Jahrhunderts) nicht ewig weiterbestehen konnte. Er sah im Aufkommen der kapitalistischen Wirtschaftsform die Zerstörung der vorindustriellen gemeinwirtschaftlichen Lebensform, aber auch eine notwendige Entwicklungsstufe, über die der Gang der Geschichte führen musste (Mattmüller 1957, S. 200). Das Gemeinwerk, romanisch «lavur cumina» beziehungsweise «lavur cumüna», ist aufs engste verbunden mit dem landwirtschaftlichen Charakter der Gemeinde und hat sich als zentrale Einrichtung zum Überleben in ökologisch schwierigen und bargeldarmen Regionen am längsten erhalten, so im ganzen Alpengebiet und den Deichgebieten auf der schleswig-holsteinischen Nordseeküste. Es ist weniger ein rechtlicher als ein durch die natürliche Umwelt bedingter Zwang, der Anlass zu dieser regelmässigen Zusammenfassung der kollektiven Arbeitskraft der Gemeinden gibt. Im alpinen Raum steht das Gemeinwerk im engen Zusammenhang mit dem Gemein-Eigentum an Weideflächen und Wäldern. Für Graubünden wurde das Gemeinwerk von dem Juristen Erwin Durgiai aus rechtsgeschichtlicher und verwaltungsrechtlicher Sicht dargestellt.

Nach Durgiai erfolgte das Aufgebot zum Gemeinwerk durch ein Glockenzeichen; aus jeglichem Haus nahm daran ein Vertreter teil, alle waren mit dem nötigen Werkzeug bewaffnet. Der Dorfmeister stellte die An- oder Abwesenheit fest und betraute kleine Gruppen mit einzelnen Aufgaben. Da war zum Beispiel die Forststrasse instandzustellen, es waren die Wuhren am Dorfbach auszubessern, es mussten die Gemeindewiesen eingefriedet, gesäubert und allenfalls bewässert werden oder es musste das Brennholz für den Pfarrer und die Gemeindeschule geschlagen und ins Dorf geführt werden (Durgiai 1943, S. 21 f.).

Eine besondere Bedeutung kam den ausserordentlichen Gemeinwerken zu, die bei drohenden Naturereignissen wie Erdrutsch, Lawinenniedergang, Hochwasser usw. angeordnet wurden. Bei den ausserordentlichen Gemeinwerken wurden im Lötschental nicht nur je ein Mann aus jeder Haushaltung aufgeboten, sondern der ganze «Mannstand», d. h. alle Männer im Alter von 16 bis 60 Jahren. Der ganze «Mannstand» trat nicht nur im Katastrophenfall in Aktion, sondern auch bei grösseren Unternehmungen zugunsten der Gemeinde oder der Pfarrei wie beispielsweise beim Bau von Kanälen zur künstlichen Bewässerung, von Gemeindehäusern, Schulhäusern, Backhäusern, Alpkäsereien oder Kirchen und Kapellen (Niederer 1956, S. 85). Durgiai erwähnt in seiner Dissertation den Bau eines neuen Kirchturms durch die Nachbarn der Gemeinden von Tartar und Sarn, wobei diese Gemeinschaftsarbeit zur feldarbeitsarmen Zeit durchgeführt wurde (Durgiai 1943, S. 74 f.).

Es ist nicht so, dass in allen Fällen die ganze Gemeinwerkmannschaft in corpore aufgeboten werden muss; es gibt Arbeiten, die von einer kleinen Gruppe besorgt werden können. Welche Haushaltungen dazu jeweils aufgeboten werden, bestimmt das Los. Im Lötschental gab es die sogenannten Gemeindelose; das waren Holztötzchen – heute durch Loszettel ersetzt –, auf denen die Hauszeichen der einzelnen Familien aufgezeichnet sind. Beim Verlosen der jeweils Aufzubietenden nimmt der Präsident die Schachtel mit den Losen und hält sie ein wenig in die Höhe, dann greift er die nötige Anzahl Lose heraus. Diejenigen, denen diese Lose gehören, müssen dann die betreffende Gemeindearbeit verrichten. Die so gezogenen Lose werden getrennt aufbewahrt, damit bei einer späteren Verlosung nicht wieder dieselben Haushaltungen betroffen werden (Gmür 1917, S. 75).

Zur zweckmässigen Durchführung der Gemeinwerk-Arbeiten wurde die Gemeinde in besondere Gemeinwerkbezirke (romanisch «quadras» genannt) eingeteilt.

Es gibt eine Anzahl von Gemeinwerkarbeiten, welche jungen Teilnehmern die Gelegenheit geben, sich im Wettbewerb zu messen. Beim Mähen der Gemeindewiesen versuchen die Burschen, einander «auszumähen», d. h. aus der Reihe der Mähder zu verdrängen, wobei der so Verdrängte die Neckereien der Kameraden einstecken muss (Niederer 1956, S. 63, 67, 86 f.).

Manche Arbeiten, wie das Räumen der Alpweiden oder das Ausbessern von Waldwegen, geben freilich den jungen Leuten keine Gelegenheit, ihre Kraft und ihre Geschicklichkeit untereinander zu messen. Der Ehrgeiz als wichtige Triebkraft für überdurchschnittliche soziale Leistungen fällt damit weg, und allerlei Possen und Neckereien kommen zum Zuge. Gemeinwerke waren immer auch Orte der Kommunikation, d. h. der Umschlagsplatz für Dorfneuigkeiten (Weiss 1941, S. 249, 251).

Im übrigen gilt für das Gemeinwerk, was Richard Weiss in seiner «Volkskunde der Schweiz» mit Bezug auf den traditionellen Arbeitsstil schreibt:

Aufgebot zum Gemeinwerk (Kippel, Lötschental, um 1905) (Gmür 1917).

«Das Übliche und Volkstümliche einer gesunden Kultur ist viel eher das gemässigte Arbeiten mit Dreiviertelskraft, ohne moderne städtische Hetze» (Weiss 1946, S. 184). Das Gemeinwerk, so kann man sagen, sorgt eher für weniger intensive Verausgabung von Kraft – es sei denn, es finde wettbewerbsorientiert unter jungen Leuten statt.

Die Dienstleistungen im Gemeinwerk bestehen in körperlicher Tätigkeit; es handelt sich um Arbeiten, die jeder normale Mensch leisten kann, zu deren Leistung er keiner besonderen Fähigkeit bedarf. Bei zweckmässiger Organisation der Gemeinwerk-Unternehmungen wird der verantwortliche Leiter (der Dorfvogt, Cauvitg, Arbeitsmeister oder wie er jeweils hiess) indessen jeweils den richtigen Mann an den richtigen Ort stellen. In das Bild einer durch Arbeitsprozess und berufliche Gleichgerichtetheit gut integrierten Landgemeinde passten über lange Zeit einzig der Pfarrer und der Lehrer nicht, weil sie zum Wegbau, zur Wuhrarbeit oder zum Holzschlagen ungeeignet waren oder von den andern für ungeeignet gehalten wurden. Ihnen wurde zumeist einseitige und unentgeltliche Hilfe zugestanden. Jede weitere berufliche Differenzierung im Dorfverband löst die enge Verbindung zwischen beruflicher Tätigkeit und Gemeinwerk auf, und die Nachbarschaftshilfe wird ausgehöhlt.

Verhältnismässig früh war der Grundbesitz der einzelnen gemeinwerkpflichtigen Haushaltungen mitbestimmend für den Umfang der Gemeinwerkpflicht. Dies ist heute zumeist der Fall bei den Alpwerken, wo die Gemeinwerkpflicht sich nach der Anzahl der von den einzelnen Besitzern zur Sömmerung aufgetriebenen Kühe richtet. Wo dies nicht der Fall ist, zieht der wirtschaftlich stärkere Besitzer einen grösseren Nutzen aus der Gemeinschaftsarbeit; solche Verletzungen der Reziprozität erregten in der Vergangenheit viel Unmut. Sie trugen nicht zur Arbeitsmoral bei, sondern waren einer der Gründe für die Auflösung des Gemeinwerkes (Weiss 1941, S. 250, Niederer 1956, S. 75–76).

Interessant ist die festliche Überhöhung des Gemeinwerks. Man kann hier die schon zu Zeiten der Grundherrschaft vielfach übliche Musikbegleitung bei Fronarbeiten erwähnen. Dafür finden sich einige Belege bei Karl Bücher. So arbeitete im Zürichgau die Mannschaft wohl nach der Musik eines Geigers, und in einer Verordnung aus dem Taunus hiess es: «Wenn die Junker ihr Korn schneiden lassen, so sollen sie einen Pfeifer haben, der den Schnittern pfeife, und wenn die Sonne noch baumeshoch steht, so sollen sie tanzen, bis es Nacht wird» (Bücher 1919, S. 244 f.).

Bekannt sind die Rebwerker der Gemeinden des Val d'Anniviers, welche von Pfeifern und Trommlern angeführt früh morgens in die Gemeindereben bei Siders ziehen, wo sie unter fortwährender Musikbegleitung arbeiten (Brockmann-Jerosch 1931, S. 144).

Die alten Bürgergemeinden mit ihren unentgeltlich zu leistenden Gemeinwerken, ihren Gemeintrünken, feierlichen Aufnahmen ins Bürgerrecht, ihren Bürgerhäusern und Burgerreben waren keine blossen Zweckverbände, sondern erfassten irgendwie den ganzen Menschen.

Eine weitere verbreitete Form der traditionellen Arbeitsorganisation ist der *Reihendienst,* auch Kehrordnung oder *Rod* genannt (Idiotikon Bd. 6, Sp. 589 ff.). Es handelt sich dabei um Ämter und Dienstleistungen, welche in einer geschlossenen Gruppe von gleichberechtigten Personen in einem vorbestimmten Umlauf von Person zu Person weitergegeben werden, und zwar derart, dass jede nur eine festgelegte Frist den Dienst zu leisten hat und nach Ablauf dieser Frist von der in der Reihe auf sie folgenden Person abgelöst wird.

Solchen Reihendienst gibt es auf den verschiedenen Stufen des gesellschaftlichen Aufbaus, wobei man von der Vermutung ausgeht, die Verpflichteten seien untereinander leistungsgleich. Dies entspricht demokratisch-egalitärer Gepflogenheit. Die Bauern nahmen ihre Ämter nur ehrenamtlich und nebenberuflich wahr, da sie ziemlich rasch rotierten und nicht erblich waren. So konnten sie sich auch nicht personal verfestigen. Grundsätzlich kam jeder Haushaltvorsteher einmal an die Reihe. Es wurden übrigens nicht alle Reihendienste als gehobene Pflichten empfunden. Viele bedeuteten eine Last, eine Bürde ohne besonderen Glanz. Sie waren persönliche Hingabe an die Gemeinde und Keimboden des Pflicht- und Sorgegedankens. Gewisse Ämter verliehen ihrem Träger auch Machtbefugnisse, selbst gegenüber Höhergestellten, wie z. B. beim militärischen Wachdienst, wo die Wachehabenden Vorgesetzte aller Militärpersonen sind. Richard Weiss befasst sich in seinem grundlegenden Werk über das Alpwesen Graubündens eingehend mit dem rotierenden Amt des Alpmeisters, romanisch «chau d'alp» oder «cautégia» (caput de vico), das von Haus zu Haus reihum geht. Dieses «von Haus zu Haus» ist eine Reihenfolge, die jedem bekannt ist, weil gewöhlich auch allerlei andere Ämter und Verpflichtungen im Häuserturnus verteilt werden (Weiss 1941, S. 263 f.).

Der Turnus kann anstatt von Einzelperson zu Einzelperson oder von Einzelfamilie zu Einzelfamilie auch von einer Gruppe zur andern gehen; dazu ein Beispiel aus dem neuen Testament, das den Reihendienst von Gruppen erkennen lässt. Es ist die Geschichte von Zacharias und seiner Begegnung mit dem Engel im Tempel (Lukas I, Vers 8). Es heisst dort, es sei die Ordnung (gemeint die Dienstklasse) des Zacharias an der Reihe gewesen, welche das Rauchopfer zu spenden hatte. So können auch Bevölkerungsgruppen wie die Bewohner von Weilern, Dorfbezirken oder Strassenzügen zum Reihendienst verpflichtet sein. Innerhalb dieser Gruppe wird dann der zu Beauftragende

Gemeindeverwaltung
3903 Ferden

Stundengebet am
Eidg. Bet- und Busstag 1988

10.00 - 11.00

11.00 - 12.00

12.00 - 13.00

13.00 - 14.00

14.00 - 15.00

und alle ohne Zeichen und die Pfarreiangehörigen v.Goppenstein

Reihenfolge der zum Stundengebet aufgerufenen Familien, hier dargestellt durch ihre Hauszeichen.

durch ein weiteres Verfahren bestimmt, zum Beispiel durch Berücksichtigung der Altersreihe, durch Wahl oder durch das Los, wie bei Zacharias, von dem es heisst, es habe ihn nach dem Brauch der Priesterschaft das Los getroffen, zu räuchern.

Vielfach gab es besondere Register über die Reihenfolge der jeweils zum Dienst Verpflichteten. Solche Register wurden im Oberwallis – nach Max Gmür – so erstellt, dass man die Hauszeichen der einzelnen Haushaltungen auf einem Stabe von Hartholz nacheinander einkerbte. Diese Hauszeichen sind allen Ansässigen bekannt. Man benennt diese Pflichthölzer (oder Tesseln) nach der Art des Dienstes, den sie fordern (Gmür 1917, S. 80 ff.). Nach F. G. Stebler sind die Pflichthölzer am stärksten verbreitet im obersten Rhonetal, im Goms. So zählte er in der Gemeinde Oberwald im Goms 15 Sorten solcher Pflichthölzer auf. Die meisten betreffen die Viehhut, aber auch die Ämter des Alpvogts und des Sakristans kommen vor. Am stattlichsten seien die Nachtwächter-Tesseln; sie haben mehr als einen Meter Länge. Derjenige, der die Nachtwache besorgt, klopft während seines Ganges an die Haustüre desjenigen, der zunächst an die Reihe kommt, und übergibt ihm den Stab am folgenden Morgen (Stebler 1907 a, S. 165–209). Dieser Stabwechsel ist eine einfache Form des immer wiederkehrenden Vorganges der Amtsübergabe, die je nach der Bedeutung der Verrichtung oder des Amtes mehr oder weniger zeremoniell ausgestattet sein kann. Man denke dabei an die militärischen Wachaufzüge oder an die Wachablösung vor dem Buckingham-Palast in London als touristische Sehenswürdigkeit.

Nicht immer ist aber die starre Kehrordnung die geeignetste Organisationsform. Nehmen wir als Beispiel die Backhaustesseln, welche die Reihenfolge für die Benutzung des Gemeinde-Backofens regeln. Es ginge nicht an und wäre ungerecht, wenn der erste auf der Tessel Vermerkte immer mit dem Backen beginnen müsste. Das erste Anheizen erfordert nämlich viel mehr Holz als die weiteren. Man sorgt dann für den Wechsel so, dass beim ersten Turnus der erste anfängt, beim nächsten der zweite, im dritten die Nummer 3 usw. (Stebler 1907a, S. 179f.).

Einige Kehrordnungen, die von Fall zu Fall durch das Los bestimmt werden, sind nur auf Papier aufgezeichnet, so etwa die Reihenfolge der einzelnen Familien beim Stundengebet in der Kirche. Dabei bedient man sich noch heute der Hauszeichen. So sah ich noch am Bettag 1988 an der Kirchentüre von Ferden im Lötschental einen Anschlag, auf welchem die einzelnen Familien nur mit ihren Hauszeichen für bestimmte Zeiten zum Stundengebet aufgerufen waren.

In Deutschbünden wird der Reihendienst allgemein als «Rod» bezeichnet – ein Wort, das sich aus der rätoromanischen Zeit erhalten hat. Die romanische Bezeichnung ist «roda», «rouda» für ‹Rad› und ‹Reihenfolge› aus lat. «rota» (Rad). Das Schweizerische Idiotikon gibt unter dem Stichwort «Rod» zahlreiche Belege für Reihendienste in Graubünden und angrenzenden Gebieten. So bezeichnet Rod zum Beispiel die Kehrordnung, nach welcher innerhalb einer Transportgenossenschaft (Porten) den einzelnen Fuhrleuten oder Säumern die Beförderung eines bestimmten Gewichtes Waren zukam. Wie schon die Bezeichnung «Rodfuhrleute» besagt, luden dieselben der Rod = d.h. der Reihe – nach die Güter auf, die zu transportieren waren, und der in jeder Transportgenossenschaft (Portensgemeinde) angestellte Rodmeister hatte die oft sehr missliche Obliegenheit, darüber zu wachen, dass kein Portensgenosse in der Reihenfolge übergangen wurde oder – besondere Fälle vorbehalten – ausser der Tour laden durfte (Idiotikon Bd. 6, Sp. 591 ff.).

Rod bedeutete auch die festgesetzte Reihenfolge, in der innerhalb einer Gemeinde oder einer Genossenschaft einzelne oder Abteilungen zum Gemeinwerk, wie zum Bau und Unterhalt von Wegen, Brücken, Dämmen, Gräben, Zäunen usw., aufgeboten werden. Rod bezeichnet weiterhin die einzelnen Abteilungen und Gemeindebezirke, die nach der festgesetzten Kehrordnung zu Steuern und zum Wehrdienst aufgeboten wurden oder zu Nutzniessungen berechtigt waren. Daher kommen auch die Bezeichnungen Inner- und Ausserrhoden. Heute meint man mit Rod im Kanton Appenzell-Ausserrhoden nur noch die Abteilung einer Gemeinde (Idiotikon Bd. 6, Sp. 597).

Dass auch die Bekleidung des höchsten Gemeindeamtes im Kehr, d.h. in der Reihenordnung von Haus zu Haus erfolgte, erhellt aus einem Scherzwort aus dem Oberwallis: «Präsident sin und den Stier han, lassen sie umgahn» (mit «umgahn» ist hier der Turnus von Haus zu Haus gemeint) (Gmür 1917, S. 81).

Mit Bezug auf das Unterengadin erwähnt Jon Mathieu in seiner vorzüglichen Geschichte des Unterengadins von 1650–1800 die häufige Anwendung des Losverfahrens bei der Bestellung des Gemeindeoberhaupts; dies in der Absicht, Zwietracht zu verhindern «und dem närrischen Ehrgeiz abzuhelfen, der gewöhnlich bei der Ämterbesetzung herrschte». Ausserdem galt – wie Jon Mathieu in diesem Zusammenhang bemerkt – der Losentscheid als eine Äusserung göttlichen Willens. Die 1770 redigierten Statuten («Tschantamaints») regelten das Losverfahren so, dass jeder Bürger im Laufe der Jahre in die Obrigkeit kam. Dabei blieb es, bis 1843 nach hartnäckigem Kampf die Volkswahl durchgesetzt wurde (Mathieu 1987, S. 198). Die Bestellung der Obrigkeit im Rodgang (wie manchenorts im Wallis) oder durch das Losverfahren hatten den Vorzug der Unparteilichkeit und liessen auch die bescheidenen Bauern zu Amtsehren gelangen.

Richard Weiss erwähnt das Losen bei der Bestellung des Alpvogtes (neben dem Häuserturnus, der Rod) als beliebtes und durchaus objektives Verfahren, das ja auch sonst, zum Beispiel bei der Molkenverteilung, zum Zuge kam (Weiss 1941, S. 263 f.).

Zu den dörflichen Reihendiensten bzw. Reihenlasten gehörte auch die gemeindliche Armenfürsorge. Bedürftige, welche infolge hohen Alters, Gebrechlichkeit und anderer Umstände für ihren Lebensunterhalt nicht mehr aufkommen konnten, mussten zwar in erster Linie von Verwandten und Verschwägerten unterstützt werden; fehlten diese aber, so mussten sie – wenn sie dazu fähig waren – «nach der Rod» von Hof zu Hof gehen. Je nach Anzahl der Höfe wurden sie dort während eines Tages oder einer Woche verköstigt und wechselten dann zum nächsten Hof. Im Jahre 1884 wurde diese Form der Versorgung von Armen, die noch in einigen Bündner Tälern der Brauch war, durch einen grundsätzlichen Entscheid des Kleinen Rates des Kantons Graubünden als entwürdigend und damit fürderhin aus humanitären Gründen für unzulässig erklärt (Idiotikon Bd. 6, Sp. 591).

Mit Bezug auf das Oberwallis berichtet Josef Bielander, dass Armengenössige, die keine Verwandten in der Gemeinde hatten, vielfach angehalten wurden, entweder je eine Woche oder täglich in der Kehrordnung bei den Ortsbürgern, wenn nicht gar allen Ansässigen die Mahlzeiten einzunehmen. Dieses tägliche oder wöchentliche Wechseln der Kostgeberfamilie heisst für die Armenpflege «z'Balleteile gah». Und Bielander fügt bei, dass früher der Sennereikäser und der Geisshirt so verköstigt wurden (Bielander 1940, S. 32).

Was alle diese Reihendienste, Kehrordnungen und Rodordnungen auszeichnet, ist der Wille zur Gleichheit bis in die geringsten Einzelheiten hinein. Dies geht Hand in Hand mit dem inneralpinen Erbsystem, welches stets die Realteilung verlangte und auch im Wallis und im Tessin zur Güterzersplitterung führte, im Wallis auch zur Aufteilung der Wohn- und Wirtschaftsgebäude (Atlas d. schweiz. Volkskunde, Karten I, 99 u. 100 und Kommentar).

Eine weitere Form der traditionellen Arbeitsgesellung ist die *Bittarbeit*. Die Bezeichnung stammt von dem Nationalökonomen Karl Bücher, dem Verfasser des schon erwähnten Buches «Arbeit und Rhythmus». Unter Bittarbeit versteht man Gemeinschaftsarbeit unter Freunden, Verwandten und Nachbarn, die nur bei bestimmten, oft wiederkehrenden Gelegenheiten geleistet wird. Wo die Kräfte des einzelnen Hausstandes nicht genügen, wo dringliche oder besonders schwere Arbeiten in nützlicher Frist auszuführen sind (etwa bei der Heu- und der Getreideernte, beim Pflügen und beim Hausbau), veranstaltete man Bittarbeit. Ursprünglich wurde die Arbeit nicht entlöhnt, sondern bei Gelegenheit zurückerstattet. Diese Gegenseitigkeit ist aber nur möglich, wenn unter den Veranstaltern und den zur Arbeit Geladenen keine grossen Ungleichheiten des Besitzes bestehen. Im letzteren Falle bieten die Veranstalter den Arbeitenden in der Regel reichliche Bewirtung und allenfalls Naturalgaben in der Form von Lebensmitteln, oder es kommt dahin, dass sich – wie Mathieu für das Unterengadin berichtet – nur die Bauern des Mittelstandes zu Kooperationsgruppen zusammenschliessen, während sich die Reichen auf Lohnbasis helfen liessen (Mathieu 1987, S. 48).

Jon Mathieu erwähnt mit Bezug auf das Unterengadin das auch im Wallis vorkommende Zusammenspannen beim Pflügen («far quadria»). Bei Äckern mit steiler Hanglage musste alle paar Jahre ein Teil der Erde, die durch Pflügen und den Bodenabtrag durch Wasser und Schnee am unteren Ende des Ackers abfällt, nach oben getragen werden, eine Arbeit, die von Chasper Pult im Schweizerischen Archiv für Volkskunde 1916 beschrieben wurde. Die Arbeit wurde im Unterengadin und auch im Unterwallis im Arbeitsaustausch und wettbewerbsorientiert durchgeführt. Die Erde wurde paarweise in Körben vom unteren Ackerrand nach oben getragen. «Wem es gelang, seinen vollen Tragkorb auf den noch nicht abgeholten des nächsten Paares zu setzen, hatte Zwillinge, eine Schmach für die Langsamen, ein Triumph für die Schnellen» (Pult 1916, S. 269 f.).

Eine häufige Form der Bittarbeit war die Transporthilfe beim Herbeischaffen von Baumaterial. Bevor Alpstrassen, Jeeps, Seilbahnen und Helikopter im Gebirge manche der früheren Transportschwierigkeiten überwanden, bildete der Einsatz gesammelter menschlicher Arbeitskraft eine wichtige Bedingung, um in höheren Lagen Alphütten erstellen zu können. Es kam dann zu den sogenannten «Holzträgenen». Ungefähr 70 bis 80 Männer, die vom Bauherrn verpflegt wurden, kamen an einigen Orten des Amtes Frutigen (im Berner Oberland) zusammen, um das im Wald aufgeschichtete Holz auf dem Rücken bzw. auf der Schulter in die Weid- und Alpregion zu tragen, und zwar unentgeltlich. Der Gewährsmann von Brülisau (AI) des Atlasses der schweizerischen Volkskunde berichtet, dass sich nach einer Holzträge abends alle Männer des Dorfes zu Tanz und Spiel zusammenfinden, wo dann hauptsächlich der Stärkste gefeiert wird, derjenige, der den schwersten Balken getragen hat (Atlas d. schweiz. Volkskunde, Karte I, 92 und Kommentar).

Bis vor dem Zweiten Weltkrieg war es im Lötschental im Kanton Wallis so, dass – wenn ein Bergbauer eine neue Alphütte erstellen liess – ihm das ganze Dorf dabei half, das zugerüstete Bauholz auf die etwa 600 m über dem Dorf gelegene Alpsiedlung zu tragen. Für den Fremden betrachtet war ein solches Holztragen ein erhebendes Schauspiel, und ein Basler Finanzmann soll dabei ausgerufen haben: «Lauter Kommunisten habt Ihr da!» Dem Beobachter konnte es nicht entgehen, wie die jungen Leute in ihren Leistungen wetteiferten. Jeder Bursche wollte allein einen schweren Balken tragen, um den Kameraden und nicht zuletzt den Mädchen zu imponieren. Man hatte dafür im Tal sogar einen eigenen Ausdruck: «einärru», d. h. den Balken allein tragen, denn in der Regel tragen bei diesem Arbeitsbrauch immer vier zusammen einen Balken, wobei sich je zwei und zwei mit einem Arm umschlungen halten. Um die Mittagsstunde ist alles Holz hinaufgeschafft, die Mütter und Schwestern der Holzträger haben Küchlein, Käseschnitten, Milchreis und Rahm mitgebracht; die sogenannten Schortenmänner, welche die Gruppen der Träger geleitet haben, kredenzen den Fendant oder den Muscat, den der Bauherr alter Ordnung gemäss zu spenden hatte, und der Ortsgeistliche dankt im Namen des Bauherrn für das Holztragen. Bei Wein und Gesang sitzt man zusammen und feiert das Holztragen als einen Höhepunkt des Volkslebens, von dem im Tal jeweils noch lange geredet wird (Niederer 1956, S. 63 f.).

Von der Bittarbeit, welche unter naturalwirtschaftlichen Verhältnissen eine Notwendigkeit war, ist zu unterscheiden die *gesellige Arbeit,* bei der das vergnügliche Zusammensein in kleinerem Kreis im Vordergrund steht. Im Atlas der schweizerischen Volkskunde hat Elsbeth Liebl die Verbreitung dieser Anlässe über das ganze Land kartografisch dargestellt und kommentiert (Atlas d. schweiz. Volkskunde, Karte I, 89 und Kommentar S. 501 ff.). Ich folge hier im wesentlichen ihrem Kommentar.

Früher war es vor allem die Verarbeitung von Hanf und Flachs, besonders das Brechen und Schleizen, die Anlass zu solchen geselligen Arbeitsveranstaltungen gaben, bei denen gesungen, gegessen, getrunken und am Schluss, wenn Burschen dazukamen, getanzt wurde. Der Vergangenheit gehören ebenfalls die abendlichen häuslichen Zusammenkünfte zum gemeinsamen Spinnen an. Frauen und Töchter pflegten sich im Laufe des Winters bis Lichtmess zum gemeinsamen Spinnen zu versammeln. Im Lötschental gab es ein Zusammensein der Töchter zum Spinnen in der Fastnachtszeit während etwa zwei Wochen, wobei am Schluss jeweils die Burschen dazukamen. Die Verrichtung dieser Arbeiten im geselligen Kreise diente nicht dazu, die Arbeit zu beschleunigen, da ja jede Teilnehmerin ihre eigene Wolle oder ihren eigenen Flachs auf ihrem Spinnrad spann.

Später, als diese Arbeitsgemeinschaft meist nur noch dem Namen nach bekannt war, gab es im Bernbiet Veranstaltungen unter dem Namen «Spinnet», die zur Hauptsache von Wirten eingeführt und organisiert wurden – auch dort, wo keine Erinnerungen an den häuslichen Spinnet mehr lebendig sind. Vereinzelt wurde bei solchen Anlässen noch gestrickt. Als Veranstaltung in Wirtschaften begegnet uns der Spinnet schon im letzten Jahrhundert, so bei Gotthelf, der ihn unter den «Extrahudlete» (Gotthelf 1845, S. 90f.) aufzählt.

Im Rheintal und in der Bündner Herrschaft löste man gemeinsam die Hüllblätter von den Maiskolben. In Zizers hiess die Arbeit «Türgge mintle». Nachbarn, Bekannte, Verwandte und vor allem Ledige fanden sich oft wochenlang an Herbstabenden als Helfer ein. Lezza Uffer erwähnt in «Rätoromanische Märchen und Erzähler» das Erzählen von Märchen beim gemeinsamen Ausschälen von Maiskolben und beim Brechen des Hanfes in Surmeir, doch geht dies auf die Jahrhundertwende zurück (Uffer 1945, S. 21, 63, 68). In der französischen Schweiz fand man sich zur «cassée», auf Schweizerdeutsch «Nuss-Chnütschet» zusammen, also zum Aufknacken von Baumnüssen als Vorarbeit zur Ölbereitung. Auch diese Arbeit gab später Anlass zu Bräuchen, die in Wirtschaften stattfanden, wobei die Gäste mit Nüssen und gebratenen Kastanien gratis bewirtet wurden und sich die Tranksame dazu bestellten. In den Tabakpflanzzonen zwischen Neuenburgersee und Broye geschah das Anfädeln der Tabakblätter zum Trocknen in Gruppen von Nachbarn, denen sich je nach Ortschaft Freunde, Verwandte und selbst irgendwelche Passanten anschlossen. Da solche Abendsitze wegen der dabei üblichen Bewirtung den Hausfrauen zuviel Arbeit machten, pflegte man später bezahlte Hilfskräfte anzustellen.

Die Gemeinschaftsarbeit reicht in viele Schichten des menschlichen Lebens hinein, so auch – in grösserem Masse, als es der Aussenstehende anzunehmen bereit ist – in die Erotik, und bei den abendlichen Zusammenkünften wurde nicht selten der erste Schritt zur Anbahnung der Ehe getan, und es waren oft Bauern mit heiratsfähigen Töchtern, welche die Burschen zur Bauhilfe, zum

Mistaustragen, zum Holztransport usw. einluden, und manch Lediger leistete ein «Ehrentagwan» (ein Ehrentagewerk) für einen Bauern, auf dessen Tochter es der Bursche abgesehen hatte (Niederer 1956, S. 67 f.).

Bei solchen Gemeinschaftsarbeiten gab es Bräuche, welche den Kontakt zwischen jungen Leuten beiderlei Geschlechts begünstigten bzw. rechtfertigten. So durfte derjenige, welcher bei der Weinlese eine Traube pflückte, die eine andere hatte hängen lassen, diese «vergessliche» Pflückerin küssen. Einen Brauch, der beim gemeinsamen Gemüserüsten stattfand, schildert Gottfried Keller im «Grünen Heinrich» unter dem Titel «Bohnenromanze». Da sitzt Heinrich zusammen mit anderen vor einem Berg von grünen Bohnen, denen sie die Fäden abziehen mussten. «So sassen wir bis um ein Uhr (nachts) um den grünen Bohnenberg herum und trugen ihn allmählich ab, indem jedes einen tiefen Schacht vor sich hineingrub ... Anna, welche mir gegenüber sass, baute ihren Hohlweg in die Bohnen hinein mit vieler Kunst, eine Bohne nach der anderen herausnehmend, und grub unvermerkt einen unterirdischen Stollen, so dass plötzlich ihr kleines Händchen in meiner Höhle zutage trat. Kathrine (eine ältere anwesende Person) belehrte mich, dass Anna der Sitte gemäss verpflichtet sei, mich zu küssen, wenn ich ihre Finger erwischen könne.» (Keller 1855, S. 194 ff.)

Dieses unschuldige Spielchen, das Gottfried Keller beschrieben hat und das im ländlichen Europa unzählige Parallelen kennt, soll nicht den Eindruck vermitteln, das Leben auf dem Lande sei früher lauter Eintracht, Spiel und Lust gewesen. Die Intimität des Zusammenlebens konnte dazu führen, dass getratscht und nachspioniert wurde, ja dass es zu heftigen Familienfehden kam. Es waren weniger Liebe und Zuneigung, welche die Haushaltungen und die Gemeinde zusammenhielten, als vielmehr die Gebote des wirtschaftlichen und biologischen Fortbestehens. Wie wir gesehen haben, erwies sich das Gemeineigentum an Wiesen, Weiden und Wäldern sowie an Wasser, der zentralen Ressource in Trockengebieten, als machtvoller Antrieb, der die Gemeinden zwang, sich als Kollektiv zu organisieren, und der den Fortbestand eines gewissen Gemeinschaftsgeistes garantierte. Ein erster Einbruch in die Dorfgemeinschaften, vor allem diejenigen des Mittellandes, war die Auflösung der Dreifelderwirtschaft mit ihrem Flurzwang und die Aufteilung der Allmenden, mit anderen Worten der Übergang von der vorwiegend kollektiven zur individuellen Landwirtschaft.

In den Alpengebieten, wo das Gemeineigentum an Alpweiden, Wildheuwiesen und Bewässerungsanlagen erhalten blieb, weil diese Ressourcen manchenorts keine andere als die herkömmliche genossenschaftliche Nutzung erlauben, konnten sich die Individualisierungs- und Rationalisierungstendenzen nur in beschränktem Masse durchsetzen. Der Alpnutzen wird weiterhin gemeinsam gewonnen, die Arbeiten am Gemeinbesitz werden vielfach noch im Gemeinwerk besorgt und die Alpämter gehen weiterhin von Haus zu Haus.

In den Dörfern, die nicht länger wirtschaftlich gleichgerichtete, sozial homogene Körperschaften sind, wurden die Vereine die beliebte Form des gesellschaftlichen Zusammenschlusses. Wenn da und dort heute noch die von uns hier beschriebenen Formen der Arbeitsorganisation und der Arbeitsgesellung vorkommen, handelt es sich um Anachronismen – Überbleibsel einer früheren Zeit, die uns an das erinnern, was einmal gewesen ist.

18.
Der Reihendienst als Träger öffentlicher Pflichten

Im folgenden soll von den satzungsmässigen und den brauchtümlichen Dienstleistungen die Rede sein, welche in einer geschlossenen Gruppe reihum gehen. Ich verwende dafür die Bezeichnung «Reihendienst», die, wenn auch nicht allgemein gebräuchlich, so doch allgemein verständlich sein dürfte. Das Wort «Reihendienst» findet sich im gleichnamigen Artikel des Deutschen Wörterbuchs der Brüder Grimm und in einem Aufsatz des Germanisten Jost Trier über das Thema «Arbeit und Gemeinschaft» (Trier 1950, S. 603 ff.). Gegeben ist beim Reihendienst ein Kreis gleichverpflichteter Personen, von denen angenommen wird, dass sie untereinander leistungsgleich seien. Von keiner unter ihnen werden besondere, im Zusammenhang mit der betreffenden Verrichtung stehende Fachkenntnisse verlangt. Es handelt sich beim Reihendienst um eine geschlossene Gruppe von Personen, welche in einem vorbestimmten Umlauf gewisse Dienste zu leisten haben, und zwar so, dass jede Person den Dienst nur während einer festgelegten Frist besorgt und nach Ablauf dieser Frist von der in der Reihe auf ihn folgenden Person abgelöst wird. Diese festgelegte Reihenfolge (Turnus) wiederholt sich immer wieder, solange der betreffende Dienst benötigt wird. Sie heisst deshalb auch «Kehrordnung»[1].

Beispiele für diese zumeist ehrenamtlichen Reihendienste sind leicht zu finden, durchzieht doch dieses einfache Organisationsmuster die verschiedensten Stufen des gesellschaftlichen Aufbaus. So kann in einem Universitätsseminar die Pflicht, das Protokoll zu führen, reihum durch den Kreis der Seminarmitglieder laufen, so wie in einem Mietshaus die Treppenreinigung in wochenweisem Turnus von einer Familie zur andern reihum geht. An manchen Universitäten wird der Rektor immer noch alle zwei Jahre vom Senat aus der Mitte der Professorenschaft neu gewählt. So verlangt es das Universitätsgesetz. Während das Gesetz nur von der Wahl spricht, bestimmt der Brauch die Reihenfolge der Fakultäten, welche jeweils den Rektor zu stellen haben. Auf den Rektor aus der Medizinischen Fakultät folgt zum Beispiel ein solcher aus der Philosophischen Fakultät, der dann nach zwei Jahren durch einen solchen aus einer anderen Fakultät abgelöst wird. Wer dann aus der an die Reihe kommenden Fakultät dem Senat als neuer Rektor vorzuschlagen sei, wird durch eine Wahl innerhalb dieser Fakultät bestimmt, wobei eventuell die Stellung in der Dienstaltersreihe berücksichtigt werden kann. Das ist aber kaum mehr der Fall, geht es doch darum, den Mann oder die Frau dem Senat vorzuschlagen, welche die grösste Aussicht auf eine erfolgreiche Amtsführung bieten (Trier 1957).

Dieses Beispiel von der Reihenfolge der Fakultäten, die den Rektor zu stellen haben, zeigt, dass sich der Reihendienst nicht nur auf Einzelpersonen oder Einzelfamilien, sondern auch auf Gruppen wie Altersklassen, Parlamente, Gemeinden, Quartiere usw. beziehen kann. In der Bibel gibt es eine Geschichte, aus welcher der Reihendienst einer bestimmten Gruppe erkannt werden kann (Trier 1957, S. 8 f.). Es ist der Bericht von Zacharias und seiner Begegnung mit dem Engel im Tempel (Lukas 1, 8). Es heisst dort, es sei die Ordnung (gemeint ist die Dienstklasse) des Zacharias an der Reihe gewesen, das Rauchopfer zu spenden. Innerhalb der Gruppen, welche aufgrund der Reihenordnung jeweils zu bestimmten Diensten verpflichtet sind, wird dann derjenige, der den Dienst verrichten soll, durch ein weiteres Verfahren bestimmt. Man kann dabei die Dienstaltersreihe berücksichtigen, man kann das Los entscheiden lassen oder man kann eine Wahl durchführen. Eine solche ist eine Vertrauenskundgebung und verleiht dem Amt mehr Ansehen als das blosse Nachrutschen aufgrund der Stellung in der Dienstaltersreihe. Von dem vorher erwähnten Zacharias heisst es in der Bibel, dass ihn nach dem Brauch der Priesterschaft das Los getroffen habe, das Rauchopfer zu vollziehen.

Reihendienste stehen ausserhalb des monetären Bereichs und ausserhalb des Arbeitsmarktes. Sie finden sich besonders häufig als Institution in Gebieten mit geringem Geldumlauf, so zum Beispiel in armen Gemeinden, wo auch andere bargeldlose Einrichtungen wie das unbezahlte «Gemeinwerk»[2] (Gemeindefron) vorkommen. Gemeinwerk und Reihendienst im Gemeindeverband sind kostensparend und machen die Erhöhung von Steuern und Gebühren unnötig. Sie stärken den Zusammenhalt der Einwohner und das Verantwortungsgefühl gegenüber dem Gemeinwesen. Die Rotation verhindert die personelle Verfestigung der Ämter und fordert den Pflicht- und Sorgegedanken, der sich nicht auf die Nächsten, sondern auf die ganze Gemeinde richtet.

Ein Bauer im Lötschental sagte mir einmal, bei ihnen im Dorf sei alles «verkehrt». Damit wollte er nicht etwa sagen, es sei alles falsch, sondern es sei alles durch Kehrordnungen festgelegt (verkehrt im Sinne von falsch heisst dort «verchort»).

Vor der Einführung der Gemeindesteuern in den zwanziger Jahren dieses Jahrhunderts waren diese Kehrordnungen in den Walliser Berggemeinden noch sehr verbreitet. Dazu ein Beispiel: Im Dorfe Ferden im Lötschental buken die einzelnen Familien noch zur Zeit des Zweiten Weltkrieges ihr Brot der Reihe nach im Dorfbackofen, welcher der Burgergemeinde gehörte. Es gab in jedem Monat einen ungefähr eine Woche dauernden Backturnus[3]. Die Reihenfolge der zum Backen berechtigten Haushaltungen war auf einem sogenannten Tesselstab (Tässlä, Schnätz) verzeichnet. Es ist dies ein vierkantiger Holzstab, auf dem nacheinander die Hauszeichen der einzelnen Familien eingeschnitten sind. Derjenige, welcher den Turnus begann, erhielt vom Burgerpräsidenten (früher Gewalthaber genannt) den Tesselstab und einen Laib Sauerteig von etwa 3 Kilogramm. Der zuerst Drankommende musste den kalten Gemeindebackofen, der 50–60 Brote fasst, anheizen. Die Backzeit betrug ungefähr 50 Minuten. Weil das Brennholz knapp war, musste der Ofen während der Backperiode stets heiss gehalten und so voll ausgenützt werden.

Der zuerst Backende legte jeweils einen ungebackenen Sauerteiglaib auf die Seite und übergab ihn zusammen mit dem Tesselstab demjenigen, der nach ihm an die Reihe kam. Wenn dieser sein Brot gebacken hatte, übergab er seinem Vorgänger einen Laib gebackenen Brotes als Gegenleistung für den von diesem erhaltenen Sauerteig. Dem Nächstfolgenden (dem Dritten auf dem Tesselstab) übergab er einen Laib Sauerteig, wofür er von diesem wiederum ein frischgebackenes Brot erhielt usw., stets nach der auf dem Tesselstab verzeichneten Kehrordnung.

Der zuletzt Drankommende übergab wiederum einen Laib Sauerteig dem Gewalthaber, der diesen im Keller bis zum nächsten Backturnus aufbewahrte. Es gab also einen Kreislauf des Sauerteiges und einen Kreislauf des gebackenen Brotes.

Das ist jedoch noch nicht alles. Derjenige, welcher den Backofen anheizen musste, brauchte dazu doppelt so viel Holz wie diejenigen, die den noch warmen Ofen nach ihm benützten. Deshalb musste, um der Gerechtigkeit zu genügen, jeden Monat ein anderer Haushaltvorstand den Ofen anheizen. Die Reihenfolge war die gleiche wie diejenige für die Benützung des Backofens und der Übergabe des Sauerteigs, aber so, dass beim ersten Turnus der erste auf der Tessel Vermerkte anheizen musste, im folgenden Monat der zweite usw. Anderswo wird die Rangordnung für das Anheizen von Mal zu Mal ausgelost, indem aus einer Schachtel die Tötzchen mit den Hauszeichen der einzelnen Familien gezogen werden und die Reihenfolge auf ein Blatt aufgeschrieben wird, das man dann im Backhaus aufhängt.

Solche Kehrordnungen gab es (und gibt es da und dort noch heute, nicht nur im Kanton Wallis) für Dienstleistungen öffentlich-rechtlicher, genossenschaftlicher und kirchlicher Natur. Die «Register auf Holz», über welche Max

Gmür in seinem Buch über schweizerische Holzmarken und Holzurkunden (Gmür 1917) ausführlich berichtet, betrafen die verschiedensten Tätigkeiten. Viele regelten die Viehhut, aber es gab auch solche für den Nachtwächterdienst, das Sigristenamt und das Amt des Alpvogts. Selbst das Amt des Gewalthabers, wie man früher das Gemeindeoberhaupt nannte, ging in einzelnen Gemeinden reihum, so dass jeder Bürger damit rechnen konnte, einmal Präsident zu werden. Da heute die Bezeichnung «Gewalthaber» nur noch für einen Gemeindediener verwendet wird, dem zumeist die Haltung des Gemeindestiers obliegt, kam es zu der scherzhaften Redensart: «Präsident sin und där Stier han, lassen'sch umgahn», womit angedeutet werden sollte, dass die betreffende Gemeinde mit Bezug auf die Arbeitsteilung noch um ein Jahrhundert zurück sei (Stebler 1903, S. 56 ff.)!

In Deutsch-Graubünden, im Sanktgallischen und im angrenzenden Vorarlberg wird der Reihendienst allgemein als «Rod» bezeichnet, einem Wort, das sich dort aus der rätoromanischen Zeit erhalten hat. Die romanische Bezeichnung ist «roda, rouda» mit der Bedeutung Rad, Reihenfolge aus lat. rota.

Das Wörterbuch der schweizerdeutschen Sprache (das Schweizerische Idiotikon) gibt im 6. Band unter dem Stichwort «Rod» zahlreiche Beispiele von Reihendiensten aus Graubünden und angrenzenden Gebieten. So bezeichnet «Rod» die Kehrordnung, nach welcher innerhalb einer Transportgenossenschaft (Porten) den einzelnen Fuhrleuten oder Säumern die Beförderung eines bestimmten Gewichtes Waren zukam. Wie schon die Bezeichnung «Rodfuhrleute» besagt, luden diese der Rod – das heisst der Reihe – nach die Güter auf, die zu transportieren waren; und der in jeder Transportgenossenschaft angestellte Rodmeister hatte die oft missliche Obliegenheit, darüber zu wachen, dass kein Fuhrmann in der Reihenfolge übergangen wurde oder – besondere Fälle vorbehalten – ausser der Reihe laden durfte (Idiotikon Bd. 6/1909, Sp. 591). Im Wallis entsprach dem Rodmeister der Ballenteiler, der auch den Fuhrlohn festsetzte. Nach einem vorgeschriebenen Turnus verteilte er an jedem Morgen die Warenballen unter die Ballenführer des Ortes. Wer am Morgen zu spät anrückte, verlor für diesen Tag Arbeit und Verdienst (Arnold 1947, S. 33).

«Rod» bezeichnet nicht nur die Kehrordnung an sich, sondern auch die einzelnen Gemeindebezirke, die nach bestimmtem Turnus zum Gemeinwerk, zu Steuern und zum Wehrdienst aufgeboten wurden oder zu bestimmten Nutzniessungen (zum Beispiel von Weiden) berechtigt waren. Daher kommen auch die Bezeichnungen «Innerrhoden» und «Ausserrhoden». Heute meint man mit «Rod» im Kanton Appenzell-Ausserrhoden nur noch einen Gemeindeteil (Idiotikon Bd. 6, Sp. 597).

Zu den dörflichen Reihendiensten beziehungsweise Reihenlasten gehörte auch die gemeindliche Armenfürsorge. Armengenössige gingen im Turnus von Hof zu Hof, wo sie verpflegt wurden; je nach der Zahl der Höfe blieben sie eine Zeitlang und wechselten dann ihre Versorgungsstelle. Dazu ein Bericht aus der Neuen Zürcher Zeitung, Jahrgang 1884: «In einzelnen Gemeinden des Kantons Graubünden bestand bis in die jüngste Zeit der Brauch, dass Arme, welche befähigt waren, ‹auf die Rod zu gehen› (auf den Kehr zu gehen), von den Bürgern und Niedergelassenen der Reihe nach zu beköstigen waren. Der Kleine Rat hat nun in einer grundsätzlichen Entscheidung über den sogenannten ‹Roodgang› unter dem Hinweis, dass eine solche Versorgung von Armen inhuman sei, die fernere Verköstigung ‹auf der Rood› für unzulässig erklärt» (Idiotikon Bd. 6, Sp. 591).

Mit Bezug auf das Oberwallis berichtet Josef Bielander, dass Armengenössige, die keine Verwandten in der Gemeinde hatten, vielfach angehalten wurden, entweder je eine Woche oder täglich in der Kehrordnung bei den Ortsbürgern, wenn nicht gar allen Ansässigen, die Mahlzeiten einzunehmen. Dieses tägliche oder wöchentliche Wechseln der Kostgeberfamilie heisst für die Armenpflege «z'Balleteile gah», und Bielander fügt bei, dass früher der Sennereikäser und der Geisshirt so verköstigt wurden (Bielander 1940, S. 32).

Im kirchlichen Bereich ist das sogenannte Stundengebet nach der Art des Reihendienstes geordnet. Die Reihenfolge kann zum Beispiel nach dem Backhausturnus oder einem anderen Turnus gehen. Oft wird sie jedoch jedesmal mittels der Hauszeichen ausgelost und nachher an der Kirchentüre angeschlagen, so im Lötschental noch am Bettag 1988 und in der Karwoche dieses Jahres.

Was da und dort in unseren Alpentälern noch besser fassbar ist als anderswo, soll nicht dazu verleiten zu glauben, der Reihendienst und die mit ihm verbundenen Dokumente aus Holz seien eine alpine Spezialität. Was wir dort vorfinden, ist an sich nichts Spezielles, sondern etwas, das sich dort aufgrund topografischer und anderer Bedingungen länger und in anschaulicherer Form erhalten hat als in der Ebene und das immer und überall verfügbar bleibt.

Der Reihendienst ist ein universelles Institut, welches auf der ganzen Welt, sozusagen bei allen Stämmen bekannt ist oder bekannt war. Das Weltweite und formal Dauerhafte erscheint in manchen ethnografischen Berichten, so zum Beispiel in dem von Jost Trier erwähnten Buch von Bruno Gutmann «Das Recht der Dschagga», wo davon die Rede ist, dass bei diesem Bantu-Stamm im Kilimandscharo-Gebiet die Hofhaltung der Häuptlinge nacheinander und wechselweise – wir würden sagen «im Kehr» – von den einzelnen Familien durch Naturalleistungen bestritten wird. Sie nennen diese Leistungen «okamba», was in ihrer Sprache «Reihe» oder «Reihenfolge» bedeutet. Hier haben wir den Fall, dass eine öffentliche Last im Reihendienst getragen und auch danach benannt wird (Gutmann 1926, S. 381, 385).

Eine Region in Westeuropa, wo sich viele Reihendienste im Rahmen eines altertümlichen Agrarkollektivismus erhalten haben, ist der gebirgige Nordosten Portugals samt den angrenzenden kastilischen Provinzen. Der schweizerische Schriftsteller und Historiker Gonzague de Reynold schrieb darüber in seinem Buch über Portugal: «Sie behielten ihre altertümlichen Einrichtungen dank ihrer Abgeschiedenheit und dem schwach entwickelten Verkehrswesen. Man findet dort gemeinwirtschaftliche Institutionen, wie wir sie in unseren Alpentälern in Graubünden, im Urnerland, im Wallis und in der Leventina antreffen» (Reynold 1936, S. 112 ff.). In dem Dorfe Rio de Onor in der Provinz Trás-os-Montes, das Gegenstand einer berühmten, 1953 erschienenen kulturanthropologischen Monographie des portugiesischen Ethnologen Jorge Dias ist, stehen an der Spitze der Behörde zwei Mordomus (das Wort gehört etymologisch zu «Maiordomus»), das sind in unserem Sprachgebrauch etwa die Gemeindevorsteher. Der eine von ihnen vertritt den Dorfteil am rechten Ufer des Flusses, der das Dorf durchquert; der andere denjenigen am linken Ufer. In den vierziger Jahren dieses Jahrhunderts wurde die früher dort alljährlich übliche Mehrheitswahl zur Bestellung der beiden Verwalter durch ein Turnussystem aufgrund der Häuserreihen abgelöst, weil sich die Vorsteher darüber beschwert hatten, dass sie schon mehrere Male hätten «dran glauben» müssen, das heisst gewählt worden seien, während andere das nicht leichte Amt nie auf sich nehmen müssten. So ging man zu dem als gerechter empfundenen System der alljährlichen Rotation über (Dias 1953, S. 147). Kürzlich erfuhr ich jedoch, dass man wieder zum Wahlsystem zurückgekehrt sei. Im übrigen ist dort – wie seinerzeit in unseren Alpendörfern – «alles verkehrt», das heisst turnusmässig organisiert. Die Reihenfolge der einzelnen jeweils zu einer Roda (Kehrarbeit) Verpflichteten entspricht der Reihenfolge der Häuser an den Ufern des Flusses: flussaufwärts am rechten Ufer und flussabwärts am linken Ufer. Diese Reihenfolge ist auch massgebend für den Weg der kirchlichen Prozessionen und für die Segnung der Häuser durch den Ortsgeistlichen an Ostern.

Die einzelnen Häuser sind gleichsam die Materialisation der Individualität der Familien; die Kehrordnung betrifft formell das Haus, nicht den Mann (Leumann 1939, S. 80 ff.). Es gibt dort – wie bei uns in den Alpen – Kehrordnungen für den Transport von Material zur Eindämmung des Flusses, für die Viehhut, die Haltung des Gemeindestiers, für die Verpflegung des Gemeindeschafhirten, für die Benützung der Mühle und des künstlichen Bewässerungssystems, für die Sauberhaltung des Dorf- und des Kirchplatzes. Es gibt auch eine Roda für das Läuten der Kirchenglocke, die mit der Sorge für das Ewige Licht in der Kirche verbunden ist. Zu der Zeit, als Jorge Dias seine Aufnahmen in Rio de Onor machte, dauerte die Roda (der Kehr) für das Glockenläuten und die Besorgung des Ewigen Lichtes je ein Jahr, so dass sich der ganze

Zyklus dieser Dienste über mehr als 30 Jahre erstreckte. Jetzt sind es nur noch fünf Jahre.

Da beim Kirchweihfest jeweils vier von auswärts kommende Geistliche zelebrieren, müssen diese in zwei Haushaltungen verpflegt werden. Der entsprechende Turnus dauert 10 Jahre.

Die jeweiligen Träger von Reihendiensten nennt man dort Homens de Roda, das heisst Rodleute. Zu der Zeit der Aufnahmen von Jorge Dias war einer der wichtigsten Reihendienste die Überwachung und Bewachung des Kanals, dessen Wasser der Bewässerung der Privatwiesen diente (Dias 1953, S. 172 ff.). Der jeweils Beauftragte musste darüber wachen, dass nirgends Wasser aus dem Kanal entwich und insbesondere, dass die Leute der Nachbargemeinde kein Wasser für ihre Zwecke aus dem Kanal ableiteten. In Zeiten grosser Trockenheit war die Überwachung der Bewässerungskanäle so wichtig, dass die Rodleute, die an der Reihe waren, an den kritischen Stellen die Nacht verbringen mussten. Um sicher zu sein, dass derjenige, der an der Reihe war, den Kontrollgang auch wirklich bis zur Gemeindegrenze durchgeführt hatte, wurde er selber von den Vorstehern der Gemeinde kontrolliert. Dies geschah auf folgende Weise: Er erhielt, wenn er seinen Gang antrat, von einem der beiden Gewalthaber einen speziellen Amtsstab, den er am Ziel seines Kontrollgangs an einer bestimmten Stelle in den Boden stecken musste. Dort fand er den Stab, den sein Kollege am Tage vorher zurückgelassen hatte. Die beiden Amtsstäbe, die man dort «cambitos» – das heisst Wechselstäbe – nennt, waren aus verschiedenem Holz gefertigt; der eine war aus Pappelholz, der andere aus Kastanienholz. Wären sie beide aus demselben Holz gewesen, so hätte der Vorsteher bei der Rückgabe nicht mit Sicherheit feststellen können, ob der Kontrollgang auch bis zum Ende durchgeführt worden sei. Der Wechselstab hat demnach eine rein praktische Funktion, vergleichbar mit derjenigen des Schlüssels für die Kontrolluhr, welchen der Nachtwächter in der Fabrik benutzt, um zu signalisieren, dass er die obligatorische Runde gemacht hat (Dias 1953, S. 173).

Jorge Dias berichtet auch über rotierende Botendienste, welche für den Verkehr mit der 27 km entfernten Provinzhauptstadt Bragança notwendig waren, zum Beispiel für die Überbringung von Abgaben. Die entsprechenden, durch die Rodordnung bestimmten Boten trugen früher eine besondere Amtstracht, um ihren offiziellen Empfängern in der Stadt Eindruck zu machen und um die Bedeutung der Funktion des Rodmannes zu unterstreichen (Dias 1953, S. 151 ff.). Es erinnert dies, wie Dias bemerkt, ein wenig an das zeremonielle Tenue der Botschafter, welche dem Staatschef ihr Beglaubigungsschreiben überreichen.

Der Reihendienst findet – je nach Bedeutung – seinen symbolischen Ausdruck; sei es, wie wir eben gesehen haben, in der Form einer bestimmten

Amtstracht, sei es in der Form anderer Kennzeichen der Amtsgewalt oder der Würde. Als Insignien ihrer zeitlich beschränkten Würde tragen zum Beispiel die Universitäts- und Akademierektoren goldene Ketten.

Der im Reihendienst amtende Nachtwächter war früher mit einer Hellebarde oder einem Spiess und einem Horn ausgestattet. Er machte sich bemerkbar durch seinen Stundenruf oder sein Stundenlied, so dass die Leute feststellen konnten, dass er nicht etwa irgendwo eingeschlafen war (Rossat 1906, S. 162). Wenn der Nachtwächter nicht mit den erwähnten Attributen ausgestattet war, so hatte er doch wenigstens einen stattlichen Tesselstab. Damit klopfte er während seines Ganges an die Türe desjenigen, der als nächster an die Reihe kam, und übergab ihm den Stab am folgenden Morgen (Gmür 1917, S. 82). Dieser Stabwechsel ist eine einfache Form des immer wiederkehrenden Vorgangs der Amtsübergabe, die je nach der Bedeutung der entsprechenden Pflicht mehr oder weniger zeremoniell ausgestattet sein kann. Man denke dabei an die militärischen Wachablösungen oder zum Beispiel an das Aufziehen der Wache vor dem Buckingham-Palast in London als touristische Attraktion.

Je höher das befristete Amt in der sozialen Hierarchie steht und je länger die Amtsdauer ist, desto feierlicher gestaltet sich jeweils der Amtswechsel. So muss der scheidende Rektor einer Universität in feierlicher Stunde Bericht über seine Tätigkeit abstatten, worauf ihm der neue Rektor den Dank für seine Amtsführung ausspricht. Ähnliches findet in der Schweiz in den Parlamenten und in den Exekutiven statt, wenn deren Präsident oder Präsidentin nach der von vornherein auf ein Jahr befristeten Amtszeit zurücktritt. Nach der Wahl des aufgrund eines zum voraus festgelegten Turnus designierten Nachfolgers finden, wenn es sich um ein hohes Amt wie dasjenige des Bundespräsidenten und der Präsidenten des National- und des Ständerates handelt, grössere Festlichkeiten im Heimatkanton und in der Heimatgemeinde der Betreffenden statt.

Auch im Bereich des Ländlichen und Bäurischen hat man Sinn für das Zeremonielle. So wird aus dem Schams (Graubünden) mit Bezug auf den Amtsantritt folgendes berichtet: «Das Archiv der Alp wird dem neugewählten Alpvogt jedesmal mit besonderer Feierlichkeit übergeben und gleich der israelitischen Bundeslade in sein Haus getragen.» Und Richard Weiss, von dem ich dieses Zitat habe, fügt bei: «Auch der Rechenschaftsbericht und die Niederlegung des Amtes am Schluss der Alpzeit vor den bei einem Trunke versammelten Alpgenossen geht mit Würde vor sich, nicht selten auch mit einer Rede, die einem abtretenden Staatspräsidenten angemessen wäre» (Weiss 1941, S. 265).

Die kollektiven Disziplinen wie der Reihendienst und das Gemeinwerk (die Gemeindefron) sind immer wieder als Merkmal harmonischer, sozial ausgeglichener egalitärer Dorfgemeinschaften beschrieben und manchmal auch verklärt worden. Es scheint zunächst als gerecht, wenn bestimmte, im Interesse der Allgemeinheit liegende Verrichtungen von Haus zu Haus rotieren, so dass jeder zum Beispiel mehrmals Alpmeister oder Wasservogt werden muss. Manchenorts herrschte diesbezüglich Amtszwang, da und dort selbst für alleinstehende Frauen. Wo derjenige, der nur drei Kühe sein eigen nennt, bei strenger Einhaltung des Turnus gleich häufig Alpmeister sein muss wie derjenige, der zwanzig Kühe auf die Alp treibt, erhebt sich der Ruf nach sozialem Ausgleich, dem von den wirtschaftlich Mächtigeren oft nur zögernd entsprochen wird. Dies zeigt deutlich, dass mehr die Bürde als die Würde des Amtes empfunden wird (Weiss 1941, S. 264).

Wenn zur täglichen Bewachung des gemeindlichen Bewässerungskanals ein Familienvater, der wegen seines bescheidenen Grundbesitzes nur wenige Stunden Wasserrecht hat, aufgrund des Turnusses ebenso oft «drankommt» wie sein Nachbar, der zur Bewäserung seines ausgedehnten Grundbesitzes ein Mehrfaches an Wasserstunden hat, so wird der wirtschaftlich Schwächere dies als Ungerechtigkeit empfinden. An einigen Orten hat man die Sache so geregelt, dass Kleinbesitzer weniger oft Wasserwache halten müssen als Grossbesitzer. Wo dies nicht der Fall ist, entsteht bei den wirtschaftlich Schwächeren Unmut und der Ruf nach Aufhebung des Systems[4].

Ausserhalb des öffentlichen Bereiches funktionieren zahlreiche freiwillige Reihendienste im Netzwerk örtlicher Kooperation und vereinsmässiger sowie betrieblicher Kollegialität. Anstatt als Zwang, kann der Reihendienst auch als kollektivistischer Tausch oder Gemein-Tausch[5] aufgefasst werden, der vom individualistischen Tausch abzuheben wäre. Der Reihendienst wäre demnach eine Tausch-Form, bei welcher die Mitglieder eines Kollektivs so untereinander zusammenwirken, dass der eine nach dem andern (der Reihe nach) quasi Leistungen an alle erbringt, aber mit der Zeit auch von allen das Seine erhält. Wenn er seine Leistung versäumt oder verweigert, so blicken alle auf ihn als seine Gläubiger; wenn ihm aber die Leistung, die er erwarten darf, vorenthalten wird, so empfindet sich jedermann innerhalb des betreffenden Kollektivs ihm gegenüber als Schuldner. Der Umstand, dass zwischen der Leistung und der «Belohnung» des einzelnen eine gewisse Zeitspanne liegt, trägt zur Dauerhaftigkeit und Kohäsion der Gruppe bei. Dies lässt sich schon an einem alltäglichen, trivialen Beispiel zeigen, wie dem sogenannten Rundentrinken, wo die Einladung des einen die andern der Reihe nach verpflichtet, sie zu erwidern, so dass am Schluss jeder genauso viel bezahlt, wie er selbst getrunken hat. Wenn einer aus einer solchen Runde ausschert, das heisst seine Gegenleistung an die Runde verweigert, empfinden dies die andern als Affront, weil der Betreffende das Prinzip der Gegenseitigkeit verletzt hat. Die entsprechende moralische Sanktion, die ihm zuteil wird, soll verhindern, dass weitere Teilnehmer durch Ausscheren die Zeit der Geselligkeit abkürzen, weil letztere der unbewusste Zweck der ganzen Veranstaltung ist. Mit anderen Worten: Kollektive Verpflichtungen in der Art des Reihendienstes haben eine bindende Kraft und sind nicht so sehr ein historisches, als ein allgemeinmenschliches Phänomen, das überall und jederzeit entstehen kann und das dem Menschen als einem auf Tausch und Kooperation angelegten Wesen entspricht.

Anmerkungen

1 Zu «Kehr» vgl. den Artikel *Cher* in: Idiotikon, Bd. 3, 1895, Sp. 430 ff. – Deutsches Rechtswörterbuch, Bd. 7, Weimar 1974–1983, Sp. 693 f. s. v. Kehr II.

2 *Durgiai* 1943. – Deutsches Rechtswörterbuch, Bd. 4, Weimar 1931–1951, Sp. 171 f. s. v. Gemein(de)werk II. – *Niederer* 1956.

3 Die folgenden Einzelheiten zum Backturnus in Ferden entnehme ich dem unpublizierten Aufsatz «L'échange généralisé du pain de seigle en Loetschental» von *C. Macherel* (Laboratoire d'ethnologie, Université de Nanterre), der in den Jahren 1970–1971 volkskundliche Erhebungen im Lötschental durchgeführt hat. Vgl. auch *Dorzival* 1935, S. 45 ff.

4 Zur Ungleichheit in scheinbar egalitären Gemeinschaften vgl. *O'Neill* 1987.

5 «Gemein-Tausch» wird hier verwendet in Anlehnung an den Begriff des «generalisierten Austauschs» von Lévy-Strauss (1969, S. 73 ff.), der ihn dort zur Beschreibung von Heiratsordnungen verwendet.

19. Aktuelle soziokulturelle und wirtschaftspolitische Prozesse im schweizerischen Alpenraum

Meine Ausführungen über «Soziokulturelle und wirtschaftspolitische Prozesse im schweizerischen Alpenraum» beruhen vor allem auf persönlichen Erfahrungen und Untersuchungen, die ich in den inneralpinen Regionen der Schweiz gemacht habe. Die niederschlagsarme inneralpine Schweiz umfasst im wesentlichen die Kantone Wallis, Graubünden und Tessin und unterscheidet sich durch ihre altartige, auf Selbstversorgung ausgerichtete Mehrzweck-Landwirtschaft deutlich von den schon seit dem späten Mittelalter auf die Viehwirtschaft und den Markt hin orientierten niederschlagsreichen Gebieten von Freiburg, Berner Oberland, Luzern, Unterwalden, Uri, Schwyz, Toggenburg und Appenzell, die Richard Weiss als das schweizerische Hirtenland (Weiss 1946, S. 106–111) bezeichnet hat. Es sind dies die Gebiete, in denen sich die Freiheitsgeschichte der alten Schweiz abgespielt hat; sie sind zum Teil auch Schauplatz des Schillerschen Telldramas und vielleicht deshalb im Ausland besser bekannt als die inneralpinen Regionen. Beide aber sind heute Problemgebiete. Die folgenden Ausführungen gelten vor allem den weniger bekannten inneralpinen Verhältnissen.

Als ich Ende der vierziger und Anfang der fünfziger Jahre an der Philosophischen Fakultät der Universität Zürich Romanische Sprachen und Literatur studierte, schlug mir mein Lehrer – der damals führende Romanist Jakob Jud – vor, eine vergleichende Untersuchung über die Terminologie des Gemeinwerkes im französischsprachigen und im deutschsprachigen Teil des schweizerischen Kantons Wallis zu machen. Unter «Gemeinwerk» versteht man in der Schweiz die institutionalisierte, unentgeltliche Arbeit der Bauern beim Aufbau und Unterhalt gemeindeeigener und genossenschaftlicher Einrichtungen wie Strassen und Wege, Wildbachverbauungen, Bewässerungskanäle, Alpweiden, Gemeindebauten usw., also eine Art Gemeindefron. Es sollte eine Dissertation im Sinne der Forschungsrichtung «Wörter und Sachen» werden, wie sie von dem Grazer Indogermanisten Rudolf Meringer (1859–1931) initiiert worden war. Da ich damals auch Volkskunde im 1.

Nebenfach bei Richard Weiss und Soziologie im 2. Nebenfach bei René König studierte, wurde mir bald klar, dass die ländliche Gemeinschaftsarbeit als Lebenswirklichkeit nicht allein von ihrer Terminologie her verstanden werden konnte, auch wenn man diese in enge Beziehung zur Sachkultur brachte, wie es die Methode Meringers verlangte. Ich ersuchte deshalb die Fakultät um die Erlaubnis, meine Dissertation im Nebenfach Volkskunde bei Richard Weiss zu schreiben (Niederer 1956). Mein Verständnis für Volkskunde und die Art und Weise, das Volksleben zu betrachten und zu verstehen, wurde stark von diesem originellen Denker und Forscher geprägt. Beide waren wir ausserdem durch die Liebe zu den Bergen und ihren Menschen verbunden. Richard Weiss (1907–1962) streifte bei seiner Betrachtung der schweizerischen Kultur den Schleier romantisch-patriotischer Verklärung ab und führte die Volkskunde aus dem Dasein einer Museumswissenschaft hinaus; er vertrat eine funktionalistische Betrachtungsweise, die sich immer mehr auf die Erscheinungen der Gegenwart erstreckte und die auch deren Problematik wahrnahm.

Was mich im Zusammenhang mit meinem Dissertationsthema zu einer vertieften Betrachtung der Phänomene Kooperation und Gemeineigentum veranlasste, waren nicht zuletzt weltanschauliche Gründe. Ich war in einem traditionell sozialistischen und politisch aktiven Milieu aufgewachsen und hatte schon, als ich noch in die Volksschule ging, Bücher politischen und soziologischen Inhalts gelesen. Hierzu gehörte u. a. das Werk des russischen Anarchisten Peter Kropotkin (1842–1921) über «Gegenseitige Hilfe in der Tier- und Menschenwelt», das zuerst 1904 in deutscher Sprache erschienen war (Kropotkin 1904). Kropotkin erstrebte das Gemeineigentum an den Produktions- und Konsumtionsmitteln, das auf kleine autonome, herrschaftsfreie Interessengruppen übertragen werden sollte. Er bekämpfte die von den Darwinisten und Sozialdarwinisten vertretene These vom «Kampf aller gegen alle» als Prinzip des sozialen Lebens und zeigte an zahlreichen Beispielen, dass der Kampf ums Überleben nicht so sehr innerhalb der Arten stattfindet, als vielmehr zwischen den Arten und überhaupt in erster Linie gegen die unmittelbare Lebensnot, das heisst gegen die feindlichen Kräfte der Natur, wobei der Erfolg des Kampfes durch das gesellschaftliche Verhältnis der daran Beteiligten untereinander bestimmt wird. Diese Tatsache fand ich bei meinen Untersuchungen zur Gemeinschaftsarbeit in den hochalpinen Regionen der Schweiz in anschaulicher Weise bestätigt.

Die Bedeutung der gegenseitigen Hilfe für die Entwicklung der Menschheit war übrigens auch von Darwin durchaus erkannt worden. Er schrieb in seinem Werk über die Abstammung des Menschen (von 1871), dass die Geeignetsten für das Überleben weder die körperlich Stärksten noch die Listigsten seien, sondern solche, die gelernt haben, sich so zu verbinden, dass sie sich – ob stark oder schwach – gegenseitig unterstützen (Darwin 1871, bes. Kap. 3).

Was mich bei meinen Untersuchungen zur bergbäuerlichen Arbeit besonders faszinierte, war deren unmittelbarer Charakter auf den Gebieten der Arbeit und auch auf denjenigen des Konsums und der Kommunikation. Die Diskussion um die Verdinglichung und die Selbstentfremdung des Menschen im Kapitalismus aufgrund der Frühschriften von Karl Marx, von Georg Lukács (1923, S. 94–122) und anderer war damals sehr aktuell. Die alpinen Mikrokosmen erschienen mir als eine Gegenwelt gegenüber der Industriegesellschaft mit ihren – wie man damals sagte – verdinglichten Beziehungen herrschaftlicher, technischer und bürokratischer Art.

Ich war mir freilich der Gefahr der Idealisierung von Gemeinschaftsarbeit und gegenseitiger Hilfe bewusst. Aufgrund intimer Erfahrungen des Lebens in einer Hochgebirgsgemeinde, wo ich längere Zeit gewohnt habe, war mir klar, dass die affektbetonte Verwendung des Begriffes «Gemeinschaft», den die neuere Volkskunde zu Recht kritisierte, nicht dazu verführen darf, die Dorfgemeinschaft als eine von Nächstenliebe und Hilfsbereitschaft überfliessende Welt aufzufassen und auch nicht als eine Welt der Gleichheit, waren doch die unterschiedlichen Besitzverhältnisse und die sich darauf gründenden Machtstrukturen überall offenbar.

Auch darf die Bereitschaft der Bergbevölkerung zur Kooperation und gegenseitigen Hilfe nicht überschätzt werden. Die volkstümliche Ethik, wonach Gemeinnutz vor Eigennutz geht, verwirklichte sich vor allem unter dem Zwang der Naturgewalten, der räumlichen Isolierung und des geringen Geldumlaufs. Das häufige Scheitern von genossenschaftlichen Einrichtungen wie Dorfmolkereien, Kooperativen für die Anschaffung und den Gebrauch von landwirtschaftlichen Maschinen, Gemeinschaftsstallungen usw. zeigt, dass sich die Bergbewohner nur da zu gemeinsamer Tat verbinden, wo sie müssen – aber sie mussten es in der Vergangenheit weit häufiger als heute.

Die lange winterliche Abgeschlossenheit mancher Täler abseits der grossen Verkehrswege (der Passstrassen), die permanente Bedrohung durch die Naturgewalten und das Angewiesensein auf hochgelegene, nur im Sommer zugängliche Weideflächen (Almen oder Alpen), die ihrer Natur nach nur genossenschaftlich genutzt werden können, sowie die häufige Notwendigkeit künstlicher Bewässerung mittels kilometerlanger Wasserfuhren erzwangen eine kollektive Disziplin.

Neben dem Gemeindeeigentum an Alpweiden und Allmenden, worauf der Weidegang beruht, gibt es immer auch die eifersüchtig gehüteten privaten Güter, die Wiesen, auf denen das Winterfutter für das Vieh gewonnen wird, sowie die Äcker und da und dort auch kleine Rebberge. Das alpine Landnutzungssystem ist eine Verflechtung von privaten und kollektiven Besitz- und Nutzungsverhältnissen.

Die Eigentums- und Nutzungsrechte sind in der Hand autonomer Familien; Gutshöfe und andere Grossbetriebe mit Gesinde sind im schweizerischen Alpenraum unbekannt. Der durchschnittliche Grundbesitz der Familienbetriebe liegt zwischen 1 und 5 Hektaren; dazu kommen die Nutzungsrechte an Allmenden, Alpweiden und an Wald.

Das Familienleben und das Leben innerhalb der Ortsgesellschaft waren strengen, klaren Regeln unterworfen. Hierarchie und Autorität waren rigoros festgesetzt und verlangten Gehorsam und Unterordnung: der Ältere vom Jüngeren, der Mann von der Frau, die Eltern von den Kindern, die Religion von allen. Die Dorfgemeinschaft liess dem einzelnen keinen Raum für eine Privatsphäre. Man war niemals allein, aber man war auch nie einsam, weder in der Freude noch bei Alter, Krankheit und Tod.

Vor dem Anschluss der traditionellen alpinen Agrarkollektive an die nationale Industrie- und Dienstleistungsgesellschaft verlief die Entwicklung hauptsächlich endogen, ohne wesentliche Impulse wirtschaftlicher und technischer Art von aussen. Sie bestand hauptsächlich in einer fortlaufend verbesserten Anpassung an die örtlichen Naturgegebenheiten und an den Bevölkerungsstand. In Gesellschaften am Rande der Existenzmöglichkeiten war man zu Vorsicht mit Experimenten gezwungen, da die Folgen eines Fehlschlags nicht mehr von den Ansässigen hätten getragen werden können. Dadurch wären auch Abhängigkeiten entstanden, welche das prekäre Gleichgewicht innerhalb des Kollektivs gefährdet hätten.

Das Gleichgewicht zwischen der Bevölkerungszahl und dem Nahrungsspielraum erhielt sich durch bestimmte soziale und demographische Mechanismen wie Spätheirat (in der Regel um das 30. Lebensjahr), wodurch die Zahl der Geburten beschränkt blieb, ferner durch einen hohen Prozentsatz (bis zu 30 Prozent) von unverheirateten Erwachsenen (Netting 1981, S. 109–158). Dazu kam die temporäre Auswanderung in der Form von Söldnerdiensten. Als diese 1848 durch die Schweizerische Bundesverfassung verboten wurden, kam es dort, wo der Boden wegen Erbteilung und Grundstückszersplitterung zu knapp geworden war und wo es selbst bei mühevollster Arbeit nicht zum Leben reichte, zur Auswanderung ganzer Familien nach den Vereinigten Staaten und nach Südamerika (Anderegg 1980, S. 175–196).

Während der beiden Weltkriege, als auch in der Schweiz Mangel an landwirtschaftlichen Produkten bestand, erlebte die Berglandwirtschaft eine kurze Blütezeit. Die Landwirte und ganz besonders die Bergbauern genossen als volksernährende und, wie es hiess, staatstragende Gruppe hohe Wertschätzung. Aber schon kurz nach dem Zweiten Weltkrieg stellte

Richard Weiss das Ende der traditionellen autarken Wirtschafts- und Lebensweise fest; etwas später sprach man von einem revolutionären Umbruch im Berggebiet. Die Intensität der Bebauung, besonders in den höheren Lagen, ging rapid zurück; Höhensiedlungen wurden zurückgenommen, Kuhalpen wurden zu Rinderalpen und schliesslich zu Schafweiden, und selbst die fruchtbaren Böden, die früher dem Futterbau und dem Ackerbau gedient hatten, blieben zum Teil brach (Weiss 1962, S. 236–237).

Heute stehen die wenigen noch hauptberuflichen Bergbauern in Auseinandersetzung mit den privilegierten Bauern des Mittellandes. Die Vermutung ist nicht von der Hand zu weisen, dass das Schicksal der Bergbauern und die Sympathie, die sie im Volk geniessen, dazu dienen, allgemein bäuerliche Forderungen nach staatlicher Unterstützung durchzusetzen, dass dann aber die Bergbauern nur sehr beschränkt von den entsprechenden staatlichen Zuschüssen profitieren, also gewissermassen als emotionaler Vorspann für andere Interessen benützt werden. Zum Teil gibt es auch Spannungen zwischen den vollberufstätigen Bergbauern und den nichtlandwirtschaftlichen Gruppen, die sich inzwischen im Zusammenhang mit der Fremdenindustrie in vielen Bergdörfern gebildet haben und deren Lebensstandard zeigt, dass sie es besser haben. Diese Gruppen bestehen im Ausstrahlungsbereich von industriellen Zentren aus Pendlern, von denen manche einen reduzierten Landwirtschaftsbetrieb beibehalten haben, der im wesentlichen von den Frauen besorgt wird.

Während die ältere Generation noch stark dem traditionellen Wertsystem verhaftet bleibt, das auf Gebrauchswerte hin orientiert ist und bei dem alles und jedes seinen Wert hat, tritt bei der jungen Generation die Bewertung von Leistung, Einkommen und Konsumkraft in den Vordergrund.

Durch die Massenmedien sowie durch zahlreiche persönliche Beziehungen, die sich im Zuge der wachsenden geographischen Mobilität zwischen Berg- und Stadtbewohnern während der Ferien oder an Wochenenden herstellen, ist die moderne Zivilisationsideologie im Alpenraum rezipiert worden, insbesondere auch die Gleichheits-Ideologie. Diese äussert sich darin, dass sich die jüngeren Bergbewohner und Bewohnerinnen weigern, weiterhin unter zivilisatorischen Bedingungen zu leben, die unter denjenigen des schweizerischen Durchschnitts liegen.

Bei den sich aus dieser Situation ergebenden Zielkonflikten zwischen den Generationen kommt es häufig zu Kompromissen in der Form von Berufskombinationen, die auch für die Jüngeren ein Verbleiben im Bergdorf möglich machen. Berufskombinationen setzen das Vorhandensein von Arbeitsplätzen in nichtlandwirtschaftlichen Sektoren voraus, Arbeitsplätze, die auch für Pendler gut erreichbar sind.

Eine Berufskombination hatte es schon früher im Zusammenhang mit der in einigen Alpengebieten verbreiteten Heimindustrie gegeben, bei welcher die Familie jeweils zusammenblieb. Dort, wo es keine Tradition der Heimarbeit gab – wie etwa im Wallis –, folgte auf die Phase der Selbstversorgung, die nach dem Zweiten Weltkrieg zu Ende ging, die Arbeit in elektro-chemischen Werken und in Aluminiumfabriken, oft in der Form der Schichtarbeit. Bei dieser Art der kombinierten Erwerbstätigkeit, zumeist Arbeiterbauerntum genannt, bleibt die Familie im Tagesablauf getrennt (Bellwald 1963, Niederer 1969 Nr. 38, Matter 1978, S. 130–134).

In den schweizerischen Bergkantonen Wallis und Tessin ist diese Form der kombinierten Berufstätigkeit besonders verbreitet. Die hauptberuflichen Landwirte machen dort heute weniger als ein Fünftel aller Landwirte aus. Die Berufskombination Landwirtschaft/Industriearbeit ist vorwiegend bei der älteren und mittleren Generation verbreitet, die noch eine starke Bindung zur Landwirtschaft hat, während viele Jüngere, die oft eine vollständige Berufslehre absolviert und auswärts entsprechende Arbeit gefunden haben, meist nur am Wochenende und an Festtagen ins Dorf zurückkehren und von der Landwirtschaft oft nichts mehr wissen wollen.

Das Vorhandensein von Nebenerwerbsmöglichkeiten ist eine wesentliche Voraussetzung für die Überlebenschance vieler kleiner Bergdörfer. Allgemein machen die Gebiete mit ländlicher Industrialisierung in der Form von Gewerbe, Fabriken oder Fremdenverkehr einen günstigeren Eindruck als die industriefernen Orte. Dort kommt es zu Abwanderung und Überalterung, zur Verödung des öffentlichen Lebens und oftmals zum Zusammenbruch der lokalen Selbstverwaltung, wenn wegen Abwanderung eine bestimmte Mindestbewohnerzahl unterschritten wird (Niederer 1980, Nr. 122, S. 149–150; Bätzing 1984, S. 74).

Industrie und Fremdenverkehr sind Motoren der Wohlstandsförderung. Die Verbesserung der Verdienstmöglichkeiten wird von der jungen Generation als Befreiung aus den engen Schranken der bisherigen Existenz empfunden.

Der zusätzliche Verdienst wird unterschiedlich verwendet. Die einen investieren ihn in arbeitssparende landwirtschaftliche Maschinen, andere sanieren ihre Wohnung oder bauen sich neue Häuser auf ererbtem Boden; manche ermöglichen ihren Kindern eine bessere Ausbildung, als sie die Dorfschule zu geben vermag. Hierzu ist zu bemerken, dass Gymnasiasten zu annähernd 100 Prozent ein Studium an einer ausserregionalen Hochschule aufnehmen (in den Bergkantonen gibt es keine Universitäten). Aufgrund der vorläufig geringen Nachfrage nach Akademikern in den Berggebieten kehren nur verhältnismässig wenige von ihnen in ihre Herkunftsregionen zurück, solange diese bezüglich Weiterbildungsmöglichkeiten, Arbeitsplatzauswahl und beruflichen Entwicklungsmöglichkeiten deutlich schlechter versorgt sind. Gewinner dieses «Brain-Drain» aus dem Berggebiet sind dann wiederum die wirtschaftsstarken Agglomerationen des Mittellandes.

Bei der Verbindung von Erwerbsarbeit in der Industrie (oft – wie bereits gesagt – in der Form von Schichtarbeit) und reduzierten Formen der Landwirtschaft erhält das geldwirtschaftliche Denken raschen Auftrieb, und unentgeltliche Arbeitsleistungen im Dienste der Gemeinde oder bei den Genossenschaften sind bei der jungen Generation unbeliebt. Das von mir beschriebene Gemeinwerk kam zum Erliegen, weil die Arbeiter tagsüber ortsabwesend sind, auch weil die individualistische Gesinnung rasch überhand nahm und weil die Gemeinden heute in der Lage sind, Gemeindearbeiter anzustellen (Niederer 1956, S. 88–90).

Es erstaunt jedoch, dass unter den Bedingungen der Berufskombination dem genossenschaftlichen Zusammenschluss im Alpengebiet nicht grössere Bedeutung zukommt. Der deutsche Alpenforscher Werner Bätzing schreibt mit Bezug auf die Bedeutung der Genossenschaften in den Alpen folgendes: «Weil gemeinsam in einem grösseren Rahmen besser und effektiver gearbeitet werden kann als nur im Rahmen der eigenen Familie, wäre es von zentraler Bedeutung, die vereinzelte Produktionsform aufzuheben und Kooperativen und Genossenschaften aufzubauen. Erst in diesem Rahmen kann die traditionelle Benachteiligung der Frau aufgehoben werden, können so fundamentale Interessen wie Urlaub, Fortbildung usw. verwirklicht werden und kann die Arbeitsverteilung erheblich besser auf individuelle Fähigkeiten und Wünsche eingehen. Solche Kooperationen haben in der Form der Alpgenossenschaften eine sehr alte Tradition» (Bätzing 1984, S. 92). Hier ist anzumerken, dass die Alpgenossenschaften, weil sich private Bewirtschaftung der hochgelegenen Alpweiden als wenig produktiv erwiesen hat, den allmächtigen Tendenzen zur Individualisierung am besten widerstanden haben.

Obschon das Einkommen aus der Arbeit in der Industrie oder im Fremdenverkehr geldmässig weit bedeutender ist als der Ertrag der nebenberuflichen, meist reduzierten Landwirtschaft, geben die Arbeiterbauern in ihrem Denken und Fühlen der landwirtschaftlichen Tätigkeit die Priorität. In der subjektiven Einstellung wird der Hauptberuf, der ausserhalb der landwirtschaftlichen Tätigkeit liegt, nicht als solcher empfunden. Die Bargeldbeschaffung ist das allein leitende Motiv für die Arbeit im Fabrikbetrieb, die als Hilfsarbeit den Arbeiterbauern keine Aufstiegsmöglichkeiten bietet. Sie sind dort gewissermassen Gastarbeiter. Im Herzen bleiben sie Bauern.

Die soziale Geltung, das Ansehen der Arbeiterbauern hängt von ihrer Stellung im Dorfe ab, von ihrer familiären Herkunft, ihrer Teilnahme am Dorfleben und ihrer Mitwirkung in den dörflichen Vereinen. Arbeiterbauern sitzen in den Gemeinderäten und manche haben es schon zum Gemeindepräsidenten gebracht. Ihr politisches Interesse bezieht sich vorwiegend auf ihre

Wohn- bzw. Heimatgemeinde, weil sie von den dortigen Entscheidungen oft unmittelbar betroffen sind.

Dies zeigt sich vor allem in Fragen der Ortsplanung, z. B. der Ausscheidung von Bauzonen aus dem Landwirtschaftsgebiet, und in der Schulpolitik, wo es oft um die Aufrechterhaltung oder Auflösung von Dorfschulen geht. Indessen werden in den Fabrikbetrieben und Werkstätten, in denen die Arbeiterbauern ihr Brot verdienen, ihre Söhne zu Facharbeitern, technischen oder kaufmännischen Angestellten ausgebildet, die im Bergdorf keine Anstellung finden. Es ist möglich, dass sie nach Abschluss ihrer Ausbildung wegen der dortigen Wohnqualität und übriger immaterieller Lebensqualitäten weiterhin als Pendler im Bergdorf wohnen werden, aber sie werden kaum mehr viel Landwirtschaft betreiben, denn sie verfügen nicht mehr über die psychische und physische Resistenz ihrer Väter gegenüber den Strapazen einer Doppelbeschäftigung im industriellen Betrieb und in der Landwirtschaft, sondern verausgaben ihre überschüssigen Kräfte lieber im Sport. Wie Richard Weiss schon 1957 bemerkte, bilden die nichtbäuerlichen Erwerbsmöglichkeiten in Industrie und Tourismus oft nur eine Übergangsphase zur gänzlichen Aufgabe des bäuerlichen Betriebs.

Man könnte annehmen, dass sich die zunehmende Tätigkeit von Bergbewohnern in der Industrie oder im Dienstleistungsgewerbe dahin auswirkt, dass bei Erbteilungen einer der Erben das elterliche Gut übernimmt und seine Miterben auszahlt. Dem ist aber nicht so. Unsere Untersuchungen im Wallis haben gezeigt, dass die reale Teilhabe an den von den Eltern hinterlassenen Gütern weiterhin einen Wert darstellt, auf den man nicht verzichten will, selbst wenn man ausserhalb des väterlichen Wohnorts seinen Unterhalt verdient und nur jeweils während der Ferien ins Heimatdorf zurückkehrt. Die in den schweizerischen Südkantonen herrschende Erbsitte der Realteilung, welche zu übermässiger Zersplitterung in Flur- und Gebäudeanteile führt, wirkt sich so aus, dass ein Kleinlandwirt mit 2–3 Stück Grossvieh über 25 und mehr Grundstücke verfügt sowie über mehrere Anteile an Wirtschaftsgebäuden. Diese Besitzteile können weit auseinanderliegen, so dass für die Bewirtschaftung unverhältnismässig viel Zeit auf das Zurücklegen von Wegstrecken verwendet werden muss. Dieser Sachverhalt setzt der Modernisierung und Mechanisierung der Berglandwirtschaft enge Schranken (Niederer 1968, Nr. 35; Friedl 1974, S. 56–68). Die Berglandwirtschaft ist ohnehin schwierig, wenn man den Aufwand und Ertrag im Berggebiet mit demjenigen des Mittellandes vergleicht. Auf 1600 m ü. M. macht der Ertrag je Flächeneinheit Getreide knapp die Hälfte des schweizerischen Durchschnitts aus. Dazu kommt, dass der Aufwand für Getreidebau im Gebirge um das Mehrfache höher ist als im Mittelland.

Ungeachtet ihrer wirtschaftlichen Unrentabilität ist die Berglandwirtschaft in der Schweiz Gegenstand zahlreicher und stets noch zunehmender staatlicher und privater Hilfsmassnahmen. Anfänglich handelte es sich um Beiträge zur Bekämpfung der ungenügenden Wohn- und Hygieneverhältnisse, dann um solche zur Produktionssteigerung durch Mechanisierung. Später setzte sich die Einsicht durch, dass sich die öffentlichen Beiträge nicht nur nach der Menge der Produktion an Milch und Getreide richten sollen, sondern nach der Arbeitsleistung schlechthin. So wurde dem reinen Rentabilitätsdenken eine neue Orientierung entgegengestellt. Es gibt heute für die Bergbauern sogenannte Bewirtschaftungsbeiträge, das sind Flächenbeiträge für die Bewirtschaftung von Parzellen mit 18 und mehr Prozent Hangneigung. Ferner gibt es sogenannte Sömmerungsbeiträge für die Inhaber von Alpbetrieben, das heisst ein paar Hundert Franken für jede während des Sommers auf der Alm weidende Kuh. Es hat sich nämlich herausgestellt, dass dort, wo die Alpweiden nicht mehr genutzt werden, die vom Menschen durch Rodung und Weidepflege geschaffene Kulturlandschaft versteppt und verkarstet und dass damit die Lawinengefahr wächst. Die Alpsennen, die mittlerweile weniger zum Käsemachen als zur Umweltpflege gebraucht werden, geniessen deshalb staatliche Förderung. Kurz: Weniger Berglandwirtschaft heisst weniger Landschaftspflege, denn der Bauer – so der Fremdenverkehrsspezialist Jost Krippendorf – ist der beste Landschaftsgärtner, und die Landschaft ist bekanntlich Rohstoff für den Tourismus, von dem viele Bergbewohner leben. Der Bergbauer versteht sich jedoch nicht als blosser Landschaftsgärtner oder Kulissenschieber für die Fremden, sondern als Produzent land- und viehwirtschaftlicher Konsumgüter. Für diese wünscht er sich Preise, welche den erschwerten Produktionsbedingungen im Berggebiet angemessen sind. Da seine Erzeugnisse bei solchen Preisen auf dem freien Markt nicht konkurrenzfähig wären, soll die Differenz zwischen den effektiven Kosten und dem Marktpreis dem Bergbauerntum in der Form staatlicher Subventionen zukommen, was heute bis zu einem gewissen Grade der Fall ist.

Weniger Berglandwirtschaft bedeutet Verlust der attraktiven Wirkung, welche die Bauernbetriebe für den Touristen, der aus der Stadt kommt, ausüben. «Wenigstens während der Ferien möchte man einmal eine Kuh von nahem sehen.» Drastischer sagt es der Umweltkritiker Horst Stern: «Erst geht die Kuh, dann geht der Gast, – wen soll man da noch melken?» Rückgang der Landwirtschaft bedeutet auch das Verschwinden vieler bäuerlicher Kulturäusserungen, die – gerade, weil sie nicht für touristische Zwecke geschaffen wurden – für die Touristen attraktiver sind als das überall gleiche rustikale Dekor, das viele unserer Kurorte überzieht; attraktiver auch als der verbreitete Belustigungsbetrieb in der Form von zum Gaudi pervertiertem Brauchtum.

Es kann sich freilich nicht darum handeln, die Selbstversorgungswirtschaft alten Stils wieder aufleben zu lassen. Durch das moderne Verkehrswesen ist der Zwang zur Autarkie aufgehoben worden, die Menschen sind nicht mehr gezwungen, Produkte anzubauen, die bei hohem Arbeitsaufwand geringen Ertrag bringen, sondern sie können das produzieren, was sich im jeweiligen Raum am besten entwickelt und wofür Nachfrage besteht (Bätzing 1984, S. 86–87).

Alle die Massnahmen zur Stützung der Berglandwirtschaft genügen nicht, um die Einkommensdisparitäten zwischen Berggebiet und Mittelland wesentlich zu vermindern. Mit der zunehmenden Industriekonzentration haben sich gerade in den letzten Jahrzehnten die regionalen Einkommensunterschiede zwischen Alpengebiet und Mittelland weiter verschärft. So suchte man nach neuen Wegen, um die Standortnachteile auszugleichen. Das wichtigste Mittel zur Berggebietsförderung (nicht nur auf dem Sektor der Landwirtschaft) wird von den Behörden seit den siebziger Jahren in einer besonderen Ausrüstung von regionalen Zentren im Alpenraum gesehen mit Industrie- und Gewerbebetrieben, Schulen, Spitälern, Versorgungsbetrieben und Infrastrukturen für Sport und Kultur. Die Förderung geschieht durch Gewährung zinsfreier Investitionskredite. Dadurch soll im Alpenraum ein grösseres und vielfältigeres Arbeitsplatzangebot entstehen und der Bevölkerung eine reichhaltigere Palette von Dienstleistungen angeboten werden. Man glaubt so, die Bergbevölkerung – vor allem die jungen Leute – dazu anreizen zu können, in ihrer engeren Heimat zu bleiben, statt ins Mittelland und in die Städte abzuwandern (Schweizerischer Nationalfonds: Nationales Forschungsprogramm «Regionalprobleme in der Schweiz». Bern 1975).

Zu diesem Zweck wurden die förderungsbedürftigen Gebiete des Landes, die flächenmässig etwa zwei Drittel des schweizerischen Territoriums ausmachen, in 50 sogenannte Entwicklungsregionen eingeteilt, die jeweils aus ein paar Gemeinden bestehen. Das war 1979. Zu jener Zeit dachten behördliche Stellen nicht daran, Volkskundler zur Lösung von Gegenwartsproblemen beizuziehen, während soziologische Institute schon lange regelmässig mit öffentlich subventionierten Forschungsaufträgen betraut worden waren. Es hängt dies damit zusammen, dass für das herrschende Politikverständnis die Ergebnisse qualitativ anstatt statistisch arbeitender Wissenschaften im Hinblick auf politische Entscheidungen gleich null sind. Nach einigen Bemühungen gelang es damals, das Volkskundliche Seminar der Universität Zürich in das staatliche Entwicklungsprojekt zur Förderung der peripheren Regionen einzuschalten.

Die an uns gestellte Frage hiess: «Inwiefern gibt es innerhalb dieser Planungsregionen bereits ein regionales, über die einzelne Gemeinde hinausgehendes Bewusstsein und Zusammengehörigkeitsgefühl und einen regionalen Gestaltungswillen und wie könnte allenfalls ein solches Zusammengehörigkeitsgefühl und ein entsprechender Gestaltungswille im Sinne einer regionalen Identität gefördert werden?»

Wir stellten aufgrund unserer Untersuchungen den planerisch-technischen Regionsbegriff in Frage und konnten nachweisen, dass die abstrakten Vorstellungen der Planer über die zu entwickelnde Region einerseits und diejenigen der betroffenen Regionsbewohner andererseits weit auseinanderklafften. Wir konnten zeigen, wie sich das raumplanerische Konzept mit der einseitigen Förderung je eines Zentralortes innerhalb einer Region als soziale und wirtschaftliche Verarmung auf die umliegenden Gemeinden auswirkte, wenn ihnen die Schule, das Zivilstandsamt, die örtlichen Einkaufsgelegenheiten usw. weggenommen und an den Zentralort verlegt wurden (Die Ergebnisse der Untersuchungen des Volkskundlichen Seminars der Universität Zürich sind zusammengefasst in: Kruker 1986).

Die finanziellen Leistungen des Staates und zahlreicher freiwilliger Vereinigungen an die alpine Bevölkerung und die Bergbauern im besonderen sind in der öffentlichen Meinung und im Parlament vor allem deshalb unangefochten, weil ein entsprechender, in allen Teilen der schweizerischen Bevölkerung verbreiteter Goodwill vorhanden ist. Die Bergbauern, die innerhalb des Volksganzen statistisch und ökonomisch nur eine kleine Minderheit von rund 50 000 Beschäftigten ausmachen, erfreuen sich einer landesweiten Anteilnahme; ihre Probleme werden in der Presse und in den Massenmedien laufend diskutiert. Der hohe Stellenwert, den die Bergbauernthematik und -problematik im schweizerischen Staat besitzt, hat besondere historische Gründe: Die Schweiz ist von ihrer Entstehung und Geschichte her ein autonomer Zusammenschluss von Hirten und Bergbauern, eine historische Tatsache, die im Jahre 1991, wenn wir das Jubiläum des 700jährigen Bestehens der Eidgenossenschaft feiern werden, ganz besonders gewürdigt werden soll, wenngleich das wohlbekannte Geschichtsbild um Wilhelm Tell und andere Freiheitshelden nach dem Zweiten Weltkrieg von Historikern demontiert und von Schriftstellern wie Max Frisch parodiert wurde. Der Mythos vom Schützen Tell lebt und wirkt weiterhin, und Schiller sah richtig, als er den Stallmeister des Reichsvogts ausrufen liess: «Erzählen wird man von dem Schützen Tell, solang die Berge stehn auf ihrem Grunde.» Die statistische Bedeutungslosigkeit der Bergbauern erscheint in einem etwas anderen Licht, wenn man in Betracht zieht, dass diese Berufsgruppe über einen unverhältnismässig grossen Anteil des schweizerischen Bodens verfügt. Die Alpweiden allein machen etwa ein Viertel des nutzbaren schweizerischen Territoriums aus. Dazu kommen die Gebirgswälder und das Wies- und Weideland in den Talböden.

Die Berggebiete sind ausserdem die Hauptproduzenten des billigen elektrischen Stroms, der wesentlich zum wirtschaftlichen Wachstum des Landes beigetragen hat. Doch profitieren die Bergkantone bisher von ihrem Reichtum weit weniger als die Industriezentren im Mittelland. Der Alpenraum blieb trotz seiner Standortgunst für Wasserkraftwerke in dieser Hinsicht finanziell benachteiligt. Heute fordern die Bergkantone höhere Entschädigungen, das heisst, höhere Wasserzinse, was ihnen auch schon den Spitznamen «Alpen-OPEC» eingetragen hat.

Zum Schluss noch einige Bemerkungen zum Fremdenverkehr in den Alpen. Der Fremdenverkehr hat sich zum drittwichtigsten Zweig der schweizerischen Volkswirtschaft entwickelt (nach der Industrie und dem Bank- und Versicherungswesen). Die Beteiligung am Tourismus bedeutet für die davon berührten Gebiete (es sind durchaus nicht alle alpinen Gebiete) einen gewissen Wohlstand, indem er Arbeitsplätze – vor allem für Frauen – schafft und die Abwanderung bremst. Im sozialen Bereich bringt er manche Probleme wie soziale Verarmung, Entwurzelung und Stresskrankheiten (z. B. Alkoholismus), oft als Folge saisonaler Gewinnsucht, die bis zur psychischen Erschöpfung führen kann (Guntern 1979). Im Bereich der Ökologie und Landschaft ergeben sich Probleme wie Bodenerosion (durch Anlegen künstlicher Skipisten), Kulturlandverlust durch Zersiedelung in der Form von Zweitwohnungen, die den grössten Teil des Jahres leerstehen, und Luftverschmutzung. Der Zweitwohnungsbau führt ausserdem zu einer drastischen Verteuerung des Bodens für die Einheimischen, die selber bauen möchten.

Mancherlei wird gegen diese negativen Folgen des Tourismus angestrebt, so z. B. eine landschaftsorientierte (ökologische) Politik, die im Berggebiet selber noch unpopulär ist, weil sie kurzfristige Gewinninteressen (z. B. den Landverkauf durch Einheimische an Fremde) tangiert. Wo Ökonomie und Ökologie in Konflikt geraten, zieht die Ökologie vorläufig meist den kürzeren. Gefordert wird auch immer wieder eine Tourismuspolitik im Interesse der ortsansässigen Bevölkerung und eine weitgehende Identifikation dieser Bevölkerung mit den örtlichen Tourismuszielen: intakte Landschaft, gute Qualität der touristischen Dienstleistungen, freundliches Verhältnis zwischen den Einheimischen und Gästen.

Das aber würde eine Aufwertung der touristischen Berufe bedingen, damit sich die einheimische Jugend vermehrt dem Gastgewerbe zuwendet. Diese Aufwertung betrifft sowohl die Löhne und die Sozialleistungen als auch die Gestaltung der Arbeitszeiten. Dazu käme eine seriöse berufliche Ausbildung und Weiterbildung. Unter den heutigen Bedingungen sind die Hotelbetriebe grossenteils auf ausländisches Saisonpersonal angewiesen.

In Kurorten, die sich seit der Jahrhundertwende aus einfachen Sommerfrischen und Bergsteigerstationen geruhsam entwickelt haben, verfügen die Ortsansässigen oft über den Hauptanteil an den Einnahmen aus dem Tourismus. In Modeorten, die zu Zielen des Massentourismus geworden sind, drängen Kapitalgesellschaften von aussen nach, die in grossem Stil Hotels,

Transport- und Freizeiteinrichtungen erstellen. Die Einheimischen werden so an den Rand der Entwicklung gedrängt, und manche Entscheidungen werden über ihre Köpfe hinweg in den Büros der Kapitalgesellschaften getroffen. So kommt es in einzelnen Fällen zu Situationen, die an Kolonialherrschaft erinnern und wo nicht selten die Komplizenschaft einheimischer Mittelsmänner mit im Spiele ist.

Die Ortsansässigen liefern dann nur noch die Berge, den Schnee und untergeordnete Hilfskräfte im Dienstleistungsbetrieb, als Küchenpersonal, beim Pistendienst, bei der Bedienung der Skilifte, bestenfalls als Skilehrer oder Bergführer. So bedeuten die Implantationen des Massentourismus in den verstädterten Bergdörfern zwar Modernisierung, aber nicht eigentliche Entwicklung, wenn man unter Entwicklung Wachstum aus eigener Kraft und Selbstbestimmung versteht (vgl. zu diesem Prozess: Haas-Frey 1976, Kramer 1983, Bätzing 1984, S. 73–76).

20.
Materieller Reichtum – soziale Verarmung
Nachruf auf eine verlorene Lebenswelt

Die Entwicklung von der «Gemeinschaft» zur «Gesellschaft», wie sie Ferdinand Tönnies zu Ende des letzten Jahrhunderts als Wesenszug der modernen Gesellschaft beschrieben hat, verläuft auf dem Lande parallel zur Ablösung der auf Eigenproduktion beruhenden Bedarfdeckungswirtschaft durch die Geld- und Warenwirtschaft. Dabei lässt sich bei steigender Mobilität der Bevölkerung die Lockerung familiärer und lokaler Gemeinschaftsbindungen im Alpengebiet wie in einem Laboratorium Schritt für Schritt verfolgen. In abgelegeneren, verkehrsarmen Regionen gibt es noch viele Menschen, die – in traditionelle Gemeinschaftsordnungen hineingeboren – im Laufe ihres Lebens den Übergang von der Gemeinschaft in den Zustand zunehmender Isolation durchgemacht haben, wie er sich durch das Überhandnehmen des öffentlich sanktionierten Leistungs- und Konkurrenzprinzips ergeben hat. Während die allgegenwärtige Unsicherheit der alpinen Natur zu Überlebensstrategien zwang, die sich nur in solidarischen Gemeinschaften realisieren liessen, ermöglichen die Industriewirtschaft und der Wohlfahrtsstaat die Freiheit von Verpflichtungen, wie sie die Gemeinschaft als Entgelt für die von ihr gewährte Sicherheit verlangte. Von daher erscheint die traditionelle Gemeinschaft und Gemeinwirtschaft, wie sie sich in Rückzugsgebieten wie den Alpen am längsten erhalten hat, als Zwangsgemeinschaft, die jedoch als Selbstverständlichkeit erlebt wurde, solange es keine Alternativen dazu gab.

Nach dem Zweiten Weltkrieg kam durch die Gründung von grösseren Industrieunternehmungen, die durch pendelnde Arbeitskräfte auch aus abgelegeneren Orten relativ leicht erreicht werden konnten, sowie durch zunehmenden Fremdenverkehr eine vorher nicht gekannte Dynamik und Mobilität in den alpinen Raum. Die sich rasch verbessernde Einkommenssituation führte zu einem Anstieg des Lebenshaltungsniveaus, das sich in der Verfeinerung der Konsumgewohnheiten, der Anschaffung von Motorfahrzeugen sowie von Maschinen zur Erleichterung der vielfach nebenberuflich beibehaltenen Landwirtschaft äusserte. Dank der wachsenden Steuereinnahmen und staatlicher Subventionen kamen die Gemeinden in die Lage, bedeutende Mittel in die Verbesserung der kommunalen Infrastrukturen und der öffentlichen Dienstleistungen zu investieren. Es konnten nun Werke in Angriff genommen werden, von denen man früher nicht zu träumen gewagt hatte: Trinkwasserversorgung, neue Schul- und Gemeindehäuser, Krankenstationen, Tiefkühlanlagen, Bibliotheken und Ortsmuseen. Das Strassennetz konnte bis zu den Hochalpen hinauf, wo früher nur Maultierpfade hingeführt hatten, für den Motorverkehr ausgebaut werden. Durch Lawinen- und Wildbachschutzbauten konnten wesentliche Gefährdungen der Siedlungen und der Kulturen gebannt werden. Der dank der Lohnarbeit der Pendler rasch wachsende materielle Wohlstand führte nicht zuletzt zur verbesserten medizinischen Versorgung, was sich als Rückgang der Kindersterblichkeit und als Verlängerung der durchschnittlichen Lebensdauer auswirkte. Auch in den Bergdörfern gibt es heute viel mehr alte Leute als noch um die Jahrhundertmitte, so dass sich die Behörden mit Plänen für den Bau von Altersheimen befassen, was noch vor einem Jahrzehnt nicht denkbar gewesen wäre, weil es Ehrensache der Familie war, ihre Alten bis zum Lebensende im Hause zu behalten. Bei den erhöhten Raumansprüchen der jungen Generation (jedem Kind sein eigenes Zimmer) kommt es vielfach zur Aufgabe der Dreigenerationenhaushalte.

Das wachsende Einkommen förderte die Entbindung von Individualwünschen. Die Leute im Dorf haben jetzt nicht mehr die gleichen Interessen wie früher an gemeinsamen Gütern und deren Verwaltung, sondern individuelle Konsumwünsche. Von der Kaufkraftsteigerung und der Kauflust profitiert jedoch nicht der Einzelhandel im Dorfe. Infolge der Motorisierung können jetzt die Güter des gehobenen Bedarfs im nächsten Supermarkt erworben werden, und manche Dorfläden gehen ein, weil die Leute dort nur noch Kleinigkeiten kaufen. Mit der Annahme auswärtiger Lohnarbeit durch einzelne Familienmitglieder lösen sich die Familienbetriebe auf, und das Leben im Dorfe polarisiert sich in Öffentlichkeit einerseits und Privatheit andererseits. Während es zu der Zeit, da die Familien noch Produktionsgemeinschaften waren, keine ausgrenzbare Freizeit gegeben hatte, brachte die Arbeit in der Industrie mit der Trennung von Arbeits- und Wohnplatz auch eine von der Erwerbsarbeit abtrennbare Freizeit. Das stets elementare und vitale Unterhaltungsbedürfnis kann jetzt, seit man Radios und Fernsehapparate in jeder Wohnung installiert hat, durch den von aussen gelenkten Medienkonsum befriedigt werden, während man früher die Abende mit Nachbarn und Freunden verbracht hatte. Die lokalen Feste, bei denen alle zu gleicher Zeit und am selben Ort Akteure und Zuschauer zugleich gewesen waren, verlieren an Bedeutung, seitdem die moderne Massenkultur durch das Fernsehen in alle Ritzen des täglichen Lebens eindringt und den früher deutlichen Unterschied zwischen den Festtagen und dem gewöhnlichen Alltagsleben verwischt (Morin 1965, S. 77 ff.). Geld und Eigentum werden kaum mehr ohne Zins oder Pachtgebühr an Verwandte und Freunde geliehen, weil jetzt «alles seinen Preis hat». Manche Heranwachsende anerkennen Gruppenverpflichtungen nur so lange, wie sie davon profitieren können. Das bekommen vor allem die Dorfvereine zu spüren. Durch die bürokratische Erfassung, wie sie sich zum Beispiel durch das öffentliche und private Versicherungswesen und die allgemeine Steuerpflicht ergibt, wird der einzelne in straff regulierte und unpersönliche Prozeduren verwickelt und gewissermassen als Nummer oder als «Fall» behandelt.

Da viele Aufgaben und Funktionen jetzt Sache der Öffentlichkeit geworden sind, die früher in Gemeinschaften – meist in Familie und Verwandtschaft – übernommen wurden (wie zum Beispiel die Kranken- und Alterspflege), ist der einzelne nicht mehr in dem Masse wie früher auf Gemeinschaften angewiesen. Dadurch ergeben sich auch auf dem Lande vermehrte Möglichkeiten für ein Leben als Einzelgänger, der in städtischen Verhältnissen – wie aus gesicherten statistischen Unterlagen hervorgeht – nicht mehr selten ist (Hoffmann-Nowotny 1984, S. 37).

Wir meinen, dass eine prosperierende Wirtschaft und eine einigermassen garantierte soziale Sicherheit noch keine Gewähr für persönliches Wohlbefinden und Glück bieten. Die Konsumgesellschaft kann nicht alles geben; während sie gibt, nimmt sie auch. Hinter der Zuflucht zu immer mehr Besitztümern findet man das Sehnen nach authentischer Kommunikation, denn die Medien haben die Menschen einander kaum viel näher gebracht, auch wenn sich mit ihnen die Einsamkeit vorübergehend vertreiben lässt. Nur innerhalb von Gruppen vom Typus «Gemeinschaft», für welche die Familie das Muster ist, können die Bedürfnisse nach Geborgenheit und bedingungsloser Zugehörigkeit sowie nach Wärme und körperlicher Nähe befriedigt werden. In einem bestimmten Bereich mag eine Kultur oder eine Zeit einer anderen überlegen sein. Die unsere steht mit Bezug auf das Pro-Kopf-Einkommen und die technischen Errungenschaften an der Spitze der Entwicklung, krankt aber in den grundlegenden sozialen Beziehungen an leerem Formalismus, Oberflächlichkeit und Gleichgültigkeit, d. h. an sozialer Verarmung.

Doch wenden wir uns wieder den Verhältnissen und Wandlungen im Alpenraum zu. Eine Einrichtung, welche das traditionelle alpine Gemeindeleben durchzog, war die Gemeinschaftsarbeit (Niederer 1956, Schubert 1980, Kramer 1986), die zum Teil der Erhaltung des Gemeinbesitzes an Weide, Wald, Wasser, Wegen und Strassen diente, zum Teil in der Form von Nachbarhilfe auf Gegenseitigkeit geleistet wurde und brauchmässig geregelt war. Mit diesen Gemeinschaftsarbeiten waren zahlreiche alltägliche zwischenmenschliche Kontakte verbunden, welche den «sozialen Reichtum» des Dorfes ausmachten. Die Gemeinschaftsarbeit war in bargeldlosen Gemeinschaften mit relativ einfacher Technik ein Mittel im Kampf gegen Mangel und Not, entbehrten aber anderseits nicht rekreativer und ludischer Elemente. Sie gab jüngeren Teilnehmern Gelegenheit, sich im Wettbewerb, zum Beispiel beim Mähen der Gemeindewiesen, zu messen. Die Burschen versuchten, einander «auszumähen», das heisst aus der Reihe der fortschreitenden Mäher zu verdrängen, wobei der Verdrängte den Spott seiner Kameraden einstecken musste. Wo es keine solchen Gelegenheiten zum Wettbewerb gab, kamen allerlei Possen und Neckereien zum Zuge, besonders wenn Personen beiderlei Geschlechts an der Arbeit waren. Gemeinschaftsarbeiten waren stets auch Umschlagsplatz für Dorfneuigkeiten und Gerüchte. Es gab auch die festliche Überhöhung solcher Arbeiten, sei es durch besonders reichhaltige Verpflegung durch den Veranstalter der Gemeinschaftsarbeit, sei es durch Musikbegleitung von Pfeifern und Trommlern. Mit ihrer Muskelkraft leisteten die Teilnehmer die für die Gemeinschaft unentbehrliche Arbeit, mit ihrer Fähigkeit zu geselligem Kontakt mit ihren Mitmenschen waren sie ein wichtiges Element für den Zusammenhalt der Gruppe. Heute nimmt an den Arbeiten für die Gemeinde – am Gemeinwerk – nur noch teil, wer nicht etwa eine Verdienstmöglichkeit versäumt. Die Gemeindearbeiten werden jetzt fast überall durch voll- oder teilzeitlich fest angestellte Arbeitskräfte besorgt. Die traditionsreiche Art des kommunalen Frondienstes, dieses gemeinsame Handanlegen, könnte jedoch im Falle eines Rückganges der Steuereinnahmen wieder erhöhte Bedeutung erlangen.

Die Gemeinschaftsarbeit unter Nachbarn vermischte sich oft mit der geselligen Arbeit, bei der nicht so sehr die Arbeit, als das vergnügliche Zusammensein im Vordergrund stand. Solche Gemeinschaftsarbeit reichte in viele Schichten des menschlichen Daseins hinein, so auch in die Erotik, wenn bei den abendlichen Zusammenkünften besondere Bräuche Kontakte zwischen jungen Leuten beiderlei Geschlechts begünstigten. Als die Dörfer nicht länger wirtschaftlich gleichgerichtete und sozial relativ homogene Körperschaften waren, äusserte sich die Erinnerung an die Zeit der «frohen Arbeit» in Veranstaltungen, bei denen unter Bezeichnungen wie «Spinnet» (Spinnabend), «Nussknacket» diese und jene Wirte zu unterhaltsamen, aber doch kommerziell motivierten Zusammenkünften einluden, wobei die entsprechenden Arbeiten meist gar nicht mehr ausgeführt werden.

Die soziale Verarmung zeigt sich in vielen alltäglichen Erscheinungen. Früher diente als dörfliches Kommunikationszentrum oft noch die Strasse, welche Schauplatz der spontanen Geselligkeit war, bevor die Menge und das Tempo des auf ihr stattfindenden Waren- und Menschentransportes ihr Wesen bestimmte. Die Konzentration der Versorgungswirtschaft hat die traditionellen Dorfläden verdrängt, die eine besonders für die Frauen nicht zu unterschätzende Sekundärfunktion im Dienste der dörflichen Öffentlichkeit hatten. Die Bäuerin, die früher immer im Dorfladen einkaufte, von der Ladenbesitzerin selbst bedient wurde und mit ihr zu schwatzen pflegte, ist jetzt auf den Supermarkt angewiesen. An die Stelle der Ladenbesitzerin sind Selbstbedienungsregale und die Registrierkasse mit anonymer Bedienung getreten (Zijderveld 1972, S. 96 ff.).

Heute sieht man auch immer häufiger, dass junge Familien die angestammten oder ererbten Wohnungen aufgeben. Sie bauen ihre Eigenheime ausserhalb des Dorfes, vorzugsweise in sonniger Hanglage. Dadurch veröden die alten Dorfkerne, und es verschwinden früher selbstverständliche spontane Sozialkontakte. Die Bewohner der neuen Eigenheime suchen sich in ihren Wohnungen durch erhöhten Komfort und bessere Hygiene ein Surrogat für die verlorene Integration ins Dorfleben zu schaffen. Wo der Mann als Pendler den grössten Teil des Tages von daheim abwesend ist, entwickeln sich bei manchen Frauen in Ermangelung identitätsfördernder zwischenmenschlicher Kontakte fremdbestimmte Ordnungsvorstellungen und Zwänge, bei denen der Mensch mehr und mehr zum Sklaven der Wohnung wird (Niederer 1981, Nr. 130).

Am meisten leiden unter der sozialen Verarmung die alten Menschen. In den früheren, durch das Selbstversorgungsprinzip geprägten Familien hatten die alten Leute (und auch die Behinderten) ihre ihnen angemessenen Beschäftigungen; sie wurden gebraucht. Alte Frauen strickten Strümpfe für den Nachwuchs und flickten Arbeitskleider; die Männer verrichteten leichte Arbeiten im Haus (zum Beispiel im Zusammenhang mit der Hausweberei), halfen im Stall mit und flochten Körbe. Im besonderen oblag den Grosseltern und ledigen Tanten die Obhut und auch die Erziehung der kleinen Kinder, wenn die Eltern bei der Feldarbeit waren. Da jetzt wegen der Reduktion der Landwirtschaftsbetriebe und der Aufgabe des arbeitsintensiven Getreide- und Flachsbaus die Mütter mehr Zeit für ihre Kinder haben und ausserdem vielerorts schon Kindergärten bestehen, ist diese Erziehungshilfe nicht mehr notwendig.

Hatte es unter traditionellen Verhältnissen, als die Familie noch eine Produktionsgemeinschaft war, keine «Altersgrenze» gegeben, sondern nur einen allmählichen Übergang von schwereren zu leichteren, aber stets nützlichen Beschäftigungen, so beginnt man sich heute auch in den Bergdörfern mit dem Gedanken an ausserhäusliche Versorgung der Alten zu befassen, deren Hilfe und Rat nicht mehr benötigt werden. Dabei wird jedoch auch darauf geachtet, dass gegenseitige Besuche stets möglich sind.

Die Frage nach den Auswirkungen der Massenmedien – insbesondere des Fernsehens – auf die älteren Menschen ist kaum ernsthaft gestellt worden. Es heisst etwa, das Fernsehen gäbe den Alleinstehenden das Gefühl der Zugehörigkeit zur Welt. Es fragt sich jedoch, ob der konsequente Medienkonsum nicht bisherige soziale Beziehungen verschüttet. Die vorwiegend durch die städtische Kultur geprägten Medienleute gestalten mit Vorliebe Sendungen, die der internationalen Mode angepasst sind. Es sind dies Themen, die denjenigen der alten Leute in ländlichen Verhältnissen und deren Erfahrungswelt eher fernliegen, wenn es sich nicht gerade um Problembereiche der Gesundheitsvorsorge oder der sozialen Absicherung handelt. Während junge Leute die Defizite des massenmedialen Angebots durch Kontakte in Peergroups und anderen Teilöffentlichkeiten ausgleichen können, ist der alte Mensch vielfach mit dem fremdbestimmten Medium, das er nur passiv rezipiert und das ihn nicht fordert, alleingelassen. Die negativen Auswirkungen werden dann sichtbar, wenn alte Menschen den Bildschirm nicht aus dem Auge lassen, während sie mit Enkelkindern, Freunden und Nachbarn sprechen. Die Einwegkommunikation mit dem Apparat verhindert dann die konkrete sinnliche Wahrnehmung des Gesprächspartners durch Berührung und Körperkontakt. Persönliche soziale Beziehungen werden durch künstliche ersetzt.

Interessant ist die Beobachtung, dass sich Geisteshaltung und Wertvorstellungen der Bergbevölkerung trotz wachsender Integration in die Industriegesellschaft zum Teil immer noch an der traditionellen Selbstversorgungswirtschaft orientieren und dass die Arbeiterbauern ihrer landwirtschaftlichen Tätigkeit die Priorität geben, obschon sie dafür weniger Zeit aufwenden können als für die Arbeit in der Fabrik. In der subjektiven Einstellung wird der Hauptberuf (Fabrikarbeiter), der ausserhalb der Landwirtschaft liegt, nicht als solcher empfunden. Die Bargeldbeschaffung ist das alleinige Movens für die Betätigung in der Fabrik. Das Festhalten am vielfach finanziell defizitären Zwergbetrieb kann als eine unbewusste Form des Widerstandes gegen die Zwänge der unselbständigen Lohnarbeit (als Hilfsarbeiter) verstanden werden. Das Einkommen aus der Lohnarbeit (oft Schichtarbeit) wird nicht selten in den Ankauf landwirtschaftlicher Maschinen investiert. Diese dienen nach der Meinung ihrer Benützer zur Erleichterung und Verkürzung der Arbeit und nicht, wie man annehmen könnte, zur Produktionssteigerung. Mehreren Beobachtern ist aufgefallen, dass zum Viehhüten auf Privatgrundstücken im Frühjahr und Herbst zwar Elektrozäune aufgestellt werden, dass aber Frauen und Kinder daneben sitzen, sich unterhalten und Handarbeiten verrichten. Max Matter schreibt in seiner Dissertation über «Wertsystem und Innovationsverhalten»: «Die Möglichkeiten dieser Neuerung, nämlich die Einsparung von Arbeitskräften, werden nicht ausgenutzt, weil es offenbar der Lötschentaler Bevölkerung eher entspricht, sich die Tätigkeiten mit Maschinen zu erleichtern, als völlig neue Verhaltensweisen einzuführen» (Matter 1978, S. 201 f.).

Noch stellt für die Mehrzahl der Bevölkerung die Familie den nicht zu verdinglichenden Rest der menschlichen Existenz dar. Und in der Tat lässt sich in den entwickelten Industriegesellschaften ganz allgemein ein Rückzug ins Familienleben feststellen; man kann sogar von einer Abkapselungstendenz der Kleinfamilie sprechen. Die Frage ist jedoch, ob dadurch alle menschlichen Grundbedürfnisse befriedigt, ob die Qualität des Lebens so verbessert wird, oder ob diese Privatisierung («privat» – frz. privé – heisst ursprünglich «beraubt») nicht ein Ausdruck sozialer Verarmung ist.

Bildteil

Der Bildteil hat einen biografischen Zusammenhang mit Arnold Niederer; und in seiner Auswahl ist er sowohl im räumlichen als auch im zeitlichen Rahmen bewusst einseitig zusammengestellt. Geografisch beschränken sich die Fotos auf das Wallis und hier vor allem auf das Lötschental, das Arnold Niederer als junger Mann kennengelernt hat und das ihm vertraut geworden ist.

Das Interesse am «Alpinen» hat Arnold Niederer sein ganzes Leben lang begleitet. Für ihn, dem in einem Dorf des bernischen Mittellandes Aufgewachsenen, war die alpine Kultur das Fremde, das Andere. Ihn faszinierten in seinen jungen Jahren die mehr oder minder solidarischen dörflichen Gemeinschaftsordnungen, deren Alltag vom jahreszeitlichen Wandel und in den katholischen Gegenden von dem damit verbundenen religiösen Festkalender bestimmt wurde. Gerade das Katholische mit seinen Festen und Riten des Jahres- und Lebenslaufes erlebte Arnold Niederer damals als das Andere, das ihm als Protestanten fremd gewesen war.

Nach Niederers Berufung auf den Lehrstuhl für Volkskunde an der Universität Zürich im Jahre 1964 wurde der alpine Raum und dessen kultureller Wandel zu einem wichtigen Inhalt seiner Lehrtätigkeit und vor allem seiner wissenschaftlichen Arbeit. Für ihn und seine Studentinnen und Studenten erhielten dabei das Wallis und insbesondere das Lötschental ein Schwergewicht für die empirische Forschung und für die praktische Arbeit des Volkskundlers «im Feld» und hauptsächlich im musealen Bereich; denn für ihn war es Verpflichtung, die reichhaltige ethnologische Sammlung und den fotografischen Nachlass seines Freundes Albert Nyfeler zu sichten, zu inventarisieren und durch Ausstellungen themenbezogen zugänglich zu machen.

Arnold Niederer versteht Kultur als Prozess der Wandlung und Verwandlung. Der nostalgische Blick auf vergangene Lebenswelten bleibt ihm fremd. Und das Wallis wird für ihn zum exemplarischen Fall einer Dynamik mit tiefgreifenden wirtschaftlichen, sozialen und kulturellen Veränderungen, welche dieser ehemalige bergbäuerliche Kanton durch eine intensive Ausrichtung auf Industrie und Massentourismus durchgemacht hat und durchmacht.

Trotzdem haben wir uns als Herausgeber entschlossen, im Bildteil eine vergangene Lebenswelt zu zeigen; eine Lebenswelt vor der Auflösung «einer auf Eigenproduktion beruhenden Bedarfsdeckungswirtschaft», wie sie Arnold Niederer in seinen jungen Jahren im Wallis noch erlebt hat. Damit schliesst der Bildteil gewissermassen auch an den abschliessenden Artikel von Arnold Niederer in dieser Publikation an, in dem er im «Nachruf auf eine verlorene Lebenswelt» vom derzeitigen materiellen Reichtum und von der sozialen Verarmung im alpinen Raum schreibt (S. 377 ff.). Im weiteren wäre es ein zu aufwendiges Unterfangen gewesen, den Wandel des Wallis vom Agrarkanton zum Dienstleistungs- und Industriekanton mit einschlägigem und qualitativ gutem Fotomaterial zusammenhängend darzustellen. Statt Belege durch die Zeit zu suchen, beschränkten wir uns auf ein relativ gut zugängliches Fotomaterial aus der Zeit des vorindustriellen Wallis.

Die Urheber dieser Fotos sind hauptsächlich die drei Amateurfotografen Albert Nyfeler (1883–1969), Charles Krebser (1885–1967) und Rudolf Zinggeler (1864–1954) sowie der Fotojournalist Theo Frey (* 1908). Dabei nimmt im folgenden Abbildungsteil das fotografische Werk Nyfelers als Freund von Arnold Niederer eine zentrale Stellung ein. Nyfeler hat im Lötschental gelebt. Er fotografierte die Leute bei der Arbeit und den Festen; und sie kamen auch zu ihm oder riefen ihn zu sich, um sich bei besonderen Anlässen, wie Erste Kommunion oder als Familie vereint fotografieren zu lassen. Ähnlich widmete auch Charles Krebser seine fotografische Arbeit – neben seiner frühen und bemerkenswerten Industriefotografie – fast ausschliesslich einem Tal, nämlich dem Val d'Anniviers. Der Zürcher Krebser arbeitete als Ingenieur in der Aluminiumfabrik von Chippis, und das Val d'Anniviers gehörte zu seinem engeren Lebensbereich, in dem er den Fest- und Alltag der Talbewohner fotografisch festhielt.

Etwas anders verhält es sich mit der Fotografie von Rudolf Zinggeler. Der Zürcher Grossindustrielle gehörte als Mitglied des Schweizer Alpenclubs zu jenen «Alpinisten», die sich neben der Bergwelt auch für die Kultur der «Einheimischen» interessierten und diese – auch unter touristischen Aspekten – fotografierten. Für Krebser war Fotografie künstlerische Ambition. Letztlich blieb er aber in seiner Distanz ein Aussenstehender auf der Suche nach einer Gegenwelt im alpinen Raum.

Und wiederum anders verhält es sich mit der Fotografie von Theo Frey. Für Frey bedeutete Fotografie Broterwerb. In einer Auftragsarbeit für die Landesausstellung 1939 in Zürich fotografierte er im Herbst 1938 in der als besonders «traditionell» geltenden Gemeinde Visperterminen in eindrücklichen Reportagen insbesondere bergbäuerliche Erntearbeiten (Reben und Getreide) sowie die Entalpung und Käseverteilung auf der Visperterminer Burgeralp. Als Berufsfotograf steht Theo Frey in der Tradition des engagierten Fotojournalismus. Vor dem zeitbedingten Hintergrund einer Rückorientierung auf das Bäuerlich-Ländliche nahmen die Bergdörfer des Wallis in der Fotoreportage der dreissiger Jahre einen wichtigen Stellenwert ein und gehörten zur «nationalen Ikonografie».*

Klaus Anderegg

* Bildnachweis und Angaben zu weiterführender Literatur s. Anhang S. 525/526

Dorf und Weiler

Das historische Siedlungsbild des Wallis wird von der agraren Bewirtschaftungsform geprägt. Funktional ist der Siedlungsbestand ausgerichtet auf ein dreistufiges Betriebssystem mit Mähwiesen, Äckern, Weiden und Wald.

Ursprünglich bestanden – insbesondere an den als «Berge» bezeichneten Talhängen – die Siedlungen aus Einzelhöfen und Weilern. Allgemein charakterisiert im Oberwallis die Bezeichnung «Berg» eine territoriale und wirtschaftliche Einheit, die im Idealfall von Grund bis Grat ansteigt und deren verschiedene Nutzungszonen sich sowohl für die Viehhaltung wie auch für den Acker- und Rebbau eignen.

Nach der Mitte des 16. Jahrhunderts setzte im Wallis eine Siedlungskonzentration ein, die zu den heutigen dörflichen Siedlungsschwerpunkten geführt hat. Dieser als «Verdorfungsprozess» bezeichnete Vorgang hing einerseits sicher mit der im 16. Jahrhundert nachgewiesenen Klimaverschlechterung und den damit verbundenen naturräumlichen und wirtschaftlichen Veränderungen zusammen, andererseits aber dürften auch sozialpsychologische Gründe ausschlaggebend gewesen sein: Mit dem Erstarken der kommunalen Selbständigkeit wollten die Leute näher beisammen am Ort des öffentlichen Geschehens sein. Im weiteren begünstigte sicher auch die im Laufe der Jahrhunderte durch das Erbsystem der strengen Realteilung entstandene Zersplitterung der Güter und deren Nutzung die Siedlungskonzentration in den Hauptweilern. Der weiträumige Streubesitz erlaubte eine freiere Dauerwohnsitzwahl als der arrondierte Besitz.

Zur Nutzung der verschiedenen Höhenstufen hat sich ein Hoftypus herausgebildet, der aus Einzweckgebäuden besteht: aus Wohnhaus, Stallscheune, Stadel und Speicher sowie Maiensässhaus und Alphütte. Sowohl Wohnhaus als auch Nutzbauten sind aus gestrickten (gwätteten) Kantholzbalken gefügt. Der Walliser Blockbau ist ein typisches Wandhaus mit hochrechteckigen Wänden und einem flachen Satteldach, das beim originalen Hausbestand mit Steinplatten oder Schindeln gedeckt ist.

St-Luc (1650 m ü. M.) mit in Fruchtwechsel bebauten Getreideäckern unterhalb und Kartoffeläckern oberhalb des Dorfes.

Suen (1413 m ü. M.) in der Gemeinde St. Martin im Val d'Hérens ▷ mit zu Flurblöcken vereinigten Ackerparzellen.

Innerortsbild von Kippel (1376 m ü. M.) im Lötschental mit Dorfgasse.

Dorfplatz von Ferden (1370 m ü. M.) im Lötschental mit der Barbarakapelle aus dem Jahre 1687.

△ Die meistens eng zusammengebauten Dörfer des Wallis waren immer wieder Katastrophen ausgesetzt. Das Bild zeigt das nach der Brandkatastrophe von 1900 wiederaufgebaute Dorf Wiler (1421 m ü. M.) im Lötschental.

◁ Lawinenkegel am Schattenhang gegenüber Wiler im Lötschental.

Dorfpartie von La Sage (1680 m ü. M.) im Val d'Hérens.

Verschneite Dorfgasse in Kippel im Lötschental um 1920. ▷

Blick auf Maiensässe im hinteren Val d'Hérens. ▷

Wege und Transport

Die Bearbeitung und Nutzung der verschiedenen Höhenstufen machten eine jahreszeitliche Wanderung notwendig. Im allgemeinen besteht die landwirtschaftliche Produktionsfläche im Wallis aus drei Nutzungszonen: Heimgüter (Wiesen, Äcker und Rebberge), Maiensässe und Alpweiden.

Die jahreszeitliche Wanderung machte zahlreiche Ortswechsel und Transporte notwendig. Wegstrecken von mehreren Stunden mussten dabei zurückgelegt werden (z. B. auf die Sommerweiden), so dass oft der Weg mehr Zeit in Anspruch nahm als die Arbeit am Ziel. Auch war das Gehen im steilen Gelände kräfteraubend: Das unwegsame Gelände liess den Einsatz von Transporthilfen nur beschränkt zu. Am häufigsten wurde auf dem Rücken transportiert (mit Tragkörben, Brenten und Räfen, je nach Transportgut). Dadurch blieben die Hände frei; das erlaubte den Frauen typische Arbeiten wie Spinnen und Stricken. Überdies ermöglichte das Freibleiben der Hände Griffhilfe in schwierigem Gelände. Beschränkte Transporthilfe bot das Maultier. Auffallend ist, dass es in den Viehstatistiken nicht so häufig aufgeführt wird, wie man dies erwarten könnte. Man brauchte die Weiden und das eingebrachte Dörrfutter für das ertragreichere Rindvieh. Oft war daher ein Maultier im Besitz von mehreren Familien.

Eine Reduzierung der Transporte bot das Erstellen der Nutzbauten (Stallscheunen und Stadel) auf den einzelnen Gütern, um so den Transport der Ernte zur Dauersiedlung zu vermeiden.

Wie der historische Siedlungsbestand ist auch das alte Wegnetz weitgehend vom traditionellen Landnutzungssystem bestimmt. In Hauptsträngen verbindet es die einzelnen Nutzungsstufen und Siedlungen miteinander.

Auch waren bis gegen Ende der dreissiger Jahre zahlreiche Berggemeinden nur durch Saumwege mit der Talsohle verbunden und dadurch insbesondere im Winter schwer zugänglich. Eine vollumfängliche Erschliessung der Berggemeinden durch Fahrstrassen mit Postautoverkehr sowie durch Seilbahnen (als Alternative zur Fahrstrasse) setzte erst nach dem Zweiten Weltkrieg ein.

Düngertransport in St-Luc um 1926.

Lötschentaler Bauer mit Rückentragkorb («Tschifere») um 1920. ▷

Beladen eines Maultiers mit Dünger um 1925 (Val d'Anniviers).

Das Säumen der Roggengarben in St-Luc um 1925.

Weintransport vom Rhonetal ins Bergdorf Chandolin (1936 m ü. M.) im Val d'Anniviers um 1928.

Die erste Mechanisierung der Berglandwirtschaft bestand in der Verwendung von Kleintraktoren wie hier auf der Strasse ins Val d'Anniviers um 1930.

Auch in den frühen Tourismusorten blieb das Maultier wichtigstes Transportmittel für Menschen und Güter. Das Bild zeigt eine Maultierkolonne auf dem Weg von Saas Grund (1562 m ü. M.) nach Saas Fee (1796 m ü. M.).

Maultiere mit Bastsattel vor der alten Kirche in Saas Fee. ▷

Einzelne Siedlungen im Wallis wurden von den Strassenführungen für den überlokalen Verkehr geprägt, so z. B. Simplon Dorf (1497 m ü. M.) durch die Napoleonische Fahrstrasse über den Simplonpass (2005 m ü. M.) (Aufnahme um 1890).

An den vom Frühtourismus stark frequentierten Routen entstanden bauliche Einrichtungen für den Fremdenverkehr wie z. B. das Hotel «Huteggen» (1246 m ü. M.) am Saumpfad ins Saastal (Aufnahme um 1890).

Äcker und Wiesen

Die inneralpine Landnutzung ist eine Mischwirtschaft, die aus Viehzucht, Ackerbau und nach Möglichkeit aus Rebbau besteht. Diese als Mehrzweckbauerntum bezeichnete Wirtschaftsform ist auf Selbstversorgung ausgerichtet. Je nach den topografischen und klimatischen Verhältnissen lag der Schwerpunkt der Produktion auf der Vieh- und Milchwirtschaft, verbunden mit Aufzucht, oder auf dem Acker- und Rebbau (mit beschränktem Absatz).

Die kleinparzellierten Äcker waren, zu Fluren vereinigt, an den steinigsten und trockensten Halden angelegt, die sich für den Futterbau nicht eigneten. Zusammen mit Kartoffeln wurde in Fruchtfolge hauptsächlich Walliser Landroggen angebaut, der sich wegen des leichten Körnerausfalls besonders gut für das Handdreschen eignete. Die Äcker wurden je nach Gelände, Parzellengrösse und Tradition in Hackbau (mit der Breithaue) oder mit einfachen Pflügen bestellt. Geerntet wurde das Getreide mit der Sichel (der Sensenschnitt setzte sich erst später durch).

Im Verhältnis zu den kleinparzellierten Ackerfluren sind die Mähwiesen grossflächiger und bedecken bis zu 80 Prozent der Nutzfläche. In Trockengebieten nahm die Bewässerung des Wieslandes einen hohen Stellenwert ein. Zum Teil wurde das Wässerwasser aus Bergbächen in kilometerlangen Fuhren auf die Güter geleitet. Die Zuteilung des Wassers an die einzelnen Berechtigten geschieht dabei nach einem fest geregelten «Kehr» (Turnus). Der Arbeitsaufwand für die Bewässerung wird mancherorts als mindestens doppelt so hoch veranschlagt wie derjenige für die eigentliche Heuernte. In der Regel liefern die Mähwiesen zwei Grasschnitte im Jahr (Heu und Emd). Die Stallscheunen stehen teilweise in der Nähe der Wohnbauten. Um sich den mühsamen Heutransport von den entlegeneren Wiesen zum Dauerwohnsitz zu ersparen, sind ein grosser Teil der Stallscheunen, als Einzelbauten oder zu Gruppen vereinigt, über die Kulturlandfläche verstreut. Ein Bauer besass oft mehrere Ställe oder Anteile an Ställen, so dass während der anstehenden Stallfütterung einzelne Bauern das Vieh bis zu 6 mal «verstellen» mussten.

Hackbau mit Breithaue im Lötschental um 1970. Kleinheit und Steilheit der Ackerparzellen im Berggebiet erlaubten vielfach keinen Einsatz des Pfluges.

Pflügen mit Maultier in Visperterminen (1340 m ü. M.) um 1938. △ ▷

Einebnen der Ackerfläche in Visperterminen. Die dazu verwendete Egge wurde von Hand gezogen (Aufnahme um 1938). ▷

Getreideernte in Visperterminen um 1938. Auf den Abbildungen wird das Getreide vom Mann mit der Sichel geschnitten, von der Frau aufgehoben, zurechtgelegt und mit Halmen zu Garben gebunden.

Dreschen mit Flegeln auf der in den Stadel eingebauten Tenne. Das Dreschen war eine typische Winterarbeit der Männer (Aufnahme um 1938 in Visperterminen). ▷

Lötschentaler Bauer beim Dengeln auf dem in den Boden eingeschlagenen Dengelamboss (um 1930).

Heuernte im Lötschental um 1930: Fertigstellen einer Bürde («Burdi»).

Lötschentaler Familie bei der Heuernte auf der Vorsass «Fura» ob Kippel (vor 1920).

Eintragen des Heus durch eine in der Dachfläche ausgesparte Öffnung («Ristloch») (um 1920 im Lötschental).

Winterlicher Abtransport des Bergheus ins Tal um 1930 bei Wiler im Lötschental.

Lötschentaler Hirten beim Umzug mit dem Gross- und Kleinvieh von einem Ausfütterungsstall ▷ zum anderen («firufstelln») während des Winters (Aufnahmen um 1930).

Lötschentaler Familie beim Zurüsten von Saatkartoffeln in Kippel um 1920.

Pflanzen der Kartoffeln in St-Luc im Val d'Anniviers um 1927.

Sommerweiden

Die Nutzung der Alp als Sommerweide steht in einem komplementären Verhältnis zur Möglichkeit der Winterfütterung. Das Gebiet der Sommerweiden befindet sich meistens in einer Höhenlage von 1800 m ü. M. bis zur Vegetationsgrenze.

Die Alpen waren vorwiegend in kollektivem Besitz einer Genossenschaft oder einer Burgergemeinde. Jeder Genossenschaftler verfügte über eine Anzahl Alprechte. Die Burgeralpen waren meistens Güteralpen, d. h. jeder Burger konnte im Verhältnis zu seinem auf Gemeindeterritorium liegenden Grundbesitz Alprechte nutzen. In der Regel begann das Alpjahr nach Mitte Juni und dauerte bis gegen 15. September. Im Wallis waren (und sind) zwei Betriebsformen üblich. Die ursprüngliche Form des Alpbetriebs ist die Einzelsennerei. Bei dieser Form der Alpung war jeder Betrieb für die Besorgung des Viehs und die Verarbeitung der Milch selbst verantwortlich. Die Frau verarbeitete die Milch zu Butter und Käse; die Kinder waren für die Hut des Viehs zuständig. Diese Form der Alpung bedingte, dass jeder Bauer sich eine Hütte mit Stall auf der Sommerweide erstellte.

Eine rationellere Form des Alpbetriebs stellt die Genossenschaftsalpung dar, bei der das Vieh nach Alpauftrieb zu einer Herde vereinigt wird. Das Alpareal ist dabei in «Stafel» (Weidebezirke) eingeteilt, die im Verlauf des Sommers mehrmals gewechselt werden. Die Organisation der Alpung obliegt Senntumsvögten, die im jährlichen Turnus von den Alpgenossen gestellt werden. Sie sind verantwortlich für die Anstellung des Alppersonals und die Führung der Alprechnung. Die genossenschaftliche Senntumsalpung, bei der die Hut des Viehs und die Verarbeitung der Milch von eigens angestelltem Personal besorgt wird, erforderte nur bescheidene Alpsiedlungen. Auf jedem Stafel stand früher nur eine einräumige Hütte, die als Käserei und Unterkunft des Alppersonals diente. Unterstände für das Vieh fehlten meistens. Am Ende des Alpjahrs wurde der Käse nach dem Milchertrag der Kühe jedes einzelnen Viehbesitzers verteilt.

Alprechnung mit Holzurkunden («Tesseln»), auf welchen die Alprechte der einzelnen Viehbesitzer eingekerbt sind. Ferden im Lötschental um 1920.

Aufstieg zur Alpe Torrent (2420 m ü. M.) ob Grimentz im Val d'Anniviers um 1930. ▷

Die Alp Torrent ob Grimentz, die heute unter dem Stausee von Moiry liegt: Alppersonal auf dem Weg zum Melkplatz (um 1925).

Segnung der Hirten und der Herde zu Beginn des Alpjahres auf der Alpe Torrent d'en haut im Val d'Anniviers um 1926.

Sennhütte auf der Alp d'Err ob Montana. Die einräumige Hütte ist aus Bruchsteinen errichtet und hat eine offene Dachkonstruktion mit Firstständer (Aufnahme um 1920).

Alppersonal auf der mit Stroh ausgelegten Pritsche auf einer Alp im Val d'Anniviers um 1925. ▷

Käsen auf der Alp Torrent ob Grimentz. In der rechten Bildhälfte der Senn mit dem Kupferkessel, welcher an einem Drehbalken hängt. Links davon der Gehilfe, der im Begriff ist, seine Pfeife anzuzünden (Aufnahme um 1925).

Verteilung des Alpnutzens auf den Visperterminer Alpen im Nanztal um 1938. Am Tage der Alpentladung wird der Alpnutzen an die einzelnen Geteilen (je nach der Milchleistung ihrer

Kühe) zugeteilt, in Kisten verpackt und mit Maultieren auf das «Gebidem» geführt, den Hangrücken des Tales. Dort wird der Nutzen auf Hornschlitten umgeladen und ins Dorf hinuntergezogen.

Alpabfahrt auf einer Alp ob St-Luc um 1925. Die mit Blumen geschmückten «Königinnen» (die stärksten Herdentiere oder die Kühe mit der besten Milchleistung) gehen zuvorderst.

Gemeinschaftsarbeit

Der Anteil an Gemeinbesitz, an Alpweiden, Allmenden und anderen Gemeindegütern verpflichtet die einzelnen Bewohner zur Mitwirkung bei deren Unterhalt in der Form von unentgeltlichen Arbeitsleistungen (Gemeinwerk). Bei dem beschränkten Geldumlauf und den bescheidenen finanziellen Möglichkeiten der Gemeinden ersetzte das Gemeinwerk so die Steuern. Eigentliche Aufgaben der Burgergemeinden waren Erstellung und Unterhalt der Hauptwege, Säuberung der Gemeindealpen und der Allmenden sowie Bestellung der Burgeräcker und -reben, deren Erträge für feierliche Gelegenheiten («Burgertrüch») verwendet wurden. Für diese Arbeiten musste in der Regel jeder Haushalt eine geeignete Person stellen. Bei geringerem Arbeitsanfall konnte auch ein bestimmter Turnus («Kehrordnung») oder in selteneren Fällen das Los zur Anwendung gelangen. Bei drohenden Gefahren wie Hochwasser und bei Lawinenniedergängen wurde der gesamte «Mannstand» (d. h. alle Männer von 16 bis 60 Jahren) aufgeboten.

Neben den Burgerschaften mussten auch die Genossenschaften von ihren Geteilen (Miteigentümern) regelmässig unentgeltliche Arbeitsleistungen verlangen. Genossenschaftlich organisiert waren u. a. Unterhalt und Nutzung von Genossenschaftsalpen und Wasserfuhren (Suonen).

Ausserhalb dieser gemeindlichen und genossenschaftlichen Pflichten gab es freiwillige Formen der gegenseitigen Hilfe für Verrichtungen, die das Arbeitspotential einer Familie überstiegen. Wenn zum Beispiel im Lötschental eine Familie eine Alphütte errichten wollte, so wandte sie sich durch Vermittlung des Gemeindepräsidenten an die Gesamtheit der Männer des Dorfes mit der Bitte, ihr an einem bestimmten Tag das zugeschnittene Bauholz vom Dorf auf die Alp zu tragen. Bei dieser Arbeit halfen auch viele Frauen mit, die zugleich für Speise und Trank sorgten; denn das «Holztragen» endete in einem eigentlichen Arbeitsfest, bei dem der Pfarrer in einer Ansprache den Gemeinschaftsgeist hochleben liess.

Gemeinwerk auf dem Gemeindeacker von Kippel um 1948. Der Acker wird mit Hacken (Breithauen) umgebrochen und dann eingesät und die Saat mit speziellen Rechen «gedeckt».

Gemeinwerk in den Burgerreben der Gemeinden des Val d'Anniviers in Muraz bei Sierre um 1925. Trommler und Pfeifer musizieren zu diesen Arbeiten in den Rebbergen.

Verjüngung des Rebberges durch Abgraben der Böschung und Eingraben einer abgesenkten Rebenreihe. Diese Methode verschwand in dem Masse, wie sich die Pfropfung der Reben auf «Amerikanerreben» (zur Bekämpfung der Reblaus) durchsetzte.

Tragen von Bauholz vom Tal auf die Alp als dörfliche Gemeinschaftsarbeit im Lötschental (um 1935).

Gemeinschaftsarbeiten von Frauen und Männern beim Ausputzen und Ausbessern der grossen Wasserfuhre («Bisse») von Savièse um 1920. Die «Bisse» von Savièse, die während 500 Jahren gedient hatte, ist 1935 einem Tunnel gewichen.

Frauenarbeit – Männerarbeit

In der bergbäuerlichen Wirtschaft als Subsistenzwirtschaft war Lohnarbeit systemfremd. Handwerkliche Verrichtungen wurden – soweit sie in der bäuerlichen Tradition eingebunden waren – von einzelnen Bauern selber verrichtet in den Zeiten, in denen der Arbeitsanfall im bäuerlichen Betrieb gering war. Unter ihnen gab es mehr oder minder handwerklich Begabte, deren Können sich oft über Generationen vererbte. Solche Berufe waren zum Beispiel Metzger, Schreiner, Zimmermann bei den Männern sowie Hutmacherin, Weberin und Schneiderin bei den Frauen.

In der Selbstversorgungswirtschaft herrschte eine mehr oder weniger ausgeprägte Arbeitsteilung. Den Frauen kamen hierbei Aufgaben zu, die über Kochen, Waschen und Kinderaufzucht hinausgingen. Nicht nur hatten sie – ganz abgesehen von der Mithilfe bei der Heu- und Getreideernte – in Stall und Garten sowie auf dem Kartoffelacker zu tun, sondern sie sorgten auch für die Kleidung der Familienmitglieder.

Das Waschen erfolgte – selbst bei eisiger Kälte – am Dorfbrunnen. Die Wolle der eigenen Schafe wurde versponnen, um daraus Tuch zu weben und Strümpfe zu stricken. Flachs und Hanf wurden von der Aussaat bis zur Herstellung der Fäden selbst bearbeitet und verwoben. Fast in jedem Haus wurden im Winter der Zettelrahmen (zur Vorbereitung der Webkette) und der Webstuhl aufgestellt. Das Spinnrad hingegen war immer griffbereit.

Beim Backen des Brotes im gemeinschaftlichen Dorfbackofen, das nach einem bestimmten Turnus erfolgte, waren sowohl Frauen als auch Männer beteiligt, desgleichen beim Metzgen.

Reine Männersache war der Holzschlag im Wald. Auch andere Tätigkeiten, die mit der Holzverarbeitung oder dem Hausbau zusammenhingen, blieben den Männern vorbehalten: die Herstellung von Schlitten und Küferwaren sowie das Zurichten des Kantholzes, das Herstellen der Schindeln, die Sandgewinnung und das Spalten von Steinen. Dies gilt auch für das Zusammentragen und Zersägen des Brennholzes.

Auch während des Winters mussten die Frauen draussen die Wäsche waschen. Das Bild zeigt Frauen am Dorfbrunnen von Kippel um 1938.

Lötschentalerin beim Butterstossen um 1930.

Frau am Spinnrad (Lötschental um 1924).

Junge Frau aus dem Lötschental beim Flechten von Stroh für die Frauen- und Männerhüte ▷ (Aufnahme um 1930).

Vorbereitung des Zettels auf einem Zettelrahmen. Die Fäden werden dabei so zurechtgelegt, wie sie nachher auf den Webstuhl gespannt werden (Lötschental um 1925).

Dorfbackofen von St-Luc im Val d'Anniviers um 1925. Jede Familie backte drei- bis viermal im Jahr im Dorfbackofen das benötigte Brot.

Hausmetzgete im Lötschental um 1940. Meistens wurde im Frühwinter geschlachtet, weil das Fleisch nach Kälteeinbruch besser konserviert werden konnte.

Vorbereitung von Bauholz im Lötschental um 1935. Der Baum wird mit einer zweigriffigen Waldsäge gefällt und auf dem Hornschlitten zum Sägeplatz geführt. Bis zu Beginn der vierziger Jahre wurde im Lötschental das Bauholz vielfach noch mit der Langsäge («Spaltsäge») zugeschnitten.

Vorbereitungen für einen Hausbau im Lötschental um 1935. Für das Mauerwerk holte man den Sand aus dem Fluss. Auf Schlitten wurden die Kanthölzer auf den Bauplatz geführt. Durch das

Zerschlagen von Steinblöcken gewannen die jüngeren Männer die Bruchsteine für den Mauerbau. Ältere Männer richteten mit dem Ziehmesser auf der Ziehbank die Schindeln zu.

Aufstockung einer Alphütte auf der Lauchernalp im Lötschental um 1935. Die Konstruktion des Blockbaus eignete sich gut für horizontale und vertikale Erweiterungen.

Häuslicher Bereich

Die in den Gebirgsgegenden übliche wirtschaftliche Nutzung der verschiedenen Höhenstufen und die damit verbundenen Wanderungen von Mensch und Tier bedingten die Errichtung von Wohn- und Wirtschaftsgebäuden in jeder einzelnen Nutzungszone. Bei solch vielfältiger Bautätigkeit beschränkten sich die einzelnen Bauten in bezug auf Raumangebot und Ausstattung auf das Notwendigste. Auf der Stufe der Heimgüter (im Dorf) bestand die Wohnung gewöhnlich aus Küche, Stube und oft noch aus Nebenstuben. Das Haus wurde meistens durch die Küche betreten. Diese war gewöhnlich aus Stein gebaut, hatte ursprünglich keine Fenster und war bis zum Dachfirst offen. An der Trennwand zwischen Küche und Stube befand sich die offene Feuerstelle mit Herdkette und Dreifuss sowie einer Einfülltüre für den Stubenofen, der von hier aus geheizt wurde, wobei die Stube rauchfrei blieb. Der Stubenofen war fast immer aus einheimischem Speckstein («Giltstein») aufgemauert, der mit Wappen, Initialen der Bauherrschaft und Jahreszahlen geschmückt wurde. Er war gewissermaßen die «Seele» der Stube.

Verziert sind in vielen Häusern auch Türen und Deckenbalken (Bindbalken). Der Bindbalken trägt meistens das Baudatum, religiöse Symbole und eine Inschrift mit den Namen der Erbauer. Fast immer sind auch mit Initialen und Ornamenten geschmückte Truhen und Schränke vorhanden. Der schmale Tisch stand gewöhnlich in einer Fensterecke diagonal gegenüber dem Ofen. Über der Schmalseite am oberen Ende – dem Platz des Hausvaters – sind im «Herrgottswinkel» neben dem Kruzifix Herz-Jesu- und Herz-Mariä-Bilder aufgehängt. Ebenfalls in der Stube hatte das Ehebett seinen Platz, darunter ein Ziehbett für die kleinen Kinder. Die grösseren schliefen in Neben- oder Dachkammern.

Die Stubenwände waren in der Regel nicht vertäfert, sondern die liegenden Balken des Blockbaus bildeten gleichzeitig die Aussen- und die Innenwand.

Im Mauersockel des Hauses befand sich der Keller, in dem eine Holzsäule mit eingelassenen Tablaren die Essvorräte vor Mäusefrass schützte.

Bauernfamilie am Küchentisch in Chermignon ob Sierre (um 1925).

◁ Offene Feuerstelle in der Küche eines Hauses von Kippel mit Erzhafen an der Herdkette und Drehbalken («Turner») zum Aufhängen des Käsekessels. Im Hintergrund rechts ist die Einfülltüre für den Stubenofen sichtbar (um 1920).

Stube im Lötschental. Wichtiges Schmuckelement in der ungetäferten Stube ist die handwerklich reich gearbeitete Türe (Aufnahme um 1970).

Älteres Ehepaar am Stubentisch (Lötschental um 1924).

Mit Wappen verzierter Specksteinofen («Giltstein») in Lötschentaler Stube. Über dem Ofen befindet sich ein Holzgestell zum Trocknen von Kleidern und Wäsche (Aufnahme um 1970).

Während der kalten Jahreszeit war der Stubenbereich mit dem Ofen ein geschätzter Aufenthaltsort. In dieser Zeit stand meistens eine Sitzbank beim Ofen (Lötschental um 1940).

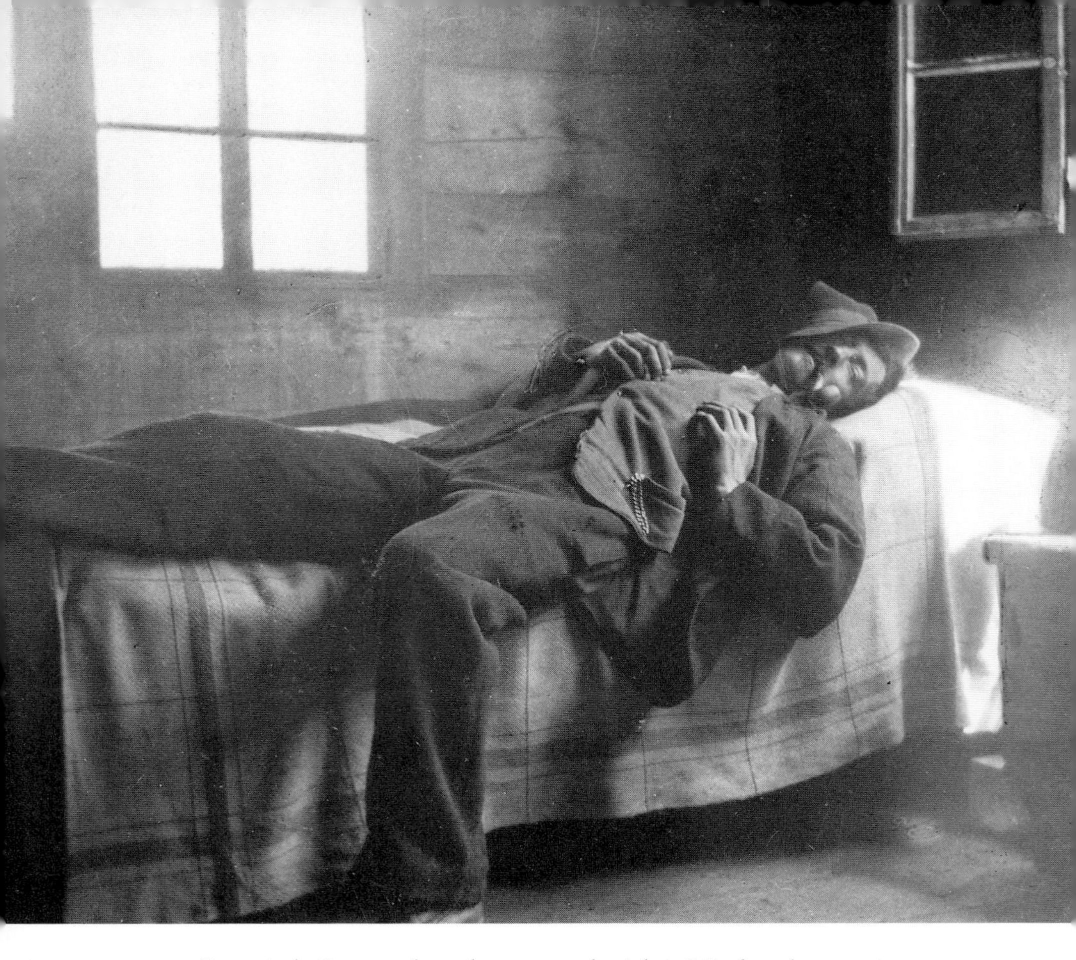

«Siesta» in der Bauernstube nach anstrengender Arbeit (Lötschental um 1940).

Lebenslauf

Die Ereignisse des Lebenslaufes sind aufs engste mit Glaube und Kirche verbunden. Bei der grossen Säuglingssterblichkeit, die in einigen Seitentälern des Wallis bis in die dreissiger Jahre dieses Jahrhunderts dauerte, legten die Eltern grossen Wert auf eine sofortige Taufe des Neugeborenen. Der Vater des Kindes meldete die Geburt noch am gleichen Tag dem Pfarrer und den Taufpaten. Und wenn immer möglich, fand die Taufe noch am Tag der Geburt statt. Die Wahl der Taufnamen richtete sich nach der Familientradition. Um 1900 waren die beliebtesten Namen im Oberwallis Johann, Josef, Martin, Peter, Franz für die Knaben sowie Maria, Anna, Katharina, Josefa und Agnes für die Mädchen. Getaufte Kinder, die vor der Ersten Kommunion verstarben, wurden entsprechend dem Volksglauben, wonach solche Kinder bei ihrem Tode zu Engeln werden, auf dem Totenbett wie Engel gekleidet und geschmückt. Solche «Engelchen» hatten bei der sogenannten «Engelmesse» und der Beerdigung ein grosses Geleite, denn es kamen Leute von weither, um des besonderen Segens teilhaftig zu werden. Die Erste Kommunion der sieben- bis achtjährigen Kinder fand (und findet) am Weissen Sonntag (Sonntag nach Ostern) statt und ist ein Ereignis, an dem das ganze Dorf teilnahm.

Bei der Verlobung wurden bestimmte Geschenke als Zeichen und Pfand der Liebe ausgetauscht. Im Lötschental zum Beispiel schnitzte der Liebhaber seiner Verehrten einen dreibeinigen Melkstuhl, dessen Sitzfläche herzförmig gesägt war. Das Hochzeitsgewand der Braut war früher die Festtagstracht, heute ein weisses Brautkleid. Traditionell fand die Trauung in der Pfarrei der Braut statt.

Beerdigungen fanden unter Beteiligung der Dorfbevölkerung statt. Mitglieder von religiösen Bruderschaften wurden in ihrem Bruderschaftskleid bestattet; andernfalls in einem einfachen Feiertagsgewand. Auf die Gräber der Ledigen steckte man früher in den Bergdörfern helle Holzkreuze, im Unterschied zu den schwarzen für die Verheirateten und den weissen für die Kinder.

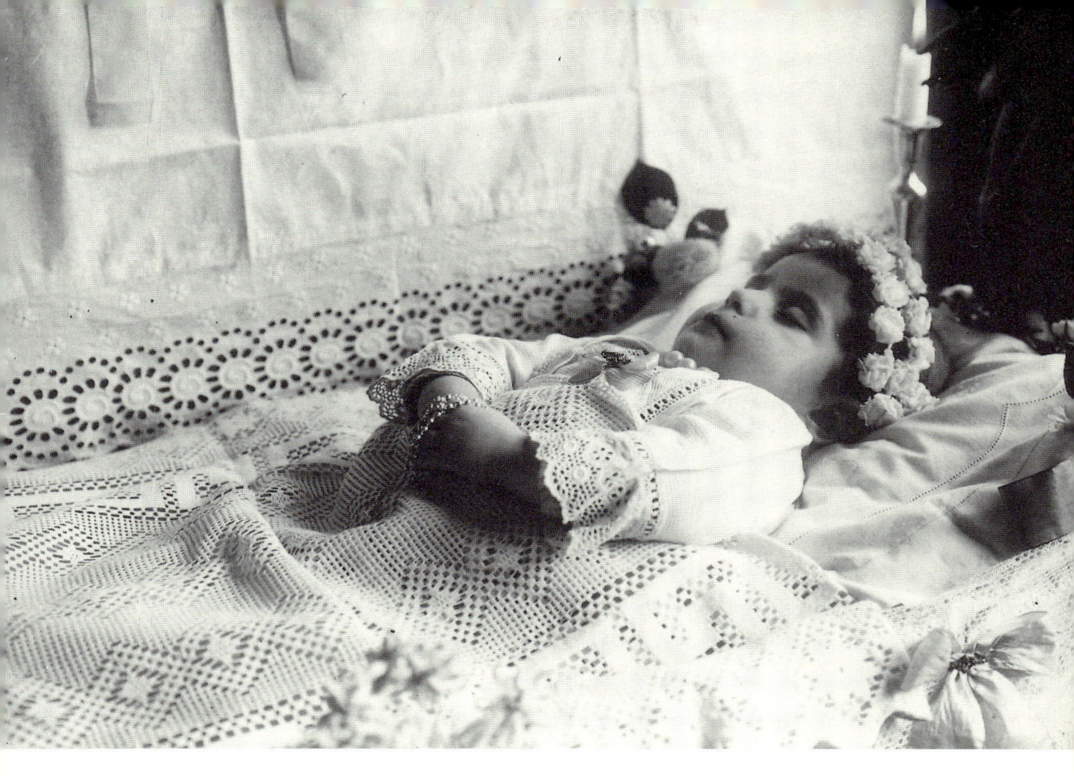

Aufbahrung unschuldiger Kinder («Engelchen») mit reichem Schmuck (Lötschental um 1925).

◁ Patin und Pate mit Täufling um 1919 im Lötschental. Wie bei der Hochzeit trägt der Pate am Revers einen Strauss aus weissen Stoffblumen.

Mütter mit Säuglingen vor der Kirche in Blatten im Lötschental (während des Hochamtes) um 1915. Frauen mit kleinen Kindern kamen während der Messe nicht in die Kirche. Die Kirchentür blieb jedoch ein wenig geöffnet, so dass sie die Messe mithören konnten.

▽ Schule in Kippel um 1918.

Erstkommunikanten in Kippel im Jahre 1936. ▷

Die Dorfältesten von Kippel und Wiler im Lötschental um 1935.

◁ Hochzeitspaar in Kippel im Jahre 1917.

◁ Familienfotos aus dem Lötschental um 1915. Das untere Bild zeigt eine Familie, deren Mutter verstorben ist. Das Bild der Verstorbenen wurde mitfotografiert.

◁ Sowohl gemeinsame Arbeit wie auch festliche Anlässe boten der Jugend Gelegenheit, sich kennenzulernen. Das Foto zeigt einen Hirten und eine Hirtin auf der Lauchernalp im Lötschental um 1935.

Beerdigungen in Kippel. Das obere Bild zeigt einen Leichenzug auf dem Weg zum Friedhof; das untere die Bruderschaft vom heiligen Altarsakrament (im weissen Kleid) vor dem Beinhaus in Kippel bei der Beerdigung eines ihrer Mitglieder (Aufnahmen vor 1920).

Bräuche im Jahreslauf

Der Jahreslauf in der bergbäuerlichen Gesellschaft wird stark vom kirchlichen Festtagskalender bestimmt. Einzelne dieser Feste sind von Bräuchen begleitet. In verschiedenen Gebieten haben sich Neujahrs- und Dreikönigsbräuche erhalten. Im Lötschental zum Beispiel ziehen am Vorabend des Dreikönigsfestes (6. Januar) als Könige gekleidete und auf Steckenpferden reitende, junge Männer durch die Dörfer, wobei sie von fastnächtlich angezogenen «Gauklern» begleitet werden.

Von den Hochfesten der katholischen Kirche sind vor allem Ostern und Fronleichnam von religiösen Bräuchen umrahmt. In Sembrancher, Savièse, Hérémence sowie in Ferden im Lötschental erhalten die Ansässigen an einem der Ostertage eine von einer frommen Stiftung ausgerichtete Gabe an Brot, Wein und Käse. Eine ähnliche Spende hat sich in Kippel im Lötschental als «Seelenspende» erhalten. Die Kirchgänger bekommen an Allerseelen (2. November) nach dem Gottesdienst ein Stück Brot und Käse.

An Fronleichnam konnten sich an einigen Orten die Prozessionen in der Form von feierlichen Aufzügen mit Soldaten in historischen Uniformen halten. In den Pfarreien des Lötschentales und in Visperterminen wird der Sonntag nach Fronleichnam als «Segensonntag» ebenso feierlich begangen.

Der Fastnacht kommt im alpinen Raum mit Maskereien und Tanz grosse Bedeutung zu. Besonderes Interesse von auswärts finden in jüngster Zeit die furchterregenden Holzmasken des Lötschentales, «Roitschäggätä» (Rauchgeschwärzte) genannt, welche von in Schaffelle gekleideten und Kuhglocken schwingenden Burschen getragen werden.

Im Zusammenhang mit den sich spontan ergebenden Positionskämpfen der Kühe am Tag der Alpbestossung hat sich im Wallis unter Viehbesitzern ein stark wettbewerbsbetontes Brauchtum herausgebildet. Neben diesen sich spontan abspielenden Kämpfen werden seit einigen Jahrzehnten im Rhonetal von Viehzuchtvereinen und Besitzern der kampflustigen Eringerkühe auch eigentliche Ringkuhmatches organisiert.

Dreikönigsbrauchtum in Kippel («Königsrösslein»). Die Drei Könige ziehen am Vorabend des Dreikönigsfestes (6. Januar), begleitet von «Gauklern», von Haus zu Haus. Dabei werden sie bewirtet und beschenkt (Aufnahme 1925).

Die Dorftheater haben im Wallis Tradition und erfreuten sich stets grosser Beliebtheit. Auch im ▷ Lötschental gab es alljährlich neue Aufführungen. Das Foto zeigt eine Theatergruppe aus dem Jahre 1912; damals soll in Ferden «Konradin, der letzte Hohenstaufe» aufgeführt worden sein.

Freilichttheater mit interessantem Bühnenaufbau in Grimentz im Val d'Anniviers um 1928; ▷ dabei sollen Szenen um eine ländliche Hochzeit gespielt worden sein.

Fastnacht im Lötschental in den zwanziger Jahren. Auf den Bildern ist das Maskentreiben der «Roitschäggätä», mit Holzmasken und Fellen verkleidete Burschen, abgebildet sowie ein Fastnachtstanz im Gemeindehaus von Kippel.

Osterspende von Ferden im Lötschental. Auf den Bildern links wird gezeigt, wie der auf besondere Weise hergestellte Ziger in Portionen aufgeteilt wird. Der Ziger kommt zusammen mit Brot und Wein zur Verteilung unter die bei der Spende anwesenden Talbewohner. Auf der

rechten Bildseite sieht man den Gemeindepräsidenten von Ferden bei der Verlesung der Spendordnung sowie Empfängerinnen und Empfänger der Spende (Aufnahmen um 1970).

Prozession am Segensonntag (Sonntag nach Fronleichnam) beim Friedhof von Blatten im Lötschental (um 1920).

Fronleichnam in Savièse. Das obere Bild zeigt die Prozession, bei der Soldaten in historischen Uniformen mitmarschieren (Aufnahme vor 1930). Auf dem unteren Bild ist der Kirchplatz abgebildet mit den Prozessionsteilnehmern während des Gottesdienstes (Aufnahme um 1950). ▷

Käse- und Brotspende auf der Alp Châteaupré ob Grimentz (um 1925). Im Wallis gab es auf verschiedenen Alpen solche Spenden. Sie hatten religiöse, unheilabwehrende und soziale Funktionen (und waren ursprünglich als Almosen für die Armen bestimmt).

Anhang

Literaturverzeichnis

Dieses Verzeichnis umfasst alle Literaturverweise aus sämtlichen zwanzig in diesem Band abgedruckten Arbeiten Arnold Niederers, und zwar in der jeweils von ihm benutzten bzw. zitierten Ausgabe/Auflage. In jenen Fällen, wo neuere Auflagen oder Nachdrucke existieren, wurde ein entsprechender Hinweis in Klammern angefügt. Die Werke von Arnold Niederer selbst sind ausschliesslich in der beigefügten Bibliographie verzeichnet.

Affolter, H. C./Känel, A. v./Egli, H.-R. (1990): Die Bauernhäuser des Kantons Bern, Bd. 1: Oberland; Basel

Albonico, R. (1979): Nebenamtlich – Nebenbei? Selbstverwaltung in kleinen Gemeinden, eine Untersuchung über Möglichkeiten und Grenzen des Miliz-Systems auf Gemeinde-Ebene in Graubünden; Fanas

Allix, A. (1928): L'Oisan – un pays de haute montagne, étude géographique; Paris

Alpenburg, J. N. Ritter von (1860): Deutsche Alpensagen; neu hrsg. von L. Borowsky; München 1977

Am Herd, P. (1879): Denkwürdigkeiten von Ulrichen; Bern

Anderegg, J.-P. (1979–1987): Die Bauernhäuser des Kantons Freiburg; Bd. 1: Basel 1979, Bd. 2: Basel 1987

Anderegg, K. (1980): Oberwalliser Emigration nach Übersee im dritten Viertel des 19. Jahrhunderts; in: Schweiz. Archiv für Volkskunde, Jg. 76

Anneler, H. u. K. (1917, 1980): Lötschen; Bern

Antonietti, Th. (1989): Ungleiche Beziehungen. Zur Ethnologie der Geschlechterrollen im Wallis; Sitten

Arbos, P. (1922): La vie pastorale dans les Alpes françaises – étude de géographie humaine; Paris

Arnold, P. (1947): Der Simplon – zur Geschichte des Passes und des Dorfes; Eggerberg (2. Aufl.: Brig 1982)

Atlas der schweizerischen Volkskunde (1950–1989): Atlas der schweizerischen Volkskunde, begründet von P. Geiger/R. Weiss, weitergeführt von W. Escher/E. Liebl/A. Niederer; 17 Lieferungen mit 292 Karten und 2417 S. Kommentar; Basel

Bachmann-Geiser, B. (1981): Die Volksmusikinstrumente der Schweiz; Leipzig = Handbuch der europäischen Volksmusikinstrumente Serie I, Bd. 4

Bachmann-Voegelin, F. (1984): Blatten im Lötschental – die traditionelle Kulturlandschaft einer Berggemeinde; Bern

Bätzing, W. (1984): Die Alpen – Naturbearbeitung und Umweltzerstörung; Frankfurt (Neuausgabe unter dem Titel: Die Alpen – Entstehung und Gefährdung einer europäischen Kulturlandschaft; München 1991)
Bailey, F. G., Hrsg. (1971): Gifts and Poison – The Politics of Reputation; Oxford
Bailey, F. G., Hrsg. (1973): Debate and Compromise – The Politics of Innovation; Oxford
Barth, F., Hrsg. (1969): Ethnic Groups and Boundaries – the Social Organization of Culture Difference; London
Baumann, M. P. (1976): Musikfolklore und Musikfolklorismus – eine ethnomusikologische Untersuchung zum Funktionswandel des Jodels; Winterthur
Beitl, R., Hrsg. (1974): Wörterbuch der deutschen Volkskunde; 3. Aufl.; Stuttgart
Bellwald, A. (1963): Raumpolitische Gesichtspunkte der industriellen Standortwahl in der Schweiz; Zürich
Berlepsch, H. U. (1861): Die Alpen in Natur- und Lebensbildern; Leipzig
Berthoud, G. (1967): Changements économiques et sociaux de la montagne – Vernamiège en Valais; Bern
Bertrand, J.-B. (1935): Le Folklore de St. Maurice; in: Cahiers valaisans de Folklore, Nr. 30
Bielander, J. (1940): Z'Balleteile gah; in: Schweizer Volkskunde, Bd. 30 (Wiederabdruck in: J. Bielander: Volkskundliches aus dem Oberwallis – ausgewählte Aufsätze zur Volkskunde, hrsg. v. L. Carlen; Brig 1985 = Schriften des Stockalper-Archivs, Heft 38)
Bielander, J. (1943): Eine Rechtsordnung der alten Burgschaft Brig; in: Blätter aus der Walliser Geschichte, Bd. 9, Jahrgang 4
Bielander, J. (1944): Die Bauernzünfte als Dorfrecht; in: Blätter aus der Walliser Geschichte (Freiburg), Bd. 9, Jahrgang 5
Bielmann, J. (1972): Die Lebensverhältnisse im Urnerland während des 18. und 19. Jahrhunderts; Basel
Binda, F. (1983): I vecchi e la montagna – la raccolta del fieno selvatico e l'impianto dei fili a sbalzo in Val Verzasca nella narrazione dei protagonisti; Locarno
Bircher, R. (1938): Wirtschaft und Lebenshaltung im schweizerischen «Hirtenland» am Ende des 18. Jahrhunderts; Zürcher Diss.; Lachen (Nachdruck: Bern 1979)
Blache, J. (1933): L'homme et la montagne; Paris
Blanchard, R. (1934): Les Alpes françaises; Paris
Blanchard, R. (1938–1956): Les Alpes Occidentales; 13 Bde., Grenoble
Bloch, M. (1948): Les transformations des techniques comme problème de psychologie collective; in: Journal de Psychologie
Bloetzer, P. (1964): Die löbliche Spend von Ferden; in: H. Bloetzer (Hrsg.): Lötschen und sein Prior; Winterthur
Blotnitzki, L. (1871): Über die Bewässerungskanäle in den Walliser Alpen; Bern
Blumer, J. J.: s. Heer, O./Blumer, J. J.
Bodmer, A. (1940): Spinnen und Weben im deutschen und französischen Wallis; Zürcher Diss.; Bern = Romanica Helvetica, Bd. 16
Bois, P. (1973): Une particularité du droit public neuchâtelois – le droit de vote en matière communale; in: Le Musée Neuchâtelois, Bd. 1
Boucard, L. (1939): L'Ecole Primaire valaisanne à la fin du XVIIe siècle et son histoire de 1789 à 1830; Diss. Fribourg; St-Maurice
Bridel, M., Hrsg. (1952): Die direkte Gemeindedemokratie in der Schweiz; Zürich
Brockmann-Jerosch, H. (1921): Surampfele und Surchrut – ein Rest aus der Sammelstufe der Ureinwohner der Schweizer Alpen; Zürich = Neujahrsbl. d. Naturforsch. Ges. Zürich
Brockmann-Jerosch, H., Hrsg. (1929–1931): Schweizer Volksleben – Sitte, Bräuche, Wohnstätten; Bd. 1: Erlenbach-Zürich 1929, Bd. 2: Erlenbach-Zürich 1931 (2. verb. Aufl.)

Brockmann-Jerosch, H. (1936): Futterlaubbäume und Speiselaubbäume; in: Berichte der Schweiz. Botanischen Gesellschaft, Bd. 46
Brunhes, J./Girardin, P. (1906): Les groupes d'habitation du val d'Anniviers; in: Annales de Géographie 15
Brunner, E. (1977): Die Bauernhäuser im Kanton Luzern; Luzern
Buchmann, K. (1977): Die Bürgergemeinde – Idee und Wirklichkeit; St. Gallen = Veröffentlichungen des Schweiz. Instituts für Verwaltungskurse an der Hochschule St. Gallen, Bd. 12
Bücher, K. (1919): Arbeit und Rhythmus; 5. Aufl. Leipzig
Carlen, A. (1945): Barock im Walliser Dorf; in: Freundesgabe für E. Korrodi; Zürich
Carlen, L. (1967): Gericht und Gemeinde im Goms. Vom Mittelalter bis zur französischen Revolution; Freiburg i. Ue.
Carlen, L. (1970): Das Recht der Hirten; Innsbruck
Carlen, L. (1970): Die Reckinger Aeginenalp. Schriften des Stockalper-Archivs in Brig, Heft 18; Brig
Caroni, P. (1964): Le origini del dualismo comunale svizzero; Milano
Centlivres, P. (1980): Un nouveau regard sur les Alpes – l'anthropologie américaine découvre le Valais; in: Ethnologica Helvetica, Bd. 4
Cépède, M./Abensour, E. S. (1960): La Vie Rurale dans l'Arc Alpin – Etude internationale; Organisation des Nations Unies pour l'Alimentation et l'Agriculture; Roma
Cesco, F. de/Kitamura, K. (1977): Schweizer Feste und Bräuche; Bern
Cevc, T. (1987): Velika planina – Življenje, delo in izročilo pastirjev [Leben, Arbeit und Überlieferung der Sennen]; Ljubljana
Chiaudano, M. (1938): La Finanza Sabauda nel secolo XIII; 3 Bde., Torino
Clausen, E. (1906): Kulturgeschichtliches von Mörel; in: Bl. a. d. Walliser Geschichte, Bd. 3
Cole, J. W. (1977): Anthropology comes part-away home – Community Studies in Europe; in: Annual Review of Anthropology (Palo Alto), Bd. 6
Cole, J. W. (1979): Gemeindestudien der Cultural Anthropology in Europa; in: G. Wiegelmann (Hrsg.): Gemeinde im Wandel – volkskundliche Gemeindestudien in Europa; Beiträge des 21. Deutschen Volkskundekongresses in Braunschweig 1977; Münster
Cole, J. W./Wolf, E. R. (1974): The Hidden Frontier – Ecology and Ethnicity in an Alpine Valley; New York
Collenberg, B. (1972): Vrin (Lumnezia) – Bauernarbeit, Sach- und Sprachkultur einer bündnerischen Gemeinde; Freiburger Diss., Fribourg
Courten, P. de (1929): La Commune politique valaisanne; Diss., Sion
Courthion, L. (1896): Les Veillées des Mayens – légendes valaisannes; Genève
Courthion, L. (1897): Rondes et emprôs, recueillis en Valais; in: Schweiz. Archiv für Volkskunde, Jg. 1
Courthion, L. (1901): Coutumes de la vallée de Bagnes; in: Schweiz. Archiv für Volkskunde, Jg. 5
Courthion, L. (1903): Le Peuple du Valais; Paris-Genève (Nachdruck: Lausanne 1979)
Courthion, L. (1916): La vie communale en Valais – la plus grande commune de la Suisse; in: Wissen und Leben, Bd. 10, Heft 3–4
Courthion, L. (1920): Les bisses du Valais; in: Echo des Alpes, Juli–August 1920
Crettaz, B. (1979): Nomades et sédentaires – communautés et communes en procès dans le Val d'Anniviers; Genève
Crettaz, B. (1982): Un village suisse – Grimentz; Sierre
Curschellas, J. M. (1926): Die Gemeinatzung; Diss. Fribourg; Ilanz
Dainelli, G. (1963): Le Alpi; 2 Bde., Torino
Darwin, C. (1871): Die Abstammung des Menschen und die geschlechtliche Zuchtwahl; Stuttgart (Neuausgabe, hrsg. v. C. Vogel: Stuttgart 1982[4])

Daviso, M. C. (1951): La route du Valais au XIVe siècle; in: Schweiz. Zeitschrift für Geschichte, Bd. 1
De Gasperi, G. B. (1915): Studi sulle sedi e abitazioni umane in Italia; Firenze
Demolins, E., Hrsg. (1885): La Science Sociale suivant la méthode d'observation; Paris 1885 ff.
Demolins, E. (1897): A quoi tient la supériorité des Anglo-Saxons? Paris
Demolins, E. (1898): Les Français aujourd'hui – les Types sociaux du Midi et du Centre; Paris
Demolins, E. (1901–1903): Les Grandes Routes des Peuples – Essai de Géographie Sociale, comment la route crée le type social; 2 Bde., Paris
Demolins, E. (1907): Répertoire des répercussions sociales; préface de P. Descamps, Paris
Descamps, P. (1933): La sociologie expérimentale; Paris
Descamps, P. (1935): Le Portugal – la vie sociale actuelle; Paris
Deutsches Rechtswörterbuch (1974–1983), Bd. 7; Weimar
Dias, J. (1953): Rio de Onor – comunitarismo agro-pastoril; Porto
Donnet, A. (1953): Les attributions du syndic de Monthey dans la seconde moitié du XVIIe siècle; in: Vallesia – Jahrbuch der Walliser Kantonsbibliothek und des Staatsarchivs, Bd. 8
DRG (1939 ff.): Dicziunari Rumantsch Grischun; Winterthur
Dorzival, A. (1935): La fabrication du pain en Anniviers; in: Schweiz. Archiv für Volkskunde, Jg. 34
Dübi, H. (1914): Die Verdienste der Berner um die Volkskunde im 18. Jahrhundert; in: Schweiz. Archiv für Volkskunde, Jg. 18
Dubuis, P. (1990): Une économie alpine à la fin du moyen âge. Sion.
Durgiai, E. (1943): Das Gemeinwerk – rechtsgeschichtliche und verwaltungsrechtliche Studie; Zürcher Diss.; Disentis
Egger, A. (1939): Die Appenzeller Wirtschaftsgesinnung; in: Appenzellisches Jahrbuch bei Anlass der schweizerischen Landesausstellung 1939 (Trogen)
Egloff, W. u. A. (1987): Die Bauernhäuser des Kantons Wallis; Bd. 1; Basel
Eichenberger, E. (1940): Beitrag zur Terminologie der Walliser «bisses»; Zürcher Diss.; Aarau
Escher, W. (1947): Dorfgemeinschaft und Silvestersingen in St. Antönien; Zürcher Dissertation; Basel = Schriften der Schweizerischen Gesellschaft für Volkskunde, Bd. 31
Evéquoz, H. (1924): Essai sur l'histoire de l'organisation et des franchises de la ville de Sion; Berner Diss.; Bern
Fankhauser, F. (1926): Aus der Walliser Volkskunde; in: Festschrift L. Gauchat; Aarau
Felber, T. (1905–1906): Soziale Gegensätze im schweizerischen Alpengebiet; in: Jahresbericht der Geographisch-Ethnographischen Gesellschaft in Zürich; Zürich
Fischer, A. J. (1943): Hinter den Sieben Bergen; Zürich
Forum alpinum (1965); Zürich
Francé, R. H. (1913): Die Alpen; Leipzig
Franzoni, A. (1894): L'acqueduc ou bisse de Savièse; Genève
Friedl, J., Hrsg. (1973): Studies in European Society – the Worker-peasants in Europe; Paris-The Hague
Friedl, J. (1973a): Benefits of Fragmentation in a Traditional Society – a Case from the Swiss Alps; in: Human Organization, Bd. 32
Friedl, J. (1973b): Industrialization and Occupational Change in a Swiss Alpine Village; in: Studies in European Society, Bd. 1
Friedl, J. (1974): Kippel – a Changing Village in the Alps; New York
Friedli, E. (1905–1927): Bärndütsch; 7 Bde., Bern
Frödin, J. (1940–1941): Zentraleuropas Alpwirtschaft; 2 Bde., Oslo
Früh, J. (1930–1945): Geographie der Schweiz; 3 Bde. u. Registerband, St. Gallen
Fuchs, F./Schlaepfer, H. (1980): Festbräuche im Appenzellerland; Herisau = Appenzeller Hefte, Nr. 12

Furrer, B. (1985): Die Bauernhäuser des Kantons Uri; Basel
Fux, A. (1939): Bäuerliche Schicksalsverbundenheit im Wallis; in: Pol. Rundschau v. Juni 1939
Gabert, P./Guichonnet, P. (1965): Les Alpes et les Etats alpins; Paris
Gaspoz, A./Tamini, J. E. (1935): Essai d'histoire de la Vallée d'Hérens; St-Maurice
Gasser, A. (1947): Gemeindefreiheit als Rettung Europas; Basel
Gasser, A. (1952): Die direkte Gemeindedemokratie in der Schweiz; in: M. Bridel (Hrsg.): La démocratie directe dans les communes suisses; Zürich
Gennep, A. van (1916): En Savoie, du berceau à la tombe; Chambéry
Gennep, A. van (1921): Notes comparatives du folklore savoyard; Chambéry
Gennep, A. van (1932–1948): Le folklore du Dauphiné; Bd. 1: Paris 1932, Bd. 2: Paris 1948
Gennep, A. van (1949–1953): Manuel de Folklore français contemporain; Bd. 1: 1949, Bd. 2: 1951, Bd. 3: 1953 (Nachdruck: Paris 1972)
Gehlen, A. (1961): Anthropologische Forschung; Hamburg 1980 = rde 138 (Neuausgabe im Rahmen der 10-bändigen Gesamtausgabe)
Geramb, V. v., Hrsg. (1928): Die Knafl-Handschrift – eine obersteirische Volkskunde aus dem Jahre 1813; Berlin-Leipzig
GPSR Glossaire des patois de la Suisse romande (1924–); Neuchâtel
Gmür, R. (1917): Schweizerische Bauernmarken und Holzurkunden; Bern = Abhandlungen zum schweiz. Recht, Heft 77
Goldstern, E. (1922): Hochgebirgswelt in Savoyen und Graubünden; Wien
Gotthelf, J. (1845): Der Geltstag oder die Wirtschaft nach der neuen Mode; Erlenbach-Zürich = Sämtliche Werke in 24 Bänden: Bd. 8 (Taschenbuchausgabe: Zürich 1978 = detebe 20566)
Grass, N. (1948): Beiträge zur Rechtsgeschichte der Alpwirtschaft; Innsbruck
Gremaud, J. (1875–1898): Documents relatifs à l'Histoire du Valais; 8 Bde. Lausanne
Gschwend, M. (1976–1982): Die Bauernhäuser des Kantons Tessin; Bd. 1: 1976, Bd. 2: 1982; Basel
Gstrein, F. J. (1932): Die Bauernarbeit im Ötztal einst und jetzt; Innsbruck
Guérard, B. (1844): Polyptyque de l'abbé Irminon; Paris
Guex, A. (1971): Le demi-siècle de Maurice Troillet I, 1913–1931; Martigny
Gugler, J. (1961): Die neuere französische Soziologie; Neuwied
Guichonnet, P. (1948): L'émigration alpine vers les pays de langue allemande; in: Revue de Géographie Alpine (Grenoble), Bd. 36
Guindani, S. (1973): Le Dualisme communal dans le Tessin montagnard – problèmes de sociologie villageoise; Ecole pratique des Hautes Etudes, VIème section; Paris (Typoscript)
Guntern, G. (1979): Social Change, Stress, and Mental Health in the Pearl of the Alps – a Systematic Study of a Village Process: Berlin-Heidelberg-New York
Guntern, J. (1978): Volkserzählungen aus dem Oberwallis; Basel – Schriften der Schweizerischen Gesellschaft für Volkskunde, Bd. 62
Gutmann, B. (1926): Das Recht der Dschagga; München
Gutzwiller, K. (1923): Die Milchverarbeitung in der Schweiz und der Handel mit Milcherzeugnissen – Geschichte, Betriebsformen, Marktverhältnisse und volkswirtschaftliche Bedeutung; Schaffhausen
Gyr, U. (1980): «...mit Bezug auf...» – Einblicke in die Forschungs- und Lehrtätigkeit des Volkskundlers Arnold Niederer; ein Zwischenbericht zu seinem 65. Geburtstag, zugleich ein Beitrag zum Standort der Zürcher Volkskunde; in: Schweiz. Archiv für Volkskunde, Jg. 76, Heft 1–2 (= Festschrift Niederer), S. 3–76
Gyr, W. (1946): Die Kuhkämpfe im Val d'Anniviers; in: Schweiz. Archiv für Volkskunde, Jg. 43
Gyr, W. (1949): Tag der Gemeindereben in Muraz; in: Neue Zürcher Zeitung Nr. 554 vom 18. 3. 1949

Gyr, W. (1955): Der Safran im Wallis; in: Neue Zürcher Zeitung vom 24. 12. 1955
Gyr, W. (1981): Les combats de vaches en Valais; in: Das Jahr der Schweiz in Fest und Brauch; Zürich-München
Haas-Frey, V. (1976): The Impact of Mass Tourism on a Rural Community in the Swiss Alps; Diss. University of Michigan
Haberlandt, M., Hrsg. (1927): Österreich – sein Land und Volk und seine Kultur; Wien
Haller, A. von (1729): Die Alpen; Wiederabdruck in: A. v. Haller: Die Alpen und andere Gedichte; Stuttgart 1974 = Reclams Universal-Bibliothek Nr. 8963/64
Halpérin, J. (1950): Les transformations économiques aux XIIe et XIIIe siècles; in: Revue d'Histoire Economique et Sociale (Paris), Bd. 28
Hartmann, A., Hrsg. (1944): Thomas Platter – Lebensbeschreibung; Basel
Haus und Hof (1973): Haus und Hof in Oesterreichs Landschaft; Wien (Notring-Jahrbuch 1973)
Heer, O./Blumer J. J. (1846): Der Kanton Glarus historisch-geographisch-statistisch geschildert; St. Gallen und Bern = Reihe Gemälde der Schweiz, Bd. 7; Nachdruck Genf 1978
Hegel, G. W. F. (1830): Vorlesungen über die Philosophie der Weltgeschichte; 3. Aufl. Leipzig 1930 (Nachdruck der 5. Aufl. 1955: Hamburg 1970) = Philosophische Bibliothek Bd. 171a
Heusler, A. (1890): Rechtsquellen des Cantons Wallis; Basel Nr. 459
Hiebeler, T. (1977): Lexikon der Alpen; 2. Aufl., München
Hösli, J. (1948): Glarner Land- und Alpwirtschaft in Vergangenheit und Gegenwart; Glarus
Hösli, J. (1983): Die Bauernhäuser des Kantons Glarus; Basel
Hofer, H. (1972): Bernische Burgergemeinden – Entwicklung und Leistungen; in: Berner Jahrbuch (Bern)
Hofer, T. (1968): Anthropologists and Native Ethnographers in Central European Villages – Comparative Notes on the Professional Personality of Two Disciplines; in: Current Anthropology, Bd. 9/4
Hoffmann-Krayer, E. (1940): Feste und Bräuche des Schweizer Volkes; neu bearbeitete Ausgabe v. P. Geiger; Zürich (Nachdruck mit Begleitwort von A. Niederer: Zürich 1991)
Hoffmann-Nowotny, H. J. (1984): Auf dem Wege zu einer Gesellschaft von Einzelgängern? in: Neue Zürcher Zeitung Nr. 156 vom 7./8. 7. 1984
Honigmann, J. J. (1972): Characteristics of Alpine Ethnography; in: Anthropological Quarterly, Bd. 45/3
Hubatschek, E. (1950): Almen und Bergmähder im oberen Lungau; Salzburg (Unveränderter Nachdruck, ergänzt durch «Vergleich 1939–1984»: Innsbruck 1988)
Huber, K. (1944): Über die Histen- und Speichertypen des Zentralalpengebietes; Genf-Erlenbach-Zürich = Romanica Helvetica, Bd. 19
Hugger, P. (1961): Amden – eine volkskundliche Monographie; Basel
Hugger, P. (1964): Werdenberg – Land im Umbruch; Basel
Idiotikon (1881 ff.): Schweizerisches Idiotikon – Wörterbuch der schweizerdeutschen Sprache; Frauenfeld
Imesch, D. (1908): Beiträge zur Geschichte und Statistik der Pfarrgemeinde Naters; Brig (Nachdruck: Gemeinde Naters o. J.)
Imesch, D. (1930): Der Zenden Brig bis 1798; in: Blätter aus der Walliser Geschichte Bd. VII, I. und II. Heft
Imesch, D./Perrig, W. (1943): Zur Geschichte von Ganter; Visp (Faks.-Nachdruck: Brig 1984)
Imhof, A. E. (1984): Die verlorenen Welten – Alltagsbewältigung durch unsere Vorfahren und weshalb wir uns heute so schwer damit tun; München
Isler, G. (1971): Die Sennenpuppe; Basel
Jaberg, K./Jud, J. (1928–1940): Sprach- und Sachatlas Italiens und der Südschweiz; 8 Bde., Zofingen

Jaeggi, U. (1965): Berggemeinden im Wandel – eine empirisch-soziologische Untersuchung in vier Gemeinden des Berner Oberlandes; Bern

Jalla, J. (1934): Histoire des Vaudois des Alpes et leurs Colonies; Torre Pellice

Joisten, C. (1971): Contes populaires du Dauphiné – Contes merveilleux, Contes religieux, Histoires d'ogres et de diables dupés; Grenoble

Jud, J. (1922): Zur Geschichte zweier französischer Rechtsausdrücke (corvée, verchère); in: Zeitschrift für Schweizergeschichte, Bd. 2 (Wiederabdruck in: J. Jud: Romanische Sprachgeschichte und Sprachgeographie – ausgewählte Aufsätze; hrsg. v. K. Huber/G. Ineichen; Zürich-Freiburg i. B. 1973)

Julen, T. (1978): Das Burgerrecht im Oberwallis vom Mittelalter bis zur Französischen Revolution; Naters

Kämpfen, W. (1942): Ein Burgerrechtsstreit im Wallis – rechtlich und geschichtlich betrachtet, mit einem Überblick über das Walliser Geteilschafts-, Burgerschafts- und Gemeindewesen; Berner Diss.; Zürich

Kapfhammer, G. (1977): Brauchtum in den Alpenländern – ein lexikalischer Führer durch den Jahreslauf; München

Kaufmann, B. (1965): Die Entwicklung des Wallis vom Agrar- zum Industriekanton; Basler Diss.; Zürich

Keller, G. (1855): Der grüne Heinrich; = Gesammelte Werke in 4 Bänden: 2. Bd., Leipzig o. J.

Kläui, P. (1941): Die geschichtlichen Voraussetzungen des Schweizer Dorfes; in: E. Winkler (Hrsg.): Das Schweizer Dorf; Zürich

Klaus, F. u. a. (1970): Heimatkunde von Liestal; Liestal

Klier, K. M. (1956): Volkstümliche Musikinstrumente in den Alpen; Kassel

König, R. (1958): Grundformen der Gesellschaft – die Gemeinde; Hamburg = rde 79

König, R., Hrsg. (1967): Soziologie. Das Fischer Lexikon; Frankfurt

Kramer, D. (1983): Der sanfte Tourismus – Umwelt- und sozialverträglicher Tourismus in den Alpen; Wien

Kramer, D. (1986): Die Kultur des Überlebens – kulturelle Faktoren beim Umgang mit begrenzten Ressourcen in vorindustriellen Gesellschaften Mitteleuropas, eine Problemskizze; in Österreichische Zeitschrift für Volkskunde, Bd. 89

Krebs, N. (1928): Die Ostalpen und das heutige Österreich – eine Länderkunde; 2 Bde., Stuttgart (Nachdruck: Darmstadt 1961)

Kroeber, A. L. (1948): Anthropology; New York

Kropotkin, P. (1904): Gegenseitige Hilfe in der Tier- und Menschenwelt; Leipzig 1923 (Neuausgabe: Grafenau 1989)

Kruker, R. (1979): Inneralpine Transportprobleme und kulturelle Lösungsmuster – Alltagsstrukturen und einfache Techniken; in: Schweiz. Zeitschrift für Geschichte, Bd. 29/1

Kruker, R. (1986): Entwicklung und kollektive Identität in einer Randregion; in: P. Centlivres (Hrsg.): Regionale Identität und Perspektiven – fünf sozialwissenschaftliche Ansätze; Bern-Stuttgart

Ladoucette, J. C. F. (1820): Histoire, topographie, antiquités, usages, dialectes des Hautes-Alpes avec un atlas; Paris

Le Play, F. (1855): Les ouvriers européens – Etudes sur les travaux, la vie domestique et la condition morale des populations ouvrières de l'Europe, précédées d'un exposé de la méthode d'observation; 6 Bde., Paris

Le Play, F. (1879): La méthode sociale, abrégé des Ouvriers Européens – Ouvrage destiné aux classes dirigeantes; Paris

Leumann, P. (1939): Das Haus als Träger von markgenossenschaftlichen Rechten und Lasten; Zürcher Dissertation; Zürich

Lévi-Strauss, C. (1969): Strukturale Anthropologie; Frankfurt (Nachdruck: Frankfurt 1978)
Linder, W./Hotz, B./Werder, H. (1979): Planung in der schweizerischen Demokratie; Bern
Lognon, A. (1886–1895): Polyptyque de l'Abbaye de Saint-Germain-des-Prés; Paris
Lorez, C. (1943): Bauernarbeit im Rheinwald – landwirtschaftliche Methoden und Geräte; Basel (Nachdruck: Basel 1986)
Lorez, C. (1979): Bauernarbeit im Rheinwald – der Wildheuet; Basel = Altes Handwerk, Heft 44
Loup, J. (1965): Pasteurs et agriculteurs valaisans; Grenoble
Lukács, G. (1923): Geschichte und Klassenbewusstsein – Studien über marxistische Dialektik; Berlin (Neuausgabe: Neuwied-Darmstadt 1970, 1988[10] = Sammlung Luchterhand, Bd. 11)
Lurati, O. (1968): Terminologia e usi pastorizi di val Bedretto; Basel
Macherel, C. (o. J.): L'échange généralisé du pain de seigle en Loetschental; Typoscript, Laboratoire d'ethnologie, Université de Nanterre
Macherel, C. (1979): La traversée du champ matrimonial – un exemple alpin; in: Etudes Rurales (Paris), Bd. 73
Mäder, H./Kruker, R. (1983): Hirten und Herden – Alpkultur in der Schweiz; Olten (Nachdruck 1991)
Maissen, A. (1943): Werkzeuge und Arbeitsmethoden des Holzarbeiters in romanisch Bünden; Erlenbach-Zürich = Romanica Helvetica, Bd. 17
Mariétan, I. (o. J.): Ames et visages du Valais; Lausanne
Mariétan, I. (1948): Heilige Wasser; Bern = Schweizer Heimatbücher, Bd. 21/22
Mariétan, I. (1948a): Les bisses – la lutte pour l'eau en Valais; Neuchâtel
Mathieu, J. (1980): Eine Region am Rand – das Unterengadin 1650–1800; unpublizierte Lizentiatsarbeit im Fach Geschichte an der Universität Bern
Mathieu, J. (1980a): Haushalt, Verwandte und Nachbarn im alten Unterengadin (1650–1800); in: Ethnologica Helvetica, Bd. 4
Mathieu, J. (1987): Bauern und Bären – eine Geschichte des Unterengadins von 1650 bis 1800; Chur
Mathieu, J. (1992): Eine Agrargeschichte der inneren Alpen. Zürich.
Matter, M. (1978): Wertsystem und Innovationsverhalten – Studien zur Evaluation innovationstheoretischer Ansätze, durchgeführt im Lötschental/Schweiz; Hohenschäftlarn bei München
Mattmüller, M. (1957): Leonhard Ragaz und der religiöse Sozialismus – eine Biographie, 1. Teil; Zollikon
Mauss, M. (1968): Essai sur le don; in: Sociologie et anthropologie; Paris – Deutsche Ausgabe: M. Mauss: Soziologie und Anthropologie, Bd. 2: Gabentausch; Frankfurt 1989 = FiBu 7432
Meylan, J./Gottraux, M./Dahinden, P. (1972): Schweizer Gemeinden und Gemeindeautonomie; hrsg. v. d. Studiengruppe für Gemeindeautonomie in der Schweiz; Lausanne
Michelet, P. (1934): Vie alpicole à Tortin; in: Cahiers valaisans du Folklore, Nr. 27
Morin, E. (1965): Der Geist der Zeit – Versuch über die Massenkultur; Köln-Berlin
Moritz, A. (1956): Die Almwirtschaft im Stanzertal; Innsbruck
Muehlbauer, G. u. M. (1975): Factions in the Alps – an Actonic Analysis of Avoidance Behavior in a Swiss Village; presented at the 1975 Meeting of the Society for Applied Anthropology; Amsterdam (Typoskript)
Muehlbauer, G. (1979): Common Interest Associations, Intensification of Factionalism and New Leadership: Responses to Economic Change in a Swiss Alpine Community, Thesis, University of Wisconsin-Milwaukee
Muehlbauer, G. (1979): Common Interest vs. Uncommon Enmity – the Transition from Informal «Familienpolitik» to Formal Political Association; in: Ethnologia Europaea, Bd. 11/1

Nangeroni, G./Pracchi, R. (1958): La casa rurale nella montagna lombarda; 2 Bde., Firenze
Naroll, R. (1971): Community Studies in Anthropology – Proceedings of the 1963 Annual Spring Meeting of the American Ethnology Society; Seattle
Neff, K. (1950): ‹Trägi› im Appenzellerland – ein Stück innerrhodischen Brauchtums; in: Appenzeller Kalender (Trogen)
Netting, R. M. (1972): Of Men and Meadows – Strategies of Alpine Land Use; in: Anthropological Quarterly, Bd. 45/3
Netting, R. M. (1976): What Alpine Peasants have in Common – Observations on Communal Tenure in a Swiss Village; in: Human Ecology, Bd. 4
Netting, R. M. (1979): Eine lange Ahnenreihe – die Fortdauer von Patrilinien über mehr als drei Jahrhunderte in einem schweizerischen Bergdorf; in: Schweiz. Zeitschrift für Geschichte, Bd. 29/1
Netting, R. M. (1981): Balancing on an Alp – Ecological Change and Continuity in a Swiss Mountain Community; Cambridge/Mass.
Nöthiger, J. R. (1775): Physisch-topographische Beschreibung des Brienzer Sees; Bern
Nöthiger, J. R. (1783): Physisch-topographische Beschreibung der Talschaft Lauterbrunnen; Bern
Novak, V. (1961): Die Stellung des Alpwesens in Slowenien zwischen dem germanischen und romanischen Raume; in: Volkskunde im Ostalpenraum, Graz
Novak, V. (1961): Viehhaltungsformen und Alpwesen in Slowenien; in: L. Földes (Hrsg.): Viehzucht und Hirtenleben in Ostmitteleuropa; Budapest
Österreichischer Volkskundeatlas (1959–1981): Österreichischer Volkskundeatlas, begründet von E. Burgstaller/A. Helbok, seit der 2. Lieferung hrsg. v. R. Wolfram/E. Lendl/J. Kretschmer; Wien
O'Neill, B. J. (1987): Social Inequality in a Portuguese Hamlet; Cambridge
Pedrazzini, A. O. (1975): L'emigrazione ticinese nell'America del Sud; 2 Bde., Locarno
Pedrazzini, A. O. (1981): L'emigrazione ticinese in California; Locarno
Peuckert, W. E. (1963): Ostalpensagen; Berlin
Peuckert, W. E. (1963): Westalpensagen; Berlin
Preiswerk, Y. et B. Crettaz (1986): Le pays où les vaches sont reines; Sierre
Pult, C. (1916): Volksbräuche und Volkswohlfahrt; in: Schweiz. Archiv für Volkskunde, Jg. 20
Ragaz, L. (1952): Mein Weg, Bd. 1; Zürich
Rambaud, P. (1974): Société rurale et urbanisation; 2. Aufl., Paris
Rambaud, P. (1981): Un village de montagne – Albiez-le-Vieux en Maurienne; 2. Aufl., Paris
Rambaud, P./Vincienne, M. (1964): Les transformations d'une société rurale – la Maurienne (1561–1962); Paris
Ramseyer, R. (1961): Das altbernische Küherwesen; Bern (2., ergänzte Aufl.: Bern 1991)
Rauchenstein, F. (1907): Die Bewässerungskanäle im Kanton Wallis; in: Zeitschrift für Schweiz. Statistik, Bd. 44
Raulin, H. (1977): L'architecture rurale française – Dauphiné; Paris-Nancy
Raulin, H. (1977a): L'architecture rurale française – Savoie; Paris-Nancy
Redfield, R. (1955): The Little Community; Chicago
Renner, E. (1941): Goldener Ring über Uri – ein Buch vom Erleben und Denken unserer Bergler, von Magie und Geistern und von den ersten und letzten Dingen; Zürich (Nachdruck der 3. Aufl. 1976: Zürich 1991)
Reynold, G. de (1936): Portugal; Paris
Ritschard, G./Schmocker, E. (1980): Das Wildheuen in Ringgenberg; Unterseen
Ritschard, G. u. a. (1990): Ringgenberg und Goldiswil – Geschichte und Volkskunde; Ringgenberg

Rizzi, E. (1981): Walser – Gli uomini della montagna – Die Besiedler des Gebirges; Mailand
Robert, J. (1939): La maison rurale permanente dans les Alpes françaises du Nord. Etude de géographie humaine; in: Bulletin de la Société des Sciences du Dauphiné, Bd. 18
Robert, J. (1939a): L'habitat temporaire dans les montagnes pastorales des Alpes françaises du Nord. Essai de géographie humaine; in: Revue de Géographie Alpine, Bd. 27
Rohan-Csermak, G. de (1967): La notion de ‹complexe ethnique européen›; in: Ethnologia Europaea, Bd. 1
Rohrer, J. (1796): Über die Tiroler; Wien (Faksimile-Nachdruck: Bozen 1985)
Rossat, A. (1906): La Chanson du Guet de nuit dans le Jura catholique; in Schweiz. Archiv für Volkskunde, Jg. 10
Roten, P. v. (1940): Untersuchungen über die Verteilung und die rechtlichen Verhältnisse des Grundbesitzes in den Vispertälern im 13. und 14. Jahrhundert; Berner Diss.; Bern (ungedruckt)
Rousseau, J.J. (1761): Julie oder die Neue Heloïse; Neuausgabe: München 1988 = dtv 2191
Rubi, C. (1942): Volkskunst am Berner Bauernhaus; Basel (Nachdruck: Bern 1986)
Ruesch, H. (1979): Die Demographie der Alpen zwischen 1650 und 1850; in: Schweiz. Zeitschrift für Geschichte, Bd. 29/1
Rütimeyer, L. (1924): Ur-Ethnographie der Schweiz; Basel
Ruffieux, R./Bodmer, W. (1972): Histoire du Gruyère; Fribourg
Scheuermeier, P. (1943–1956): Bauernwerk in Italien, der italienischen und rätoromanischen Schweiz – eine sprach- und sachkundliche Darstellung landwirtschaftlicher Arbeiten und Geräte; Bd. 1: Erlenbach-Zürich 1943, Bd. 2: Bern 1956
Schmid, F. (1890): Wandlungen einer Gemeinde-Bauernzunft; in: Blätter aus der Walliser Geschichte, Bd. 1
Schmid, S. (1928): Die Wasserleitungen am Bischofsberg; in: Blätter aus der Walliser Geschichte, Bd. 6
Schmid, W. (1972): Zermatt – Vergangenheit und Gegenwart eines Walliser Bergdorfes; Bern
Schmidt, L. (1972): Perchtenmasken in Österreich; Wien
Schmitter, W. (1953): Waldarbeit und Waldarbeiter im Prättigau; Schiers (Nachdruck 1991)
Schnyder, F. (1949): Chronik der Gemeinde Gampel; Brig
Schnyder, T. (1934): Versuch einer Abhandlung über die Kulturtechnik im Wallis; in: Schweiz. Alpwirtschaftliche Monatsblätter (Langnau)
Schnydrig, A. L. (1952): Grächen; Bern
Schubert, H. A. (1980): Nachbarschaft und Modernisierung – eine historische Soziologie traditioneller Lokalgruppen am Beispiel Siebenbürgens; Köln-Wien
Sclafert, T. (1926): Le Haut Dauphiné au moyen âge; Diss.; Paris
Seeberger, M. (1974): Menschen und Masken im Lötschental; Brig
Seeberger, M. (1981): Fasnacht im Lötschental; in: Das Jahr der Schweiz in Fest und Brauch; Zürich-München
Seiler, J. (1935): Das Wallis und seine Beschützer; in: Walliser Jahrbuch (St-Maurice)
Sererhard, N. (1742): Einfalte Delineation aller Gemeinden gemeiner dreien Bünden für das Jahr 1742; hrsg. v. C. Mohr; Chur 1872
Siegen, J. (1923): Das Lötschental; Lausanne (9. Auflage mit Vorwort v. W. Bellwald; Lausanne 1990)
Siegen, J. (1935): Die Försterhütte auf der Lauchernalp; in: Schweiz. Zeitschr. f. Forstwesen, Nr. 1
Siegen, J. (1936): Das Heuziehen; in: Der Schweizer Schüler (Solothurn)
Simonett, C. (1965–1968): Die Bauernhäuser des Kantons Graubünden; 2 Bde., Basel
Spann, J. (1923): Alpwirtschaft; Freising-München

Sprecher, J. A. v. (1951): Kulturgeschichte der Drei Bünde im 18. Jahrhundert; bearbeitet und neu hrsg. v. R. Jenny; Chur

Staehelin, M. (1982): Bemerkungen zum sogenannten Alpsegen – Wesen und historische Tiefe; in: Schweiz. Archiv für Volkskunde, Jg. 78

Stauber, E. (1924): Sitten und Bräuche im Kanton Zürich, II. Teil; in: 124. Neujahrsblatt, hrsg. v. d. Hülfsgesellschaft in Zürich auf das Jahr 1924

Stavenhagen, K. (1936): Kritische Gänge in die Volkstheorie; Riga

Stebler, F. G. (1901): Ob den Heidenreben; Zürich (Faksimile-Nachdruck: Visp 1981)

Stebler, F. G. (1903): Das Goms und die Gomser; Zürich (Faksimile-Nachdruck: Visp 1981)

Stebler, F. G. (1903a): Alp- und Weidewirtschaft – ein Handbuch für Viehzüchter und Alpwirte; Berlin

Stebler, F. G. (1907): Am Lötschberg – Land und Volk von Lötschen; Zürich (Faksimile-Nachdruck: Visp 1981)

Stebler, F. G. (1907a): Die Hauszeichen und Tesseln der Schweiz; in: Schweiz. Archiv für Volkskunde, Jg. 11

Stebler, F. G. (1913): Sonnige Halden am Lötschberg; Zürich (Faksimile-Nachdruck: Visp 1981)

Stebler, F. G. (1922): Die Vispertaler Sonnenberge; in: Jahrbuch des Schweiz. Alpen-Club (Bern), Bd. 56 (Faksimile-Nachdruck: Visp 1981)

Strübin, E. (1952): Baselbieter Volksleben, Sitte und Brauch im Kulturwandel der Gegenwart; Basel (2. Aufl.: Basel 1967)

Studer, G. (1934): Die Bewässerungsanlagen von Visperterminen; in: Walliser Jahrbuch (St-Maurice)

Suter, K. (1947): Bevölkerungsbewegung und wirtschaftliche Wandlungen im Wallis; Brig

Tavel, R. v. (1891): Die wichtigsten Änderungen in der Lebenshaltung der schweizerischen Hochgebirgsbewohner im Laufe des 19. Jahrhunderts; Bern

Thalmann, R. (1981): Das Jahr der Schweiz in Fest und Brauch; Zürich-München

Thivot, H. (1966): La vie privée dans les Hautes-Alpes vers le milieu du 19e siècle; Grenoble

Thivot, H. (1970): La vie publique dans les Hautes-Alpes vers le milieu du 19e siècle; Grenoble

Tomamichel, T. (1953): Bosco Gurin – das Walserdorf im Tessin; Basel

Torrenté, A. de (1867): Quelques moyens de combattre le paupérisme dans un pays essentiellement agricole; Rapport présenté le 25 septembre 1866 à la Société Suisse d'Utilité Publique; Zürich

Trappe, P. (1966): Entwicklungsfunktionen des Genossenschaftswesens; Neuwied

Trepp, R. (1975): Gemeindeautonomie und interkommunale Zusammenarbeit im Kanton Graubünden unter besonderer Berücksichtigung der Regionen Heinzenberg-Domleschg und Hinterrhein; St. Galler Diss.; Thusis

Trier, J. (1950): Arbeit und Gemeinschaft; in: Studium Generale, Bd. 3

Trier, J. (1957): Reihendienst; Münster = Schriften der Gesellschaft zur Förderung der westfälischen Wilhelms-Universität zu Münster, Heft 38

Trier, J. (1963): Venus. Etymologien um das Futterlaub; Köln

Trümpy, H. (1963): Schweiz; in: IRO-Volkskunde – Beharrung und Wandel der europäischen Volkskultur in der Gegenwart; München

Trümpy, H. (1969): Folklorismus in der Schweiz; in: Zeitschrift für Volkskunde, Bd. 65

Tscheinen, M./Ruppen, P. J. (1872): Walliser Sagen; Sitten

Uffer, L. (1945): Rätoromanische Märchen und ihre Erzähler – neugesammelte romanische Märchen; Basel

Ulmer, F. (1943): Die Tiroler Schwabenkinder – ein Beitrag zur Sozial- und Wirtschaftsgeschichte des Westtiroler Bergbauerngebietes; Prag

Usteri, R. (1940): Croquis de la vie des femmes au Pays d'Enhaut (Canton de Vaud); Bern = Romanica Helvetica, Bd. 15

Vauthier, A. (1942): Au pays des bisses; Lausanne
Veyret, P. u. G. (1967): Au coeur de l'Europe – les Alpes; Paris
Viazzo, P.P. (1989): Upland Communities – Environment, population, and social structure in the Alps since the sixteenth century; Cambridge (ital. Ausgabe: Comunità alpine; Bologna 1990)
Vincenz, F. (1974): Die Eingemeindungsfrage im Kanton Graubünden; Zürich
VSI Vocabolario dei dialetti della Svizzera italiana (1952 ff.); Lugano
Wackernagel, H. G. (1956): Altes Volkstum der Schweiz – gesammelte Schriften zur historischen Volkskunde; Basel = Schriften der schweizerischen Gesellschaft für Volkskunde, Bd. 38
Waldmeier-Brockmann, A. (1941): Sammelwirtschaft in den Schweizer Alpen; Zürcher Diss.; Basel – Das Kapitel «Wildheu» wurde abgedruckt auch in: Schweiz. Archiv für Volkskunde; Jg. 38 u. 39
Weber, M. (1920): Die protestantische Ethik und der Geist des Kapitalismus; in: Aufsätze zur Religionssoziologie, Bd. 1 (Wiederabdruck: Stuttgart 1969, 1988[9] = UTB 1488)
Weinberg, D. (1972): Using a Computer in the Field – Kinship Information; in: Social Science Information, Bd. 11/6
Weinberg, D. (1972): Peasant Wisdom – Cultural Adaptation in a Swiss Village; Berkeley
Weiss, R. (1933): Das Alpenerlebnis in der deutschen Literatur des 18. Jahrhunderts; Zürcher Diss.; Horgen-Zürich-Leipzig
Weiss, R., Hrsg. (1934): Die Entdeckung der Alpen – eine Sammlung schweizerischer und deutscher Alpenliteratur bis zum Jahre 1800; ausgewählt und bearbeitet von R. Weiss; Frauenfeld-Leipzig
Weiss, R. (1941): Das Alpwesen Graubündens – Wirtschaft, Sachkultur, Recht, Älplerarbeit und Älplerleben; Erlenbach-Zürich
Weiss, R. (1946): Volkskunde der Schweiz – Grundriss; Erlenbach-Zürich (2. unveränderte Aufl. mit Vorwort von A. Niederer 1978, 3. unveränderte Auflage Zürich-Schwäbisch Hall 1984)
Weiss, R. (1947): Alpine Kulturretardierung auf volkskundlichen Karten; in: Neue Zürcher Zeitung vom 26. 4. 1947
Weiss, R. (1951): Sprachgrenzen und Konfessionsgrenzen als Kulturgrenzen aufgrund des Atlasses der schweizerischen Volkskunde; in: LAOS (Stockholm), Bd. 1
Weiss, R. (1959): Häuser und Landschaften der Schweiz; Erlenbach-Zürich (2. Aufl.: 1973)
Weiss, R. (1962): Alpiner Mensch und alpines Leben in der Krise der Gegenwart; in: Schweiz. Archiv für Volkskunde, Jg. 58, Heft 4 (urspr. erschienen 1957 in: Die Alpen/SAC, Bd. 33)
Weissen, J. (1940): Die Herz-Jesu-Kirche in Betten; in: Walliser Jahrbuch (St-Maurice)
Wessely, J. (1877): Das Futterlaub – seine Zucht und Verwendung; Wien
Wiegandt, E. (1977): Communalism and Conflict in the Swiss Alps; Ann Arbor
Windisch, U. (1976): Lutte de clans, lutte de classes – Chermignon, la politique au village; Lausanne
Wiora, W. (1949): Zur Frühgeschichte der Musik in den Alpenländern; Basel
Wopfner, H. (1921): Tirols Eroberung durch deutsche Arbeit; in: Tiroler Heimat (Innsbruck), Heft 1
Wopfner, H. (1933): Volkskunde als Arbeitskunde; in: Der Schlern (Bozen), Bd. 14
Wopfner, H. (1951–1960): Bergbauernbuch – von Arbeit und Leben des Tiroler Bergbauern in Vergangenheit und Gegenwart; Innsbruck-Wien-München, 1. Bd., 1. Lieferung: 1951, 1. Bd., 2. Lfg.: 1954, 1. Bd., 3. Lfg.: 1960
Zelenin, D. (1927): Russische (Ostslawische) Volkskunde; Berlin
Zihler, L. (1980): Museumsarbeit im Lötschental; in: Schweiz. Archiv für Volkskunde, Jg. 76
Zijderveld, A. (1972): Die abstrakte Gesellschaft – zur Soziologie von Anpassung und Protest; Frankfurt

Zimmermann, R. (1933): Die Schützenzunft in Visperterminen; in: Walliser Jahrbuch – Kalender für das Jahr 1933 (St-Maurice)

Zinsli, P. (1968): Walser Volkstum in der Schweiz, in Vorarlberg, Liechtenstein und Piemont – Erbe, Dasein, Wesen; Frauenfeld (6., erweiterte u. ergänzte Aufl.: Chur 1991)

Zufferey, J. (1934): Le travail des vignes communales de St-Luc; in: Cahiers valaisans de Folklore, Nr. 29

Zurfluh, A. (1986): Gibt es den homo alpinus? Eine demographisch-kulturelle Fallstudie am Beispiel Uris (Schweiz) im 17.–18. Jahrhundert; in: Itinera 5/6.

Zurfluh, A. (1988): Une population alpine dans la Confédération. Uri aux XVIIe–XVIIIe–XIXe siècles. Paris

Zwittkovits, F. (1974): Die Almen Österreichs; Zillingdorf

Bibliographie der Veröffentlichungen von Arnold Niederer

Diese Bibliographie setzt sich aus zwei Quellen zusammen: 1. «Bibliographisch-dokumentarischer Anhang zur Forschungs- und Lehrtätigkeit von Arnold Niederer», zusammengestellt von Ueli Gyr und veröffentlicht in der «Festschrift für Arnold Niederer zum 65. Geburtstag» (= Schweizerisches Archiv für Volkskunde, Jg. 76/1980, Heft 1–2, S. 244–260); er enthält u. a. die Veröffentlichungen aus den Jahren 1950–1979 (Nr. 1–118). 2. «Arnold Niederer: Bibliographie zum 75. Geburtstag – Veröffentlichungen seit 1980», erschienen im Schweizerischen Archiv für Volkskunde Jg. 85/1989, Heft 3–4, S. 402–410; dieses Verzeichnis schliesst direkt an das erste Verzeichnis an und enthält die Veröffentlichungen aus den Jahren 1980–1989 (Nr. 119–198).

Der Nachtrag mit den neuesten Publikationen aus den Jahren 1989–1991 (Nr. 199–210) erfolgte auf Grund der Angaben Arnold Niederers.

1950

1. Kraut, Laub und Gläck im Lötschental. In: Schweizer Volkskunde 40 (1950), 2–6.

1952

2. 55. Jahresversammlung in Sitten und im Oberwallis vom 4. bis 6. Oktober 1952. In: Schweizer Volkskunde 42 (1952), 93–95.

1956

3. Gemeinwerk im Wallis. Bäuerliche Gemeinschaftsarbeit in Vergangenheit und Gegenwart. Basel 1956[1], 1965[2] (= Schriften der Schweizerischen Gesellschaft für Volkskunde, 37). – In diesem Band Nr. 1.

1959

4. Gegenseitige Hilfe in Vergangenheit und Gegenwart. In: Neue Wege, Blätter für den Kampf der Zeit Nr. 53, Heft 6, 163–166 und Heft 7/8, 191–199.

1961

5. Bäuerliche Gemeinschaftsarbeit in Portugal. In: Neue Zürcher Zeitung Nr. 1708, 7. Mai 1961, 5.

1962

6. Jugendliche Griechenlandfahrer. Kleiner Bericht von einer Ferienreise der Gewerbe- und Kunstgewerbeschule Zürich. In: Tages-Anzeiger Nr. 190, 15. August 1962.

1963

7. Ethnographie und Volkskunde. Zum internationalen Ethnographenkongress in Portugal. In: Neue Zürcher Zeitung Nr. 3712, 18. September 1963.

1965

8. Corvées communales et entraide paysanne au Portugal et en Suisse. In: Actas do congresso internacional de etnografía, promovido pela câmara municipal de Santo Tirso, de 10 a 18 Julho de 1963 (volume terceiro). Lisboa 1965, 385–392.
9. Stand und Aufgaben der schweizerischen Volkskunde. In: Neue Zürcher Zeitung Nr. 1175, 21. März 1965, 5.
10. Kulturelle Probleme unserer Bergbevölkerung. In: Schweizer Monatshefte, 45. Jahr, Heft 3, Juni 1965, 1–4. – Auch abgedruckt in: Forum Alpinum. Zürich 1965, 17–20: Die Ansicht eines Volkskundlers. – In diesem Band Nr. 2.
11. Exodus from the mountains – a folklorist's view. Swissair Gazette Nr. 5 (1965), 13.
12. Les «chèvres à bec» d'Ottenbach. In: Traditions populaires: Masques. Exposition du 26 juin au 12 septembre 1965. Le Manoir, Martigny 1965, 50–51.
13. Ein Tag in Visperterminen. Bericht über den heimatkundlichen Arbeitstag des Oberwalliser Ferienkurses der Zürcher Volkshochschule am 4. August 1965. In: Volkshochschule XXXIV, Heft 4, Zürich 1965, 21–34 (zus. m. J. Hösli).
14. Europäische Volkskunde. Internationales Kolloquium in Stockholm. In: Neue Zürcher Zeitung Nr. 3912, 22. September 1965.

1966

15. Europäische Volksforschung. Internationales Symposion in Julita (Schweden) vom 1. bis 3. September. In: Neue Zürcher Zeitung Nr. 4125, 30. Sept. 1966.

1967

16. Die Stellung der europäischen Regionalethnologie an den schweizerischen Universitäten. In: Ethnologia Europaea I/4 (1967), 309–311.
17. Unsere Fremdarbeiter – volkskundlich betrachtet. In: Wirtschaftspolitische Mitteilungen Jg. XXIII, Heft 5, Mai 1967, 1–19. – Abdruck (gekürzt) auch in: Schweizerische Arbeitgeber-Zeitung Nr. 23, 62. Jg., 8. Juni 1967, 442–446.
18. Warum sind sie so anders als wir...? Wege zum besseren Verständnis zwischen Schweizern und Fremdarbeitern. In: Tages-Anzeiger, 29. Juli 1967, 7–8.
19. Der Erste August aus der Sicht des Volkskundlers. In: Heimatleben. Zeitschrift für Trachtenkunde und Volksbräuche. 40. Jg., Nr. 2, Olten 1967, 8–10.
20. Nos travailleurs étrangers considérés au point de vue de l'ethnologue. In: Bulletin de documentation économique, XXIIIe année, No 6, septembre 1967, 3–11.
21. Leurs enfants deviendront suisses. In: La vie protestante, No 33, 8 septembre 1967.
22. Internationaler Folkloristik-Preis «Giuseppe Pitrè». In: Neue Zürcher Zeitung Nr. 5001, 22. November 1967.

1968

23. Bedeuten ausländische Arbeiter kulturelle Überfremdung? In: Der Bund Nr. 50, 29. Februar 1968.

24. Sigurd Erixon. In: Neue Zürcher Zeitung Nr. 143, 5. März 1968, 15.
25. Wilhelm Egloff 60jährig. In: Neue Zürcher Zeitung Nr. 146, 6. März 1968, 14.
26. Ethnologischer Atlas Europas. Eine internationale Arbeitskonferenz in Bonn (12. bis 15. März). In: Neue Zürcher Zeitung Nr. 196, 27. März 1968, 1.
27. Unsere Fremdarbeiter. In: Helvetische Typographia, 110. Jg., Nr. 17, 24. April 1968, 4–5.
28. Verdienter Altphilologe und Volkskundler. Zum Tode des Lehrers und Forschers Karl Meuli. In: Tages-Anzeiger, 9. Mai 1968, 21.
29. Arbeit und Gemeinschaft im Mittelmeerraum. In: Radio und Fernsehen Ausg. 1, Nr. 26 (1968), 67.
30. Lagunenfischer auf Sardinien. In: Helvetische Typographia, 110. Jg., Nr. 27, 3. Juli 1968, 5.
31. Ethnologia Europaea. Ein Symposion in Lissabon. In: Neue Zürcher Zeitung Nr. 475, 26. Juli 1968, 9.
32. Folklore Studies in Switzerland. In: Journal of the Folklore Institute, Vol. V, Number 2/3, August-December 1968, 236–240.
33. Leichentransport in Berggegenden im 19. Jahrhundert. In: Rechtsgeschichte und Volkskunde. Dr. Josef Bielander zum 65. Geburtstag, hrsg. von Louis Carlen und Josef Guntern. Brig 1968 (= Schriften des Stockalper-Archivs in Brig, 12), 91–93.
34. Albert Nyfeler fünfundachzigjährig. In: Neue Zürcher Zeitung Nr. 595, 26. September 1968, 19.
35. Atlaskarten und Kommentar zu «Bäuerliches Erbrecht». In: Atlas der schweizerischen Volkskunde, begründet von Paul Geiger und Richard Weiss, weitergeführt von Walter Escher, Elsbeth Liebl und Arnold Niederer. Karten I, 99–101; Kommentar 1. Teil / 7. Lieferung, Basel 1968, 570–600.
36. Geleitwort zu Paul Guggenbühl: Kunst und Handwerk. Von den Anfängen bis zur Romantik. Dietikon-Zürich 1968.
37. Schaffen wir ein Klima der Menschlichkeit! Zur zweiten Fremdarbeiter-Initiative. In: Züri-Leu Nr. 49, 2. Jg., 12. Dezember 1968, 1 und 12.

1969

38. Überlieferung im Wandel. Zur Wirksamkeit älterer Grundverhaltensmuster bei der Industrialisierung eines Berggebiets. In: Alpes Orientales V, Ljubljana 1969, 289–294. – In diesem Band Nr. 3.
39. Überfremdung und Fremdarbeiterpolitik. In: Mitteilungen des Kaufmännischen Directoriums St. Gallen Nr. 49, Juli 1969, 471–481. – Abdruck auch in: Stimmen zur Staats- und Wirtschaftspolitik (Reihe wf = Wirtschaftsförderung. Gesellschaft zur Förderung der schweizerischen Wirtschaft) Nr. 46, 1–11.
40. Zur gesellschaftlichen Verantwortung der gegenwärtigen Volksforschung. In: Kontakte und Grenzen. Probleme der Volks-, Kultur- und Sozialforschung. Festschrift für Gerhard Heilfurth zum 60. Geburtstag. Göttingen 1969, 1–10.
41. Der kulturelle Hintergrund der südeuropäischen Einwanderer. In: Leben und Glauben Nr. 31, 2. August 1969, 18–19.
42. Albert Nyfeler. Trauerrede. In: Walliser Bote vom 21. Juni 1969.

1970

43. Frei von exotischer Sensationshascherei. Zum 70. Geburtstag des Basler Völkerkundlers Alfred Bühler. In: Tages-Anzeiger Nr. 12, 16. Januar 1970.
44. Arbeit und Gemeinschaft im Mittelmeerraum. In: Bericht über die zweite Arbeitskonferenz der Organisationskommission für den Volkskundeatlas Europas und seiner Nachbarländer, 12. bis 15. März in Bonn. Bonn 1970, 24–29.

45. Was ist «Überfremdung»? In: Reformatio Nr. 4 (1970), 237–244.
46. Kirche und Fremdarbeiterproblem. In: Der Sämann, Monatsblatt der evangelisch-reformierten Landeskirche des Kantons Bern, 86. Jg., Nr. 6, Juni 1970, 1–2.
47. Auskunft über das Lötschental. Zürcher Studenten veranstalten eine Ausstellung in Kippel. In: Tages-Anzeiger, 23. Juli 1970.
48. Für ein Ortsmuseum im Lötschental. In: Neue Zürcher Zeitung Nr. 352, 1. August 1970, 25.
49. Gegen die Ausklammerung soziologischer Fragestellungen in der Volkskunde. Diskussionsbeitrag zu «Vom Nutzen und Nachteil der Volkskunde». In: Zeitschrift für Volkskunde 66 (1970), 52–54.
50. Zur volkskundlichen Forschung in der Schweiz 1955–1970. In: Hessische Blätter für Volkskunde 61 (1970), 221–235.
51. Abschied vom Volksleben. Eine Tagung deutscher Volkskundler in Falkenstein (Taunus). In: Neue Zürcher Zeitung Nr. 466, 7. Oktober 1970.
52. Kurzbericht von der Forschungsexpedition nach Bessans (Haute-Maurienne), 9. bis 19. Oktober 1967. In: Österreichische Zeitschrift für Volkskunde XXIV/73 (1970), 301–302.
53. Wege zum nationalen Selbstverständnis und zum Fremdverständnis. Einfühlung oder Empirie? In: Ethnologia Europaea IV (1970), 43–49.
54. Masken. In: Volkskunst in der Schweiz, hrsg. von René Creux, Paudex 1970, 281–286.

1971
55. Eine neue Enquête: Diskriminierung durch Kirchenglocken? In: Schweizer Volkskunde 61 (1971), 11–13.
56. Bemerkungen zu Louis Courthions «Peuple du Valais». In: Schweizerisches Archiv für Volkskunde 67 (1971), 31–40. – In diesem Band Nr. 4.
57. Bauen und Wohnen im Lötschental (Ausstellung). In: Neue Zürcher Zeitung Nr. 362, 6. August 1971, 17.
58. Der evangelische Mesmer als Gewährsmann des Volkskundlers. In: Festschrift für Paul Zinsli, hrsg. von Maria Bindschedler, Rudolf Hotzenköcherle und Werner Kohlschmidt. Bern 1971, 185–196.

1972
59. Alpine Folk Cultures. A preliminary view. Typoscript, Zürich 1972. 23 S. und 17 Abb.
60. Manipulierte Folklore. Typoscript, Zürich 1972, 16 S.
61. Diskriminierung durch Kirchenglocken? In: Schweizer Volkskunde 62 (1972), 68–76.
62. Gegen die undifferenzierte Kulturkritik. In: Schweizer Monatshefte, 52. Jg., Heft 7, Oktober 1972, 1.
63. Etude rétrospective d'un village. In: Ethnologia Europaea VI (1972), 86–90.

1973
64. Volkskunde als empirische Kulturwissenschaft. Bemerkungen zur «Tübinger Schule». In: Neue Zürcher Zeitung Nr. 20, 14. Januar 1973, 53.
65. Jorge Dias. In: Neue Zürcher Zeitung Nr. 107, 6. März 1973, 35.
66. Nachruf A. Jorge Dias. In: Zeitschrift für Volkskunde 69 (1973), 152–153.
67. Jorge Dias 1907–1973. In: Ethnologia Europaea VII (1973/74), 129–132.
68. Der höchstgelegene Wallfahrtsort der Alpen: Madonna di Rocciamelone (3538 m). In: Schweizerisches Archiv für Volkskunde 68/69 (1972/73), Festschrift für Robert Wildhaber zum 70. Geburtstag am 3. August 1972. Basel 1973, 460–470.

69. Atlaskarte und Kommentar zu «Bundesfeier». Entwicklung und Formen der Feier des 1. August. In: Atlas der schweizerischen Volkskunde, begründet von Paul Geiger und Richard Weiss, weitergeführt von Walter Escher, Elsbeth Liebl und Arnold Niederer. Karte I, 126; Kommentar 1. Teil/8. Lieferung. Basel 1973, 841–866.
70. Vorwort zu Sergius Golowin: Zigeuner-Magie im Alpenland. Geschichten um ein vergessenes Volk. Frauenfeld und Stuttgart 1973, 5–6.
71. Die Welt der Sarden. Geschichte – Brauchtum – Volkskunst. In: Heimatwerk (Blätter für Volkskunst und Handwerk) Nr. 3 (1973), 38. Jg., 69–104.
72. Walliser Votivbilder. Ausstellung in Martigny. In: Neue Zürcher Zeitung Nr. 361, 7. August 1973, 15.
73. Das Lötschental im Umbruch (Ausstellung). In: Neue Zürcher Zeitung Nr. 362, 8. August 1973, 17.
74. Wenn eine Bauernkapelle Twist tanzt. In: Horizont. Kulturpolitische Blätter der Tiroler Tageszeitung Nr. 9 (1973), 11. Mai, 3–4.

1974

75. Interfamiliäre und intrafamiliäre Kooperation. In: In memoriam António Jorge Dias (I). Lisboa 1974, 359–367.
76. Rapport de l'excursion à Saillon, le 23 septembre 1973 (traduit par R.-C. Schüle). In: Folklore suisse/Folclore svizzero 64 (1974), 57–60.
77. Alpine Folk Cultures (Stichwort). In: Encyclopaedia Britannica, 15th edition 1974, Vol. 1, 627–631.
78. Materialistische Theorien der Kulturentwicklung. In: Karl Marx im Kreuzfeuer der Wissenschaften, hrsg. von Fritz Büsser. Zürich und München 1974, 181–206.
79. Die Basilicata von der Schweiz aus gesehen. In: du. Kult. Monatsschrift. Juli 1974, 8 u. 76.
80. Die Gemeinde als Untersuchungsgegenstand der Volkskunde. In: Der Landbote, 138. Jg., 6. September 1974, Kulturelle Beilage, 1–2.
81. Bedroht Fremdes die Schweizer Eigenart? In: Bernerspiegel, 3. Oktober 1974, 1.
82. Die Gebärdensprache. In: Tages-Anzeiger-Magazin Nr. 51/52, 21. Dezember 1974, 6–15.

1975

83. Volkskunde und Ethnologie zwischen Geschichts- und Sozialwissenschaften. In: Jahresbericht 1974 der Schweiz. Geisteswissenschaftl. Gesellschaft. Bern 1975, 307–311.
84. Vorwort zu Rudolf Bautz: Zur Unrast der Jugend. Eine volkskundliche Untersuchung über die gesellschaftliche Bedingtheit politischer Orientierungsmuster in Jugendgruppen. Frauenfeld 1975, 5–6.
85. Kulturelle und soziale Aspekte der südeuropäischen Einwanderung in die Schweiz. In: Ethnologia Europaea VIII (1975), 44–55.
86. Zur Ethnographie und Soziographie nichtverbaler Dimensionen der Kommunikation. In: Zeitschrift für Volkskunde 71 (1975), 1–20.
87. Kultur im Erdgeschoss. Der Alltag aus der neuen Sicht des Volkskundlers. In: Schweizer Monatshefte, 55. Jahr, Heft 6, September 1975, 461–467.
88. Menschliche Kommunikation und Unmittelbarkeit. In: Jahrbuch der Neuen Helvetischen Gesellschaft (NHG), 46. Jg. (1975), 276–283.
89. Der Kulturbegriff. In: Die Schweiz – vom Bau der Alpen bis zur Frage nach der Zukunft (= 10. Buchgabe des Migros-Genossenschafts-Bundes). Zürich 1975, 444–446.
90. Die sprachliche Ausbildung der ausländischen Arbeitnehmer. In: Neue Zürcher Zeitung Nr. 99, 30. April 1975, 33.
91. Sozio-kulturelle Aspekte des Bergbauernproblems. Zum Film «Wir Bergler in den Ber-

gen...» von Fredi Murer. In: das konzept, 4. Jg., Nr. 2, 25. Februar 1975, 9. – Abdruck (gekürzt) auch in: Alternative Nr. 24, März/April 1977, 24–27. – In diesem Band Nr. 5.

1976

92. Zum Gedächtnis an Margarete Möckli-von Seggern (Erlenbach). In: Zürichsee-Zeitung Nr. 47, 26. Februar 1976, 14.
93. Im Gedenken an Frau Dr. Margarete Möckli-von Seggern. In: Der Landbote Nr. 49, 28. Februar 1976, 13.
94. Kommunikation und Authentizität. In: Lebensqualität. Ein Gespräch zwischen den Wissenschaften. Vorträge an der Eidgenössischen Technischen Hochschule Zürich, hrsg. von Karl Bättig und Edmond Ermertz. Basel 1976 (= poly 3, Schriftenreihe der ETH Zürich), 145–151.
95. Strukturalistische Nahrungsforschung: Comments (Diskussionsbeiträge). In: Ethnologia Europaea IX (1976), 105–108 (zusammen mit Regula Egli-Frey).
96. Nonverbale Kommunikation. In: Direkte Kommunikation und Massenkommunikation. Referate und Diskussionsprotokolle des 20. Deutschen Volkskunde-Kongresses in Weingarten, hrsg. von Hermann Bausinger und Elfriede Moser-Rath. Tübingen 1976 (= Untersuchungen des Ludwig-Uhland-Instituts der Universität Tübingen, 41), 207–214.
97. Kleine Schritte auf dem langen Weg. In: das konzept, 5. Jg., Nr. 2, 20. Februar 1976, 1.
98. Vorwort zu Max Gschwend: Die Bauernhäuser des Kantons Tessin, Bd. 1. Basel 1976, 6–7.
99. Vorwort zu Max Jäggi u. a.: Das rote Bologna. Kommunisten demokratisieren eine Stadt im kapitalistischen Westen. Zürich 1976, 9–12.
100. Zum Hinschied von Dr. h. c. Heinrich Krebser. In: Neue Zürcher Zeitung Nr. 226, 27. September 1976, 27.

1977

101. Moosfahrt in Muotathal (21. Februar 1977). In: Schweizer Volkskunde 67 (1977), 37–41.
102. Die ausländischen Arbeitskräfte aus der Sicht des Volkskundlers. In: Appenzellische Jahrbücher, hrsg. von der Appenzellischen Gemeinnützigen Gesellschaft, 104. Heft. Trogen 1977, 149–160.
103. Problemi della seconda generazione di emigrati. In: La lingua degli emigrati. A cura di Leonardo Zanier. Rimini-Firenze 1977, 101–106.
104. Hans Trümpy. Zum 60. Geburtstag des Basler Volkskundeforschers. In: Neue Zürcher Zeitung Nr. 69, 23. März 1977, 37.
105. Ernährungs-Volkskunde. In: Das Schweizer Spital (vesca), 41. Jg. (1977), Heft 9, 439–442. Abdruck auch in: Hospitalis, 48. Jg., Nr. 2, Februar 1978, 47–49.

1978

106. Volkskunde. In: UNI 78 (= Mitteilungsblatt des Rektorats, hrsg. vom Wissenschaftlichen Informationsdienst der Universität Zürich). 9. Jg., Nr. 2, Februar 1978, 1.
107. Die Karwoche auf Sizilien. In: Tages-Anzeiger-Magazin, 25. März 1978, 26–30.
108. Einführung zur Brauchtumsnummer der Zürcher Chronik, Zeitschrift für Landeskunde, Kultur und Bildende Kunst. 46. Jg. (1978), Heft 4, 135.
109. Fragepunkte für die volkskundliche Feldarbeit in Arvieux (Hautes-Alpes). In: Arvieux. Eine Gemeinde in den französischen Alpen. Typoscript, Zürich 1978, 140–177.
110. Vorwort zur zweiten Auflage von Richard Weiss: Volkskunde der Schweiz. Grundriss. Erlenbach-Zürich (1946[1]) 1978, XV–XVIII.
111. Religiöses Brauchtum im Wallis. In: Swissair Gazette Nr. 7 (1978), 9.
112. Vom Hausfleiss zum Hobby. In: Badener Tagblatt, 28. Juli 1979.

113. Spinnen und Weben im Lötschental. Vorstufen eines Talmuseums. In: Neue Zürcher Zeitung Nr. 175, 31. Juli 1978, 13.

1979

114. Die alpine Alltagskultur. Zwischen Routine und der Adoption von Neuerungen. In: Schweizerische Zeitschrift für Geschichte, Vol. 29 (1979), Nr. 1, 233–255. – In diesem Band Nr. 6.
115. Morgarten aus der Sicht der Volkskunde. In: Morgarten findet statt. Texte zum Schweizerfilm, hrsg. von B. Müller u. a. Zürich 1979, 41–43.
116. Märchenforschung als Literaturwissenschaft. Zum 70. Geburtstag von Max Lüthi. In: Neue Zürcher Zeitung Nr. 58, 10./11. März 1979, 39.
117. La transhumance. In: Etre nomade aujourd'hui. Musée d'ethnographie et Institut d'ethnologie. Neuchâtel 1979, 75–84.
118. Tessiner Volksleben einst und heute. In: Die Alpen. Zeitschrift des Schweizer Alpen-Club. 55. Jg. (1979), Sonderheft Tessin, 141–147.

1980

119. Vergleichende Bemerkungen zur ethnologischen und zur volkskundlichen Arbeitsweise. In: Beiträge zur Ethnologie der Schweiz (= Ethnologica Helvetica 4). Zürich 1980, 1–33.
120. Vorwort zu G. Ritschard und E. Schmocker: Das Wildheuen in Ringgenberg. Ballenberg (Brienz) 1980, 5.
121. Sehenswerte Ausstellung in Kippel: Das Kind im Lötschental. In: Walliser Bote, 17. Juli 1980.
122. Bestimmungsgründe regionaler Identifikationsprozesse. Zur Problematik der Identität kleiner Gemeinden. In: Heimat und Identität. Volkskunde-Kongress in Kiel 1979 (= Studien zur Volkskunde und Kulturgeschichte Schleswig-Holsteins, Bd. 7). Neumünster 1980, 147–155. – In diesem Band Nr. 7.
123. Economie et formes de vie traditionelle dans les Alpes. In: Paul Guichonnet (éd.): Histoire et Civilisations des Alpes II. Destin humain. Toulouse/Lausanne 1980, 5–90.
Italienische Übersetzung von Giuliana Aldi Pompili. In: Paul Guichonnet (ed.): Storia e civiltà delle Alpi. Destino umano. Milano 1987, 9–104. – In diesem Band Nr. 8, Teil 1.
124. Mentalités et sensibilités. In: Paul Guichonnet (éd.): Histoire et Civilisations des Alpes II. Destin humain. Toulouse/Lausanne 1980, 91–136.
Italienische Übersetzung von Giuliana Aldi Pompili. In: Paul Guichonnet (ed.): Storia e civiltà delle Alpi. Destino umano. Milano 1987, 105–156. – In diesem Band Nr. 8, Teil 2.
125. Zwischen Istanbul und Kreuzberg. Gastarbeiter – von der materiellen Not ins kulturelle Elend. In: Zeitungskolleg «Heimat heute». Tübingen 1980, 24–25.

1981

126. Lokale und regionale Identität im Alpengebiet. In: Die Region. BIGA Zentralstelle für regionale Wirtschaftsförderung 1981, 1–13. – In diesem Band Nr. 9.
127. Formen interkommunaler Kommunikation und Kooperation. In: M. Bassand (éd.): L'identité régionale/Regionale Identität. St-Saphorin 1981, 273–297 (zusammen mit K. Anderegg, C. Catteneo, R. Kruker).
128. Identitäten in einer Region der deutschen Schweiz. Vergleichsstudie auf dem Niveau von Gemeinden. Schlussbericht NFP 226. Typoskript Zürich 1981. Volkskundliches Seminar der Universität Zürich (zusammen mit Klaus Anderegg, Claudia Cattaneo und Robert Kruker).
129. Zugehörigkeits- und Zusammengehörigkeitsbewusstsein in Gemeinde und Region. –

Lokale und regionale Identität. In: Neues Bündner Tagblatt Nr. 7, 10. Januar 1981, und Nr. 10, 14. Januar 1981.

130. Regionaltypische Bauten und Identitätsgefühl. In: Archithese 11 (1981) Nr. 3, 10–13. – In diesem Band Nr. 10.
131. Angst vor der Gleichheit. In: Jahresbericht 1979–1980 der Kantonalen Maturitätsschule für Erwachsene. Zürich 1981, 9–14.
132. Geleitwort zu Katrin Buchmann: Das Kind im Lötschental. Zürich 1981, 1–3.
133. Gebärden, Gesten und Mienenspiel. Die Gesetze nichtsprachlicher Ausdrucksformen. In: ATEL-Forum 81. Vorträge, Olten 1981, 25–32.
134. Vorwort zu Wolfgang Pfaundler: Fastnacht in Tirol. Telfer Schleicherlaufen. Wörgl 1981.

1982

135. Im Spannungsfeld zwischen Ethnologie und Volkskunde. Ein Kongress in Westberlin. In: Neue Zürcher Zeitung Nr. 89, 19. April 1982, 21–22.
136. Volkskundliche und völkerkundliche Forschung im Alpenraum. In: H. Nixdorff und Th. Hauschild: Europäische Ethnologie. Theorie- und Methodendiskussion aus ethnologischer und volkskundlicher Sicht. Berlin o.J., 107–117. – In diesem Band Nr. 11.
137. L'Atlas linguistique et ethnographique de l'Italie et de la Suisse méridionale et l'Atlas de Folklore suisse. In: L'ethnocartographie en Europe (= Technologies, ideologies, pratiques, vol. 4). Aix-en-Provence 1982, 43–54.
138. Bemerkungen zu den Praktiken des Wunderdoktors Christian Abbühl. In: G. Ritschard: Aberglaube, Volksheilkunde. Unterseen 1982, 4–6.
139. Heiltänze in Apulien und Sardinien. In: Christian Scharfetter (Hrsg.): Abnormität, Krankheit, Therapie in der Psychiatrie. Zürich 1982, 109–114.
140. Von der Gerümpelkammer zum Museum. In: Walliser Bote, 29. September 1982.
141. Položaj in pomen narodopisja v sedanjosti (s švicarskega vidika) = Stellung und Bedeutung der Volkskunde in der Gegenwart (aus schweizerischer Sicht). In: Traditiones. Acta instituti ethnographiae slovenorum. Ljubljana 1982, 5–18.
142. Ethnokartographie in Europa. Bericht über das Kolloquium «Bilan et perspectives de la cartographie ethnologique en Europe» in Aix-en-Provence. In: Neue Zürcher Zeitung Nr. 294, 17. Dezember 1982, 39.
143. Il Gesto. Il quotidiano muto: mimica, gesti, comportamenti in rapporto allo spazio ed al tempo. In: L'almanacco 1983. Cronache di vita ticinese, no. 2. Bellinzona 1982, 50–53.
144. Aspects de la cueillette dans les Alpes suisses (zusammen mit Robert Kruker). In: Etudes rurales No 87–88, juillet-décembre 1982, 139–152. – In diesem Band Nr. 12.
145. Leo Zihler (1923–1982). In: Schweizer Volkskunde 72 (1982), 13–14.
146. Anna Waldmeier-Brockmann (1906–1981). In: Schweizer Volkskunde 72 (1982), 14.

1983

147. Robert Wildhaber (1902–1982). In: Ethnologia Europaea XIII,2 (1983), 234–236.
148. Walserforschung in Italien. Eine Tagung in Orta. In: Neue Zürcher Zeitung Nr. 137, 15. Juni 1983, 39.
149. Exkursion der «Fachgruppe Religiöse Volkskunde» der Schweizerischen Gesellschaft für Volkskunde vom 3. bis 5. September 1983. In: Schweizer Volkskunde 73 (1983), 91.
150. Volkskunde. In: Festschrift zur 150-Jahr-Feier der Universität Zürich. Zürich 1983, 543–544.
151. Le folklore enfantin. In: Philippe Grand et al.: Jeux de notre enfance – jeux de nos enfants. Sierre 1983, 348–356.
152. Wie wird ein Heimatmuseum eingerichtet? In: Heimatschutz 78 (1983), Heft 6. Zürich 1983, 6–8. – In diesem Band Nr. 13.

153. Albert Nyfeler, Leben und Werk. In: Albert Nyfeler, Maler, Zeichner, Photograph (1883–1969). Katalog zur Ausstellung 1983/84 im Schweizerischen Alpinen Museum Bern. Bern 1983, 7–14.
154. Kulturtypen und ihre wechselseitigen Beziehungen. In: Gerhard Baer und Pierre Centlivres (Hrsg.): Ethnologie im Dialog. 5. Kolloquium der Schweizerischen Geisteswissenschaftlichen Gesellschaft 1980, Freiburg 1983, 33–46.
155. Zum Hinschied von Wilhelm Egloff-Bodmer. In: Neue Zürcher Zeitung Nr. 258, 4. November 1983, 37.
156. Le folklore manipulé. In: Schweizerisches Archiv für Volkskunde 79 (1983), 175–186.

1984

157. Recherches sur le comportement alimentaire des travailleurs immigrés italiens et turcs. In: Identité alimentaire et altérité culturelle. Actes du colloque de Neuchâtel, Neuchâtel 1984 (= Recherches et travaux de l'Institut d'Ethnologie, 6), 109–119.
158. Sitten, Bräuche und Traditionen als Faktoren der regionalen Identität. In: Brugger/Furrer/Messerli (Hrsg.): Umbruch im Berggebiet. Bern/Stuttgart 1984, 797–808. – In diesem Band Nr. 14. – Englische Übersetzung «Mores, Customs and Traditions as factors of Regional identity». In: Brugger/Furrer/Messerli (ed.): The Transformation of Swiss Mountain Regions. Bern 1984, 515–525.
159. Dai registri parrocchiali alla storia della popolazione. In: La questione walser. Atti della prima giornata internazionale di studi, Orta, 4. 6. 1983. Anzola d'Ossola 1984, 17–23.
160. L'étude des traditions populaires face au public. In: Par-dessus les frontières linguistiques. Actes de la réunion de Waldegg (Soleure), des 28 et 29 octobre 1982. Bâle 1984, 19–26.
161. Le langage des objets. In: Jacques Hainard et Roland Kaehr (éd.): Objets prétextes, objets manipulés. Neuchâtel 1984, 151–166.

1985

162. Ein Treffen von Walserforschern in Italien. In: Neue Zürcher Zeitung Nr. 142, 22./23. Juni 1985, 41.
163. Ethnologie française – Mitteleuropäische Volkskunde. Ein französisch-deutsches Kolloquium. In: Schweizerisches Archiv für Volkskunde 81 (1985), 207–213.
164. La place et la valeur du folklore dans la vie de la société. In: Rencontres folkloriques internationales. Fribourg 1985, 11–22.
165. Kinderfolklore und Folklore für Kinder. In: Louis Burgener et al. (Hrsg.): Sport und Kultur XXXV/4. Bern 1985, 115–122.
166. Vorwort zu Benno Furrer: Die Bauernhäuser des Kantons Uri. Basel 1985, 7.

1986

167. Glückshaube oder Neurose? In: Zeitschrift für Volkskunde 82 (1986/II), 215–216.
168. La casa rurale nell'Alto Vallese alpino. In: La casa rurale negli insediamenti walser. Atti della terza giornata internationale di studi walser. Alagna Valsesia, 15 giugno 1985. Anzola d'Ossola 1986, 113–125.
169. Das Böse und der Schmerz. Eine Ausstellung in Neuenburg. In: Neue Zürcher Zeitung Nr. 141, 21./22. Juni 1986, 41.
170. Wem gehört das Matterhorn? Gemeindedualismus – ein schweizerisches Unikum. In: Utz Jeggle u. a. (Hrsg.): Volkskultur in der Moderne. Probleme und Perspektiven empirischer Kulturforschung. Reinbek b. Hamburg 1986, 442–459. – In diesem Band Nr. 15.
171. Eléments de ritualité dans la vie quotidienne. In: Pierre Centlivres/Jacques Hainard: Les rites de passage aujourd'hui. Actes du colloque de Neuchâtel 1981. Lausanne 1986, 170–178.

172. Zum Rücktritt von Professor Dr. Ernest Schüle. In: Schweizer Volkskunde 76 (1986), 10–11.
173. Hommage à Jacques Tagini. In: Folklore suisse 76 (1986), 100–101.

1987
174. Volkskundliche Forschungsrichtungen in den deutschsprachigen Ländern. In: Isac Chiva, Utz Jeggle (Hrsg.): Deutsche Volkskunde – Französische Ethnologie. Zwei Standortbestimmungen. Frankfurt/New York/Paris 1987, 44–67.
175. Tendances de la recherche folklorique dans les pays de langue allemande. In: Isac Chiva et Utz Jeggle (éd.): Ethnologies en miroir. Paris 1987, 201–221.
176. Tiere, Menschen, Menschentiere. Zur Ausstellung im Neuenburger Völkerkundemuseum. In: Tages-Anzeiger für Stadt und Kanton Zürich, 20. Juni 1987, 12.
177. Zum Notwendigen das Schöne. Von der traditionellen Volkskunst zum populären Gestalten von heute. In: Herzblut. Populäre Gestaltung aus der Schweiz. Ausstellungskatalog Museum für Gestaltung. Zürich 1987, 16–31.
178. Paroles et textes pour chaque jour. Le tirage au sort de versets bibliques. In: Ethnologie française XVII. Paris 1987, 336–341.

1988
179. «Premio Pitrè – Salomone Marino», Palermo, 14.–19. Juli 1988. In: Schweizerisches Archiv für Volkskunde 84 (1988), 252–253.
180. Come si allestice un museo regionale? In: I Walser nella storia della cultura materiale alpina. Atti del V° Convegno internationale di studi walser, Macugnaga 3–5 giuglio 1987. Anzola d'Ossola (NO) 1988, 199–205.
181. Giuseppe-Pitrè-Preis 1988. In: Neue Zürcher Zeitung Nr. 177, 2. August 1988, 17.
182. Wooden Milk Vessels in the Swiss Alps. Traditional Shapes and Decorations. In: Food and Drink and Travelling Accessories. Essays in Honour of Gösta Berg, edited by Alexander Fenton and Janken Myrdal. Edinburgh 1988, 138–151.
183. La Métamorphose de l'Art Populaire. De l'art rustique aux réalisations populaires modernes. In: Schweizerisches Archiv für Volkskunde 84 (1988), 55–78.
184. Walsertagung im Aostatal. In: Neue Zürcher Zeitung Nr. 246, 21. Oktober 1988, 28.
185. Lugar e valor do folclore na vida da sociedade. In: folclore. Publicação da Associação de folclore e artesanato de Guarujá. São Paulo (Brasil) 1988, 42–44.

1989
186. Atlaskarten und Kommentar zu «Vereinswesen». In: Atlas der schweizerischen Volkskunde, begründet von Paul Geiger und Richard Weiss, weitergeführt von Walter Escher, Elsbeth Liebl und Arnold Niederer. Karten I, 131–134; Kommentar 1. Teil/9. Lieferung. Basel 1989. 931–999.
187. Atlaskarte und Kommentar zu «Wettkämpfe und Wettspiele». Karte I, 135; Kommentar I. Teil/9. Lieferung. Basel 1989, 1000–1015.
188. Atlaskarten und Kommentar zu «Traditionelle Spiele». Karten I, 136–138; Kommentar I. Teil/9. Lieferung. Basel 1989, 1016–1080.
189. Wir und die Walser. Zum 10. Internationalen Walsertreffen 1.–3. September 1989 in Davos. 24 S. mit Abb. Ferden VS 1989.
190. Beschämung, Lob und Schadenfreude. Hand- und Fingergebärden mit bestimmter Bedeutung. In: Schweizerisches Archiv für Volkskunde 85 (1989), 201–217.
191. Ethnographie und Kommerz. Eine Ausstellung in Neuenburg. In: Neue Zürcher Zeitung Nr. 137, 16. Juni 1989, 27.

192. Museen am Grossen Walserweg. In: «Schweiz». Hg. von der Schweizerischen Verkehrszentrale Zürich, Juli 1989, 83.
193. Der Grosse Walserweg. In: Walliser Bote Nr. 1959, 11. Juli 1989.
194. Walserkolonien im Bündnerland. Studientagung in Davos. In: Neue Zürcher Zeitung Nr. 226, 29. September 1989, 9.
195. Femmes à Visperterminen. In: Swissair Gazette 9/1989, 36–38. – In diesem Band Nr. 16.
196. Il linguaggio del gesto. In: Lingua e comunicazione simbolica nella cultura walser. Atti del V° Convegno internazionale di studi walser, Gressoney St-Jean, 14–15 ottobre 1988. Anzola d'Ossola (NO) 1989, 373–377.
197. Frühere Formen der Arbeitsorganisation in ländlichen Gemeinden. In: Bündner Monatsblatt 5 (1989), 307–329. – In diesem Band Nr. 17.
198. Der Reihendienst als Träger von öffentlichen Lasten und Pflichten. Anwendung und zeremonielle Ausprägungen. In: Forschung zur Rechtsarchäologie und Rechtlichen Volkskunde, Bd. 11. Hrsg. von Louis Carlen. Zürich 1989, 131–143. – In diesem Band Nr. 18.
199. Etnocartografia in Svizzera. In «Lares» 55 (1989), 415–430.
200. Collectivisme et individualisme dans ses Alpes suisses. In: Estudos em homenagem a Ernesto Veiga de Oliveira. Centro de Estudos de Etnologia, Lissabon 1989, 461–470.
201. Soziokulturelle und wirtschaftspolitische Prozesse im schweizerischen Alpenraum. In: Ländliche Kultur. Symposion für Ingeborg Weber-Kellermann, hrsg. von Siegfried Becker und Andreas C. Bimmer, Göttingen 1989, 24–38. – In diesem Band Nr. 19.

1990

202. La métamorphose de l'art populaire. In: Le hobby un art populaire? Musée d'ethnographie, Genève 1990, 52–68. Abdruck aus Schweizerisches Archiv für Volkskunde 84 (1988).
203. Le folklore national. In: Images de la Suisse. Ethnologica Helvetica 13/14 (1989–1990), 67–77.
204. «Löcher». Eine Ausstellung in Neuenburg. In: Neue Zürcher Zeitung Nr. 113, 12. Juni 1990, 28.
205. Comportements ritualisés au quotidien. In: Ethnologia Europaea 20 (1990), 151–160.

1991

206. Jedem sein Kreuz. Eine Ausstellung in Neuenburg. In: Neue Zürcher Zeitung Nr. 137, 17. Juni 1991, 19.
207. Walser Studientagung in Italien. In: Neue Zürcher Zeitung Nr. 173, 29. Juli 1991, 14.
208. Begleitwort zum Neudruck von Eduard Hoffmann-Krayer/Paul Geiger, Feste und Bräuche des Schweizervolkes, Zürich 1940. Edition Olms Zürich 1991.
209. Materieller Reichtum – soziale Verarmung. Nachruf auf eine verlorene Lebenswelt. In: Kuckuck. Notizen zur Alltagskultur und Volkskunde 6 (1991) Heft 1, 13–17. – In diesem Band Nr. 20.
210. Die Bevölkerung von Törbel im Wandel der Zeit. Die Forschungen von Robert McC. Netting. In: Siegfried Wyss: Törbel, Dorf und Pfarrei. Verlag Gemeinde Törbel 1991, 152–166.
211. La cartographie ethnolinguistique. In: Revue Roumaine de Linguistique, Bucarest, tome XXXVI (1991), 193–201.

Editorische Anmerkungen und Nachweis der Erstveröffentlichungen

Die Auswahl der hier abgedruckten Arbeiten verfolgt das Ziel, einerseits die wichtigsten Publikationen Arnold Niederers zur alpinen Alltagskultur und zum kulturellen Wandel im Alpenraum (wieder) zugänglich zu machen, andererseits aber dabei einen Umfang von 500 Seiten nicht zu überschreiten. Angesichts seiner mehr als 200 Veröffentlichungen im Zeitraum zwischen 1950 und 1991 – und wir hoffen sehr, dass Arnold Niederers Schaffenskraft auch weiterhin anhält und dass seine Publikationsliste noch lange nicht abgeschlossen sein wird – fiel die Auswahl oft nicht leicht. Die Herausgeber entschieden sich in enger Absprache mit Arnold Niederer, neben den beiden grossen Werken («Gemeinwerk im Wallis» und «Traditionelle Wirtschafts- und Kulturformen» in den Alpen») v. a. solche Aufsätze auszuwählen, in denen das Typische bzw. Grundsätzliche dominiert, und dagegen Aufsätze, die eher Einzelphänomene darstellen, hier nicht zu berücksichtigen.

Da die zwölf von Arnold Niederer bearbeiteten und kommentierten Karten im «Atlas der schweizerischen Volkskunde» noch alle lieferbar sind und in diesem Band aus technischen Gründen nicht reproduziert werden konnten, wurde darauf verzichtet, diesen wichtigen Teil seiner Forschung hier zu dokumentieren. Da dieses grosse Atlaswerk ausserhalb der Volkskunde wenig bekannt ist und kaum genutzt wird, sei an dieser Stelle explizit darauf verwiesen (Niederer-Bibliographie Nr. 35, 69, 186, 187, 188).

Für die Wieder- bzw. deutschsprachige Erstveröffentlichung wurden sämtliche Texte noch einmal von Arnold Niederer durchgesehen, wobei kleine Irrtümer oder Fehler stillschweigend von ihm korrigiert wurden. Im Interesse einer einheitlichen Textgestaltung und zur Vermeidung von bibliographischen Mehrfachnennungen wurden die Literaturhinweise aus allen 20 Texten von Werner Bätzing in ein gemeinsames Literaturverzeichnis umgearbeitet, wobei Zitierweise und Anmerkungsgestaltung vereinheitlicht wurde. Dadurch konnten zahlreiche Anmerkungen in den Text integriert werden; die verbleibenden Anmerkungen finden sich am Ende des entsprechenden Textes.

Da sich die Überschriften häufig auf den Kontext beziehen, in dem die Veröffentlichungen erschienen, besitzen sie für sich genommen manchmal keine sehr eindeutige Aussagekraft. Arnold Niederer hat sie deshalb in Absprache mit den Herausgebern in einigen Fällen abgeändert oder neu formuliert, damit die jeweilige Thematik auf den ersten Blick gut zu erkennen ist. Diese Änderungen sind beim Nachweis der Erstveröffentlichung jeweils vermerkt.

Um angesichts der Fülle der behandelten Sachverhalte den thematischen und problemorientierten Zugriff auf das Werk Arnold Niederers zu erleichtern, hat er selbst – mit tatkräftiger Unterstützung seiner Gattin, Frau Loni Niederer-Nelken – die mühevolle, aber sehr hilfreiche Aufgabe übernommen, das Register zu erstellen, das diesem Band beigefügt ist.

Nr. 1 (=Nr. 3 der Bibliographie)
«Gemeinwerk im Wallis – Bäuerliche Gemeinschaftsarbeit in Vergangenheit und Gegenwart»; Basel 1956, 91 S. mit 4 Tafelseiten (= Schriften der Schweiz. Gesellschaft für Volkskunde, Bd. 37); 2. Aufl. 1965.
Widmung: «Meinem Freund Albert Nyfelder in Dankbarkeit gewidmet».
Wiederabdruck des seit 1978 vergriffenen Werkes ohne die vier Fotografien der Originalausgabe.

Nr. 2 (= Nr. 10)
«Kulturelle Probleme unserer Bergbevölkerung»; in: Schweizer Monatshefte, 45. Jahrgang, Heft 3 vom Juni 1965, S. 1–4.

Nr. 3 (= Nr. 38)
«Überlieferung im Wandel – Zur Wirksamkeit älterer Grundverhaltensmuster bei der Industrialisierung des Berggebietes am Beispiel des Oberwallis». Originaltitel: «Überlieferung im Wandel – Zur Wirksamkeit älterer Grundverhaltensmuster bei der Industrialisierung eines Berggebietes»; Alpes Orientales V – Acta quinti conventus de Ethnographia Alpinum orientalium tractantis; Graecii Slovenorum, 29.03.–01.04.1967; Milko Matičetov Iuvante, redegit Niko Kuret; Ljubljana 1969, S. 289–294. – Academia Scientiarum et Artium Slovenica, Classis II: Philologia et Litterae, Opera 24/Institutum Ethnographiae Slovenorum, Opera 10.

Nr. 4 (= Nr. 56)
«Das Volk des Wallis – wissenschaftsgeschichtliche Bemerkungen zu Louis Courthions ‹Peuple du Valais›»; in: Schweizerisches Archiv für Volkskunde, Jg. 67/1971, Heft 1–3, S. 31–40.

Nr. 5 (= Nr. 91)
«Wir Bergler in den Bergen ... – Soziokulturelle Aspekte des Bergbauernproblems»; in: das konzept (Beilage zur Zeitung «Zürcher Student», hrsg. v. Verband der schweiz. Studentenschaften, der Studentenschaft der Universität Zürich und dem Verband der Studierenden an der ETH), 4. Jg. Nr. 2 vom 25.02.1975, S. 9 – Abdruck ohne das dem Artikel beigefügte Foto von Che Guevara. Diese im Kontext der Studentenbewegung entstandene Zeitung existierte von 1972–1982.

Nr. 6 (= Nr. 114)
«Die alpine Alltagskultur. Zwischen Routine und der Adoption von Neuerungen»; in: Schweizerische Zeitschrift für Geschichte, Bd. 29/1979, Heft 1, S. 233–255. Dieses Heft erschien gleichzeitig als «Sonderausgabe» unter dem Titel «Histoire des Alpes – Perspectives nouvelles/Geschichte der Alpen in neuer Sicht» publiée sous la direction de J.-F. Bergier pour la Journée Nationale des Historiens Suisses/Schweizer Historikertag 19.05.1979; Schwabe Verlag, Basel-Stuttgart 1979.

Nr. 7 (= Nr. 122)
«Bestimmungsgründe regionaler Identifikationsprozesse – zur Problematik der Identität kleiner Gemeinden»; in: Heimat und Identität – Probleme regionaler Kultur; 22. Deutscher Volkskunde-Kongress in Kiel vom 16. bis 21.06.1979; im Auftrag der Deutschen Gesellschaft für Volkskunde von K. Köstlin/H. Bausinger; Karl Wachholz Verlag, Neumünster 1980, S. 147–153.

Nr. 8 (= Nr. 124 und 125)
«Traditionelle Wirtschafts- und Kulturformen in den Alpen». Originaltitel: «Economie et formes de vie traditionelles dans les Alpes» und «Mentalités et sensibilités»; in: «Histoire et Civilisations des Alpes», Bd. II: «Destin humain», publié sous la direction de Paul Guichonnet; Editions Privat, Toulouse et Payot, Lausanne 1980, S. 5–90 und 91–136. – Deutschsprachige Erstveröffentlichung nach dem Manuskript Niederers aus dem Jahr 1977 ohne die zahlreichen Schwarzweiss-Fotos/Abbildungen der französischen Originalausgabe.

Dieses grossangelegte zweibändige Werk mit interdisziplinärer und internationaler Konzeption, das 1986–87 auch in einer italienischen Ausgabe (Jaca-Book, Milano) erschien und im romanischen Sprachraum grosse Beachtung fand, wurde erstaunlicherweise im deutschen Sprachraum fast überhaupt nicht zur Kenntnis genommen. Daher blieb hier die umfangreichste Arbeit von Arnold Niederer praktisch unbekannt.

Zur Beurteilung des abgedruckten Textes muss man die Konzeption des gesamten Werkes kennen: Der erste Band beginnt mit einer Darstellung des Naturraums Alpen, dann folgt die prähistorische Besiedlung, die römische Epoche und die Besiedlung durch die Germanen und Slawen, und im Schlussteil geht es um die Entwicklung des Alpenraums im Rahmen der politischen Teilung der Alpen vom 17. bis zum 19. Jahrhundert. Der zweite Band ist den Problemen der Gegenwart gewidmet, und er beginnt mit den beiden genannten Texten von Niederer (als zwei unterschiedliche Kapitel). Darauf folgt eine Übersicht über die verschiedenen ethnischen Gruppen und Sprachen im Alpenraum der Gegenwart sowie über die unterschiedliche Wahrnehmung der Alpen in Vergangenheit und Gegenwart. Alle diese Texte sind als Vorbereitung des grossen Abschlussteils des zweiten Bandes zu verstehen, der eine interdisziplinäre problemorientierte Gesamtanalyse der aktuellen Situation des Alpenraumes entwirft, die im Schlusskapitel auf eine integrierte Berggebietspolitik abzielt.
Abbildung S. (252) ist dem «Forum alpinum» (1965), Zürich, Seite 44, entnommen.

Nr. 9 (= Nr. 126)
«Lokale und regionale Identität im Alpengebiet und Regionalplanung». Originaltitel: «Lokale und regionale Identität im Alpengebiet»; in: Die Region – Zeitschrift der Zentralstelle für regionale Wirtschaftsförderung (ZRW) beim Bundesamt für Industrie, Gewerbe und Arbeit BIGA (Bern) Nr. 1 vom März 1981, S. 1–12. Abdruck ohne die kurze französische und italienische Zusammenfassung.

Nr. 10 (= Nr. 130)
«Regionaltypische Bauten und Identitätswahrung». Originaltitel: «Regionaltypische Bauten und Identitätsgefühl»; in: Archithese – Zeitschrift und Schriftenreihe für Architektur und Kunst (Niederteufen) 11. Jahrgang, Nr. 3 vom Mai/Juni 1981, S. 10–13 (=Themenheft: Regionalismus).

Nr. 11 (= Nr. 136)
«Volkskundliche und völkerkundliche Forschung im Alpenraum – ein Überblick». Originaltitel: «Volkskundliche und völkerkundliche Forschung im Alpenraum»; in: «Europäische Ethnologie – Theorie- und Methodendiskussion aus ethnologischer und volkskundlicher Sicht», hrsg. v. H. Nixdorff/T. Hauschild; Tagungsband zum Workshop «Europäische Ethnologie» vom 28.03.–02.04.1982 in Berlin; Dietrich Reimer Verlag, Berlin 1982, S. 107–117 (Dieser Band erschien in der Reihe «Ethnologische Paperbacks» und als Veröffentlichung des Museums für Völkerkunde Berlin/Staatliche Museen Preussischer Kulturbesitz).

Nr. 12 (= Nr. 144), gemeinsam mit Robert Kruker
«Aspekte der Sammelwirtschaft in den Schweizer Alpen». Originaltitel: «Aspects de la cueillette dans les Alpes suisses»; in: Etudes Rurales – revue trimenstrielle d'histoire, géographie, sociologie et d'économie des campagnes (Paris) No. 87–88, juillet–décembre 1982, S. 139–152 (= Themenheft: La chasse et la cueillette aujourd'hui). Deutschsprachige Erstveröffentlichung; von Robert Kruker stammen die Abschnitte über das Wildheuen (1. Teil), von Arnold Niederer jene über das Futterlaub (2. Teil).

Nr. 13 (= Nr. 152)
«Das Heimatmuseum als Bewahrer kultureller Werte». Originaltitel: «Wie wird ein Heimatmuseum eingerichtet?» in: Heimatschutz (Zürich), hrsg. v. Schweizer Heimatschutz, 78. Jahrgang 1983, Nr. 6, S. 6–8 (= Themenheft: Jedem Dorf sein Ortsmuseum?). Wiederabdruck ohne die beiden beigefügten Fotos aus dem Lötschentaler Museum in Kippel.

Nr. 14 (= Nr. 158)
«Sitten, Bräuche und Traditionen auf dem Hintergrund des Umbruchs im Berggebiet». Originaltitel: «Sitten, Bräuche und Traditionen als Faktoren der regionalen Identität»; in: «Umbruch im Berggebiet – die Entwicklung des schweizerischen Berggebietes zwischen Eigenständigkeit und Abhängigkeit aus ökonomischer und ökologischer Sicht», hrsg. v. E. A. Brugger/G. Furrer/ B. Messerli/P. Messerli; Verlag Paul Haupt, Bern-Stuttgart 1984, S. 797–808 (im gleichen Verlag auch in einer englischen Ausgabe erschienen). – Dieser umfangreiche Sammelband vereinigt 50 Beiträge aus den beiden Nationalen Forschungsprogrammen «Regionalprobleme» und «Mensch und Biosphäre». Die Mitarbeit Arnold Niederers gründet auf seiner Beteiligung am Nationalen Forschungsprogramm «Regionalprobleme» (siehe seine diesbezüglichen Anmerkungen in Nr. 19 im vorliegenden Band), aber es wird in dieser Veröffentlichung anschaulich deutlich, dass das Gespräch der Volkskundler mit Geographen, Planungswissenschaftlern, Soziologen de facto abgebrochen ist.

Nr. 15 (= Nr. 170)
«Gemeindedualismus – ein schweizerisches Unikum». Originaltitel: »Wem gehört das Matterhorn? Gemeindedualismus – ein schweizerisches Unikum»; in: «Volkskultur in der Moderne – Probleme und Perspektiven empirischer Kulturforschung», H. Bausinger zum 60. Geburtstag; hrsg. v. U. Jeggle/G. Korff/M. Scharfe/B. Warneken; Rowohlt Verlag, Reinbek 1986, S. 442–459.

Nr. 16 (= Nr. 195)
«Frauen von Visperterminen einst und jetzt». Originaltitel: «Femmes à Visperterminen»; in: Swissair Gazette (Multilingual monthly magazine distributed free of charge aboard Swissair planes – Zürich) Nr. 9/1989, S. 36-38 (= Themenheft: Visperterminen). Deutschsprachige Erstveröffentlichung ohne die Farbfotos von P. Studer.

Nr. 17 (= Nr. 197)
«Frühere Formen kollektiver Arbeit in ländlichen Gemeinden»; in: Bündner Monatsblatt – Zeitschrift für bündnerische Geschichte und Landeskunde (Chur) Heft 5/1989, S. 307–329. Wiederabdruck ohne die historischen Fotografien aus Brockmann-Jerosch (1931).

Nr. 18 (= Nr. 188)
«Der Reihendienst als Träger öffentlicher Pflichten». Originaltitel: «Der Reihendienst als Träger von öffentlichen Lasten und Pflichten – Anwendung und zeremonielle Ausprägung»; in: Forschung zur Rechtsarchäologie und Rechtlichen Volkskunde, hrsg. v. L. Carlen (Zürich), Bd. 11/1989, S. 131–143.

Nr. 19 (= Nr. 201)
«Aktuelle soziokulturelle und wirtschaftspolitische Prozesse im schweizerischen Alpenraum». Originaltitel: «Soziokulturelle und wirtschaftspolitische Prozesse im schweizerischen Alpenraum»; in: «Ländliche Kultur – Symposium für Ingeborg Weber-Kellermann», hrsg. v. S. Bekker/A. Bimmer; Verlag O. Schwartz, Göttingen 1989, S. 24–38.

Nr. 20 (= Nr. 209)
«Materieller Reichtum – soziale Verarmung. Nachruf auf eine verlorene Lebenswelt»; in: Kukkuck – Notizen zu Alltagskultur und Volkskunde, hrsg. am Institut für Volkskunde, Graz, 6. Jahrgang 1991, Heft 1, S. 13–17 (= Themenheft: Arm und Reich).

Werner Bätzing

Register

Abbildungsnachweis

Fotografen

Theo Frey: 405/o + u[1]; 406/o + u; 407; 420/o + u; 421/o + u
W. Friedli: 389
Paul Guggenbühl: 404; 444; 446/o + u; 465/o + u
Charles Krebser: 388; 396; 398/o + u; 399/o + u; 412/u; 415; 416; 417; 418/u; 419; 422; 434; 443; 461/u; 468
Ernö Kunt: Frontispiz
Albert Nyfeler: 390/o + u; 391/l; 393; 408/o + u; 409/o + u; 410; 411/o + u; 412/o; 414/o + u; 424/o + u; 425/o + u; 426; 427/o + u; 430; 431; 432/o + u; 433; 435; 436/o + u; 437; 438/o + u; 439/o + u; 440/o + u; 442; 447; 448; 450; 451/o + u; 452/o + u; 453; 454; 455; 456/o + u; 457; 458/o + u; 460; 461/o; 462/o + u; 463; 466
Pierre Odier: 394
Ch. Paris (?): 418/o; 428/o + u
G. Schneiter: 391/r; 497
Sommer-Napoli: 402/o + u
Rudolf Zinggeler: 400
unbekannt: 392; 401; 445; 467/o + u

1 Ziffer = Seite
o = oben
u = unten
r = rechts
l = links

Standorte

Alpines Museum, Bern: 389; 391/r; 392; 397; 401; 402/o + u; 418/o; 428/o + u; 467/o + u
Archiv Theo Frey: 405/o + u; 406/o + u; 407; 420/o + u; 421/o + u
Archiv Arnold Niederer, Zürich[2]: 390/o + u; 391/l; 393; 404; 408/o + u; 409/o + u; 410; 411/o + u; 412/o; 414/o + u; 424/o + u; 425/o + u; 426; 427/o + u; 430; 431; 432/o + u; 433; 435; 436/o + u; 437; 438/o + u; 439/o + u; 440/o + u; 442; 444; 446; 447; 448; 450; 451/o + u; 452/o + u; 453; 454; 455; 456/o + u; 457; 458/o + u; 460; 461/o; 462/o + u; 463; 464/o + u; 465/o + u; 466
Eidg. Archiv für Denkmalpflege, Bern: 400
Film- und Fotoarchiv des Kantons Wallis, Martigny: 388; 394; 396; 398/o + u; 399/o + u; 412/u; 415; 416; 417; 418/u; 419; 422; 434; 443; 461/u; 468
Lötschentaler Museum, Kippel: 445

Weiterführende Literatur

Antonietti, Thomas: Ungleiche Beziehungen. Zur Ethnologie der Geschlechterrollen im Wallis. (=Kantonales Museum für Geschichte und Volkskunde Valère. Ethnologische Reihe, Heft 1). Sitten 1989

Chappaz, Maurice: Lötschental. Die wilde Würde einer verlorenen Talschaft. In historischen Photographien von Albert Nyfeler. Zürich und Frankfurt 1979.

Frey, Theo: Rückblende. Fünfzig Jahre Bildberichte. Zürich 1989.

Papilloud, Jean Henri: Charles Krebser. (=Mémoire vivante). Sierre 1987

Zinggeler, Rudolf: Ein Zürcher Industrieller erwandert die Schweiz. Fotografien von 1890 – 1936. Einleitung und Auswahl der Fotos von Nikolaus Wyss. Basel 1991

2 Es ist vorgesehen, dass die sich im Besitz von Arnold Niederer befindlichen Negative von Albert Nyfeler dem Film- und Fotoarchiv des Kantons Wallis in Martigny zur Archivierung übergeben werden.

Die Herausgeber

Klaus Anderegg, Jahrgang 1942, geboren in Brig. Studium der Volkskunde und der Kunstgeschichte an der Universität Zürich; Abschluss 1975 bei Arnold Niederer mit einer Dissertation über das Oberwalliser Wallfahrtswesen.
Seit 1973 Anstellung als freier Mitarbeiter bei verschiedenen Planungsbüros im Oberwallis für historische Siedlungs- und Hausforschung im Rahmen der Ortsplanungen (die monografisch ergänzten Inventare von Ausserberg und Simplon in Buchform publiziert). Von 1979 bis 1981 teilzeitliche Tätigkeit am Volkskundlichen Seminar der Universität Zürich für eine Studie über Identitätsfragen im alpinen Raum im Rahmen des Nationalfonds-Projekts «Regionalprobleme» (zusammen mit Arnold Niederer, Robert Kruker und Claudia Cattaneo). Seit 1979 Beschäftigung mit der Oberwalliser Emigrationsgeschichte (1983 und 1984 unterstützt durch ein Stipendium des Schweizerischen Nationalfonds). Verschiedentlich Lehraufträge an den Universitäten Zürich und Basel.
Seit 1985 teilzeitliche Anstellung beim Schweizer Radio DRS als Redaktor für den Sendebereich «Hintergrund». Nebenbei publizistische Tätigkeit und Arbeiten im museologischen Bereich; u. a. zwischen 1986 und 1991 Ausarbeitung eines Projekts für ein Ecomuseum in der Simplonregion im Auftrag des Bundesamtes für Umwelt, Wald und Landschaft (BUWAL).
Mitglied der Eidg. Kommission für den Schweizer Landschaftsschutzfonds und der Forschungsstelle für regionale Gegenwartsethnologie (LABREC) in Sitten.

Werner Bätzing, Jahrgang 1949, geboren in Kassel, Deutschland. Studium der Evangelischen Theologie und der Philosophie (1968–1974), später Buchhändler, Verlagsangestellter, Verlagslektor und Publizist (1976–1985). Seit 1976 Interesse am Alpenraum und Beschäftigung mit dessen aktuellen Problemen unter einer ganzheitlichen, interdisziplinären Fragestellung. Zu diesem Zweck Studium der Geographie an der Technischen Universität Berlin (1983–1987). Seit 1988 (Ober-)Assistent am Geographischen Institut der Universität Bern bei Prof. Paul Messerli mit Lehr- und Forschungsschwerpunkt Alpenraum. 1989 Promotion, 1992 Habilitation dort.
In seinen empirischen Arbeiten in der Valle Stura (strukturschwache Alpenregion in Südpiemont) und im Gasteiner Tal (alpines Touristenzentrum im Land Salzburg) sowie in seinen Analysen des gesamten Alpenraums spielen kulturelle Fragen eine wichtige Rolle (Geographie als Leitwissenschaft für die komplexe Analyse der ökonomischen, ökologischen und sozio-kulturellen Probleme im Alpenraum), und er diskutiert darüber seit 1984 regelmässig mit Arnold Niederer.

Werner Bätzing ist wissenschaftlicher Berater der Internationalen Alpenschutzkommission CIPRA, Beiratsmitglied im vom österreichischen Volkskundler Hans Haid initiierten internationalen Verein «Pro Vita Alpina» und engagiert sich derzeit im politischen Bereich vor allem für die Realisierung und Umsetzung der Alpenkonvention.